【传世经典 文白对照】

资治通鉴纲目

十

〔宋〕朱 熹 编 撰

孙通海 王景桐 主 编

王秀梅 朱振华 副主编

中华书局

目录

第十册

資治通鑒綱目

资治通鉴纲目卷五十四

起丁卯(907)唐哀帝天祐四年,尽己卯(919)晋王李存勖唐天祐十六年、梁主瑱贞明五年。凡十三年。

丁卯(907)　天祐四年四月以后,梁太祖皇帝朱晃开平元年,西川称唐天复七年。是岁,唐亡,梁、晋、岐、淮南、西川凡五国,吴越、湖南、荆南、福建、岭南凡五镇。

春正月,淮南牙将张颢、徐温作乱。

杨渥既得江西,骄侈益甚,以故怨杀判官周隐,将佐皆不自安。渥居丧酣饮作乐,然十围之烛以击毬,或单骑出游,从者不知所之。左右牙指挥使张颢、徐温泣谏,渥怒,颢、温潜谋作乱。一日,帅牙兵二百,露刃直入庭中,渥曰:"尔果欲杀我邪?"对曰:"非敢然也,欲诛王左右乱政者耳。"因数渥所亲信十余人之罪,曳下击杀之,谓之"兵谏"。诸将不与之同者,稍以法诛之,于是军政悉归二人,渥不能制。

三月,唐遣使奉册宝如梁。

梁王全忠自沧州还,威望大沮,恐中外离心,欲速受禅。过魏,有疾,罗绍威恐全忠袭之,说曰:"今唐室衰微,天命已改,而四方称兵者皆以兴复为名,王宜早正位号,以绝人望。"全忠然之,乃归大梁。帝遣御史大夫薛贻矩

后梁太祖

丁卯（907） **唐哀帝天祐四年**四月以后，后梁太祖朱晃开平元年，西川称唐天复七年。这一年，唐朝灭亡，梁、晋、岐、淮南、西川共五个国家，吴越、湖南、荆南、福建、岭南共五个藩镇。

春正月，淮南牙将张颢、徐温叛乱。

杨渥夺取江西后，更加骄横奢侈，因过去的怨恨，杀死判官周隐，将佐都感不安。杨渥服丧期间，饮酒作乐，点燃粗大的蜡烛来击球，有时单独骑马外出游玩，随从人员都不知道他到哪里去了。左右牙指挥使张颢、徐温哭着劝谏，杨渥大怒，张颢、徐温秘密商量发动叛乱。有一天，他们率领二百名牙兵拿着刀剑直接闯入杨渥的庭中，杨渥说："你们果真想杀死我吗？"张颢、徐温回答说："不敢这样做，只是想杀大王左右干扰政事的人。"因此数说杨渥所亲信的十几个人的罪状，把他们拉下去打死，号称"兵谏"。诸位将领中和张颢、徐温意见不同的人，逐渐都依法诛杀，于是，军政大权全部由他们两人掌握，杨渥不能控制他们。

三月，唐朝派使者拿着玉册和国宝到梁国。

梁王朱全忠从沧州返回，威望大减，害怕内外离心，想很快接受禅位。在经过魏州时身体得病，罗绍威担心朱全忠袭击他，便劝朱全忠说："现在唐室衰弱，天命已改，而各地起兵的人都以复兴唐室为名，大王应该及早确定位号来断绝众望。"朱全忠认为他讲得很对，于是回到大梁。唐哀帝派御史大夫薛贻矩

至劳之,贻矩请以臣礼见,北面拜舞于庭。还,言于帝曰:"元帅有受禅之意矣。"帝乃下诏禅位于梁,遣宰相张文蔚、杨涉及薛贻矩、苏循、张策、赵光逢等奉玉册、传国宝,帅百官备法驾诣大梁。杨涉子直史馆凝式言于涉曰:"大人为唐宰相,而国家至此,不可谓之无过。况手持天子玺绶与人,虽保富贵,奈千载何!盍辞之?"涉大骇曰:"汝灭吾族!"神色为之不宁者数日。

夏四月,卢龙节度使刘仁恭为其子守光所囚。

仁恭骄侈贪暴,以大安山四面悬绝,筑馆其上,极壮丽,实以美女,与方士炼药其中,悉敛境内钱瘗山颠,令民间用堇泥为钱。有爱妾罗氏,其子守光通焉,仁恭杖守光而斥之。至是,梁遣李思安击之,直抵城下,仁恭在大安,城几不守。守光自外引兵入,登城拒守,却之,遂自称节度使。令部将李小喜攻大安,虏仁恭以归,囚于别室。守光弟守奇奔河东。

梁王全忠更名晃,称皇帝,奉唐帝为济阴王。

张文蔚等至大梁。梁王更名晃,文蔚等乘辂奉册宝至金祥殿,王被衮冕,即皇帝位。文蔚等升殿读册宝已,降,帅百官舞蹈称贺。梁主与之宴,举酒劳之曰:"此皆诸公推戴之力也。"文蔚等皆惭伏不能对,独苏循、薛贻矩盛称功德,宜应天顺人。梁主复与宗戚饮博宫中,其兄全昱谓曰:"朱三,汝本砀山一民也,从黄巢为盗,天子用汝为四镇节度使,

到大梁慰劳朱全忠,薛贻矩请求用臣见君的礼节来拜见朱全忠,在庭中面朝北行拜舞礼。薛贻矩回去之后,对唐哀帝说:"元帅有接受禅让的意思。"唐哀帝就颁下诏书,把帝位禅让给梁王,并派宰相张文蔚、杨涉以及薛贻矩、苏循、张策、赵光逢等人拿着玉册、传国玉玺,率领文武百官,备办好皇帝的车驾到了大梁。杨涉的儿子直史馆杨凝式对杨涉说:"大人身为唐朝宰相,而国家到了这种地步,不能说你没有过错。况且亲手拿着天子的玺绶送给别人,即使可以保住富贵,千年以后又怎么说?为什么不辞去职务?"杨涉非常吃惊地说:"你想消灭我们全族吗?"为此好几天神色不安。

夏四月,卢龙节度使刘仁恭被他的儿子刘守光所囚禁。

刘仁恭骄横奢侈,贪婪凶暴,因大安山四面都是悬崖绝壁,便在上面修建馆舍,非常壮观美丽,还让美女们住在里面,和方士们在里面炼丹药,聚集境内全部钱币,埋在山顶,让民间用粘土做钱用。刘仁恭有个爱妾罗氏,他儿子刘守光和她私通,刘仁恭用杖打刘守光,并把他赶走。到这时,后梁派李思安攻打刘仁恭,直抵城下,刘仁恭在大安,城池几乎失守。刘守光从外面率兵入城,并登上城抵御坚守,打退李思安的军队,于是自称节度使。刘守光命令他的部将李小喜攻打大安,俘获刘仁恭,把他带回,单独囚禁在一间房子里。刘守光的弟弟刘守奇逃奔到河东。

梁王朱全忠改名为朱晃,称皇帝,奉唐哀帝为济阴王。

张文蔚等人到达大梁。梁王朱全忠改名为朱晃,张文蔚等乘坐帝王专用的大车拿着册宝来到金祥殿,朱全忠身穿衮袍,头戴皇冠,登上皇帝位。张文蔚等上殿读完册文后,走下殿来,率领文武百官行舞蹈礼表示庆贺。后梁太祖宴请和张文蔚他们,并举起酒杯慰劳他们说:"这都靠各位的拥戴之功。"张文蔚等人都俯伏在地上惭愧得不能回答,只有苏循、薛贻矩盛称后梁太祖的功德,说应当顺应天命,顺从民心。后梁太祖又和同宗亲戚在宫中饮酒、戏博,他的哥哥朱全昱对他说:"朱三,你本来是砀山的一个平民,当初随从黄巢为盗,天子让你担任四镇的节度使,

富贵极矣,奈何一旦灭唐家三百年社稷? 他日得无灭吾族乎?"梁主不怿而罢。奉唐帝为济阴王,迁于曹州,栫之以棘,使甲士守之。

梁以汴州为东都开封府,洛阳为西都,长安为大安府佑国军。 梁以马殷为楚王。 梁以敬翔知崇政院事。

梁以宣武掌书记、太府卿敬翔知崇政院事,以备顾问,参谋议,于禁中承上旨,宣于宰相而行之,宰相非时奏请,皆因以闻。后废枢密院,以其职事归之。翔为人沉深有智略,在幕府三十余年,尽心勤劳,昼夜不寐,自言惟马上乃得休息。梁主性暴戾难近,人莫能测,惟翔能识其意。有所不可,未尝显言,但微示持疑,梁主已悟。禅代之际,翔谋居多。

梁以朱友文判建昌院事。

初,梁主为四镇节度使,凡仓库之籍,置建昌院以领之。至是,以养子友文判院事,掌凡国之金谷。友文,本康氏子也。

淮南、西川移檄兴复唐室。

时惟河东、凤翔、淮南称天祐,西川称天复年号,余皆禀梁正朔。蜀王建与杨渥移檄诸道,云欲与岐王、晋王会兵兴复唐室,卒无应者。建乃谋称帝,遗书晋王云:"请各帝一方。"晋王复书不许,曰:"誓于此生靡敢失节。"

岐王李茂贞开府。

茂贞治军宽简,无纪律,兵羸地蹙,不敢称帝,但开岐王府,置百官,宫殿号令皆拟帝者。

契丹遣使如梁。

富贵到极点了，为什么忽然消灭唐朝三百年的国家？将来会不会让我们全族覆灭呢？"后梁太祖很不高兴地散了宴席。后梁太祖尊奉唐哀帝为济阴王，把他迁到曹州，用荆棘围起来，派军士看守他。

后梁把汴州称为东都开封府，把洛阳称为西都，称长安为大安府佑国军。　后梁任命马殷为楚王。　后梁任命敬翔主管崇政院事务。

后梁太祖任命宣武掌书记、太府卿敬翔主管崇政院事务，以备顾问，参与谋划商议大事，在宫中承受皇上谕旨，传达给宰相执行，宰相临时奏请，都要通过敬翔来报告皇帝。后来又废除了枢密院，把枢密院的职权交给敬翔。敬翔为人深沉，有智计谋略，在幕府供职三十余年，尽心勤劳，昼夜不睡，说自己只有在马上才能休息。后梁太祖性情暴戾，很难接近，人们都猜测不透他，只有敬翔能明白他的旨意。如有不同意的事情，敬翔不在言语上流露出来，只是稍微表示疑难，后梁太祖就会明白过来。在禅让之际，很多是敬翔谋划的。

后梁任命朱友文管理建昌院事务。

当初，后梁太祖任四镇节度使，凡是有关仓库的账簿，设置了建昌院来管理。到这时，让养子朱友文来管理建昌院事，掌管国家的钱粮。朱友文本来是康氏的儿子。

淮南、西川发布檄文，要复兴唐室。

当时，只有河东、凤翔、淮南用天祐年号，西川用天复年号，其余各镇都以梁为正朔。蜀王王建和杨渥向各道发布檄文，说打算和岐王、晋王联合兵力兴复唐室，但最终没有人响应。于是王建就谋划称帝，送信给晋王说："请各自称帝一方。"晋王李克用回信没有答应他的请求，说："我发誓终生不敢有失臣节。"

岐王李茂贞成立府署。

李茂贞治理军队宽松简单，没有什么纪律，由于兵弱地小，不敢称帝，只是成立岐王府机构，设置百官，宫殿、号令都模拟皇帝的规格。

契丹派使者来到后梁。

初，契丹有八部，部各有大人，推一人为王，建旗鼓以号令诸部，三年一代，以次为之。及耶律阿保机为王，尤雄勇，奚及室韦、达靼咸役属之。阿保机恃其强，不肯受代，七部劫之。阿保机不得已，传旗鼓，请帅种落居古汉城，别自为一部。汉城地宜五谷，有盐池之利。后稍以兵击灭七部，北侵室韦、女真，西取突厥故地，东北诸夷皆畏服之。是岁，帅众三十万寇云州，晋王与之连和，约为兄弟，延之帐中，纵酒尽欢，约共击梁。或劝晋王擒之，王曰："仇敌未灭，而失信夷狄，自亡之道也。"留之旬日，厚赠遗之。阿保机既归而背盟，更附于梁，晋王由是恨之。

梁以钱镠为吴越王。

镇海节度判官罗隐说镠举兵讨梁，曰："纵无成功，犹可退保杭越，自为东帝，奈何交臂事贼，为终古之羞乎？"镠始以隐为不遇于唐，必有怨心，及闻其言，虽不能用，心甚义之。

梁以高季昌为荆南节度使。

依政进士梁震，唐末登第，归蜀，过江陵，高季昌爱其才识，留之，欲奏为判官。震耻之，欲去，恐及祸，乃曰："震素不慕荣宦，明公不以为愚，必欲使参谋议，但以白衣侍樽俎可也。"季昌许之。震终身止称前进士，不受高氏辟署。季昌甚重之，以为谋主，呼曰先辈。

梁主封其兄全昱为广王。

全昱不乐在京师，常居砀山故里，三子皆封王。

梁礼部尚书苏循等致仕。

当初，契丹一共有八个部落，每个部落都各有大人，推选一人为王，建置旗鼓，向各个部落发布号令，三年更换一次，各个部落依照次序轮流做王。等到耶律阿保机做王时，非常雄武勇敢，奚及室韦、鞑靼都臣属于他。阿保机依仗自己强大，不肯让别人接替他做王，其他七个部落逼他退位。阿保机不得已，只好交出旗鼓，请求率领同种部落到古汉城居住，另外自为一部。汉城的土地很适宜耕种五谷，又有盐池之利。后来阿保机逐渐用兵消灭了其他七部，又向北侵略室韦、女真，向西夺取突厥故地，东北各夷族都畏惧服从他。这一年，阿保机率领三十万士卒侵犯云州，晋王李克用和他联合约为兄弟，把他请到帐中，纵情饮酒欢乐，相约共同攻打后梁。有人劝晋王把阿保机抓起来，晋王说："仇敌还没有消灭，就失信夷狄，这是自取灭亡的道路。"阿保机在那里停留十多天，晋王赠送给他很丰厚的礼物。阿保机回去后就背叛盟约，重新归附于后梁，晋王因此怨恨阿保机。

后梁任命钱镠为吴越王。

镇海节度判官罗隐劝钱镠率兵讨伐后梁，说："即使不能成功，还可以退守杭州、越州，自己在东边称帝，怎可拱手侍奉盗贼，酿成终身的耻辱呢？"钱镠开始以为罗隐在唐朝怀才不遇，定会心怀怨恨，听了这番话，虽不能采用，但从内心感到他仗义。

后梁任命高季昌为荆南节度使。

依政进士梁震，唐末登第，回到蜀地，经过江陵时，高季昌赏识他的才能识略，想留下他，奏任他为判官。梁震深感耻辱，想离开，又怕惹出祸端，就说："我平素不羡慕荣华官宦，您不认为我愚蠢，一定要让我参与谋划议事，只以百姓身份侍奉宴席就可以了。"高季昌答应了。梁震只称前进士，不接受高季昌的任命。高季昌很器重他，把他看作谋主，称他为前辈。

后梁太祖封哥哥朱全昱为广王。

朱全昱不乐意在京师，经常居住在砀山故里，他的三个儿子都被封为王。

后梁礼部尚书苏循等人退休。

循及其子楷自谓有功于梁，朝夕望为相，梁主薄其为人。敬翔、李振亦鄙之，言于梁主曰："苏循，唐之鸱枭，卖国求利，不可以立于惟新之朝。"诏循等十五人并勒致仕，楷斥归田里。循父子乃之河中，依朱友谦。

六月，淮南遣兵击楚，楚大破之，遂取岳州。

杨渥遣其将刘存、许玄应将水军击楚，楚王殷惧。军使杨定真贺曰："我军胜矣。"殷问其故，定真曰："夫战，惧则胜，骄则败。今淮南兵骄，而王有惧色，吾是以知其必胜也。"殷命指挥使秦彦晖、黄璠帅战舰击之，存等遇雨，引兵还，彦晖追之。存数战不利，乃遗殷书诈降，彦晖使谓殷曰："此必诈也，勿受。"鼓噪而进。存等走，黄璠引兵合击，大破之，执存，拔岳州。玄应，渥之腹心也，张颢、徐温因其败，收斩之。

梁侵晋，围潞州，晋遣周德威等救之。

梁遣康怀贞攻潞州，晋李嗣昭闭城拒守。怀贞昼夜攻之，半月不克，乃筑垒穿蚰蜒堑而守之，内外断绝。晋王以周德威为行营都指挥使，救之。

秋七月，梁以刘守光为卢龙节度使。 八月，晋败梁兵于潞州，梁筑夹寨守之。

晋周德威壁于高河，康怀贞遣亲骑击之，不克。梁主遣李思安代之，将兵西上，至潞州城下，更筑重城，内以防奔突，外以拒援兵，谓之夹寨，调山东民馈军粮。德威日以轻骑抄之，思安乃自东南山口筑甬道，属于夹寨。德威与诸将互往攻之，一昼夜数十发，梁兵疲于奔命，闭壁不出。

苏循和他儿子苏楷自认为对后梁有功，天天盼望着做宰相，后梁太祖看不起他们的为人。敬翔、李振也看不起他，对后梁太祖说："苏循这个人，是唐朝的鸱枭，出卖国家，贪图私利，不能让他在新朝任职。"于是后梁太祖下诏勒令苏循等十五人全部退休，苏楷被驱逐回乡。苏循父子于是来到河中，依附朱友谦。

六月，淮南派兵进攻楚国，楚国大败淮南军，于是占领岳州。

杨渥派将领刘存、许玄应率领水军进攻楚国，楚王马殷感到恐惧。军使杨定真祝贺说："我军胜了。"马殷询问其中缘故，杨定真说："作战感到害怕就能胜利，感到骄傲就会失败。现在淮南军队感到骄傲而大王面有惧色，我因此知道你一定会取得胜利。"马殷命令指挥使秦彦晖、黄璠率领战舰进攻淮南，刘存等遇到大雨，率兵退回，秦彦晖追击。刘存几次作战失利，于是给马殷送去书信诈降，秦彦晖派人对马殷说："这一定是假装投降，不要接受。"秦彦晖率军击鼓呐喊前进。刘存等逃走，黄璠率兵与秦彦晖联合作战，把淮南军打得大败，捉住刘存，攻下岳州。许玄应是杨渥的心腹，张颢、徐温因为他战败，就把他抓起来杀死。

后梁侵犯晋国，包围潞州，晋国派周德威等人前往援救。

后梁派康怀贞攻打潞州，晋国李嗣昭闭城坚守。康怀贞日夜攻打，半个月没有攻打下来，于是就修筑营垒，挖出像蚰蜒在地里穿行一样的壕沟，派兵把守，使潞州城内外隔绝。晋王李克用任命周德威为行营都指挥使，前往援救李嗣昭。

秋七月，后梁任命刘守光为卢龙节度使。　八月，晋国在潞州打败后梁军队，后梁军队修筑两层防寨坚守潞州。

晋国周德威在高河安营扎寨，康怀贞派亲骑进攻，没能攻下来。后梁太祖派李思安去代替康怀贞，率军西上，来到潞州城下，又重新修建两层城墙，对内防止突围，对外可以抵御援兵，这种城墙叫做夹寨，又征调山东百姓运送军粮。周德威每天用轻便骑兵去袭击运粮队伍，李思安于是从东南山口修建甬道，和夹寨连在一起。周德威和诸位将领轮流前往进攻，一昼夜就进攻数十次，后梁的军队疲于奔命，只好坚守不出。

九月,蜀王王建称帝。

蜀王建议称帝,将佐皆以为然。冯涓独献议,请以蜀王称制,曰:"朝兴则未爽称臣,贼在则不同为恶。"不从,涓杜门不出。建用副使韦庄之谋,即帝位,以王宗佶、韦庄为宰相,唐道袭为内枢密使。是时,唐衣冠之族多避乱在蜀,蜀主礼而用之,使修举故事,故其典章文物有唐之遗风。

十一月,义昌节度使刘守文举兵讨其弟守光。

守文闻其弟守光幽其父,集将吏大哭曰:"不意吾家生此枭獍! 吾生不如死,誓与诸君讨之。"乃发兵击守光,互有胜负。守光恐梁乘虚袭其后,遣使请降。

梁赦军士逃亡为盗者。

初,梁主在藩镇,用法严,将校有战没者,所部兵悉斩之,谓之"跋队斩",士卒多亡。乃命军士皆文其面以记军号,逃辄执之,无不死者,由是亡者皆聚山泽为盗。至是,赦其罪,听还乡里,盗减什七八。

戊辰（908）　晋、岐、淮南称唐天祐五年,梁开平二年。蜀高祖王建武成元年。是岁,西川称蜀,凡五国五镇。

春正月,晋王李克用卒,子存勖立。

晋王病笃,周德威等退屯乱柳。晋王命其弟克宁、监军张承业、大将李存璋、吴珙、掌书记卢质,立其子晋州刺史存勖为嗣,曰:"此子志气远大,必能成吾事,尔曹善教导之。"谓存勖曰:"嗣昭厄于重围,吾不及见矣。俟葬毕,汝与

九月，蜀王王建称帝。

蜀王王建讨论称帝之事，将佐都认为可行。只有冯涓建议以蜀王的名义行使皇帝的权力，说："唐朝复兴时不违背称臣的礼节，贼人存在时也不和他们一起作恶。"王建不从，于是冯涓闭门不出。王建采用副使韦庄的意见，登上皇帝位，任命王宗佶、韦庄为宰相，任命唐道袭为内枢密使。当时，唐朝的宦官之家都在蜀躲避战乱，王建对他们以礼相待，并加以任用，让他们修复唐朝旧制，所以蜀国的典章文物保存着唐朝的遗风。

十一月，义昌节度使刘守文率兵讨伐他的弟弟刘守光。

刘守文听说他的弟弟刘守光囚禁了他的父亲，召集将吏大声痛哭说："没想到我家出了一个这样的禽兽！我活着还不如死去，我誓与诸位共同讨伐他。"于是征发军队进攻刘守光，双方互有胜负。刘守文害怕后梁乘虚袭击他的后方，就派使者请求投降。

后梁大赦成为强盗的逃亡军士。

当初，后梁太祖在藩镇时用法严厉，将校有战死的，他们所属部卒就要全部斩杀，称之为"跋队斩"，因此士卒大多逃亡。于是后梁太祖下令在军士的脸上都刺上军号，只要逃跑，就抓回来，没有一个不被杀死的，因此，逃亡的士卒都聚集在山林水泽中成为强盗。到这时，后梁太祖赦免他们的罪行，听任他们返回乡里，这样盗贼减少十分之七八。

戊辰（908）　晋、岐、淮南称唐天祐五年，后梁开平二年。前蜀高祖王建武成元年。这一年，西川称蜀，共五个国家、五个藩镇。

春正月，晋王李克用去世，他的儿子李存勗继立。

晋王李克用病重，周德威等人退到乱柳驻扎下来。晋王命令他的弟弟李克宁、监军张承业、大将李存璋、吴珙、掌书记卢质拥立他的儿子晋州刺史李存勗为继承人，说："这个儿子志向远大，一定能成就我的事业，你们要好好教导他。"又对李存勗说："李嗣昭被重重围困，我来不及见他了。等到安葬完毕后，你与

德威辈速竭力救之。"又谓克宁等曰:"以亚子累汝。"亚子,存勖小名也。言终而卒。克宁久总兵柄,有次立之势,军中多窃议者。存勖惧,以位让之,克宁曰:"汝家嗣也,且有先王之命,谁敢违之!"将吏欲谒见存勖,存勖方哀哭,久未出,张承业入曰:"大孝在不坠基业,多哭何为?"因扶存勖出,袭位为河东节度使、晋王。克宁首帅诸将拜贺,王悉以军府事委之。

二月,蜀以张格同平章事。

蜀主登楼,有僧抉一目以献,蜀主命饭僧万人以报之。翰林学士张格曰:"小人无故自残,赦其罪已幸矣,不宜复崇奖以败风俗。"蜀主乃止。至是为相,多迎合主意,有胜己者,必以计排去之。

晋兵马使李克宁谋作乱,晋王杀之。

初,晋王克用多养军中壮士为子,宠遇如真子。及存勖立,诸假子皆年长握兵,心怏怏不服。存颢阴说克宁曰:"兄终弟及,自古有之。以叔拜侄,于理安乎?"克宁曰:"吾家世以慈孝闻天下,先王之业苟有所归,吾复何求?汝勿妄言,我且斩汝。"克宁妻孟氏素刚悍,诸假子各遣其妻入说之,使迫克宁,克宁心动。存颢等谋奉克宁为节度使,举河东附梁,执晋王及太夫人曹氏送大梁。帐下亲信史敬镕知之,以告,太夫人大骇,召张承业,指晋王谓之曰:"先王把此儿臂授公等,如闻外间谋欲负之,但置吾母子有地,勿送大梁,自他不以累公。"承业惶恐曰:"老奴以死奉先王

周德威他们要迅速全力解救他。"又对李克宁等人说:"把亚子托付给你们。"亚子是李存勖的小名。李克用说完就死了。李克宁长期掌管军权,有依次继立之势,军队中有很多人偷偷议论。李存勖感到害怕,就要把王位让给李克宁,李克宁说:"你是嫡长子,况且有先王的遗命,谁敢违背!"将吏们想拜见李存勖,李存勖正在悲痛地哭泣,许久没有出来,张承业进去说:"最大的孝敬是在于不要丢失基业,多哭泣有什么用?"于是扶着李存勖出来,继位为河东节度使、晋王。李克宁首先率领将领们下拜祝贺,晋王李存勖把全部的军府事务都委托给他。

二月,蜀国任命张格为同平章事。

蜀主王建登楼的时候,有一个僧人剜出一只眼珠献上,王建命令给一万名僧人施饭来作为回报。翰林学士张格说:"小人无故自残,赦免他的罪已够幸运的了,不应该再推崇奖赏他来败坏风俗。"王建才停止对僧人施饭。到这时,张格担任宰相,他经常迎合王建的旨意,如有超过自己的人,一定会用计谋将那些人排挤出去。

晋国兵马使李克宁阴谋作乱,晋王李存勖将他杀死。

当初,晋王李克用收养很多军中壮士作为养子,对他们的宠信和待遇如同亲儿子。到李存勖继位时,各位养子都已长大,掌握兵权,心中郁闷不服。李存颢暗中劝李克宁说:"兄终弟及,自古就有。当叔叔的叩拜侄儿,符合情理吗?"李克宁说:"我家世代以慈孝闻名天下,先王的大业如果有了归属,我还有什么希图的?你不要再胡说,否则我会杀你。"李克宁的妻子孟氏平素刚强凶悍,各位养子都派妻子前去劝说,让她逼迫李克宁,李克宁动了心。李存颢等人谋划拥立李克宁为节度使,率领河东归附后梁,逮捕李存勖和太夫人曹氏送往大梁。晋王帐下亲信史敬镕得知此事后,报告给太夫人,太夫人非常吃惊,召见张承业,指着李存勖对他说:"先王拉着这孩子的手臂托付给你们,如果听到外面谋划要背叛他,只希望我们母子有立足之地,不要送到大梁,此外都不麻烦你。"张承业惶恐地说:"老奴以死来奉行先王

之命，此何言也！"晋王以克宁之谋告，且曰："至亲不可自相鱼肉，吾苟避位，则乱不作矣。"承业乃召李存璋等，阴为之备，置酒府舍，伏甲执克宁、存颢于座。晋王流涕数之曰："儿向以军府让叔父，叔父不取。今事已定，奈何复为此谋，忍以吾母子遗仇雠乎？"遂杀之。

梁主晃弑济阴王。

追谥曰唐哀皇帝。

夏五月，晋王攻梁夹寨，破之，潞州围解。

李思安等攻潞州，久未下，亡将校四十余人，士卒以万计。梁主疑晋王克用诈死，欲召兵还，恐晋人蹑之，乃议自至泽州，应接归师，且召匡国节度使刘知俊为招讨使，削思安官爵，斩监押杨敏贞。晋李嗣昭固守逾年，城中资用将竭，梁主数遣使谕降之，嗣昭焚诏书，斩使者。梁主欲召兵还，诸将以为李克用死，晋兵且退，上党孤城无援，请更留旬月以俟之，梁主从之。

初，晋周德威握重兵在外，国人疑之，晋王召德威还。四月，德威至晋阴，留兵城外，徒步而入，伏哭极哀，退谒嗣王甚恭，众心由是释然。梁夹寨奏晋兵已去，梁主以为援兵不能复来，还大梁，夹寨亦不复设备。晋王与诸将谋曰："上党，河东之藩蔽，无上党，是无河东也。且朱温所惮者，独先王尔，闻吾新立，以为童子未闲军旅，必有骄怠之心。若简精兵倍道趣之，出其不意，破之必矣。取威定霸，在此一举，不可失也。"张承业亦劝之行，乃大阅士卒，以丁会为都招讨使，帅周德威等发晋阳。

的命令,这是什么话啊!"李存勖将李克宁的阴谋告诉张承业,并且说:"至亲不可以自相残杀,我如果让位,祸乱就不会发生了。"张承业于是召见李存璋等人,让人暗中防备,然后在王府中设宴伏兵,在座位上抓了李克宁、李存颢。李存勖流着泪数落李克宁说:"我之前要把军府让给叔父,叔父没有接受。现在事情已定,怎么又使出这种阴谋?忍心把我们母子送给仇敌吗?"于是把他杀死。

后梁太祖朱晃杀死济阴王。

追谥为唐哀皇帝。

夏五月,晋王李存勖攻打后梁的夹寨,并攻破了夹寨,解除潞州的包围。

李思安等人进攻潞州,久攻不下,伤亡将校四十多人,伤亡士卒数以万计。后梁太祖怀疑晋王李克用装死,打算召兵返回,又怕晋人随后追击,于是就商议亲自到泽州接应返回的军队,并征召匡国节度使刘知俊任命为招讨使,削夺李思安的官爵,杀死监押杨敏贞。晋国的李嗣昭在潞州坚守一年多,城中的物资将要用完,后梁太祖曾多次派使者去劝降,李嗣昭烧了诏书,杀死使者。后梁太祖打算召兵返回,诸位将领认为李克用已死,晋军将要撤退,上党城孤立无援,请求再留十天半个月来等待机会,后梁太祖依言而行。

当初,晋国周德威在外掌握重兵,国人都怀疑他,晋王召周德威回来。四月,周德威到了晋阳,把军队留在城外,自己徒步进城,伏地哭得非常悲伤,退出来拜见嗣王李存勖时十分恭敬,大家的疑心才从此消失。后梁夹寨的军队奏报晋军已经撤离,后梁太祖认为晋国的援兵不会再来,于是回到大梁,夹寨也不再设置防备。晋王和诸位将领商议说:"上党是河东地区的屏障,没有上党就没有河东。况且朱温所惧怕的,只是先王,听说我刚继立,认为我是小孩子不熟习军事,一定有骄傲懈怠之心。如果我们挑选精兵兼程前往,出其不意,一定能打败他们。取得威望,建立霸业,在此一举,机不可失!"张承业也劝他行动,于是晋王检阅军队,任命丁会为都招讨使,率领周德威等人从晋阳出发。

　　五月朔，晋王伏兵三垂岗下，诘旦大雾，进兵直抵夹寨，梁军无斥候，将士尚未起。晋王命周德威、李嗣源分兵为二道，填堑烧寨，鼓噪而入。梁兵大溃，南走，招讨使符道昭马倒被杀，失亡将士万计，委弃资械山积。德威至城下，呼嗣昭曰："先王已薨，今王自来破贼。贼已去矣，可开门。"嗣昭不信，曰："此必为贼所得，来诳我耳。"王自往呼之，嗣昭见王白服，大恸几绝，城中皆哭，遂开门。

　　初，德威与嗣昭有隙，晋王克用临终谓存勖曰："进通忠孝，吾爱之深。今不出重围，岂德威不忘旧怨邪？汝为吾以此意谕之，若潞围不解，吾死不瞑目。"进通，嗣昭小名也。存勖以告德威，德威感泣，由是战甚力，既相见，欢好如初。

　　梁主闻夹寨不守，大惊，既而叹曰："生子当如李亚子，克用为不亡矣。至如吾儿，豚犬耳。"

晋师攻梁泽州，不克。

　　周德威乘胜进趣泽州，梁统军牛存节将兵应接溃兵，至天井关，谓其众曰："泽州要害地，不可失也。虽无诏旨，当救之。"众皆不欲，曰："晋人胜，气方锐，且众寡不敌。"存节曰："见危不救，非义也；畏敌强而避之，非勇也。"遂举策引众而前。至泽州，城中人已欲应晋，存节至，乃定。晋兵寻至，攻之，存节昼夜拒战，凡旬有三日。刘知俊引兵救之，德威退保高平。

晋王归晋阳。

　　晋王归晋阳，休兵行赏。命州县举贤才，黜贪残，宽租税，

五月初一，晋王在三垂冈下埋伏军队，早晨有大雾，晋军直抵夹寨，后梁军队没设哨兵，将士尚未起床。晋王命令周德威、李嗣源兵分两路，填堑烧寨，鼓噪而入。后梁兵大败，向南逃走，招讨使符道昭因马跌倒被杀，逃亡的将士数以万计，丢弃的物资器械堆积如山。周德威到达潞州城下，呼喊李嗣昭说："先王已经去世，当今大王亲自来消灭敌人。敌人已经逃跑，可以打开城门了。"李嗣昭不相信他的话，说："这一定是你被敌人抓获，来欺骗我。"晋王亲自上前去呼喊李嗣昭，李嗣昭见晋王穿着白色丧服，悲痛欲绝，城里的人都哭了，于是打开城门。

当初，周德威和李嗣昭有矛盾，晋王李克用临终时对李存勖说："进通很忠孝，我特别爱他。现在未能冲出重围，难道是周德威不忘旧仇吗？你为我把这些告诉他，如果潞州的包围不能解除，我死不瞑目。"进通是李嗣昭的小名。李存勖把这些告诉了周德威，周德威感动得哭泣起来，因此在战争中更加尽力，和李嗣昭见面后，两个人又和好如初。

后梁太祖听说夹寨失守，感到很吃惊，过了一会又叹息说："生儿子就要像李亚子一样，所以李克用算得上没有死啊。至于我的儿子，都是猪狗之辈罢了。"

晋军进攻后梁的泽州，没有攻下来。

周德威乘胜推进到泽州，后梁统军牛存节率军接应逃兵，到天井关后，对士卒说："泽州是要害之地，不能丢失。虽然没有诏旨，也应前去援救。"士卒们都不想去，说："晋军取胜后，锐气正盛，而且我们寡不敌众。"牛存节说："见危不救是不仗义的行为，畏惧敌人的强大而逃避是不勇敢的表现。"于是挥鞭率领士卒前进。到泽州后，城里人已经打算响应晋军，牛存节来到后才安定下来。不久晋军也到达泽州，攻打泽州城，牛存节昼夜抵御，一共坚守十三天。刘知俊率兵前来援救，周德威退守高平。

晋王李存勖回到晋阳。

晋王李存勖回到晋阳之后，休整军队，进行赏赐。又命令各个州县推荐贤能的人才，罢免贪婪凶残的官吏，减轻田租赋税，

抚孤穷,伸冤滥,禁奸盗,境内大治。训练士卒,令骑兵不见敌无得乘马;部分已定,无得相逾越及留绝以避险;分道并进,期会无得差晷刻。犯者必斩。初,唐昭宗许晋王克用承制封拜。时方镇多行墨制,王耻与之同,每除吏,必表闻。至是,存勖始承制除吏。兄事张承业,升堂拜母,赐遗甚厚。潞州围守历年,士民死者大半,嗣昭劝课农桑,宽租缓刑,数年之间,军城完复。

淮南张颢、徐温弑其节度使杨渥,温复攻颢,杀之。

张颢、徐温专制军政,弘农威王心不能平,欲去之而未能。二人不自安,共谋弑王,分其地以臣于梁。颢遣其党弑王,集将吏于府庭,列白刃,厉声问曰:"嗣王暴薨,军府谁当主之?"三问莫应,气色益怒。幕僚严可求前密启曰:"军府至大,四境多虞,非公主之不可。然今日则恐太速。"颢曰:"何也?"可求曰:"刘威、陶雅皆先王之等夷,必不肯为公下。不若立幼主辅之,诸将孰敢不从?"颢默然。可求因屏左右,急书一纸置袖中,麾同列诣使宅贺,众莫测其所为。既至,可求跪读之,乃太夫人史氏教也。大要言:"先王创业艰难,嗣王不幸早世,隆演次当立,诸将宜无负杨氏,善辅导之。"辞旨明切。颢气色皆沮,以其义正,不敢夺,遂奉王弟隆演称留后。

既罢,副都统朱瑾诣可求曰:"瑾年十六七,即横戈跃

抚恤孤寡穷困的人，昭雪冤案，禁止奸盗，境内得到很好的治理。还训练士卒，命令骑兵不见敌人时不得骑马；部署已定，不得互相超越和停留下来躲避危险；在分路前进时，相约会合时不能迟到片刻。违犯这些规定都要斩首。当初，唐昭宗允许晋王李克用秉承皇帝旨意拜官授爵。当时，各方镇多执行皇帝的亲笔手令，晋王认为和他们一样是一种耻辱，每次任命官吏一定要上表报告朝廷。到这时，李存勖也开始秉承皇帝的旨意来拜官授爵。他把张承业当作兄长来侍奉，到家里叩拜他的母亲，给他的赏赐馈赠也很丰厚。坚守潞州的时间历经一年，士卒百姓伤亡大半，李嗣昭勉励发展农耕蚕桑，放宽赋税，减缓刑罚，几年间军队和潞州城都得到恢复。

淮南张颢、徐温杀死本镇节度使杨渥，徐温又攻打张颢，杀死了他。

张颢、徐温专制军政大权，弘农威王杨渥心中不满，想除掉他们又办不到。张颢、徐温二人也自感不安，于是共同谋划杀死杨渥，瓜分他的领土，向后梁称臣。张颢派同党去杀死杨渥，在军府庭中召集将吏，亮出兵器，大声问道："嗣王突然死去，军府的事务应由谁主持？"问了三次都没人回答，张颢面色显得更加愤怒。幕僚严可求上前暗地告诉他说："军府很大，四境有很多忧患，非您来主持不可。然而今天就主持恐怕太快了。"张颢说："为什么呢？"严可求说："刘威、陶雅都是先王的同辈人，一定不肯在您之下。不如拥立幼主，加以辅佐，诸位将领谁敢不服从？"张颢默然不语。严可求支开左右的人，急忙写了一张纸放在袖中，招呼同事们到节度使的宅第去祝贺，大家猜不出他要做什么。到了之后，严可求跪在地上宣读那张纸，原来是太夫人史氏的教令。大概说："先王创业艰难，嗣王不幸早逝，隆演按照顺序应当继立，诸位将领应当不辜负杨氏，好好辅佐他。"说得很明确也很恳切。张颢脸色沮丧，因为这是正义的事，所以他也不敢违背，于是尊奉威王的弟弟的杨隆演为留后。

事后，副都统朱谨到严可求那里说："我十六七岁就横戈跃

马,冲犯大敌,未尝畏慑。今日对颢,不觉流汗。公面折之如无人,乃知瑾匹夫之勇,不及公远矣。"因以兄事之。

颢以徐温镇润州,可求说温曰:"公舍牙兵而出,颢必以弑君之罪归公。"温惊曰:"奈何?"可求曰:"颢刚愎而暗于事,请为公图之。"乃往见颢曰:"公出徐公于外,人皆言公欲夺其兵权而杀之,多言亦可畏也。"颢曰:"右牙欲之,非吾意也。业已行矣,奈何?"可求曰:"止之易耳。"明日,可求邀颢诣温,可求瞋目责温曰:"古人不忘一饭之恩,况公杨氏宿将,今幼嗣初立,多事之时,乃求自安于外,可乎?"温谢曰:"苟诸公见容,温何敢自专?"由是不行。

颢知可求阴附温,夜遣盗刺之,可求知不免,请为书辞府主。盗执刀临之,可求操笔无惧色。盗见其辞旨忠壮,曰:"公长者,吾不忍杀。"掠其财以复命。温与可求谋,密结将军钟泰章等壮士三十人,斩颢于牙堂,暴其弑君之罪。

初,颢与温谋弑威王,温曰:"参用左右牙兵,心必不一,不若独用吾兵。"颢不可。温曰:"然则独用公兵。"颢从之。至是,穷治逆党,皆左牙兵也,由是人以温为实不知谋。隆演以温为左、右牙都指挥使,军府事咸取决焉,以可求为扬州司马。温性沉毅,自奉简俭,虽不知书,使人读狱讼之辞而决之,皆中情理。立法度,禁强暴,政举大纲,军民安之。温以军旅委可求,以财赋委支计官骆知祥,皆称其职。

马,和强大的敌人作战,从来也没有害怕过。今天面对张颢,不觉紧张得满头大汗。您当面指责他,旁若无人,才知道我是匹夫之勇,比您差远了。"因此就把严可求当作兄长来侍奉。

张颢让徐温镇守润州,严可求劝徐温说:"你舍去牙兵而出任外藩,张颢一定会把弑君之罪归在你身上。"徐温惊恐地说:"怎么办呢?"严可求说:"张颢刚愎自用,办事不精明,让我为你想想办法。"于是去见张颢说:"你让徐温到外藩任职,人们都说你想夺取他的兵权并杀掉他,人们说得多了也很可怕。"张颢说:"徐温自己想去,并非我的意图。事情已经执行了,怎么办呢?"严可求说:"停止执行也很容易。"第二天,严可求邀请张颢到徐温那里,严可求瞪大眼睛责问徐温说:"古人不忘记一顿饭的恩德,况且你是杨氏门下的老将,现在幼主初立,正是多事之时,却请求到外藩过安闲生活,行吗?"徐温谢罪说:"如果诸位能宽容我,我怎敢独断专行呢?"因此不去上任。

张颢知道严可求暗中依附徐温,在夜里派强盗去刺杀严可求,严可求知道难免一死,请求写一封信向杨隆演告别。强盗拿刀对着他,严可求拿笔写信,脸上毫无惧色。强盗看见他措辞忠义壮烈,就说:"您是长者,我不忍心杀死您。"就抢了他的财物回去复命。徐温和严可求谋划杀死张颢,秘密结交将军钟泰章等壮士三十人,在牙堂杀死张颢,并揭露张颢的弑君之罪。

当初,张颢和徐温阴谋杀害威王杨渥,徐温说:"如果让左右牙兵参与,一定不会齐心,不如只用我的士卒。"张颢不同意。徐温说:"那就只用你的士卒。"张颢听从了这个意见。到这时,追究逆党,发现用的都是张颢的兵,因此人们认为徐温确实不知道张颢的阴谋。杨隆演任命徐温为左、右牙都指挥使,军府的大事都由他来决定,任命严可求为扬州司马。徐温的性情稳重坚强,生活简朴,虽然不识字,但让人读过狱讼呈状后做出的判决都合乎情理。后来他建立法度,禁止强暴,抓住政务大纲,军队百姓都安定下来。徐温将军务都委托给严可求,把财政赋税的事情都委托给计官骆知祥,他们都很称职。

蜀、岐、晋会兵攻梁雍州,梁遣忠武节度使刘知俊拒却之。　六月,梁杀其金吾将军王师范,夷其族。

朱友宁妻泣诉于梁主曰:"陛下化家为国,宗族皆蒙荣宠。妾夫独不幸,因王师范叛,死于战场。今仇雠犹在,妾诚痛之。"梁主曰:"朕几忘此贼。"遣使族之。师范盛陈宴具,与宗族列坐,谓使者曰:"予不欲使积尸长幼无序。"酒既行,命自幼及长,以次就死,凡二百人。

秋七月,楚收茶税。

湖南判官高郁请听民自采茶卖于北客,收其征以赡军。楚王殷从之,请于梁置回图务,运茶于河南北卖之,以易缯纩、战马而归,由是富赡。

淮南将吏推杨隆演为节度使。

淮南将吏请于李俨,承制授隆演淮南节度使、弘农王。

九月,淮南遣兵攻吴越,围苏州。

淮南遣指挥使周本击吴越,围苏州。吴越攻拔东洲,淮南遣柴再用复取之。再用方战,舟坏,仅而得济,家人为之饭僧千人。再用悉取其食以犒部兵,曰:"士卒济我,僧何力焉!"

冬十月,华原贼帅温韬发唐诸陵。　十一月,晋遣兵击刘守文,败之。

刘守文攻幽州,刘守光求救于音,晋王遣兵五千助之,守文败还。

己巳(909) 晋、岐、淮南称唐天祐六年,梁开平三年。是岁,凡五国五镇。

春正月,梁迁都洛阳。　二月朔,日食。　梁攻岐,取丹、延、鄜、坊四州。　淮南徐温自领昇州刺史。

蜀、岐、晋军联合攻打后梁的雍州,后梁派忠武节度使刘知俊抵御并打退联军。 六月,后梁杀死金吾将军王师范,诛灭他全族。

朱友宁的妻子向后梁太祖哭诉说:"陛下化家为国,本家族人都蒙受光荣和尊宠。只有我的丈夫不幸,因王师范叛乱而死于战场。现在仇人还活着,我实在痛心。"后梁太祖说:"我差点儿忘了这个叛贼。"便派使者处死王师范的全族。王师范摆设盛大的宴席,和本宗族的人坐在一起,对使者说:"我不想让尸体堆积得长幼无序。"开始喝酒后,他命令从小到大,依次去死,总共杀死二百人。

秋七月,楚国征收茶税。

湖南判官高郁请求听任百姓自己采茶卖给北方人,向他们征税以供军需。楚王马殷听从了这个意见,请求在后梁设置回图务,把茶运到黄河南北去卖,换成缯帛、战马带回,因此富裕起来。

淮南将吏推举杨隆演为节度使。

淮南将吏向李俨请求,按照皇帝的旨意授杨隆演为淮南节度使、弘农王。

九月,淮南派兵进攻吴越,包围苏州。

淮南派指挥使周本进攻吴越,包围苏州。吴越攻下东洲,淮南派柴再用收复东洲。柴再用正在作战,船只损坏,勉强得救,家人为他向一千名僧人施舍饭食。柴再用把这些饭食全拿去犒劳部下的士卒,说:"士卒帮助了我,僧人出了什么力?"

冬十月,华原盗贼的首领温韬挖了唐朝皇帝的陵墓。
十一月,晋国派军队攻打刘守文,打败了他。

刘守文进攻幽州,刘守光向晋国请求援助,晋王李存勖派五千士兵前去救援,刘守文战败返回。

己巳(909) 晋、岐、淮南称唐天祐六年,后梁开平三年。这一年,共五个国家、五个藩镇。

春正月,后梁迁都洛阳。 **二月初一,发生日食。** **后梁攻打岐王,夺取丹、延、鄜、坊四州。** **淮南徐温亲自兼任昇州刺史。**

徐温以金陵形胜，战舰所聚，乃自以淮南行军副使领昇州刺史，留广陵，以其假子元从指挥使知诰为昇州防遏兼楼船副使，往治之。

夏四月，梁以王审知为闽王。

审知俭约，常蹑麻履，府舍卑陋，未尝营葺。宽刑薄赋，公私富实，境内以安。

吴越击淮南兵，破之。

淮南兵围苏州，推洞屋攻城。吴越将孙琰置轮于竿首，垂絙投锥以揭之，攻者尽露。炮至，张网以拒之。吴越王镠遣指挥使钱镖等救之。苏州有水通城中，淮南军张网缀铃悬水中，鱼鳖过，皆知之。吴越虞候司马福欲潜行入城，故以竿触网，敌闻铃声举网，福因得过入城，由是城中号令与援兵相应，敌以为神。镠尝游府园，见园卒陆仁章树艺有智而志之，至是，使仁章通信入城，果得报而返。吴越兵内外合击淮南兵，大破之，擒其将三十余人，周本夜遁。

五月，梁杀其佑国节度使王重师，夷其族。

王重师镇长安数年，梁主怒其贡奉不时，以刘捍为留后。捍谮之，云与邠、岐通，赐自尽，夷其族。

刘守光执其兄守文，进攻沧州。

刘守文以重赂招契丹、吐谷浑之众，合四万，屯蓟州。守光逆战，为所败。守文单马立于阵前，泣谓其众曰："勿杀吾弟。"守光将元行钦识之，直前擒之，沧德兵皆溃。守光囚之别室，乘胜进攻沧州。沧州判官吕兖、孙鹤推守文子延祚为帅，乘城拒守。

六月，梁刘知俊叛归岐。

徐温认为金陵地形优越,战舰集中,于是亲自以淮南行军副使兼任昇州刺史,留在广陵,并任命他的养子元从指挥使徐知诰为昇州防遏使兼楼船副使,前去治理昇州。

夏四月,后梁封王审知为闽王。

王审知勤俭节约,常穿麻布鞋,府舍简陋,从不修缮。他放宽刑罚,减轻赋税,使公私富足,境内因此安定下来。

吴越进攻淮南军,打败他们。

淮南军包围苏州,推着攻城器械洞屋攻城。吴越将领孙琰在杆子顶上装上滑轮,然后用绳子把锥子投下去揭开洞屋,进攻的士卒全部暴露在外面。炮石打来时,就把网张开来抵御。吴越王钱镠派指挥使钱镖等人前去援救苏州。苏州有水通向城中,淮南军张开网,上面挂上铃,再把网悬挂在水中,连鱼鳖通过都能知道。吴越虞候司马福想潜水进城,故意用竿触网,淮南军听到铃响就拉起网,司马福因此得以通过,进入城中,从此城中的号令与援军遥相呼应,淮南军感到很神奇。钱镠曾到府园中游玩,看到园工陆仁章种植花草很聪明,就记住了他,到这时,就派陆仁章进城送信,果然拿到回信返回。吴越兵内外夹击淮南军,把淮南军打得大败,抓获淮南将领三十多人,周本趁夜逃跑。

五月,后梁杀死佑国节度使王重师,诛灭他全族。

王重师镇守长安数年,后梁太祖对他不能按时进贡感到很生气,于是任命刘捍为佑国留后。刘捍诬陷王师重,说他与邠州、岐州勾结,于是后梁太祖赐王师重自杀,诛灭他全族。

刘守光捉住哥哥刘守文,进攻沧州。

刘守文用厚礼招募契丹、吐谷浑的士卒共四万人,驻扎在蓟州。刘守光迎战刘守文,被刘守文打败。刘守文单人匹马站在阵前,哭着对士卒说:“不要杀我的弟弟。”刘守光的将领元行钦认识刘守文,一直冲上前把刘守文抓获,沧德军全部溃逃。刘守光把刘守文单独囚禁在一间屋子里,乘胜进攻沧州。沧州判官吕兖、孙鹤推举刘守文的儿子刘延祚为主帅,登城坚守。

六月,后梁刘知俊叛变,归附岐王李茂贞。

知俊功名浸盛,以梁主猜忌日甚,内不自安。及王重师诛,益惧。梁主急征知俊,欲以为河东行营都统。知俊弟知浣密使人语知俊云:"入必死。"知俊遂以同州附于岐,遣兵袭华州,守潼关。遣人以重利啖长安诸将,执刘捍送于岐,杀之。梁主遣近臣谕知俊曰:"朕待卿甚厚,何忽相负?"对曰:"臣不背德,但畏族尔。"诏削知俊官爵,遣杨师厚、刘郭等讨之。郭至关东,获知俊伏路兵,使为前导,关吏纳之,郭兵直进,遂克潼关。知俊举族奔岐,岐兵据长安城,师厚以奇兵克之。岐王厚礼知俊,以为中书令。

秋七月,梁以刘守光为燕王。　　淮南尽取江西地。

抚州刺史危全讽帅抚、信、袁、吉之兵攻洪州。淮南守兵才千人,节度使刘威密遣使告急于广陵,日召僚佐宴饮。全讽闻之,屯象牙潭,不敢进,楚王殷遣指挥使苑玫围高安以助全讽。

徐温问将于严可求,可求荐周本,乃以本将兵七千救高安。本以前攻苏州无功,称疾不出,可求即其卧内强起之。本曰:"苏州之役,敌不能胜我,但主将权轻耳。今必见用,愿无置副贰乃可。"可求许之。本曰:"楚人为全讽声援耳,非欲取高安也。吾败全讽,援兵必还。"乃疾趣象牙潭。或曰:"全讽兵强,君宜观形势。"本曰:"贼众十倍于我,我军闻之必惧,不若乘其锐而用之。"全讽营栅临溪,亘数十里。本隔溪布阵,先使羸兵尝敌,全讽兵涉溪追之。

刘知俊的功劳名声渐大,因后梁太祖对他猜疑日见加重,内心感到不安。到王重师被诛杀后,刘知俊更加恐惧。后梁太祖紧急征召刘知俊,打算任命他为河东行营都统。刘知俊的弟弟刘知浣秘密派人告知刘知俊说:"入朝一定会死。"刘知俊就率领同州士卒归附岐王李茂贞,派兵袭击华州,守卫潼关。并派人以重利来引诱长安将领,抓获刘捍,送交岐王,并把他杀死。后梁太祖派亲近大臣去告谕刘知俊说:"朕对你很优厚,为什么要突然背叛我呢?"刘知俊回答说:"我不敢违背恩德,只怕全族被诛灭。"于是后梁太祖下诏革除刘知俊的官爵,派杨师厚、刘鄩等讨伐他。刘鄩到了潼关以东,抓获刘知俊伏在路上的士卒,让他在前面当向导,潼关关吏放他进城,刘鄩的军队长驱直入,于是攻下潼关。刘知俊带领全族投奔岐王,岐王军占据长安城,杨师厚用奇兵攻下长安。岐王对刘知俊大加礼遇,任命他为中书令。

秋七月,后梁任命刘守光为燕王。 **淮南军完全占领江西之地。**

抚州刺史危全讽率领抚、信、袁、吉四州的军队攻打洪州。淮南守军只有一千人,节度使刘威秘密派使者向广陵告急,自己却每天召集僚佐宴饮。危全讽听说后,驻扎在象牙潭,不敢前进,楚王马殷派指挥使苑玫包围高安来帮助危全讽。

徐温向严可求询问派哪位将领出战,严可求推荐周本,于是让周本率领七千士卒去援救高安。周本以前攻打苏州时没有立功,因此称病不出,严可求到他的卧室内强把他拉起来。周本说:"在苏州的战役中,敌人是不能战胜我的,只是主将的权力太小。今天如果一定要用我,希望不要设置副将才行。"严可求答应了他的要求。周本说:"楚人只是声援危全讽,并不是想夺取高安。我打败危全讽,援兵定会返回。"于是急奔象牙潭。有人说:"危全讽的军队很强大,你应当仔细观察一下形势。"周本说:"敌人是我军的十倍,我军听了一定会害怕,不如乘他们锐气旺盛而使用他们。"危全讽沿溪水营造栅栏,连绵数十里。周本隔溪布阵,先用弱兵去试探敌人,危全讽军蹚过溪水来追击他们。

本乘其半济,纵兵击之,全讽兵大溃。本分兵断其归路,擒全讽,乘胜克袁州。

歙州刺史陶雅遣兵袭饶、信,饶州刺史唐宝弃城走,米志诚败苑玫于上高。吉州刺史彭玕帅众奔楚。信州刺史危仔倡奔吴越,吴越以为淮南节度副使,更其姓曰元氏。虔州刺史卢光稠以州附于淮南。于是江西之地尽入于杨氏。

冬十月,蜀行《永昌历》。

司天监胡秀林所献也。

十一月,岐遣刘知俊攻梁灵州,梁遣兵救之,大败而还。

岐王欲取灵州以处刘知俊,使自将兵攻之。朔方节度使韩逊遣使告急于梁,梁主遣康怀贞、寇彦卿将兵攻邠宁以救之,克宁、衍二州,拔庆州南城,游兵及泾州之境。知俊闻之,解围引还。梁主急召怀贞等还,知俊据险邀之,左龙骧使王彦章力战,怀贞等乃得过。至昇平,知俊伏兵山口,怀贞大败,仅以身免。岐王以知俊为彰义节度使,镇泾州。彦章骁勇绝伦,每战用二铁枪,皆重百斤,一置鞍中,一在手,所向无前,时人谓之"王铁枪"。

蜀蜀州刺史王宗弁罢。

宗弁称疾罢归,杜门不出。蜀主疑其怨望,加检校太保,不受,谓人曰:"廉者足而不忧,贪者忧而不足。吾小人,致位至此足矣,岂可求进不已乎?"蜀主嘉其志而许之。

周本乘危全讽军半数过了河时纵兵出击。危全讽军大败溃逃。周本分兵切断他们的退路，并抓获危全讽，乘胜攻下袁州。

歙州刺史陶雅派兵袭击饶州、信州，饶州刺史唐宝弃城逃跑，米志诚在上高打败苑玫。吉州刺史彭玕率领士卒投奔楚王。信州刺史危仔昌投奔吴越，吴越任命他为淮南节度副使，为他改姓为元氏。虔州刺史卢光稠率领全州归附淮南。于是江西地区全部归于杨氏。

冬十月，蜀国推行《永昌历》。

《永昌历》是司天监胡秀林进献的。

十一月，岐王派刘知俊进攻后梁的灵州，后梁派军队去救灵州，被打得大败而回。

岐王李茂贞打算夺取灵州来安置刘知俊，于是派刘知俊亲自率兵攻打灵州。朔方节度使韩逊派使者向后梁告急，后梁太祖派康怀贞、寇彦卿率兵攻打邠宁来援救韩逊，康怀贞等攻下宁州、衍州，占领庆州南城，游击士卒进入到泾州辖境。刘知俊听说后，解除了对灵州的包围，率兵返回。后梁太祖也马上召康怀贞等人返回，刘知俊占据险要的地形阻击康怀贞，左龙骧军使王彦章奋力作战，康怀贞等人才得以通过。到达昇平，刘知俊在山口埋伏士卒，康怀贞大败，只身逃脱。岐王任命刘知俊为彰义节度使，镇守泾州。王彦章勇敢善战，无与伦比，每次作战都使用两杆铁枪，每杆铁枪都是一百斤重，一杆放在马鞍上，一杆握在手中，所向无敌，时人称他为"王铁枪"。

蜀国蜀州刺史王宗弁被罢免。

王宗弁声称有病，免官回家，闭门不出。蜀主王建怀疑他心怀怨恨，给他加官检校太保，王宗弁没有接受，对别人说："廉洁的人知足，不会有什么忧愁；贪婪的人只会忧愁，不会知足。我是个小人物，做官做到这样就知足了，怎能没完没了地要求升官呢？"王建赞赏他的志趣，答应了他的要求。

庚午（910） 晋、岐、吴称唐天祐七年，梁开平四年。是岁，淮南称吴，凡五国五镇。

春正月，刘守光克沧州，杀其兄守文。

沧州城中食尽，吕兖选男女羸弱者烹之，以给军食。正月，刘延祚力尽出降。守光使大将张万进、周知裕辅其子继威镇沧州，族吕兖而释孙鹤。兖子琦，年十五，门下客赵玉绐监刑者曰："此吾弟也，勿妄杀。"遂挈以逃。琦足痛，不能行，玉负之，变姓名，乞食于路，仅而得免。琦感家门殄灭，力学自立，晋王闻其名，署代州判官。守光使人杀守文，归罪于杀者而诛之。

二月，岐王承制加杨隆演嗣吴王。 **夏四月，梁夏州乱，杀节度使李彝昌，以其族父仁福代之。** **梁宋州献瑞麦。**

梁宋州节度使衡王友谅献瑞麦，一茎三穗。梁主曰："丰年为上瑞。今宋州大水，安用此为？"诏除本县令名，遣使诘责友谅，以惠王友能代之。

梁贬寇彦卿为游击将军。

梁左金吾大将军寇彦卿入朝，有民不避道，投诸栏外而死。彦卿自首，梁主以彦卿有功，命以私财遗死者家以赎罪。御史司宪崔沂劾奏，请论如法。梁主命彦卿分析，彦卿对："令从者举置栏外，不意误死。"梁主欲以过失论。沂奏："在法，以势力使令为首，下手为从，不得归罪从者。不斗而故殴伤人，加罪一等，不得为过失。"乃责授彦卿游击将军。

庚午（910）　晋、岐、吴称唐天祐七年，后梁开平四年。这一年，淮南改称吴，共五个国家、五个藩镇。

春正月，刘守光攻克沧州，杀死他的哥哥刘守文。

沧州城中的粮食吃完了，吕兖挑选体弱男女烹杀后给士卒吃。正月，刘延祚无能为力，出城投降。刘守光派大将张万进、周知裕辅佐自己的儿子刘继威镇守沧州，诛灭吕兖全族，释放了孙鹤。吕兖的儿子吕琦，当时十五岁，吕兖的食客赵玉欺骗监刑的人说："这是我的弟弟，不要无辜杀他。"于是拉着吕琦逃跑。吕琦脚痛不能行走，赵玉就背着他走，改换姓名，在途中边讨饭边行走，才得以免死。吕琦对全族被诛灭很有感触，于是努力学习，刻苦自立，晋王李存勖听说他的名声后，就任命他为代州判官。刘守光派人杀死刘守文，后来把杀人的罪名归咎于杀人者，并把杀人者处死。

二月，岐王李茂贞秉承皇帝旨意加封杨隆演继任吴王。夏四月，后梁的夏州发生叛乱，杀死节度使李彝昌，用李彝昌的同族伯叔李仁福接替李彝昌的职务。　后梁宋州进献瑞麦。

后梁宋州节度使衡王朱友谅进献瑞麦，一茎三穗。后梁太祖说："在丰收年景这是最好的征兆。现在宋州发生大水，这有什么用呢？"后梁太祖下诏将那个县的县令除名，派使者责问朱友谅，任命惠王朱友能接替朱友谅的职务。

后梁贬寇彦卿为游击将军。

后梁左金吾大将军寇彦卿入朝进见，有人在路上没有躲避寇彦卿，被寇彦卿部下扔到栏外摔死。寇彦卿自首认罪，后梁太祖认为寇彦卿有功，命令他用私财送给死者的家属，以此赎罪。御史司宪崔沂弹劾上奏，请求依法论处。后梁太祖让寇彦卿分辨此事的罪过，寇彦卿回答说："是让随从举起来放在栏外，没想到误伤致死。"后梁太祖打算以过失罪论处。司宪崔沂上奏说："按照法律规定，利用权势来指使别人的为首犯，动手的为从犯，不应将罪过归咎从犯。没有争斗而故意伤人者，加伤罪一等，不能以过失罪来论处。"于是后梁太祖贬寇彦卿为游击将军。

彦卿扬言：“有得崔沂首者赏万缗。”梁主使人谓彦卿曰：
“崔沂有毫发伤，我当族汝。”时功臣骄横，由是稍肃。

五月，梁天雄节度使罗绍威卒，以其子周翰代之。　六
月，梁匡国军节度使冯行袭卒。

行袭疾笃，请代。许州牙兵皆秦宗权余党，梁主深以
为忧，命崇政院直学士李珽驰往视行袭。珽至，谓将吏曰：
“天子握百万兵，去此数舍尔。冯公忠纯，勿使上有所疑。
汝曹赤心奉国，何忧不富贵？”由是众莫敢异议。行袭欲使
人代受诏，珽曰：“东首加朝服，礼也。”乃即卧内宣诏，谓行
袭曰：“公勿视事，子孙之福也。”行袭泣谢，遂解印授珽，使
代掌军府。行袭卒，以珽权知匡国留后。

梁以楚王殷为天策上将军。
楚王殷求为天策上将，始开府，以弟霸、存为相。

秋七月，岐、晋合兵攻梁夏州，梁遣兵拒却之。

岐王遣使告晋，请合兵攻定难节度使李仁福，晋王遣
周德威将兵会围夏州。梁主恐晋兵袭西京，遣兵分屯河阳
三原，遣李遇邀其归路。岐、晋兵皆解去。

八月，吴越筑捍海石塘，广杭州城。
由是钱塘富庶，盛于东南。
冬十一月，蜀主立其假子宗裕等为王。
初，唐末宦官典兵者，多养军中壮士为子以自强。由
是诸将亦效之，而蜀主尤多，至百二十人。虽冒姓连名，

寇彦卿扬言:"谁取得司宪崔沂首级,奖赏一万缗钱。"后梁太祖派人对寇彦卿说:"司宪崔沂只要受到丝毫伤害,我就诛灭你全族。"当时,有功之臣都很骄傲专横,从此稍有收敛。

五月,后梁天雄节度使罗绍威去世,任命他的儿子罗周翰接替他的职务。 六月,后梁匡国军节度使冯行袭去世。

冯行袭病重,请求命人接替他的职务。许州牙兵都是秦宗权的余党,后梁太祖对此十分忧虑,命令崇政院直学士李珽赶去看望冯行袭。李珽到了之后,对将吏们说:"天子掌握百万军马,离这里很近。冯公忠诚纯正,不要让天子有所怀疑。你们赤胆忠心来报效国家,何必担心得不到富贵呢?"从此大家都不敢再有不同的意见。冯行袭想派人代表他接受诏书,李珽说:"您头向东,穿上朝服受诏就合礼法。"于是在冯行袭的卧室内宣读诏书,对冯行袭说:"您不处理公事,这是子孙的福气。"冯行袭边哭边感谢,于是就解下印信交给李珽,让李珽代他掌管军府事务。冯行袭去世,后梁太祖任命李珽为代理匡国留后。

后梁任命楚王马殷为天策上将军。

楚王马殷请求担任天策上将军,开始设置天策府,任命弟弟马赉、马存为相。

秋七月,岐、晋合兵进攻后梁的夏州,后梁派遣军队抵御击退他们。

岐王李茂贞派使者告诉晋王李存勖,请求合兵攻打定难节度使李仁福,晋王派周德威率军与岐王军会合,包围夏州。后梁太祖担心晋军袭击西京,派兵分别驻扎在河阳、三原,派李遇阻拦他们的归路。后来,岐、晋军都解围离开。

八月,吴越修筑防御海潮的石塘,扩大杭州城。

从此,钱塘地区变得富庶,在东南地区最为繁盛。

冬十一月,蜀主王建立他的养子王宗裕等为王。

当初,唐末掌握军权的宦官往往收养军中壮士为养子,以加强自己的势力。因此,各位将领也都加以效法,而蜀主王建收养的尤其多,达到一百二十人。虽然冒姓王氏,名字也按字排行,

而不禁昏姻。

梁遣兵袭镇州，取深、冀。镇、定推晋王为盟主，晋遣兵救之。

梁主疑赵王镕贰于晋，且欲因邺王绍威卒，除移镇、定。会燕王守光发兵侵定州，遣供奉官杜廷隐、丁延徽监魏博兵三千，分屯深、冀，声言助赵守御。赵将石公立戍深州，白镕拒之，镕不从。公立出门，指城而泣曰：“朱氏灭唐社稷，三尺童子知其为人。而我王犹恃昏好，以长者期之，此所谓开门揖盗者也。惜乎此城之人，今为虏矣。”深、冀民见魏博兵入，奔走惊骇。未几，廷隐等闭门尽杀赵戍兵，乘城拒守。

镕始命公立攻之，不克，乃遣使求援于燕、晋，与义武节度使王处直共推晋王为盟主，合兵攻梁。晋王会将佐谋之，皆曰：“镕久臣朱温，输赂结昏，其交深矣，此必诈也。”王曰：“彼亦择利害而为之耳。王氏在唐犹或臣或叛，况肯终为朱氏之臣乎？今救死不赡，何顾昏姻？我若疑而不救，正堕朱氏计中。”乃遣周德威将兵出井陉，屯赵州。

镕使者至幽州，守光方猎，孙鹤驰诣野，谓曰：“赵人乞师，此天欲成王之功业也。”守光曰：“何故？”对曰：“比常患其与朱温胶固，温之志非尽吞河朔不已。今彼自为仇敌，王若与之并力破梁，则镇、定皆敛衽而朝燕矣。不早出师，但恐晋人先我矣。”守光曰：“王镕数负约，今使之与梁自相弊，吾可以坐承其利，又何救焉？”不为出兵。

但不禁止他们通婚。

后梁派军队袭击镇州，夺取深州、冀州。镇、定二州推举晋王李存勖为盟主，李存勖派兵前往援救。

后梁太祖怀疑赵王王镕背叛自己效忠晋王，而且想乘邺王罗绍威去世，将他调任镇、定二州。正好遇上燕王刘守光发兵侵犯定州，于是后梁太祖派供奉官杜廷隐、丁延徽监督魏博的三千士兵，分别驻扎在深州、冀州，扬言帮助赵王进行防御。赵将石公立戍守深州，禀告王镕，请求抵御他们，王镕没有依从。石公立走出城门，指着城哭泣说："朱氏消灭了唐朝，三尺高的孩子都知道他的为人。而我们赵王还想依靠婚姻关系，以长者的身份期待他，这就是所谓开门请强盗进来的人。可惜啊这城里的人，今天要被俘虏了。"深州、冀州百姓看见魏博兵进城，都惊恐逃走。不久，杜廷隐等关闭城门，把赵兵全部杀死，登城防守。

赵王王镕才命令石公立攻城，但未能攻克，于是派使者向燕王和晋王求援，和义武节度使王处直一起推举晋王为盟主，合兵进攻后梁。晋王召集将佐商议此事，将佐们都说："王镕长期向朱温称臣，送去礼物，结为婚姻之好，他们交往很深，这次一定有诈。"晋王说："他们也是权衡利害才这样做。王氏在唐朝尚且时而称臣，时而叛变，难道肯终身做朱氏的臣子吗？现在救死都来不及，哪里还顾得婚姻之好？如果我还迟疑而不去援救，正好中了朱氏的计。"于是派周德威率领军队开出井陉，驻扎赵州。

王镕的使者到了幽州，刘守光正在打猎，孙鹤骑马飞奔到野外，对刘守光说："赵人前来请求援兵，这是上天要成全大王的功业。"刘守光说："这是什么缘故？"孙鹤回答说："你经常担心王镕与朱温的关系牢固，朱温的志向，不完全吞并河朔地区是不会罢休的。现在他们自己成为仇敌，大王如果和他合力打败后梁，镇、定二州就都会提起衣襟来朝拜燕王了。如果不及早出兵，只怕晋人会先于我们发兵。"刘守光说："王镕多次违背盟约，现在让他和梁自相残杀，我可以坐收其利，又何必要出兵援救呢？"最后没有出兵。

自是镇、定复称唐天祐年号,梁主命王景仁等将兵击之。

十二月,梁定《律令格式》行之。 梁进军逼镇州,晋王救之,次于高邑。

梁王景仁等进军柏乡,赵王镕复告急于晋。晋王自将东下,王处直遣将将兵五千以从。至赵州,与周德威合,获梁刍荛者,问之,曰:"梁主戒上将云:'镇州反覆,终为子孙之患。今悉以精兵付汝,镇州虽以铁为城,必为我取之。'"晋王命送于赵。进军距柏乡三十里,遣周德威等以胡骑迫梁营挑战,梁兵不出。进距柏乡五里,营于野河之北,又遣胡骑迫梁营驰射,且诟之。梁将韩勍等将步骑迫之,铠胄鲜华,光彩炫耀,晋人望之夺气。

德威谓李存璋曰:"梁人志不在战,徒欲曜兵尔。不挫其锐,则吾军不振。"乃徇于军曰:"彼皆汴州屠酤佣贩之徒耳,衣铠虽鲜,十不能当汝一。擒获一夫,足以自富,乃奇货,不可失也。"帅精骑千余击其两端,获百余人。且战且却,距野河而止。言于晋王曰:"贼势甚盛,宜按兵以待其衰。"王曰:"吾孤军远来,救人之急,三镇乌合,利于速战。公乃欲按兵持重,何也?"德威曰:"镇、定之兵长于守城,短于野战。且吾所恃者骑兵,利于平原广野,可以驰突。今压贼垒门,骑无所展其足,且众寡不敌,使彼知吾虚实,则事危矣。"王不悦,退卧帐中,诸将莫敢言。

从此,镇州、定州又用唐朝天祐年号,后梁太祖命令王景仁等率兵进攻赵王、晋王。

十二月,后梁刊定《律令格式》,颁布执行。 后梁进军逼近镇州,晋王李存勖援救镇州,驻扎在高邑。

后梁王景仁等向柏乡进军,赵王王镕又向晋王告急。晋王亲自率军东进,王处直派将领率领五千士卒随从晋王。到了赵州,和周德威会合,捉住后梁打柴草的人询问情况,打柴草的人说:"梁主告诫上将说:'镇州反复无常,终究会成为子孙的后患。现在将全部精兵交给你,即使镇州以铁为城,也一定要为我夺取。'"晋王命令把俘虏送给赵王。率军前进到距离柏乡三十里时,派周德威等人用胡人的骑兵逼近后梁军营进行挑战,后梁士兵不出来应战。晋军又前进到距离柏乡五里的地方,在野河的北面安营扎寨,又派遣胡人骑兵逼近后梁军营驰骋射箭,还辱骂后梁军队。后梁将领韩勍等人率领步兵骑兵追击晋军,铠甲鲜亮华丽,光彩夺目,晋军看了就失去士气。

周德威对李存璋说:"梁军的目的不在打仗,只想炫耀兵力。不挫败他的锐气,就不能振奋我军。"于是在军中巡视,并说:"他们都是汴州的屠户、酒保、佣工、商贩之类罢了,衣服、铠甲虽然光鲜,但十个人都抵不上你们一个人。能抓住他们一个人,就足以使自己富起来,这是奇货,机不可失。"周德威率领一千多精锐骑兵进攻后梁军队的两头,抓获一百余人。晋军边战边退,据守野河才停驻下来。周德威对晋王说:"敌人气势很盛,应按兵不动,等待他们士气衰落。"晋王说:"我们孤军远来,救人之急,镇州、定州、河东三镇军队是仓促集合起来的队伍,利于速战速决。你却想按兵不动,保持稳重,这是为什么呢?"周德威说:"镇州、定州的军队善于守城,不善于在野外作战。况且我所依靠的是骑兵,有利于在平原广野上奔驰冲击。现在压在敌人的营垒门前,骑兵无法施展手脚,而且敌众我寡,假使敌人知道我军虚实,事情就危险了。"晋王听了有点不高兴,退入帐中,躺在床上,各位将领都不敢说话。

　　德威往见张承业曰："大王骤胜而轻敌,不量力而务速战。今去贼咫尺,所限者一水尔,彼若造桥以薄我,我众立尽矣。不若退军高邑,诱贼离营,彼出则归,彼归则出,别以轻骑掠其馈饷,不过逾月,破之必矣。"承业入,褰帐抚王曰："此岂王安寝时邪? 德威老将,知兵,其言不可忽也。"王蹶然而兴,曰:"予方思之。"梁兵有降者,诘之,曰:"景仁方造浮桥。"王谓德威曰:"果如公言。"是日拔营,退保高邑。

　　辛未(911)　晋、岐、吴称唐天祐八年,梁乾化元年。蜀永平元年。是岁,凡五国五镇。

　　春正月朔,日食。　晋王伐梁军于柏乡,大破之。

　　柏乡比不储刍,梁兵刈刍自给,晋人抄之。梁兵不敢出,剉屋茅、坐席以饲马,马多死。周德威与别将史建瑭、李嗣源将精骑三千,压梁垒门而诟之。王景仁、韩勍怒,悉众而出。德威等转战而北,至高邑南。李存璋以步骑陈于野河之上,梁兵横亘数里,竞前夺桥,镇、定步兵御之,势不能支。晋王谓指挥使李建及曰:"贼过桥,则不可复制矣。"建及力战却之。王登高丘以望,曰:"梁兵争进而嚣,我兵整而静,我必胜。"

　　战自巳至午,胜负未决。王谓德威曰:"两军已合,势不可离。我之兴亡,在此一举。我为公先登,公可继之。"德威叩马谏曰:"观梁兵之势,可以劳逸制之,未易以力胜也。彼去营三十余里,虽挟糗粮,亦不暇食。日昳之后,

周德威去见张承业说："大王骤然取得胜利就轻视敌人，不自量力，务求快速作战。现在离敌人很近，两军只有一水之隔，如果敌人修桥过河来逼迫我们，我们立刻就会被消灭。不如退军高邑，引诱敌人离开营垒，他们出来我们就回去，他们回去我们就出来，另外再用轻装骑兵去抢夺粮饷，不超过一个月，一定能打败敌人。"张承业进入晋王的营帐，掀开帐子抚摸着晋王说："现在难道是大王安稳睡觉的时候吗？德威是老将，很了解用兵，他的话不可忽视。"晋王突然爬了起来，说："我正在思考他的建议。"后梁军队有投降的士卒，盘问他，回答说："王景仁正在架设浮桥。"晋王对周德威说："果然如你所言。"当天就撤营退守高邑。

辛未（911）　晋、岐、吴称唐天祐八年，后梁乾化元年。前蜀永平元年。这一年，共五个国家、五个方镇。

春正月初一，发生日食。　晋王李存勖在柏乡讨伐后梁军队，把后梁军队打得大败。

柏乡近年不储备草料，后梁的士卒割草自给，晋人抢劫他们的草料。后梁的士卒不敢出动，就斩剁屋顶的茅草和座席来喂马，很多马都死了。周德威和别将史建瑭、李嗣源率领三千精锐骑兵逼近后梁的营门，并且辱骂他们。王景仁、韩勍都十分生气，率全军出动。周德威向北面转战，到了高邑南面。李存璋用步兵骑兵在野河岸边摆开阵势，后梁军队横亘数里，争先恐后地向前争夺桥梁，镇州、定州的步兵前来抵御，难以抵挡。晋王对指挥使李建及说："敌人过了桥，就不能再制服了。"李建及奋力作战，击退后梁军队。晋王登上高丘眺望，说："梁军争先前进，喧哗吵闹，我军整齐安静，我军定能取得胜利。"

战斗从巳时一直打到午时，胜负未分。晋王对周德威说："两军已经交战，势不可离。我们的兴亡，在此一举。我为你先冲上去，你可以跟着我来。"周德威勒马劝阻晋王说："从梁兵的态势来看，可以用以逸待劳的方法加以制服，很难用力量取胜。他们离营垒三十余里，虽然带着干粮，也没有时间吃。日落之后，

饥渴内迫,矢刃外交,士卒劳倦,必有退志。当是时,我以精骑乘之,必大捷,今未可也。"王乃止。

至晡,梁军未食,果引却。德威疾呼曰:"梁兵走矣!"晋兵大噪争进,梁兵惊怖大溃。李存璋引步兵乘之,呼曰:"梁人亦吾人也,父兄子弟饷军者勿杀。"于是战士悉解甲投兵而弃之,嚣声动天地。赵人以深、冀之憾,不顾剽掠,但奋白刃追之。梁之精兵殆尽,弃粮食资械不可胜计,凡斩首二万级,河朔大震。晋王收兵屯赵州,杜廷隐等弃深、冀而去。

晋师围邢、魏,梁兵救之,晋师还。

晋王遣周德威、史建瑭趣澶、魏,张承业、李存璋攻邢州,自以大军继之,移檄河北州县,谕以利害。自攻魏州,不克。梁主以罗周翰年少,且忌其旧将佐,以李振为天雄节度副使,命杜廷隐将兵千人卫之,间道夜入魏州,助周翰城守。晋王观河于黎阳,梁兵将度,皆弃舟而去。德威拔夏津、高唐、东武、朝城,澶州刺史弃城走。进攻黎阳,拔临河、淇门,逼卫州,掠新乡、共城。梁主帅亲军屯白马阪以备之。

刘守光淫虐滋甚,每刑人,必置诸铁笼,以火逼之,又以铁刷刷人面。闻梁兵败,使人谓赵王镕及王处直曰:"闻二镇与晋王破梁兵,举军南下,仆亦有精骑三万,欲自将之,为诸公启行。然四镇连兵,必有盟主,仆若至彼,何以处之?"镕告于晋王,晋王笑曰:"赵人告急,守光不能出一卒以攻之。及吾成功,乃复欲以兵威离间二镇,愚莫甚焉。"诸将曰:"云、代与燕接境,彼若扰我城戍,动摇人情,亦

腹内饥渴交迫,身外矢刃相交,士卒疲倦,一定想退却。到那时,我们趁机用精锐的骑兵进攻他们,一定能取得巨大胜利,现在却不可进攻。"晋王这才停止向前冲击。

太阳快落山时,后梁兵还没吃饭,果然开始退却。周德威大叫说:"梁兵逃跑了。"晋兵大声呐喊,争先前进,梁兵惊慌恐怖,大举溃逃。李存璋率步兵追赶,大叫说:"梁人与我们一样,父兄子弟给军队送粮的不要杀。"于是后梁兵都脱下铠甲丢掉兵器扔在地上,喧嚣声震天动地。赵人怀着深州、冀州戍卒被杀的仇恨,顾不上抢夺财物,只是高举兵器追杀后梁兵。后梁精兵几乎全被消灭,丢下的粮食器械不可胜数,共斩首两万人,河朔地区大为震动。晋王收兵驻扎在赵州,杜廷隐等丢下深州、冀州逃走。

晋军包围邢州、魏州,后梁军队前往援救,晋军撤回。

晋王李存勖派周德威、史建瑭直奔澶州、魏州,张承业、李存璋进攻邢州,晋王自己率领大军跟在后面,向河北各州县传送檄文,讲明利害。晋王亲自攻打魏州,没有攻克。后梁太祖认为罗周翰年轻,而且忌惮他属下的旧部,任命李振为天雄节度副使,命令杜廷隐率领一千士卒保卫他,从小路乘夜进入魏州,帮助罗周翰守城。晋王在黎阳兵临黄河,后梁兵将渡黄河时,都丢下舟船逃走。周德威攻下夏津、高唐、东武、朝城,澶州刺史弃城逃跑。周德威又进攻黎阳,攻下临河、淇门,进逼卫州,抢掠新乡、共城。后梁太祖率领亲军驻扎在白马阪防御晋军。

刘守光荒淫暴虐的行为越来越严重,每次惩罚人,一定要将人放在铁笼里,火烤逼问,又用铁刷刷人的面部。刘守光听说后梁兵战败,派人对赵王王镕和王处直说:"听说两镇和晋王打败梁军,率军南下,我也有三万精锐骑兵,打算亲自率领前去为诸位开路。然而四镇的军队联合,一定要有位盟主,我如果到了那里,如何安排我?"王镕告知晋王,晋王笑着说:"赵人告急,刘守光不能派出一个士兵前去援救。等我成功后,又想用军队的威力来离间两镇,没有比这更愚蠢的了。"诸位将领说:"云州、代州与燕国边境相连,他们如果侵扰我边城戍所,动摇人心,也是

腹心之患也。不若先取守光,然后可以专意南讨。"王曰:
"善。"会梁杨师厚引兵救邢、魏,晋王解围去,师厚留屯
魏州。

赵王镕来谒晋王,大犒将士,自是遣其养子德明将三
十七都常从晋王征讨。德明本姓张,名文礼。晋王归晋
阳,留周德威等戍赵州。

**三月,梁清海节度使刘隐卒,弟岩知留后。　夏四月,
岐攻兴元,蜀兵击却之。**

蜀主之女普慈公主嫁岐王从子继崇,继崇骄矜嗜酒,
蜀主召公主归宁,留之。岐王怒,始与蜀绝。至是,岐王聚
兵寇蜀兴元,唐道袭击却之。

晋王推刘守光为尚父,梁亦以为采访使。

守光尝衣赭袍,顾谓将吏曰:"今天下大乱,英雄角逐,
吾兵强地险,亦欲自帝,何如?"孙鹤曰:"今内难新平,公私
困竭,太原窥吾西,契丹伺吾北,遽谋自帝,未见其可。大
王但养士爱民,训兵积谷,德政既修,四方自服矣。"守光不
悦,又使人讽镇、定,求尊己为尚父。赵王镕以告晋王,晋
王怒,欲伐之。诸将皆曰:"是为恶极矣,行当族灭,不若阳
为推尊以稔之。"乃与镕及义武王处直、昭义李嗣昭、振武
周德威、天德宋瑶六节度使共奉册推守光为尚书令、尚父。

守光不寤,益骄,表梁主曰:"晋王等推臣,臣荷陛下
厚恩,未之敢受。不若陛下授臣河北都统,则并、镇不足
平矣。"梁主亦知其狂愚,乃以守光为河北道采访使,遣使
册命之。守光命僚属草受册仪,僚属取唐册太尉仪献之。

心腹之患。不如先打败刘守光,然后就可以专心向南讨伐。"晋王说:"很好。"此时正好遇上后梁杨师厚率兵援救邢州、魏州,晋王解围离去,杨师厚留在魏州驻扎下来。

赵王王镕前来拜见晋王,对将士大加犒劳,从此赵王王镕派他的养子王德明率领三十七都士卒,经常跟随晋王外出征讨。王德明本姓张,名文礼。晋王回到晋阳后,留下周德威等人戍守赵州。

三月,后梁清海节度使刘隐去世,他的弟弟刘岩任节度留后。 夏四月,岐王李茂贞攻打兴元,蜀兵把他们击退。

蜀主王建的女儿普慈公主嫁给岐王的侄子李继崇,李继崇骄横嗜酒,蜀主召公主回家省亲,并把她留下。岐王十分生气,开始和蜀国断绝来往。到这时,岐王集中兵力侵犯蜀国兴元,蜀国的唐道袭将岐王的军队击退。

晋王李存勖推尊刘守光为尚父,后梁也任命他为采访使。

刘守光曾经穿上红袍,回头对将吏说:"现在天下大乱,英雄角逐,我兵力强大,占有险要地势,也想自己称帝,怎么样?"孙鹤说:"现在内部的危难刚解决,公私困乏,晋王窥伺我们的西部,契丹窥伺我们的北部,急忙谋划自己称帝,不见得可行。大王只要养士爱民,练兵蓄谷,德政修明后,四方自然服从。"刘守光不大高兴,又派人去婉言暗示镇、定二州,要求尊奉自己为尚父。赵王王镕把这件事告诉了晋王,晋王十分生气,打算讨伐刘守光。将领们都说:"这是作恶到极点了,即将迎来灭族之祸,不如假装尊奉他为尚父,使他罪大恶极。"于是就和王镕、义武王处直、昭义李嗣昭、振武周德威、天德宋瑶六位节度使奉册,推奉刘守光为尚书令、尚父。

刘守光并没醒悟,反而更骄横,上表后梁太祖说:"晋王等推举我,我承蒙陛下厚恩,没敢接受。不如陛下授我为河北都统,那么晋王、赵王就不难平定了。"后梁太祖也知道刘守光狂妄愚昧,就任命他为河北道采访使,派使者加以册命。刘守光命他属下草拟接受册命的礼仪,属官拿唐朝册封太尉的礼仪献给他。

守光问："何得无郊天改元之事？"对曰："尚父，人臣也，安有郊天改元者乎？"守光怒，投之于地，曰："我地方二千里，带甲三十万，直作河北天子，谁能禁我？尚父何足为哉？"命趣具即帝位之仪，械系梁及诸道使者于狱，既而皆释之。

秋七月，梁主避暑于河南尹张宗奭第。

宗奭，即全义也，梁改其名。梁主避暑其第，乱其妇女殆遍。宗奭子继祚不胜愤耻，欲弑之。宗奭止之曰："吾家顷在河阳，为李罕之所围，啖木屑以度朝夕，赖其救我，得有今日，此恩不可忘也。"乃止。

梁遣杨师厚将兵屯邢州，赵王镕会晋于承天军。

赵王镕以杨师厚在邢州，甚惧，会晋王于承天军。晋王谓镕父友也，事之甚恭，谓曰："朱温之恶极矣，天将诛之，虽有师厚辈，不能救也。脱有侵轶，仆自帅众当之，叔父勿以为忧。"镕捧卮为寿，谓晋王为四十六舅，晋王许以女妻其幼子昭诲。由是晋、赵之交遂固。

八月，燕王刘守光称帝。

守光将称帝，将佐多窃议以为不可，守光乃置斧质于庭，曰："敢谏者斩！"孙鹤曰："沧州之破，鹤分当死。蒙王生全，以至今日，敢爱死而忘恩乎？窃以为今日之帝，未可也。"守光怒，伏诸质上，令军士刲而啖之。鹤呼曰："百日之外，必有急兵。"守光命以土塞其口，寸斩之。遂即位，改元应天。受册之日，契丹陷平州，燕人惊扰。

岐王使刘知俊攻蜀，围安远军。

刘守光问说:"怎么没有到南郊祭天、更改年号的仪式?"属官回答说:"尚父还是臣属,怎能祭天、改年号呢?"刘守光十分生气,把册仪扔在地上,说:"我有两千里领地,三十万士卒,就是直接当河北的天子,又有谁能禁止我?尚父哪里值得当呢?"于是命令准备即帝位的礼仪,用刑具把后梁及各道使者抓起来投入狱中,不久又把他们都释放了。

秋七月,后梁太祖到河南尹张宗奭家里避暑。

张宗奭就是张全义,后梁太祖改了他的姓名。后梁太祖到他家里避暑,几乎把他家里的妇女淫乱遍了。张宗奭的儿子张继祚感到无比愤怒、耻辱,想把后梁太祖杀掉。张宗奭阻止他说:"我家前不久在河阳被李军之包围,靠吃木屑度日,多亏他救了我才有今日,这个恩情不能忘。"张继祚才作罢。

后梁派杨师厚率兵驻扎在邢州,赵王王镕与晋王李存勖在承天军会见。

赵王王镕因杨师厚在邢州,感到非常害怕,于是到承天军和晋王会见。晋王认为王镕是父亲的朋友,对王镕很恭敬,对他说:"朱温的罪恶极大,上天将诛灭他,虽然有杨师厚等人,也不能挽救他。倘若他来侵犯,我将亲自领兵抵挡,叔父不要为此担忧。"王镕捧起酒杯为他祝寿,称晋王为四十六舅,晋王答应把女儿嫁给王镕的小儿子王昭诲。从此晋王和赵王的关系更加巩固。

八月,燕王刘守光称帝。

刘守光将要称帝,将佐多数私下议论认为不可,刘守光于是将斧子与铁锧这种刑具摆在大庭里说:"有敢进谏的斩首!"孙鹤说:"沧州被攻破后,我本就该死。承蒙大王让我活到今天,我哪敢怕死而忘恩?我私下认为今日称帝是不可以的。"刘守光很生气,把孙鹤按伏在铁锧上,命令军士剐了他分着吃,孙鹤呼喊说:"一百天后,一定有紧急军情。"刘守光命令把土塞到他的嘴里,一小块一小块地将他杀死。随后就登上帝位,将年号改为应天。受册命的那一天,契丹人攻陷平州,燕人惊慌混乱。

岐王李茂贞派刘知俊攻打蜀国,包围安远军。

岐王使知俊、李继崇将兵击蜀，蜀将王宗侃大败，奔安远军，知俊、继崇追围之。

九月，梁主如相州。

梁主闻晋、赵谋南伐，自将拒之。至卫州，方食，军前奏晋军已出井陉，遽命辇北趣邢洺，昼夜倍道兼行。至相州，闻晋兵不出，乃止。刺史李思安不意梁主猝至，落然无具，坐削官爵。

冬十月，晋遣李承勋使于燕。

晋王闻刘守光称帝，大笑曰："俟彼卜年，吾当问其鼎矣。"张承业请遣使致贺以骄之，晋王遣太原少尹李承勋往，用邻藩通使之礼。燕典客欲使称臣庭见，承勋曰："吾受命于唐朝，为太原少尹，燕王岂得而臣之乎？"守光怒，囚之数日，竟不能屈。

十一月，梁主还洛阳。

梁主发相州，至洹水。边吏言晋、赵兵南下，梁主即时进军。至魏县，或告云："沙陀至矣。"士卒恟惧，多逃亡，严刑不能禁，既尔复告云无寇，上下始定。梁主以夹寨、柏乡屡失利，故力疾北巡，思一雪其耻，意郁郁，多躁忿，功臣宿将往往以小过被诛，众心益惧。既而晋、赵兵竟不出，梁主南还。纳怀州刺史段明远妹为美人，明远馈献丰备，梁主悦。至洛阳，疾复作。

幽州参军冯道奔晋。

刘守光谋攻易定，道以为未可，系狱，得免，亡奔晋。张承业荐之，晋王以为掌书记。

蜀主自将击岐兵，大破之。

岐王派刘知俊、李继崇率兵进攻蜀地，蜀将王宗侃被打得大败，逃往安远军，刘知俊、李继崇追击并包围了他们。

九月，后梁太祖前往相州。

后梁太祖听说晋、赵谋划南伐，亲自率军抵御。后梁太祖到达卫州，正在吃饭，军前奏报晋军已经从井陉出来，于是紧急命令驾起辇车向北赶往邢洺，昼夜兼行。到相州后，听说晋军没有出发，才停止前进。相州刺史李思安没想到后梁太祖会突然到来，冷冷清清没有什么准备，因此被削夺了官爵。

冬十月，晋国派李承勋出使燕国。

晋王李存勖听说刘守光称帝，大笑说："等他占卜在位年数时，我就要去问鼎了。"张承业请求派使者去祝贺，以此来使刘守光骄傲，晋王派太原少尹李承勋前往祝贺，用相邻藩国使者来往的礼节。燕国典客想让他在大庭内称臣拜见，李承勋说："我受命于唐朝，任太原少尹，燕王怎能让我称臣？"刘守光非常生气，把他囚禁了好几天，但最终也未能使李承勋屈服。

十一月，后梁太祖回到洛阳。

后梁太祖从相州出发，到达洹水。边境官吏报告说晋、赵军队南下，后梁太祖马上率军前进。到魏县后，有人告诉说："沙陀来了。"士卒们感到恐惧，多有逃跑的，使用严酷的刑罚都无法禁止。不久，又有人报告说没有敌人，军队上下才安定下来。后梁太祖因为在夹寨、柏乡多次失利，所以强撑病体北巡，想一雪其耻，因此内心烦闷急躁，功臣和老将往往因小错而被杀，大家更感到恐惧。后来晋、赵的军队终究没有出动，后梁太祖也就南返。后梁太祖纳怀州刺史段明远的妹妹为美人，段明远进献的礼物非常丰厚，后梁太祖很高兴。后梁太祖到洛阳后，旧病复发。

幽州参军冯道投奔晋国。

刘守光谋划攻打易定，冯道认为不可以，刘守光把冯道关入监狱，后来得到赦免，冯道逃奔晋国。张承业推荐冯道，晋王李存勖任命冯道为掌书记。

蜀主王建亲自率军攻打岐军，把岐军打得大败。

蜀王宗弼、王宗播再败岐兵,蜀主如兴元。安远军望其旗,王宗侃等鼓噪而出,与援军夹攻岐兵,大破之,拔二十一寨,斩其将李廷志等,岐兵解围遁去。唐道袭先伏兵于斜谷邀击,又破之。岐王左右谗刘知俊,岐王夺其兵。李继崇曰:"知俊壮士,穷来归我,不宜以谗废之。"知俊举族居于秦州。

刘守光寇易定,晋遣兵救之。

壬申(912) 晋、岐、吴称唐天祐九年,梁乾化二年。是岁,凡五国五镇。

春正月,晋师及镇、定之兵伐幽州。二月,梁主救之,大败走还。

晋周德威东出飞狐,与赵将王德明、义武将程岩会于易水,攻燕祁沟关,下之,围涿州。刺史刘知温城守,刘守奇之客刘去非大呼于城下,谓知温曰:"河东小刘郎来为父讨贼,何豫汝事而坚守邪?"守奇免胄劳之,知温遂降。周德威疾守奇之功,谮诸晋王,守奇恐获罪,与去非及进士赵凤奔梁,梁主以为博州刺史。

先是,守光籍境内丁壮,悉文面为兵,虽士人亦不免。凤诈为僧奔晋,守奇客之。

德威遂至幽州城下,守光求救于梁,梁主自将救之。从官以梁主诛戮无常,多惮行,梁主怒。至白马顿,赐从官食,多未至,遣骑趣之,散骑常侍孙骘等三人后至,扑杀之。至武陟,段明远供馈有加于前,帝追思李思安前事,贬柳州司户,

蜀将王宗弼、王宗播两次打败岐兵,蜀主前往兴元。安远军望见蜀主的旗帜,王宗侃等人击鼓呐喊冲出,与援军夹攻岐兵,把岐兵打得大败,攻下二十一座营寨,杀死岐兵将领李廷志等人,岐兵解除对安远军的包围逃跑。唐道袭预先在斜谷埋伏军队,阻击岐兵,又将岐兵打败。岐王李茂贞的亲信诋毁刘知俊,岐王收回刘知俊的兵权。李继崇说:"刘知俊是一位壮士,穷困时来归附我们,不应因谗言罢免他。"后来刘知俊率全族到秦州居住。

刘守光侵犯易定,晋国派兵前往援救。

壬申(912)　晋、岐、吴称唐天祐九年,后梁乾化二年。这一年,共五个国家、五个藩镇。

春正月,晋军和镇州、定州的军队一起讨伐幽州。二月,后梁太祖援救幽州,大败逃回。

晋将周德威东出飞狐口,和赵将王德明、义武将程岩在易水会合,一起攻打燕祁沟关,攻下后,包围涿州。涿州刺史刘知温坚守涿州城,刘守奇的食客刘去非在城下向刘知温大声呼喊说:"河东小刘郎来为父亲讨伐敌人,关你什么事?你为什么要坚守呢?"刘守奇脱下头盔慰劳他,刘知温就投降了。周德威嫉妒刘守奇的功劳,在晋王李存勖面前说他坏话,刘守奇害怕获罪,就和刘去非及进士赵凤投奔后梁,后梁太祖任命他为博州刺史。

此前,刘守光将境内成年男子登记造册,给他们脸上刺上记号,收为士卒,即使读书人也不得免役。赵凤假扮成僧人逃奔晋国,刘守奇以客相待。

周德威随后来到幽州城下,刘守光向后梁求救,后梁太祖亲自率领军队前往援救。跟随后梁太祖的官员认为他诛杀无常,多数人都害怕随行,后梁太祖十分生气。到达白马顿时,后梁太祖赏赐随从官员食物,很多随从官都没有赶到,后梁太祖派骑兵去催促他们,散骑常侍孙骘等三个人来晚了,后梁太祖将他们打死。走到武陟时,段明远的供给和馈赠都比以前还要增多,后梁太祖想起李思安之前供给不足的事情,便将他贬为柳州司户,

告曰：“观明远之忠勤如此，见思安之悖慢何如。”寻长流崖州，赐死。明远后更名凝。

梁主至魏州，命杨师厚、李周彝围枣强，贺德伦、袁象先围蓨县。昼夜兼行，至下博，遇赵将符习引数百骑巡逻。或告曰：“晋兵大至矣。”梁主弃行幄，亟引兵趣枣强，与师厚军合。师厚急攻枣强，数日不下，城坏复修，死伤万数。城中矢石将竭，谋出降，有一卒奋曰：“贼自柏乡丧败以来，视我镇人裂眦。今往归之，如自投虎狼之口耳。我请独往试之。”夜缒出降，周彝召问之，对曰：“非半月未易下也。”因请一剑效死，周彝不许，使荷担从军。卒得间，举担击周彝首，踣地，救至得免。梁主愈怒，命师厚昼夜急攻，屠之。

德伦攻蓨，晋将李存审谓史建瑭、李嗣肱曰：“吾王方有事幽蓟，无兵此来。使贼得蓨，必西侵深、冀，患益深矣，当与公等以奇计破之。”存审乃引兵扼下博桥，使建瑭、嗣肱分道擒生，遇梁军之樵刍者皆执之，获数百人，杀之，留数人断臂纵去，曰：“为我语朱公，晋王大军至矣。”时梁主引师厚兵攻蓨，未及置营，建瑭、嗣肱各将三百骑，效梁军旗帜服色，与樵刍者杂行，暮至营门，纵火大噪，弓矢乱发，营中大扰，不知所为。断臂者复来曰：“晋军大至矣。”梁主大骇，烧营夜遁，迷失道，委曲行百五十里，蓨之耕者皆荷钮奋梃逐之，委弃资械，不可胜计。既而复遣骑觇之，

文告中说:"看段明远如此忠诚勤勉,可见李思安多么狂悖怠慢。"不久将李思安流放到遥远的崖州,赐死。段明远后改名段凝。

后梁太祖到了魏州,命令杨师厚、李周彝包围枣强,命令贺德伦、袁象先包围蓨县。后梁太祖日夜兼行,到了下博,遇到赵将符习带领数百名骑兵巡逻。有人报告说:"大批晋军来了。"后梁太祖丢下出行用的帐幄,赶紧率兵直奔枣强,与杨师厚军会合。杨师厚急攻枣强,几天都没有攻下来,城坏了又修复,后梁军死伤一万余士卒。枣强城中的箭石将要用完,人们商量出城投降,有一士卒奋力高呼说:"敌人自从在柏乡战败以来,看见我们这个方镇的人就很愤怒。如今前去归附,就像自投虎狼之口。我请求独自前去试探一下。"晚上,他从城上吊着出去投降,李周彝把他召来询问,他回答说:"没有半个月难以攻下来。"因此请求李周彝发给他一把剑,为李周彝效死,李周彝没有答应,让他挑着担子跟着军队。突然,此人举起扁担击打李周彝的头部,把李周彝打倒在地,抢救的人赶到,李周彝才免于一死。后梁太祖更加愤怒,命令杨师厚昼夜急攻枣强,最后血洗枣强城。

贺德伦攻打蓨县,晋将李存审对史建瑭、李嗣肱说:"我们大王正在幽州、蓟州一带有战事,没有兵力能派到这里来。假使敌人攻占蓨县,一定会西侵深州、冀州,忧患就更多了,应当和你们用奇计打败他们。"李存审于是领兵扼守下博桥,派史建瑭、李嗣肱分路去活捉敌兵,遇到后梁割草打柴的士卒就抓起来,一共捉获数百人,全都杀死,只留下几个人,砍掉手臂放走,并说:"替我告诉朱公,晋王大军就到了。"当时后梁太祖率领杨师厚的部队攻打蓨县,还没有来得及修建营垒,史建瑭、李嗣肱各自率领三百骑兵,效仿后梁的旗帜和服色,和打柴割草的士卒混杂前进,傍晚到达后梁营门,纵火大喊,弓箭乱发,后梁军营大乱,不知道怎么办好。被砍掉手臂的士卒又来报告说:"大批晋军到达。"后梁太祖大惊,烧毁营垒,连夜逃跑,途中迷了路,辗转曲折地走了一百五十里,蓨县耕地的农民都举着锄头追赶后梁兵,后梁兵丢弃的物资器械不可胜计。不久,后梁太祖又派骑兵去窥探晋军,

曰："晋军实未来,此乃史先锋游骑尔。"梁主惭愤,病遂增剧。

沧州人杀刘继威。

义昌节度使刘继威年少,淫虐类其父。淫于都指挥张万进家,万进怒杀之。梁以万进为节度使。

晋师克瓦桥关。

周德威遣裨将攻瓦桥关,其将吏及莫州刺史李严皆降。严涉猎书传,晋王使傅其子继岌,严固辞。王怒,将斩之,教练使孟知祥谏曰："强敌未灭,大王岂宜以一怒戮向义之士乎?"乃免之。知祥,李克让之婿也。

夏四月,晋师克瀛州。　五月,梁主至洛阳。

梁主至洛阳,疾甚,谓近臣曰："我经营天下三十年,不意太原余孽更昌炽如此。吾观其志不小,天复夺我年,我死,诸儿非彼敌也,吾无葬地矣。"因哽咽,绝而复苏。

刘守光遣兵出战,晋人击败之,擒其将。

守光遣其将单廷珪将精兵万人出战,与周德威遇于龙头岗,曰："今日必擒周杨五以献。"杨五,德威小名也。既战,单骑逐之,枪及德威背,德威侧身避之,奋杀反击,廷珪坠马,擒之。燕兵退走,引骑乘之,斩首三千级。廷珪,燕骁将也,燕人失之,夺气。

吴徐温攻宣州,克之,杀其观察使李遇。

吴镇南节度使刘威、歙州察使陶雅、宣州观察使李遇、常州刺史李简,皆武忠王旧将,有大功,以徐温秉政,内不能平,李遇尤甚。馆驿使徐玠使于吴越,温使说遇入见新王,曰："公不尔,人谓公反。"遇怒曰："君言遇反,杀侍中者非

回来报告说:"晋军确实没来,这是史先锋的游击骑兵。"后梁太祖又惭愧又愤恨,病情也加重了。

沧州人杀死刘继威。

义昌节度使刘继威年纪轻,荒淫暴虐就像他的父亲一样。他到都指挥使张万进家淫乱,张万进十分生气,把他杀死。后梁太祖任命张万进为节度使。

晋军攻克瓦桥关。

周德威派副将攻打瓦桥关,关上将吏和莫州刺史李严都投降了。李严博览经书史传,晋王李存勖让他做儿子李继岌的老师,李严坚决推辞。晋王十分生气,准备杀死李严,教练使孟知祥进谏说:"强敌还未消灭,大王怎能因为一时生气就杀死一个向往正义的人呢?"于是晋王赦免了李严。孟知祥是李克让的女婿。

夏四月,晋军攻克瀛州。　五月,后梁太祖到达洛阳。

后梁太祖到达洛阳,病情加重,他对亲近的大臣说:"我经营天下三十年,没想到太原余孽更加强大,到这般地步。我看出他们的志向不小,上天又夺去我的年寿,我死后,儿子们不是他的对手,我没有葬身之地了。"于是哽咽失声,气绝后又开始喘息。

刘守光派兵出战,晋人打败刘守光,捉获他的将领。

刘守光派他的将领单廷珪率领一万精兵出战,与周德威在龙头岗相遇,单廷珪说:"今天一定要抓住周杨五,拿他进献。"周杨五是周德威的小名。交战后,单廷珪单枪匹马追赶周德威,枪触到周德威的后背,周德威侧身躲过,挥梃反击,单廷珪掉下马来,周德威抓获了他。燕兵退逃,周德威率骑兵追击,斩首三千级。单廷珪是燕军的勇将,燕人失去他,士气大丧。

吴徐温进攻宣州,攻占了宣州,杀死宣州观察使李遇。

吴镇南节度使刘威、歙州观察使陶雅、宣州观察使李遇、常州刺史李简,都是武忠王杨行密的旧将,立有大功,因徐温把持政权,他们心中不满,李遇尤为突出。馆驿使徐玠出使吴越,徐温让徐玠劝说李遇入朝觐见新王,说:"你不去朝见,别人会说你谋反。"李遇生气地说:"你说我要谋反,杀死侍中的人难道就不是

反邪?"温怒,以王檀为宣州制置使,数遇不入朝之罪,遣柴再用、徐知诰副之。遇不受代,再用攻之,逾月不克。遇少子为淮南牙将,温执之,至城下示之,遇不忍战,乃请降。温斩之,夷其族。于是诸将始畏温,莫敢违其命。

知诰以功迁昇州刺史。知诰事温甚谨,温特爱之,每谓诸子曰:"汝辈事我,能如知诰乎?"时诸州长吏多武夫,专以军旅为务,不恤民事。知诰独选用廉吏,修明政教,招延四方士大夫。洪州进士宋齐丘好纵横之术,谒知诰,知诰奇之,辟为推官,与判官王令谋、参军王翃专主谋议,以牙吏马仁裕、曹悰为腹心。

六月,梁郢王友珪弑其主晃而自立。

梁主长子郴王友裕早卒。次假子博王友文,梁主特爱之,常留守东都。次郢王友珪,其母亳州营倡也,为控鹤指挥使,无宠。次均王友贞,为东都指挥使。初,张后严整多智,梁主敬惮之。后殂,梁主恣意声色,诸子虽在外,常征其妇入侍。友文妇王氏色美,尤宠之,欲以友文为太子,友珪心不平。

梁主疾甚,命王氏召友文,欲付以后事。友珪妇张氏知之,密告友珪曰:"大家以传国宝付王氏,怀往东都,吾属死无日矣。"夫妇相泣。左右或说之曰:"事急计生,何不改图?"六月朔,梁主命敬翔出友珪为莱州刺史。友珪恐,易服微行,入左龙虎军,见统军韩勍,以情告之。勍亦见功臣多

谋反吗?"徐温也十分生气,任命王檀为宣州制置使,数说李遇不去朝见的罪过,派遣柴再用、徐知诰去做王檀的副手。李遇不接受别人接替他的职务,柴再用向李遇发起进攻,一个多月都没有攻下来。李遇的小儿子是淮南牙将,徐温把他抓起来,送到宣州城下给李遇看,李遇不忍心出战,才请求投降。徐温把李遇杀死,诛灭他全族。于是诸位将领开始畏惧徐温,没有人敢违背他的命令。

徐知诰因功被提拔为昇州刺史。徐知诰事奉徐温十分恭谨,徐温也特别喜爱他,经常向儿子们说:"你们事奉我能像徐知诰吗?"当时,各州的长吏多数是武夫,只懂得军旅事务,不体恤百姓。只有徐知诰选用廉洁的官吏,修明政教,招揽各地的士大夫。洪州进士宋齐丘喜欢纵横家学说,拜谒徐知诰,徐知诰认为他是个奇才,任用他为推官,让他和判官王令谋、参军王翃专门负责出谋划策,把牙吏马仁裕、曹悰当作心腹。

六月,后梁郢王朱友珪杀死后梁太祖朱晃,自立为帝。

后梁太祖的长子郴王朱友裕早年去世。其次是养子博王朱友文,后梁太祖特别喜爱他,经常让他留守东都。其次是郢王朱友珪,母亲是亳州军营中的官妓,本人担任控鹤指挥使,不受后梁太祖宠爱。其次是均王朱友贞,任东都指挥使。当初,张皇后严整多智,后梁太祖敬畏她。张皇后死后,后梁太祖纵情声色,儿子们虽然在外地,也经常召他们的妻子入宫侍奉。朱友文的妻子王氏长得美丽,后梁太祖特别宠爱她,打算立朱友文为太子,朱友珪心中愤愤不平。

后梁太祖病重,命令王氏召回朱友文,想向他托付后事。朱友珪的妻子张氏得知后,偷偷告诉朱友珪说:"皇上把传国玉玺给了王氏,怀揣着前往东都,过了几天我们就都要死了。"夫妇二人相对哭泣。左右劝他们说:"事情一急,办法就会想出来,何不改变主意另谋出路呢?"六月初一,后梁太祖命令敬翔外放朱友珪为莱州刺史。朱友珪心中害怕,于是乔装出行,进入左龙虎军,见了统军韩勍,把情况告诉了他。韩勍也看到功臣大多

被诛,惧不自保,遂相与合谋,以牙兵从友珪杂控鹤士,中夜斩关入。至寝殿,梁主惊起曰:"我固疑此贼,恨不早杀之。汝悖逆如此,天地岂容汝乎?"友珪曰:"老贼万段!"友珪仆夫冯廷谔刺梁主腹,刃出于背,以败毡裹之,瘗于寝殿。遣供奉官丁昭溥驰诣东都,命友贞杀友文,矫诏称:"友文谋逆,赖友珪忠孝,将兵诛之。宜令友珪权主军国之务。"韩勍为友珪谋,多出金帛,赐诸军及百官以取悦,乃发丧,即位。

梁忠武军乱,杀节度使韩建。 秋七月,梁以杨师厚为天雄节度使。

天雄节度使罗周翰幼弱,杨师厚军于魏州,久欲图之,惮太祖威严,不敢发。至是,引军入牙城,据位视事。梁以师厚为天雄节度使,徙周翰镇宣义。

梁加吴越王镠尚父。 **梁遣兵击河中,节度使朱友谦降晋。**

友珪既篡立,诸宿将多愤怒,虽曲加恩礼,终不悦。护国节度使冀王友谦泣曰:"先帝数十年开创基业,前日变起宫掖,声闻甚恶,吾备位藩镇,心窃耻之。"友珪加友谦侍中,且征之,友谦谓使者曰:"先帝晏驾不以理,吾且至洛阳问罪,何以征为?"友珪遣韩勍讨之,友谦以河中附于晋以求救。

梁以敬翔同平章事。

友珪以敬翔太祖腹心,恐其不利于己,欲解其内职,恐失人望,遂以为相,以李振充崇政院使。翔多称疾,不预事。

吴以徐温领镇海节度使。

吴刘威为帅府所忌,徐温将讨之。威幕客黄讷说

被杀，怕自己难以自保，就和朱友珪一起谋划，用牙兵跟随朱友珪混杂在控鹤军士卒中，夜间，破门而入。到达寝殿，后梁太祖惊讶地坐起，说："我本来就怀疑你这贼子，可惜没及早杀掉你。你如此叛逆，天地怎么能容得下你呢？"朱友珪说："把老贼斩成万段！"朱友珪的仆夫冯廷谔用刀刺后梁太祖的腹部，刀尖从背部穿出，用旧毡子裹住尸体，埋在寝殿里。又派供奉官丁昭溥直奔东都，命令朱友贞杀死朱友文，假传诏令说："朱友文阴谋叛逆，全靠朱友珪忠孝，率兵杀死他，应该让朱友珪暂时主管军政大事。"韩勍替朱友珪谋划，拿出很多的金帛赏赐给各军队和百官，以此来取悦他们，之后才发丧即位。

后梁忠武军叛乱，杀死节度使韩建。 秋七月，后梁任命杨师厚为天雄节度使。

天雄节度使罗周翰年幼弱小，杨师厚驻扎在魏州，早就想要害他，只是惧怕后梁太祖的威严而没敢动手。到这时，他率军进入牙城，就座办公。后梁任命杨师厚为天雄节度使，调罗周翰镇守宣义。

后梁加封吴越王钱镠为尚父。 后梁派军进攻河中，河中节度使朱友谦投降晋国。

朱友珪篡位后，多数老将表示愤怒，即使极力加恩礼遇，终究不高兴。护国节度使冀王朱友谦哭着说："先帝数十年开创的基业，前日宫廷发生变故，名声很坏，我在藩镇充数，内心感到耻辱。"朱友珪加封朱友谦为侍中，并召他入朝，朱友谦对使者说："先帝去世不合常理，我将要到洛阳去问罪，召我干什么？"朱友珪派韩勍去讨伐朱友谦，朱友谦以河中依附于晋，以求援救。

后梁任命敬翔为同平章事。

朱友珪认为敬翔是后梁太祖的心腹，害怕他对自己不利，本来想解除他的内职，又怕失掉人心，于是任命他为宰相，任命李振为崇政院使。敬翔多次声称有病，不参与政事。

吴任命徐温兼领镇海节度使。

吴刘威被帅府人忌恨，徐温将去讨伐他。刘威幕僚黄讷劝

威曰："公受谤虽深，反本无状。若轻舟入觐，则嫌疑皆亡矣。"威从之。陶雅亦惧，与威偕诣广陵。温待之甚恭，如事武忠王之礼，皆遣还镇，由是人皆重温。

冬十月，晋王救河中，梁兵败走。

朱友谦告急于晋，晋王自将而西，遇梁将康怀贞，大破之，梁兵解围，退保陕州。友谦至猗氏，诣晋王帐，拜之为舅。晋王夜置酒张乐，友谦大醉，晋王留宿帐中，友谦安寝，鼾息自如。明旦，复置酒而罢。

梁杨师厚入朝。

杨师厚既得魏博，又兼都招讨使，宿卫劲兵多在麾下，诸镇兵皆得调发，威势甚重，心轻友珪，专行不顾。友珪患之，发诏召之。师厚将行，其腹心曰："往必不测。"师厚曰："吾知其为人矣。"乃帅精兵万人度河，友珪大惧。至都门，留兵于外，与十余人入见，友珪喜，逊词悦之，厚赐遣还。

梁隰州降晋。

癸酉（913）　晋、岐、吴称唐天祐十年，梁主瑱乾化三年。是岁，凡五国五镇。

春正月，晋拔燕顺、蓟、安远、卢台军。　二月，梁均王友贞起兵讨贼，友珪伏诛。友贞立于大梁，更名瑱。友谦复归梁。

刘威说："你受的诽谤虽然很重,根本没有谋反证据。如果你乘小船到广陵进见,你的嫌疑就会一扫而光。"刘威听从了黄讷的建议。陶雅也感到害怕,就和刘威一起到了广陵。徐温对他们非常恭敬,采用侍奉武忠王的礼节,后来又把他们送回本镇,因此二人都看重徐温。

冬十月,晋王李存勖援救河中,后梁军队战败逃跑。

朱友谦向晋国告急,晋王亲自率领大军向西进发,遇到后梁将领康怀贞,把康怀贞打得大败,后梁军队解除包围,退守陕州。朱友谦到达猗氏县,前往晋王的营帐拜见,拜晋王为舅。晚上晋王设置酒宴歌舞,朱友谦喝得大醉,晋王把他留在营帐中住宿,朱友谦安然入睡,鼾声平和。第二天早晨,晋王又设宴款待后才散。

后梁杨师厚入朝进见。

杨师厚得到魏博后,又兼任都招讨使,宿卫劲兵大多在他部下,各镇军他也都能调动,威势很重,内心轻视朱友珪,因而独断专行,毫无顾忌。朱友珪深以为患,下诏召见杨师厚。杨师厚将要入朝,他的心腹说:"你前往定会遭遇意外。"杨师厚说:"我知道朱友珪的为人。"于是率领一万精兵渡过黄河,朱友珪大为惊恐。杨师厚到了都门,把随从军队留在城门外,和十多个人一起进见朱友珪,朱友珪感到高兴,用谦逊的言语讨好杨师厚,并赏赐给杨师厚丰厚的礼物,送他回去。

后梁隰州投降晋国。

后梁末帝

癸酉(913) 晋、岐、吴称唐天祐十年,后梁末帝朱瑱乾化三年。这一年,共五个国家、五个藩镇。

春正月,晋国攻克了燕国的顺州、蓟州、安远军、卢台军。二月,后梁均王朱友贞起兵讨伐朱友珪,朱友珪被杀。朱友贞在大梁即位,改名为瑱。朱友谦又归附后梁。

友珪遽为荒淫，内外愤怒。附马都尉赵岩，犨之子，太祖之婿也。龙虎统军袁象先，太祖之甥也。岩奉使至大梁，均王友贞密与之谋诛友珪。岩曰："此事成败，在杨令公，得其一言谕禁军，吾事立办。"均王乃遣腹心说师厚曰："郢王篡弑，人望属在大梁。公若因而成之，此不世之功也。"且许事成之日赐犒军钱五十万缗。师厚与将佐谋之曰："方郢王弑逆，吾不能即讨。今君臣之分已定，无故改图，可乎？"或曰："郢王亲弑君父，贼也。均王举兵复仇，义也。奉义讨贼，何君臣之有？彼若一朝破贼，公将何以自处乎？"师厚惊曰："吾几误计。"乃遣其将王舜贤至洛阳，阴与袁象先谋。岩归洛阳，亦与象先定计。

先是，龙骧军戍怀州者溃乱，友珪搜捕其党，获者族之，经年不已。有戍大梁者，友珪征之，均王因使人激怒其众曰："天子追汝辈，欲尽坑之。"其众皆惧，见均王，泣请可生之路。王曰："先帝与汝辈三十余年征战，经营王业，今先帝尚为人所弑，汝辈安所逃死乎？"因出太祖画像示之而泣曰："汝能自趣洛阳雪仇耻，则转祸为福矣。"众皆踊跃呼万岁。象先等帅禁兵数千人突入宫中，友珪令冯廷谔先杀妻，次杀己，廷谔亦自到。象先、岩赍传国宝诣大梁迎均王，王曰："大梁，国家创业之地，何必洛阳？"乃即位于大梁。追废友珪为庶人，复博王友文官爵。梁主更名锽，久之，又更名瑱。加杨师厚兼中书令，赐爵邺王。遣使招抚朱友谦，友谦复称藩。

朱友珪立即变得荒淫无度,朝廷内外对他都很愤怒。驸马都尉赵岩是赵犨的儿子,后梁太祖的女婿。龙虎统军袁象先是后梁太祖的外甥。赵岩奉使前往大梁,均王朱友贞秘密和他谋划诛杀朱友珪。赵岩说:"此事的成功与失败全在杨令公,只要能得到他一句话来告谕禁军,我们的事情马上就能办成。"均王朱友贞于是派心腹去劝杨师厚说:"郢王朱友珪弑父篡位,众人的期望都寄托在大梁的均王身上。您如果能使此事成功,这是举世无双的功勋。"并答应在事成之日,赏赐五十万缗钱来犒劳军队。杨师厚和将佐商议说:"在郢王弑父叛逆时,我不能即时讨伐他。现在君臣的名分已经确定,无故改变主意,可以吗?"有人说:"郢王亲自杀死君父,就是逆贼。均王起兵报仇,是正义的。主持正义,讨伐逆贼,有什么君臣之分? 他一旦打败逆贼,您将怎么安顿自己呢?"杨师厚惊讶地说:"我差点打错主意。"于是派他的将领王舜贤到洛阳,和袁象先密谋。赵岩回到洛阳,也和袁象先制定计策。

　　此前,在怀州守卫的龙骧军发生内乱,朱友珪搜捕其党羽,被抓获的就诛灭全族,一年多也没有停止这一活动。戍守大梁的龙骧军,朱友珪征召他们回洛阳,均王朱友贞趁机派人去激怒他们说:"天子征召你们,是想全部坑杀你们。"龙骧军的士卒们都很害怕,求见均王朱友贞,都哭着请求指条生路。均王说:"先帝与你们三十余年南征北战,经营帝业,现在先帝尚且被人所杀,你们哪能逃脱一死?"于是拿出后梁太祖的画像给他们看,并且哭着说:"你们如能奔赴洛阳报仇雪耻,就可以转祸为福。"龙骧军士卒们都跳跃着高呼万岁。袁象先等人率领数千禁卫军冲入宫中,朱友珪命令冯廷谔先杀死妻子,然后再杀死自己,冯廷谔也自杀身亡。袁象先、赵岩带着传国玉玺前往大梁迎接均王朱友贞,均王说:"大梁是国家创立基业的地方,何必去洛阳?"于是在大梁即位。追废朱友珪为平民,恢复博王朱友文的官爵。后梁末帝朱友贞改名为锽,久后又改名为瑱。加封杨师厚兼任中书令,赐爵邺王。派使者去招抚朱友谦,朱友谦又成为藩镇。

三月,晋师徇山后八军及武州,皆下之。

刘守光命元行钦募山北兵以应契丹,又以骑将高行珪为武州刺史。晋李嗣源分兵徇山后八军,皆下之,进攻武州,行珪以城降。行钦引兵攻行珪,行珪使其弟行周质晋军以求救,嗣源救之。行钦力屈,亦降。嗣源爱其骁勇,养以为子。攻儒州,拔之,以行珪为代州刺史。行周留事嗣源,常与嗣源假子从珂分将牙兵以从。从珂,本王氏子,母魏氏为嗣源妾,故嗣源以从珂为子。及长,以勇健善战知名,嗣源爱之。

夏四月,晋师逼幽州,拔平、营州。

晋周德威进军逼幽州南门,刘守光遣使致书请和,语甚卑哀。德威曰:“大燕皇帝尚未郊天,何雌伏如是耶?予受命讨有罪者,结盟继好,非所闻也。”不答其书。别将刘光濬拔平州,营州降。

梁击赵以救燕,晋分兵拒之。

杨师厚与刘守奇将兵十万大掠赵境,至镇州,燔其关城。周德威遣骑将李绍衡会赵将王德明,同拒梁军。

六月,蜀以道士杜光庭为谏议大夫。

光庭博学,善属文,蜀主重之,颇与议政事。

蜀主杀其太子元膺。

元膺猨喙鸱齿,目视不正,而警敏知书,善骑射,性狷急猜忍。蜀主命杜光庭选纯静有德者侍东宫,光庭荐儒者许寂、徐简夫。太子未尝与之交言,日与乐工群小嬉戏无度,

三月，晋军掠取山后八军以及武州，全部攻克。

刘守光命令元行钦招募山北的军队来防御契丹，又任命骑兵将领高行珪为武州刺史。晋国李嗣源分兵掠取山后八军，全部攻克，随后又进攻武州，高行珪举城投降。元行钦率兵进攻高行珪，高行珪让他的弟弟高行周到晋军中做人质来换取晋军的援救，李嗣源发兵援救高行珪。元行钦由于力量不足，也投降李嗣源。李嗣源喜欢元行钦勇敢善战，于是收为养子。李嗣源攻打儒州，攻下了它，任命高行珪为代州刺史。高行周留下来事奉李嗣源，经常和李嗣源的养子李从珂分别率领牙兵跟随李嗣源。李从珂本来是王氏的儿子，他的母亲魏氏是李嗣源的妾，所以李嗣源把李从珂当他儿子。李从珂长大后，以勇敢善战知名，李嗣源很喜欢他。

夏四月，晋军逼近幽州，攻下平、营二州。

晋国周德威进军逼近幽州南门，刘守光派使者送信请求讲和，信中的言辞十分可怜。周德威说："大燕皇帝还没祭天，怎么就这样屈居人下呢？我受天命讨伐有罪的人，结盟续好，不是我所要听到的。"周德威没有给刘守光回信。另一晋军将领刘光濬攻下平州，营州归降。

后梁进攻赵地来援救燕国，晋军分兵抵御后梁军。

杨师厚和刘守奇率领十万大军大肆掳掠赵地，到达镇州，烧了镇州的关城。周德威派骑军将领李绍衡会同赵将王德明一起抵御后梁军队。

六月，蜀国任命道士杜光庭为谏议大夫。

杜光庭学识渊博，善于写文章，蜀主王建很器重他，经常和他一起议论政事。

蜀主王建杀死太子王元膺。

王元膺猪嘴暴牙，眼睛斜视，但却很机灵，通晓诗书，善于骑马射箭，性情偏狭急躁，多疑残忍。蜀主命令杜光庭选择纯正、安详、有道德的人来侍奉东宫，杜光庭推荐了儒生许寂、徐简夫。太子从未和他们交谈，每天和乐工及一群小人们嬉戏，毫无节制，

僚属莫敢谏。至是，召诸王大臣宴饮，集王宗翰、内枢密使潘峭、翰林承旨毛文锡不至。太子怒曰："集王不来，必峭与文锡离间也。"白蜀主，贬之。少保唐道袭，蜀主嬖臣也，太子素恶之，屡相谮毁。至是，言于蜀主曰："太子谋作乱，欲召诸将诸王，以兵锢之，然后举事尔。"蜀主疑焉。道袭请召兵入卫，内外戒严。

太子初不为备，闻道袭召兵，乃以天武甲士自卫，捕峭、文锡，囚之。军使徐瑶、常谦各帅所部，奉太子攻道袭，斩之。内枢密使潘炕言于蜀主曰："太子与道袭争权尔，无他志也。陛下宜面谕大臣，以安社稷。"蜀主乃召王宗侃等，使发兵讨瑶，杀之。谦与太子亡匿舰中，舟人以告。蜀主遣宗翰往慰抚之，比至，已为卫士所杀。蜀主疑宗翰杀之，大恸不已。会张格呈慰谕军民榜，读至"不行斧钺之诛，将误社稷之计"，蜀主收涕曰："朕何敢以私害公？"于是下诏废元膺为庶人。

晋克瀛、莫州。 梁赐高季昌爵渤海王。

季昌造战舰五百艘，治城堑，缮器械，为攻守之具，招聚亡命，交通吴、蜀，朝廷浸不能制。

冬十月，蜀立宗衍为太子。

蜀潘炕屡请立太子，蜀主以雅王宗辂类己，信王宗杰才敏，欲择一人立之。郑王宗衍最幼，其母徐贤妃有宠，使唐文扆讽张格表请立之。格夜以表示王宗侃等，诈云受密旨，众皆署名，蜀主不得已，许之，曰："宗衍幼懦，能堪其任乎？"宗衍受册毕，炕称病请老，蜀主不许，涕泣固请，乃许之。国有大疑，常遣使就第问之。

属官没有敢劝谏的。到这时，太子召集诸王大臣宴饮，集王王宗翰、内枢密使潘峭、翰林承旨毛文锡没有来。太子生气地说："集王不来，一定是潘峭和毛文锡从中挑拨离间。"于是告知蜀主，将他们贬官。少保唐道袭是蜀主宠臣，太子一向很讨厌他，多次诋毁唐道袭。到这时，唐道袭对蜀主说："太子阴谋作乱，打算召集诸将、诸王，用军队把他们软禁起来，然后发动叛乱。"蜀主表示怀疑。唐道袭请求召集军队入宫保卫，内外戒严。

太子原本没做准备，听说唐道袭召集兵力，于是用天武甲士自卫，逮捕潘峭、毛文锡，加以囚禁。军使徐瑶、常谦各自率领部下跟随太子进攻唐道袭，将他斩首。内枢密使潘炕对蜀主说："太子和唐道袭争夺权力罢了，并没别的意思。陛下应当面告诉大臣来安定国家。"蜀主于是召集王宗侃等人，让他们出兵讨伐徐瑶，将他杀死。常谦和太子躲藏在船中，船主报告了官府。蜀主派王宗翰前往慰问安抚，等王宗翰到那里时，太子已被卫士杀死了。蜀主怀疑是王宗翰杀死了太子，悲痛不已。此时正好遇上张格呈上安抚军民的榜文，当读到"不实行杀戮，就会贻误国家大事"时，蜀主停止哭泣说："朕怎敢以私害公？"于是下诏书废太子王元膺为平民。

晋军攻克瀛州、莫州。　后梁赐给高季昌渤海王的爵位。

高季昌制造战舰五百艘，修建城壕，维修武器，做了很多攻守器具，并招集亡命之徒，交结吴、蜀，后梁朝廷渐渐无法控制他。

冬十月，蜀国立王宗衍为太子。

蜀国潘炕多次请求立太子，蜀主王建认为雅王宗辂很像自己，信王宗杰才思敏捷，想选择其中一人立为太子。郑王宗衍最小，他母亲徐贤妃得宠，她派唐文扆暗示张格上表请求立王宗衍为太子。张格在夜里把表章给王宗侃等人看，诈称接受蜀主的密旨，大家都签了名，蜀主不得已，同意他们的请求，并说："王宗衍年幼懦弱，能胜任吗？"王宗衍受册完毕，潘炕声称有病，请求告老还乡，蜀主没答应，潘炕流着眼泪坚决请求，蜀主才答应他的请求。国家有重大疑难问题时，经常派使者到他家请教。

十一月，晋王入幽州，执刘仁恭及守光以归。

卢龙巡属皆入于晋，守光求援于契丹，契丹以其无信，不救。屡请降于晋，晋人疑其诈，亦不许。至是，登城谓周德威曰："俟晋王至，吾则开门泥首听命。"十一月，晋王单骑抵城下，谓守光曰："朱温篡逆，余本欲与公合河朔之兵，兴复唐祚。公谋之不臧，乃效彼狂僭。镇、定二帅皆俯首事公，而公曾不之恤，是以有今日之役。丈夫成败须决所向，公将何如？"守光曰："今日俎上肉耳，惟王所裁。"王悯之，与折弓矢为誓曰："但出相见，保无他也。"

先是，守光爱将李小喜多赞成守光之恶。至是，守光将出降，小喜止之。是夕，逾城出降，且言城中力竭。晋王督诸军四面攻城，克之，擒刘仁恭，守光帅妻子亡去。王入幽州，以周德威为卢龙节度使，李嗣本为振武节度使。守光将奔沧州，迷失道，为人所擒，送晋军。晋王发幽州，仁恭父子皆荷校于露布之下。至行唐，赵王镕迎谒于路。

十二月，梁遣兵侵吴，吴人击败之。

梁以王景仁为淮南招讨使，将兵万余侵庐、寿，吴徐温、朱瑾帅诸将拒之。遇于赵步，征兵未集，温战不胜而却。景仁乘之，吴吏士皆失色。将军陈绍援枪大呼曰："诱敌太深，可以进矣。"跃马还斗，众随之，梁兵乃退。温赐之金帛，绍悉以分麾下。吴兵既集，复战于霍丘，梁兵大败。梁之渡淮而南也，表其可涉之津。霍丘守将朱景浮表于木，徙置深渊。及梁兵败还，望表而涉，溺死者太半。

十一月,晋王李存勖进入幽州,抓住刘仁恭、刘守光带回。

卢龙节度使管辖的范围都被晋王占有,刘守光向契丹人求救,契丹认为他不讲信用而不去援救。刘守光多次请求向晋军投降,晋人怀疑他诈降,也没有答应。到这时,刘守光登上城楼对周德威说:"等晋王到来,我就打开城门,以泥涂面,听候命令。"十一月,晋王单骑到达幽州城下,对刘守光说:"朱温篡逆,我本来想和你会合河朔的军队来复兴唐室的国运。你图谋不善,竟效法朱温狂妄僭越。镇州、定州二帅都俯首事奉你,你却不体恤他们,所以才有今日这场战斗。大丈夫不论成败,必须决定去向,你将怎么办?"刘守光说:"今天我是案板上的肉,任你决定。"晋王可怜刘守光,就和他折断弓矢盟誓说:"只要你出城相见,我保证不会发生意外。"

此前,刘守光的爱将李小喜多助长刘守光的恶行。到这时,刘守光将要出城投降,李小喜加以阻止。这天晚上,李小喜越城出降,并说城中力量空竭。晋王率领诸军从四面进攻,攻下幽州,抓捕了刘仁恭,刘守光带领妻子儿女逃跑。晋王进入幽州,任命周德威为卢龙节度使,李嗣本为振武节度使。刘守光将要逃往沧州,迷了路,被人捉获,送交晋军。晋王从幽州出发,刘仁恭父子都戴着枷锁跟在告捷书下面。到了行唐,赵王王镕在路上迎接拜见晋王。

十二月,后梁派军队入侵吴国,吴人打败梁军。

后梁任命王景仁为淮南招讨使,率领一万多士卒入侵庐州、寿州,吴徐温、朱瑾率领诸位将领抵御他们。两军在赵步相遇,由于征发的士兵还未集中,徐温战败退却。王景仁乘胜进击,吴国官兵都吓得惊恐失色。吴将陈绍举起枪来高呼说:"诱敌已够深入,可以进攻了。"于是跃马还击,士卒随后跟上,梁军被击退。徐温赏给陈绍金帛,陈绍都分给部下。吴军集中起来后,又和梁军在霍丘作战,梁军大败。梁军渡过淮河南来时,在水浅的渡口做了标记。霍丘守将朱景把标志都浮在木头上,移到水深的地方。等到梁军战败返回时,照着标志渡河,淹死的人有一半以上。

甲戌（914）　晋、岐、吴称唐天祐十一年,梁乾化四年。是岁,凡五国五镇。

春正月,刘仁恭、刘守光伏诛。

晋王以练绤刘仁恭父子,凯歌入于晋阳,献于太庙,自临斩刘守光。守光呼曰:"教守光不降者,李小喜也。"小喜瞋目叱守光曰:"汝内乱禽兽行,亦我教邪?"王怒其无礼,先斩之。乃斩守光,械仁恭至代州,刺其心血以祭先王墓,然后斩之。

镇、定推晋王为尚书令,始置行台。

或说赵王镕曰:"大王所称尚书令,乃梁官也,大王既与梁为仇,不当称其官。且自太宗践祚以来,无敢当其名者。今晋王为盟主,不若以尚书令让之。"镕乃与王处直各遣使推晋王为尚书令。晋王三让,然后受之,始开府置行台,如太宗故事。

高季昌攻蜀夔州,不克。

高季昌以夔、万、忠、涪四州旧隶荆南,兴兵取之。先攻夔州,刺史王成先逆战。季昌纵火船焚蜀浮桥,蜀将张武举铁絙拒之,船不得进,焚溺甚众,季昌遁还。

夏四月,楚人袭吴黄州,克之。

楚岳州刺史许德勋将水军巡边,夜分,南风暴起,都指挥使王环乘风趣黄州,大掠而还。德勋曰:"鄂州将邀我,宜备之。"环曰:"我军入黄州,鄂人不知,奄过其城,彼自救不暇,安敢邀我?"乃展旗鸣鼓而行,鄂人不敢逼。

五月,梁朔方节度使韩逊卒,以其子洙代之。　秋七月,晋伐梁邢州,不克。

甲戌（914） 晋、岐、吴称唐天祐十一年，后梁乾化四年。这一年，共五个国家、五个藩镇。

春正月，刘仁恭、刘守光被诛杀。

晋王李存勖用白绢捆绑着刘仁恭父子，高奏凯歌，进入晋阳，献于太庙，并亲临刑场斩杀刘守光。刘守光高声呼喊说："教我不要投降的人是李小喜。"李小喜瞪着眼睛斥骂刘守光说："你在家里淫乱的禽兽行为也是我教你的吗？"晋王对李小喜的无礼行为十分生气，于是先杀李小喜。然后斩杀刘守光，给刘仁恭戴上枷锁押送到代州，刺取他的心血祭祀先王的陵墓，然后也将他斩杀。

镇州、定州人推举晋王李存勖为尚书令，开始设置行台。

有人劝赵王王镕说："大王所说的尚书令是梁国的官名，大王既然和梁国为仇，就不应用梁国的官名。况且从太宗登位以来，没人敢承当这个官名。现在晋王为盟主，不如把尚书令让给他。"于是王镕和王处直各派使者推举晋王为尚书令。晋王经三次辞让，然后接受，开始设置府署、行台，和过去的唐太宗一样。

高季昌攻打蜀夔州，没有攻克。

高季昌因为夔、万、忠、涪四州过去隶属荆南，于是兴兵夺取这四州。首先进攻夔州，夔州刺史王成先迎战。高季昌放出火船烧了蜀国的浮桥，蜀将张武架起铁索桥抵御，火船无法前进，被烧死和淹死的士卒很多，高季昌逃回。

夏四月，楚人袭击吴国的黄州，攻克了黄州。

楚岳州刺史许德勋率领水军在边境上巡逻，夜半时分，突然刮起南风，都指挥使王环乘风直捣黄州，大肆抢掠之后返回。许德勋说："鄂州的军队很可能阻截我们，应当防备。"王环说："我军进入黄州时，鄂人根本不知道，我们突然通过他们的州城，他们自救都来不及，怎敢阻截我们？"于是举起旗，敲起鼓列队行进，鄂人不敢逼近。

五月，后梁朔方节度使韩逊去世，由他的儿子韩洙接替他的职务。 秋七月，晋国讨伐后梁邢州，没有攻克。

晋王既克幽州,乃谋伐梁。会赵王镕及周德威攻邢州,李嗣昭引昭义兵会之,梁杨师厚引兵救而却之。

八月,蜀以毛文锡判枢密院。

峡上有堰,或劝蜀主乘夏秋江涨,决之以灌江陵,毛文锡谏曰:"季昌不服,其民何罪?陛下方以德怀天下,忍以邻国之民为鱼鳖食乎!"蜀主乃止。

冬十一月,南诏寇蜀,蜀遣兵击败之。

南诏寇黎州,蜀主遣兵击败之,俘斩数万级,溺死数万人。

十二月,蜀攻岐阶州,破长城关。

乙亥(915) 晋、岐、吴称唐天祐十二年,梁贞明元年。是岁,凡五国五镇。

春正月,梁分天雄为两镇。夏四月,魏人降晋。六月,晋王入魏。

梁天雄节度使杨师厚矜功恃众,擅割财赋,置银枪效节都数千人,欲以复故时牙兵之盛。梁主虽外加尊礼,内实忌之。及卒,租庸使赵岩、判官邵赞言于梁主曰:"魏博为唐腹心之蠹二百余年,绍威、师厚据之,朝廷皆不能制。陛下不乘此时为之计,安知来者不为师厚乎?宜分六州为两镇,以弱其权。"梁主以为然,以贺德伦为天雄节度使,置昭德军于相州,割澶、卫二州隶焉,以张筠为节度使,分魏州将士、府库之半于相州。

恐魏人不服,遣刘鄩将兵六万济河,以讨镇、定为名,实张形势以胁之。魏兵皆父子相承,姻族磐结,不愿分徙,连营

晋王李存勖攻克幽州后,就谋划讨伐后梁。正好遇上赵王王镕和周德威攻打邢州,李嗣昭率领昭义的军队和他们会合,后梁杨师厚率兵援救邢州,击退了他们。

八月,蜀国任命毛文锡判枢密院。

江峡上有座拦水堰,有人劝蜀主王建乘夏秋江水上涨时打开拦水堰直灌江陵,毛文锡进谏说:"高季昌虽不顺服,但那里的老百姓有什么罪?陛下正用仁德怀柔天下,怎能忍心让邻国百姓去当鱼鳖的食物呢?"于是蜀主停止水灌江陵的计划。

冬十一月,南诏侵犯蜀国,蜀主派军队把他们打败。

南诏国侵犯黎州,蜀主派兵把他们打败,俘虏斩杀数万人,还有数万人被水淹死。

十二月,蜀军进攻岐国阶州,攻破长城关。

乙亥(915)　晋、岐、吴称唐天祐十二年,后梁贞明元年。这一年,共五个国家、五个藩镇。

春正月,后梁分天雄为两镇。夏四月,魏州人投降晋国。六月,晋王李存勖进入魏州。

后梁天雄节度使杨师厚仗着兵多,居功自傲,擅自占用财赋,设置银枪效节等私人军队共数千人,打算恢复过去牙兵的盛况。后梁末帝虽然表面上对他尊礼有加,内心却忌惮他。到杨师厚去世时,租庸使赵岩、判官邵赞对后梁末帝说:"魏博作为唐朝心腹中的蛀虫二百余年了,罗绍威、杨师厚占据其地,朝廷都无法控制。陛下如果不乘此时设法处置,怎知未来的天雄节度使不会成为杨师厚呢?应当把魏博六州分为两镇,削弱它的权力。"后梁末帝认为言之有理,于是任命贺德伦为天雄节度使,在相州设置了昭德军,割出澶、卫二州隶属昭德军,任命张筠为节度使。又将魏州的将士、府库财产的一半分给相州。

后梁朝廷害怕魏州人不服,于是派刘鄩率领六万大军渡过黄河,以讨伐镇州、定州为名,其实是虚张声势来威胁魏人。魏州的士卒都是父子相承,婚姻关系盘根错节,不愿分离迁走,连营

聚哭。郭遣王彦章将五百骑入魏州，魏兵谋曰："朝廷忌吾军府强盛，欲设策使之残破耳。吾六州历代藩镇，兵未尝远出河门，一旦骨肉流离，生不如死。"是夕军乱，纵火大掠。诘旦入牙城，劫德伦，置楼上。有效节军校张彦者，自帅其党，拔白刃，止剽掠。

四月，梁主遣供奉官扈异抚谕魏军，许彦以刺史，彦请复三州。异还，言彦易与，但遣刘郭加兵，由是不许。使者再返，彦裂诏书抵于地，戟手南向诟朝廷，谓德伦曰："天子愚暗，听人穿鼻。"遂逼德伦以书求援于晋，晋王得书，命李存审进据临清。

五月，刘郭屯洹水，晋王引大军东下，与存审会，犹疑魏人之诈，按兵不进。德伦遣判官司空颋犒军，密言张彦凶狡之状，劝晋王先除之。王进屯永济，彦选银枪效节五百人，执兵自卫诣谒，王登驿楼语之曰："汝陵胁主帅，残虐百姓。我今举兵而来，以安百姓，非贪土地。汝虽有功于我，不得不诛，以谢魏人。"遂斩彦及其党七人，余众股栗。王召谕之曰："罪止八人，余无所问，自今当竭力为吾爪牙。"众皆拜伏，呼万岁。明日，王缓带轻裘而进，令彦卒擐甲执兵，翼马而从，众心由是大服。刘郭趣魏县，王自引亲军，与郭夹河为营。梁主闻之，悔惧，遣兵屯杨刘。

六月，晋王入城，德伦上印节，王固辞。德伦再拜曰："今寇敌密迩，人心未安，德伦腹心见杀殆尽，形孤势弱，安能统众？一旦生事，恐负大恩。"王乃受之，德伦帅将吏

聚集在一起号啕大哭。刘郭派王彦章率领五百骑兵进入魏州，魏州的士卒们谋划说："朝廷忌惮我们军府强盛，打算用计策让军府残破。我们六个州历代都是一个藩镇，士卒从来没有远出河门，一旦骨肉离散，生不如死。"当天晚上魏军大乱，放火掠夺。第二天早晨，乱军进入牙城，把贺德伦劫持到城楼上。有个效节军军校叫张彦，率领自己的同伙，拔出刀枪，制止抢劫活动。

四月，后梁末帝派供奉官扈异前去抚慰魏军，并答应让张彦任刺史，张彦请求恢复相、澶、卫三州。扈异回朝说，张彦容易对付，只需派刘郭率兵前去，因此后梁末帝没答应张彦的请求。使者再次返回魏州时，张彦将诏书撕碎扔在地上，用手指着南面怒骂朝廷，对贺德伦说："天子愚昧昏庸，听凭别人牵着鼻子走。"于是逼贺德伦写信向晋国求援，晋王接到信后，命李存审进驻临清。

五月，刘郭驻扎在洹水，晋王率领大军东下，和李存审会师，但仍然怀疑魏人有诈，因此按兵不进。贺德伦派判官司空颋前去慰劳晋军，并偷偷把张彦凶狠狡诈的情况告诉了晋王，劝晋王先把张彦除掉。晋王继续前进，驻扎在永济，张彦挑选银枪效节五百人，手握兵器自卫，去拜见晋王，晋王登上驿楼对他说："你欺凌逼迫主帅，残害百姓。我今天率兵前来，目的是安抚百姓，并非贪图土地。你虽然对我有功，但不得不杀掉你来向魏州人民谢罪。"于是杀了张彦及其同伙共七人，其余的乱兵吓得两腿发抖。晋王安抚他们说："有罪的只有八人，其余概不追究，今后你们应当竭力当我的亲信。"大家都跪拜在地，高呼万岁。第二天，晋王宽带轻衣，继续前进，命令张彦的士卒披甲执枪，跟在坐骑的两侧，乱兵因此对晋王很佩服。刘郭直奔魏县，晋王亲自率领亲军与刘郭在漳河两岸安营扎寨。后梁末帝听说后，感到十分悔恨和恐惧，于是派兵驻扎在杨刘。

六月，晋王入城，贺德伦送上印信和旌节，晋王一再辞让。贺德伦拜了两拜说："现在寇敌逼近，人心未安，我的亲信几乎全被杀死，形势孤弱，怎能统率大家呢？一旦发生事情，恐怕辜负大王的大恩。"晋王于是接受了他的印信和旌节，贺德伦带领将吏

拜贺，王承制以德伦为大同节度使。至晋阳，张承业留之。

时银枪效节都犹骄横，晋王以李存进为天雄都巡按使，有讹言摇众及强取人一钱已上者，皆枭首于市，城中肃然。王以府事委司空颋，颋恃才挟势，睚眦必报，纳贿骄侈。有从子在河南，密使人召之。都虞候执之以白，王族诛颋，以判官王正言代之。

魏州孔目吏孔谦勤敏多计数，善治簿书，以为支度务使。谦能曲事权要，由是宠任弥固。魏州新乱之后，府库空竭，民间疲弊，而供亿军须未尝有阙，谦之力也。然急征重敛，使六州愁苦，归怨于王，亦其所为也。

晋拔德州。

贝州刺史张源德北结沧、德，南连刘鄩以拒晋，数断镇、定粮道。或说晋王："请先取源德，东兼沧、景，则海隅之地皆为我有。"晋王曰："不然。贝州城坚兵多，未易猝攻。德州隶于沧州而无备，若得而戍之，则沧、贝不得往来。二垒既孤，然后可取。"乃遣骑五百，昼夜兼行，袭德州，克之。

秋七月，晋拔澶州。

晋人夜袭澶州，陷之。刺史王彦章在刘鄩营，晋人获其妻子，待之甚厚，遣间使诱彦章。彦章斩其使，晋人尽灭其家。

晋王劳军魏县。

拜贺晋王,晋王根据皇上旨意任命贺德伦为大同节度使。贺德伦到达晋阳,张承业把他留了下来。

当时银枪效节军仍然很骄横,晋王任命李存进为天雄都巡按使,凡有传播流言蜚语来动摇民众及用强行夺取别人一钱以上的人,都在街市上斩首示众,因此城中秩序井然。晋王把天雄军府的情事委托给判官司空颋处理,司空颋依仗他的才干和权势,小怨小忿都要进行报复,经常受贿,又很骄横奢侈。他有个侄儿在河南,司空颋秘密派人把他召来。都虞候抓住了他,报告晋王,晋王将司空颋的家族全部杀死,让判官王正言代替司空颋的职务。

魏州孔目吏孔谦,勤劳聪敏,多计谋,善于管理簿书账册,晋王任命他为支度务使。孔谦能曲意讨好有权势的要人,因此对他的宠信和任用更加牢固。魏州新遭动乱后,府库财物空竭,民众疲惫,但军队的供给从未有过短缺,这都靠孔谦出力。然而征收财赋急迫而又沉重,使魏博六州的百姓愁苦不堪,归怨于晋王,也是孔谦造成的。

晋军攻下德州。

贝州刺史张源德北面联合沧州、德州,南面联合刘郭来抵御晋军,多次切断镇州、定州的粮道。有人劝晋王李存勖说:"请先打张源德,再向东夺取沧州、景州,沿海一带就都归我们所有了。"晋王说:"不是这样。贝州城防坚固,士兵很多,不宜突然袭击。德州隶属沧州,而且没有防备,如能占领并派兵防守,沧州、贝州就不能往来。两座州城孤立后,才好夺取。"于是派五百骑兵昼夜兼程,袭击德州,攻克其地。

秋七月,晋军攻下澶州。

晋人乘夜袭击澶州,并攻下澶州。当时澶州刺史王彦章正在刘郭的军营之中,晋人捉住王彦章的妻子儿女,对他们十分优待,并派使者引诱王彦章。王彦章杀死晋国使者,晋人把王彦章家人全部杀掉。

晋王李存勖在魏县慰劳军队。

晋王劳军于魏县，因帅百余骑循河而上，觇刘鄩营。会天阴晦，鄩伏兵五千于河曲，鼓噪而出，围王数重。王跃马大呼，所向披靡。裨将夏鲁奇等操短兵力战，自午至申，乃得出，亡其七骑。会李存审救兵至，乃得免。赐鲁奇姓名曰李绍奇。

梁刘鄩引兵袭晋阳，不至，还守莘城。

刘鄩以晋兵尽在魏州，晋阳必虚，欲袭取之，乃潜引兵自黄泽西去。晋人怪鄩军数日不出，遣骑觇之，时见旗帜循堞往来。晋王曰："吾闻刘鄩用兵，一步百计，此必诈也。"更使觇之，乃缚刍为人，执旗乘驴在城上尔。晋王曰："鄩长于袭人，短于决战，计彼行才及山下。"亟发骑兵追之。会阴雨积旬，道险泥深，士卒腹疾足肿，坠崖谷者什二三。晋将李嗣恩倍道先入晋阳，城中知之，勒兵为备。

鄩粮尽，又闻晋有备，追兵在后，众惧将溃。鄩谕之曰："今深入敌境，腹背有兵，山谷高深，去将何之？惟力战庶几可免，不则以死报君亲尔。"众泣而止。

周德威闻鄩西上，自幽州引千骑救晋阳，至土门，鄩已整众下山，屯于宗城，马死殆半，知临清有蓄积，欲据之，以绝晋粮道。德威急追至南宫，擒其斥候者，断腕而纵之，使言曰："周侍中已据临清矣。"诘朝，略鄩营而过，入临清。鄩引军趋贝州，军堂邑，德威攻之不克。翌日，军于莘县，堑而守之。晋王营莘西三十里，一日数战。

晋王在魏县慰劳军队,于是率领百余骑兵沿河而上,侦察刘
鄩的军营。此时正好遇上天气阴暗,刘鄩在河流的拐弯处埋伏
了五千士卒,击鼓呐喊冲了出来,把晋王重重包围。晋王跃马大
叫,所向披靡。副将夏鲁奇等手持刀剑奋力战斗,从午时一直打
到申时才逃出,有七名骑兵在战斗在中伤亡。正好这时李存审
援兵来到,才免于灾难。晋王赐夏鲁奇姓名叫李绍奇。

后梁刘鄩率兵袭击晋阳,没有到达,回守莘城。

刘鄩认为晋军都在魏州作战,晋阳城一定空虚,打算袭占晋
阳,于是就偷偷率军由黄泽西进。晋军因刘鄩的军队好几天没
有出来而感到奇怪,派骑兵去侦察刘鄩军营,时而看见有旗帜顺
着城堞来回走动。晋王李存勖说:"我听说刘鄩用兵,诡计多端,
这里面一定有诈。"于是又派人侦察,发现那是扎成的草人打着
旗帜骑着驴在城上来回走动。晋王说:"刘鄩擅长偷袭,不善于
决战,估计他刚走到山下。"于是立即派骑兵去追击刘鄩。这时
正遇上十几天阴雨连绵,道路泥泞难行,士卒腹泻脚肿,掉在崖
谷中摔死的有十分之二三。晋将李嗣恩兼程抢先进入晋阳,城
内人知道后,便整顿军队,做好防备。

刘鄩的军粮已经吃完,又听说晋阳已有防备,追兵又在后
面,士卒都感到害怕,行将溃散。刘鄩告谕士卒说:"现在深入敌
境,前后都有敌人,这里山高谷深,能到哪去?只有奋力作战,也
许可免一死,否则只能以死回报君主父老了。"将士哭着停驻。

周德威听说刘鄩西上,于是率领一千骑兵从幽州去援救晋
阳,行至土门时,刘鄩已经整顿军队下山,驻扎在宗城,战马死了
将近一半,刘鄩得知临清屯积有粮草,打算占据临清来切断晋军
粮道。周德威急追刘鄩到南宫,捉住刘鄩的一个哨兵,把手腕打
断以后放走,让他回去说:"周侍中已经占领临清。"第二天早晨,
周德威略过刘鄩的军营,进入临清。刘鄩率军赶往贝州,驻扎在
堂邑,周德威攻打刘鄩,没有攻下。第二天,刘鄩驻扎在莘县,挖
了战壕坚守莘县。晋王在莘县以西三十里安营扎寨,每天都要
打好几次仗。

晋王爱元行钦骁健,从李嗣源求之,赐姓名曰李绍荣。王复欲求高行周,重于发言,密使人以官禄啖之。行周辞曰:"代州养壮士,亦为大王耳,行周事代州,亦犹事大王也。代州脱行周兄弟于死,行周不忍负之。"乃止。

八月,梁复取澶州。　晋遣李存审围贝州。　梁刘鄩攻镇、定营,晋击败之。

刘鄩馈运不给,晋人数挑战,鄩不出,晋人乃攻绝其甬道。梁主以诏让鄩,鄩奏:"晋兵甚多,便习骑射,诚为劲敌,未易轻也。苟有隙可乘,臣岂敢偷安养寇?"梁主怒,遣中使往督战。鄩集诸将问曰:"主上深居禁中,不知军旅,徒与少年新进辈谋之。夫兵在临机制变,不可预度。今敌尚强,与战必不利,奈何?"诸将皆曰:"胜负须一决,旷日何待?"鄩默然不悦,退谓所亲曰:"主暗臣谀,将骄卒惰,吾不知死所矣。"后数日,将万余人薄镇、定营,营中惊扰。晋李存审以骑兵二千横击之,鄩大败奔还,晋人逐之,俘斩千计。

吴徐温出镇润州,留子知训江都辅政。

吴以徐温为诸军都指挥使,镇润州,军国庶务参决如故,留徐知训居广陵秉政。

冬十月,梁康王友敬作乱,伏诛。

梁德妃张氏卒,将葬,友敬使腹心数人匿于寝殿。梁主觉之,跣足逾垣而出,召宿卫兵索殿中,得而手刃之,捕友敬,诛之。由是疏忌宗室,专任赵岩及妃兄弟汉鼎、

晋王特别喜爱元行钦的勇猛刚强,便向李嗣源索要元行钦,赐元行钦姓名叫李绍荣。晋王又打算索要高行周,但难以开口,便秘密派人去用官禄来引诱高行周。高行周推辞说:"李大人培养壮士也是为了大王,我侍奉李大人也就像侍奉大王一样。李大人从死亡中解救了我高行周兄弟,我不忍心辜负李大人。"晋王这才作罢。

八月,后梁又夺取澶州。　晋国派李存审包围贝州。　后梁刘鄩进攻镇州、定州的军营,晋军把他们打败。

刘鄩的军粮供应不上,晋人多次挑战,刘鄩不肯出战,于是晋军攻打并切断他的甬道。后梁末帝下诏谴责刘鄩,刘鄩上奏说:"晋军人多,熟悉骑射,确实是强敌,不能轻视。如果有机可乘,我哪敢苟且偷安,姑息敌寇呢?"后梁末帝十分生气,派中使前往督战。刘鄩召集诸位将领说:"主上深居宫中,不了解军队作战,只是和一些新提拔的年轻人商量对策。凡是作战,在于临战时随机应变,不能够预先估计。现在敌人还很强大,和他们作战一定不利于我们,怎么办呢?"诸位将领都说:"不管胜负应当决一死战,这样一直等待下去又能等到什么呢?"刘鄩沉默不语,很不高兴,退下来后对他的亲信说:"主上昏庸愚昧,臣下阿谀奉承,将军骄傲,士卒懈怠,我不知道将要死在什么地方了。"几天以后,刘鄩率领一万多士卒逼近镇、定军营,镇、定军营士卒都惊惧骚动。晋将李存审率领二千骑兵拦击刘鄩,刘鄩被打得大败,逃奔回去,晋军乘胜追击,俘虏和斩杀了一千多人。

吴国徐温出镇润州,留下他的儿子徐知训在江都辅政。

吴国任命徐温为诸军都指挥使,镇守润州,国家的各种军政事务他都参与决策,和过去一样,留徐知训在广陵辅政。

冬十月,后梁康王朱友敬叛乱,被杀。

后梁德妃张氏去世,将要安葬时,朱友敬派几个心腹藏在寝殿里。后梁末帝发现了此事,光着脚翻墙而出,召集宿卫兵在寝殿里搜索,抓住后亲手杀了他们,又将朱友敬抓获杀死。后梁末帝因此猜忌疏远宗室人员,只任用赵岩和德妃的兄弟张汉鼎、

汉杰、从兄弟汉伦、汉融,咸居近职,参预谋议,每出兵,必使之监护。岩等依势弄权,卖官鬻狱,离间旧将相,敬翔、李振虽为执政,所言多不用。振每称疾不预事,政事日紊,以至于亡。

十一月,蜀遣兵攻岐,克阶、成、秦、凤州,岐将刘知俊奔蜀。

蜀王宗翰引兵出青泥岭,王宗绾等败秦州兵于金沙谷,克阶、成州,秦州节度使李继崇遣子迎降。刘知俊攻霍彦威于邠州,半岁不克,闻秦州降蜀,妻子皆迁成都,解围还凤翔,惧及祸,夜帅亲军斩关奔蜀。宗绾攻凤州,克之。

岐耀、鼎二州降梁。

岐义胜节度使李彦韬知岐王衰弱,举耀、鼎二州降梁。彦韬即温韬也,复姓温氏,名昭图,官任如故。

广州始与梁绝。

刘岩以吴越王镠为国王,而己独为南平王,表求封南越王,不许。岩谓僚属曰:“今中国纷纷,孰为天子?安能梯航万里,远事伪庭乎?”自是贡使遂绝。

丙子(916) 晋、岐、吴称唐天祐十三年,梁贞明二年。蜀通正元年。是岁凡五国五镇。

春正月,梁以李愚为左拾遗。

梁主闻李愚学行,召为左拾遗,充崇政院直学士。衡王友谅贵重,李振等见皆拜之,愚独长揖。梁主让之曰:“衡王,朕兄也,朕犹拜之,卿长揖,可乎?”对曰:“陛下以家

张汉杰、从兄弟张汉伦、张汉融，让他们担任接近皇帝的官职，让他们参与商议朝政，每次出兵都让他们监护。赵岩等玩弄权势，卖官鬻爵，贪赃枉法，在旧将相中挑拨离间，敬翔、李振虽然主持政事，但他们所说的话大多都不被采用。李振经常称病不参与政事，以致政事越来越乱，以至于后梁灭亡。

十一月，蜀国派遣军队攻打岐国，攻克阶州、成州、秦州、凤州，岐将刘知俊投奔蜀国。

蜀将王宗翰率兵出青泥岭，王宗绾等在金沙谷击败秦州士兵，攻下阶州、成州，秦州节度使李继宗派他的儿子出来投降。刘知俊在邠州进攻霍彦威，半年也没有攻下来，后来听说秦州已经投降蜀军，妻子儿女都已迁到成都，于是解围撤军回到凤翔，因为害怕祸及自身，于是乘夜率领亲信攻破城门投奔蜀国。王宗绾攻打凤州，攻了下来。

岐国耀州、鼎州投降后梁。

岐国义胜节度使李彦韬知道岐王李茂贞衰弱，率领耀州、鼎州投降后梁。李彦韬就是温韬，他又恢复了温姓，名叫昭图，他所担任的官职和原来一样。

广州开始和后梁断绝关系。

刘岩见吴越王钱镠是国王，而只有自己是南平王，因而上表请求封自己为南越王，后梁末帝没有答应。刘岩对僚属说："现在中国乱纷纷的，谁算天子？怎能长途跋涉，去侍奉伪朝廷呢？"从此和后梁断绝贡使关系。

丙子（916）　晋、岐、吴称唐天祐十三年，后梁贞明二年。前蜀通正元年。这一年，共五个国家、五个藩镇。

春正月，后梁任命李愚为左拾遗。

后梁末帝听说李愚的学问品行都好，召他担任左拾遗，充任崇政院直学士。衡王朱友谅地位尊贵，李振等人见了他都要叩拜，唯有李愚只行拱手礼。后梁末帝责备他说："衡王是我兄长，连朕都要叩拜，你却行拱手礼，行吗？"李愚回答说："陛下用家

人礼见衡王，拜之宜也。振等陛下家臣，臣于王无素，不敢妄有所屈。"久之，竟以抗直罢。

二月，吴将马谦等起兵诛徐知训，不克而死。

吴宿卫将马谦、李球劫吴王登楼，发库兵讨徐知训。知训将出走，严可求曰："军城有变，公先弃众自去，众将何依？"知训乃止。众犹疑惧，可求阖户而寝，府中稍安。谦等陈于天兴门外，朱瑾自润州至，视之，曰："不足畏也。"返顾外众，举手大呼，乱兵皆溃，擒谦、球，斩之。

梁刘鄩攻晋魏州，晋王击败之。

刘鄩闭壁不出，晋王乃留李存审守营，自劳军于贝州，声言归晋阳。鄩闻之，奏请袭魏州，令澶州刺史杨延直以万人会魏州。延直夜至，城中选壮士五百人，潜出击之，溃走。诘旦，鄩悉众至城东，与延直余众合。李存审引营中兵踵其后，李嗣源以城中兵出战，晋王亦自贝州至，与嗣源当其前。鄩见之惊却，晋王蹑之，至故元城西，为方陈于西北，存审为方陈于东南，鄩为圆陈于其中间，四面受敌。合战良久，梁兵大败，鄩突围走，步卒七万杀溺殆尽，鄩度河保滑州。

梁遣兵袭晋阳，晋将安金全击却之。

梁匡国节度使王檀密疏请发关西兵袭晋阳，奄至城下，昼夜急攻，城几陷者数四。代北故将安金全退居太原，往见张承业曰："晋阳，根本之地，若失之，则大事去矣。仆虽老病，忧兼家国，请以库甲见授，为公击之。"承业即与之。金全帅其子弟及退将之家，得数百人，夜出击梁兵，

人的礼节见衡王，叩拜是应当的。李振等人是陛下的家臣，我和衡王素无来往，不敢妄有所屈。"久后，李愚终究因为刚强正直而被罢官。

二月，吴将马谦等人起兵诛杀徐知训，未能取胜，反而被杀。

吴国的宿卫将领马谦、李球劫持吴王杨隆演登楼，派守库士卒讨伐徐知训。徐知训将要出逃，严可求说："军城有变，你首先丢下大家逃跑，众将士将依靠谁呢？"徐知训这才没有出走。众将士仍然惊疑害怕，严可求关起门来睡觉，府中才稍微安定一些。马谦等人在天兴门外布阵，朱瑾从润州赶来，看了马谦的阵势后说："不必害怕。"回头对门外人众举手高呼，乱兵纷纷溃散，于是抓获马谦和李球，将他们斩杀。

后梁刘鄩进攻晋国魏州，晋王李存勖将其打败。

刘鄩关闭营垒不战，于是晋王留下李存审守营，亲自去贝州慰劳军队，扬言要返回晋阳。刘鄩闻讯后上奏请求袭击魏州，命令澶州刺史杨延直率领一万士卒到魏州会合。杨延直夜里到达魏州，城中晋军选拔五百名壮士偷偷出击，杨延直溃逃。第二天早晨，刘鄩的军队全部到达魏州城东，和杨延直剩下的军队会合。李存审率领营中的军队紧跟其后，李嗣源率领城中的军队出战，晋王也从贝州赶到，与李嗣源挡在刘鄩军前。刘鄩看见后惊恐退却，晋王跟在刘鄩后面追击，到了旧元城的西面，在西北面摆开方阵，李存审在东南面摆开方阵，刘鄩在中间摆开圆阵，刘鄩军四面受敌。双方交战多时，后梁军队大败，刘鄩冲出包围逃跑，七万步卒几乎全部被杀死淹死，刘鄩渡过黄河，退守滑州。

后梁派军队袭击晋阳，晋将安金全把后梁军队打退。

后梁匡国节度使王檀秘密上疏请求派关西的军队袭击晋阳，很快到达晋阳城下，昼夜急攻，几次差点把城攻破。代北老将安金全退居太原，前往拜见张承业说："晋阳是国家的根本之地，如果失守，大事就完了。我虽年老有病，但仍为国担忧，请把库存兵甲交给我，我为你攻打梁军。"张承业将库存兵甲交给他。安金全率领子弟及退休将领的家人共几百人，乘夜出击梁军，

梁兵大惊引却。李嗣昭亦遣牙将石君立将五百骑救晋阳，朝发上党，夕至城下，大呼曰："昭义侍中大军至矣！"遂入城，夜与安金全等分出诸门击梁兵，梁兵死伤什二三。晋王性矜伐，以策非己出，故不行赏。贺德伦部兵多逃入梁军，张承业恐其为变，收德伦斩之。梁主闻刘鄩败，又闻王檀无功，叹曰："吾事去矣。"

晋王克卫、磁州。　梁遣刘鄩屯黎阳。　夏四月，晋人克洺州。　梁戍卒作乱，攻宫门，讨平之。

刘鄩既败，河南大恐，梁主屡召鄩，不至，由是将卒皆摇心。梁主遣捉生都指挥使李霸帅所部千人戍杨刘，既出，复入，大噪纵掠，攻建国门。梁主登楼拒战，龙骧指挥使杜晏球出骑击之，决力死战，俄而贼溃。晏球讨乱者，阖营皆族之。

秋七月，梁以吴越王镠为诸道兵马元帅。

吴越王镠遣判官皮光业间道入贡，梁主嘉之，故有是命。朝议多言："镠之入贡，利于市易，不宜过以名器假之。"翰林学士窦梦征执麻以泣，坐贬。

八月，晋拔相、邢二州。

晋王自将攻邢州，张筠弃相州走。晋人复以相州隶天雄，以李嗣源为刺史。遣人告阎宝以相州已拔，宝举城降，晋王以李存审为安国节度使，镇邢州。

契丹寇晋，陷蔚州。　九月，晋王还晋阳。

王性孝，虽经营河北，而数还晋阳省曹夫人，岁再三焉。

晋拔沧州。

梁军大为惊恐，引兵退却。李嗣昭也派牙将石君立率领五百骑兵援救晋阳，早上从上党出发，晚上就赶到晋阳城下，高声大呼说："昭义侍中大军到来啦！"于是率军进入晋阳城，当晚与安金全等率兵分别从晋阳城各门出击梁军，死伤的梁军有十分之二三。晋王喜欢居功自夸，因为这次战役不是自己的主意，所以没有进行奖赏。贺德伦部下士兵多逃奔到梁军，张承业害怕贺德伦策划兵变，就将他抓起来杀死。后梁末帝听说刘鄩战败，又听说王檀没有成功，叹息说："我的事业就要完了。"

晋王李存勖攻克卫州、磁州。　后梁派刘鄩驻扎黎阳。　夏四月，晋人攻克洺州。　后梁戍卒发生叛乱，攻打宫门，讨平叛乱。

刘鄩战败后，河南大为惊恐，后梁末帝多次召见刘鄩，刘鄩始终没有前来，因此，将帅部卒都军心动摇。后梁末帝派捉生都指挥使李霸率领部下一千多人戍守杨刘，李霸军出城后又折回，并大声喧闹着肆意剽掠，攻打建国门。后梁末帝登上城楼抵抗，龙骧指挥使杜晏球派出骑兵攻打李霸，奋力死战，不久李霸的叛军即被击溃。杜晏球率军讨伐乱兵，将他们全营诛灭。

秋七月，后梁任命吴越王钱镠为诸道兵马元帅。

吴越王钱镠派遣判官皮光业从小路去向后梁朝廷进贡，后梁末帝表示嘉许，因此有这项任命。朝廷里很多人认为："钱镠进贡是贪图市场交易，不应当过分地用名爵来赏赐他。"翰林学士窦梦征拿着麻纸诏书哭泣，因此被贬官。

八月，晋军攻克相、邢二州。

晋王李存勖亲自率领军队攻打邢州，张筠丢下相州逃跑。晋人又将相州隶属于天雄军，任命李嗣源为相州刺史。晋王派人告诉后梁阎宝说相州已被攻下，阎宝举城投降，晋王任命李存审为安国节度使，镇守邢州。

契丹侵犯晋国，攻下蔚州。　九月，晋王李存勖回到晋阳。

晋王性情孝顺，即使在攻占河北地区时，也要回晋阳看望曹夫人，每年回去两三次。

晋军攻下沧州。

晋兵逼沧州，沧州降。晋王徙李存审为横海节度使，以李嗣源为安国节度使。嗣源以应州胡人安重诲为中门使，委以心腹，重诲亦为尽力。

晋拔贝州。

晋人围贝州逾年，张源德欲降，其众不从，共杀源德，婴城固守。城中食尽，乃请擐甲执兵而降，晋将许之。其众三千人出降，既释甲，围而杀之，尽歼。于是河北皆入于晋，惟黎阳为梁守。

晋王如魏州。　冬十月，蜀攻岐，围凤翔。　晋王遣使如吴，吴遣兵击梁，围颍州。　十二月，楚王遣使如晋。

晋以张瑾为麟州刺史。

张承业治家甚严，有侄为盗，杀贩牛者，承业斩之。晋王以其侄瑾为麟州刺史，承业谓曰："汝本为贼，惯为不法。今若不悛，死无日矣。"由此瑾所至不敢贪暴。

契丹称帝，改元。

契丹主阿保机自称皇帝，国人谓之天皇王。以妻述律氏为皇后，置百官，改元神册。述律后勇决多权变，阿保机行兵御众，后常预其谋。阿保机尝击党项，留后守帐，室韦乘虚合兵掠之。后知之，勒兵以待，奋击破之。后有母有姑，皆踞榻受其拜，曰："吾惟拜天，不拜人也。"晋王方经营河北，欲结契丹为援，常以叔父事阿保机，以叔母事述律后。

刘守光末年衰困，遣参军韩延徽求援于契丹，阿保机

晋军逼近沧州,沧州投降。晋王李存勖调李存审为横海节度使,任命李嗣源为安国节度使。李嗣源任用应州胡人安重诲为中门使,把他当作心腹,安重诲也尽心效力。

晋军攻下贝州。

晋人包围贝州已一年有余,张源德打算投降晋军,部众不肯听命,一起杀死张源德,据城坚守。后来城中的粮食吃完了,这才请求穿着甲胄、拿着兵器向晋军投降,晋国将领答应了他们的请求。贝州士卒三千余人出城投降晋军,等他们把武器放下后,晋军包围了他们,并把他们全部杀死。从此,河北地区都归晋国所有,只有黎阳被后梁军队坚守着。

晋王李存勖前往魏州。 冬季十月,蜀国出兵攻打岐国,包围凤翔。 晋王派使者前往吴国,吴国派兵攻打后梁,包围颍州。

十二月,楚王马殷派使者前往晋国。 晋国任命张瑾为麟州刺史。

张承业治家非常严格,他有个侄儿成为强盗,杀了贩牛的人,张承业把他处死。晋王李存勖任命张承业的侄儿张瑾为麟州刺史,张承业对张瑾说:"你本是盗贼,一贯不遵守法令。现在如果还不悔改,不久你就会被杀死。"从此,张瑾无论到了哪里,都不敢贪污残暴。

契丹主称帝,更改年号。

契丹主阿保机自称皇帝,契丹国人称他为天皇王。阿保机以妻子述律氏为皇后,设置百官,改年号为神册。述律后勇敢果断,又多权变,阿保机每次兴师动众,述律后经常参与谋划。阿保机曾经攻打党项,留下述律后守卫营帐,室韦打算乘阿保机不在而联合兵力来抢掠帐幕。述律后知道这件事后,调整兵力,等待他们到来,奋力打败了他们。述律后有母亲、婆婆,述律后都踞坐在床上接受她们的礼拜,述律后说:"我只拜天,不拜人。"晋王李存勖正要夺取河北,想交结契丹人作为后援,经常把阿保机当作叔父来侍奉,把述律后当作叔母来侍奉。

刘守光晚年衰微困窘时,曾派韩延徽向契丹人求援,阿保机

怒其不拜,留之,使牧马于野。延徽有智略,颇知属文,述律后曰:"延徽能守节不屈,此今之贤者,奈何辱以牧圉?宜礼而用之。"阿保机召与语,悦之,遂以为谋主。延徽始教契丹建牙开府,筑城郭,立市里,以处汉人,使各有配偶,垦艺荒田,由是汉人安业,逃亡者少。契丹威服诸国,延徽有功焉。顷之,逃奔晋阳,晋王欲置之幕府,掌书记王缄疾之。延徽不自安,求归省母,遂复入契丹,阿保机待益厚。至是,以为相。延徽寄书于晋王曰:"非不恋英主,非不思故乡,所以不留,正惧王缄之谗尔。"因以老母为托,且曰:"延徽在此,契丹必不南牧。"故终同光之世,契丹不深入为寇,延徽之力也。

丁丑(917)　晋、岐、吴称唐天祐十四年,梁贞明三年。蜀天汉元年,汉乾亨元年。是岁,岭南称汉,凡六国四镇。

春二月,晋新州裨将卢文进杀其防御使李存矩,亡奔契丹。

晋王之弟威塞军防御使存矩在新州,骄惰不治,侍婢预政。晋王使募山北部落及刘守光亡卒,又率其民出马,期会迫促,边人嗟怨。存矩自部送之,卢文进为裨将,行者皆惮远役,存矩复不存恤。至祁沟关,小校宫彦璋与士卒谋杀存矩。文进不能制,因还新州,守将杨全章拒之,文进帅其众奔契丹。晋王闻存矩不道,杀侍婢及幕僚数人。

三月,契丹陷晋新州,晋师攻之,不克。

恼怒他不行拜见礼,予以扣留,让他到野外牧马。韩延徽很有智慧谋略,也很会写文章,述律后说:"韩延徽能守气节不肯屈服,是当今的贤者,怎能侮辱他去放马? 应当以礼相待而任用他。"阿保机叫韩延徽来交谈,非常喜欢他,把他当作主要谋士。韩延徽开始教契丹人建牙开府,修筑城郭,设立市场里巷,以此来安置汉人,使每个人都有配偶,开垦种植荒田,因此,汉人都各自安居乐业,逃亡的人越来越少。契丹人用威力降服各国,韩延徽有很大的功劳。不久,韩延徽逃奔到晋阳,晋王李存勖打算把他安置在幕府里,掌书记王缄很嫉妒他。韩延徽不能自安,请求回家去看望母亲,于是又回到契丹,阿保机对他更加优厚。到此时,阿保机任他为宰相。韩延徽给晋王写信说:"不是我不留恋英明的君主,也不是我不思念故乡,我之所以不留在晋国,正是害怕王缄说我的坏话。"于是以老母为托,又说:"我在这里,契丹一定不会南侵。"所以,在后唐庄宗李存勖在位的同光年间,契丹人不向南发动侵略,靠的是韩延徽之力。

丁丑(917)　晋、岐、吴称唐天祐十四年,后梁贞明三年。前蜀天汉元年、南汉乾亨元年。这一年,岭南称汉,共六个国家、四个藩镇。

春二月,晋国新州副将卢文进杀死他的防御使李存矩,逃奔到契丹。

晋王李存勖的弟弟威塞军防御使李存矩驻守新州,骄横懒惰,不理政务,侍婢干预政事。晋王命令他招募山北部落和刘守光手下的逃亡士兵,他又强迫部下的百姓出马,规定的期限非常急迫,边境百姓悲叹怨恨。李存矩亲自押送马匹,让卢文进作为副将,送马的人都惧怕长途差役,李存矩又不加体恤。到了祁沟关,小校宫彦璋和士卒密谋杀死了李存矩。卢文进未能制止,因此回到新州,守将杨全章不让他们进城,卢文进率领部属投奔契丹。晋王听说李存矩治理不得法,于是杀死李存矩的侍婢及幕僚数人。

三月,契丹攻陷晋国新州,晋军攻打契丹,但没取胜。

初，幽州北七百里有渝关，下有渝水通海，自关东北循海有道，道狭处才数尺，旁皆乱山，高峻不可越。旧置八防御军，募土兵守之，田租皆供军食，岁致缯纩以供衣。每岁早获，清野坚壁，以待契丹。契丹至则闭壁不战，俟其去，选骁勇据隘邀之，契丹常失利走。士兵皆自为田园，力战有功则赐勋加赏，由是契丹不敢轻入寇。及周德威镇卢龙，恃勇不修边备，遂失渝关之险，契丹每刍牧于营、平之间。德威又忌幽州旧将有名者，往往杀之。

吴王遗契丹主阿保机以猛火油，曰：“此油然火，得水愈炽，可以攻城。”阿保机大喜，即选骑欲攻幽州。述律后哂之曰：“岂有试油而攻一国乎？但以三千骑伏其旁，掠其四野，使城中无食，不过数年，城自困矣，何必如此躁动轻举？万一不胜，为中国笑，吾部落亦解体矣。”乃止。

至是，卢文进引契丹兵急攻新州，刺史安金全弃城走。周德威合河东、镇、定之兵攻之，旬日不克。阿保机帅众三十万救之，德威大败奔归。

契丹围幽州。夏四月，晋王遣李嗣源将兵救之。

契丹乘胜进围幽州，卢文进教之攻城，周德威遣使告急。晋王与梁相持河上，欲分兵则兵少，欲勿救恐失之，谋于诸将，独李嗣源、李存审、阎宝劝王救之。王喜曰：“昔

当初,在幽州以北七百里处有个渝关,关下有一条渝水直通于海,从关东北顺着海有一条路,这条路的狭窄处只有几尺宽,旁边都是杂乱的山峰,高不可攀,难以逾越。过去在这里设置有八防御军,招募当地士兵把守,这里的田租都供给军用,每年往这里运送布帛和棉絮来做成衣服供士卒穿。这里每年收获得很早,坚壁清野后等待契丹人入侵。契丹人来了,他们就关闭营垒不出去作战,等到契丹人离开后,就选拔一些勇敢善战的士卒占据隘口阻击他们,契丹人经常失利逃走。这里的士兵们都自己耕种田园,奋力作战而立功者就会被加赏封官,因此契丹人也不敢轻易进来侵略。等到周德威镇守卢龙,他依仗自己勇敢而不修整沿边防备,于是失掉了渝关的险要,契丹人经常到营州、平州之间来放牧和割草。周德威又嫉妒幽州旧将领中有名望的人,往往把他们杀掉。

吴王杨隆演派遣使者送给契丹主阿保机猛火油,说:"这种油点燃之后,遇到水就越烧越旺,可以用来攻城。"阿保机听后特别高兴,于是马上就挑选骑兵想攻打幽州。述律后讥笑他说:"哪里有为了试验油而进攻一个国家的?我们只要派三千骑兵埋伏在幽州城旁,抢掠它的四周郊野,使城中没有粮食可吃,这样过不了几年,幽州城自然就会处于困境,何必这样轻举妄动?万一打不胜,被中原各国所讥笑,我们的部落也会解体。"契丹主于是停止进攻幽州。

到这时,卢文进率领契丹军队向新州发起紧急进攻,新州刺史安金全弃城逃走。周德威会合河东、镇州、定州的军队向新州发起进攻,十几天都没有能攻下来。阿保机率领三十万大军前来援救,周德威被打得大败,逃了回去。

契丹包围幽州。夏四月,晋王李存勖派李嗣源率兵救幽州。

契丹乘胜进军,包围幽州,卢文进教他们攻城,周德威派使者向晋王告急。此时晋王正与梁军相持在河上,想分兵援救又觉得兵力太少,打算不去援救又怕失去幽州,和众将商量,只有李嗣源、李存审、阎宝劝晋王援救幽州。晋王高兴地说:"从前

太宗得一李靖，犹擒颉利，今吾有猛将三人，复何忧哉？"存审、宝以为虏无辎重，势不能久，不若俟其还而击之。李嗣源曰："德威社稷之臣，今朝夕不保，恐变生于中，何暇待虏之衰？臣请身为前锋以赴之。"王曰："公言是也。"即日命治兵。四月，命嗣源将兵先进，宝以镇、定兵继之。

五月，吴徐温徙治昇州。

徐知诰治昇州，城市府舍甚盛。徐温行部，爱其繁富。润州司马陈彦谦劝温徙镇海军治所于昇州，温从之，徙知诰为润州团练使。知诰求宣州，温不许，知诰不乐。宋齐丘曰："三郎骄纵，败在朝夕。润州去广陵隔一水尔，此天授也。"知诰悦，即之官。三郎，谓知训也。温以彦谦为判官，温但举大纲，细务悉委彦谦，江淮称治。

秋八月，刘岩称越帝于广州。

清海、建武节度使刘岩称皇帝，国号越，以赵光裔、杨洞潜、李殷衡同平章事。用洞潜计，立学校，设选举。

晋师击契丹，败之，幽州围解。

契丹围幽州且二百日，城中危困。李嗣源等步骑七万会于易州，李存审曰："虏众吾寡，虏多骑，吾多步。若平原相遇，虏以万骑蹂吾陈，吾无遗类矣。"嗣源曰："虏无辎重，吾行必载粮食自随。若平原相遇，虏抄吾粮，吾不战自溃矣。不若自山中潜行趣幽州，若中道遇虏，则据险拒之。"遂逾岭而东。

唐太宗得到一个李靖，尚能抓获颉利，现在我有猛将三人，又有什么可忧虑的呢?"李存审、阎宝认为敌人没有带多少军用物资，势必难以维持长久，不如等他们返回的时候再进攻他们。李嗣源说:"周德威是关系国家安危的大臣，现在幽州朝夕难保，恐怕这段时间城里就会发生变化，哪有时间等待敌人衰弱呢? 我请求身为先锋赶赴前线作战。"晋王说:"你说得很对。"当天就下令整治军队。四月，晋王命令李嗣源率兵首先前进，阎宝率领镇州、定州的军队跟在后面。

五月，吴国徐温把治所迁到昇州。

徐知诰治理昇州，城市府舍都很壮观。徐温巡行昇州，非常喜欢这里的繁华富庶。润州司马陈彦谦劝徐温把镇海军的治所迁到昇州，徐温听从了他的意见，把徐知诰调为润州团练使。徐知诰请求调到宣州，徐温没有答应，徐知诰很不高兴。宋齐丘说:"三郎骄横放纵，很快就会失败。润州离广陵只是一水之隔，这是上天授予你的。"徐知诰高兴起来，于是马上去上任。三郎，指的是徐知训。徐温任命陈彦谦为镇海节度判官，徐温只抓大事，具体的事情全部委托陈彦谦办理，江淮地区得到大治。

秋八月，刘岩在广州自称为越国皇帝。

清海、建武节度使刘岩自称皇帝，国号为越，任命赵光裔、杨洞潜、李殷衡为同平章事。采用李洞潜的意见，建立学校，增设选举。

晋军进攻契丹军队，将其打败，解除了幽州的包围。

契丹包围幽州将近二百天，幽州城内十分困难。李嗣源等率领七万步兵骑兵在易州会师，李存审说:"敌众我寡，敌人的骑兵多，我们的步兵多。如果在平原上两军相遇，敌人用一万骑兵践踏我们的军阵，我们将不剩一人。"李嗣源说:"敌人没有随军运载的军械粮草，我们进军却必定要随军运粮。如果在平原上两军相遇，敌人抢走我军粮食，我们将会不战自溃。不如从山中偷偷直抵幽州，如果途中遇到敌人，我们就会占据险要的地势来抵御他们。"于是翻越山岭东进。

嗣源与从珂将三千骑为前锋,距幽州六十里,与契丹遇,力战得进。至山口,契丹以万骑遮其前,将士失色。嗣源以百余骑先进,免胄扬鞭,胡语谓曰:"汝无故犯我疆场,晋王命我将百万众直抵西楼,灭汝种族!"因跃马奋挝,三入其陈,斩酋长一人。后军齐进,契丹兵却,晋兵始得出。存审命步兵伐木为鹿角,人持一枝,止则成寨。契丹骑环寨而过,寨中发万弩射之,人马死伤塞路。将至幽州,契丹列陈待之。存审命步兵陈于其后,戒勿动,先令羸兵曳柴然草而进,烟尘蔽天,鼓噪合战,乃趣后陈起乘之。契丹大败,俘斩万计,嗣源等入幽州。

契丹以卢文进为卢龙节度使,居平州,岁入北边,杀掠吏民,卢龙巡属为之残弊。

冬十月,梁以吴越王镠为天下兵马元帅。 晋王还晋阳。

王连岁出征,凡军府政事一委监军使张承业。承业劝课农桑,畜积金谷,收市兵马,征租行法,不宽贵戚,由是军城肃清,馈饷不乏。

王或时须钱蒲博及给赐伶人,而承业靳之。王乃置酒库中,令其子继岌为承业舞,承业以带马赠之。王指钱积谓曰:"和哥乏钱,宜与一积,带马未为厚也。"承业曰:"郎君缠头皆出承业俸禄,此钱,大王所以养战士也,承业不敢以为私礼。"王不悦,语侵之。承业怒曰:"仆老敕使尔,非为子孙计,惜此库钱,所以佐王成霸业也。不然,王自取用之,

李嗣源和李从珂率领三千骑兵作为前锋,在距离幽州六十里的地方与契丹军相遇,经奋力作战才得以继续前进。到达山口时,契丹一万骑兵挡在晋军前面,晋军将士吓得变了脸色。李嗣源率领百余骑兵率先前进,他摘掉头盔,扬鞭上马,用契丹语对契丹人说:"你们无故侵犯我们的疆界,晋王命令我率领百万大军直捣西楼,消灭你们的种族!"于是跃马挥梃,三次冲入契丹军阵,斩杀一个酋长。晋军后面的军队也一齐前进,契丹军退却,晋军才得以走出山口。李存审命令步兵伐木做成鹿角,每人手拿一根,部队停下来时就围成营寨。契丹骑兵绕寨而过,寨中万箭齐发,死伤的契丹人马把道路都填满了。晋军将要到达幽州时,契丹严阵以待。李存审命令步兵在契丹军的后面摆好阵势,告诫他们不要乱动,然后先让疲弱的士卒拿着点燃的柴草前进,使烟尘遮天,击鼓呐喊去交战,再催促后面的军队趁机进攻。契丹大败,被俘获斩杀的人数以万计,李嗣源等进入幽州。

　　契丹任命卢文进为卢龙节度使,他居住在平州,每年都要侵入北部边疆杀掠百姓,卢龙节度使所属各州因此而残破不堪。

　　冬十月,后梁任命吴越王钱镠为天下兵马元帅。　晋王李存勖回到晋阳。

　　由于晋王连年出征作战,凡军府政务一律委托监军使张承业办理。张承业积极督促农桑生产,储备钱粮,收买兵马,征收赋税,依法办事,从不宽容权贵亲戚,因此军城肃清,军队粮饷不缺。

　　晋王有时需要钱去博戏或者赏赐给乐官伶人,张承业吝惜不给。于是晋王在府库中摆了酒席,让他的儿子李继岌给张承业跳舞,张承业拿宝带宝马赠送给李继岌。晋王指着积存的钱对张承业说:"和哥缺钱,应当给他一堆积存的钱,宝带宝马不算丰厚。"张承业说:"少主的谢礼都是从我的俸禄里支出的,这府库里的钱是大王用来供养战士的,我不敢把这些用作私人谢礼。"晋王听了很不高兴,用话讽刺他。张承业生气地说:"我是皇上的老臣,并不是为我的子孙打算,我之所以珍惜府库里的钱,是为了帮助大王成就霸业。不然的话,大王可以随便自己取用,

何问仆为？不过财尽人散，一无所成耳。"王怒，顾李绍荣索剑，承业起，挽王衣，泣曰："仆受先王顾托之命，誓为国家诛汴贼。若以惜库物死于王手，仆下见先王无愧矣。"

曹太夫人闻之，遽令召王，王皇恐，叩头谢，请承业痛饮，以分其过，承业不肯。王入宫，太夫人使人谢承业曰："小儿忤特进，已笞之矣。"明日，与王俱至承业第谢之。未几，承制授承业开府仪同三司、左卫上将军、燕国公，承业固辞不受，但称唐官终身。

卢质嗜酒轻傲，王衔之。承业恐其及祸，乘间言曰："卢质数无礼，请为大王杀之。"王曰："吾方招纳贤士，以就功业，七哥何言之过也？"承业起贺曰："王能如此，何忧不得天下？"质由是获免。

十一月，晋王如魏州。

晋王闻河冰合，曰："用兵数岁，限一水不得度。今冰自合，天赞我也。"亟如魏州。

十二月，蜀杀其招讨使刘知俊。

蜀主以刘知俊为都招讨使，诸将皆旧功臣，多不用其命，且疾之，故无成功。唐文扆数毁之，蜀主亦忌其才，尝谓所亲曰："吾老矣，知俊非尔辈所能驭也。"乃诬以谋叛，斩之。

晋王袭梁杨刘，拔之。梁主如洛阳，寻还大梁。

何必还问我呢？不过是钱财用光人员离散，事业一无所成罢了。”晋王十分生气，回头向李绍荣要剑，张承业站起来，拉住晋王的衣服，哭着说：“我受先王委托之命，发誓为国家诛灭汴梁朱氏。如果因为吝惜府库钱物而死于大王之手，我到地下见到先王也就无愧了。”

曹太夫人听说这件事后，急忙让人召来晋王，晋王惶恐得直叩头谢罪，请张承业痛饮来分担他的过错，张承业不肯喝酒。晋王入宫以后，曹太夫人派人去向张承业道歉说：“小儿顶撞了特进，刚才已经笞打了他。”第二天，曹太夫人和晋王一起来到张承业家向张承业道歉。不久，按照皇帝的旨意授予张承业开府仪同三司、左卫上将军、燕国公，张承业一再推辞不接受，一直到死都称唐朝官职。

卢质喜欢喝酒而且轻狂傲慢，晋王对他怀恨在心。张承业害怕卢质因此招致祸患，便找机会对晋王说：“卢质曾经多次无礼，请让我为大王杀掉他。”晋王说：“我正在招贤纳士来完成我的功业，七哥为什么要说出这么错误的话呢？”张承业站起来祝贺他说：“大王能够做到这样，何必担心得不到天下呢？”卢质因此得以免祸。

十一月，晋王李存勖到达魏州。

晋王听说黄河上的冰已结满河床，说：“打了好几年仗，由于受黄河的限制，不能渡河作战。如今河床结满了冰，这是上天帮助我啊。”于是他很快赶到了魏州。

十二月，蜀主王建杀死招讨使刘知俊。

蜀主任命刘知俊为都招讨使，各位将领都是原来有功之臣，很多人不听从刘知俊的命令，而且还嫉妒他，所以他没有建立什么战功。唐文扆经常诋毁刘知俊，蜀主也忌惮他的才能，曾对亲近的人说：“我已经老了，刘知俊不是你们这些人所能驾驭的。”于是就诬陷他阴谋叛乱，将他斩杀。

晋王李存勖袭击后梁的杨刘，攻克其地。后梁末帝到达洛阳，不久又回到大梁。

晋王视河冰已坚，引步骑稍度。梁甲士三千戍杨刘城，缘河数十里，列栅相望。晋王急攻，皆陷之，进攻杨刘城，拔之。先是，梁租庸调使赵岩言曰："陛下践祚以来，尚未南郊，议者以为无异藩侯，请幸西都，行郊礼。"敬翔谏曰："自刘郭失利，公私困竭，人心惴恐。今展礼圜丘，必行赏赉，是慕虚名而受实弊也。且劲敌近在河上，乘舆岂宜轻动？俟北方既平，报本未晚。"不听，遂如洛阳，阅车服，饰宫阙，郊祀有日。闻杨刘失守，讹言晋军已入大梁，扼汜水矣，梁主皇骇，遂罢郊祀，奔归大梁。

戊寅（918）　晋、岐、吴称唐天祐十五年，梁贞明四年。蜀光天元年。是岁，凡六国四镇。

春正月，晋师掠梁濮、郓而还。

梁敬翔上疏曰："国家连年丧师，疆土日蹙。陛下所与计事者，皆左右近习，岂能量敌国之胜负乎？李亚子继位以来，攻城野战，无不亲当矢石。近者攻杨刘，身负束薪为士卒先，一鼓拔之。陛下儒雅守文，宴安自若，使贺瓌辈敌之，而望攘逐寇仇，非臣所知也。宜询访黎老，别求异策，不然，忧未艾也。"疏奏，赵、张之徒言翔怨望，梁主遂不用。

蜀信王宗杰卒。

蜀太子衍好酒色，乐游戏。蜀主尝自夹城过，闻太子与诸王斗鸡击毬喧呼之声，叹曰："吾百战以立基业，此辈其能守之乎！"由是恶张格，而徐贤妃为之内主，竟不能去也。信王宗杰有才略，屡陈时政，蜀主贤之，有废立意。

晋王见黄河结冰坚实，就率领步兵、骑兵过河。后梁三千士卒驻扎在杨刘城，沿河数十里，营寨相望。晋王迅速发起进攻，完全攻陷了这些营寨，接着进攻杨刘城，也攻了下来。此前，后梁租庸使赵岩对后梁末帝说："陛下即位以来，还没有去南郊祭天，议论者认为陛下和诸侯没有什么两样，请陛下去西都行郊祀礼。"敬翔进谏说："自从刘鄩失利以来，公私处境都十分困难，人心惶惶。现在要去圜丘举行祭天典礼，必定要进行赏赐，这是贪图虚名而实际上受害。况且劲敌近在黄河边上，皇上车驾怎能轻易出动？等北方平定后，再去郊祀也不晚。"后梁末帝不听，于是前往洛阳，视察御用车子和服装，装饰宫阙，定下了去郊祀的日子。突然听说杨刘失守，传说晋军已经进入大梁，扼守住了氾水，后梁末帝大为惊骇，于是停止郊祀，逃回大梁。

戊寅（918）　晋、岐、吴称唐天祐十五年，后梁贞明四年。前蜀光天元年。这一年，共六个国家、四个藩镇。

春正月，晋军侵掠后梁濮州、郓州后返回。

后梁敬翔上疏说："国家连年战争失利，疆土日益缩小。和陛下议事的人都是身边宠爱亲信的人，怎能估量敌国的胜负呢？李亚子继位以来，攻城野战无不亲自冲锋陷阵。最近攻打杨刘时，他亲自背着柴束走在士卒前面，一举攻下杨刘城。陛下温文儒雅，安然自若，而派贺瑰之流去抵挡敌人，期望他们驱逐敌寇，我不知道他们能做些什么。陛下应当广泛询访老人，另外寻找一些别的办法，否则忧患还不会停止。"奏书上呈以后，赵岩、张汉鼎之流说敬翔心怀怨恨，后梁末帝便没用他的意见。

蜀国信王王宗杰去世。

蜀国太子王衍嗜酒好色，喜欢游戏。蜀主王建曾经从夹城路过，听到太子和诸王斗鸡打球喧闹的声音，叹息说："我身经百战建立大业，这些人能守得住吗？"因此讨厌张格，但因徐贤妃在内为之做主，最终没能赶走张格。信王王宗杰很有才略，多次陈述对时政的意见，蜀主很器重他，有废王衍立王宗杰的想法。

至是,暴卒,蜀主深疑之。

夏六月,蜀主建殂,太子宗衍立。

蜀主久疾昏瞀,至是增剧,以王宗弼为都指挥使,召大臣告之曰:"太子仁弱,朕不能违诸公之请而立之。若其不堪,可置别宫,幸勿杀之。但王氏子弟,诸公择而辅之。徐妃兄弟,止可优其禄位,慎勿使之掌兵预政,以全其宗族。"时内飞龙使唐文扆典兵预政,欲去诸大臣,遣人守宫门,宗弼辈不得入,闻其谋,排闼入言之。召太子入侍疾,贬文扆刺眉州,以宋光嗣为内枢密使,与宗弼等受遗诏辅政。初,蜀主虽因唐制置枢密使,专用士人。至是,蜀主以诸将多许州故人,恐其不为幼主用,故以光嗣代之,自是宦者始用事矣。蜀主殂,太子即位,尊徐贤妃为太后,徐淑妃为太妃,杀唐文扆。

吴副都统朱瑾杀都军使徐知训而自杀。

吴都军使徐知训骄倨淫暴,威武节度使李德诚有家妓数十,知训求之,不得,怒曰:"会当杀德诚,并其妻取之!"狎侮吴王,无复君臣之礼。尝与王为优,自为参军,使王为苍鹘。又尝与王泛舟,王先起,知训以弹弹之。又尝侍宴,使酒悖慢,王惧而泣。左右扶王登舟,知训逐之不及,挝杀王亲吏。与弟知询皆不礼于徐知诰,独季弟知谏以兄礼事之。知训尝召兄弟饮,知诰不至,知训怒曰:"乞子不欲酒,

到这时,王宗杰突然病死,蜀主对他的死感到十分怀疑。

夏六月,蜀主王建去世,太子王衍继位。

蜀主长期患有神智昏乱的疾病,到这时病情更加严重,因此任命王宗弼为都指挥使,召见大臣告诉他们说:"太子为人仁慈懦弱,我没有违背诸位的请求而立他为太子。如果他不能担当大任,可以把他安置在别的宫中,但不要把他杀死。只要是王氏的子弟,诸公可以选择一位来辅佐他。徐妃的兄弟们,只可以给他们优厚的俸禄和官位,一定不要让他们掌握兵权、参与政事,以保全他们的宗族。"当时,内飞龙使唐文扆掌管兵权,参与政事,他打算除去诸位大臣,于是派人把守宫门,王宗弼之辈都无法进入皇宫,听说唐文扆的阴谋后,推开宫门进去汇报了唐文扆的事。蜀主召太子入宫侍候自己的病,把唐文扆贬为眉州刺史,任命宋光嗣为内枢密使,让他和王宗弼等人一起接受遗诏辅政。当初,蜀主虽然依照唐制设置了枢密使,专门任用士人。到了这时,蜀主认为很多将领都是许州的故友,害怕他们不能为幼主所用,所以用宋光嗣取代士人做枢密使,从此宦官开始掌握权力。蜀主去世,太子即位,尊徐贤妃为太后,徐淑妃为太妃,杀死了唐文扆。

吴国副都统朱瑾杀死都军使徐知训,然后自杀。

吴国都军使徐知训傲慢淫暴,威武节度使李德诚家里有几十个女艺人,徐知训想要,没能要到,生气地说:"以后有机会我要杀死李德诚,连同他的妻子一同抢过来!"徐知训对吴王杨隆演也很轻慢,没有君臣之礼。他曾和吴王扮作优伶,他自己当参军,让吴王当僮奴。他又曾和吴王在河上划船,吴王先起来,徐知训用弹子弹他。徐知训还曾和吴王一起饮酒,喝多了发酒疯,狂悖傲慢,吴王被他吓哭了。吴王的左右侍从扶着吴王登上船,徐知训乘船追逐,因为没有追上吴王,就打死了吴王的亲近官员。徐知训和他的弟弟徐知询都对徐知诰没有礼貌,只有三弟徐知谏用对待兄长的礼节事奉徐知诰。徐知训曾经召集兄弟们饮酒,徐知诰没有到,徐知训生气地说:"讨饭的家伙不想喝酒,

欲剑乎?"又尝与知诰饮,伏甲欲杀之,知谏蹑知诰足,知诰遁去。

副都统朱瑾遣家妓候知训,知训强欲私之,瑾已不平。知训恶瑾位己上,出瑾为静淮节度使,瑾益恨之,然外事知训愈谨。置酒延之中堂,伏壮士于户内,出妻拜之,知训答拜,瑾以笏击之踣地,呼壮士出斩之。提其首驰入府,示吴王曰:"仆已为大王除害。"王惧,走入内,曰:"舅自为之,我不敢知。"子城使翟虔等阖府门,勒兵讨之,瑾遂自刭。徐知诰在润州闻难,用宋齐丘策,即日济江,抚定军府,温乃以知诰代执吴政。宣谕使李俨贫困,寓居海陵,温疑其与瑾通谋,皆杀之。

梁人决河以限晋兵,晋王攻之,拔其四寨。

梁将谢彦章攻杨刘,决河水以限晋兵,涨浸数里。晋王谓诸将曰:"梁军非有战意,但欲阻水,以老我师,当涉水攻之。"遂引亲军先涉,诸军随之,褰甲横枪,结陈而进。彦章拒之,稍却。鼓噪复进,梁兵大败,河水为赤,晋人遂陷滨河四寨。

蜀贬张格为维州司户。　秋七月,蜀以王宗弼为钜鹿王。

蜀主不亲致事,内外迁除皆出于王宗弼。宗弼纳贿多私,上下咨怨。宋光嗣通敏,善希合,蜀主宠任之,蜀由是遂衰。
吴以徐知诰为淮南行军副使,辅政。

难道想吃我一剑吗?"徐知训还曾和徐知诰一起饮酒,埋伏了甲兵,准备把徐知诰杀死,徐知谏暗中踩徐知诰的脚来示意,徐知诰才逃出去。

副都统朱瑾打发家里的女艺人去问候徐知训,徐知训打算强行占为己有,朱瑾已经愤愤不平。徐知训又恨朱瑾的地位比自己高,放朱瑾出去任静淮节度使,朱瑾更恨徐知训,但表面上对徐知训更加恭谨。朱瑾摆下酒席,将徐知训请进中堂,在门后埋伏勇士,然后让他的妻子出来拜见徐知训,徐知训回拜,朱瑾用笏板把徐知训打倒在地,叫出勇士把他杀死。朱瑾提着徐知训的脑袋跑进王府给吴王看,并说:"我已为大王除掉祸害。"吴王感到害怕,跑进屋内,说:"舅舅自己干的,我不敢知道。"子城使翟虔等关上府门,派兵讨伐朱瑾,朱瑾于是自杀。徐知诰在润州听说这场变乱,就采用宋齐丘的计策,当天渡过长江,安抚军府,徐温于是让徐知诰代替徐知训掌管吴国政事。宣谕使李俨贫穷困窘,住在海陵,徐温怀疑他和朱瑾是同谋,也把他杀死。

梁人把黄河挖开决口放水来限制晋兵,晋王李存勖率军攻打梁人,攻取四座营寨。

后梁将领谢彦章攻打杨刘,把黄河挖开决口放水来限制晋军前进,淹没的水面宽达几里。晋王对诸位将领说:"梁军没有作战的真意,只是想用水阻止我军,使我军士气衰落,应当蹚过积水向他们发起进攻。"于是他率领亲信军队首先蹚过积水,各个部队跟随着他,士卒们提起衣服,横背着枪,组成军阵向前推进。谢彦章抵御晋军,晋军稍稍退后一点。然后又鼓噪而进,梁军大败,黄河水都染成红色,晋军攻陷沿河的四个营寨。

蜀国贬张格为维州司户。   秋七月,蜀主王衍任命王宗弼为钜鹿王。

蜀主不亲自处理政事,内外官员的升迁或委任都由王宗弼决定。王宗弼受贿徇私,上上下下都很怨恨他。宋光嗣通达聪明,善于迎合,蜀主很宠爱信赖他,蜀国由此逐渐衰败。

吴国任命徐知诰为淮南行军副使,辅理朝政。

吴徐温入朝于广陵，疑诸将皆预朱瑾之谋，欲大行诛戮。徐知诰、严可求具陈知训过恶，温怒稍解，责知训将佐不能匡救，皆抵罪，独刁彦能屡有谏书，温赏之。以知诰为行军副使，知谏权润州团练事。温还金陵，庶政皆决于知诰。

知诰事吴王尽恭，接士大夫以谦，御众以宽，约身以俭。以吴王之命蠲天祐十三年以前逋税，求贤才，纳规谏，除奸猾，杜请托，于是士民归心，宿将悦服。以宋齐丘为谋主。

先是，吴有丁口钱，又计亩输钱，钱重物轻，民甚苦之。齐丘以为："钱非耕桑所得，今使民输钱，是教民弃本逐末也。请蠲丁口钱，余税悉输谷帛，䌷绢匹直千钱者当税三千。"或曰："如此，县官岁失钱亿万计。"齐丘曰："安有民富而国家贫者邪？"知诰从之。由是江淮间旷土尽辟，桑柘满野，国以富强。

知诰欲进用齐丘，而徐温恶之。知诰夜引齐丘于水亭屏语，常至夜分。或居高堂，悉去屏幛，独置大炉，以铁箸画灰为字，随以匙灭去之，故其所谋，人莫得而知也。

八月，晋王大举伐梁。

晋王谋大举伐梁，周德威将幽州步骑三万，李存审、李嗣源及王处直遣将各将步骑万人，及诸部落奚、契丹、室韦、吐谷浑皆以兵会之，并河东、魏博之兵，大阅于魏州，军于麻家渡。梁贺瑰、谢彦章屯濮州北，相持不战。晋王好自引轻骑迫敌营挑战，危窘者数四，赖李绍荣力战得

吴国的徐温回广陵朝见，怀疑诸位将领都参与了朱瑾的谋划，准备大开杀戒。徐知诰、严可求详细陈述徐知训的罪恶，徐温的怒气才稍稍缓解，又谴责徐知训的左右将领不能匡救他的过错，将他们全都判罪处罚，只有刁彦能多次有劝谏徐知训的文书，徐温赏赐了他。任命徐知诰为行军副使，让徐知谏暂管润州团练事务。徐温回到金陵后，朝廷大小事都由徐知诰决定。

徐知诰侍奉吴王杨隆演特别恭敬，对待士大夫也很谦逊，以宽厚驭使众人，以节俭约束自己。他用吴王的命令免除天祐十三年以前拖欠的全部税收，访求贤才，接受规劝，铲除奸猾，杜绝请托，因此百姓们都归心于他，耆宿老将们对他也心悦诚服。任用宋齐丘为主要谋士。

此前，吴国有征收丁口钱的规定，又要按照耕种的田地亩数来交钱，以致钱贵物贱，百姓们感到十分困苦。宋齐丘认为："钱并不是耕种蚕桑可以得到的，现在让百姓们交钱，就是让百姓们舍本逐末。请求免除丁口钱，其余的税钱全部折成谷帛交纳，纮绢每匹值一千钱的可以当三千钱。"有人说："这样下去，官府每年损失掉的钱就数以亿万计。"宋齐丘说："哪里有百姓富裕而国家贫穷的呢？"徐知诰听从了他的意见。从此，江淮之间荒废的土地全部被开垦出来，遍地都种满了桑柘树，国家也因此富强起来。

徐知诰打算进一步任用宋齐丘，但徐温不喜欢他。徐知诰经常夜里领着宋齐丘到水亭密谈，往往谈到半夜。有时候在高堂上，把屏幛全部撤去，只摆上一个大火炉，用铁箸在灰上写字，随即就用勺子把字刮掉，所以，他们所谋划的事情，人们无法得知。

八月，**晋王李存勖大举讨伐后梁。**

晋王准备大举进攻后梁，周德威率领幽州三万骑兵和步卒，李存审、李嗣源与王处直派将领各自率领一万骑兵和步卒，以及各部落的奚、契丹、室韦、吐谷浑都率兵来会合，再加上河东、魏博的军队，在魏州举行盛大的阅兵仪式，驻扎在麻家渡。后梁的贺瓌、谢彦章驻扎在濮州的北面，两军相持没有交战。晋王喜欢亲自率轻骑迫近敌营挑战，多次陷于危险，靠李绍荣奋战才得以

免。赵王镕及王处直皆遣使致书曰："元元之命系于王,本朝中兴系于王,奈何自轻如此?"王笑谓使者曰："定天下者,非百战何由得之? 安可但深居帷房以自肥乎?"一旦将出,李存审扣马泣谏曰："大王当为天下自重,先登陷陈,存审之职也。"王为之揽辔而还。他日,伺存审不在,策马急出,以数百骑抵梁营。谢彦章伏精甲五千,围王数十重,王力战仅得出,始以存审之言为忠。

蜀以诸王领军使。

蜀诸王皆领军使。彭王宗鼎谓其昆弟曰："亲王典兵,祸乱之本。今主少臣强,谗间将兴,缮甲训士,非吾辈所宜为也。"因固辞,但营书舍,植松竹自娱而已。

梁泰宁节度使张万进降晋。

梁嬖倖用事,多求赂于万进。万进遣使附于晋,且求援。

蜀以宦者欧阳晃等为将军。

蜀主以内给事欧阳晃等为将军,皆干预政事,骄纵贪暴。周庠切谏,不听。晃患所居之隘,夜因风纵火,焚西邻军营数百间,明旦召匠广其居,蜀主亦不之问。

冬十一月,越改国号汉。　吴取虔州。

吴遣刘信将兵攻虔州,谭全播拒守,其城险固,久之不下。信使人说谭全播,取质纳赂而还,徐温大怒。信子英彦典亲兵,温授兵三千曰："汝父据上游之地,将十倍之众,不能下一城,是反也。汝可以此兵往,与父同反。"又使

脱身。赵王王镕和王处直都派使者给晋王送信说:"百姓的性命取决于大王,国家的中兴也取决于大王,怎能轻视自己到这个地步?"晋王笑着对使者说:"安定天下,不身经百战怎能办到? 怎能只是深居帷房养肥自己呢?"一天早晨,晋王准备出去作战,李存审拉住马边哭边劝阻说:"大王应当为天下保重自己,率先登城、冲锋陷阵是我们的职责。"晋王这才收住马缰回去。又一天,晋王趁李存审不在,骑马迅速跑出去,率领几百骑兵直抵后梁军营。谢彦章埋伏下五千精兵,把晋王包围了几十层,晋王奋力作战才得以逃出,这时他才感到李存审的话是一片忠心。

蜀国让各位亲王都担任军使。

蜀国各亲王都任军使。彭王王宗鼎对他的兄弟说:"亲王掌管军队,是发生祸乱的根本。现在主上年轻而大臣们都很强悍,进谗离间的事将要增多,修缮武器,训练士卒,不是我们所应当做的。"因此,他坚决辞去军使职务,只是营建书房,种植松竹来自寻乐趣。

后梁泰宁节度使张万进投降晋国。

后梁末帝的宠信近侍掌管大权,很多人都向张万进索取贿赂。张万进派遣使者归附于晋国,并且向晋国求援。

蜀国任命宦官欧阳曼等人为将军。

蜀主王衍任命内给事欧阳晃等人为将军,这些人都干预政事,骄横贪暴。周庠恳切地进谏,蜀主不听从。欧阳晃不满自己的住处狭小,夜里借风放火,烧毁西面邻近的军营数百间,第二天早就叫工匠扩建他的住处,蜀主对此事也不闻不问。

冬十一月,越改国号为汉。 吴国夺取虔州。

吴国派刘信率领军队攻打虔州,谭全播守城抵御,虔州城十分险固,久攻不下。刘信派人去劝谭全播投降,带走人质,收下贿赂就撤军了,徐温知道后十分生气。刘信的儿子刘英彦掌管亲兵,徐温交给刘英彦三千士兵,说:"你的父亲占据上游的地方,率领着十倍于虔州的士卒,都不能攻下一座城,这是一种反叛行为。你可以率领这些士卒前去与你父亲一起反叛。"同时又派遣

指挥使朱景瑜与之俱,曰:"全播守卒皆农夫,饥窘逾年,妻子在外,重围既解,相贺而去,闻大兵再往,必皆逃遁。全播所守者,空城耳,往必克之。"信大惧,引兵还击虔州。先锋始至,虔兵皆溃。谭全播奔雩都,追执之。

十二月,晋王与梁军战于胡柳陂,周德威败死。晋王收兵复战,大破梁军。

晋王欲趣大梁,而梁军扼其前,坚壁不战百余日。王进兵,距梁军十里而舍。梁招讨使贺瓌善将步兵,排陈使谢彦章善将骑兵,瓌恶其与己齐名。一日,治兵于野,瓌指一高地曰:"此可以立栅。"至是,晋军适置栅于其上,瓌疑彦章与晋通谋。瓌屡欲战,彦章曰:"强寇凭陵,利在速战。今深沟高垒,据其津要,彼安敢深入?若轻与之战,万一蹉跌,则大事去矣。"瓌益疑之,密谮之于梁主,因享士伏甲杀之,及别将孟审澄、侯温裕,以谋叛闻。审澄、温裕亦骑将之良者也。晋王闻之,喜曰:"彼将帅自相鱼肉,亡无日矣。瓌残虐,失士卒心,我若引军直指其国都,彼安得空壁不动?幸而一与之战,蔑不胜矣。"

王欲自将万骑直趣大梁,周德威曰:"梁军尚全,轻行徼利,未见其福。"不从,毁营而进,众号十万,瓌亦弃营而蹑之。至胡柳陂,候者言:"梁兵至矣。"周德威曰:"贼倍道而来,未有所舍,我营栅已固,守备有余。既深入敌境,动须

指挥使朱景瑜与他一同前往，说："谭全播的守兵都是农夫，饥寒交迫已经超过一年了，妻子儿女又在外面，重重包围解除之后，他们都会互相祝贺，离开那里，他们听说大军还要再去，一定都会逃跑。谭全播所防守的就是一座空城，只要我们再去，就一定能攻克。"刘信大为恐惧，率领军队回去攻打虔州。先锋部队刚刚到达，虔州的士兵就全部溃逃了。谭全播逃奔雩都，刘信追上并抓获了他。

十二月，晋王李存勖与梁军在胡柳陂交战，周德威战败而死。晋王收集军队继续战斗，把梁军打得大败。

晋王打算夺取大梁，而梁军阻挡在前面，一百多天坚守营垒不出来作战。晋王率兵前进，在距离梁军十里的地方停了下来。梁军招讨使贺瑰善于指挥步兵，排阵使谢彦章善于指挥骑兵，贺瑰讨厌谢彦章与自己齐名。一天，贺瑰和谢彦章在野外练兵，贺瑰指着一块高地说："这里可以立栅来防御敌人。"到这时，晋军恰恰在这块高地上立了栅垒，贺瑰怀疑谢彦章与晋军通谋。贺瑰几次想出去作战，谢彦章说："强大的敌人前来入侵，速战速决对他们有利。现在我们深沟高垒，占据着渡口的要害地方，他们怎么敢深入进来？如果我们轻率地和他们作战，万一有什么失误，大事就完蛋了。"贺瑰对他更加怀疑，就偷偷在后梁末帝面前说谢彦章的坏话，并设宴请客，暗藏武士，杀死了谢彦章，又杀害了别将孟审澄、侯温裕，然后以谢彦章谋反上奏后梁末帝。孟审澄、侯温裕都是优秀的骑兵将领。晋王听说谢彦章等被杀后，高兴地说："他们的将帅自相残杀，要不了多久就会灭亡。贺瑰残暴肆虐，失去士卒的心，我如果率兵直捣他的国都大梁，他们怎能坚守不动呢？有幸和他们打一仗，可以保证战无不胜。"

晋王想亲自率领一万骑兵直捣大梁，周德威说："梁军还很完整，如果想轻率行动，侥幸取胜，未必有好处。"晋王没有听从他的意见，把军营毁掉，率兵前进，号称十万大军，贺瑰也放弃营垒跟在晋军后面。到了胡柳陂后，侦察兵报告说："梁军跟了上来。"周德威说："敌人日夜兼程赶来，还没有得到休息，我军的营垒已经坚固，守备有余。我们既然已经深入敌境，要行动就要

万全，不可轻发。此去大梁至近，梁兵各念其家，内怀愤激，不以方略制之，恐难得志。王宜按兵勿战，德威请以骑以扰之，使不得息。至暮营垒未立，樵爨未具，乘其疲乏，可一举灭也。"王曰："公何怯也？"即以亲军先出。德威不得已从之，谓其子曰："吾无死所矣。"贺瓌结陈而至，横亘数十里。王帅银枪都陷其阵，冲荡击斩，往返十余里。梁马军都指挥使王彦章军败走濮阳，晋辎重望见梁旗帜，惊溃，入幽州陈，幽州兵亦扰乱。德威子不能制，父子皆战死。梁兵四集，势甚盛。晋王据高丘，收散兵，至日中，军复振。

　　陂中有土山，贺瓌引兵据之。晋王谓将士曰："今日得此山者胜，吾与汝曹夺之。"即引骑兵先登，李从珂、王建及以步卒继之，遂夺其山。日向晡，贺瓌陈于山西，晋兵望之有惧色。诸将以为诸军未尽集，不若敛兵还营，诘朝复战。阎宝曰："梁骑兵已入濮阳，山下惟步卒，向晚有归志，我乘高趣下，破之必矣。今深入敌境，偏师不利，若复引退，必为所乘。诸军未集者，闻梁再克，必不战自溃。凡决胜料敌，惟观情势，情势已得，断在不疑。王之成败，在此一战。若不决力取胜，纵收余众北归，河朔非王有也。"李嗣昭曰："贼无营垒，日晚思归，但以精骑扰之，使不得夕食，俟其引退，追击可破也。我若敛兵还营，彼归整众复来，胜负未可

万无一失，决不可轻举妄动。这里离大梁很近，梁军士卒都思念家人，心中激愤，如果不用谋略来制服他们，恐怕很难如愿以偿。大王应该按兵不动，我周德威请求用骑兵先去骚扰他们，使他们得不到休息。到了晚上，他们的营垒还没有修好，柴火锅灶还没有准备齐全，乘他们疲乏时，可能一举消灭他们。"晋王说："你怎么这么胆怯呢？"于是率领亲信的军队先行出击。周德威不得已也跟随晋王出战，对他的儿子说："我不知将死在什么地方啊。"贺瓌列好战阵赶到，横跨数十里。晋王率领银枪都攻打梁军战阵，奋勇冲杀，往返十里。后梁马军都指挥使王彦章的部队被击败，逃往濮阳，晋军的运输队伍望见梁军旗职，吓得逃散，冲入幽州周德威的阵营，幽州军队的阵营也被扰乱。周德威的儿子不能制止混乱，父子全都战死。梁军从四面集结起来，气势很盛。晋王占据在高丘上，收集散兵，到了中午时，军队才又重新振作起来。

　　陵中有座土山，贺瓌率军占领了它。晋王对将士们说："今天夺得这座山的人就可以取得胜利，我和你们一起夺取。"于是他率领骑兵首先登上山，李从珂、王建及率领步兵跟在他的后面，于是夺取了这座山。傍晚，贺瓌的军队在山的西面摆开阵势，晋军望见，面有惧色。各位将领认为各部还没有全部集结，不如先收兵回营，明早再继续战斗。阎宝说："梁军骑兵已经进入濮阳，山下只有步兵，傍晚时都想回家，我们居高临下攻打，一定能打败他们。现在我们深入敌境，配合部队又出师不利，如果再率兵撤退，一定会被打败。那些尚未集结的部队听说梁军再次获胜，一定会不战自溃。大凡料敌制胜，只有认真观察形势，形势搞清楚以后就要果断决策，不能迟疑。大王的成功与失败，就在此一战。如果不能下决心全力取胜，即使收集散兵北归，河朔地区也不再归大王所有了。"李嗣昭说："敌人没有营垒，快晚上了都想回家，只要用精锐的骑兵去骚扰他们，使他们不能吃晚饭，等到他们退却时，我们就追击，这样就可以打败他们。我们如果收兵回营，他们就会调整好军队卷土重来，那么胜负就不得

知也。"王建及攠甲横槊而进曰:"王但登山,观臣为王破贼。"王愕然曰:"非公等言,吾几误计。"嗣昭、建及以骑兵大呼陷陈,诸军继之。梁兵大败,死亡者几三万人。

晋王还营,闻德威父子死,哭之恸,曰:"是吾罪也。"李嗣源不知王所之,或曰:"北度河矣。"嗣源遂乘冰北度。晋王进攻濮阳,拨之。嗣源复来见,王不悦曰:"公以吾为死邪?"嗣源顿首谢。王以从珂有功,但赐大钟酒以罚之,然自是待嗣源稍薄。

梁败卒走至大梁曰:"晋人至矣!"京城大恐。梁主驱市人登城,又欲奔洛阳,遇夜而止。败卒至者不满千人,伤夷逃散,各归乡里,月余仅能成军。

己卯(919) 晋、岐称唐天祐十六年,梁贞明五年。蜀乾德元年,吴宣王杨隆演武义元年。是岁,凡六国四镇。

春正月,晋筑德胜两城。
晋李存审于德胜南北夹河筑两城而守之,晋王以存审为内外蕃汉马步总管。

三月,晋王自领卢龙节度使。
王自领卢龙节度使,以李绍宏提举军府事。绍宏,宦者也,本姓马,晋王赐姓名。

晋以郭崇韬为中门副使。
孟知祥荐教练使雁门郭崇韬能治剧,王以为中门副使。崇韬倜傥有智略,临事敢决,王宠待日隆。知祥称疾辞位,崇韬专典机密。

夏四月,吴王隆演建国改元。

而知了。"王建及穿起战甲，横执战槊走上前说："大王只管登上山顶，观看臣下为大王破敌。"晋王惊讶地说："如果不是你们这么说，我几乎耽误了大计。"李嗣昭、王建及率领骑兵大喊着冲锋陷阵，各路军队紧跟在后面。结果梁军大败，死亡近三万人。

晋王回到军营，听说周德威父子战死，哭得十分悲痛，说："这是我的罪过。"李嗣源不知道晋王到了哪里，有人说："晋王向北渡过了黄河。"李嗣源于是也踏着冰向北渡过黄河。晋王进攻濮阳，并攻下了濮阳。李嗣源又来濮阳拜见晋王，晋王不高兴地说："你以为我死了吗？"李嗣源叩头谢罪。晋王认为李从珂战斗有功，只是赐给李嗣源一大杯酒来惩罚他，但从此晋王对李嗣源就逐渐冷淡了。

梁军败卒逃到大梁后说："晋人来啦！"于是京城大惊。后梁末帝驱赶市民登上城楼守卫，又打算逃到洛阳，只因已到夜晚才作罢。梁军被打败的士卒回到大梁的不到千人，被打伤逃散的人各自都回到了家乡，一个多月以后才又整顿成军队。

己卯（919） 晋、岐称唐天祐十六年，后梁贞明五年。前蜀乾德元年，吴宣王杨隆演武义元年。这一年，共六个国家、四个方镇。

春正月，晋人在德胜修筑了两座城。

晋将李存审在德胜南北隔河修筑了两座城，派兵坚守，晋王李存勖任命李存审为内外蕃汉马步总管。

三月，晋王李存勖亲自兼任卢龙节度使。

晋王亲自兼任卢龙节度使，让李绍宏管理军府事务。李绍宏是个宦官，本姓马，晋王赐给他姓名。

晋国任命郭崇韬为中门副使。

孟知祥推荐教练使雁门人郭崇韬，说他能够管理烦难事务，晋王任命他为中门副使。郭崇韬很洒脱倜傥，有才智谋略，临事果断，晋王对他日益宠信。孟知祥称病辞官，郭崇韬专门掌管国家机密要事。

夏四月，吴王杨隆演建国，改变年号。

吴徐温自以权重而位卑,说吴王隆演曰:"今大王与诸将皆为节度使,不相临制,请建吴国,称帝而治。"王不许。严可求屡劝温以知询代徐知诰,知诰与骆知祥谋出可求为楚州刺史。可求至金陵,见温,说之曰:"吾奉唐正朔,常以兴复为辞。今朱、李方争,一旦李氏有天下,吾能北面为之臣乎?不若先建吴国,以系民望。"温大悦,复留可求参总庶政。至是,温帅将吏、藩镇请吴王称帝,不许。四月朔,即吴国王位,大赦,改元,建宗庙社稷,置百官,宫殿文物皆用天子礼。以温为大丞相、都督中外诸军事、东海郡王,知诰为左仆射、参政事兼知内外诸军事,王令谋为内枢使,严可求为门下侍郎,骆知祥为中书侍郎。

吴越击吴,战于狼山,破之。

吴越王镠遣其子副大使传瓘击吴,吴遣将彭彦章、陈汾拒之,战于狼山。吴船乘风而进,传瓘引舟避之,既过,自后随之。吴回船与战,传瓘使顺风扬灰,吴人不能开目。及船舷相接,传瓘使散沙于己船,而散豆于吴船。豆为战血所渍,吴人践之皆僵仆。因纵火焚吴船,吴兵大败。彦章战甚力,陈汾按兵不救,彦章自杀。吴人诛汾,籍没家赀,以其半赐彦章家,廪其妻子终身。

梁攻晋德胜南城,不克。

贺瑰攻德胜南城,百道俱进,以竹笮联艨艟十余艘,蒙以牛革,设睥睨、战格,横于河流,以断晋救兵。晋王自引

吴国的徐温自认为他权力虽大，但地位很低，于是就劝吴王杨隆演说："现在大王和各将领都是节度使，大王不能统治辖制他们，请建立吴国，称皇帝，来治理这一带。"吴王没有答应。严可求曾多次劝说徐温用徐知询来代替徐知诰，徐知诰和骆知祥谋划让严可求出任楚州刺史。严可求到了金陵，见到徐温，就劝徐温说："我们尊奉唐朝的年号，一直以使国家复兴为说辞。现在朱、李两家争权夺利，一旦李氏夺得天下，我们能甘心做他的臣属吗？不如先建立吴国来维系民众期望。"徐温听后十分高兴，又把严可求留在身边，让他参理政事。到这时，徐温带领将帅以及藩镇官吏请求吴王称帝，吴王没有答应他们的请求。四月初一，吴王登上王位，实行大赦，改变年号，修建宗庙和社稷祭坛，设置朝廷百官，宫殿礼乐典章全用天子的礼制。吴王任命徐温为大丞相、都督中外诸军事、东海郡王，徐知诰为左仆射、参政事兼知内外诸军事，王令谋为内枢使，严可求为门下侍郎，骆知祥为中书侍郎。

吴越攻打吴国，在狼山交战，打败吴国。

吴越王钱镠派他的儿子副大使钱传瓘攻打吴国，吴国派将领彭彦章、陈汾抵御吴越军，两军在狼山交战。吴国战船乘风而进，钱传瓘率领船只躲避吴船，等吴国战船过去后，钱传瓘紧跟在吴船的后面。吴国战船回过头来和钱传瓘交战，钱传瓘让士卒顺风扬灰，弄得吴国士卒睁不开眼睛。等到两军的船舷互相靠近时，钱传瓘让士卒在自己的船上撒沙子，向吴国的船上撒豆子。这些豆子沾满战斗中流的血，吴国士卒踩着豆子就摔倒了。于是吴越军放火烧吴军的战船，吴军大败。彭彦章奋力作战，可陈汾按兵不救，彭彦章自杀身亡。吴国人杀死陈汾，没收他的家产，把一半赏赐给彭彦章家，终身供养他的妻子儿女。

后梁进攻晋国德胜的南城，没有攻克。

贺瓖攻打德胜南城，四面八方一起推进，用竹子制成的绳索将十余艘战船连在一起，蒙上牛皮，并做了一些像城墙似的短墙和支架等，横摆在黄河上，以此阻断晋军的援兵。晋王亲自率

兵救之，不能进，遣善游者入城。守将言矢石将尽，陷在顷刻。晋王积金帛于军门，募能破艨艟者，众莫知为计。李建及请选效节敢死士，得三百人，被铠操斧，帅之乘舟而进。将至，流矢雨集，建及使操斧者入艨艟间，斧其竹笮，又以木罂载薪，沃油然火，于上流纵之，随以巨舰，鼓噪攻之。艨艟随流，梁兵焚溺者殆半。晋兵乃得渡，瓌解围走。

秋七月，吴越攻吴常州，吴人与战，破之。

吴越王镠遣钱传瓘将兵三万攻吴常州，徐温帅诸将拒之，战于无锡。会温病热，不能治军。吴越攻中军，陈彦谦迁中军旗鼓于左，取貌类温者，擐甲胄，号令军事。吴越兵败，杀其将何逢，斩首万级，传瓘遁走。温募生获叛将陈绍者，赏钱百万，获之。绍勇而多谋，温复使之典兵。

初，吴将曹筠亦奔吴越，温厚遇其妻子，遣间使告之曰："使汝不得志而去，吾之过也。"及是役，筠复奔吴。温自数昔日不用筠言者三，而不问其罪，归其田宅，复其军职，筠内愧而卒。

知诰请帅步卒二千，易吴越旗帜铠仗，蹑败卒而东，袭取苏州。温曰："尔策固善，然吾且求息兵，未暇如汝言。"诸将亦以为："吴越所恃者舟楫，今大旱水涸，此天亡之时，宜尽步骑之势，一举灭之。"温叹曰："天下离乱久矣，民

军前往援救，但无法前进，于是就派遣善于游泳的人进入南城。南城守将说石头和弓箭快用完了，不久就会被攻克。晋王在军门口堆了不少金钱丝帛，招募能击破战船的人，大家都不知道怎么办好。李建及请求挑选效节敢死的士卒，结果选出三百人，让他们穿上铠甲，拿上刀斧，率领他们乘船前进。快接近战船的时候，像雨一样密集的箭向他们射来，李建及让拿着斧子的人冲上战船，砍断竹索，又用木罂装上柴草，浇上油点燃，从上游顺水放下，随后跟着大船，载满士卒，一边击鼓，一边大声呐喊，向梁军发起进攻。梁军的战船随流漂下，梁兵被烧死和淹死的将近一半。晋军于是渡过黄河，贺瓖撤除包围逃跑。

秋七月，吴越军攻打吴国常州，吴军和吴越军交战，打败了吴越军。

吴越王钱镠派钱传瓘率领三万士卒攻打吴国的常州，徐温率领诸将抵御钱传瓘，两军在无锡交战。这时正好徐温中暑了，不能统率军队。吴越军攻打吴国中军，陈彦谦把中军的旗鼓移到左边，找了一个长相和徐温一样的人，穿上铠甲，指挥作战。吴越兵战败，吴军杀死了吴越军的将领何逢，斩杀一万多人，钱传瓘逃跑。徐温招募能够活抓叛将陈绍的人，赏钱百万，后来陈绍被抓获。由于陈绍勇敢而且计谋多，徐温重新让他统帅军队。

当初，吴将曹筠也曾投奔吴越，徐温对他的妻儿很好，秘密派使者告诉他说："使你因不得志而离开吴国，是我的过错。"在这次战争中，曹筠又回到吴军。徐温列举自己过去没有采纳曹筠意见的三件事，而没有追问曹筠的罪过，并把田地和住宅归还给他，恢复他的军职，曹筠内心惭愧而死。

徐知诰请求率领二千名士卒，换上吴越军队的旗帜、铠甲、兵器，跟在吴越败兵的后面向东进发，袭取苏州。徐温说："你的计策固然是好的，然而我正想停止作战，没有时间按照你说的办。"诸位将领也认为："吴越军依靠的是船只，现在天气大旱，水路干涸，这是上天灭亡他们的时候，应当将步兵和骑兵全部调动起来，一举消灭他们。"徐温叹息说："天下战乱已经很久了，百姓

困已甚,钱公亦未可轻。若连兵不解,方为诸君之忧。今战胜以惧之,戢兵以怀之,使两地之民各安其业,君臣高枕,岂不乐哉?多杀何为?”遂引还。

吴越王镠见何逢马,悲不自胜,故将士心附之。宠姬郑氏父犯法当死,左右为之请,镠曰:“岂可以一妇人乱我法?”出其女而斩之。镠自少在军中,夜未尝寐,倦极则就圆木小枕,或枕大铃,寐熟辄欹而寤,名曰“警枕”。置粉盘于卧内,有所记则书盘中,比老不倦。或寝方酣,外有白事者,令侍女振纸即寤。时弹铜丸于楼墙之外,以警直更者。尝微行,夜叩北城门,吏不肯启关,曰:“虽大王来,亦不可启。”乃自他门入。明日召吏,厚赐之。

晋王以冯道掌书记。

中门使郭崇韬以诸将陪食者众,请省其数。王怒曰:“孤为效死者设食,亦不得专,可令军中别择河北帅,孤自归太原。”即召冯道草词示众。道曰:“大王方平河南,定天下,崇韬所请,未至大过,不从可矣,何必以此惊动远近?使敌国闻之,谓大王君臣不和,非所以隆威望也。”乃止。

八月,梁以王瓒为招讨使,拒晋兵。

贺瓌卒,梁主以王瓒为招讨使。瓒为治严,令行禁止。据晋人上游杨村,夹河筑垒,造浮梁,馈运相继。晋副总管李存进亦造浮梁于德胜,或曰:“浮梁须竹笮、铁牛、石囷,我

的困苦也十分严重,钱镠也不可轻视。如果连续不断地作战,才是诸位要担忧的。现在战胜了他们,让他们感到害怕,又息兵不战来怀柔他们,使得两地百姓各安其业,君臣高枕无忧,难道不是好事吗?何必多杀百姓?"于是领兵回去。

吴越王钱镠看见何逢的战马,悲痛得不能控制自己,所以将士们的心都归附他。钱镠宠姬郑氏的父亲犯了国法应当处死,左右大臣们都为他求情,钱镠说:"怎能因为一个妇人乱了我的国法?"于是休了郑氏,斩了她父亲。钱镠从小就在军中,夜里从未上床睡过,实在困倦时就枕上一个小圆木,或者枕上一个大铃休息一下,睡着后小木枕或大铃一斜,他就醒了,他把这种枕头叫做"警枕"。他还在卧室内放一个粉盘,要记下来的就写在盘中,一直到老都是这样孜孜不倦。有时睡得正香甜时,如果有人从外面来报告事情,他让侍女振动纸张就能醒来。时常把铜丸弹到楼墙的外面,以提醒打更的人。有一次,他便服出行,半夜里敲北城的门,守门的官吏不肯开门,并说:"即使大王来了也不能给开。"于是他从别的门进去。第二天,他召见守北城门的官吏,给予丰厚的赏赐。

晋王李存勖任命冯道为掌书记。

中门使郭崇韬认为将领中陪晋王吃饭的人太多,请求减少一些人数。晋王很生气地说:"我为保卫国家而不怕牺牲的人准备饭菜,也不能自作主张?可以让军中另外选择河北的主帅,我自己回太原去。"于是马上召见冯道,让他起草告示来告诉大家。冯道说:"大王正要平定河南,安定天下,郭崇韬所请求的事也不是什么大的过错,大王不听从就算了,何必因此惊动远近?如果让敌人知道这件事,说我们君臣不和睦,这不是提高威望的好办法。"晋王才停止让冯道写告示。

八月,后梁任命王瓒为招讨使,抵御晋军。

贺瓌去世之后,后梁末帝任命王瓒为招讨使。王瓒治理军队非常严格,令行禁止。他占据了晋人上游的杨村,在黄河两岸修筑营垒,建造浮桥,军需也供应不断。晋军副总管李存进也在德胜修造了浮桥,有人说:"制造浮桥需要竹索、铁牛、石囷,我们

皆无之,何以能成?"存进以苇笮维巨舰,系于土山巨木,逾月而成,人服其智。

吴与吴越连和。

吴徐温遣使以吴王书归无锡之俘于吴越,吴越王镠亦遣使请和于吴。自是吴国休兵息民,三十余州民乐业者二十余年。

冬十月,晋广德胜北城。

晋王发徒数万广德胜北城,日与梁人争,大小百余战,互有胜负。左射军使石敬瑭战于河壖,梁人断其马甲,横冲兵马使刘知远以所乘马授之,自乘断甲者徐行为殿,梁人疑有伏,不敢迫,俱得免,敬瑭以是亲爱之。二人之先,皆沙陀人。敬瑭,李嗣源之婿也。

梁克兖州,杀张万进。

刘郭围张万进于兖州经年,城中危窘。晋王方与梁人战河上,力不能救。万进遣亲将刘处让乞师,未许。处让于军门截耳曰:"苟不得请,生不如死。"晋王义之,将为出兵。会郭已屠兖州,族张万进,乃止,以处让为骁卫将军。

十二月,梁王瓒与晋王战,败绩,梁以戴思远代之。

晋王与王瓒战于河南,瓒先胜,获晋将石君立等,既而大败,失亡万计。梁主闻石君立勇,系于狱而使人诱之,君立曰:"我晋之败将,而为用于梁,虽竭诚效死,谁则信之?人各有君,何忍反为仇雠用哉!"梁主犹惜之。晋王乘胜拔濮阳,梁主召瓒还,以戴思远代为招讨使,屯河上以拒晋人。

全都没有,怎能造成?"李存进用苇绳拴住大战船,再拴在土山上的大树上,一个多月就建成了浮桥,人们都佩服他的才智。

吴国和吴越联合和好。

吴国徐温派使者拿着吴王杨隆演的信到吴越,归还无锡作战时的俘虏,吴越王钱镠也派使者请求与吴国和好。从此吴国停止作战,让百姓休息,三十多个州百姓安居乐业了二十多年。

冬十月,晋国扩建德胜北城。

晋王李存勖征发数万劳工来扩建德胜北城,每天都和后梁争战,大小战斗有百次,双方互有胜负。左射军使石敬瑭和梁军在黄河边的空地上交战,梁军打断了石敬瑭战马的铠甲,横冲兵马使刘知远把自己的乘马给了石敬瑭,自己骑着断了铠甲的马慢慢行进,在军队后面断后,梁军怀疑晋军有伏兵,不敢逼近,因此他们幸免于难,石敬瑭从此更加亲爱刘知远。他们两个人的祖先都是沙陀人。石敬瑭是李嗣源的女婿。

梁军攻破兖州,杀死了张万进。

刘郡在兖州包围张万进已经有一年多,城中危急窘困。这时晋王李存勖正和梁军在黄河边作战,无力援救兖州。张万进派亲信将领刘处让向晋王请求援兵,晋王没有答应。刘处让在军门割掉耳朵说:"如果不答应请求,活着不如死掉。"晋王认为他很仗义,准备出兵。正好刘郡已经在兖州屠城,杀了张万进全族,晋王才停止出兵,任命刘处让为骁卫将军。

十二月,后梁王瓒与晋王李存勖交战,梁军被打得大败,后梁用戴思远代替王瓒。

晋王与王瓒在黄河以南交战,王瓒先取得胜利,抓获晋将石君立等人,不久王瓒大败,伤亡数以万计。后梁末帝听说石君立很勇敢,把他关在监狱里,派人去诱降,石君立说:"我是晋军的败将,如果在梁国被起用,虽然竭诚效死,又有谁能相信我呢?每个人都有自己的君主,怎么忍心反叛被仇人所利用呢?"后梁末帝还是很怜惜他。晋王乘胜攻下濮阳,后梁末帝召王瓒返回,用戴思远接替他做招讨使,驻扎在黄河边上来抵御晋军。

吴团结民兵。

吴禁民私畜兵器，盗贼益繁。御史台主簿卢枢言："今四方分争，宜教民战。且善人畏法禁，而奸民弄干戈，是欲偃武而反招盗也。宜团结民兵，使之习战，自卫乡里。"从之。

吴国组建民兵组织。

吴国禁止百姓私藏武器,结果盗贼越来越多。御史台主簿卢枢说:"现在各地纷争,应当教百姓练习战争。况且好人惧怕法律禁令,奸人喜欢舞刀弄枪,这是想不用武备反而招来盗贼。应当组织百姓士卒使他们练习作战,保卫自己的家乡。"吴王依言而行。

资治通鉴纲目卷五十五

起庚辰(920)晋王存勖唐天祐十七年、梁主瑱贞明六年，尽丙戌(926)后唐庄宗存勖同光六年、后唐明宗嗣源天成元年。凡七年。

庚辰(920)　晋、岐称唐天祐十七年，梁贞明六年。是岁，梁、晋、岐、蜀、汉、吴凡六国，吴越、湖南、荆南、福建凡四镇。

春三月，晋以李建及为代州刺史。

晋王自得魏州，以李建及为都将。建及为人忠壮，所得赏赐，悉分士卒，与同甘苦，故能得其死力，所向立功，同列疾之。宦者韦令图谮之曰："建及以私财骤施，此其志不小。"王罢建及军职，以为代州刺史。

夏四月，梁朱友谦取同州，遂以河中降晋。

梁河中节度使冀王友谦袭取同州，以其子令德为留后，表求节钺，不许，乃附于晋，晋王以墨制除令德忠武节度使。

五月，吴宣王隆演卒，弟溥立。

王重厚恭恪，徐温父子专政，王未尝有不平之意形于言色，温以是安之。及建国称制，尤非所乐，多沉饮鲜食，遂成疾。温自金陵入朝，议当为嗣者，或曰："蜀先主谓武侯：'嗣子不才，君宜自取。'"温正色曰："吾果有意取之，当在诛张颢之初，岂至今日邪？使杨氏无男有女，亦当立之，敢妄言者斩！"乃以王命迎丹阳公溥监国。王殂，溥即位。

庚辰（920）　晋、岐称唐天祐十七年,后梁贞明六年。这一年,后梁、晋、岐、蜀、汉、吴共六个国家、吴越、湖南、荆南、福建共四个藩镇。

　　春三月,晋国任命李建及为代州刺史。

　　晋王李存勖自从得到魏州后,就任命李建及为都将。李建及为人忠直豪壮,所得赏赐全部分给士卒,与士卒同甘共苦,所以能使士卒拼死尽力,只要作战,就能立功,同僚很嫉妒他。宦官韦令图诬陷他说:"李建及用自己的财物多次分给士卒,他的志向很大。"晋王免去李建及的军职,任命他为代州刺史。

　　夏四月,后梁朱友谦占领同州,并率河中投降晋国。

　　后梁河中节度使冀王朱友谦率兵袭击并占领同州,任命他的儿子朱令德为忠武留后,上表请求颁发节度使的节钺,未得许可,于是归附于晋,晋王以亲笔手令任命朱令德为忠武节度使。

　　五月,吴宣王杨隆演去世,他的弟弟杨溥继立。

　　吴宣王杨隆演持重敦厚,恭敬谨慎,徐温父子掌握大权,杨隆演在言谈态度上从未表示过不满,徐温因此放心了。等到建国称王,更不是杨隆演所乐意的,经常喝酒,很少吃饭,于是生了病。徐温从金陵回朝,商议谁当为王位继承人,有人说:"蜀国先主刘备对武侯说:'嗣子没有才能,您应该自取王位。'"徐温严肃地说:"我如果真有心取代王位,应当在杀掉张颢之初,哪用等到今天?即使杨氏没有儿子,有女儿也应当立她为王,再有敢胡说的,一律杀掉!"于是以杨隆演之命迎接丹阳公杨溥回来代理国政。宣王杨隆演去世后,杨溥即吴王位。

六月,蜀杀其华阳尉张士乔。

蜀主作高祖原庙于万里桥,帅后妃、百官用亵味作鼓吹祭之。士乔上疏谏,蜀主怒,欲诛之,太后不可,乃流黎州。士乔感愤,赴水死。蜀主奢纵无度,日与太后、太妃游宴贵臣之家,及游近郡名山,所费不可胜纪。教坊使严旭强取士民女子纳宫中,累迁刺史。太后、太妃各出教令卖官,每一官阙,数人纳赂,多者得之。文思殿大学士韩昭以便佞得幸,乞数州刺史卖之以营居第,许之,识者知蜀之将亡。

梁遣刘鄩等讨同州,晋遣李存审救之。

李存审等至河中,即日济河,军于朝邑。梁军亦大集河中,友谦诸子说友谦且归款于梁,以退其师,友谦曰:"昔晋王亲赴吾急,秉烛夜战。今方与梁相拒,又命将星行,分我资粮,岂可负邪?"晋人分兵攻华州,坏其外城。李存审进逼刘鄩营,鄩等悉众出战,大败宵遁,追击破之,杀获甚众。存审等移檄告谕关右,引兵略地至下邽,谒唐帝陵,哭之而还。

秋八月,蜀主北巡。冬十一月,遣兵侵岐,不克而还。

蜀主下诏北巡,遂发成都,被金甲,冠珠帽,执弓矢而行,旌旗兵甲,亘百余里。雒令段融上言:"不宜远离都邑,当委大臣征讨。"不从。十一月,遣王宗俦将兵伐岐,攻陇州,岐王自将屯汧阳。蜀将陈彦威败岐兵于箭筈岭,

六月，蜀国杀死华阳县尉张士乔。

蜀主王衍在万里桥建了高祖王建的原庙，带领后妃、百官，供上高祖生前最喜欢吃的食品，击鼓吹乐，祭祀高祖。华阳县尉张士乔上书劝谏，蜀主非常生气，打算把他杀掉，太后不同意，于是把他流放到黎州。张士乔感到愤怒，跳水自杀。蜀主奢侈骄横，毫无节制，每天和太后、太妃们在贵臣家玩耍喝酒，或到附近郡县的名山去游玩，所花费用不可胜数。教坊使严旭强行夺取士民女子，纳入宫中，反而多次提升当了刺史。太后、太妃也各出教令卖官，每当有官位空缺，就会有数人来行贿，贿赂多的就可以得到官位。文思殿大学士韩昭因能说会道，得到宠幸，请求卖掉数州刺史的官职，用来营造宅第，蜀主答应了他，有识之士都明白蜀国将会灭亡。

后梁派遣刘鄩等人前往讨伐同州，晋派遣李存审前去援救。

李存审等到达河中，当天渡过黄河，驻扎在朝邑。后梁的军队也全部集中在河中，朱友谦的儿子们劝朱友谦暂且归服后梁，以此来让后梁撤军，朱友谦说："从前晋王亲自率兵解救我的危急，手持火把，连夜作战。现在正与梁军相持，晋王又命令将领星夜赶来，分给我们物资粮食，我们怎么能辜负他呢？"晋军分兵攻打华州，毁坏了华州的外城。李存审逼近刘鄩的军营，刘鄩率领全军出战，被打得大败，连夜逃跑，李存审乘胜追击，打败刘鄩，斩杀和俘获了刘鄩很多士卒。李存审等张贴檄文，告示关右，同时率兵攻占了很多地方，一直到下邽，并谒拜唐帝的陵墓，在陵前痛哭一番后才返回。

秋八月，蜀主王衍向北巡察。冬十一月，蜀派兵侵犯岐国，没有打胜而返回。

蜀主下诏前往北方巡视，便从成都出发，身披金甲，头戴珠帽，手执弓箭而行，随从的旌旗兵甲，连绵百余里。雒县县令段融上书说："不宜远离都城，应当委派大臣出去征讨。"蜀主没有听从。十一月，蜀主派王宗俦率军前往讨伐岐国，攻打陇州，岐王李茂贞亲自率军驻扎在汧阳。蜀将陈彦威在箭筈岭击败岐军，

蜀兵食尽，引还。蜀主至利州，泛江而下，龙舟画舸，辉映
江渚，州县供办，民始愁怨。至阆州，州民何康女色美，将
嫁，蜀主取之，赐其夫家帛百匹，夫一恸而卒。

赵王镕杀其司马李蔼，夷其族。

赵王镕治府第园沼，极一时之盛，多事嬉游，不亲政
事，权移左右。司马李蔼、宦者李弘规用事，宦者石希蒙尤
以谄谀得幸。镕晚好佛求仙，讲经受箓，广斋醮，炼仙丹。
盛饰馆宇于西山，每往游之，数月方归，从者万人，军民苦
之。是月，自西山还，宿鹊营庄，石希蒙劝镕复之他所。李
弘规曰："晋王夹河血战，栉风沐雨，亲冒矢石，而王专以供
军之资奉不急之费，且时方艰难，人心难测，王久虚府第，
远出游从，万一有奸人为变，闭关相拒，将若之何？"镕将
归，希蒙曰："弘规出不逊语，以劫胁王，欲以长威福耳。"镕
遂无归志。弘规乃教内牙都将苏汉衡帅亲军，擐甲拔刃，
诣帐前白镕曰："士卒暴露已久，愿从王归。"弘规因进言
曰："石希蒙劝王游从不已，请诛之以谢众。"镕不听，牙兵
遂大噪，斩希蒙。镕怒且惧，亟归府，使其长子副大使昭祚
将兵围弘规及李蔼之第，族诛之。又杀苏汉衡，收其党与，
穷治反状，亲军大恐。

辛巳（921） 晋、岐称唐天祐十八年，梁龙德元年，吴睿皇杨溥
顺义元年。是岁，凡六国四镇。

春正月，蜀主还成都，废其后高氏。

蜀军的粮食也吃完了，只好退兵。蜀主到达利州，顺江而下，龙舟彩船，光辉照映在长江两岸，沿江州县负责供应备办，老百姓开始愁苦怨恨。到达阆州，阆州州民何康的女儿长得很漂亮，将要出嫁，蜀主就娶她为妻，然后赏赐给她的夫家一百匹帛，她的丈夫因极其悲痛而死。

赵王王镕杀死他的司马李蔼，诛灭他全族。

　　赵王王镕修建的宅第园池是当时最好的，他经常游玩，不问政事，权力转移到左右亲信手里。司马李蔼、宦官李弘规当权，宦官石希蒙靠阿谀奉承尤其得到宠信。王镕晚年信佛求仙，讲习佛经，接受符箓，广设斋醮，合炼仙丹。王镕在西山把馆宇装饰非常华丽，经常去那里游玩，几个月后才回来，陪同他去游玩的不下一万人，军民都深受其苦。这个月，王镕从西山返回，住在鹊营庄，石希蒙劝王镕再到别的地方去玩。李弘规说："晋王在黄河两岸浴血奋战，栉风沐雨，亲自冒着箭石前进，而大王专门把供给军队用的物资挪用于一些不急用的事情上，况且时下正处在困难时期，人心难测，大王如果长期离开府第，远出游玩，万一有奸人叛变，关起大门，把我们关在外面，该怎么办呢？"王镕准备回去，石希蒙说："李弘规口出不逊之言来威胁大王，是想提高自己的威福。"王镕于是打消返回的想法。李弘规于是让内牙都将苏汉衡率领亲军披甲拔刀，到营帐前对王镕说："士卒们离家在外已久，希望跟大王回去。"李弘规趁势进言说："石希蒙劝大王没完没了地游玩，请把他杀掉来向大家认错。"王镕不听从，内牙都将的士卒们都大声喧哗起来，斩杀了石希蒙。王镕又生气又害怕，于是赶快回到府第，派他的长子副大使王昭祚率兵包围李弘规和李蔼的住宅，把他们的全族全部杀掉。又将苏汉衡杀掉，拘捕他的党羽，彻底追究他们的反叛情况，赵王的亲军感到十分惊恐。

　　辛巳（921）　晋、岐称唐天祐十八年，后梁龙德元年，吴睿皇杨溥顺义元年。这一年，共六个国家、四个藩镇。

　　春正月，蜀主王衍回到成都，废掉其后高氏。

蜀主之为太子,高祖为聘兵部尚书高知言女为妃,无宠。及韦妃入宫,尤见疏薄,至是遣还家,知言惊仆而卒。韦妃者,徐耕之孙也,有殊色。蜀主见而悦之,太后因纳于后宫,蜀主不欲娶于母族,托云韦昭度之孙。蜀主常列锦步障,击毬其中,往往远适而外人不知。爇诸香,昼夜不绝,久而厌之,更爇皂荚以乱其气。结缯为山,及宫殿楼观于其上,或为风雨所败,则更以新者易之。或乐饮缯山,涉旬不下。山前穿渠,乘船夜归,令宫女秉蜡炬千余居前船,却立照之,水面如昼。好为微行,酒肆倡家,无所不到。

晋得传国宝。

蜀主、吴王屡以书劝晋王称帝,晋王以示僚佐曰:"昔王太师亦尝遗先王书,劝以自帝一方,先王语余云:'昔天子幸石门,吾发兵诛贼臣,当是之时,威振天下。吾若挟天子据关中,自作九锡禅文,谁能禁我?顾吾家世忠孝,立功帝室,誓死不为耳。他日当务以复唐社稷为心,慎勿效此曹所为。'言犹在耳,此议非所敢闻也。"因泣。既而将佐及藩镇劝进不已,乃令有司市玉造法物。黄巢之破长安也,魏州僧得传国宝,至是以为常玉,将鬻之,或识之曰:"传国宝也。"乃诣行台献之,将佐皆奉觞称贺。

张承业闻之,亟诣魏州谏曰:"吾王世世忠于唐室,救其患难,所以老奴三十余年为王掊拾财赋,召补兵马,誓灭逆贼,

蜀主王衍当太子时，高祖王建为他聘兵部尚书高知言的女儿为妃，不受宠爱。等到韦妃入宫后，蜀主对高氏更加疏远，到这时更把高氏送回家，高知言吓得摔倒而死。韦妃是徐耕的孙女，长得十分美丽。蜀主见到她以后十分喜欢，因此太后就把她留在后宫，蜀主不愿娶母亲家族的人，于是就假托说是韦昭度的孙女。蜀主经常挂起锦缎围成一个屏幕，在里面打球，经常到很远的地方而外人不知道。他经常烧各种香，昼夜不绝，时间长了，又讨厌香气，改用烧皂荚来改变室内气味。他还把缯帛堆成山的样子，然后在上面做一些宫殿楼观，如果被风雨弄坏了就换新的。有时在缯山上饮酒作乐，十多天都不下来。在缯山的前面挖一条水渠，有时晚上乘船回宫中，命令宫女们拿一千多支蜡烛在前面的船上，脸朝后面站着，照得水面如同白天一样明亮。他喜欢便装出门，酒店妓院，无所不到。

晋国得到传国之宝。

蜀主、吴王曾多次写信劝晋王李存勖称帝，晋王就让僚属看这些书信，并说："从前王太师也曾给先王写信，劝他称帝一方，先王对我说：'从前天子驾幸石门时，我派兵去诛灭乱臣贼子，在那个时候，我威震天下。如果我在那时挟持天子，占据关中，自己起草赐封九锡和禅让的文告，谁能禁止我？但是我家世代忠孝，常为朝廷立功，我誓死不能这样做。以后应当全心全意恢复唐朝社稷，千万不要效法这些人的做法。'先王对我讲的话好像还在耳边，这种建议我听都不敢听。"说完就哭了。不久，左右将佐以及藩镇官吏们不断地劝他称帝，于是他让有关官吏购买玉石制作传国之宝。黄巢攻破长安的时候，魏州的僧人得到了传国之宝，到这时他认为是一块普通的玉石，将准备把它卖掉，有人认出这块玉石来，说："这是传国之宝。"于是僧人就到晋王行台献上宝玉，左右将佐们都举杯祝贺。

张承业听说这件事以后，马上来到魏州劝晋王说："大王世世代代效忠于唐朝王室，解救了大唐王朝的不少危难，所以老奴我三十多年来为大王收集财赋，招兵买马，誓死消灭叛逆之人，

复本朝宗社耳。今河北甫定，朱氏尚存，而王遽即大位，殊非从来征伐之意，天下其谁不解体乎？王何不先灭朱氏，复列圣之深仇，然后求唐后而立之，南取吴，西取蜀，汛扫宇内，合为一家，当是之时，虽使高祖、太宗复生，谁敢居王上者？让之愈久，则得之愈坚矣。老奴之志无他，但以受先王大恩，欲为王立万年之基耳。"王曰："此非余所愿，奈群下意何？"承业知不可止，恸哭曰："诸侯血战，本为唐家，今王自取之，误老奴矣。"即归晋阳，邑邑成疾，不复起。

二月，成德将张文礼弑其节度使赵王镕而代之。

赵王镕委政于其子昭祚，昭祚性骄愎，附李弘规者皆族之。弘规部兵五百人欲逃，聚泣偶语，未知所之。会诸军有给赐，镕忿亲军之杀石希蒙，独不时与，众益惧。王德明素蓄异志，因其惧而激之曰："王命我尽坑尔曹，吾念尔曹无罪不忍，不然又获罪于王，奈何？"众皆感泣，相与饮酒而谋之，酒酣，其中骁健者曰："吾曹识王太保意，今夕富贵决矣。"即逾城入。镕方焚香受箓，断其首而出，因焚府第。德明复姓名曰张文礼，尽灭王氏之族，独置昭祚之妻普宁公主以自托于梁。三月，遣使告乱于晋，因求节钺。晋王方置酒作乐，闻之，投杯悲泣，欲讨之。僚佐以为方与梁争，

恢复唐朝的宗庙社稷。现在黄河以北刚刚安定下来,朱氏还存在,大王就急急忙忙登上帝位,和你当初奋力征战的目的大不一样,这样天下的人心怎么能不离散呢？大王为什么不先消灭朱氏,报了列位先王的深仇,然后寻到唐王室的后人拥立为帝,向南夺取吴国,向西夺取蜀国,横扫天下,合为一国,到那个时候,即使高祖、太宗再生,又有谁敢位居你的上面呢？谦让的时间越长,得到的就越牢固。老奴我没有别的想法,只是接受了先王的大恩,愿为大王创建万年的基业。"晋王说:"这不是我的愿望,只是拿左右大臣的意见怎么办呢？"张承业知道阻止不了,痛哭着说:"诸侯们浴血奋战,本来是为了恢复唐朝大业,现在大王自己取得帝位,欺骗了老奴我啊。"于是就回到晋阳,郁郁成疾,没有再起来。

二月,成德将领张文礼杀掉节度使赵王王镕,取而代之。

赵王王镕将政务委托给他的儿子王昭祚处理,王昭祚性情傲慢,刚愎自用,把从前依附李弘规的人全都灭族。李弘规部下的五百士卒打算逃跑,他们聚集在一起一边哭泣一边小声私语,不知道该往哪里去。这时正好遇上赏赐各部队,王镕恨他的亲军杀死石希蒙,单单没按时分给他们,大家更感到害怕。王德明平素就怀有异心,因此就利用他们心里恐惧而刺激他们说:"赵王命令我把你们全部活埋,我觉得你们没有罪过,不忍心活埋你们,可不杀你们我又会得罪赵王,怎么办呢？"大家都感动得流下了眼泪,在一起喝酒谋划此事,喝得高兴时,其中一位勇敢的人说:"我们明白王太保的意思了,今天晚上就能让大家富贵了。"说完他们就翻过城墙进入城内。这时王镕正在烧香,接受符箓,大家砍下王镕的头就逃出来,顺便焚烧了王镕的王府。王德明恢复了姓名叫张文礼,把王氏家族全部杀掉,只留下王昭祚的妻子普宁公主,以此来托身于后梁。三月,张文礼派使者向晋王李存勖报告赵州的变乱,顺便请求晋王授予他符节和斧钺。这时晋王正在饮酒作乐,听说后,扔掉酒杯,悲痛地哭起来,准备去讨伐张文礼。晋王属下的官员们认为晋国正与后梁争战,

不可更立敌，宜且安之。王不得已，四月，承制授文礼成德留后。

夏五月，梁杀其泰宁节度使刘鄩。

初，鄩与朱友谦为昏。其受诏讨友谦也，先遣使移书，谕以祸福，待之月余，友谦不从，然后进兵。尹皓、段凝因谮之，梁主密令西都留守张宗奭鸩之。

六月朔，日食。　秋七月，晋以苏循为节度副使。

晋王既许藩镇之请，求唐旧臣。朱友谦遣苏循诣行台，循至魏州，望府即拜，谓之拜殿。见王呼万岁舞蹈，泣而称臣。翌日，又献大笔三十枚，谓之"画日笔"。王大喜，即命循为河东节度副使，张承业深恶之。

八月，晋以符习为成德留后，讨张文礼。

文礼既作乱，内不自安，复遣间使求援于契丹，又遣使告梁，乞发精甲万人，自德、棣度河，梁主疑未决。敬翔曰："陛下不乘此衅以复河北，则晋人不可复破矣。宜徇其请，不可失也。"赵、张辈皆曰："今强寇近在河上，尽吾兵力以拒之，犹惧不支，何暇救文礼乎？且文礼坐持两端，欲以自固，我何利焉？"梁主乃止。

文礼忌赵故将，多所诛灭。符习将赵兵万人从晋王在德胜，文礼请以他将代之，习见晋王泣涕请留，晋王曰："吾与赵王同盟讨贼，义犹骨肉。不意一旦祸生肘腋，吾诚痛之。汝苟不忘旧君，能为之复仇乎？吾以兵粮助汝。"习与

不能再树立敌对势力,应当答应他的请求来安抚他们。晋王不得已,在四月里便宜行事,授张文礼为成德留后。

夏五月,后梁杀死其泰宁节度使刘郭。

当初,刘郭与朱友谦有姻亲关系。刘郭接受命令去讨伐朱友谦时,先派使者给朱友谦送了一封信,讲明祸福利害关系,等了一个多月,朱友谦不听从刘郭意见,刘郭随后才进兵。尹皓、段凝因此也诬陷刘郭,后梁末帝秘密命令西都留守张宗奭用毒酒害死刘郭。

六月初一,发生日食。　秋七月,晋国任命苏循为河东节度副使。

晋王李存勖同意藩镇的请求后,就访求唐朝旧臣。朱友谦派苏循到晋王行台,苏循到了魏州,看到晋王府门就下拜,称作拜殿。见了晋王就高呼万岁,手舞足蹈,边哭边自称臣下。第二天,苏循又献给晋王三十支大毛笔,叫做“画日笔”。晋王非常高兴,马上就任命苏循为河东节度副使,张承业对苏循极为厌恶。

八月,晋国任命符习为成德留后,讨伐张文礼。

张文礼作乱后,内心感到不安,就秘密派使者向契丹求援,又派使者告诉后梁,请求派出一万精锐部队相助,从德州、棣州渡过黄河,后梁末帝犹豫不决。敬翔说:“陛下如果不乘这个机会收复黄河以北,晋人就很难再被攻破了。应当顺应他的请求,机不可失啊。”赵岩、张汉杰等人都说:“现在强大的敌人就在黄河边上,用我们的全部兵力来抵抗他们还怕抵挡不住,哪里有时间去援救张文礼呢? 况且张文礼脚踩两只船,打算以此来巩固自己,对我们有什么好处呢?”于是后梁末帝停止了对张文礼的援救。

张文礼十分忌惮赵王原来的将领,对老将多有诛杀。符习率领一万多赵王士卒跟随晋王李存勖在德胜,张文礼请求用别的将领代替符习,符习见到晋王以后,哭泣着请求留下,晋王说:“我和赵王曾经订立同盟共同讨贼,我们的情义就像骨肉一般。不料一下子在身边发生祸端,我确实痛心。如果你没有忘记过去的君主,能为他报仇吗? 我将援助你士卒和粮食。”符习和

部将三十余人，举身投地恸哭曰："大王念故使辅佐之勤，许之复冤，习等不敢烦霸府之兵，愿以所部径前搏取凶竖，以报王氏累世之恩，死不恨矣。"八月，王以习为成德留后，命阎宝、史建瑭将兵助之，自邢、洺而北。文礼先病腹疽，晋兵拔赵州，文礼惊惧而卒。其子处瑾与其党韩正时悉力拒晋。九月，晋兵围镇州，建瑭中流矢卒。

冬十月，梁袭晋德胜北城，晋王击破之。

晋王欲自分兵攻镇州，戴思远闻之，悉众袭德胜北城。晋王知之，十月，命李嗣源伏兵于戚城，李存审屯德胜，先以骑兵诱之，梁兵竞进，晋王以铁骑三千奋击，梁兵大败，失亡二万余人。

义武节度使王处直为其假子都所囚。

初，义武节度使王处直未有子，得小儿刘云郎，养为子，名之曰都。及壮，便佞多诈，处直爱之，置新军，使典之。处直有孽子郁，无宠，奔晋，晋王克用以女妻之，累迁至新州团练使。余子皆幼，处直以都为副大使，欲以为嗣。

及晋王存勖讨张文礼，处直以镇、定唇齿，恐镇亡而定孤，固谏以为方御梁寇，且宜赦文礼。晋王答以文礼弑君，义不可赦；又潜引梁兵，恐于易、定亦不利。处直患之，乃潜遣人语郁，使赂契丹，令犯塞以解镇州之围。郁素疾都冒继其宗，乃邀处直求为嗣，处直许之。军府皆不欲召

三十多位部将一起扑倒在地上痛哭着说："大王怀念老主帅辅佐您的功劳,答应为他报仇,我等不敢麻烦尊府的士兵,我们愿意率领部下直接前去搏杀凶手,以报答王氏对我们世世代代的恩情,死了也不遗憾。"八月,晋王任命符习为成德留后,命令阎宝、史建瑭率兵帮助他,从邢州、洺州向北进发。张文礼原先肚子上长了个毒疮,晋军攻下赵州,张文礼听说后惊恐而死。他的儿子张处瑾和他的同党韩正时全力抵御晋军。九月,晋军包围镇州,史建瑭被乱箭射中而死。

冬十月,后梁袭击晋德胜北城,晋王李存勖击败了梁军。

晋王打算自己分兵攻打镇州,戴思远听说这事后,率领全部人马袭击德胜北城。晋王闻讯后,于十月命令李嗣源在戚城埋伏下士卒,命令李存审驻扎在德胜,先用骑兵去引诱梁军,梁军争先恐后地前进,晋王率领三千名铁骑军奋力出击,梁军大败,损失两万余士卒。

义武节度使王处直被养子王都囚禁。

当初,义武节度使王处直没有儿子,后来得到一名叫刘云郎的小孩儿,把他收养为儿子,起名叫王都。王都长大后,很会阿谀奉承,多有诡诈,王处直特别喜欢他,组建了一支新军,让他来统帅。另外王处直还有一个非嫡妻所生的儿子名叫王郁,不受宠爱,投奔晋国,晋王李克用把自己的女儿嫁给了他,一直把他提拔到新州团练使。因为其他儿子都还幼小,王处直便任命王都为节度副使,准备把他立为继承人。

等到晋王李存勖讨伐张文礼时,王处直认为镇州、定州唇齿相依,害怕镇州失守后定州孤立无援,再三进谏,认为现在正在防御梁军入侵,应当暂且赦免张文礼。晋王答复说张文礼有弑君之罪,从道义上讲不可以宽赦;而且他又暗中勾结梁军,恐怕对易州、定州也不利。王处直为此事十分忧虑,于是偷偷派人去劝说王郁,让他贿赂契丹,让契丹侵犯晋国的边塞,以解镇州之围。王郁平素非常嫉恨王都冒充他们家族的继承人,就要求王处直把自己立为继承人,王处直答应下来。军府的人不愿招引

契丹，都亦虑郁夺其处，乃以新军教百伏于府第，大噪曰："将士不欲以城召契丹，请令公归西第。"乃并其妻妾幽之，尽杀其子孙腹心。以状白晋王，晋王因以都代处直，处直忧愤而卒。

吴王溥祀南郊。

吴徐温劝吴王郊祀，或曰："唐祀南郊，其费巨万，今未能办也。"温曰："吾闻事天贵诚，多费何为？唐每郊祀，启南门，灌其枢用脂百斛，此乃季世奢泰之弊，又安足法乎？"乃祀南郊。

十一月，晋王自将讨镇州。

晋王使李存审、李嗣源守德胜，自将兵攻镇州，旬日不克。张处瑾使韩正时突围出趣定州求救，晋兵追斩之。

十二月，契丹寇幽州，拔涿州，进寇义武，晋王救之。

王郁说契丹主曰："镇州美女如云，金帛如山，天皇王速往，则皆己物也，不然，为晋王所有矣。"契丹主以为然，悉众而南。述律后曰："吾有西楼羊马之富，其乐不可胜穷也，何必劳师远出，以乘危徼利乎？吾闻晋王用兵，天下莫敌，脱有危败，悔之何及？"契丹主不听。十二月，攻幽州，李绍宏婴城自守。契丹南围涿州，拔之，擒李嗣弼，进寇定州。王都告急于晋，晋王将亲军五千救之。

壬午（922） 晋、岐称唐天祐十九年，梁龙德二年。是岁，凡六国四镇。

春正月，晋王击契丹，大败之。

契丹入侵,王都也忧虑王郁夺走他的地位,于是就率领数百名新军埋伏在王处直的府第,大声叫嚷说:"将士不愿意让本城招引契丹入侵,请你回到西院。"于是把王处直和他的妻妾幽禁在西院,杀光他的子孙和心腹。然后将情况禀告晋王,晋王因此让王都代替王处直的职位,王处直忧愁愤怒而死。

吴王杨溥去南郊祭天。

吴国徐温劝吴王去南郊祭天,有人说:"唐朝在南郊祭天时耗资巨万,现在不能办此事。"徐温说:"我听说侍奉上天贵在心诚,多耗费有什么用呢?唐朝每次在南郊祭天,打开南门时,都要用一百斛油脂灌大门的枢纽,这是袁世挥霍无度的弊病,怎么值得效法呢?"于是去南郊举行祭天仪式。

十一月,晋王李存勖亲自率军讨伐镇州。

晋王派李存审、李嗣源镇守德胜,他亲自率兵攻打镇州,十几天没有攻克。张处瑾派韩正时率领军队冲出包围,直奔定州求援,晋兵追击,将韩正时斩杀。

十二月,契丹侵犯幽州,攻下涿州,又进一步侵犯义武,晋王李存勖率军前往援救。

王郁劝契丹主说:"镇州的美女如云,金帛如山,天皇王如能迅速前往,那里的美女金帛就全归您所有,不然的话就归晋王所有了。"契丹主认为王郁说得对,就率领全部人马向南进发。述律后劝他说:"我们有西楼羊马之富,这里的乐趣已不可穷尽,何必要劳师远征而冒着危险去求取那些利益呢?听说晋王用兵,天下无敌,如有危险或失败,后悔怎么来得及呢?"契丹主没有听从述律后的劝说。十二月,契丹攻打幽州,晋将李绍宏据城自守。契丹南进包围涿州,攻下了,抓获李嗣弼,进军侵犯定州。王都向晋王告急,晋王率领五千亲军前往援救。

壬午(922) 晋、岐称唐天祐十九年,后梁龙德二年。这一年,共六个国家、四个藩镇。

春正月,晋王李存勖攻打契丹,把契丹人打得大败。

晋王至新城，候骑白契丹前锋涉沙河，将士皆失色，有亡去者，斩之不能止。诸将皆曰："吾众寡不敌，又梁寇内侵，宜且还师以救根本。"或请西入井陉避之。晋王犹豫未决，郭崇韬曰："契丹本利货财而来，非能救镇州之急难也。王新破梁兵，威振夷、夏，挫其前锋，遁走必矣。"李嗣昭亦曰："强敌在前，有时无退，不可轻动以摇人心。"晋王曰："吾以数万之众平定山东，今遇此小虏而避之，何面目以临四海？"乃自帅铁骑五千先进。

至新城北，半出桑林，契丹见之惊走。晋王分军逐之，获契丹主之子，契丹举众退保望都。晋王至定州，王都迎谒马前，请以爱女妻王子继岌。王引兵趣望都，遇奚酋秃馁五千骑，为其所围，力战出入数四，不解。李嗣昭引三百骑横击之，虏退，王乃得出。因纵兵奋击，契丹大败，逐北至易州。会大雪弥旬，平地数尺，契丹人马死者相属，契丹主乃归。晋王引兵蹑之，随其行止，见其野宿之所，布藁于地，回环方正，皆如编剪，虽去，无一枝乱者。叹曰："虏用法严，乃能如是，中国所不及也。"晋王至幽州，使二百骑蹑契丹之后，曰："虏出境即还。"骑恃勇追击之，悉为所擒。契丹主责王郁，縶之以归，自是不听其谋。

梁袭晋魏州，不克，攻德胜北城。二月，晋王还魏州，梁兵遁还。

李存审谓李嗣源曰："梁人闻我在南兵少，不攻德胜，

晋王到达新城，侦察的骑兵回来说契丹军的前锋过了沙河，将士们都吓得变了脸色，有逃跑的士兵，杀掉他们也无法阻止士兵逃跑。诸位将领都说："我们寡不敌众，又听说梁军入侵，应当回军以救根本。"有人请求向西退进井陉躲避契丹军队。晋王犹豫不决，郭崇韬说："契丹本来就是为了夺取财物来的，并不能解救镇州的危难。大王最近击败梁军，威震夷、夏，如果能挫败契丹人的前锋部队，他们就一定会逃跑。"李嗣昭也说："强敌在前，只能前进，不能后退，不能轻易变动，动摇人心。"晋王说："我曾用数万军队平定太行山以东地区，现在遇到这样小股敌人就躲避，我还有什么面目统御天下？"于是他亲自率领五千铁骑率先前进。

到了新城北面，一半军队刚走出桑林，契丹军看了都吓得逃跑。晋王分兵追击，抓住契丹主的儿子，契丹军队全部退守望都。晋王来到定州，王都到马前去迎接，请求将自己的爱女嫁给晋王的儿子李继岌。晋王领兵直奔望都，遇上奚人首领秃馁率领的五千多骑兵，被秃馁所包围，晋王奋力冲杀好几次，都没有冲出包围。李嗣昭率领三百骑兵从侧面攻打秃馁，秃馁退走，晋王才突围出来。于是纵兵奋力出击，契丹大败，一直追击败兵到易州。正好遇上十几天下大雪，平地积雪几尺厚，死去的契丹人马一个接着一个，契丹主于是返回。晋王率兵跟随，沿着契丹行径的地方，晋王看到契丹在野外睡觉的地方，地上铺着草，回环方正，都像编起来用剪刀剪过似的，即使人已经离开，但地上的草还没有一根乱的。晋王感叹地说："契丹执法严格，才能这样，这是中原所不如的。"晋王到了幽州，派二百名骑兵跟在契丹的后面，告诉他们："契丹人出了边境你们就返回来。"这些骑兵恃勇追击，全部被契丹人抓获。契丹主责怪王郁，把他捆着带回来，从此，契丹主不再听从他的计谋了。

后梁袭击晋魏州，没有攻克，又进攻德胜北城。二月，晋王李存勖回到魏州，梁军逃回。

李存审对李嗣源说："梁人听说我们南边兵少，不攻打德胜，

必袭魏州,不若分军备之。"遂分军屯澶州。戴思远果悉众
趣魏州,嗣源引兵先之,遣兵挑战。思远知有备,乃西拔成
安,大掠而还。又攻德胜北城,重堑复垒,断其出入,昼夜
急攻,存审悉力拒守。晋王闻之,自幽州赴之,五日至魏
州,思远烧营遁还。

晋师围镇州,不克,退保赵州。夏四月,晋李嗣昭战死。

晋阎宝筑垒以围镇州,决滹沱水环之。内外断绝,城
中食尽,遣五百余人出求食。宝纵其出,欲伏兵取之。其
人遂攻长围,宝不为备,俄数千人继至,遂坏长围,纵火攻
营,宝不能拒,退保赵州。晋王以李嗣昭为招讨使代宝。
张处瑾遣兵千人迎粮于九门,嗣昭设伏邀击之,杀获殆
尽。镇兵发矢中其脑,嗣昭拔矢射之,一发而殪,是夕亦卒。晋
王闻之,不御酒肉者累日。嗣昭遗命:悉以泽、潞兵授判官
任圜,使督诸军攻镇州,号令如一,镇人不知嗣昭之死也。
晋王以李存进为招讨使,命嗣昭诸子护丧归葬晋阳。其子
继能不受命,帅兵拥丧归潞州。嗣昭七子,继俦当袭爵,素
懦弱。继韬凶狡,囚之,诈令士卒劫己为留后。晋王不得
已,改昭义曰安义,以继韬为留后。

秋八月,梁取晋卫州。

晋卫州刺史李存儒本姓杨,名婆儿,以俳优得幸于晋
王。为刺史,专事掊敛,防城卒皆征月课纵归。梁段凝、张朗
引兵夜袭之,诘旦之城,执存儒,遂克卫州。戴思远又与凝

就一定会袭击魏州，不如把军队分开来防备他们。"于是分作两军，驻扎在澶州。戴思远果然率领全部军队直奔魏州，李嗣源率军赶在前面，派兵挑战。戴思远知道晋军有防备，就向西攻下成安，大肆掠夺后返回。戴思远又进攻德胜北城，在城外修筑重重壕沟墙垒，切断晋军的通路，昼夜猛攻，李存审全力坚守。晋王听说后，从幽州赴援，五天后到达魏州，戴思远烧毁军营逃回。

晋军包围镇州，未能攻下，退守赵州。夏四月，晋军李嗣昭战死。

晋军阎宝修筑墙垒来包围镇州，引滹沱水环绕在镇州四周。镇州断绝了与外界的联系，城内的粮食吃光后，派五百余人出城寻找食物。阎宝任凭他们出城，打算用伏兵把他们抓获。那些人出来后就攻打围兵，阎宝没有防备，不久又有数千人接着赶到，于是摧毁了包围，放火攻打阎宝的军营，阎宝不能抵御，退守赵州。晋王任命李嗣昭为招讨使代替阎宝。张处瑾派一千多士卒到九门外去接粮食，李嗣昭设伏兵阻击，几乎将其全部杀死或俘虏。镇州士卒用箭射中李嗣昭的脑部，李嗣昭拔下箭来又射回去，一箭就射杀那个士卒，当天晚上李嗣昭也死了。晋王听说之后，好几天都不吃酒肉。李嗣昭的遗言说，把泽州、潞州的军队全部交给节度使判官任圜，让他督率诸军攻打镇州，任圜的命令和以前完全一样，镇州人不知道李嗣昭已死。晋王任命李存进为招讨使，命李嗣昭的儿子们护送灵枢回晋阳安葬。他的儿子李继能不接受命令，率领士卒护送灵枢回潞州。李嗣昭有七个儿子，李继俦应当继承父亲的爵位，但他平素比较软弱。李继韬凶狠狡猾，把李继俦囚禁起来，假装让士卒劫持自己担任留后。晋王不得已，改昭义为安义，任命李继韬为留后。

秋八月，后梁夺取晋国的卫州。

晋国卫州刺史李存儒本姓杨，名婆儿，因会演戏，得到晋王的宠爱。他担任刺史，专门致力于搜括民财，向防城的兵卒每月收钱后放回家去。后梁段凝、张朗率兵乘夜袭击李存儒，第二天早晨到达城下，抓获李存儒，于是攻下卫州。戴思远又和段凝

攻陷淇门、共城、新乡,于是澶州之西,相州之南,皆为梁有。晋人失军储三之一,梁军复振。

九月,晋王克镇州,自领之。以符习为天平节度使。

张处瑾使其弟处球乘李存进无备,将兵七千人奄至东垣渡。及营门,存进狼狈引十余人斗于桥上,镇兵退,晋骑兵断其后,夹击之,镇兵殆尽,存进亦战没。晋王以李存审为招讨使。镇州食竭力尽,处瑾遣使请降,未报,存审兵至。城中将李再丰投缒以纳晋兵,执处瑾兄弟及其党高濛送行台。赵人皆请而食之,磔张文礼尸于市。王镕故侍者得镕遗骸,晋王祭而葬之。以符习为成德节度使,习辞曰:"故使无后而未葬,习当斩衰以葬之,俟礼毕听命。"既葬,即诣行台,赵人请晋王兼领成德,从之。乃割相、卫二州置义宁军,以习为节度使。习辞曰:"魏博霸府,不可分也,愿得河南一镇,习自取之。"乃以为天平节度使。

冬十一月,唐特进河东监军使张承业卒。

承业卒,曹太夫人诣其第,为之行服,如子侄之礼。晋王闻之,亦不食者累日。

十二月,晋以张宪权镇州事。

魏州税多逋负,晋王以让司录赵季良,季良曰:"殿下何时当平河南?"王怒曰:"汝职在督税,何敢预我军事?"季良对曰:"殿下方谋攻取而不爱百姓,一旦百姓离心,恐河北亦非殿下之有,况河南乎?"王悦,谢之。自是重之,每预谋议。

攻下淇门、共城、新乡，于是澶州以西、相州以南的地区都归后梁所有。晋军失去三分之一的军用储备，梁军又振作起来。

九月，晋王李存勖攻克镇州，并亲自掌管镇州。任命符习为天平节度使。

张处瑾派弟弟张处球乘李存进没有防备，率兵七千突然到达东垣渡。到了李存进的营门时，李存进狼狈地率领十几个人在桥上搏斗，镇州士卒后退，晋国骑兵切断他们的退路，前后夹攻，镇州军几乎全部被消灭，李存进也战死了。晋王任命李存审为招讨使。镇州城内食尽力竭，张处瑾派使者请求投降，还没有得到回答，李存审军已赶到。城中将领李再丰用绳子把晋军拉进来，捉住张处瑾兄弟他的同党高濛等，送往行台。赵人都请求吃他们的肉，张文礼的尸体当街被车裂。原来王镕的侍者找到了王镕的遗骸，晋王加以祭奠安葬。晋王任命符习为成德节度使，符习辞让说："原来的节度使没有儿子而且还未安葬，我应当服重丧安葬他，等到安葬礼毕，我再接受命令。"葬后，他便前往行台，赵人请求晋王兼领成德节度使，晋王依言而行。于是划出相、卫二州设置义宁军，任命符习为义宁军节度使。符习又辞让说："魏博是大王的藩镇，不能分割，我希望得到黄河以南的一个镇，由我自己去攻占。"于是晋王又任命他为天平节度使。

冬十二月，唐朝特进、河东监军使张承业去世。

张承业去世后，曹太夫人到张承业的府第为他服丧，用他子侄辈的礼数。晋王得知消息后，也好几天都不吃饭。

十二月，晋国任命张宪暂时掌管镇州事务。

魏州的赋税多有拖欠，晋王李存勖因此责怪司录赵季良，赵季良说："殿下什么时候能平定黄河以南？"晋王生气地说："你的职务是监督税赋，怎敢干预我的军事？"赵季良回答说："殿下正在谋划攻城略地，却不爱惜百姓，一旦百姓离心离德，恐怕连黄河以北也不能归殿下所有，何况黄河以南？"晋王听后很高兴，向他道歉。从此，晋王对他很器重，经常让他参与谋划。

癸未（923） 岐称唐天祐二十年，梁龙德三年尽十月，四月以后，唐庄宗李存勖同光元年。是岁，梁亡，晋称唐，凡五国四镇。

春二月，晋以豆卢革、卢程为行台丞相。

晋王下教于四镇判官中选前朝士族，欲以为相。河东判官卢质为之首，质固辞，请以义武判官豆卢革、河东判官卢程为之。即拜行台左、右丞相，以质为礼部尚书。

梁以钱镠为吴越王。

镠始建国，仪卫名称多如天子之制，惟不改元。置百官，有丞相、侍郎、客省等使。

三月，晋李继韬以潞州叛降梁，其将裴约据泽州不下。

李继韬为留后，终不自安，幕僚魏琢、牙将申蒙复从而间之曰："晋朝无人，终为梁所并耳。"弟继远亦劝之，继韬乃使继远诣大梁请降。梁主大喜，以继韬为节度使。安义旧将裴约戍泽州，泣谕其众曰："余事故使逾二纪，见其分财享士，志灭仇雠。不幸捐馆，枢犹未葬，而郎君遽背君亲，吾宁死不能从也。"遂据州自守，梁遣董璋将兵攻之。继韬散财募士，尧山人郭威往应募，尝杀人系狱，继韬惜其才勇而逸之。

夏四月，晋王存勖称皇帝于魏州，国号唐。

晋王筑坛于魏州牙城之南，四月，升坛祭告，遂即帝位，国号大唐。尊母曹氏为皇太后，嫡母刘氏为皇太妃。初，太妃无子，性不妒忌，太后亦谦退，相得甚欢。及受册，

后唐庄宗

癸未（923）　岐称唐天祐二十年，后梁龙德三年到十月截止，四月以后是后唐庄宗李存勖同光元年。这一年，后梁灭亡，晋国改称唐，共有五个国家、四个藩镇。

春二月，晋国任命豆卢革、卢程为行台丞相。

晋王李存勖下令在河东、魏博、易安、镇冀四镇判官中选拔前朝的士族，想任命为丞相。河东判官卢质名列榜首，卢质坚决辞让，请求让义武判官豆卢革、河东判官卢程来担任。于是晋王立即拜他们为行台左、右丞相，任命卢质为礼部尚书。

后梁封钱镠为吴越王。

钱镠刚建国时，仪仗与卫士的名称有好多和天子的制度一样，只有没有改年号。也设置了百官，有丞相、侍郎、客省等使。

三月，晋国李继韬率领潞州反叛，投降后梁，他的将领裴约占据泽州坚守不降。

李继韬担任安义留后，始终心中不安，幕僚魏琢、牙将申蒙又从中挑拨说："晋国没有人才，终将被梁国吞并。"他的弟弟李继远也劝他，于是李继韬派李继远到大梁请求投降。后梁末帝大喜，任命李继韬为节度使。安义军的旧将裴约戍守泽州，边哭边对部下说："我侍奉原来的节度使超过二十年，亲眼看见他把财物分给士卒共享，立志消灭仇敌。如今他不幸去世，灵柩还没安葬，他的儿子就背叛君主与父亲，我宁死不能服从。"于是占据泽州坚守，后梁末帝派董璋率兵攻打裴约。李继韬分发财物来招募士卒，尧山人郭威前往应募，他曾因杀人被押进监狱，李继韬珍惜他的才能和勇气而把他放了。

夏四月，晋王李存勖在魏州称帝，国号为大唐。

晋王在魏州牙城的南面修筑坛场，四月，晋王登坛祭告上天，随即登上皇帝宝座，国号为大唐。尊奉生母曹氏为皇太后，嫡母刘氏为皇太妃。当初，刘太妃没有儿子，性情贤惠，从不嫉妒，曹太后也很谦让，两人相处得十分欢洽。等到接受册封时，

太妃诣太后宫贺，有喜色，太后怅怅不自安。太妃曰："愿吾儿享国久长，吾辈获没于地，园陵有主，余何足言？"因相向歔欷。

唐以豆卢革、卢程同平章事，郭崇韬、张居翰为枢密使。

革、程皆轻浅无他能，唐主特以其衣冠之绪，霸府元僚，故用之。李绍宏自幽州召还，崇韬恶其位在己上，乃荐居翰，而以绍宏为宣徽使，绍宏恨之。居翰和谨畏事，军国机政皆崇韬掌之。孔谦自谓应为租庸使，众议以谦人微地寒，故崇韬荐张宪，以谦副之，谦亦不悦。

唐建东、西京及北都。

以魏州为兴唐府，建东京。又于太原府建西京，又以镇州为真定府，建北都。时唐国所有，凡十三节度、五十州。

闰月，唐立宗庙于晋阳。

唐主追尊曾祖执谊曰懿祖昭烈皇帝，祖国昌曰献祖文皇帝，考晋王曰太祖武皇帝。立宗庙于晋阳，以高祖、太宗、懿宗、昭宗洎懿祖以下为七室。

唐遣李嗣源袭梁郓州，取之，以嗣源为节度使。

契丹屡寇晋幽州，卫州为梁所取，潞州内叛，人情炭炭，以为梁未可取，唐主患之。会郓州将卢顺密来奔，言曰："郓州守兵不满千人，可袭取也。"郭崇韬等皆以为不可，唐主密召李嗣源谋之曰："梁人志在泽、潞，不备东方，若得东平，则溃其心腹，东平果可取乎？"嗣源自胡柳有度河之惭，常欲立奇功以补过，对曰："今用兵岁久，生民

刘太妃到曹太后的宫里祝贺，面有喜色，曹太后反而怛怩不安。刘太妃说："希望我们的儿子能长久地做皇帝，我们死后埋在地下，园陵有主，其他还有什么说的？"两人因此相对哭泣。

后唐庄宗任命豆卢革、卢程为同平章事，郭崇韬、张居翰为枢密使。

豆卢革、卢程两个人都很浅薄，没有别的才能，后唐庄宗只是因为他们是仕宦世家，过去王府的僚属，所以起用他们。李绍宏从幽州召回，郭崇韬忌恨他的职位在自己之上，就推荐张居翰，把李绍宏任命为宣徽使，李绍宏因此憎恨郭崇韬。张居翰和顺恭谨，胆小怕事，军国机要大都由郭崇韬掌握。孔谦自认为应当担任租庸使，大家认为他地位寒微，所以郭崇韬推荐张宪为租庸使，孔谦为副使，孔谦心中也不高兴。

后唐建立东京、西京以及北都。

后唐把魏州升为兴唐府，在这里建东京。又在太原府建西京，同时把镇州升为真定府，在那里建北都。当时后唐所统治的共有十三节度、五十州。

闰四月，后唐在晋阳建立宗庙。

后唐庄宗追尊曾祖父李执谊为懿祖昭烈皇帝，祖父李国昌为献祖文皇帝，父亲晋王李克用为太祖武皇帝。在晋阳建立宗庙，从高祖、太宗、懿宗、昭宗至懿祖以下共分七室。

后唐派李嗣源袭击后梁的郓州，攻占了郓州，任命李嗣源为节度使。

契丹曾多次侵犯晋国的幽州，卫州又被后梁占领，潞州内部发生叛乱，人们都感到危险，认为不能消灭后梁，后唐庄宗也为此担忧。正好后梁郓州将领卢顺密前来投奔，并说："驻守郓州的士兵不足一千人，可以袭取郓州。"郭崇韬等都认为不可行，后唐庄宗秘密召见李嗣源，和他谋划说："梁人意在吞并泽州、潞州，东边没有防备，如果能取得东平，他的心腹之地就崩溃了，东平果真可以夺取吗？"李嗣源为在胡柳陂匆忙北渡黄河而惭愧，常想建立奇功来弥补过错，于是回答说："现在多年用兵，百姓

疲弊,苟非出奇取胜,大功何由可成?臣愿独当此役,必有以报。"唐主悦,遣嗣源将精兵五千趣郓州。日暮阴雨道黑,将士皆不欲进,高行周曰:"此天赞我也,彼必无备。"夜度河至城下,郓人不知。李从珂先登,杀守卒,启关纳外兵,进攻牙城,拔之。嗣源禁焚掠,抚吏民,唐主大喜曰:"总管真奇才,吾事集矣。"即以为天平节度使。梁主大惧,遣使诘让诸将段凝、王彦章等,趣令进战。

五月,梁遣招讨使王彦章攻唐德胜南城,拔之,进攻杨刘。六月,唐主救之,梁兵退。秋七月,彦章罢。

敬翔知梁室已危,以绳内靴中,入见梁主曰:"先帝取天下,不以臣为不肖,所谋无不用。今敌势益强,而陛下弃忽臣言,臣身无用,不如死。"引绳将自经,梁主止之,问所欲言,谢曰:"事急矣,非用王彦章为大将,不可救也。"梁主从之,以彦章为招讨使,仍以段凝为副。唐主闻之,自将亲军屯澶州,命朱守殷守德胜,戒之曰:"王铁枪勇决,宜谨备之。"守殷,王幼时所役苍头也。五月,遣使征兵于吴,徐温欲持两端,遣兵循海助其胜者,严可求不可,乃止。

梁主召王彦章问以破敌之期,彦章对曰:"三日。"左右皆失笑。彦章出,两日,驰至滑州,置酒大会,阴遣人具舟于杨村。夜命甲兵六百,皆持巨斧,载冶者具鞴炭,乘流而下。会饮尚未散,彦章阳起更衣,引精兵数千循河南岸趋德胜。

困顿疲惫，如果不出奇制胜，怎能建立大功？我希望一个人承担这次战役，一定会报告好消息。"后唐庄宗很高兴，派李嗣源率领精兵五千直奔郓州。走到傍晚时阴雨绵绵，道路漆黑，将士都不愿再继续前进，高行周说："这是上天助我，他们一定毫无准备。"于是连夜渡过黄河到达郓州城下，郓州人根本不知道。李从珂率先登城，杀死守兵，打开城门把外面的军队放进来，接着攻下了牙城。李嗣源禁止焚烧掳掠，安抚那里官吏和百姓，后唐庄宗闻讯十分高兴地说："李总管真是奇才，我的事要成功了。"于是任命李嗣源为天平节度使。后梁末帝听说后十分害怕，派使者去责问段凝、王彦章等将领，催促他们进军作战。

五月，后梁派招讨使王彦章进攻后唐德胜南城，攻克之后，又进攻杨刘。六月，后唐庄宗援救杨刘，梁兵撤退。秋七月，王彦章被罢免。

敬翔知道后梁朝廷已经处境危险，把绳子装在靴子里，进宫去见后梁末帝说："先帝夺取天下时不认为我没有才能，我的主意无不采用。现在敌人的势力日益强大，而陛下丢开忽略我的话，我没用了，不如去死。"抽出绳子就要自缢，后梁末帝制止他，问他想说什么，敬翔道歉说："现在事情十分紧急，不用王彦章为大将，不能挽救危局。"后梁末帝听从了他的建议，任命王彦章为招讨使，还用段凝为副招讨使。后唐庄宗听说后，亲自率领亲军驻扎在澶州，命令朱守殷坚守德胜，告诫他说："王铁枪勇敢果断，应当小心防备他。"朱守殷是后唐庄宗小时候所用的奴仆。五月，后梁派使者到吴国征求兵力，徐温打算脚踩两只船，派水兵沿海帮助取得胜利的一方，严可求不同意，于是停止行动。

后梁末帝召见王彦章问他多长时间可以击败敌人，王彦章回答说："三天。"后梁末帝身边的近臣都哑然失笑。王彦章率兵出发，两天时间就飞速赶到了滑州，大办宴会，同时秘密派人在杨村准备舟船。晚上，命令六百名士卒都手拿大斧，船上载着冶炼的工匠和皮囊、炭，顺流而下。这时宴会还没有结束，王彦章佯装出去上厕所，率领数千精兵沿着黄河南岸直奔德胜城。

天微雨，朱守殷不为备，舟中兵举镰烧断之，因以巨斧斩浮桥，而彦章引兵急击南城，破之，时适三日矣。守殷救之不及，彦章进攻诸寨，皆拔之，声势大振。

唐主遣宦者焦彦宾急趣杨刘，与镇使李周固守。命守殷弃北城，撤屋为筏，载兵械浮河东下，助杨刘守备。王彦章亦撤南城屋材浮河而下，每遇弯曲，辄于中流交斗，一日百战，互有胜负。比及杨刘，殆亡士卒之半。彦章以十万众攻杨刘，城垂陷者数四。李周悉力拒之，与士卒同甘苦，彦章不能克，退屯城南。

唐主引兵救之，曰："李周在内，何忧？"日行六十里，不废畋猎。六月，至杨刘。梁兵堑垒不可入，唐主问计于郭崇韬，对曰："请筑垒于博州东岸，以固河津，既得以应接东平，又可以分贼兵势。但虑彦章薄我，城不能就。愿募死士日挑战以缀之，旬日不东，则城成矣。"时李嗣源守郓州，河北声问不通，人心渐离，不保朝夕。会梁将康延孝密请降于嗣源，延孝者，太原胡人，有罪奔梁。嗣源遣押牙范延光送延孝蜡书，延光因言于唐主："请筑垒马家口以通郓州之路。"

唐主遣崇韬将万人夜发，度河筑之，昼夜不息，自与梁人昼夜苦战。崇韬筑城六日，彦章闻之，将兵数万驰至急攻。时版筑仅毕，未有守备。崇韬慰谕士卒，以身先之，

这时天下着小雨,朱守殷没有防备,船上的士兵用火烧断城门锁,用大斧把浮桥砍断,而王彦章率兵急攻南城,南城被攻破,这时正好是接受命令后的第三天。朱守殷已来不及援救,王彦章又进攻其他营寨,都攻了下来,于是声势大振。

后唐庄宗派宦官焦彦宾迅速赶到杨刘,和杨刘镇使李周在那里坚守。命令朱守殷放弃德胜北城,把房屋拆掉做成木筏,载着士兵和武器从黄河向东漂流而下,帮助杨刘坚守。王彦章也将德胜南城的房屋拆掉做成木筏顺着黄河漂流而下,每遇到黄河弯曲的地方就在河流中间交战,每日双方交战百余次,互有胜负。等到达杨刘时,朱守殷的士卒有一半伤亡。王彦章率领十万大军向杨刘城发起进攻,多次差一点把城攻破。李周率军全力抵御,与士卒同甘共苦,王彦章未能攻克,便率兵退到城南驻扎下来。

后唐庄宗率兵前来援救杨刘,并说:"有李周在城里,有什么好忧虑的呢?"于是日行六十里,还照常打猎。六月,后唐庄宗率兵到达杨刘。梁军修筑了沟堑壁垒,很难深入,后唐庄宗问郭崇韬怎么办好,郭崇韬回答说:"请在博州东岸修筑营垒,以巩固黄河渡口,这样既可以接应东平,又可以分散敌人兵力。只是担心王彦章逼近我们,城没法修好。希望招募敢死之士,每天让他们向敌挑战,以牵制敌人,如果王彦章十几天不向东来,城垒就可以修好了。"这时李嗣源在郓州坚守,黄河以北的消息一点不通,人心离散,朝不保夕。恰好后梁将军康延孝秘密请求投降李嗣源,康延孝是太原胡人,因为有罪,逃奔到后梁。李嗣源派押牙范延光把康延孝投降的信用蜡封好,送交给后唐庄宗,范延光因此对后唐庄宗说:"请在马家口修筑城垒,打开通往郓州的道路。"

后唐庄宗派郭崇韬率领一万士卒连夜出发,渡过黄河,昼夜不停地在那里修筑城垒,亲自率军和梁军昼夜奋战。郭崇韬修筑城垒修了六天,王彦章闻讯率领数万大军赶来急攻城垒。当时城墙刚刚修完,还没有守备设施。郭崇韬慰劳士卒,挺身上前,

四面拒战。唐主引大军救之,彦章退保邹家口,郓州奏报始通。李嗣源请正朱守殷覆军之罪,不从。七月,唐主引兵南,彦章等复趣杨刘。李绍荣直抵梁营,擒其斥候,又以火筏焚其连舰。彦章等走保杨村,唐兵追击之,梁兵前后死者且万人。杨刘围解,城中无食已三日矣。

彦章疾赵、张乱政,谓所亲曰:"待我成功还,当尽诛奸臣,以谢天下。"赵、张闻之,私相谓曰:"我辈宁死于沙陀,不可为彦章所杀。"相与协力倾之。段凝素疾彦章,而谄附赵、张,百方沮挠之,惟恐其有功。每捷奏至,赵、张悉归功于凝,由是彦章功竟无成。梁主犹恐彦章成功难制,征还大梁。

唐卢程罢。

程以私事干兴唐府,府吏不能应,鞭吏背。少尹任圜,唐主姊婿也,诣程诉之。程骂曰:"公何等虫豸,欲倚妇力邪?"唐主怒曰:"朕误相此痴物。"欲赐自尽,卢质力救之,乃贬右庶子。

八月,梁取唐泽州,裴约死之。

裴约遣间使告急,唐主曰:"吾兄不幸,乃生枭獍,裴约独能知逆顺。"顾谓指挥使李绍斌曰:"泽州弹丸之地,朕无所用,卿为我取裴约以来。"绍斌至,城已陷,约死,唐主深惜之。

梁以段凝为招讨使,遣王彦章、张汉杰攻郓州。

梁主遣段凝监军河上,敬翔、李振屡请罢之,梁主曰:"凝未有过。"振曰:"俟其有过,则社稷危矣。"至是,凝厚赂赵、

四面抗战。后唐庄宗率领大军前来援救,王彦章退守邹家口,郓州奏报的道路才打通。李嗣源请求治朱守殷覆军之罪,后唐庄宗没有接受他的意见。七月,后唐庄宗率军向南进发,王彦章又赶赴杨刘。李绍荣直抵后梁军营,抓获梁军的哨兵,又用火点燃木筏烧了梁军连在一起的战船。王彦章等撤到杨村坚守,唐军追击梁军,梁军前后死了将近一万人。杨刘解除包围时,城中已经三天没有粮食吃了。

王彦章憎恨赵岩、张汉杰干扰国政,对亲信说:"等我成功回来,将杀掉全部奸臣,来向天下百姓谢罪。"赵岩、张汉杰听说后,私下议论说:"我们宁愿死在沙陀人手里,也不能被王彦章杀死。"于是相互协力倾轧王彦章。段凝一向忌恨王彦章,而谄媚依附赵岩、张汉杰,千方百计地阻挠王彦章,唯恐他建立战功。每次送来捷报,赵、张都把功劳说成是段凝的,因此王彦章最终没有成功。后梁末帝也害怕王彦章成功后难以控制,就把他调回大梁。

后唐卢程被罢免。

卢程因私事求于兴唐府,兴唐府的官吏们没有答应,他就用鞭子抽打府吏的后背。少尹任圜是后唐庄宗姐姐的丈夫,到卢程那里去申诉。卢程骂他说:"你是什么下贱东西,想依靠你老婆的力量吗?"后唐庄宗生气地说:"我错让这蠢货当了宰相。"打算命卢程自杀,在卢质全力的解救下,才将他贬为右庶子。

八月,后梁夺取后唐的泽州,裴约殉死。

裴约秘密派使者向后唐庄宗告急,后唐庄宗说:"我哥哥不幸生下这个禽兽,只有裴约能懂得顺逆之理。"回头看着指挥使李绍斌说:"泽州是块弹丸之地,朕没有用,你为我把裴约带回来。"李绍斌到了泽州,城已攻破,裴约已死,后唐庄宗十分痛惜。

后梁任命段凝为招讨使,派王彦章、张汉杰去攻打郓州。

后梁末帝派遣段凝在黄河边监督大军作战,敬翔、李振多次请求将他罢免,后梁末帝说:"段凝没有过错。"李振说:"等他有了过错,那国家就危险了。"到这个时候,段凝用厚礼贿赂赵岩、

张求为招讨使，翔、振力争，不从。于是宿将愤怒，士卒亦不服。凝将全军五万济河掠澶州，至顿丘。梁主又命王彦章将保銮骑士万人屯兖、郓之境，谋复郓州，仍以张汉杰监其军。

梁将康延孝奔唐。

唐主引兵屯朝城，康延孝来奔，唐主解锦袍玉带赐之，以为招讨指挥使。问以梁事，对曰："梁朝地不为狭，兵不为少，然主既暗懦，赵、张擅权，内结宫掖，外纳货赂。段凝智勇俱无，专率敛行伍以奉权贵。梁主不能专任将帅，常以近臣监之，进止可否，动为所制。近又闻欲数道出兵，令董璋趣太原，霍彦威寇镇定，王彦章攻郓州，段凝当陛下，决以十月大举。臣窃观梁兵聚则不少，分则不多。愿陛下养勇蓄力，以待其分，帅精骑五千，自郓州直抵大梁，擒其伪主，旬月之间，天下定矣。"唐主大悦。

九月，蜀主宴群臣于宣华苑。

蜀主以韩昭、潘在迎、顾在珣等为狎客，陪侍游宴，与宫女杂坐，或为艳歌相唱和，亵慢无所不至。枢密使宋光嗣等专断国事，恣为威虐，务徇蜀主之欲以盗其权。宰相王锴、庾传素等各保宠禄，无敢规正。潘在迎每劝蜀主诛谏者，无使谤国。嘉州司马刘赞献陈后主三阁图，并作歌以讽，贤良方正蒲禹卿对策语极切直，蜀主不能用。至是以重阳宴近臣于宣华苑，酒酣，嘉王宗寿乘间极言社稷将危，流涕不已。昭曰："嘉王好酒悲。"因谐笑而罢。

张汉杰,请求出任招讨使,敬翔、李振极力反对,后梁末帝不从。于是老将都很愤怒,士卒也不服从段凝。段凝率领五万大军渡过黄河侵掠澶州,到达顿丘。后梁末帝又命令王彦章率领保銮骑士一万多人驻扎在兖州、郓州交界处,打算收复郓州,派张汉杰监督他的军队。

后梁将领康延孝投奔后唐。

后唐庄宗率兵驻扎在朝城,康延孝前来投奔,后唐庄宗解下锦袍玉带赏赐给他,并任命他为招讨指挥使。后唐庄宗向康延孝询问后梁的事情,康延孝回答说:"梁朝的地盘不算小,兵力也不少,然而梁主愚昧软弱,赵岩、张汉杰独揽大权,对内勾结后宫人员,对外接受贿赂。段凝智勇全无,专门搜刮士卒来讨好权贵。梁主不能把军队交给将帅独立指挥,常用亲信担任监军,决定军队的行动时,总受这些人制约。近来又听说梁主准备多路同时出兵,命令董璋直奔太原,霍彦威侵犯镇定,王彦章攻打郓州,段凝抵挡陛下,决定在十月大举进攻。我私下认为梁军集中在一起确实不少,一分散就不多了。希望陛下养精蓄锐,等待他们分兵作战,届时您率五千精锐骑兵由郓州直捣大梁,抓获伪主,十天到一个月之间,天下即可平定。"后唐庄宗听后十分高兴。

九月,蜀主王衍在宣华苑宴请群臣。

蜀主把韩昭、潘在迎、顾在珣等当成陪伴嬉游饮宴的人,经常陪侍蜀主吃喝玩乐,他们和宫女杂坐在一起,有时作一些艳歌互相唱和,轻慢粗俗,无所不至。枢密使宋光嗣等专断国家大事,任意逞威肆虐,致力于满足蜀主的欲望来窃取大权。宰相王锴、庾传素等各保自己的宠信和俸禄,不敢规劝纠正。潘在迎经常劝说蜀主诛杀那些进谏的人,不让他们诽谤国家。嘉州司马刘赞进献陈后主三阁图,并作歌加以讽谕,贤良方正蒲禹卿的对策也很恳切正直,蜀主都不采纳。到这时,因为重阳节在宣华苑宴请亲近的大臣,酒兴正浓时,嘉王王宗寿趁机极力陈说国家形势危急,痛哭不已。韩昭说:"嘉王喜欢在喝酒后哭泣。"因此一笑了之。

冬十月朔,日食。 唐主救郓州,梁师败绩,王彦章死之。唐主入大梁,梁主瑱自杀,唐遂灭梁。

唐自德胜失利以来,丧刍粮数百万,租庸副使孔谦暴敛以供军,民多流亡,租税益少。泽、潞未下,契丹屡寇瀛、涿。又闻梁人欲大举数道入寇,唐主深以为忧,召诸将会议。李绍宏等皆以为郓州难守,请以易卫州及黎阳于梁,与之约和,休兵息民,更图后举。唐主不悦,曰:“如此,吾无葬地矣。”乃独召郭崇韬问之,对曰:“陛下不栉沐、不解甲十五余年,欲雪家国仇耻。今已正尊号,始得郓州尺寸之地,不能守而弃之,臣恐将士解体,将来食尽众散,虽画河为境,谁为陛下守之?臣尝细询康延孝以河南之事,度己料彼,日夜思之,成败之机,决在今岁。梁今悉以精兵授段凝,决河自固,恃此不复为备。凝非将材,不足畏。降者皆言大梁无兵,陛下若留兵守魏,固保杨刘,自以精兵与郓州合势,长驱入汴,伪主授首,则诸将自降。不然,今秋不登,军粮将尽,大功何由可成?谚曰:‘当道筑室,三年不成。’帝王应运,必有天命在,陛下勿疑耳。”唐主曰:“此正合朕志。丈夫得则为王,失则为虏,吾行决矣。”司天奏天道不利,不听。

王彦章将攻郓州,李嗣源遣从珂逆战,败其前锋,彦章退保中都。捷奏至,唐主喜曰:“郓州告捷,足壮吾气。”命

冬十月初一，发生日食。　后唐庄宗援救郓州，梁军大败，王彦章战死。后唐庄宗进入大梁，后梁末帝朱瑱自杀，后唐消灭了后梁。

后唐自从在德胜失利以来，损失粮草数百万，租庸副使孔谦强行大量征收赋税来供应军需，很多百姓都逃亡了，收上来的租税越来越少。泽州、潞州又没有攻下来，契丹人又多次侵犯瀛州、涿州。又听说梁军准备从四面八方大举入侵，后唐庄宗为此深感忧虑，于是召集诸位将领商议对策。李绍宏等都认为郓州难以坚守，请求用这个地方向后梁换取卫州和黎阳，和后梁定约和好，停止战争，让百姓得到休息，等到以后再行动。后唐庄宗听后很不高兴，说："这样一来，我就没有葬身之地了。"于是单独召见郭崇韬询问，郭崇韬回答说："陛下不梳头洗脸，不解甲已经十五年多了，想洗雪国家的深仇大恨。现在已经名正言顺地做了皇帝，刚刚得到郓州这块小地方，不能坚守而要放弃它，我担心将士们会灰心丧气，将来粮食吃完了，大家都四散而去，即使划河为界，又有谁来为陛下坚守呢？我曾详细地向康延孝问过黄河以南的情况，揣度自己，估计敌人，日夜思考这些事情，我认为成败的机会就在今年。梁国现在将全部的精兵交给了段凝，又挖开黄河堤岸来保护自己，他们依靠这些条件就不会再有防备。段凝并不是有才能的将领，没有什么可畏惧的。投降过来的人都说大梁没有什么军队，陛下如果能留下部分兵力坚守魏州，保卫杨刘，亲自率领精兵和郓州联合起来，长驱直入汴梁，杀死伪主，诸位将领自然投降。不然的话，今年秋天五谷不丰收，军粮很快就会吃完，大功怎能告成？俗话说：'当道筑室，三年不成。'帝王顺应天运，定有天命，陛下不必再迟疑了。"后唐庄宗说："这话正合朕意。大丈夫成则为王，败则为虏，我决定行动了。"司天奏称天道不利，后唐庄宗没有听信。

王彦章准备攻打郓州，李嗣源派遣李从珂前去迎战，打败了王彦章的前锋部队，王彦章退守中都。打了胜仗的消息传来，后唐庄宗高兴地说："郓州首战告捷，这足以激发我军士气。"命令

将士悉遣其家归兴唐，亦遣夫人刘氏、皇子继岌归，与之诀曰："事之成败，在此一决。若其不济，当聚吾家于魏宫而焚之。"济河至郓州，中夜进军，以李嗣源为前锋，遇梁兵，一战败之，追至中都，围之。梁兵溃，追击破之。

彦章走，将军李绍奇追之，彦章重伤马踬，遂擒之，并擒张汉杰等二百余人，斩首数千级。彦章尝谓人曰："李亚子斗鸡小儿，何足畏？"至是唐主谓之曰："尔尝谓我小儿，今日服未？且尔名善将，何不守兖州？中都无壁垒，何以自固？"彦章对曰："天命已去，无足言者。"唐主惜彦章之材，欲用之，赐药傅其创，屡遣人诱谕之。彦章曰："余本匹夫，蒙梁恩位至上将，与皇帝交战十五年。今兵败力穷，死自其分，纵皇帝怜而生我，我何面目见天下之人乎？岂有朝为梁将，暮为唐臣？此我所不为也。"唐主复遣嗣源自往谕之，彦章卧谓曰："汝非邈佶烈乎？"

于是诸将称贺，唐主举酒属嗣源曰："今日之功，公与崇韬之力也。向从绍宏辈语，大事去矣。"谓诸将曰："向所患惟彦章，今已就擒，是天意灭梁也。段凝犹在河上，何向而可？"诸将以为东方诸镇兵皆在段凝麾下，所余空城耳，以天威临之，无不下者。若先广地，东傅于海，然后观衅而动，可以万全。康延孝固请亟取大梁，嗣源曰："兵贵神速，今彦章就擒，段凝必未之知。就使有人走告之，疑信之间尚须三日。设若知吾所向，即发救兵，直路则阻决河，

将士全都把家属送回兴唐府,他也送夫人刘氏、皇子李继岌回到兴唐府,并和他们诀别说:"事情的成败,在此一举。如果不能成功,就把我们全家集合到魏州的宫殿里烧死。"后唐庄宗渡过黄河到达郓州,半夜进军,命令李嗣源担任前锋,遇到梁军后,一战就打败梁军,一直追到中都,并包围中都城。梁军溃逃,唐军追击,打败梁军。

王彦章逃跑,将军李绍奇追击,王彦章身负重伤,马也跌倒,于是抓获王彦章,同时还抓获张汉杰等二百多人,斩杀数千人。王彦章曾经对别人说:"李亚子是个斗鸡小儿,有什么可怕的?"到这时,后唐庄宗对他说:"你说我是斗鸡小儿,今天服不服?况且你名为良将,为什么不守兖州?中都没有修筑壁垒,怎么能坚守?"王彦章回答说:"天命已去,无话可说。"后唐庄宗很爱惜王彦章的才能,打算任用他,赐药让他治疗伤口,并多次派人去诱导他。王彦章说:"我本是个平民,承蒙大梁的恩典,当了将军,与陛下交战十五年。今天兵败力穷,死是预料之中的事,纵使陛下可怜我,让我活着,我又有什么脸面去见天下人呢?哪有早晨还是梁将,晚上就变成唐臣的道理?这是我不能干的事。"后唐庄宗又派李嗣源亲自去劝说他,王彦章躺着对李嗣源说:"你不是邈佶烈吗?"

这时诸将都来祝贺胜利,后唐庄宗举起酒杯对李嗣源说:"今日的功业,全靠你和郭崇韬的力量。如果之前听了李绍宏等人的话,就误了大事。"又对诸将说:"原来我所担心的只是王彦章,今天他已被抓获,这是天意要消灭梁国。段凝还在黄河边上,我们向哪里进攻才好呢?"诸将认为东方各镇的兵力都集中在段凝的麾下,剩下的全是空城,凭陛下的天威去攻城,没有攻不下的。如果先扩大占领的地方,东至海边,然后乘机行动,可以万无一失。康延孝坚决请求急速攻取大梁,李嗣源说:"兵贵神速,现在王彦章已经被抓获,段凝一定还不知道这事。即使有人跑去告诉他,段凝是信是疑也需要三天时间才能决定下来。假使他知道了我军去向,即刻发兵援救,从直路去,则有决口的黄河阻挡,

须自白马南渡,舟楫亦难猝办。此去大梁至近,无险,方陈兼程,信宿可至。段凝未离河上,友贞已为吾擒矣。延孝之言是也,请陛下以大军徐进,臣愿以千骑前驱。"唐主从之。令下,诸军踊跃。嗣源是夕遂行,明日唐主发中都。以王彦章终不为用,斩之。

越二日,至曹州,梁守将降。梁主闻彦章就擒,唐军且至,聚族而哭。召群臣问策,皆莫能对,谓敬翔曰:"朕忽卿言,以至于此。今事急矣,将若之何?"翔泣曰:"臣受先帝厚恩,殆将三纪,名为宰相,其实朱氏老奴,事陛下如郎君。前后献言,莫匪尽忠。陛下不用,致有今日。虽使良、平更生,谁能为陛下计者?臣愿先赐死,不忍见宗庙之亡也。"因与梁主相向恸哭。

时城中尚有控鹤军数千,朱珪请帅之出战,梁主不从,命王瓒驱市人乘城为备。梁主疑诸兄弟乘危谋乱,尽杀之。梁主登建国楼,或请幸洛阳收军拒唐,唐虽得都城,势不能久留。或请幸段凝军,指挥使皇甫麟曰:"凝本非将材,官由幸进。今危窘之际,望其临机制胜,转败为功,难矣。且凝闻彦章军败,其胆已破,安知能终为陛下尽节乎?"赵岩曰:"事势如此,一下此楼,谁心可保?"

需要从白马向南渡过黄河,渡河的船只也难很快办齐。从这里到大梁最近,又没有险要的地方,把军队排成方阵,昼夜兼程,两个晚上就可以到达。段凝还没有离开黄河边上,朱友贞就已被我们抓住了。康延孝所说的是对的,请请陛下率领大军慢慢推进,我愿率领一千骑兵作为前锋。"后唐庄宗听从了他的意见。命令下达以后,各路军队踊跃响应。李嗣源当天晚上就出发了,第二天,后唐庄宗从中都出发。因为王彦章最终也不愿为后唐所用,于是把他杀掉。

过了两天,后唐军队到达曹州,后梁守将也投降了后唐。后梁末帝听说王彦章已经被抓获,后唐军队即将到来,全家族的人都聚在一起哭泣。后梁末帝又召集群臣询问对策,大家都没有回答,他又对敬翔说:"我忽略了爱卿的话,以致到了如此地步。现在事情紧急,该怎么办呢?"敬翔哭泣着说:"我蒙受先帝的厚恩,将近三十六年了,名为宰相,其实是朱家的老奴,侍奉陛下就像侍候少爷一样。我先后进献的意见,无一不是忠心耿耿。陛下不采纳我的意见,才导致今天这样的局面。即使让汉代的张良、陈平再生,谁又能为陛下想出好办法来呢?我希望陛下赐我先死,我不忍心看到国家的灭亡。"于是和后梁末帝面对面地痛哭起来。

当时城中尚有几千控鹤军,朱珪请求率领这些军队出去迎战,后梁末帝没有答应,而是命令王瓒驱赶市民登城守备。后梁末帝怀疑他的兄弟们会乘危谋乱,于是把他们全部杀掉。后梁末帝登上建国楼,有人请求他到洛阳,把军队集合起来抵御后唐军队,后唐虽然占领了都城,但势必难以久留。有人请求后梁末帝到段凝的军队那里,指挥使皇甫麟说:"段凝本来不是将才,他的官位是因得宠才晋升的。现在正值危难之际,希望他面对形势灵活机动地取得胜利,转败为胜、建功立业是很难的。况且段凝听说王彦章军战败,已吓破胆,怎知他在最后时刻能不能为陛下尽忠尽节呢?"赵岩说:"事态发展到这样的地步,一下此楼,谁的心都难保证。"

梁主复召宰相谋之，郑珏请自怀传国宝诈降以纾国难，梁主曰："今日固不敢爱宝，但此策竟可了否？"珏俯首久之曰："但恐未了。"左右皆缩颈而笑。梁主日夜涕泣，不知所为。置传国宝于卧内，忽失之，已为左右窃之迎唐军矣。赵岩曰："吾待温许州厚，必不负我。"遂奔许州。梁主谓皇甫麟曰："吾不能自裁，卿可断吾首。"麟泣曰："臣为陛下挥剑死唐军则可矣，不敢奉此诏。"梁主曰："卿欲卖我邪？"麟欲自刭，梁主持之曰："与卿俱死。"麟遂弑梁主，因自杀。梁主为人温恭俭约，无荒淫之失，但宠信赵、张，使擅威福，疏弃敬、李旧臣，不用其言，以至于亡。

李嗣源军行五日至大梁，王瓒开门出降。是日，唐主亦至，入自梁门，嗣源迎贺，唐主喜不自胜，手引嗣源衣，以头触之曰："吾有天下，卿父子之功也，天下与尔共之。"

李振谓敬翔曰："有诏洗涤吾辈，相与朝新君乎？"翔曰："吾二人为梁宰相，君昏不能谏，国亡不能救，新君若问，将何辞以对？"是夕未曙，或报翔曰："李太保已入朝矣。"翔叹曰："李振谬为丈夫，国亡君死，何面目入建国门乎？"乃缢而死。赵岩至许州，温昭图斩之，复名韬。诏漆朱友贞首，函之藏于太社。

梁段凝降唐。

后梁末帝又召集宰相来商量,郑珏请求自己拿着传国之宝去伪装投降后唐来缓解国难,后梁末帝说:"今天我固然不敢吝惜国宝,只是这办法最终真能解除国难吗?"郑珏低下了头,好久才说:"恐怕不能解除。"后梁末帝的左右侍从都缩着脖子发笑。后梁末帝日夜哭哭啼啼,不知怎么办才好。他把传国之宝放在卧室里,忽然失踪了,原来已被身边的人偷去迎接后唐军队了。赵岩说:"我待温许州很好,他一定不会辜负我。"于是逃奔许州。后梁末帝对皇甫麟说:"我不能自杀,你可以把我的头砍下来。"皇甫麟哭着说:"我为陛下挥剑抗战死于唐军之手是可以的,但不敢接受这个诏令。"后梁末帝说:"你想出卖我吗?"皇甫麟想自杀,后梁末帝拉住他说:"我和你一起死。"皇甫麟于是杀了后梁末帝,随后自杀。后梁末帝为人温和恭敬,简朴无华,没有荒淫方面的过失,只是特别宠信赵岩和张汉杰,使他们擅权作威作福,疏远和抛弃了敬翔、李振等旧臣,不采纳他们的意见,所以才导致国家灭亡。

李嗣源的军队走了五天到达大梁,王瓒打开城门出来投降。这一天,后唐庄宗也到达大梁,从梁门进入城内,李嗣源出来迎接并祝贺,后唐庄宗喜不自胜,用手拉着李嗣源的衣服,用头撞了一下李嗣源说:"我能取得天下,是你父子二人的功劳,我和你们共享天下。"

李振对敬翔说:"如果后唐庄宗下诏为我们洗雪,我们能一起朝见新的君主吗?"敬翔说:"我们两个人是梁国的宰相,君主昏庸没有努力进谏,国家要灭亡了没有办法拯救,如果新的君主问我们这事,我们要拿什么话来回答呢?"这天夜里天亮前,有人报告敬翔说:"李太保已经进宫朝见了。"敬翔叹息地说:"李振枉为大丈夫,现在国亡君死,我们还有什么脸再进入大梁的建国门呢?"于是自缢而死。赵岩到了许州,温昭图斩杀了他,恢复原名温韬。后唐庄宗下诏,给后梁末帝朱友贞的首级涂上油漆,然后用匣子装好,放在太社里面。

后梁段凝投降后唐。

段凝入援,以杜晏球为前锋。至封丘,遇李从珂,晏球先降,凝众五万亦降。帝劳之,赐姓名李绍钦。凝出入公卿间,扬扬自得,无愧色。梁之旧臣皆欲龁其面,抉其心。晏球亦赐姓名李绍虔。

唐贬梁宰相郑珏以下十一人。

以其世受唐恩,而仕梁贵显也。

敬翔、李振、赵岩、张汉杰等伏诛,夷其族。

敬翔既死,段凝、杜晏球上言:"伪梁要人赵岩、张汉杰等,窃弄威福,残蠹群生,不可不诛。"诏敬翔、李振首佐朱温,共倾唐祚,可并族诛。岩至许州,亦为温韬所杀。

唐毁梁宗庙,追废朱温、朱友贞为庶人。 梁诸藩镇入朝于唐者,皆复其任。

宋州节度使袁象先首来入朝,辇珍货数十万,遍赂刘夫人及权贵、伶官、宦者,中外争誉之,恩宠隆异。

唐以郭崇韬守侍中。

崇韬权兼内外,谋猷规益,竭忠无隐,颇亦荐引人物。豆卢革受成而已,无所裁正。

梁河南尹张宗奭入朝于唐。

宗奭来朝,复名全义。唐主欲发梁太祖墓,斲棺焚尸,全义言:"朱温虽国之深仇,然其人已死,刑无可加,屠灭其家,足以为报,乞免焚斲,以存圣恩。"唐主从之,但铲其阙室,削封树而已。

唐加李嗣源中书令。 楚王殷遣使入贡于唐。

段凝入朝增援,用杜晏球为前锋。到了封丘后,遇上李从珂的部队,杜晏球率先投降了后唐,段凝率五万大军也投降了后唐。后唐庄宗慰劳了他们,并赐给段凝姓名叫李绍钦。段凝出入于后唐朝廷公卿之间,扬扬自得,脸上没有一点愧色。后梁的旧臣们都想咬他的脸,挖他的心。后唐庄宗也赐给杜晏球姓名叫李绍虔。

后唐贬后梁宰相郑珏以下等十一人。

因为这些人世代蒙受唐朝的恩德,而在后梁做官时又很显贵。

敬翔、李振、赵岩、张汉杰等人被诛杀,并诛灭他们全族。

敬翔死后,段凝、杜晏球上书后唐庄宗说:"伪梁的要害人物赵岩、张汉杰等人窃取权力,作威作福,残害百姓,不可不杀。"后唐庄宗下诏说,敬翔、李振带头帮助朱温颠覆唐朝,可以一并诛灭全族。赵岩到许州后也被温韬所杀。

后唐毁掉后梁的宗庙,追废朱温、朱友贞为平民。 后梁各藩镇进朝投降后唐的人都恢复职务。

宋州节度使袁象先首先入朝觐见,用车子拉着数十万珍宝财货,把刘夫人以及权贵、伶官、宦官等全部贿赂个遍,朝廷内外都争相说他的好话,因此后唐庄宗对他的恩宠格外隆重。

后唐任命郭崇韬暂时担任侍中。

郭崇韬的权力兼管内外,谋划经营,全心全意,没有一点隐瞒,还很能引荐人物。豆卢革只是接受执行已确定的决策,没有修订改正。

后梁河南尹张宗奭来后唐朝见。

张宗奭来后唐朝见,恢复原名为张全义。后唐庄宗打算挖掘后梁太祖的坟墓,劈棺焚尸,张全义上书说:"朱温虽然是国家的大仇人,然而他已死去,无法加以惩罚,诛灭他的全家,足以报仇了,请不要再劈棺焚尸,以保留皇帝对他的恩情。"后唐庄宗听从了他的意见,只是铲除阙室,砍掉坟上的树木而已。

后唐庄宗加封李嗣源为中书令。 楚王马殷派使者向后唐进贡。

殷遣其子希范入见,纳行营都统印,上本道将吏籍。

吴遣使如唐。

唐遣使以灭梁告吴,徐温尤严可求曰:"公前沮吾计,今将奈何?"可求笑曰:"闻唐主始得中原,志气骄满,御下无法,不出数年,将有内变。吾但当卑辞厚礼,保境安民以待之耳。"唐使称诏,吴人不受。唐主易其书,用敌国之礼,吴人复书称"大吴国主",辞礼如笺表。

吴贬钟泰章为饶州刺史。

吴人有告寿州团练使钟泰章侵市官马者,徐知诰遣王稔代之,以泰章为饶州刺史。徐温召至金陵,使陈彦谦诘之三,不对。或问泰章何以不自辨。泰章曰:"吾在寿州,去淮数里,步骑五千,苟有他志,岂王稔单骑能代之乎?我义不负国,虽黜为县令亦行,况刺史乎?何为自辨以彰朝廷之失?"知诰请收泰章治罪,徐温曰:"吾非泰章,已死于张颢之手,今日富贵,安可负之?"命知诰为子景通娶其女以解之。

时张崇在庐州,贪暴不法,庐江民讼县令受财,知诰遣侍御史知杂事杨廷式往按之。廷式曰:"杂端推事,其体至重,职业不可不行。"知诰曰:"何如?"廷式曰:"械系张崇,使吏如昇州簿责都统。"知诰曰:"何至是?"廷式曰:"县令

楚王马殷派他的儿子马希范进京朝见，交出行营都统的印信，送上本道将吏的名册。

　　吴国派使者到后唐。

　　后唐派使者把消灭后梁的消息告诉吴国，徐温责怪严可求说："你从前阻止我的计划，现在怎么办呢？"严可求笑着说："听说唐主刚刚取得中原地区，志骄意满，统御下面的人时根本没有法度，不出数年，内部就会发生变乱。我们只要对他们说话恭恭敬敬，再送上丰厚的礼物，保卫好我们的国境，使老百姓得到安宁，以此来等待他们发生变化。"后唐的使者到吴国说是唐帝下的诏书，吴人不接受。后唐庄宗改了书信的规格，用平等国家的口气，吴人回信时称"大吴国主"，信中的用辞和礼节就像下级对待上级一样。

　　吴国贬钟泰章为饶州刺史。

　　吴国有人上告寿州团练使钟泰章侵占或卖掉官马，徐知诰派王稔去代替钟泰章的职务，贬钟泰章为饶州刺史。徐温把钟泰章召回金陵，让陈彦谦责问他三次，都没有回答。有人问钟泰章为什么不为自己辩解，钟泰章说："我在寿州，离淮水只有几里远，步兵、骑兵不下五千人，如有别的想法，难道王稔能靠他单人匹马来代替我？基于道义，我不辜负国家，就是把我贬为县令我也执行，何况是刺史呢？为什么要为自己辩解来张扬朝廷的过失呢？"徐知诰请求把钟泰章抓起来治罪，徐温说："如果不是钟泰章，我早已死在张颢的手下，现在我富贵了，怎么可以对不起他呢？"于是命令徐知诰为他的儿子徐景通娶了钟泰章的女儿，以示和解。

　　当时张崇在庐州贪婪残暴，不守法令，庐江百姓控告县令接受贿赂，徐知诰派侍御史知杂事杨廷式前往调查此事。杨廷式说："侍御史知杂事办案，体统非常重要，职责所在，不能不按规矩办事。"徐知诰问："要怎么办呢？"杨廷式说："把张崇戴上刑具抓起来，派官吏到昇州，根据文书所列罪状逐一责问徐温都统。"徐知诰说："何必要大动干戈到这个程度呢？"杨廷式说："县令

微官,张崇使之取民财转献都统耳,岂可舍大而诘小乎?"
知诰以是重之。

彗星见。

彗出舆鬼,长丈余,蜀司天监言国有大灾,蜀主诏于玉
局化设道场。右补阙张云上疏,以为"百姓怨气上彻于天,
故彗星见。此乃亡国之征,非祈禳可弭"。蜀主怒,流云黎
州,道卒。

十一月,唐以李绍钦为泰宁节度使。

绍钦因伶人景进纳货于宫掖,故有是命。唐主幼善音
律,或时自傅粉墨,与优人共戏于庭,以悦刘夫人。优名谓
之"李天下",尝自呼曰:"李天下,李天下。"优人敬新磨遽
前批其颊,唐主失色,新磨徐曰:"理天下者只有一人,尚谁
呼邪?"唐主悦,厚赐之。尝畋中牟,践民稼,中牟令当马前
谏曰:"陛下为民父母,奈何毁其所食,使转死沟壑乎?"唐
主怒,叱去,将杀之。新磨追擒至马前责之曰:"汝为县令,
独不知吾天子好猎邪?奈何纵民耕种以妨吾天子之驰骋
乎?汝罪当死。"因请行刑,唐主笑而释之。

诸伶出入宫掖,侮弄缙绅,群臣愤嫉,莫敢出气。亦有
反相附托,以希恩泽者,四方藩镇争以货赂结之。其尤蠹
政害人者,景进为之首。进好采间阎鄙细事以闻,唐主亦
欲知外间事,遂委进以耳目。进每奏事,常屏左右问之,

是小官，张崇派他们搜刮民财都转献给徐温都统，怎么可以放过大官而责问小官呢？"徐知诰因此很器重他。

出现彗星。

舆鬼星附近出现彗星，一丈多长，蜀国司天监说国家将发生大灾难，蜀主王衍下诏书，让在玉局化设置道场。右补阙张云上疏，认为"这是百姓的怨气上升到天上，所以才会出现彗星。这是国家要灭亡的征兆，不是祈福消灾可以解决的"。蜀主非常生气，把张云流放到黎州，结果死在路上。

十一月，后唐任命李绍钦为泰宁节度使。

李绍钦通过伶人景进向宫里贡献财物，因此有这项任命。后唐庄宗小时候就喜欢音乐，有时也自己涂上粉墨和优伶一起在宫廷里演戏玩，来讨刘夫人高兴。他的艺名叫"李天下"，他也曾经自己叫自己"李天下，李天下"。有个叫敬新磨的戏子突然上前打他的脸，后唐庄宗顿时变了脸色，新磨慢慢地说："治理天下的人只有一个，你还叫谁呢？"后唐庄宗听了很高兴，并赏赐给他丰厚的礼物。后唐庄宗曾经在中牟打猎，践踏了百姓的庄稼，中牟县令站在他的马前进谏说："陛下身为老百姓的父母，怎么能够毁坏他们所吃的东西，害他们饿死后尸体被扔到山沟里呢？"后唐庄宗听了十分生气，大声斥责，让他离开，准备杀死他。敬新磨追上中牟县令，并把他抓回到后唐庄宗的马前，责骂他说："你当县令，难道不知道我们的天子喜欢打猎吗？为什么你要让百姓任意耕种，来妨碍我们的天子驰骋打猎呢？你罪当处死。"因此请求后唐庄宗把他杀死，后唐庄宗被逗笑了，就把县令释放了。

优伶们出入皇宫，捉弄欺负士大夫，大臣们非常气愤，又不敢对他们生气。也有人反过来依附他们，以求取后唐庄宗的恩泽，各地藩镇官员也争相贿赂巴结他们。害政害人最严重的，景进是排名第一的。景进喜欢采集一些民间小事说给后唐庄宗听，后唐庄宗也想知道一些外面的事，于是就把景进当作自己的耳目。景进每次奏事时，后唐庄宗常让左右侍从退下后才问他，

由是进得施其谗慝,干豫政事。自将相大臣皆惮之。

唐朱友谦、温韬入朝。

友谦入朝,唐主与之宴,宠锡无算,赐姓名曰李继麟。康延孝亦赐姓名李绍琛,赐温韬姓名曰李绍冲。绍冲多赍金帛赂刘夫人及权贵伶宦,旬日复遣还镇。郭崇韬曰:"温韬发唐山陵殆遍,其罪与朱温相埒耳,何得复居方镇? 天下义士其谓我何?"上曰:"入汴之初,已赦其罪。"竟遣之。

唐省文武官。

中书奏以国用未充,请量留三省、寺、监官,余并停。诏从之,人颇咨怨。

唐废北都为成德军,梁东京为宣武军,以宋州为归德军。 唐以赵光胤、韦说同平章事,豆卢革判租庸,兼盐铁转运使。

议者以郭崇韬不能知朝廷典故,当用前朝名家以佐之。或荐礼部尚书薛廷珪、太子少保李琪耆宿有文。崇韬奏廷珪浮华无相业,琪倾险无士风,尚书左丞赵光胤廉洁方正,有宰相器;豆卢革荐礼部侍郎韦说谙练朝章,故有是命。光胤,光逢之弟也,性轻率,喜自矜。说谨重守常而已。光逢自梁朝罢相,杜门不交宾客,光胤时往见之,语及政事。他日,光逢署其户曰:"请不言中书事。"孔谦畏张宪公正,欲专使务,言于郭崇韬,奏为东京副留守。崇韬复奏,以豆卢革判租庸兼诸道盐铁转运使,谦弥失望。

因此景进得以趁机说别人的坏话，干预政事。从将相大臣以下的官员们都害怕他。

后唐朱友谦、温韬入朝拜见后唐庄宗。

朱友谦入朝拜见后唐庄宗，后唐庄宗设宴款待，给他的赏赐无法计算，并赐给他姓名叫李继麟。也赐给康延孝的姓名叫李绍琛，赐给温韬的姓名叫李绍冲。李绍冲带了很多金帛送给刘夫人及一些权贵优伶宦官，十几天后，又派他返回原来的镇所。郭崇韬说："温韬几乎挖遍了唐朝皇帝的坟墓，他的罪过和朱温相等，怎能又让他去管方镇。天下的义士会说我们什么呢?"后唐庄宗说："在进入大梁之初就已经赦免了他的罪行。"最终还是派他去了。

后唐削减文武官员。

中书上奏认为，国家的财用还不够充实，请求酌量留下三省、各寺、各监官员，其余的机构一律撤销。后唐庄宗听从了这些意见，但官员们多有叹息埋怨。

后唐撤销北都，改称成德军，把后梁的东京改称宣武军，把宋州改称归德军。　后梁任命赵光胤、韦说为同平章事，豆卢革判租庸使，兼任盐铁转运使。

有人议论认为，郭崇韬不了解朝廷典章旧制，应当用前朝名家来辅佐他。有人推荐礼部尚书薛廷珪、太子少保李琪，他们都是宿儒，有文才。郭崇韬上奏说薛廷珪华而不实，没有做宰相的本事;而李琪险诈，没有士大夫的风范;尚书左丞赵光胤廉洁正直，有做宰相的才略;豆卢革推荐礼部侍郎韦说，说他熟习朝廷典章制度，因此有这些任命。赵光胤是赵光逢的弟弟，他性格轻率，喜欢自夸。韦说只是恭谨持重，遵守常法罢了。赵光逢在后梁罢相后，关起门来不和宾客交往，赵光胤经常前去看望他，谈话中涉及政事。有一天，赵光逢在他的门上写上："请不要谈中书省的事。"孔谦对张宪的公正很害怕，他想专任租庸使，于是向郭崇韬进言，请他上奏任命张宪为东京副留守。郭崇韬又上奏，让豆卢革判租庸使，兼任诸道盐铁转运使，孔谦更加失望。

唐荆南节度使高季兴入朝。

高季昌避唐朝讳，更名季兴，欲自入朝，梁震曰："唐有吞天下之志，严兵守险，犹恐不自保，况数千里入朝乎？且公朱氏旧将，安知彼不以仇敌相遇矣？"季兴不从，遂入朝。唐主待之甚厚，从容问曰："朕欲用兵于吴、蜀，二国何先？"季兴以蜀道险难取，乃对曰："吴地薄民贫，克之无益，不如先伐蜀。蜀土富饶，主荒民怨，伐之必克。克蜀之后，顺流而下，取吴如反掌耳。"唐主曰："善。"

唐复以长安为西京京兆府。　十二月，唐迁都洛阳。

从张全义之请也。

唐复行旧律令。

御史台奏："朱温删改本朝律令格式，悉收旧本焚之。闻定州敕库所藏具在，乞下本道录进。"从之。

唐李继韬入朝，赦之，寻伏诛。

李继韬忧惧，欲走契丹，会有诏征诣阙。继韬母杨氏善蓄财，家资百万，乃与偕行，赍银四十万两，他货称是，大布赂遗。伶宦争为之言曰："继韬初无邪谋，为奸人所惑耳。嗣昭亲贤，不可无后。"杨氏入宫泣请，又求哀于刘夫人。唐主释之，宠待如故。继韬不自安，潜遗弟继远书，教军士纵火，冀复遣己抚安之。事泄，被诛，并斩继远。

后唐荆南节度使高季光入朝拜见后唐庄宗。

高季昌为避唐朝讳,改名高季兴,想亲自入朝拜见后唐庄宗,梁震说:"唐有吞并天下的志向,整顿军队把守险要的地方,还怕不能自保,何况到数千里外入朝拜见呢?而且你是朱氏的旧部,怎么能知道他们不把你当仇敌对待呢?"高季兴没有听从他的意见,于是入朝拜见后唐庄宗。后唐庄宗对待他很好,从容地问他:"我计划向吴国和蜀国发动进攻,这两个国家先打哪个呢?"高季兴认为蜀国道路险阻,难以夺取,于是回答说:"吴国地薄民穷,夺取它得不到什么利益,不如先讨伐蜀国。蜀国土地富饶,再加上蜀主荒淫,百姓们都怨恨他,攻打它一定会取得胜利。攻下蜀国之后顺流而下,再夺取吴国,就易如反掌了。"后唐庄宗说:"说得很好。"

后唐恢复将长安设为西京京兆府。   十二月,后唐迁都到洛阳。

这是听从了张全义的请求。

后唐恢复施行唐朝的旧律令。

御史台上奏说:"朱温删改本朝的律令格式,把旧日律令全部收回烧毁。听说定州国库里的藏本还完整保存,请求下令定州,让他们抄录一份呈上。"后唐庄宗听从了他们的意见。

后唐李继韬进京朝见,后唐庄宗赦免了他的罪过,不久又将他杀掉。

李继韬又担忧又害怕,想逃往契丹,正好后唐庄宗下诏让他到朝廷。李继韬的母亲杨氏善于积蓄财产,家产百万,于是和李继韬一起前往,带去四十万两银子,其他财物与此相当,他们大肆进行贿赂。伶人宦官争着为他们说好话,说:"李继韬当初没有邪恶的阴谋,只是被奸人迷惑。李嗣昭是宗亲又贤能,不能让他无后。"杨氏也亲自进宫哭着请求,又向刘夫人求情。后唐庄宗赦免了李继韬,对他宠爱如故。后来李继韬感到不安,偷偷派人送信给弟弟李继远,让士卒在军营放火,希望后唐庄宗再派他回去安抚士卒。事情败露后,李继韬被杀,同时也杀了李继远。

吴复遣使如唐。

吴复遣卢蘋使唐，严可求预料所问，教蘋应对。既至，皆如所料。蘋还言唐主荒于游畋，啬财拒谏，内外皆怨。

高季兴还镇。

季兴在洛阳，唐主左右伶宦求货无厌，季兴忿之。唐主欲留季兴，郭崇韬谏曰："陛下新得天下，诸侯不过遣子弟将佐入贡，惟高季兴身自入朝，当褒赏以劝来者。乃羁留不遣，弃信亏义，沮四海之心，非计也。"乃遣之。季兴倍道而去，至江陵，握梁震手曰："不用君言，几不免虎口。"又谓将佐曰："新朝百战方得河南，乃对功臣举手云：'吾于十指上得天下。'矜伐如此，则他人皆无功矣，其谁不解体？又荒于禽色，何能久长？吾无忧矣。"乃缮城积粟，招纳梁旧兵，为战守之备。

甲申（924） 后唐同光二年。是岁，岐降后唐，凡四国四镇。

春正月，契丹寇幽州。　岐王茂贞遣使入贡于唐。

茂贞闻唐主入洛，内不自安，遣其子继曮入贡，上表称臣。唐主以其前朝耆旧，特加优礼，赐诏不名。

唐复以宦官为内诸司使及诸道监军。

敕内官不应居外，并遣诣阙。至者殆千人，皆给赡优厚，以为腹心。内诸司使，自天祐以来，以士人代之，至是复用宦者，浸干政事。既而复置诸道监军，陵忽主帅，怙势争权，由是藩镇皆愤怒。

吴国又派使者来到后唐。

吴国又派遣卢蘋出使后唐，严可求预料到后唐会问什么，教卢蘋怎样回答。卢蘋到达后唐后，完全如严可求所料。卢蘋回来说，后唐庄宗整天游玩打猎，又吝啬财物，拒绝劝谏，内外怨恨。

高季兴回到本镇。

高季兴在洛阳时，后唐庄宗的左右伶人宦官贪得无厌地向他索取财物，高季兴十分憎恨他们。后唐庄宗打算留下高季兴，郭崇韬劝谏说："陛下刚取得天下，诸侯不过派子弟或将佐来进贡，只有高季兴亲自进京朝见，应当表扬奖励他，以此来劝勉诸侯来朝。反而把他扣留，不予遣返，背信弃义，使天下灰心失望，不是好计策。"于是后唐庄宗让高季兴回去。高季兴离开时日夜兼程，到江陵后，握着梁震的手说："没听你的话，差点儿逃不出虎口。"又对将佐说："新朝历经百战才得到黄河以南地区，却举起手来对功臣说：'我靠我十个指头夺得天下。'如此居功自夸，等于说别人都没有功劳，谁不离心离德？皇上还迷恋打猎和女色，怎能长久治理天下呢？我没有什么担忧的。"于是修缮城池，积蓄粮食，招纳原来后梁的旧兵，做攻守的准备。

甲申（924） 后唐同光二年。这一年，岐国投降后唐，共四个国家、四个藩镇。

春正月，契丹入侵幽州。 **岐王李茂贞派使者向后唐进贡。**

李茂贞听说后唐庄宗进入洛阳，内心感到不安，于是派儿子李继晔向后唐进贡，上表称臣。后唐庄宗认为他是前朝老臣，于是特加优待礼遇，赏赐诏书中不称其名。

后唐又以宦官为内诸司使及诸道监军。

后唐庄宗下令宦官不应当在外面居留，一律遣送回朝廷。回京的宦官有近一千人，都给予优厚的待遇，视为心腹。自天祐以来，内宫各司使都由士人担任，到这时，又任用宦官，宦官渐渐干预政事。不久又设置各道监军，他们凌驾在主帅之上，依仗势力争权夺利，因此各藩镇无不愤怒。

唐以王正言为租庸使。

孔谦复言于郭崇韬曰："首座相公事繁第远，簿书留滞，宜更图之。"豆卢革尝以手书便省库钱数十万，谦以示崇韬。革惧，奏请崇韬专判租庸。崇韬固辞，请复用张宪。谦弥失望，言于革曰："钱谷细事，魏都根本，兴唐尹王正言操守有余，智力不足，使之居朝廷，犹愈于专委方面也。"革言于崇韬，乃留张宪于东京，以正言为租庸使。正言昏懦，谦利其易制故也。寻敕三司并隶租庸使。

唐太后至洛阳。

唐主遣存渥、继岌迎太后、太妃于晋阳，太妃曰："陵庙在此，若相与俱行，岁时何人奉祀？"遂留不来，太后至洛阳。

二月，唐主祀南郊，大赦。

孔谦欲聚敛以求媚，凡赦文所蠲者，谦复征之。自是每有诏令，人皆不信，百姓愁怨。郭崇韬颇受馈遗，所亲谏之，崇韬曰："吾禄赐巨万，岂藉外财？但以伪梁之季，贿赂成风，今河南藩镇，皆梁之旧臣，主上之仇雠也。若拒其意，能无惧乎？吾特为国家藏之私室耳。"及将祀南郊，崇韬献钱十万缗。先是，宦官劝唐主分天下财赋为内外府，州县上供者入外府充经费，方镇贡献者入内府充宴赐。于是外府常虚竭无余，而内府山积。及是，乏劳军钱，崇韬言于上曰："臣已倾家所有以助大礼，愿陛下亦出内府之财，以赐有司。"唐主默然久之，曰："晋阳自有储积，可令租庸辇

后唐任命王正言为租庸使。

孔谦又对郭崇韬说:"首座相公公务繁忙,住的地方离朝廷很远,簿册积压,应当另外选择人来担任此职。"豆卢革曾经亲手写借条向省库借钱数十万,孔谦拿着豆卢革的借条让郭崇韬看。豆卢革感到害怕,上奏请求郭崇韬专管租庸事务。郭崇韬坚决辞让,请求重新起用张宪。孔谦更加失望,于是对豆卢革说:"钱谷是小事,魏都是根本,兴唐尹王正言品行有余,但才能不足,让他在朝廷任职,比专门委任他担任地方长官要好些。"豆卢革把这些话告诉了郭崇韬,于是把张宪留在东京,任命王正言为租庸使。这是因为王正言糊涂软弱,孔谦贪图他容易被控制。不久,后唐庄宗下敕:盐铁、度支、户部三司一并隶属于租庸使管辖。

后唐太后到达洛阳。

后唐庄宗派李存渥、李继岌到晋阳迎接曹太后、刘太妃。刘太妃说:"祖宗的陵庙在这里,如果我们一起都去,每年祭祀时谁来侍奉祖宗?"于是她留下来,曹太后到了洛阳。

二月,后唐庄宗在南郊祭天,大赦天下。

孔谦打算搜刮民财来讨好后唐庄宗,凡是赦文中规定免除征收的,孔谦仍然征收。从此,每当有诏令公布,人们都不相信,百姓忧愁怨恨。郭崇韬收受很多馈赠,亲信加以劝阻,郭崇韬说:"我的俸禄和赏赐就有巨万,怎能搜刮外财呢?只是因为梁朝末年,贿赂成风,现在黄河以南地区的藩镇官吏都是原来伪梁的旧臣,都是皇上的仇人。如果拒绝他们,他们的心里能不害怕吗,我只是为国家先收藏在我的家里罢了。"等到后唐庄宗将要到南郊祭天时,郭崇韬贡献出钱十万缗。此前,宦官劝后唐庄宗把国家的财赋分为内外二府,州县向上贡献的入外府,充当国家经费;方镇贡献的入内府,供皇帝宴席赏赐。这样,外府经常花得一点不剩,而内府的钱财却堆积如山。到这时,缺乏犒劳军队的费用,郭崇韬对后唐庄宗说:"我已经把所有家产拿出来资助郊祀大礼,希望陛下也从内府拿出一些钱财来赐给有关官员。"后唐庄宗沉默了好久才说:"晋阳自有积蓄,可以让租庸使用车

取。”于是军士皆不满望，始怨恨，有离心矣。

唐以李茂贞为秦王。　唐立夫人刘氏为后。

郭崇韬位兼将相，权侔人主。性刚急，遇事辄发，嬖幸佞求，多所摧抑。宦官朝夕短之，崇韬扼腕不能制，豆卢革、韦说尝问之曰：“汾阳王本太原人，公世家雁门，岂其枝派邪？”崇韬因曰：“尝闻先人言，上距汾阳四世耳。”革曰：“然则固从祖也。”崇韬由是以膏粱自处，多甄别流品，引拔浮华，鄙弃勋旧。由是嬖幸疾之于内，勋旧怨之于外。崇韬郁郁不得志，与所亲谋赴本镇以避之，其人曰：“不可。蛟龙失水，蝼蚁足以制之。”先是，唐主欲以刘夫人为皇后，而有正妃韩夫人在，太后素恶刘夫人，崇韬亦屡谏，唐主以是不果。于是所亲说崇韬曰：“公若请立刘夫人为皇后，则伶宦辈不能为患矣。”崇韬从之，与宰相帅百官共奏请立之。

后生于寒微，其父以医卜为业。后幼被掠，得入宫，性狡悍淫妒。从唐主在魏，父闻其贵，诣魏上谒。时后方与诸夫人争宠，以门地相高，耻之，怒曰：“妾去乡时，父不幸死乱兵，妾哭而去，今何物田舍翁敢至此？”命笞之宫门。又专务蓄财，薪苏果茹皆贩鬻之。至是，四方贡献皆分为二，一上天子，一上中宫。以是宝货山积，惟用写佛经，施尼师而已。是时皇太后诰、皇后教，与制敕交行于藩镇，奉之如一。勋臣畏伶官之谮，皆不自安。李嗣源求解兵柄，不许。

三月，蜀主宴近臣于怡神亭。

去拉。"因此,将士很不满意,开始怨恨,产生叛离的想法。

后唐任命李茂贞为秦王。　　后唐立刘夫人为皇后。

郭崇韬位兼将相,其权力和皇帝接近。他的性情刚烈急躁,遇事容易发脾气,受宠的人侥幸钻营,多被他压制下去。宦官每天早晚都说他的坏话,郭崇韬愤慨不已,却无法制止他们,豆卢革、韦说曾经问他说:"汾阳王郭子仪本是太原人,您世代家住雁门,难道是他的支脉吗?"郭崇韬回答说:"曾听先人说,上距汾阳王只有四世。"豆卢革说:"既然如此,本是同一祖宗了。"从此,郭崇韬认为自己出身高门,很注意辨别别人的门第,引荐提拔华而不实的人,鄙视过去有功劳的故旧。因此,内宫有受宠的人忌恨他,外朝有过去的功臣埋怨他。郭崇韬郁郁不得志,和他的亲信商量回本镇去躲避,亲信说:"不可以,蛟龙离开水,蝼蚁都可以制服它。"此前,后唐庄宗打算把刘夫人立为皇后,因为有正妃韩夫人在,曹太后平素又恨刘夫人,郭崇韬也多次劝说,因此后唐庄宗的想法没有实现。这时亲信劝郭崇韬说:"您如果请求立刘夫人为皇后,伶人宦官就不能危害您了。"郭崇韬听从了这个建议,和宰相带领百官一起上奏,请求立刘夫人为皇后。

刘皇后出身贫寒,他的父亲以看病、占卜为业。刘皇后小时候被抢走,后来进入皇宫,她性情狡猾凶悍,淫邪嫉妒。跟随后唐庄宗在魏州时,父亲听说她已显贵,就到魏州去见她。当时刘皇后正与各位夫人争宠,各位夫人都攀比门第,她以父亲地位低贱为耻辱,生气地说:"我离开家乡时父亲不幸死于乱兵,我哭着离去,现在是哪来的乡巴佬敢来这里冒充?"于是命令在宫门答打父亲。后来她专力积蓄财物,柴草果菜都贩卖来赚钱。到这时,各地进献来的东西都分为二份,一份送给皇上,一份送给中宫皇后。因此她的财宝堆积如山,只是用来抄写佛经和施舍给尼师罢了。这时,皇太后的诰命、皇后发的教令和皇上的制敕轮番下达藩镇,藩镇一律遵奉。有功之臣怕伶官毁谤,都感到不安。李嗣源请求解除兵权,后唐庄宗没有答应。

三月,蜀主王衍在怡神亭宴请近侍大臣。

蜀主宴近臣，酒酣，君臣及宫人皆脱冠露髻，喧哗自恣。知制诰李龟祯谏曰："君臣沉湎，不忧国政，臣恐启北敌之谋。"不听。

唐封高季兴为南平王。　唐以李存贤为卢龙节度使。

李存审以不得预克汴之功，感愤疾甚，表求入觐，许之。初，唐主尝与存贤手搏，存贤不尽其技，唐主曰："汝能胜我，当授藩镇。"存贤乃仆唐主。至是，以存贤镇幽州，曰："手搏之约，吾不食言矣。"

唐诏铨司考核伪滥。

唐末丧乱，搢绅之家或以诰敕鬻于族姻，遂乱昭穆，至有舅叔拜甥侄者，选人伪滥者众。郭崇韬欲革其弊，请令铨司精加考核。时南郊行事官千二百人，注官者才数十人，涂毁告身者十之九。选人或号哭道路，或馁死逆旅。

唐遣使按视诸陵。　夏四月，唐主加尊号。　唐遣客省使李严如蜀。

唐遣客省使李严使于蜀。严盛称唐主威德，有混一天下之志，且言朱氏篡窃，诸侯曾无勤王之举。王宗俦请斩之，蜀主不从。宣徽使宋光葆言："宜选将练兵，屯戍边鄙，积糗粮，治战舰以待之。"蜀主乃以光葆为梓州观察使。严之行也，唐主令市宫中珍玩，而蜀法禁锦绮珍奇不得入中国。其粗恶者乃听，谓之"入草物"。严还以闻，唐主怒曰："王衍宁免为入草人乎？"严因言"衍童骏荒纵，不亲政务，

蜀主宴请近侍大臣，酒喝得高兴后，君主、大臣以及宫人都脱掉帽子，露出发髻，喧哗吵闹，为所欲为。知制诰李龟祯劝蜀主说："君主大臣沉湎于酒，不关心国政，我担心这样会引起北面的敌人算计我们。"蜀主不听他的规劝。

后唐封高季兴为南平王。　后唐任命李存贤为卢龙节度使。

李存审因没机会在攻克汴梁时立功，感到激愤，上表请求入朝觐见，得到许可。当初，后唐庄宗曾和李存贤空手搏击，李存贤没使出全部技能，后唐庄宗说："你如果胜我，当授任你为节度使。"李存贤于是把后唐庄宗放倒了。到这时，后唐庄宗任命李存贤镇守幽州，并说："手搏之约，我没有说话不算数。"

后唐庄宗下诏吏部考核弄虚作假、滥竽充数的官员。

唐末衰乱以来，士大夫家有人将任官诰敕在同族或姻亲中出卖，于是乱了辈分，甚至有舅舅、叔叔拜见外甥、侄子的，候选、候补的人员中弄虚作假、滥竽充数的很多。郭崇韬想革除这种弊病，请求让吏部严加考核。当时参加南郊祭天的行事官有一千二百多人，其中正式注册的官吏才有几十人，涂改告身的占十分之九。候选、候补人员有的在道路上号啕大哭，有的饿死在旅馆。

后唐派使者巡视诸陵。　夏四月，后唐庄宗加尊号。　**后唐派客省使李严出使蜀国。**

后唐庄宗派客省使李严出使蜀国。李严极力夸耀后唐庄宗的威德，有统一天下的志向，还说朱氏篡权时，诸侯竟没有起兵救援唐王室的行动。王宗俦请求杀死李严，蜀主王衍没有听从他的意见。宣徽使宋光葆说："应当选将练兵，驻守边境，积蓄粮秣，建造战船，以防外来侵略。"于是蜀主任命宋光葆为梓州观察使。李严出行时，后唐庄宗让他购买宫中需要的珍玩器物，而蜀国法律禁止珍奇物品和丝制品流入中原地区。那些做工粗劣的可以流入中原，当地人称为"入草物"。李严回来后把这些事告诉后唐庄宗，后唐庄宗生气地说："王衍难道可以免为入草之人吗？"李严趁机说："王衍年幼无知，荒唐放纵，不亲自处理政事，

斥远故老,昵比小人。其臣谄谀专恣,黩货无厌,贤愚易位,刑赏紊乱,大兵一临,瓦解土崩,可翘足而待也。"唐主然之。

唐秦王李茂贞卒。

遗奏以其子继曗权知军府事。

唐泽、潞军乱。

初,安义牙将杨立有宠于李继韬,继韬诛,常邑邑思乱。会发安义兵戍涿州,立因聚噪攻城,焚掠市肆,自称留后,表求旌节。诏以李嗣源、李绍荣、张廷蕴讨之。

唐贷民钱。

孔谦贷民钱,使以贱估偿丝,屡檄州县督之。知汴州卢质言:"梁赵岩为租庸使,举贷诛敛,结怨于人。今陛下革故鼎新,为人除害,而有司未改其所为,是赵岩复生也。"不报。

五月,唐以伶人陈俊、储德源为刺史。

初,胡柳之役,伶人周匝为梁所得,唐主每思之。入汴之日,匝谒见,泣言:"臣所以得生,皆梁教坊使陈俊、内园使储德源之力也,愿乞二州以报之。"唐主许之。郭崇韬曰:"陛下所与共取天下者,皆英豪忠勇之士。今大功始就,封赏未及一人,而先以伶人为刺史,恐失天下心。"以是不行。逾年,伶人屡以为言,唐主谓崇韬曰:"吾已许周匝矣,公言虽正,然当为我屈意行之。"故有是命。时亲军有百战未得刺史者,莫不愤叹。

唐诏州镇无得修城,毁其守具。

疏远排斥旧臣，亲近小人。他的大臣阿谀奉承，专横跋扈，贪得无厌，贤愚颠倒，刑赏混乱，大兵一来，土崩瓦解之势可望迅速实现。"后唐庄宗认为他讲的很对。

后唐秦王李茂贞去世。

李茂贞留下遗奏，希望任命他的儿子李继曤代理军府事务。

后唐泽州、潞州的军队叛乱。

当初，安义牙将杨立很受李继韬宠爱，李继韬被杀后，经常闷闷不乐，打算叛乱。正巧朝廷征调安义兵戍守涿州，杨立趁机聚众鼓噪攻城，烧掠街上的商店，自称留后，上表请求后唐庄宗发给旌节。后唐庄宗下诏让李嗣源、李绍荣、张廷蕴讨伐杨立。

后唐将钱借贷给百姓。

孔谦将钱借贷给百姓，让百姓用低价折算丝来偿还贷款，屡次发文让州县官吏加以督促。汴州知州卢质说："伪梁的赵岩任租庸使，因借贷聚敛和百姓结下怨仇。现在陛下推翻旧朝，建立新朝，为民除害，但有关官员没有改正他们的所作所为，这就像赵岩又复活一样。"后唐庄宗没有答复他。

五月，后唐任命伶人陈俊、储德源为刺史。

当初，在胡柳阪战役中，伶人周匝被后梁抓获，后唐庄宗经常思念他。到进入汴梁的那一天，周匝拜见后唐庄宗，哭着说："我之所以能够活着，全靠梁教坊使陈俊、内园使储德源的帮助，希望求得两个州封给他们，来报答他们的恩情。"后唐庄宗答应了他的请求。郭崇韬说："与陛下共同夺取天下的人，都是英雄豪杰、勇敢忠诚的人。如今大功刚刚告成，他们还没有一个人得到封赏，却先任命伶人为刺史，恐怕要失掉天下人心。"因此，周匝的建议没有得到实行。一年后，伶人多次提起这件事，后唐庄宗对郭崇韬说："我已经答应周匝，你所讲的虽然正确，但还应为我将就执行。"因此有这个任命。当时亲军中有人身经百战还没有得到刺史，他们都无不愤怒叹息。

后唐庄宗下诏，各州镇不得擅自修筑城垒，并要拆毁原来的防御设施。

唐主以潞州叛,故有是诏。右谏议大夫薛昭文上疏曰:"今诸道僭窃者尚多,征伐之谋,未可遽息。又士卒久从征伐,赏给未丰,宜加颁赉。又河南诸军皆梁之精锐,恐僭窃之国潜以厚利诱之,宜加收抚。又户口流亡者,且宽徭薄赋,以安集之。又土木不急之役,宜加裁省。又择隙地牧马,勿使践京畿民田。"皆不从。

契丹寇幽州。　唐以李继曮为凤翔节度使。　唐以曹义金为归义节度使。

时瓜、沙与吐蕃杂居,义金遣使间道入贡,故命之。

唐讨潞州,平之。

李嗣源军前锋至潞州,日已暝。张廷蕴帅麾下壮士坎城而上,即斩关延诸军入。比明,嗣源、绍荣至,城已下矣,嗣源等不悦。六月,磔杨立。唐主以潞州城池高深,悉夷之。

六月,唐以李嗣源为蕃汉马步总管。　秋七月,唐发兵塞决河。

梁所决河连年为曹、濮患,命将军娄继英督汴、滑兵塞之。未几,复坏。

八月,唐以孔谦为租庸使。

孔谦复短王正言于郭崇韬,又厚赂伶官,求租庸使,终不获,意怏怏,表求解职。唐主怒,将置于法,景进救之,得免。会正言病风恍惚,景进又以为言,乃以谦为租庸使,孔循为副使。循即赵殷衡也,梁亡,复其姓名。谦自是重敛急征,以充唐主之欲,民不聊生。赐号丰财赡国功臣。

后唐庄宗因潞州反叛，因此下了这道诏令。右谏议大夫薛昭文上疏说："现在各道对抗朝廷的人很多，征伐的手段不可立即停止不用。此外，士卒长时间出征作战，赏赐供给也不丰厚，应当增加赏赐。又黄河以南的各军都是过去梁国的精锐部队，恐怕对抗朝廷的藩镇会偷偷用厚利来引诱他们，应当加以安抚。还有离乡背井的人，应当减轻徭役赋税，来安定他们。还有，不是急需的土木劳役，应当加以减裁。还要选择空地放马，不要让马践踏京畿的民田。"后唐庄宗一概不听从。

契丹侵犯幽州。　后唐任命李继曮为凤翔节度使。　后唐任命曹义金为归义节度使。

当时，瓜州、沙州人和吐蕃人杂居，曹义金派使者从小道进贡，所以加以任命。

后唐讨伐潞州，平定叛乱。

李嗣源军的前锋到达潞州时，天已经黑了。张廷蕴率领部下壮士挖坑坎爬上城去，马上攻破城门，迎接诸军进城。等至天亮，李嗣源和李绍荣赶到时，潞州城已经攻下，李嗣源等不大高兴。六月，将杨立分尸。后唐庄宗认为潞州城高池深，命令全部铲平。

六月，后唐任命李嗣源为蕃汉马步总管。　秋七月，后唐征发军队堵住黄河决口。

后梁挖开的黄河决口连续几年使曹州、濮州受害，于是命令将军娄继英督率汴州、滑州的士兵把黄河决口堵住。但没过多久，河堤又被冲坏了。

八月，后唐任命孔谦为租庸使。

孔谦又对郭崇韬说王正言的坏话，用厚礼贿赂伶官，想求得租庸使职，但始终没有得到，心中很不高兴，上表请求解除职务。后唐庄宗发怒，准备依法处理他，因景进解救，才免受处分。适值王正言中风，神志恍惚，景进又以此为由进言，于是后唐庄宗任命孔谦为租庸使，孔循为租庸副使。孔循即赵殷衡，后梁灭亡后恢复了真实姓名。孔谦从此横征暴敛，来满足后唐庄宗的欲望，弄得民不聊生。后唐庄宗给孔谦赐号为丰财赡国功臣。

天平节度使李存霸等言："属州多称直奉租庸使帖指挥公事，使司不知，有紊规程。"租庸使奏，近例皆直下。敕："朝廷故事，制敕不下支郡，牧守不专奏陈。今两道所奏，乃本朝旧规；租庸所陈，是伪庭近事。自今支郡自非进奉，皆须本道腾奏，租庸征催亦须牒观察使。"虽有此敕，竟不行。

唐主猎于近郊。

时唐主屡出游猎，伤民禾稼。洛阳令何泽遮马谏曰："陛下赋敛既急，今稼穑将成，复蹂践之，使吏何以为理？民何以为生？臣愿先赐死。"唐主慰遣之。

蜀中书令王宗俦卒。

宗俦以蜀主失德，与王宗弼谋废立，宗弼犹豫未决，宗俦忧愤而卒。宗弼谓宋光嗣等曰："宗俦教我杀尔曹，今日无患矣。"光嗣辈泣谢。宗弼子承班谓人曰："吾家难乎免矣。"

冬，蜀以宦者王承休为龙武指挥使。

承休请择诸军骁勇者，置龙武军，给赐优异，以承休为都指挥使。裨将安重霸以狡佞贿赂事承休，承休悦之，以为己副，旧将无不愤耻。

吴越入贡于唐。

吴越王镠复修职贡于唐，唐因梁官爵而命之。镠厚贡献，并赂权要，求金印玉册。有司言："故事惟天子用玉，王公皆用竹册。"唐主曲从之。

吴王如白沙。

天平节度使李存霸等说："所属州官多称他们只按照租庸使的公文来推行公事，节度使司无从得知，有违规程。"租庸使上奏说，近年公文照例都是直接下达。后唐庄宗下敕："按照朝廷旧例，敕令不下发到支郡，各州长官不能单独上奏。现在两道所讲的事情，都是本朝旧制；租庸使所讲的，是伪梁的近事。今后，支郡除了进奉，都必须移交本道转奏，租庸使催征赋税时也要向观察使呈文。"虽然下达了这道敕令，最终却无人执行。

后唐庄宗在近郊打猎。

当时，后唐庄宗经常外出打猎，伤害了老百姓的庄稼。洛阳令何泽拦住后唐庄宗的马进谏说："陛下征收赋税时很紧急，现在庄稼就要成熟，又来践踏它，让官吏怎么来处理政务？老百姓又靠什么来维持生活？臣下希望皇上先赐我死。"后唐庄宗安慰了他，并把他送走。

蜀国中书令王宗俦去世。

王宗俦认为蜀主王衍有失德行，与王宗弼谋划把蜀主废掉，王宗弼犹豫不决，王宗俦也因忧愁愤恨而死。王宗弼对宋光嗣等人说："王宗俦让我杀掉你们，现在没有忧患了。"宋光嗣等人边哭边向王宗弼感谢。王宗弼的儿子王承班对人说："我家难免一场灾难了。"

冬季，蜀国任命宦官王承休为龙武指挥使。

王承休请求选择各军中勇敢善战的士卒编为龙武军，供给赏赐优于其他军队，蜀主王衍任命王承休为都指挥使。副将安重霸用狡诈谄谀、贿赂的手段来侍奉王承休，王承休很喜欢他，把他任命为自己的副手，旧将们无不感到愤怒耻辱。

吴越国向后唐进贡。

吴越王钱镠恢复向后唐进贡，后唐依据他在后梁的官爵重新任命了他。钱镠进献了厚礼，并向权贵行贿，请求后唐发给他金印玉册。主管官吏说："按照旧例，只天子用玉册，王公们都用竹册。"但后唐庄宗还是委曲顺从了钱镠的要求。

吴王杨溥前往白沙。

吴王如白沙观楼船,更命曰迎銮镇。徐温来朝。先是,温以亲吏翟虔为阁门使,使察王起居,防制甚急。至是,王对温名雨为水,温请其故,王曰:"翟虔父名,吾讳之熟矣。"因以虔无礼告,温顿首谢,请斩之。王曰:"远徙可也。"乃徙抚州。

唐主猎于伊阙。

唐主猎于伊阙,命从官拜梁太祖墓。涉历山险,连日不止,或夜合围,士卒坠崖谷,死伤甚众。

蜀遣使如唐,罢北边兵。　十二月,蜀复以张格同平章事。

初,格之得罪,中书吏王鲁柔乘危窘之。及再为相,杖杀之。许寂谓人曰:"张公才高而识浅,戮一鲁柔,他人谁敢自保?此取祸之端也。"

契丹寇蔚州,唐遣李嗣源御之。　唐主及后如河南尹张全义第。

全义大陈贡献,酒酣,皇后奏:"妾幼失父母,请父事全义。"唐主许之。全义惶恐固辞,强之,竟受后拜,复贡献谢恩。明日,后命翰林学士赵凤草书谢全义,凤奏:"自古无天下之母拜人臣为父者。"唐主嘉其直,然卒行之。

蜀以王承休为天雄节度使。

唐僖、昭之世,宦官虽盛,未尝有建节者。承休言于蜀主曰:"秦州多美妇人,请为陛下采择以献。"蜀主许之,故

吴王到白沙观看叠层的大船,下令把白沙改名为迎銮镇。徐温来朝见吴王。此前,徐温让亲信官吏翟虔担任阁门使,让他观察吴王的起居,翟虔防卫限制吴王很严格。到这时,吴王对徐温说"雨"字时总要改为"水"字,徐温问其中的缘故,吴王说:"这是翟虔父亲的名字,我对这个字避讳惯了。"顺便将翟虔无礼的事告诉了徐温,徐温磕头认罪,请求把翟虔杀了。吴王说:"把他迁徙到很远的地方就可以了。"于是把翟虔迁徙到抚州。

　　后唐庄宗到伊阙打猎。

　　后唐庄宗到伊阙打猎,命令随从官吏谒拜后梁太祖的坟墓。他们爬山涉险,连日不停,有时在夜里合围野兽,士卒掉下悬崖深谷,死伤了很多士卒。

　　蜀国派使者来到后唐,撤去北边的边防军队。　十二月,蜀国又任命张格为同平章事。

　　当初,张格获罪时,中书省吏员王鲁柔乘他危难时刁难他。等张格再次出任宰相时,用杖打死了王鲁柔。许寂对人说:"张公才能虽然高,但见识短浅,杀死一个王鲁柔,其他人谁能确保自己安全?这是他自取祸难的开始。"

　　契丹侵犯蔚州,后唐派李嗣源前往抵御。　后唐庄宗及皇后前往河南尹张全义家。

　　张全义把进献的东西全部摆出来,酒兴正浓时,皇后上奏说:"妾从小失去父母,请像对待父亲一样来事奉张全义。"后唐庄宗答应了她的请求。张全义惶恐不安,一再推辞,皇后坚持让他接受,最后接受了皇后的拜礼,于是又进献贡品谢恩。第二天,皇后命翰林学士赵凤写信感谢张全义,赵凤上奏说:"自古没有作为天下之母的皇后拜大臣作父亲的。"后唐庄宗表扬了他的耿直,但最终还是按皇后的意思办了。

　　蜀国任命王承休为天雄节度使。

　　唐朝僖宗、昭宗在位年间,宦官势力虽然十分强盛,但没人担任过节度使。王承休对蜀主王衍说:"秦州的美女特别多,请让我为陛下挑选一些进献给您。"蜀主答应了他的请求,因此

有是命。又以徐延琼为内外都指挥使。延琼以外戚居旧将之右，众皆不平。

己酉（925） 后唐同光三年。蜀咸康元，汉白龙元年。是岁，凡四国四镇。

春正月，唐主如兴唐。

初，李嗣源北征，过兴唐，库有供御细铠，嗣源牒副留守张宪取五百领，宪以军兴，不暇奏而给之。至是，唐主怒，罚宪俸一月，令自往取。又以义武王都将入朝，欲辟毬场。宪以场有即位坛，不可毁，请更辟场于宫西。数日未成，唐主命毁即位坛。宪谓郭崇韬曰："此坛，主上受命之地，若之何毁之？"崇韬从容言之，唐主立命两虞候毁之。宪私于崇韬曰："忘天背本，不祥莫大焉。"

二月，唐以李嗣源为成德节度使。

唐主以契丹为忧，与郭崇韬谋，以宿将零落殆尽，欲徙嗣源镇真定，崇韬深以为便。时崇韬领真定，唐主欲徙崇韬汴州，崇韬辞曰："臣富贵极矣，何必更领藩方？且群臣或经百战，所得不过一州。臣无汗马之劳，致位至此，常不自安。今因委任勋贤，使臣得解旌节，乃大愿也。且汴州冲要富繁，臣既不至治所，徒令他人摄职，何异空城？非所以固国基也。"唐主曰："卿为朕画策，保固河津，直趋大梁，成朕帝业，岂百战之功可比乎？"崇韬固辞，乃许之。

有这项任命。蜀主又任命徐延琼为内外都指挥使。徐延琼以外戚的身份位居旧将领之上，大家都感到不满。

己酉（925）　后唐同光三年。前蜀咸康元年，南汉白龙元年。这一年，共四个国家、四个藩镇。

春正月，后唐庄宗来到兴唐。

当初，李嗣源北征，路过兴唐，武库中有进奉皇上的精细铠甲，李嗣源向副留守张宪行文提取五百件，张宪因战事兴起，来不及上奏，就给了李嗣源。到这时，后唐庄宗很生气，罚了张宪一个月的俸禄，命令他亲自去取回来。后唐庄宗又因义武节度使王都即将来朝拜，打算开辟一块球场。张宪认为场内有即位坛，不能毁掉，请求在宫西另辟球场。几天过去了，球场还没有修成，后唐庄宗命令毁掉即位坛。张宪对郭崇韬说："这个坛是主上接受天命的地方，怎能把它毁掉呢？"郭崇韬乘闲暇时告诉了后唐庄宗，后唐庄宗马上命令马军虞候和步军虞候把坛毁掉。张宪私下对郭崇韬说："忘记天命，背弃根本，没有比这更不吉利的事了。"

二月，后唐任命李嗣源为成德节度使。

后唐庄宗为契丹人的入侵担忧，于是和郭崇韬谋划，认为老将差不多都不在了，打算调李嗣源镇守真定，郭崇韬认为是很适宜的。当时郭崇韬兼管真定，后唐庄宗想调郭崇韬镇守汴州，郭崇韬推辞说："我富贵到了顶点，何必再兼管藩镇呢？况且群臣中有的身经百战，得到的不过是一州官。我无汗马功劳，职位这么高，经常感到不安。现在通过委任功臣贤人，让我解脱藩镇的职务，是我最大的心愿。况且汴州是个要害的地方，经济富庶人口众多，我既然不到治所去，只能让别人代为管理，这和空城有什么两样呢？这不是巩固国家根基的办法。"后唐庄宗说："你为朕出谋划策，保住黄河的渡口，直捣大梁，成全了朕的帝业，难道身经百战的功劳能和这相比吗？"郭崇韬坚决推辞，后唐庄宗才答应了他的请求。

汉遣使如唐。

汉主闻唐灭梁而惧，遣宫苑使何词入贡觇强弱。词还，言唐主骄淫无政，不足畏也。汉主大悦，遂不复通。

三月，唐黜李从珂为突骑指挥使。

唐主性刚好胜，不欲权在臣下，信伶宦之谗，颇疏忌宿将。李嗣源家在太原，表从珂为北京内牙指挥使，以便其家。唐主怒，黜从珂为突骑指挥使，帅数百人戍石门镇。嗣源忧恐，求朝，不许。郭崇韬亦忌之，私谓人曰："总管令公非久为人下者，皇家子弟皆不及也。"密劝唐主罢其兵权，因而除之，不从。

唐遣使采民女入后宫。

唐宦者欲增广嫔御，诈言宫中夜见鬼物，因言："咸通、乾符时，六宫不减万人，今掖庭空虚，故鬼物游之耳。"唐主乃命宦者王允平、伶人景进采择民女三千余人，以充后庭。

唐复以洛阳为东都，兴唐为邺都。 **夏四月朔，日食。大旱。**

初，五台僧诚惠自言能降伏天龙，命风召雨。唐主亲帅后妃拜之，诚惠安坐不起，群臣莫敢不拜，独郭崇韬不拜。会大旱，迎至洛阳，使祈雨，数旬不雨。或谓诚惠："官以师祈雨无验，将焚之。"诚惠逃去，惭惧而死。

五月，唐太妃刘氏卒。

太后自与太妃别，常忽忽不乐，太妃亦邑邑成疾。太后欲自往省之，唐主以天暑道远，苦谏，久之乃止。及卒，

南汉派使者出使后唐。

南汉主刘岩听说后唐消灭后梁而恐惧,便派宫苑使何词来朝进贡,并侦察后唐的强弱。何词返回后,说后唐庄宗骄纵荒淫,理政无方,不必害怕。南汉主非常高兴,就不再和后唐交往。

三月,后唐贬李从珂为突骑指挥使。

后唐庄宗性情刚愎好胜,不愿意把大权归属臣下,他听信伶人宦官的谗言,对老将领颇为疏远猜忌。李嗣源家在太原,上表请求任李从珂为北京内牙指挥使,以便于照顾家里。后唐庄宗很不高兴,贬李从珂为突骑指挥使,让他率领几百人戍守石门镇。李嗣源又担忧又害怕,请求朝见,后唐庄宗没有答应。郭崇韬也忌惮李嗣源,私下对人说:"总管令公李嗣源不是久居人下的人,皇家子弟都不如他。"又偷偷劝后唐庄宗罢免李嗣源的军权,趁机把李嗣源除掉,后唐庄宗没有听从郭崇韬的意见。

后唐派使者到民间挑选美女送入后宫。

后唐的宦官想扩充侍妾和宫女,诈称宫中夜里发现鬼物,因此就说:"咸通、乾符时六宫的宫女不下一万人,现在后宫空虚,所以鬼物出来游玩。"于是后唐庄宗命令宦官王允平、伶人景进挑选了三千多民女,来充实后宫。

后唐再次以洛阳为东都,以兴唐为邺都。　夏四月初一,发生日食。　发生大旱灾。

当初,五台山僧人诚惠说他能制服天上的龙,呼风唤雨。后唐庄宗亲自领后妃去拜见他,诚惠安坐在那里没有起身,群臣没有敢不跪拜的,只有郭崇韬不跪拜。当时正值天气大旱,后唐庄宗把诚惠迎接到洛阳,请他祈雨,结果几十天也没有下雨。有人对诚惠说:"皇上请大师你来祈雨,结果没有效应,准备烧死你。"诚惠听后逃跑,因惭愧害怕而死。

五月,后唐太妃刘氏去世。

曹太后自从和刘太妃分别后,常恍恍惚惚不高兴,刘太妃也闷闷不乐得了病。曹太后想亲自去看望她,后唐庄宗因天热路远,苦劝她不要去,好长时间才劝住了曹太后。等到刘太妃去世,

太后悲哀不食者累日，自是得疾。

六月，雨。

春夏大旱，至是始雨，遂连雨七十五日始霁，百川皆溢。

唐主作清暑楼。

唐主苦溽暑，宦者因言："长安全盛时，宫中楼观以百数，今日官家曾无避暑之所。"唐主乃命王允平别建一楼，宦者曰："郭崇韬常不伸眉，为孔谦论用度不足，恐陛下虽欲营缮，终不可得。"唐主曰："吾自用内府钱，无关经费。"然犹虑崇韬谏，遣中使语之曰："今岁盛暑异常，朕昔在河上，行营卑湿，被甲乘马，亲当矢石，犹无此暑。今居深宫之中，而暑不可度，奈何？"对曰："陛下昔在河上，勍敌未灭，深念仇耻，虽有盛暑，不介圣怀。今外患已除，海内宾服，故虽珍台闲馆，犹觉郁蒸也。陛下倘不忘艰难之时，则暑气自消矣。"唐主默然，宦者曰："崇韬之第，无异皇居，宜其不知至尊之热也。"唐主卒命允平营楼，日役万人，所费巨万。崇韬谏曰："今两河水旱，军食不充，愿且息役，以俟丰年。"不听。

吴镇海判官陈彦谦卒。

彦谦有疾，徐知诰恐其遗言及继嗣事，遗之医药金帛相属。彦谦临终，密留书遗徐温，请以所生子为嗣。

秋七月，唐太后曹氏殂。

唐主哀毁，五日方食。

八月，唐主杀其河南令罗贯。

曹太后悲痛得几天吃不下饭,从此也得了病。

六月,天下了雨。

春季、夏季都大旱,到这时才开始下雨,连续下了七十五天才放晴,所有江河都洪水泛滥。

后唐庄宗修建清暑楼。

后唐庄宗受不了盛夏湿热的气候,宦官因此对后唐庄宗说:"长安全盛时期,宫中楼观上百座,如今圣上竟没有个避暑的地方。"后唐庄宗于是命令王允平另外修建一座楼,宦官说:"郭崇韬经常愁眉不展,是因为孔谦常说费用不足,只怕陛下虽然想修建楼观,但最后还是建不成。"后唐庄宗说:"我自己用的是内府的钱,和国家经费无关。"但还担心郭崇韬劝阻,于是派中使对郭崇韬说:"今年天气异常炎热,朕过去在黄河边,行营低下潮湿,穿着铠甲骑着马,亲自抵挡箭石,也没有这么热。现在深居宫中,却难以度过这个暑天,怎么办呢?"郭崇韬回答说:"陛下过去在黄河边时,强敌还没消灭,深深思考的是报仇雪耻,即使有酷暑,也不在意。现在外患已经消除,四海之内都已臣服,所以虽然有珍贵的高台和空闲的馆所,仍然觉得闷热。陛下倘若没有忘记艰难的时候,酷热就会自然消除。"后唐庄宗听后沉默不语,宦官说:"郭崇韬的宅第和皇宫没有两样,因此他不理解圣上的暑热。"后唐庄宗最终还是命令王允平修建楼观,每天用人一万多,耗费的钱财十分巨大。郭崇韬进谏说:"今年黄河以南天气干旱,军队粮食不足,希望暂且停止修建,等丰年时动工。"后唐庄宗没有听从他的规劝。

吴国镇海判官陈彦谦去世。

陈彦谦身体有病,徐知诰怕他留下遗言谈及继嗣的事,于是不断地送给他药品和金银丝帛。陈彦谦临终时偷偷留下遗书,送给徐温,请求徐温立亲生儿子为继承人。

秋七月,后唐太后曹氏去世。

后唐庄宗异常悲痛,毁伤其身,五天后才吃饭。

八月,后唐庄宗杀死河南令罗贯。

贯性强直，为郭崇韬所知，用为河南令。为政不避权豪，伶宦请托，一不报，皆以示崇韬，崇韬奏之，由是伶宦切齿。张全义亦恶之，遣婢诉于刘后，后与伶宦共毁之，唐主含怒未发。会往视坤陵，道泞桥坏，怒，下贯狱。明日，传诏杀之。崇韬谏曰："贯法不至死。"唐主怒曰："太后灵驾将发，天子朝夕往来，桥道不修，卿言无罪，是党也。"崇韬曰："陛下以万乘之尊，怒一县令，使天下谓陛下用法不平，臣之罪也。"唐主曰："既公所爱，任公裁之。"拂衣起入宫，崇韬随之，论奏不已。唐主自阖殿门，崇韬不得入。贯竟死，暴尸府门，远近冤之。

九月，蜀主与太后、太妃游青城山。　唐遣魏王继岌及郭崇韬将兵伐蜀。

唐主与宰相议伐蜀，李绍钦素谄事宣徽使李绍宏，绍宏荐绍钦有奇才可大任，郭崇韬曰："段凝亡国之将，奸谄绝伦，不可信也。"众举李嗣源，崇韬曰："契丹方炽，总管不可离河朔。魏王地当储副，未立殊功，请以为都统，成其威名。"帝曰："儿幼，岂能独往？当求其副。"既而曰："无以易卿。"乃以继岌充四川行营都统，崇韬充都招讨制置等使，军事悉以委之。又以高季兴充招讨使，李继晔充转运使，李令德、李绍琛、张筠、毛璋、董璋、李严皆为列将，将兵六万伐蜀，仍诏季兴自取夔、忠、万三州为巡属。工部尚书任圜、翰林学士李愚并参预军机。

罗贯性情刚直，受到郭崇韬赏识，任用为河南县令。他处理政事不回避权贵豪强，对伶人宦官的请托，他一个也不予答复，并把那些书信全部让郭崇韬过目，郭崇韬把这些事都上奏给后唐庄宗，因此伶人宦官对罗贯恨得咬牙切齿。张全义也讨厌罗贯，派奴婢去向刘皇后投诉，刘皇后和伶人、宦官一起诋毁罗贯，后唐庄宗很生气，含而未发。适值后唐庄宗去察看坤陵，道路泥泞，桥梁毁坏，后唐庄宗十分生气，于是把罗贯逮捕入狱。第二天，后唐庄宗下诏把罗贯杀死。郭崇韬进谏说："罗贯犯的法不至于定死罪。"后唐庄宗生气地说："太后的灵柩就要出发下葬，天子经常往来，途中的桥梁道路都没修整好，你说他无罪，就是他的同伙。"郭崇韬说："陛下是国家最尊贵的人，为一个县令生气，让天下人说陛下用法不公，这是我的罪过。"后唐庄宗说："既然是你喜欢的人，就任凭你来处理。"拂袖起身进宫，郭崇韬随后没完没了地奏请论说。后唐庄宗亲自关上殿门，郭崇韬没有能进入宫中。罗贯最终还是被处死，在府门外陈尸示众，远近的人们都认为他死得冤枉。

九月，蜀主王衍和太后、太妃到青城山游玩。　后唐派魏王李继岌和郭崇韬率领军队去讨伐蜀国。

后唐庄宗和宰相商议讨伐蜀国，李绍钦平素就巴结宣徽使李绍宏，李绍宏推荐说李绍钦有奇才，可以委任他干大事，郭崇韬说："段凝是个亡国之将，奸诈谄媚，无与伦比，不能相信他。"大家又推举李嗣源，郭崇韬说："契丹势力正盛，李总管不能离开河朔。魏王是君位的继承人，但他没有立过特殊功劳，请任命他为都统，来成全他的威名。"后唐庄宗说："儿子还小，怎能让他单独前往，应当给他找一个副帅。"不久又说："没有人可以代替你。"就任命李继岌为西川行营都统，郭崇韬为都招讨制置等使，军务都委托给郭崇韬。又任命高季兴为招讨使，李继晖为转运使，李令德、李绍琛、张筠、毛璋、董璋、李严均为列将，率领六万军队去讨伐蜀国。同时下令让高季兴率兵夺取夔、忠、万三州作为荆南巡属。工部尚书任圜、翰林学士李愚一并参与军机要务。

崇韬以孟知祥有荐引旧恩,将行,言于上曰:"知祥信厚有谋,可为西川帅。"又荐张宪谨重有识,可为相。

冬十月,蜀主东游。

安重霸劝王承休请蜀主东游秦州,毁府署作行宫,强取民间女子教歌舞,图形以遗韩昭。蜀主将行,群臣谏,皆不听。太后涕泣不食,止之,亦不能得。前秦州节度推官蒲禹卿上表略曰:"先帝艰难创业,欲传之万世。陛下少长富贵,荒色惑酒,无故盘游,频离宫阙。今百姓失业,盗贼公行,山河险固,不足凭恃。"韩昭谓曰:"吾收汝表,俟主上西归,当使狱吏字字问汝。"承休妻美,蜀主私焉,故锐意欲行。十月,引兵数万发成都,武兴节度使王承捷告,唐兵西上,蜀主不信,大言曰:"吾方欲耀武。"遂行,在道赋诗,殊不为意。

十一月,唐师灭蜀,蜀主王衍降。

唐李绍琛攻蜀威武城,城降,得粮二十万斛。绍琛纵其败兵万余人逸去,因倍道趣凤州。李严飞书以谕王承捷。李继曮竭凤翔蓄积以馈军,不能充,人情忧恐。郭崇韬入散关,指其山曰:"吾辈进无成功,不复得还北矣,当尽力一决。今馈运将竭,宜先取凤州,因其粮。"诸将皆言蜀地险固,未可长驱。崇韬以问李愚,愚曰:"蜀人苦其主荒淫,莫为之用。宜乘其人情崩离,风驱霆击,彼皆破胆,虽有险阻,谁与守之?兵势不可缓也。"崇韬倍道而进。王

郭崇韬因为孟知祥过去有推荐过他的旧恩,临出发前对后唐庄宗说:"孟知祥忠厚诚实,又有谋略,可以出任西川主帅。"还推荐张宪恭谨稳重有见识,可以任他为宰相。

冬十月,蜀主王衍到东方游玩。

安重霸劝王承休请求蜀主王衍到东面秦州去游玩,于是拆毁府署,修建行宫,强行抢夺民间女子,教她们唱歌跳舞,并画成图像送给韩昭。蜀主将要出发时,大臣们都来劝谏,蜀主一概不听。太后痛哭流涕不吃饭,劝蜀主不要去,蜀主也没有听从。原来的秦州节度推官蒲禹卿上表,大概意思是说:"先帝创业十分艰难,打算流传万世。陛下从小生长在富贵之中,迷恋于好酒美色,无故去游玩,经常离开皇宫。现在百姓失业,盗贼横行,山河虽然险要牢固,但并不足以依赖。"韩昭对蒲禹卿说:"我先收起你上的表章,等到主上返回成都时,一定要让狱吏一字一句来审问你。"王承休的妻子长得很美丽,蜀主和她私通,所以他坚决想要前往。十月,蜀主率领数万军队从成都出发,武兴节度使王承捷报说后唐军队正向西面进发,蜀主不相信,并且吹牛说:"我正想炫耀一下武力。"于是向东出发,在行进途中还写作诗歌,很不在意。

十一月,后唐的军队消灭蜀国,蜀主王衍投降后唐。

后唐李绍琛率军攻打蜀国威武城,威武城投降了,夺得粮食二十万斛。李绍琛放走蜀军败兵一万多人,然后兼程直奔凤州。李严飞速向王承捷报信。李继曮把凤翔积蓄的粮食全部供给军队,但还不够,人们心里都有点担忧害怕。郭崇韬进入散关后,指着那里的山说:"我们如果进攻不能获得成功,就不能再向北返回了,应当尽力决一死战。现在运来的粮食快吃完了,应当先夺取凤州,利用那里的粮食。"诸位将领都说蜀地险要坚固,不可长驱直入。郭崇韬就此事问李愚,李愚回答说:"蜀人对蜀主荒淫无度感到很苦恼,都不想为他效力。应当乘蜀国人心涣散时迅速发起进攻,这样他们都会被吓破了胆,虽然有险阻,又有谁来为他坚守呢?进军的攻势不能迟缓。"郭崇韬兼程进军。王

承捷以凤、兴、文、扶四州印节迎降,得兵八千,粮四十万斛。崇韬曰:"平蜀必矣。"

蜀主至利州,遇威武败卒,始信唐兵之来,乃以王宗勋、王宗俨、王宗昱为三招讨,将兵三万逆战。兵皆怨愤,曰:"龙武军粮赐倍于他军,他军安能御敌?"绍琛等克兴州,与战三泉,大败之,又得粮十五万斛。蜀主闻宗勋等败,倍道西走,断桔柏津浮梁,命王宗弼守利州。李绍琛昼夜兼行,趣利州。宋光葆遗郭崇韬书:"请兵不入境,当举巡属内附。苟不如约,则背城决战。"崇韬纳之。继岌至兴州,光葆及诸城镇皆望风款附。

王承休与安重霸谋掩击唐军,重霸曰:"击之不胜,则大事去矣。然公受国恩,闻难不可不赴,愿与公俱西。"承休以为然,使以兵从。将行,重霸拜于马前曰:"若从开府还朝,谁当守此?开府行矣,重霸请为公守之。"承休无如之何,遂行,重霸遂以秦、陇降唐。

高季兴常欲取三峡,畏蜀将张武,不敢进。至是,乘唐兵势,自将水军上峡,取施州。武以铁锁断江路,季兴遣勇士乘舟斫之。会风大起,舟绋于锁,不能进退。季兴轻舟遁去。既而夔、忠、万州遣使诣继岌降。崇韬遗王宗弼等书,为陈利害,宗弼弃城归。三招讨追及之,相持而泣,遂合谋送款于唐。

承捷拿着凤州、兴州、文州、扶州四州的印信符节前来投降，得到八千多降兵，粮食四十万斛。郭崇韬说："平定蜀国是必定无疑的了。"

蜀主到达利州，遇到在威武城战败的逃兵，才相信后唐军已经到来，于是任命王宗勋、王宗俨、王宗昱为三招讨使，率兵三万，迎战后唐军队。士兵们都很怨恨，说："皇上赏赐给龙武军的粮草是其他军队的好几倍，其他军队怎么能来抵御敌军呢？"李绍琛等攻下了兴州后，又和蜀军在三泉作战，把蜀军打得大败，又夺得十五万斛粮食。蜀主听说王宗勋等被打败，兼程向西逃跑，拆除桔柏津的浮桥，命令王宗弼坚守利州。李绍琛昼夜兼行，直奔利州。蜀国宋光葆送给郭崇韬一封信，说："请求唐军不要进入境内，我将管辖内的地方全部归附于唐军。如果不能按约定的办，我就背城一战。"郭崇韬如约接纳了他们。李继岌到达兴州后，宋光葆和诸城镇都望风归附后唐。

王承休和安重霸谋划袭击后唐军队，安重霸说："袭击如果不能胜利，大事就完了。国家对你的恩情重大，听到国家有难，不可不去，我希望和你一起向西回朝。"王承休认为他讲的对，并让一些士卒跟随他一起回朝。临行前，安重霸在他的马前跪拜说："如果我也跟随你一起回朝，谁来坚守这里呢？你走吧，请让我为你坚守这里。"王承休对安重霸没有办法，就上路走了，于是安重霸就率领秦、陇二州投降了后唐。

高季兴常想夺取三峡，只因畏惧蜀将张武，不敢进兵。到这时，乘着后唐进兵的威势，高季兴亲自率领水军进入三峡，夺取施州。张武用铁链封锁长江上的通道，高季兴派勇士乘船去砍断铁链。这时正好刮起大风，高季兴军队的船只挂在铁链上，不能进退，高季兴乘坐轻便的小船逃走。不久，夔、忠、万三州派遣使者到李继岌那里请求投降。郭崇韬给王宗弼等送去一封信，向他们说明利害关系，王宗弼就弃城逃回。王宗勋等三个招讨使追上了王宗弼，四个人在一起哭了起来，于是他们合谋归降后唐。

蜀主至成都，百官及后宫出迎，蜀主入妃嫔中，作回鹘队入宫。数日，宗弼亦至，登大玄门，严兵自卫。劫迁蜀主及太后、后宫、诸王于西宫，收其玺绶及内库金帛归其家。子承涓入宫，取蜀主宠姬数人以归。

李绍琛进至绵州，蜀断绵江浮梁，水深，无舟楫，绍琛谓李严曰："吾悬军深入，利在速战。乘蜀人破胆之时，但得百骑过鹿头关，彼且迎降不暇。若俟修缮桥梁，必留数日，或教王衍坚闭近关，折吾兵势，傥延旬浃，则胜负未可知矣。"乃与严乘马浮度江，从兵得济者仅千人，溺死者亦千余人。遂入鹿头关，据汉州。

宗弼遣使劳军，且以蜀主书遗李严曰："公来吾即降。"或谓严："公首建伐蜀之策，蜀人怨公深入骨髓，不可往。"严不从，欣然驰入成都，抚论吏民，告以大军继至，悉命撤去楼橹。蜀主命翰林学士李昊草降表，又命平章事王锴草降书，遣兵部侍郎欧阳彬奉之以迎继岌、崇韬。

宗弼斩宋光嗣、景润澄、李周辂、欧阳晃，函首送继岌。又责韩昭佞谀，枭于金马坊门。遣使奉笺，以后宫珍玩赂继岌、崇韬求西川节度使。继岌曰："此皆我家物，奚以献为？"留其物而遣之。继岌至成都，李严引蜀主及百官仪卫出降。蜀主白衣首绖，衔璧牵羊；百官衰绖徒跣，舆櫬号哭俟命。继岌受璧，崇韬解缚焚櫬，承制释罪，君臣东北向拜谢。

蜀主回到成都，百官和宫中妃嫔出来迎接，蜀主走到妃嫔中间，排成回鹘舞队形回宫。几天后，王宗弼也回到成都，他登上大玄门，部署军队保卫自己。他把蜀主、太后、后宫嫔妃及诸王劫持到西宫，没收他们的玺印及内库金帛搬回自己家。王宗弼的儿子王承涓进入宫中，带了几个蜀主宠爱的姬妾回家。

李绍琛进军至绵州，蜀兵切断绵江上的浮桥，由于水深，又没有舟船，李绍琛对李严说："我们孤军深入敌境，只有速战速决才对我们有利。乘蜀军心惊胆战时，只需要一百个骑兵打过鹿头关，他们就会投降都怕来不及。如果等修好桥再去攻打，一定要在这里停留几天，或许有人教王衍坚固地封闭鹿头关，挫伤我军士气，倘若延缓十天，胜负就难以预测了。"于是就和李严乘马渡江，跟随他们的士卒渡过去的仅有一千人，被淹死的也有一千多人。于是他们攻进鹿头关，占据汉州。

王宗弼派使者去慰劳军队，并把蜀主的信送给李严，信中说："你来了我就投降。"有人对李严说："你首先提出讨伐蜀国的策略，蜀人对你恨之入骨，你千万不可前去。"李严没有听从这个意见，仍欣然跑进成都，安抚慰问官吏和百姓，告诉他们大军将相继到来，并命令他们撤除所有用于军事防御的高台。蜀主命令翰林学士李昊起草降表，又命令同平章事王锴起草降书，派兵部侍郎欧阳彬拿着表书迎接李继岌和郭崇韬。

王宗弼杀了宋光嗣、景润澄、李周辂、欧阳晃，用木匣把他们的头装好送给李继岌。又谴责韩昭奸巧谄谀，在金马坊门将他斩首示众。王宗弼派使者给李继岌送去文书，用后宫的珍宝贿赂李继岌、郭继韬，请求担任西川节度使。李继岌说："这些都是我家的东西，用得着你进献么？"将东西留下而把来人打发走。李继岌到成都后，李严领着蜀主及百官、仪仗和卫士出来投降。蜀主身穿白衣，头缠麻带，嘴里衔着玉璧，手里牵着羊；百官们身穿丧服，光着脚，用车拉着空棺，大声号哭着等待李继岌的命令。李继岌接受了蜀主的玉璧，郭崇韬给蜀主松绑，烧毁空棺，按照后唐庄宗的旨意赦免他们的罪过，蜀国君臣向东北面拜谢。

大军入成都，崇韬禁侵掠，市不改肆。自出师至是凡七十日，得节度十，州六十四，县二百四十九，兵三万，铠仗、钱粮、金银、缯锦共以千万计。

高季兴闻蜀亡，方食，失匕箸，曰："是老夫之过也。"梁震曰："不足忧也。唐主得蜀益骄，亡无日矣，安知其不为吾福？"楚王殷上表："愿上印绶以保余龄。"优诏谕之。

十二月，唐以董璋为东川节度使。

平蜀之功，李绍琛为多，位董璋上。而璋素与郭崇韬善，崇韬数召璋与议军事。绍琛心不平，谓曰："吾有平蜀之功，公等朴樕相从，反咕嗫于郭公之门，谋相倾害。吾为都将，独不能以军法斩公邪？"璋诉于崇韬。十二月，崇韬表璋为东川节度使，解其军职。绍琛愈怒，曰："吾冒白刃，陵险阻，定两川，璋乃坐有之邪？"乃见崇韬言："东川重地，任尚书有文武才，宜表为帅。"崇韬怒曰："绍琛反邪？何敢违吾节度？"绍琛惧而退。

初，唐主遣宦者李从袭等从继岌。继岌虽为都统，军中制置一出郭崇韬，将吏宾客趋走盈庭，而都统牙门索然，从袭等固耻之。及破蜀，蜀之贵臣大将争以宝货、妓乐遗崇韬及其子廷诲，继岌所得不过匹马、束帛、唾壶、麈柄而已，从袭等益不平。王宗弼赂崇韬求为节度使，崇韬阳许之。既而久未得，乃帅蜀人列状见继岌，请留崇韬镇蜀。

后唐大军进入成都后，郭崇韬禁止士卒抢掠，街市上照常贸易往来。从后唐出兵到攻克蜀国，共用了七十天，取得十个节度使、六十四个州、二百四十九个县，俘获士卒三万多，铠仗、钱粮、缯帛等数以千万计。

高季兴听说蜀国已被消灭，当时正在吃饭，惊得没拿住勺子和筷子，他说："这是老夫的过错啊！"梁震说："不必担忧。后唐庄宗得到蜀国后会更加骄傲，要不了多久就会灭亡，哪能知道他不是在为我们谋福呢？"楚王马殷向后唐庄宗上表说："希望交出印绶来保全有生之年。"后唐庄宗下了一道嘉奖诏书安慰他。

十二月，后唐任命董璋为东川节度使。

平定蜀国的功劳，李绍琛最多，爵位也在董璋之上。但董璋平素和郭崇韬交好，因此郭崇韬经常召董璋来一起商议军事。李绍琛心中不平，就对董璋说："我有平定蜀国的功劳，你们是平庸的随从人员，反倒在郭公之门窃窃私语，谋划着陷害别人。我身为都将，难道就不能以军法把你们杀掉吗？"董璋把这些话告诉了郭崇韬。十二月，郭崇韬上表请求任命董璋为东川节度使，解除他的军职。李绍琛对此更加愤怒，说："我冒着生命危险，翻越险阻，平定了东川、西川，董璋竟然坐享其成吗？"于是就找到郭崇韬说："东川是个重要的地方，尚书任圜文武全才，应当上表任他为帅。"郭崇韬生气地说："李绍琛想造反吗？怎敢违背我的指令？"李绍琛害怕地退了回去。

当初，后唐庄宗派宦官李从袭等人跟随李继岌讨伐蜀国。李继岌虽然身为都统，但军中的经营谋划、委任官职等全由郭崇韬决定，郭崇韬的住处宾客你来我往，门庭若市，而都统的牙门里去却冷冷清清，李从袭等本就感到耻辱。到攻破蜀国之后，蜀国的贵臣大将们争着向郭崇韬和他儿子郭廷诲赠送宝物、艺妓，而李继岌所得到的只不过是一些马匹、束帛、唾壶、麈柄而已，李从袭等更加愤愤不平。王宗弼贿赂郭崇韬，想求得节度使，郭崇韬佯作应允。过了很久王宗弼还没有得到这个官，于是就带着蜀人来见李继岌，列举很多理由，请求留下郭崇韬镇守蜀地。

从袭等因谓继岌曰："郭公父子专横，今又使蜀人请己为帅，其志难测，王不可不为之备。"继岌谓崇韬曰："主上倚侍中如山岳，岂肯弃之蛮夷之域乎？且此非余之所敢知也，请诸人诣阙自陈。"由是继岌与崇韬互相疑贰。

蜀王宗弼、王承休伏诛。

崇韬征犒军钱数万缗于宗弼，宗弼靳之，士卒怨怒，夜纵火喧噪。崇韬欲诛宗弼以自明，白继岌收宗弼等，数其不忠之罪，族诛之。蜀人争食宗弼之肉。承休等至，继岌亦斩之。

闽主王审知卒，子延翰立。　唐以孟知祥为西川节度使。

唐以北都留守孟知祥为西川节度使，议选代者，枢密承旨段徊等恶邺都留守张宪，不欲其在朝廷，皆曰："宪虽有宰相器，然宰相在天子目前，事有得失，可以改更，北都独系一方安危，在任尤重，非宪不可。"乃徙宪为太原尹，王正言为兴唐尹，史彦琼为邺都监军。正言昏耄，彦琼本伶人，有宠，遂专六州之政，威福自恣，陵忽将佐，正言以下皆谄事之。

唐主猎于白沙。

初，唐主得魏州银枪效节都近八千人，以为亲军。夹河之战，屡立殊功，常许以灭梁之日，大加赏赉。既而河南平，虽赏赉非一，而士卒恃功，骄恣无厌，更成怨望。是岁大饥，民多流亡，租赋不充，仓廪空竭。孔谦日于上东门外望诸州漕运至者，随以给之。军士乏食，有雇妻、鬻子者，老弱

李从袭等人趁机对李继岌说:"郭公父子十分专横,如今又让蜀人请求任用他为帅,他的心志难以猜透,大王对他不可没有防备。"李继岌对郭崇韬说:"主上依靠你就如依靠大山,怎么肯把你丢弃在这蛮夷地区呢?况且这些不是我所敢知道的,请诸位到朝廷里自己去陈说吧。"从此李继岌和郭崇韬互相猜疑。

蜀国王宗弼、王承休被诛杀。

郭崇韬向王宗弼征收数万缗钱来慰劳军队,王宗弼吝惜不肯给,士卒非常愤怒,晚上放火喧闹。郭崇韬想杀死王宗弼来表明自己清白,就告诉李继岌把王宗弼等人抓起来,谴责他们的不忠之罪,诛灭他全族。蜀人争抢着吃王宗弼的肉。王承休等来了之后,李继岌也把他们杀死。

闽主王审知去世,他的儿子王延翰继立。　后唐任命孟知祥为西川节度使。

后唐任命北都留守孟知祥为西川节度使,并商议选择一个接任北都留守的人,枢密承旨段徊等讨厌邺都留守张宪,不想让他留在朝廷,于是都说:"张宪虽然有做宰相的才能,然而宰相天天在天子眼前,万一事情有所得失,可以更改,北都关系一面的安危,职责尤为重大,非张宪不可。"于是调张宪任太原尹,王正言任兴唐尹,史彦琼任邺都监军。王正言年老糊涂,史彦琼本是伶人,由于得到宠爱,就独揽六州大政,他作威作福,恣情放纵,凌辱将佐,自王正言以下的人都巴结侍奉他。

后唐庄宗到白沙打猎。

当初,后唐庄宗得到魏州银枪效节都近八千人,将其当作自己的亲军。这支部队在后唐与后梁于黄河两岸相持作战时,多次建立特殊大功,后唐庄宗曾经许诺消灭后梁之日,将会对他们大加赏赐。不久平定了河南,虽然赏赐不止一次,而士卒依仗有功,骄傲放纵,贪得无厌,反而怨恨不满。这一年发生了大饥荒,老百姓离乡背井,租税征收不足,粮仓空竭。孔谦每天在上东门外瞭望各个州从水道转运来的粮食,只要一运到,就随时发放。士卒因为没有粮食,有的抵押妻子,出卖儿女,年老体弱的

馁死,流言怨嗟,而唐主游畋不息。猎于白沙,后宫毕从,六日而还。时大雪,吏卒有僵仆者。伊、汝间饥尤甚,卫兵所过,责其供饷,不得,则怀其什器,撤其室庐,甚于寇盗。

汉白龙见。

汉主改名龚。

长和求昏于汉。

长和骠信郑旻求昏于汉,汉主以女增城公主妻之。长和即唐之南诏也。

闰月,唐诏罢折纳、纽配法。

唐主以军储不足,谋于群臣,吏部尚书李琪上疏曰:"古者量入以为出,计农而发兵,故虽有水旱之灾,而无匮乏之忧。近代税农以养兵,未有农富给而兵不足,农捐瘠而兵丰饱者也。今纵未能蠲省租税,苟除折纳、纽配之法,农亦可以小休矣。"唐主即敕有司从之,然竟不能行。唐主又欲如汴州,谏官上言:"不如节俭以足用,自古无就食天子。今杨氏未灭,不宜示以虚实。"乃止。

唐遣宦者马彦珪使蜀军。

郭崇韬素疾宦者,尝密谓魏王继岌曰:"大王他日得天下,骡马亦不可乘,况任宦官?宜尽去之,专用士人。"吕知柔窃听闻之,由是宦官皆切齿。时蜀中盗贼群起,崇韬恐大军既去,更为后患,命任圜、张筠分道招讨,以是淹留未还。帝遣宦者向延嗣促之,崇韬不出迎,延嗣怒。李从袭曰:"郭公专权如是,延海日与军中骁将、蜀土豪杰狎饮,指

被饿死,流言传播,怨声载道,后唐庄宗却仍不停地打猎。到白沙打猎时,后宫人员都跟随前去,六天后才返回。当时正下大雪,官吏士卒有冻僵倒地的。伊、汝二水之间的饥荒尤其严重,禁卫军队所经过的地方,都要求当地供给粮饷,得不到粮食就毁坏日常用具,拆掉房屋,比盗贼还要厉害。

南汉出现白龙。

南汉主刘岩改名叫刘龑。

长和向南汉求婚。

长和骠信郑曼向南汉求婚,南汉主刘龑把女儿增城公主嫁给他。长和就是唐朝时的南诏。

闰十二月,后唐庄宗下诏停止实行折纳和纽配税法。

后唐庄宗因军队储备不充足,就和群臣商议,吏部尚书李琪上疏说:"古时候根据收入决定支出,根据农时来发动战争,所以即使发生水旱灾害,也不必担心缺乏粮草。近来靠农民的税赋来供给军队,不可能出现农民富足而军队供应不足,或农民饿死而军队丰衣足食的情况。现在即使不能减少农民的租税,如能免除折纳和纽配税法,农民也可以稍得休息。"后唐庄宗马上敕令有关官吏照办,然而终究没有执行。后唐庄宗又想前往汴州,谏官上奏说:"不如节约开支以确保够用,自古没有出外谋食的天子。现在杨氏还未被消灭,不应该向他展示我们的虚实情况。"后唐庄宗才停止了行动。

后唐派宦官马彦珪出使蜀军。

郭崇韬平素嫉恨宦官,曾暗中对魏王李继岌说:"大王将来得到天下后,骟了的马都不能骑,更何况任用宦官?应当把他们全部赶走,专门任用士人。"吕知柔偷听到这话,因此宦官对郭崇韬恨得咬牙切齿。当时蜀中盗贼四起,郭崇韬担心大军撤离后成为后患,于是命令任圜、张筠分路去招抚讨伐他们,因此郭崇韬停留下来没回洛阳。后唐庄宗派宦官向延嗣去催促他们,郭崇韬没有出来迎接,向延嗣很生气。李从袭说:"郭公就是如此独裁,郭廷诲每天和军队中的骁将、蜀地的豪杰喝酒胡混,指

天画地,近闻白其父,请表已为蜀帅。诸将皆郭氏之党,王寄身于虎狼之口,一朝有变,吾属不知委骨何地矣。"因相向垂涕。

延嗣归,具以语刘后,后泣诉于唐主,请早救继岌。前此,唐主闻蜀人请崇韬为帅,已不平,至是不能无疑。阅蜀府库之籍曰:"人言蜀中珍货无算,何如是之微也?"延嗣曰:"蜀珍货皆入崇韬父子,故县官所得不多耳。"唐主遂怒。及孟知祥行,语之曰:"闻崇韬有异志,卿到,为朕诛之。"知祥曰:"崇韬,国之勋旧,不宜有此。俟臣至蜀察之,苟无他志,则遣还。"唐主许之。寻复遣宦官马彦珪驰诣成都曰:"崇韬奉诏班师则已,若有迁延跋扈之状,则与继岌图之。"彦珪见刘后,说之曰:"蜀中事势,忧在朝夕,安能缓急禀命于三千里外乎?"后复言之,唐主曰:"传闻之言,未知虚实,岂可遽尔?"后不得请,退自为教与继岌,令杀崇韬。

楚铸铅铁钱。

楚王殷不征商旅,由是四方商旅辐凑。湖南地多铅铁,殷因高郁策,铸铅铁钱,商旅出境,无所用之,皆易他货而去,故能以境内所余之物,易天下百货,国以富饶。湖南民不事桑蚕,郁命民输税者,皆以帛代钱,未几,民间机杼大盛。

天画地,近来听说他让父亲郭崇韬上表请求任自己为蜀中主帅。现在诸军将领都是郭氏的同党,魏王寄身于虎狼之口,一旦有变,我们都不知道尸骨丢在什么地方。"于是面对面地痛哭流涕。

　　向延嗣回京后,一一告知刘后,刘后向后唐庄宗哭诉,并请求及早营救李继岌。此前,后唐庄宗听说蜀人请求郭崇韬做主帅,心已愤愤不平,到这时,后唐庄宗不能不心生怀疑。他查阅蜀国府库的账簿时说:"人们说蜀国的珍宝多得无法计算,为什么账簿上这么少?"向延嗣说:"蜀国的珍宝都到了郭崇韬父子手中,所以朝廷得到的不多。"后唐庄宗于是大怒。等到孟知祥辞行时,后唐庄宗对他说:"听说郭崇韬有异心,你到了那里,帮我把他杀掉。"孟知祥说:"郭崇韬是国家有功的老臣,应该不会有这种想法。等我到蜀地后观察他一段,如果他没有异心,就送他回来。"后唐庄宗答应了他。不久,后唐庄宗又派宦官马彦珪奔赴成都,并告诉他说:"郭崇韬如能按照诏令班师回朝就算了,如果他拖延时间或表现出飞扬跋扈的样子,就和继岌一起把他杀掉。"马彦珪拜见刘后,劝她说:"蜀中的形势,旦夕之间就会发生祸患,怎能在三千里外不顾事态缓急请命呢?"刘后又把这些话告诉了后唐庄宗,后唐庄宗说:"道听途说的事,不能判断是真是假,怎么可以仓促决定呢?"刘后的请求未得允准,只好退下,自己给李继岌写了教令,命令他杀掉郭崇韬。

　　楚国铸造铅铁钱。

　　楚王马殷不向商人征税,因此各地商人都聚集到这里。湖南地区盛产铅铁,马殷采用高郁的计策,铸造铅铁钱,商人离开楚境,钱就无处使用,都换成其他的货物离去,这样就能用境内多余的东西去换天下各种货物,国家也因此富裕起来。湖南百姓不从事桑蚕业,高郁命交税人都上交绢帛来代替交钱,不久,民间就盛行织布。

丙戌（926）　后唐同光四年，四月，明宗李嗣源天成元年，吴越宝正元年。是岁，蜀亡，闽建国，凡四国三镇。

春正月，唐护国军节度使李继麟入朝。

继麟自恃与唐主故旧有功，苦诸伶宦求匄无厌，遂拒不与。大军之征蜀也，继麟阅兵，遣其子令德将之以从。景进与宦官谮之曰："继麟闻大军起，以为讨己，故阅兵自卫。"又曰："崇韬与河中阴谋，内外相应。"继麟闻之惧，欲入朝以自明，其所亲止之，继麟曰："郭侍中功高于我，今事势将危，吾得见主上，面陈至诚，则谗人获罪矣。"乃入朝。

唐魏王继岌杀郭崇韬。

魏王继岌将发成都，部署已定，马彦珪至，以皇后教示继岌，继岌曰："彼无衅端，安可为此？且主上无敕，独以皇后教杀招讨使，可乎？"李从袭等泣，相与巧陈利害，继岌从之。召崇韬计事，从者李环挝碎其首，并杀其子廷诲、延信。推官李崧谓继岌曰："今行军三千里外，初无敕旨，擅杀大将，大王奈何行此危事邪？"继岌曰："公言是也，悔之无及。"崧乃召书吏数人，登楼去梯，矫为敕书，用蜡印宣之，军中粗定。崇韬左右皆窜匿，独掌书记张砺诣魏王府恸哭久之。继岌命任圜代总军政。

唐复以故蜀乐工严旭为蓬州刺史。

后唐明宗

丙戌（926） 后唐同光四年，四月，后唐明宗李嗣源天成元年，吴越国宝正元年。这一年，前蜀灭亡，闽建国，共四个国家、三个藩镇。

春正月，后唐护国军节度使李继麟进京朝见。

李继麟依仗自己和后唐庄宗是旧友，又有战功，苦于伶人宦官无穷无尽的索求，于是拒绝不给。大军征伐蜀国时，李继麟检阅士兵，派他的儿子李令德率兵跟随着他。景进和宦官诬陷他说："李继麟听说大军将要出发，以为要讨伐自己，所以检阅部队，保卫自己。"又说："郭崇韬和河中有阴谋，里应外合。"李继麟得知后感到害怕，打算亲自到朝廷里讲个明白，亲信加以阻止，李继麟说："郭侍中功劳比我高，现在形势很危急，我得去见皇上，当面说清我对他的忠诚，说坏话的人才能受到惩罚。"于是进京朝见。

后唐魏王李继岌杀死郭崇韬。

魏王李继岌准备从成都出发，部署就绪，马彦珪来到成都，把刘后的教令拿给李继岌看，李继岌说："郭崇韬并没有举动，怎么能这样做呢？况且皇上没有敕令，仅凭皇后的教令就把招讨使给杀死，能行吗？"李从袭等哭着，一起花言巧语地向李继岌陈说利害，李继岌听从了他们的意见。李继岌召郭崇韬来商议事情，随从李环击碎了郭崇韬的头，还杀死了他的儿子郭廷诲、郭廷信。推官李崧对李继岌说："现在军队行进在三千里以外，在根本就没有接到皇上敕令的情况下，擅自杀死大将，大王怎么能干这种危险的事情呢？"李继岌说："你说得对，但后悔也来不及了。"李崧于是召来好几个书吏，让他们上了楼，然后把梯子撤掉，假造皇帝的敕令，又用蜡摹刻了一个印盖上，立即对外宣布，这样军中才大致安定下来。郭崇韬的亲信都逃跑躲藏起来，只有掌书记张砺到魏王府痛哭了很久。李继岌命令任圜代替郭崇韬总管军政事务。

后唐又任命原蜀国乐工严旭为蓬州刺史。

魏王献蜀乐工，唐主问严旭曰："汝何以得刺史？"对曰："以歌。"使之歌而善之，许复故任。

唐杀其睦王存乂及李继麟。

马彦珪还洛阳，唐主乃下诏暴郭崇韬之罪，并杀其诸子，朝野骇惋。保大节度使睦王存乂，崇韬之婿也，宦官言存乂攘臂称冤，言辞怨望，唐主杀之。景进言李继麟与存乂连谋，宦官因共劝速除之。唐主乃使朱守殷杀之，复其姓名。诏继岌诛令德，又诏李绍奇诛其家人于河中。时诸军饥窘，妄为谣言，伶宦采之以闻，故崇韬、友谦皆及于祸。李嗣源入朝，亦为谣言所属，唐主遣朱守殷察之。守殷私谓嗣源曰："令公勋业振主，宜自图归藩以远祸。"嗣源曰："吾心不负天地，祸福之来无可避，皆委之于命耳。"时伶宦用事，勋旧人不自保，嗣源危殆者数四，李绍宏左右营护，以是得全。

唐魏王继岌发成都。

继岌留李仁罕、潘仁嗣、赵廷隐、张业、武璋、李延厚成成都而还，命李绍琛帅万二千人为后军，行止常差中军一舍。

二月，唐以李绍宏为枢密使。 **唐邺都乱**，遣李绍荣招谕之。

唐魏博指挥使杨仁晸将兵成瓦桥，逾年代归，唐以邺都空虚，恐兵至为变，敕留屯贝州。时天下莫知郭崇韬之罪，民间讹言皇后弑帝，人情愈骇。仁晸部兵皇甫晖与其徒夜博不胜，因人情不安，遂作乱，劫仁晸曰："主上所以

魏王李继岌献上前蜀国的乐工，后唐庄宗问严旭说："你是怎么当上刺史的？"严旭回答说："通过唱歌。"后唐庄宗让他唱歌，认为他唱得很好，答应恢复他过去的职务。

后唐杀死睦王李存乂和李继麟。

马彦珪回到洛阳，后唐庄宗才下诏公布郭崇韬的罪行，并杀了他的儿子们，朝廷内外惊骇惋惜。保大节度使睦王李存乂是郭崇韬的女婿，宦官说李存乂激愤得撸起袖子，伸出手臂，大喊冤枉，言辞中对朝廷很不满，后唐庄宗将他杀死。景进说李继麟和李存乂曾联合谋反，因此宦官一起劝后唐庄宗尽快把他除掉。后唐庄宗于是派朱守殷杀死李继麟，恢复了他原来的姓名朱友谦。后唐庄宗又下诏令李继岌杀死朱令德，又下诏李绍奇在河中把朱令德的家人杀掉。当时军中将士饥饿困迫，编造谣言，伶人宦官收集起来上报，所以郭崇韬、朱友谦都因此而遭祸。李嗣源入朝，也属于被谣言中伤的一个，后唐庄宗派朱守殷去侦察他。朱守殷私下对李嗣源说："你的功业，威震皇帝，应当自己设法回到藩镇，远离灾祸。"李嗣源说："我的良心没有辜负天地，祸福的到来无可躲避，全靠命运的安排。"当时，伶人宦官掌权，有功的故旧都不能自保，李嗣源已多次处于危险境地，全靠李绍宏千方百计地保护营救才得以保全。

后唐魏王李继岌从成都出发。

李继岌留下李仁罕、潘仁嗣、赵廷隐、张业、武璋、李延厚戍守成都，本人返回朝廷，还命令李绍琛率领一万二千人作为后军，行动时，经常和中军相距三十里。

二月，后唐任命李绍宏为枢密使。　后唐邺都发生叛乱，派李绍荣去安抚叛军。

后唐魏博指挥使杨仁晸率兵戍守瓦桥，满一年后换防回来，后唐庄宗认为邺都空虚，怕他的部队回来后发生变乱，于是下令让他留驻贝州。当时天下人都不知道郭崇韬的罪行，民间讹传说皇后杀死皇帝，人心更加惊骇。杨仁晸的部下皇甫晖和同伙夜里赌博没赢，因人心不安，便作乱劫持杨仁晸说："主上所以

有天下者,吾魏军力也。今天下已定,天子不念旧劳,更加猜忌。去家咫尺,不使相见。今闻皇后弑逆,京师已乱,愿与公俱归。若天子万福,兴兵致讨,以吾兵力足以拒之,安知不更为富贵之资乎?"仁晸不从,晖杀之。又劫小校,不从,又杀之。效节指挥使赵在礼闻乱而走,晖追及,示以二首,在礼惧而从之。乱兵遂奉以为帅,焚掠贝州,南趣临清。

有来告者,都巡检使孙铎等亟诣史彦琼,请授甲乘城为备。彦琼曰:"贼至临清,计程须六日方至,为备未晚。"铎曰:"贼既作乱,必乘吾未备,昼夜倍道,安肯计程而行?请仆射帅众乘城,铎募劲兵千人伏于王莽河逆击之,贼既势挫,必当离散,然后可扑讨也。必俟其至城下,万一有奸人为内应,则事危矣。"是夜,贼前锋攻北门,彦琼兵溃,单骑奔洛阳。贼入邺都,在礼据宫城,署皇甫晖、赵进为指挥使,纵兵大掠。王正言方据案,召吏草奏,无至者,正言怒,其家人曰:"贼已入城杀掠,吏皆逃散,公尚谁呼?"正言惊曰:"吾初不知也。"乃出府门谒在礼,再拜请罪,在礼谕遣之。众拥在礼为留后。张宪家在邺都,在礼厚抚之,遣使以书诱宪,宪斩其使。唐主乃命归德节度使李绍荣诣邺都招抚。

唐李绍琛反于蜀,魏王继岌使工部尚书任圜讨之。

能占有天下，全靠我们魏军的力量。现在天下已平定，天子不但不念我们过去的功劳，反而猜忌我们。现在离家很近，却不让我们和家人相见。又听说皇后杀死皇帝，京师已经大乱，希望和您一起回去。如果天子有福没有死，兴兵讨伐我们，用我们的兵力足以抵御，怎知不是重新获得富贵的机会呢？"杨仁晸没听他的，皇甫晖就杀了杨仁晸。皇甫晖又威胁一个小校官，小校官也不服从，皇甫晖又把小校官杀死。效节指挥使赵在礼听说发生叛乱就逃跑了，皇甫晖追上了他，把杀死的那两个人的人头给他看，赵在礼因害怕就服从了他。乱兵就把赵在礼奉为主帅，焚烧抢掠贝州，又向南直奔临清。

有人从贝州来报告军乱，都巡检使孙铎等急忙赶到史彦琼那里，请求授予武器登城防备。史彦琼说："乱贼到了临清，计算路程，需要六天才能来到这里，到时再做防备也不晚。"孙铎说："贼人既然叛乱，一定会乘我们没有防备时昼夜兼程，怎肯按一般速度行进？请仆射率众登城，我招募一千精兵埋伏在王莽河畔迎去他们，乱贼的攻势受挫后，一定会逃散，然后就可以全面讨伐他们了。如果一定要等他们来到城下，万一有内奸和他们相呼应，情况就危险了。"当天晚上，乱贼的前锋攻打邺城的北门，史彦琼军溃散，他单人匹马逃奔洛阳。乱兵进入邺都，赵在礼占据了宫城，署任皇甫晖和赵进为指挥使，放纵士卒大肆抢掠。王正言正坐在桌案边，叫吏人来起草奏书，但没人前来，王正言很生气，他的家人说："乱贼已经进入城内杀人抢掠，官吏都逃散了，您还叫谁呢？"王正言惊讶地说："我根本就不知道这个情况。"于是走出府门去见赵在礼，拜了两拜，表示请罪，赵在礼安慰一番就把他送走了。大家推举赵在礼为留后。张宪的家在邺都，赵在礼用丰厚的礼物抚慰了他们，又派使者送信来引诱张宪，张宪斩杀了使者。后唐庄宗命令归德节度使李绍荣到邺都去招抚赵在礼等。

后唐李绍琛在蜀中反叛，魏王李继岌派工部尚书任圜去讨伐他。

郭崇韬之死也，李绍琛谓董璋曰："公复欲咕嗫谁门邪？"璋惧，谢罪。魏王继岌至武连，遇敕使，谕以令董璋将兵诛朱令德，绍琛以不见委，大惊。俄而璋过不谒，绍琛怒，谓诸将曰："国家南取大梁，西定巴、蜀，皆郭公之谋，而吾之功也。至于去逆效顺，与国家掎角以破梁，则朱公也。今朱、郭皆无罪族灭，归朝之后，行及我矣。冤哉天乎！奈何？"绍琛所将多河中兵，河中将焦武等号哭于军门曰："西平王何罪？阖门屠脍，我辈归则同诛，决不复东矣。"绍琛自剑州拥兵西还，自称西川节度使，移檄成都，招谕蜀人，众至五万。继岌闻之，以任圜为副招讨使，追讨之。

唐李绍荣攻邺都，不克。

李绍荣至邺都，攻其南门，遣人以敕招谕之，赵在礼拜于城上曰："将士思家擅归，相公诚善为敷奏，得免于死，敢不自新？"史彦琼戟手大骂曰："群死贼，城破万段。"皇甫晖谓众曰："观史武德之言，上不赦我矣。"因聚噪，掠敕书，手坏之，守陴拒战。绍荣攻之不利，以状闻，唐主怒曰："克城之日，勿遗噍类。"大发诸军讨之。

唐从马直军士作乱，伏诛。

从马直指挥使郭从谦，本优人也，优名郭门高。以德胜之役，挑战有功，遂有宠，积功至指挥使。郭崇韬方用事，从谦以叔父事之，又为睦王存乂假子。及二人得罪，

郭崇韬被杀时，李绍琛对董璋说："你又准备到谁门下窃窃私语呢?"董璋感到害怕，向他谢罪。魏王李继岌到达武连，遇到敕使，敕使告诉他命令董璋率兵去诛杀朱令德，李绍琛因皇帝没有委派他去杀朱令德而感到非常惊讶。不久，董璋经过这里而没有拜见他。李绍琛十分生气，于是对诸位将领说："国家向南占领大梁，向西平定巴蜀，都靠郭崇韬的计谋，靠我的战功。至于背叛梁国，归顺皇上，和皇上一起牵制夹击敌人，最后攻破梁国，则是朱友谦的功劳。现在朱、郭二人都无罪被灭族，回到朝廷后，就轮到我了。冤枉啊老天爷! 怎么办呢?"李绍琛所率领的部队大部分是河中的士卒，河中将领焦武等在军门口放声痛哭，并说："西平王有什么罪过? 竟满门被诛杀，我们回去则同样会被诛杀，决不再回到东方去了。"李绍琛从剑州率兵向西返回，自称是西川节度使，并向成都发出檄文，晓谕蜀中百姓，聚集了五万多人。李继岌听说这个消息后，任命任圜为副招讨使，追击讨伐李绍琛。

后唐李绍荣攻打邺都，没有攻克。

李绍荣到达邺都，向南门发起进攻，并派人以皇帝的诏书宣谕赵在礼等，赵在礼在城上行拜礼说："将士思念家乡擅自归来，相公如能好言向皇上陈奏，免除我们的死罪，我们敢不悔过自新?"史彦琼用手指着城上大骂说："你们这群该死的乱贼，攻破城后将你们碎尸万段。"皇甫晖对大家说："从史武德的话来看，皇帝不会饶恕我们。"因此聚众鼓噪，抢过诏书撕碎，坚守在城上女墙里奋力抵抗。李绍荣攻城不利，把情况报告给后唐庄宗，后唐庄宗生气地说："攻下城的那天，一个活人也不能留下。"于是大举调集各路军队去讨伐。

后唐从马直军士兵叛乱，被诛杀。

从马直指挥使郭从谦本来是个唱戏的人，艺名叫郭门高。他因为在德胜之战向梁军挑战有功，就受到后唐庄宗宠爱，因战功累积被提拔为指挥使。郭崇韬掌权时，郭从谦把他当作叔父对待，又是睦王李存乂的养子。等到郭崇韬、李存乂获罪后，

从谦数以私财飨诸校,对之流涕,言崇韬之冤。至是,军士王温等五人作乱,伏诛。唐主戏谓从谦曰:"汝既负我附崇韬、存义,又教王温反,欲何为也?"从谦益惧,退阴谓诸校曰:"主上以王温之故,俟邺都平定,尽坑若曹,家之所有宜尽市酒肉,勿为久计也。"由是亲军皆不自安。

唐遣李嗣源将亲军讨邺都。

李绍荣再攻邺都,贼知不赦,坚守无降意。唐朝患之,日发中使促魏王继岌东还。继岌以李绍琛叛,留利州未得发。绍荣久无功,会邢州兵赵大等亦为乱,据州未下。沧州军乱,小校王景戡自为留后。河朔州县告乱者相继,唐主欲自征邺都,大臣皆言京师根本,车驾不可轻动,唐主曰:"诸将无可使者。"众皆曰:"李嗣源最为勋旧。"唐主心忌嗣源,曰:"吾惜嗣源,欲留宿卫。"皆曰:"他人无可者。"张全义、李绍宏亦屡言之,乃许之。

唐以王延翰为威武节度使。 **唐讨邺兵劫李嗣源入邺都。**

李嗣源至邺都城西南,下令诘旦攻城。是夜从马直军士张破败作乱,帅众大噪焚营。嗣源帅亲军拒战,不能敌。嗣源叱而问之,对曰:"将士从主上十年,百战以得天下。今贝州戍卒思归,主上不赦。从马数卒喧竞,遽欲尽诛其众。我辈初无叛心,但畏死耳。今欲与城中合势,请主上

郭从谦多次用自己的钱财来犒赏从马直的各军校,在他们面前痛哭流涕,说郭崇韬死得冤枉。到这时,军士王温等五人叛乱,被斩杀。后唐庄宗开玩笑地对郭从谦说:"你已经辜负了我而站在郭崇韬、李存乂的一边,又教王温反叛,你打算干什么呢?"郭从谦更加害怕,退朝后暗中对各位军校说:"主上因为王温作乱的缘故,等邺都平定以后,要把你们全部坑杀。家中所有的钱财应该全部买成酒肉,不要作长久打算。"因此,后唐庄宗的亲军士卒都感到心中不安。

后唐派李嗣源率领亲军去讨伐邺都。

李绍荣再次攻打邺都,乱兵知道罪不可赦,因此一直坚守战斗,没有一点投降的意思。后唐朝廷对此十分忧患,每天都派使者去催促魏王李继岌东进回京。李继岌因为李绍琛反叛,所以就留在利州,未能东回。李绍荣因久战无功,正好遇上邢州兵赵大等作乱,占据了邢州,未能攻下。沧州的军队也发生动乱,小校王景戡自称为留后。河朔地区的州县接连不断地有人来报告发生动乱,后唐庄宗打算亲自率军去讨伐邺都,大臣都说京师是国家的根本,皇帝的车驾不能轻易出动,后唐庄宗说:"诸位将领中没有可以派出去的人了。"大家都说:"李嗣源是最有功勋的旧将。"后唐庄宗心中忌惮李嗣源,于是说:"我爱惜李嗣源,想留在宫中担任警卫。"大家都说:"别人就都不行了。"张全义、李绍宏也多次推荐李嗣源,后唐庄宗才答应派李嗣源去讨伐邺都。

后唐任命王延翰为威武节度使。　后唐讨伐邺都的部队劫持李嗣源进入邺都。

李嗣源到达邺都城西南,下令说明天早晨攻城。这天夜里,从马直军士张破败作乱,率领好多人大声喧闹,焚烧营寨。李嗣源率领亲军抵抗叛军,但抵挡不住。李嗣源大声斥问他们,他们回答说:"将士们跟随主上已经十年,经过百战才夺得天下。现在贝州戍卒都想回家,主上不能赦免他们。从马直少数士卒争逐喧闹,便想立刻把从马直军士们全部杀掉。我们原本并没有叛变之心,只是害怕被杀。现在想和城里的人联合起来,请主上

帝河南，令公帝河北。"嗣源涕泣谕之，不从。遂拔白刃拥嗣源及李绍真等入城，城中不受外兵，逆击之，皆溃。赵在礼帅诸校迎拜嗣源，泣谢曰："将士辈负令公，敢不惟命是听！"嗣源诡说在礼曰："凡举大事，须藉兵力，今外兵流散无所归，我为公出收之。"在礼乃听嗣源、绍真俱出城宿魏县，散兵稍有至者。

唐任圜破李绍琛，擒之。孟知祥讨定余寇。

董璋将兵二万，会任圜讨李绍琛，至汉州，绍琛逆战。张砺请伏精兵于后，而以羸兵诱之，圜从之。绍琛大败，闭城不出。汉州无城堞，树木为栅，圜攻焚之，绍琛战败，奔绵竹，追擒之。孟知祥自至汉州犒军，与任圜、董璋置酒高会，引李绍琛槛车至座中，知祥自酌大卮饮之，谓曰："公何患不富贵，而求入此邪？"绍琛曰："郭侍中佐命功第一，兵不血刃取两川，一旦无罪族诛。如绍琛辈安保首领？以此不敢归朝耳。"魏王继岌倍道而东。孟知祥获李肇、侯弘实，以为牙内都指挥使。蜀中群盗犹未息，知祥择廉吏使治州县，蠲除横赋，安集流散，下宽大之令，与民更始。遣赵廷隐、张业将兵分讨群盗，悉诛之。

唐李嗣原奔相州。

李嗣源之为乱兵所逼也，李绍荣有众万人，营于城南。嗣源遣牙将七人相继召之，欲与共攻乱者，绍荣疑不应。及嗣源入邺，遂引兵去。嗣源在魏县，众不满百，又无兵仗。

在河南称帝,你在河北称帝。"李嗣源边哭边把皇帝的旨意告诉他们,但没有人听从。叛兵们便拔出刀剑簇拥着李嗣源和李绍真等人进入邺城,但城里的人不让城外的士兵进去,迎战城外的乱兵,结果乱兵全被击溃。赵在礼率领各位校官迎接拜见李嗣源,哭着谢罪说:"将士们对不起您,敢不唯命是从!"李嗣源假意对赵在礼说:"凡是要做大事,必须借助兵力,现在城外士卒被打散无处可归,我为你们出去收集他们。"赵在礼便听任李嗣源、李绍真一起出城,宿营在魏县,溃散的士卒逐渐有回来的。

后唐任圜击败李绍琛,擒获他。孟知祥讨伐平定残余乱军。

董璋率领着两万士卒,联合任圜讨伐李绍琛,到了汉州,李绍琛出兵迎战。张砺请求把精兵埋伏在后面,而用体弱的士卒去引诱他们,任圜听从了他的意见。结果李绍琛被打得大败,关起城门不敢出来。汉州没有防御用的城墙壕沟,只是树起一些木头作为栅垒,任圜进攻时放火烧了这些栅垒,李绍琛被打败后,逃往绵竹,任圜乘胜追击,并抓获了他。孟知祥亲自来汉州慰劳军队,和任圜、董璋大摆宴席,把李绍琛的槛车拉到宴席的座位中间,孟知祥用大杯子亲自倒了杯酒给李绍琛喝,对他说:"你还愁不能富贵吗?为什么非要坐这种槛车?"李绍琛说:"郭侍中辅佐皇帝功劳第一,没有经过战争就夺取东川、西川,突然无罪被灭族。像我李绍琛这样的人又怎能保住脑袋?因此不敢回到朝廷。"魏王李继岌日夜兼程向东进发。孟知祥抓获李肇、侯弘实,任命他们为牙内都指挥使。蜀中的盗贼还未平息,孟知祥选择廉洁的官吏治理各州县,免除滥加的赋税,安置召集流散人员,颁布宽大政策,让百姓重新安居乐业。同时派赵廷隐、张业率军分别去讨伐盗贼,最后全部消灭了他们。

后唐李嗣源逃奔相州。

李嗣源被乱兵逼迫时,李绍荣有一万多军队扎营在邺都城南面。李嗣源接连派七名牙将去通知他,想和他联合起来攻打乱军,李绍荣迟疑不决,没有响应。到李嗣源进入邺都后,李绍荣便率兵离去。李嗣源在魏县时,士卒不到一百人,也没有武器。

李绍真所将镇兵五千,闻嗣源得出,相帅归之,由是兵稍振。嗣源欲归藩待罪,中门使安重诲曰:"公为元帅,不幸为凶人所劫。李绍荣不战而退,归朝必以公藉口。公若归藩,则为据地邀君,适足以实谗慝之口耳。不若星行诣阙,面见天子,庶可自明。"嗣源曰:"善。"南趣相州,遇马坊使康福,得马数千匹,始能成军。

唐豫借河南夏秋税。

唐主以军食不足,敕河南尹豫借夏秋税,民不聊生。租庸使以仓储不足,颇朘刻军粮,军士流言益甚。宰相惧,帅百官上表,请出内库之财以给诸军。唐主欲从之,刘后曰:"吾夫妇君临万国,虽藉武功,亦由天命。命既在天,人如我何?"宰相又于便殿论之,后属耳于屏风后,须臾出妆具及三银盆,皇幼子三人于外,曰:"四方贡献随以给赐,所余止此耳,请鬻以赡军。"宰相惶惧而退。

唐李嗣源引兵向大梁。

李绍荣退保卫州,奏李嗣源已叛,与贼合。嗣源遣使上章自理,一日数辈。唐主遣嗣源长子从审喻嗣源,至卫州,绍荣欲杀之,从审乃还。唐主怜之,赐名继璟,待之如子。是后嗣源所奏,皆为绍荣所遏,不得通,嗣源由是疑惧。石敬瑭曰:"夫事成于果决而败于犹豫,安有上将与叛卒入贼城,而他日得保无恙乎?大梁,天下之要会也,愿假三百骑先往取之。公引大军亟进,如此始可自全。"康义诚曰:"主上无道,军民怨望,公从众则生,守节必死。"嗣源

李绍真所率镇州士兵有五千，听说李嗣源出兵，一起归附他，因此李嗣源兵力稍振。李嗣源想回到自己的藩镇等候治罪，中门使安重诲说："您身为元帅，不幸被乱兵劫持。李绍荣不战而退，回朝后一定会以您为借口推卸责任。您若回到藩镇，就是占据地盘来胁迫君主，正好证实那些谗言。不如星夜赶回朝廷，面见天子，或许能为自己解释清楚。"李嗣源说："很好。"于是向南直奔相州，遇到马坊使康福，得到几千匹马，才能组成军队。

后唐预先借用河南夏秋赋税。

后唐庄宗因为军粮不足，下令河南尹预借夏秋赋税，结果民不聊生。租庸使因仓库储备不足，极力削减军粮，军队士卒的流言更加厉害。宰相感到害怕，率领百官上表，请求拿出内库的钱财供给各军。后唐庄宗打算听从这个意见，刘皇后说："我们夫妇统御天下，虽然借助武力，也是天命的安排。命运既然由天掌握，人们能把我怎样呢？"宰相又在皇帝休息的别殿里议论这件事，刘皇后把耳朵贴在屏风的后面偷听，不一会儿，刘皇后把梳妆用具、三个银盆以及皇帝的三个幼儿抱到外面，说："各地的贡献都随时用于供给赏赐，剩下的只有这些，请卖掉来供养军队。"宰相惶恐不安地退了出去。

后唐李嗣源率兵向大梁开进。

李绍荣退守卫州，上奏说李嗣源已经叛乱，与乱贼合伙。李嗣源派使者送奏章为自己辩解，一天之内就有好几个人来送。后唐庄宗派李嗣源的长子李从审去劝导李嗣源，李从审到达卫州，李绍荣想杀掉他，李从审只好返回。后唐庄宗可怜李从审，赐给他名字叫继璟，待他就像对待儿子一样。此后，李嗣源所上的奏书，都被李绍荣截住，不得上呈，李嗣源因此也疑虑恐惧。石敬瑭说："任何事情往往成功于果断而失败于犹豫，哪里有上将和叛卒进入贼城而将来还安然无恙的呢？大梁是天下的要害地方，希望借用三百骑兵先去夺取大梁。您率领大军快速前进，只有这样才可以保全自己。"康义诚说："主上无道，军队和百姓怨声载道，您顺从大众就能活，坚守节操则一定会死。"李嗣源

乃令安重诲移檄会兵。时李绍虔、李绍钦、李绍英屯瓦桥，安审通屯奉化，嗣源皆遣使召之。嗣源家在真定，虞候将王建立先杀其监军，由是获全。李从珂将所部兵趣镇州，与建立合，倍道从嗣源。嗣源分三百骑，使石敬瑭将之前驱，李从珂为殿，军势大盛。从子从璋过邢州，邢人奉为留后。唐主乃诏白从晖将骑兵扼河阳桥，出金帛给赐，军士诟曰："吾妻子已殍死，得此何为？"李绍荣至洛阳，曰："邺都乱兵欲济河袭郓、汴，愿陛下幸关东招抚。"唐主从之。

唐杀故蜀主王衍，夷其族。

景进等言于唐主曰："西南未安，王衍族党不少，闻车驾东征，恐其为变，不若除之。"唐主乃遣中使赍敕往诛之，敕曰："王衍一行，并从杀戮。"已印画，张居翰覆视，就殿柱揩去"行"字，改为"家"字，由是获免者千余人。衍母徐氏且死，呼曰："吾儿以一国迎降，不免族诛，信义俱弃，吾知汝行亦受祸矣。"

唐主如关东，李嗣源入大梁，唐主乃还。

唐主发洛阳，次汜水。或劝继璟亡去，不从。唐主亦屡遣之，继璟固辞请死。唐主闻嗣源在黎阳，强遣继璟召之，道遇李绍荣，见杀。嗣源至滑州，符习、安审通引兵来会。知汴州孔循遣使迎唐主，亦遣使输款于嗣源，曰："先至者得之。"石敬瑭以劲兵入封丘门，遂据其城，使人趣嗣源，嗣源入大梁。是日，唐主至荥泽东，命龙骧指挥使姚彦温将三千骑为前军，彦温即以其众叛归嗣源，嗣源夺其兵。

于是下令安重诲发布檄文召集军队。当时李绍虔、李绍钦、李绍英都驻扎在瓦桥，安审通驻扎在奉化，李嗣源都派使者去召集他们。李嗣源的家属住在真定，虞候将王建立先杀了他的监军，因此李嗣源的家属才得以保全。李从珂率领部属直奔镇州，与王建立会合，日夜兼程追随李嗣源。李嗣源分出三百骑兵让石敬瑭率领作为前锋，李从珂殿后，军势大盛。李嗣源的侄儿李从璋经过邢州时，邢州人拥奉他为邢州留后。后唐庄宗下诏命白从晖率领骑兵扼守河阳桥，拿出金帛进行赏赐，军士们骂道："我的妻子儿女已经饿死，拿到这些东西有什么用？"李绍荣到达洛阳，说："邺城的叛兵打算渡过黄河来袭击郓、汴二州，希望陛下巡幸关东来招抚他们。"后唐庄宗听从了他的意见。

后唐杀死原蜀主王衍，诛灭他全族。

景进等对后唐庄宗说："西南地区还没有安定，王衍的族亲党羽不少，如果他们听说您东征，恐怕会发动变乱，不如消灭他们。"于是后唐庄宗派使者拿着敕令前去诛杀他们，敕令说："王衍一行，一并杀死。"已经盖印画押，张居翰审看时，靠在殿堂上的柱子上擦去了"行"字，改为"家"字，因此有一千多人免于一死。王衍的母亲徐氏将要被杀时，大喊说："我儿子举国投降还免不了全家被杀，你们背信弃义，我知道你们也将遭难了。"

后唐庄宗前往关东，李嗣源进入大梁，后唐庄宗便返回洛阳。

后唐庄宗从洛阳出发，驻扎在氾水。有人劝李继璟逃走，李继璟没有听从。后唐庄宗也多次让他离去，李继璟坚决推辞，并请求一死。后唐庄宗听说李嗣源在黎阳，强行派李继璟去召他，李继璟在路上遇上李绍荣，被杀死。李嗣源到了滑州，符习、安审通率兵来会合。汴州知州孔循派使者来迎接后唐庄宗，同时也派使者向李嗣源表示归降，说："谁先到谁就得到汴州。"石敬瑭派强兵进入封丘门，占据了汴州城，派人报告李嗣源，李嗣源也进入大梁。这一天，后唐庄宗到了荥泽的东面，命令龙骧指挥使姚彦温率领三千骑兵作为前军，姚彦温马上率领部众反叛，归附李嗣源，李嗣源夺取了他的部队。

　　唐主至万胜镇,闻嗣源已据大梁,诸军离叛,神色沮丧,登高叹曰:"吾不济矣。"即命旋师。夜复至汜水,扈从兵二万五千,已失万余人。还过罂子谷,道遇卫士,辄以善言抚之曰:"适报魏王又进西川金银五十万,到京当给尔曹。"对曰:"陛下赐已晚矣,人亦不感圣恩。"唐主流涕而已。又索袍带赐从官,内库使张容哥称颁给已尽,卫士叱之曰:"致吾君失社稷,皆此阉竖辈也。"抽刀逐之。容哥谓同类曰:"皇后吝财致此,今乃归咎于吾辈。事若不测,吾辈万段,吾不忍待也。"因赴河死。唐主至石桥西,置酒悲涕,晚入洛城。嗣源命石敬瑭将前军趣汜水,收抚散兵,嗣源继之。李绍虔、李绍英引兵来会。宰相、枢密奏:"西军将至,车驾宜且控汜水,收抚散兵以俟之。"唐主从之。

夏四月,唐伶人郭从谦弑其主存勖。李嗣源入洛阳。

　　唐主复如汜水。四月朔,严办将发,从马直指挥使郭从谦帅所部兵攻兴教门。唐主方食,闻变,帅卫兵击之,逐乱兵出门。时朱守殷将骑兵在外,唐主急召之,守殷不至,引兵憩茂林下。乱兵焚兴教门,缘城而入,近臣宿将皆释甲潜遁,独散员都指挥使李彦卿、军校何福进、王全斌等十余人力战。俄而唐主为流矢所中,鹰坊人善友扶下,至绛霄殿庑下,抽矢渴懑,刘后不自省视,遣宦者进酪,须臾遂殂。

后唐庄宗到达万胜镇，听说李嗣源已经占据了大梁，各路军队离叛，神色沮丧，登上高处叹息地说："我不能成功了。"于是马上命令班师。晚上又回到汜水，随从的军队有两万五千人，已经失散一万多人。后唐庄宗返回时路过罂子谷，路上遇到卫士，就用好言好语来安抚他们，说："刚才有人报告说魏王又进贡西川金银五十万，等到了京师就分给你们。"士卒们回答说："陛下的赏赐已经晚了，人们也不会感激圣恩了。"后唐庄宗只是哭泣而已。后唐庄宗又寻找袍带赏赐给随从官吏，内库使张容哥说颁赐的东西已经用完了，卫士们骂他说："致使国君失去江山者，都是你们这些阉竖之辈。"于是拔出刀来驱赶他。张容哥对他的同伙们说："皇后吝啬财物到了如此地步，现在却归咎于我。如果发生意外，我们将会碎尸万段，我不忍心等待那一天的到来。"因此跳进黄河而死。后唐庄宗到达石桥的西面，摆下酒宴，悲痛哭泣，晚上进入洛城。李嗣源命令石敬瑭率领前军赶到汜水，收集安抚逃散的士卒，李嗣源随后接应。李绍虔、李绍英领兵前来会合。宰相、枢密使一起上奏说："西边魏王的军队将要到来，陛下应当控制住汜水，收集安抚逃散的士卒来等待他们。"后唐庄宗听从了他们的意见。

夏四月，后唐伶人郭从谦弑杀他的君主李存勖。李嗣源进入洛阳。

后唐庄宗又来到汜水。四月初一，后唐庄宗整理好行装准备出发，从马直指挥使郭从谦率领所属部队攻打兴教门。这时后唐庄宗正在吃饭，听说兵变，就率领卫兵进攻乱兵，把乱军赶出兴教门。当时，朱守殷率领骑兵在外面，后唐庄宗紧急召他回来，朱守殷不来，领兵在茂密的树林中休息。乱兵烧了兴教门，沿着城墙进入，大臣宿将都丢盔弃甲偷偷逃跑了，只有散员都指挥使李彦卿、军校何福进、王全斌等十余人奋力作战。不久，后唐庄宗被乱箭射中，鹰坊人善友把后唐庄宗扶到绛霄殿的厢房中，把箭拔出来后，后唐庄宗觉得口渴烦闷，刘皇后没有亲自前来看望，只是派宦官送来乳浆，不一会儿，后唐庄宗就去世了。

彦卿等恸哭而去，左右皆散，善友敛乐器覆尸而焚之。刘后囊金宝系马鞍，与申王存渥及李绍荣焚嘉庆殿出走。朱守殷入宫，选宫人三十余人，内于其家。于是诸军大掠。

是日，李嗣源至罂子谷，闻之恸哭，谓诸将曰："主上素得士心，正为群小蔽惑致此，今吾将安归乎？"乃入洛阳，止于私第。禁焚掠，拾庄宗骨于灰烬之中而殡之。谓朱守殷曰："公善巡徼，以待魏王。淑妃、德妃在宫，供给尤宜丰备。吾俟山陵毕，社稷有奉，则归藩为国家扞御北方耳。"是日，豆卢革帅百官上笺劝进，嗣源曰："吾奉诏讨贼，不幸部曲叛散，欲入朝自诉，又为绍荣所隔，披猖至此。诸军见推，殊非相悉，愿勿言也。"绍荣欲奔河中，为人所执，折足送洛阳。魏王继岌至兴平闻乱，复引兵西，谋保凤翔，始诛李绍琛。

唐太原军乱。

初，庄宗命吕、郑二内养在晋阳，张宪以下承应不暇。庄宗既殂，推官张昭远劝张宪奉表劝进，宪曰："吾自布衣至服金紫，皆出先帝之恩，岂可偷生而不自愧乎？"昭远泣曰："此古人所行，公能行之，忠义不朽矣。"有李存沼者，庄宗之近属，与二内养谋杀宪及巡检李彦超。彦超欲先图之，宪曰："仆受先帝厚恩，不忍为此。徇义而不免于祸，乃天也。"军士共杀二内养及存沼。宪奔忻州，会嗣源移书至，彦超号令士卒，城中始安。彦超，彦卿之兄也。

唐李嗣源监国。

李彦卿等痛哭而去，左右侍从也都离去，善友收拾厢房的乐器，盖住后唐庄宗的尸体，把他烧了。刘皇后装好金玉珠宝，系上马鞍，和申王李存渥及李绍荣烧了嘉庆殿出逃。朱守殷进入宫内，挑选三十多个宫女，接入他的家中。这时各路军队把全城洗劫一空。

　　这一天，李嗣源到达罂子谷，听说后唐庄宗已死，痛哭一场，对诸位将领说："主上平时很得人心，正是被一群小人蒙蔽迷惑才到了这种地步，现在我将到哪里去呢？"于是进入洛阳，住在自己的家里。他禁止焚烧抢掠，在灰烬中捡出后唐庄宗的遗骨，把他安葬了。李嗣源对朱守殷说："你好好巡回检查，以待魏王到来。淑妃、德妃都在宫中，对她们的供给应当丰厚齐备。等皇帝的陵墓修好，国家有了继承人，我就回本镇为国家保卫北方领土。"这一天，豆卢革率领百官上书劝李嗣源即皇帝位，李嗣源说："我奉皇帝的命令去讨伐乱贼，不幸部队背叛逃散，本想亲自入朝诉说情况，又被李绍荣阻隔，狼狈到如此地步。大家推举我，是根本不了解我，希望不要说了。"李绍荣想投奔到河中，被人抓获，打断了脚，送到洛阳。魏王李继岌到达兴平，听说叛乱，又率领部队回到西边，打算据守凤翔，这才杀了李绍琛。

后唐太原军叛乱。

　　当初，后唐庄宗命令吕、郑两个内养留在晋阳，张宪以下都承应不暇。后唐庄宗死后，推官张昭远劝张宪上表劝李嗣源称帝，张宪说："我从一个普通百姓到做大官，都是先帝的恩情，怎能苟且偷生而不自感惭愧呢？"张昭远哭泣着说："这是古人的事情，你能实行，忠义不朽。"有个叫李存沼的人，是后唐庄宗的近亲，和两个内养阴谋杀死张宪和巡检李彦超。李彦超想先下手杀掉李存沼他们，张宪说："我受先帝厚恩，不忍心这样做。坚守道义却免不了祸端，那是天意。"军士共同杀死两个内养和李存沼。张宪逃到忻州，正好这时李嗣源的信送到这里，李彦超给士卒下达命令，城里才开始安定下来。李彦超是李彦卿的哥哥。

后唐李嗣源监国。

百官三笺请嗣源监国,嗣源乃许之,入居兴圣宫,百官班见,下令称教。宣徽使选后宫美少者数百献之,监国曰:"奚用此为?"对曰:"宫中职掌不可阙也。"监国曰:"宫中职掌宜谙故事,此辈安知?"乃悉用老旧之人补之,其少年者皆出之,蜀中所送宫人准此。

唐以安重诲为枢密使,张延朗为副使。

延朗本梁租庸吏,性纤巧,善事权要,故重诲引之。

唐监国嗣源杀刘后及诸王。

监国令所在访求诸王,通王存确、雅王存纪匿民间,安重诲与李绍真谋曰:"今殿下既监国典丧,诸王宜早为之所,以壹人心。"密遣人杀之。后月余监国闻之,切责重诲,伤惜久之。刘后奔晋阳,在道与存渥私通。存渥为其下所杀,刘后为尼于晋阳,监国使人就杀之。庄宗幼子继嵩等皆不知所终,惟邕王存美以病得免。

高季兴以孙光宪掌书记。

徐温、高季兴闻庄宗遇弑,益重严可求、梁震。梁震荐孙光宪掌书记。季兴欲攻楚,光宪谏曰:"荆南乱离之后,赖公休息,士民始有生意,若又与楚国交恶,他国乘吾之弊,良可忧也。"季兴乃止。

唐监国嗣源杀李绍荣。

绍荣被执,监国责之曰:"吾何负于尔,而杀吾儿?"绍荣瞋目直视曰:"先帝何负于尔?"遂斩之,复其姓名曰元行钦。

唐张居翰罢,以孔循为枢密使。 唐监国嗣源杀孔谦,废租庸使及诸道监军。

百官三次上书请求李嗣源监国，李嗣源才答应了，住进兴圣宫，百官按次序拜见，下发的命令称作教。宣徽使选择几百名年轻的后宫美女献给李嗣源，李嗣源说："用这些人干什么？"宣徽使回答说："宫中的各项事务主管不可缺。"李嗣源说："宫中主管应当熟习过去的典章制度，这些人怎么会知道？"于是全部用过去的老人代替，让其中的年轻人都出宫，蜀中所送来的宫人也照此办理。

后唐任命安重诲为枢密使，张延朗为枢密副使。

张延朗本来是后梁的租庸官吏，工于心计，善事权贵，所以安重诲引荐了他。

后唐监国李嗣源杀死刘皇后和诸王。

监国李嗣源命令各地访求诸王，通王李存确、雅王李存纪藏匿在民间，安重诲和李绍真谋划说："现在殿下已经监国，主持丧事，各王应当及早安排，以统一人心。"于是秘密派人杀死他们。一个月后李嗣源才听说这事，严厉谴责了安重诲，伤心惋惜了很久。刘皇后逃奔晋阳，途中和李存渥通奸。李存渥被部下杀死，刘皇后在晋阳做了尼姑，李嗣源派人就地杀了她。后唐庄宗的小儿子李继嵩等都不知下落，只有邕王李存美因病幸免于难。

高季兴任命孙光宪为掌书记。

徐温、高季兴听说后唐庄宗被杀，更加器重严可求、梁震。梁震推荐孙光宪为掌书记。高季兴准备攻打楚国，孙光宪劝阻说："荆南经历战乱之后，靠你才得到休养生息，士民刚有点生机，如果又和楚国成为仇敌，其他国家再趁我们疲惫时侵扰，实在值得担忧。"高季兴才没有进攻楚国。

后唐监国李嗣源杀死李绍荣。

李绍荣被捕后，监国李嗣源责备他说："我哪里对不起你，你杀死我的儿子？"李绍荣睁大眼睛瞪着李嗣源说："先帝什么地方对不起你？"于是李嗣源杀死李绍荣，恢复他的姓名叫元行钦。

后唐张居翰被免职，任命孔循为枢密使。　**后唐监国李嗣源杀死孔谦，废除租庸使和各道监军。**

监国下教,数租庸使孔谦奸佞侵刻、穷困军民之罪而斩之,凡谦所立苛敛之法皆罢之,因废租庸使,依旧为三司,委宰相一人专判。又罢诸道监军使,以庄宗由宦官亡国,命诸道尽杀之。

唐魏王继岌至长安,自杀。

魏王继岌退至武功,李从袭曰:"退不如进,请亟东行以救内难。"继岌从之。还至渭水,留守张篯已断浮梁。乃循水浮渡,至渭南,腹心吕知柔等皆已窜匿。从袭谓继岌曰:"时事已去,王宜自图。"继岌徘徊流涕,乃自伏于床,命李环缢杀之。任圜代将而东。华州都监李冲杀从袭。

唐主嗣源立。

有司议即位礼,李绍真、孔循以为唐运已尽,宜自建国号。监国问左右:"何谓国号?"对曰:"先帝赐姓于唐,为唐复仇,故称唐。今梁朝之人不欲殿下称唐耳。"监国曰:"吾年十三事献祖,献祖以吾宗属,视吾犹子。又事武皇、先帝垂五十年,经纶攻战,未尝不预。武皇之基业则吾之基业也,先帝之天下则吾之天下也,安有同家而异国乎?"李琪曰:"若改国号,则先帝遂为路人,梓宫安所托乎? 不惟殿下不忘三世旧君,吾曹为人臣者能自安乎? 前代以旁支入继多矣,宜用嗣子枢前即位之礼。"众从之。监国服斩衰,于枢前即位,百官缟素。既而御衮冕受册,百官吉服称贺。

唐杀其太原尹张宪。

监国李嗣源下发教令,历数租庸使孔谦奸巧谄谀、侵害剥夺使军民穷困的罪行,并将他处死,凡是孔谦制定的苛敛之法全部废除,于是撤销了租庸使一职,依照旧例设盐铁、户部、度支三司,委托宰相一人专门管理。又取消各道的监军使,因为后唐庄宗任用宦官才导致亡国,所以命令各道把宦官全部杀掉。

　　后唐魏王李继岌到长安,自杀而死。

　　魏王李继岌退到武功,李从袭说:"后退不如前进,请赶快东进解救内部祸难。"李继岌听从了他的意见。于是回到渭水,留守张筬已经把桥梁拆毁。他们顺流渡过渭水,到达渭南时,李继岌的心腹吕知柔等都已经逃跑躲藏起来。李从袭对李继岌说:"大势已去,大王应该为自己打算。"李继岌边哭边来回走动,后来就自己趴在床上,命李环用绳子把他勒死。任圜代替他领兵东进。华州都监李冲杀死李从袭。

　　后唐明宗李嗣源即皇帝位。

　　主管官员商议李嗣源即位的礼仪,李绍真、孔循认为唐朝的世运已经完了,应当自己建立国号。监国李嗣源问左右大臣说:"什么叫做国号?"大臣们回答说:"先帝接受唐朝赐给的姓,为唐朝报仇,所以国号为唐。现在梁朝的人不想让殿下的国号称唐。"李嗣源说:"我十三岁时侍奉献祖,献祖因为我是宗亲,对待我就像对待儿子一样。后来又侍奉武皇、先帝,接近五十年,每次筹划国家大事和攻伐征战,我未曾不参与。武皇的基业就是我的基业,先帝的天下就是我的天下,哪有同家异国的道理?"李琪说:"如果改变国号,那先帝就成了与国家没有关系的人了,他的棺材往哪里安放呢? 不仅殿下忘不了三代旧主,我们这些为人臣子的就能自安吗? 过去的朝代以旁支继承大统的很多,应当采用嗣子在棺材前面即位的礼仪。"大家听从了他的意见。李嗣源穿着粗麻布丧服在棺材前面即皇帝位,百官们穿着白色丧服。事后,李嗣源穿上皇帝的礼服和礼帽,接受册书,百官们穿上礼服祝贺。

　　后唐杀死太原尹张宪。

有司劾宪委城之罪也。

唐大赦。

唐主大赦。量留后宫百人，宦官三十人，教坊百人，鹰坊二十人，御厨五十人。中外毋得献鹰犬奇玩，诸司使务有名无实者皆废之。分遣诸军就食近畿，以省馈运。除夏秋税省耗。诸侯四节贡奉，毋得敛百姓，刺史以下不得贡奉。

唐以郑珏、任圜同平章事。

圜忧公如家，简拔贤俊，杜绝侥幸。期年之间，军民皆足，朝纲粗立。圜每以天下为己任，由是安重海忌之。

唐李绍真等复姓名。

李绍真、李绍琼、李绍英、李绍虔、李绍奇、李绍能，各复旧姓名，为霍彦威、苌从简、房知温、王晏球、夏鲁奇、米君立。晏球本王氏子，畜于杜氏，故请复姓王。

唐初令百官转对。

初令百官正衙常朝外，五日一赴内殿起居，转对奏事。

唐以安金全为振武节度使。

追赏晋阳之功也。

唐以赵在礼为义成节度使。

在礼以军情未听，不赴。

唐以冯道、赵凤为端明殿学士。

唐主目不知书，四方奏事皆令安重海读之，重海亦不能尽通，乃奏请选文学之臣与之共事，以备应对。乃置端明殿学士，以道、凤为之。

唐听郭崇韬归葬，复朱友谦官爵。　　六月，唐汴州军乱，指挥使李彦饶讨平之。

由于有关官员检举弹劾太原尹张宪的弃城之罪。

后唐实行大赦。

后唐明宗李嗣源实行大赦。酌情留下宫女一百人，宦官三十人，教坊一百人，鹰坊二十人，御厨五十人。下令朝廷内外都不得进献鹰犬奇玩之类贡品，各司、使、务有名无实的都废除掉。分派各军在京畿近处就地供给粮食，以节省运输的费用。免除夏、秋两季赋税的省耗税。各藩镇在元旦、冬至、端午、皇帝生日四个节日的贡奉不得聚敛百姓，刺史以下不得贡奉。

后唐任命郑珏、任圜为同平章事。

任圜忧公如家，他选拔贤能有才的人，杜绝侥幸小人。一年期间，军队和百姓都丰衣足食，朝纲初具规模。任圜常以天下为己任，因此安重诲很忌恨他。

后唐李绍真等人恢复原来的姓名。

李绍真、李绍琼、李绍英、李绍虔、李绍奇、李绍能各自都恢复原来的姓名，就是霍彦威、苌从简、房知温、王晏球、夏鲁奇、米君立。王晏球本来是王氏的儿子，寄养在姓杜的家里，所以请求恢复姓王。

后唐开始命令百官轮流奏事。

后唐明宗开始命令百官在除正衙正常朝拜外，每隔五天进内殿问安一次，轮流奏事。

后唐任命安金全为振武节度使。

追赏他对晋阳的功劳。

后唐任命赵在礼为义成节度使。

赵在礼以军心尚未安定为由，没有到任。

后唐任命冯道、赵凤为端明殿学士。

后唐明宗不识字，各地的奏书都由安重诲读给他听，有时安重诲也不能全部读通，于是上奏请求选择有文化的大臣来共同处理这些事，以备咨询。因此设置端明殿学士，由冯道、赵凤出任。

后唐明宗允许郭崇韬归葬，恢复朱友谦的官爵。 六月，后唐汴州军发生叛乱，指挥使李彦饶讨伐平定了叛乱。

诏发汴州军戍瓦桥，已出城，指挥使张谏复还作乱，杀知府高逊，逼指挥使李彦饶为帅。彦饶禁止焚掠，伏甲执谏等斩之。贼党大噪，彦饶击之，尽殪。即日牒推官韦俨权知军州事。彦饶，彦超之弟也。

秋七月，唐安重诲杀殿直马延。

安重诲恃恩骄横，殿直马延误冲前导，斩之于马前，御史大夫李琪以闻。重诲白帝下诏，称延陵突重臣，戒谕中外。

契丹攻渤海，拔夫余城。

契丹主阿保机攻渤海，拔其夫余城，更命曰东丹国。命其长子突欲镇之，号人皇王；次子德光守西楼，号元帅太子。

唐遣供奉官姚坤如契丹。

唐遣姚坤告哀于契丹，契丹主阿保机闻庄宗遇害，恸哭曰："我朝定儿也。"朝定，犹华言朋友也。谓坤曰："今天子闻洛阳有急，何不救？"对曰："地远不能及。"曰："何故自立？"坤为言其由，契丹主曰："汉儿喜饰说，毋多谈。"又曰："闻吾儿专好声色游畋，不恤军民，宜其及此。我自闻之，举家不饮酒，散遣伶人，解纵鹰犬。若亦效吾儿所为，行自亡矣。"又曰："我于今天子无怨，足以修好。若与我大河之北，吾不复南侵矣。"坤曰："此非使臣之所得专也。"契丹主怒，囚之，旬余，复召之曰："河北恐难得，得镇、定、幽州亦可也。"给纸笔趣令为状，坤不可，欲杀之，韩延徽谏，乃复囚之。

唐豆卢革、韦说罢。

后唐明宗下诏调汴州军戍守瓦桥，军队已经出城，指挥使张谏又返回去发动叛乱，杀死知府高逖，逼迫指挥使李彦饶为主帅。李彦饶禁止焚烧抢掠，在家埋伏武士把张谏等人抓起来斩杀。张谏的同党大吵大闹，李彦饶率兵攻打，将这伙人全部杀死。当天发文命推官韦俨暂时掌管军州事务。李彦饶是李彦超的弟弟。

秋七月，后唐安重诲杀死殿直马延。

安重诲依仗后唐明宗的恩宠十分骄横，殿直马延误冲了他的前列仪仗，就在马前斩杀了马延，御史大夫李琪把这件事情报告了后唐明宗。安重诲也请后唐明宗下诏说，马延冲犯身居要职的大臣，要告诫全国。

契丹进攻渤海，攻下夫余城。

契丹主耶律阿保机进攻渤海，攻下夫余城，改名叫东丹国。命令他的长子耶律突欲镇守东丹，号称人皇王；次子耶律德光镇守西楼，号称元帅太子。

后唐派供奉官姚坤前往契丹。

后唐派姚坤告诉契丹后唐庄宗去世，契丹主耶律阿保机听说后唐庄宗遇害，痛哭说：“庄宗是我朝定儿。”朝定，就像汉语中说的朋友。契丹主对姚坤说：“现在的天子听说洛阳情况紧急，为什么不去援救？”姚坤回答说：“路远去不了。”契丹主说：“为什么自立为帝？”姚坤讲了其中的原因，契丹主说：“汉族人喜欢粉饰言辞，不必多谈。”他又说：“听说我儿专门喜欢声色打猎，不爱惜军民，他到了这种地步是活该的。我自从听到这件事后，全家不喝酒，把伶人遣散，放了鹰犬。如果我也效仿我儿的做法，将会自取灭亡。”他又说：“我和现在的天子没有什么仇怨，足以和好。如果给我黄河以北地区，我就不再南侵了。”姚坤说：“这不是使臣说了就算的。”契丹主生气了，把他关了起来，十几天后，又召见他说：“黄河以北恐怕难以得到，得到镇、定、幽三州也可以。”于是拿来纸笔催他写成凭证，姚坤不肯写，契丹主想杀他，韩延徽劝阻，才又把姚坤关起来。

后唐豆卢革、韦说罢官。

革、说奏事唐主前,礼貌不尽恭。百官俸钱皆折估,而
革父子独受实钱。说以孙为子,奏官。受选人赂,除近官。
中旨以萧希甫为谏议大夫,革、说覆奏,希甫恨之,上疏言:
"革、说不忠前朝。"并诬革他罪。制罢革、说,擢希甫为散
骑常侍。

契丹阿保机死。

阿保机卒于夫余城,述律后召诸酋长妻谓曰:"我今寡
居,汝不可不效我。"又集其夫泣问曰:"汝思先帝乎?"对曰:
"受先帝恩,岂得不思?"曰:"果思之,宜往见之。"遂杀之。

八月朔,日食。　唐孟知祥增置营兵。

知祥阴有据蜀之志,增置诸营兵七万余人。

唐平卢军乱,讨平之。

平卢军校王公俨作乱,讨斩之。其党支使韩叔嗣预焉,
其子熙载将奔吴,密告其友李毂曰:"吴若用吾为相,当长驱
以定中原。"毂笑曰:"中原若用吾为相,取吴如囊中物耳。"

九月,契丹德光立。

契丹述律后爱中子德光,欲立之。至西楼,命与突欲俱
乘马立帐前,谓诸酋长曰:"二子吾皆爱之,莫知所立,汝曹择
可立者执其辔。"酋长知其意,争执德光辔。后曰:"众之所
欲,吾安敢违?"遂立之为天皇王。突欲愠,欲奔唐,后遣归
东丹。德光尊后为太后,国事皆决焉。太后复纳其侄为后。

豆卢革、韦说在后唐明宗面前奏事时，礼貌不够恭敬。百官的俸禄都折价发放，而豆卢革父子的俸禄拿实际的钱数。韦说把孙子当作儿子上奏求官。接受了候选官员的贿赂，就任命为近地的官员。按照皇帝旨意，任命萧希甫为谏议大夫，豆卢革、韦说令重新上奏，萧希甫怨恨他们，于是上疏说："豆卢革、韦说不忠于前朝。"并诬告豆卢革还有其他罪行。后唐明宗下令免去豆卢革、韦说的官职，提拔萧希甫为散骑常侍。

契丹主耶律阿保机去世。

阿保机在夫余城去世，述律后召见各酋长的妻子，对她们说："现在我已寡居，你们不能不学我的样子。"又召集她们的丈夫哭着问道："你们思念先帝吗？"他们回答说："蒙受先帝的恩惠，怎能不思念他呢？"述律后说："果然思念他，就应该去见他。"于是把他们杀死。

八月初一日，发生日食。　后唐孟知祥增置营兵。

孟知祥暗中有占据蜀中的企图，增置各营兵七万多人。

后唐平卢军发生叛乱，官军讨伐平定了他们。

平卢军校王公俨叛乱，官军讨伐平定了他们。王公俨的同党支使韩叔嗣参与叛乱，韩叔嗣的儿子韩熙载将要投奔吴国，偷偷告诉他的朋友李毂说："吴国如果起用我为宰相，我就长驱直入平定中原。"李毂笑着说："中原如果用我为宰相，夺取吴国如同探囊取物。"

九月，契丹耶律德光继立。

契丹述律后喜欢中子耶律德光，打算立他为契丹主。到了西楼，述律后让耶律德光和耶律突欲一起骑马立在帐前，对各酋长说："这两个儿子我都喜欢，不知道立哪个为好，你们选择一个可以拥立的，拉住他的缰绳。"酋长们知道她的心思，争着去拉耶律德光的缰绳。述律后说："大家的愿望，我怎敢违背？"于是立耶律德光为天皇王。耶律突欲心中愤愤不平，想投奔后唐，述律后遣送他回到东丹。耶律德光尊述律后为太后，国家大事都由太后来决定。太后又为耶律德光迎娶她的侄女为天皇王后。

德光性孝谨，母病不食，亦不食。以韩延徽为政事令，听姚坤归唐，葬阿保机于木叶山。太后左右有桀黠者，后辄谓曰："为我达语于先帝。"至墓所则杀之，前后所杀以百数。最后平州人赵思温当往，不肯行。后曰："汝事先帝，尝亲近，何为不行？"对曰："亲近莫如后，后行臣则继之。"后曰："吾非不欲从先帝于地下也，顾嗣子幼弱，国家无主，不得往耳。"乃断一腕，令置墓中，思温亦得免。

冬十月，唐初赐百官春冬衣。 王延翰自称闽王。

延翰骄淫残暴，自称大闽国王，宫殿百官皆仿天子之制。

契丹卢龙节度使卢文进奔唐。

文进为契丹守平州，唐主遣人说之，以易代之后，无复嫌怨。文进所部皆华人，思归，乃帅其众十万归唐。

唐以赵季良为三川制置转运使，李严为西川都监。

初，郭崇韬率蜀中富民输犒赏钱五百万缗，昼夜督责，有自杀者。给军之余，犹二百万缗。至是，任圜判三司，知成都富饶，遣季良为三川都制置转运使。蜀人欲皆不与，知祥曰："府库他人所聚，输之可也。州县租税，以赡镇兵，决不可得。"季良但发库物，不敢复言制置转运职事矣。安重诲以知祥及东川节度使董璋皆据险拥兵，又知祥乃庄宗近姻，阴欲图之。李严自请为西川监军，严母谓曰："汝前启灭蜀之谋，今日再往，必以死报蜀人矣。"

唐罢告身绫轴钱。

耶律德光性情孝顺，母亲得病后不能吃饭，他也不吃饭。任命韩延徽为政事令，同意姚坤返回后唐，将耶律阿保机安葬在木叶山。述律太后的亲信中有凶暴狡诈的人，太后对他们说："替我向先帝传话。"到了耶律阿保机的墓前就把他们杀死，先后所杀的数以百计。最后该平州人赵思温去，赵思温不肯去。太后说："你侍奉先帝时很受亲近，为什么不肯去？"赵思温回答说："最亲近的是太后，太后去，我就跟着去。"太后说："我不是不想跟随先帝去地下，只是儿子幼弱，国家没有君主，不能前往。"于是砍下一只手腕，命令放在墓中，赵思温也得以免于一死。

冬十月，后唐开始赏赐百官春天和冬天穿的衣服。　王延翰自称闽王。

王延翰骄淫残暴，自称大闽国王，修建的宫殿、设置的百官都效仿天子的制度。

契丹卢龙节度使卢文进投奔后唐。

卢文进为契丹镇守平州，后唐明宗派人去对他说，换代之后，没有什么疑忌和怨恨。卢文进部下都是汉族人，都想回家乡，于是率领部下十万人投奔后唐。

后唐任命赵季良为三川制置转运使，李严为西川都监。

当初郭崇韬向蜀中富裕的百姓征收犒赏钱五百万缗，昼夜督促，有人被逼自杀。除供给军队需要以外，这笔钱还剩下二百万缗。到这时，任圜判管三司，知道成都富饶，于是派赵季良为三川都制置转运使。蜀人打算什么都不给，孟知祥说："府库的钱是他人收集来的，交出去是可以的。但州县所收上来的租税是用来赡养镇兵的，决不可以交出去。"因此，赵季良只拿走府库里的东西，不敢再说制置转运的事。安重诲认为孟知祥和东川节度使董璋都占据险要的地方，拥有强大的军队，而孟知祥又是后唐庄宗较近的姻亲，因此暗中想把他杀死。李严请求让自己出任西川监军，李严的母亲对李严说："你先前出谋划策消灭蜀国，今天再去那里，一定会以死来报答蜀人的。"

后唐免除告身绫轴钱。

旧制,吏部给告身,先责其人输朱胶绫轴钱。丧乱以来,贫者但受敕牒,多不取告身。侍郎刘岳言:"告身有褒贬训戒之辞,岂可使其人初不之睹?"后执政议以为朱胶绫轴,厥费无多,乃奏罢之。是后试衔、帖号,所除浸多,乃至卒伍胥吏皆得银青阶及宪官,岁赐告身以万数矣。

十二月,闽王延禀弑其君延翰,而立其弟延钧。

延翰蔑弃兄弟,出延钧为泉州刺史。延翰多取民女以充后庭,延钧上书极谏,由是有隙。审知养子延禀为建州刺史,延翰使之采择,延禀复书不逊,亦有隙。合兵袭福州,延禀先至,梯城而入。延翰惊匿,延禀执之,暴其罪恶,斩于门外。延钧至,延禀纳之,推为威武留后。

唐主以其子从荣为天雄节度使。

按照旧的规定，吏部发委任官职的告身时，要求任职人员交纳朱胶绫轴钱。丧乱以来，穷人只接受皇帝发的任职命令，多数人不拿告身。侍郎刘岳说："告身上有褒贬训诫的话，怎么可以让任职人员一开始就不看呢？"后来执政官员议论认为，朱胶绫轴费用不多，于是上奏请求免除。此后，试衔、帖号，所授予的官越来越多，甚至军中士卒、小吏都得了银印青绶及御史台官衔，每年颁赐的告身数以万计。

　　十二月，闽国王延禀杀死他的君主王延翰，而立王延翰的弟弟王延钧为闽王。

　　王延翰轻视欺侮他的兄弟，打发王延钧出去当泉州刺史。王延翰选取很多民女来充实后宫，王延钧上书极力规劝，因此双方有了矛盾。王审知的养子王延禀任建州刺史，王延翰让他帮助选取宫女，王延禀给他回信很不客气，因此也有了矛盾。王延禀、王延钧联合袭击福州，王延禀率先到达，爬云梯进城。王延翰吓得躲藏起来，王延禀抓获王延翰，把他的罪恶公布于众，然后在紫宸门外斩首。王延钧到达后，王延禀让他进了城，并推尊王延钧为威武留后。

　　后唐明宗任命他的儿子李从荣为天雄节度使。

资治通鉴纲目卷五十六

起丁亥(927)后唐明宗天成二年,尽丙申(936)后唐主从珂清泰三年、晋高祖石敬瑭天福元年。凡十年。

丁亥(927) 后唐天成二年。吴乾贞元年。是岁,后唐、汉、吴、闽凡四国,吴越、荆南、湖南凡三镇。

春正月,唐主更名亶。

初,唐主诏:"朕二名不连称者勿避。"至是乃改名。

唐以冯道、崔协同平章事。

安重诲以孔循少侍宫禁,谓其谙练故事,知朝士行能,多听其言。时议置相,循已荐郑珏,又荐崔协,而任圜欲用李琪。珏素恶琪,故循力沮之,谓重诲曰:"李琪非无文学,但不廉耳。宰相但得端重有器度者,足以仪刑多士矣。"他日议于唐主前,圜曰:"重诲未悉朝中人物,为人所卖。协虽名家,识字甚少。臣既以不学忝相位,奈何更益以协,为天下笑乎?"唐主曰:"宰相重任,卿辈审之。吾在河东时见冯书记多才博学,与物无竞,此可相矣。"既退,循不揖,拂衣去,因称疾不朝者数日。重诲谓圜曰:"今方乏人,协且备员,可乎?"圜曰:"明公舍李琪而相崔协,是犹弃苏合之丸,取蛣蜣之转也。"循与重诲日短琪而誉协,竟以道、协同平章事。

唐初令长史每旬虑囚。 **唐孟知祥杀李严。**

丁亥（927） 后唐天成二年。吴乾贞元年。这一年，后唐、南汉、吴、闽共四个国家，吴越、荆南、湖南共三个藩镇。

春正月，后唐明宗改名李亶。

当初，后唐明宗下诏称："只要不连称朕名所用二字，不用避讳。"到这时改名。

后唐任命冯道、崔协为同平章事。

安重诲认为孔循从小在宫廷任职，熟悉旧例，了解朝廷官员的品行才能，所以多采用他的意见。当时正商议选任宰相，孔循推荐郑珏，又推荐崔协，而任圜想任用李琪。郑珏一向憎恶李琪，故孔循极力诋毁李琪，对安重诲说："李琪不是没有文才，只是不廉洁。只要由端庄持重有器度的人当宰相，就足以作为百官的典范了。"一天在后唐明宗面前计议此事，任圜说："安重诲不熟悉朝中人物，被人出卖。崔协虽出身名门，但认字很少。臣已是没学问的宰相了，怎能再加上崔协，让天下笑话呢？"后唐明宗说："宰相职责重大，你们要慎重其事。我在河东时见书记冯道博学多才，与世无争，这人可任宰相。"退下后，孔循没有作揖，拂衣离去，于是好几天称病不朝。安重诲对任圜说："现在正缺人才，让崔协暂时凑数，行吗？"任圜说："您抛开李琪而任崔协为宰相，这就如同丢开苏合香丸，看中屎壳螂滚的粪团。"孔循与安重诲天天非议李琪，称赞崔协，最终任命冯道、崔协为同平章事。

后唐开始命令长史每旬讯察记录囚犯的罪状。　后唐孟知祥杀死李严。

　　知祥遇李严甚厚，一日谓曰："公前奉使王衍，归而请兵伐蜀，庄宗用公言，遂致两国俱亡。今公复来，蜀人惧矣。且天下皆废监军，公独来监吾军，何也？"严惶怖求哀。知祥曰："众怒不可遏也。"揖下斩之，因诬奏："严诈宣口敕，云代臣赴阙，臣辄已诛之。"

唐主以其子从厚为河南尹、判六军诸卫事。

　　从厚，从荣之弟也，从荣闻之不悦。

　　二月，唐以石敬瑭为六军诸卫副使。　唐郭从谦伏诛，夷其族。

　　唐以郭从谦为景州刺史，既至，遣使族诛之。

高季兴袭取夔州，唐遣兵讨之。

　　初，高季兴请夔、忠、万州为属郡，唐主许之。又请自除刺史，不许。季兴辄遣兵突入夔州，据之，又袭涪州，不克。魏王继岌遣押牙韩珙等部送蜀珍货四十万，浮江而下，季兴杀而掠之。朝廷诘之，对曰："欲知覆溺之故，宜自按问水神！"帝怒，削夺季兴官爵，以刘训为南面招讨使，将步骑讨之，董璋充东南面招讨使，将蜀兵下峡，仍会湖南军，三面进攻。

三月，唐初置监牧。　唐邺都军乱，讨平之。

　　初，庄宗之克梁也，以魏州牙兵之力。及其亡也，皇甫晖、张破败之乱亦由之。赵在礼之徙滑州，不之官，亦实为其下所制。在礼自谋脱祸，阴求移镇，帝乃为之除皇甫晖陈州，赵进贝州刺史，徙在礼为横海节度使，以皇子从荣

孟知祥对李严很好,一天对他说:"你从前到王衍处出使,回去后请求出兵伐蜀,庄宗采用你的主张,于是导致梁、蜀两国全都灭亡。现在你又前来,蜀人害怕了。况且全国都已废除监军,唯独你来当我军的监军,是何道理?"李严惶恐,请求哀怜。孟知祥说:"众怒不可遏制了。"将他拿下斩首,于是诬奏称:"李严假传陛下的口头敕令,说由他接替臣的职务,要臣前往京城,臣已经把他杀死了。"

后唐明宗任命其子李从厚为河南尹、判六军诸卫事。

李从厚是李从荣的弟弟,李从荣闻讯不悦。

二月,后唐任命石敬瑭为六军诸卫副使。　　后唐郭从谦被处死刑,诛灭他全族。

后唐任命郭从谦为景州刺史,等郭从谦到任后,又派使者将其全族诛灭。

高季兴袭击攻占夔州,后唐派兵讨伐。

当初,高季兴请求将夔、忠、万三州划为自己的属郡,后唐明宗答应了他。高季兴又请求由自己任命刺史,后唐明宗没有答应。高季兴于是派兵突然进入夔州,占据其地,同时袭击涪州,但没有攻克。魏王李继岌派押牙韩珙等部运送蜀地珍宝财货四十万,沿长江顺流而下,被高季兴掩杀劫掠一空。朝廷责问其事,高季兴回答说:"要知船翻人死的缘故,最好自己去向水神查问。"后唐明宗发怒,削去高季兴的官职爵位,任命刘训为南面招讨使,率领步兵、骑兵前去讨伐,由董璋充任东南面招讨使,率领蜀兵沿三峡而下,并会合湖南军,三面进攻。

三月,后唐开始设置监牧。　　后唐邺都军队发生变乱,讨伐平定变乱。

当初,后唐庄宗攻克后梁时,全靠魏州牙兵出力。及至后唐庄宗败亡,皇甫晖、张破败的变乱也由魏州牙兵引起。赵在礼调任滑州,不去就任,实际也是被部下挟制。赵在礼谋求摆脱祸患,暗中要求调任到别的军镇,后唐明宗为此便任命皇甫晖为陈州刺史,赵进为贝州刺史,调任赵在礼为横海节度使,让皇子李从荣

镇邺都，命范延光将兵送之，且制置邺都军事。乃出奉节等九指挥三千五百人，使军校龙晊部之，戍卢台军，不给铠仗，但系帜于长竿以别队伍，由是皆俯首而去。

中途闻孟知祥杀李严，军中籍籍，已有讹言。既至，会朝廷擢乌震为副招讨使，代房知温，知温怨震，诱龙晊所部兵杀之，其众噪于营外，马军指挥使安审通脱身济河，按甲不动。知温恐事不济，亦走渡河，与审通合谋击乱兵。乱兵遂南，列炬宵行，疲于荒泽。诘朝，骑兵四合击之，乱兵殆尽，得免者什无一二。四月，敕卢台乱兵在营家属并全门处斩。邺都阖九指挥之门，驱三千五百家凡万余人，悉斩之，永济渠为之变赤。朝廷虽知知温首乱，欲安反侧，诏加侍中。

夏四月，唐以赵季良为西川副使。

季良与孟知祥有旧，知祥奏留之，朝廷不得已，从之。李昊归蜀，知祥以为推官。

五月，唐以王延钧为威武节度使。　唐兵讨荆南，不克，引还。

江陵卑湿，复值久雨，粮道不继，将士疾疫，唐主遣孔循往视之。循至，攻之不克，说之不下。又赐湖南行营夏衣万袭、楚王殷鞍马玉带，督馈粮于行营，亦不能得，乃诏刘训等引兵还。

荆南自附于吴，吴人不受。

楚王殷遣使入贡，唐主赐之骏马十、美女二。过江陵，高季兴执而夺之，自附于吴。徐温曰：“为国者当务实效而去虚名。洛阳去江陵不远，唐人步骑袭之甚易，我以舟师溯流

镇守邺都，命令范延光领兵护送李从荣，并负责邺都军政事务。于是调出奉节等九指挥三千五百人，派军校龙旺统领该部，去戍守卢台军，不给铠甲器械，只把旗帜系在长竿上来区别队伍，因此他们都低着头离去。

他们途中得知孟知祥杀死李严，军中不安，已有谣言传播。抵达卢台军后，适值朝廷提拔乌震为副招讨使，接替房知温的职位，房知温怨恨乌震，诱使龙旺统领的军队杀死乌震，他的部众在营外喧噪，马军指挥使安审通独自脱身渡过黄河，按兵不动。房知温怕事情不能成功，也跑去渡过黄河，与安审通谋划进攻乱兵。乱兵随即南去，夜间手举火炬行进，在荒泽中疲劳不堪。第二天清早，骑兵四面合击乱兵，乱兵几乎全被消灭，活下来的不到十分之一二。四月，后唐明宗敕令对卢台乱兵的随军家属一律全家处斩。邺都关闭九指挥使的营门，驱赶所有三千五百家共一万余人，全部处斩，永济渠因此变红。朝廷虽知房知温是变乱的首谋，但为了稳定不安的局面，下诏加任他为侍中。

夏四月，后唐任命赵季良为西川副使。

赵季良与孟知祥以往有交情，孟知祥奏请将赵季良留在西川，朝廷不得已，依从其议。李昊回到蜀中，孟知祥让他担任推官。

五月，后唐任命王延钧为威武节度使。　后唐军讨伐荆南，没有取胜，领兵返回。

江陵地势低洼，气候潮湿，又值降雨日久，粮道不能源源不断地运粮，将士得了传染病，后唐明宗派孔循前去视察情况。孔循到达后，攻城不能取胜，劝说不能奏效。后唐明宗又赐给湖南行营夏季服装一万套，赐给楚王马殷鞍马和玉带，督促马殷为行营运粮，也没办到，于是后唐明宗诏令刘训等人领兵返回。

荆南自行归附吴国。吴人没有接受。

楚王马殷派使者入京进贡，后唐明宗赏赐给使者骏马十匹、美女二人。经过江陵时，高季兴抓住使者，夺走赏赐物，自行归附吴国。徐温说："治国者应务求实效，抛弃虚名。洛阳离江陵不远，唐人的步兵、骑兵袭击江陵非常容易，我方派水军逆流而上

救之甚难。夫臣人而弗能救，使之危亡，能无愧乎！"乃受其贡物，辞其称臣。

唐任圜罢。

任圜性刚急，勇于敢为，权幸多疾之。旧制，馆券出于户部，安重诲请从内出，与圜争于唐主前，声色俱厉。唐主退朝，宫人曰："妾在长安宫中，未尝见宰相、枢密奏事敢如是者，盖轻大家耳。"唐主不悦，卒从重诲议。圜因求罢，居磁州。

唐以马殷为楚国王。

殷始建国，立宫殿，置百官，以姚彦章、许德勋为丞相。

唐、蜀兵败荆南军，取夔、忠、万州。 秋七月，唐杀豆卢革、韦说。

坐前以三州与高季兴也。

唐流段凝、温韬于边郡。 八月朔，日食。 契丹与唐修好。 冬十月，唐主如汴州。宣武节度使朱守殷反，唐主遣兵讨之，遂遣使杀任圜，守殷自杀。

唐主如汴州，至荥阳。民间讹言帝欲制置东方诸侯，宣武节度使朱守殷疑惧，判官孙晟劝守殷反，守殷遂乘城拒守。唐主遣范延光往谕之，延光曰："不早击之，则汴城坚矣。愿得五百骑与俱。"从之。延光暮发，未明行二百里，抵大梁城下，与汴人战，御营使石敬瑭将亲军倍道继之。或谓安重诲曰："失职在外之人，乘贼未破，或能为患，不如除之。"重诲奏遣使赐任圜死，赵凤哭谓重诲曰："任圜义士，安肯为逆？公滥刑如此，何以赞国？"使至，圜聚族酣饮，

前去营救甚为困难。让人称臣却不能予以援救,使称臣者危亡,能不惭愧吗?"于是接受高季兴的贡物,对称臣一事予以推辞。

后唐任圜罢相。

任圜性情刚强急躁,敢作敢为,许多当权的近侍官员都忌恨他。以往的制度规定,使臣外出的费用由户部支付,安重诲请求由枢密院支付,与任圜在后唐明宗面前争执,声色俱厉。后唐明宗退朝后,宫女说:"妾在长安宫中从没见过宰相、枢密使奏事敢这样的,怕是轻视陛下吧!"后唐明宗心中不快,最终依从安重诲的建议。任圜因此要求罢相,住在磁州。

后唐封马殷为楚国王。

马殷开始建国,修建营殿,设置百官,任命姚彦章、许德勋为丞相。

后唐与蜀军打败荆南军,占领夔、忠、万三州。　秋七月,后唐杀死豆卢革、韦说。

因以前将三州给了高季兴而获罪。

后唐将段凝、温韬流放到边郡。　八月初一,出现日食。契丹与后唐恢复友好关系。　冬十月,后唐明宗前往汴州。宣武节度使朱守殷反叛,后唐明宗派兵讨伐,随即派使者杀死任圜,朱守殷自杀。

后唐明宗前往汴州,抵达荥阳。民间谣言传说后唐明宗想对东方诸侯采取行动,宣武节度使朱守殷心怀疑虑恐惧,判官孙晟劝朱守殷反叛,朱守殷随即登城据险坚守。后唐明宗派范延光前去开导朱守殷,范延光说:"不及早出击,汴州城就坚不可破了。希望能拨给我五百骑兵,一起行动。"后唐明宗依从了他。范延光傍晚出发,天亮前赶路二百里,抵达汴州城下,与汴州人交战,御营使石敬瑭率领亲军兼程随后接应。有人对安重诲说:"失去官职、住在外地的人,乘叛贼未消灭时也许会制造祸患,不如除去这种人。"安重诲奏请派使者命任圜自杀,赵凤哭着对安重诲说:"任圜是一位义士,怎么会做造反的事?您这样滥用刑罚,怎能辅佐国家?"使者到达磁州,任圜召集全族人酣畅地饮酒,

然后死，神情不挠。唐主至大梁，守殷自杀。乘城者望见乘舆，相帅开门降。孙晟奔吴，徐知诰客之。

唐免三司逋负二百万缗。　吴丞相徐温卒。

初，温子行军司马知询以其兄知诰非徐氏子，数请代之执吴政。温曰："汝不如也。"严可求及副使徐玠屡劝温，温以知诰孝谨，不忍，可求等言之不已。温欲帅诸藩镇入朝，劝吴王称帝，将行，有疾，乃遣知询奉表劝进，因留代知诰执政。未果，温卒，知询亟归金陵。吴王赠温齐王，谥曰忠武。

唐以石敬瑭为侍卫亲军都指挥使。　十一月，吴王杨溥称帝。　十二月，孟知祥修成都城。　唐以周玄豹为光禄卿致仕。

初，晋阳相者周玄豹尝言唐主贵不可言，唐主欲召诣阙，赵凤曰："玄豹言已验矣，无所复询。若置之京师，则轻躁狂险之人必辐凑其门，争问吉凶。自古术士妄言致人族灭者多矣，非所以靖国家也。"乃就除光禄卿致仕，厚赐金帛而已。

唐主立亲庙于应州旧宅。

中书舍人马缟请用汉光武故事，别立亲庙。中书门下奏称皇不称帝，唐主欲兼称之，群臣乃引德明、玄元、兴圣皇帝例，请立庙京师。唐主令立于应州旧宅，自高祖以下皆追谥。

有年。

是岁，蔚、代缘边粟斗不过十钱。

然后赴死，没有丝毫屈服的神情。后唐明宗抵达汴州，朱守殷自杀。站在城上的人望见后唐明宗的车驾，一起打开城门投降。孙晟逃往吴国，徐知诰待以客礼。

后唐免除三司拖欠的赋税二百万缗。 吴国丞相徐温去世。

当初，徐温的儿子行军司马徐知询认为哥哥徐知诰不是徐氏的亲生儿子，多次请求代替徐知诰执掌吴国大政。徐温说："你不如他。"严可求及副使徐玠也屡次劝徐温，徐温认为徐知诰孝顺恭谨，不忍心，严可求等人进言不止。徐温想率领各藩镇朝见吴王，劝吴王称帝，将要出发时得了病，便派徐知询奉送奏表劝进，想顺便留下徐知询代替徐知诰执掌国政。未及做完，徐温去世，徐知询急忙返回金陵。吴王追赠徐温为齐王，谥号为忠武。

后唐任命石敬瑭为侍卫亲军都指挥使。 十一月，吴王杨溥称帝。 十二月，孟知祥修缮成都城。 后唐任命周玄豹为光禄卿，同时命他辞官归居。

当初，晋阳的相面人周玄豹曾说后唐明宗贵不可言，后唐明宗想把周玄豹召进京城，赵凤说："周玄豹的话已经应验，再没什么可问的了。如果把他安排在京城，那么那些轻浮躁进、狂妄险恶的人必然聚集到他家去争着询问凶吉。自古以来术士瞎说，使人灭族的事例多了，不能靠这种人来安定国家。"于是就地任命周玄豹为光禄卿，同时命他辞官归居，不过多赐给他金帛而已。

后唐明宗在应州旧宅设立亲庙。

中书舍人马缟请求采用东汉光武帝的先例，另立亲庙。中书门下奏请对先人称皇不称帝，后唐明宗想皇帝二字兼称，于是群臣征引德明、玄元、兴圣皇帝的成例，请在京城立庙。后唐明宗命令在应州旧宅立庙，对高祖以下的先人都追加谥号。

本年丰收。

这一年，蔚、代等沿边各州粮食每斗不过十钱。

戊子(928) 后唐天成三年。汉大有元年。是年,凡四国三镇。

春二月朔,日食。吴遣使如唐,不受。

吴使者至,安重诲以为杨溥敢与朝廷抗礼,遣使窥觇,拒而不受,自是遂与吴绝。

三月,唐以孔循为东都留守,王建立同平章事。

枢密使孔循性狡佞,安重诲亲信之。唐主欲为皇子娶重诲女,循谓曰:"公职居近密,不宜复与皇子为婚。"重诲辞之。久之,循阴遣人结王德妃,求纳其女,唐主许之。重诲大怒,出循东都。重诲性强愎,恶成德节度使王建立,奏其有异志。建立入朝,因言重诲与宣徽使张延朗结婚,相表里,弄威福。唐主怒,谓重诲曰:"今与卿一镇,以王建立代卿,延朗亦除外官。"宣徽使朱弘昭曰:"陛下平日待重诲如左右手,奈何以小忿弃之?"帝寻召重诲慰抚之。会郑珏请致仕,以建立为仆射、平章事、判三司。

楚人击荆南,败之。

楚王殷遣六军使袁诠、副使王环、监军马希瞻将水军击荆南,高季兴以水军逆战。希瞻夜匿战舰数十于港中,诘旦合战,出战舰横击之,季兴大败。进逼江陵,季兴请和,乃还。殷让环不遂取荆南,环曰:"江陵在中朝及吴、蜀之间,四战之地也,宜存之,以为吾扞蔽。"殷悦。环每战,身先士卒,与众同甘苦,尝置针药于座右,战罢索伤者于帐前,自傅治之。士卒隶环麾下者相贺曰:"吾属得死所矣。"故所向有功。

戊子（928） 后唐天成三年。南汉大有元年。这一年，共四个国家、三个藩镇。

春二月初一，出现日食。吴国派使者前往后唐，后唐不予接待。

吴国的使者来到后唐，安重诲认为杨溥竟然敢与后唐朝廷分庭抗礼，派使者前来窥探情况，拒不接待，从此后唐与吴国关系断绝。

三月，后唐任命孔循为东都留守，王建立为同平章事。

枢密使孔循性情狡诈奸佞，受到安重诲的亲近信任。后唐明宗想为皇子娶安重诲的女儿，孔循说："您担当接近皇上的职务，不适于再跟皇子通婚。"安重诲推辞婚事。过了很久，孔循暗中派人结交王德妃，请求娶王德妃的女儿，后唐明宗同意了。安重诲大怒，将孔循外放到东都洛阳。安重诲性情刚愎，憎恶成德节度使王建立，上奏说王建立有叛变的企图。王建立进京朝见，趁机说安重诲与宣徽使张延朗结成婚姻关系，内外勾结，作威作福。后唐明宗发怒，对安重诲说："现在让你去当一个军镇的长官，由王建立接替你的职务，张延朗也任外地官。"宣徽使朱弘昭说："陛下平时把安重诲当作左右手，怎能因生一点气就抛弃他？"不久后唐明宗召见安重诲，加以抚慰。适值郑珏请求辞官归居，后唐明宗任命王建立为仆射、平章事、判三司。

楚军进攻荆南，打败了他们。

楚王马殷派六军使袁诠、副使王环、监军马希瞻带领水军进攻荆南，高季兴率水军迎战。马希瞻夜间在港中暗伏数十艘战舰，第二天清早两军交战，马希瞻出动战舰，拦腰截击，高季兴大败。楚军进逼江陵，高季兴求和，楚军于是撤回。马殷责备王环不就势消灭荆南，王环说："江陵地处唐与吴、蜀之间，是四面受敌之地，最好留着高季兴作为我们的屏障。"马殷大悦。王环每次作战时都身先士卒，与大家同甘共苦，经常在座旁放着针和药，作战过后在帐前找受伤的士兵，亲自为士兵敷药治疗。隶属王环部下的士兵都互相称贺说："我们就是死了，也死得其所。"所以王环所到之处都能立功。

楚人击汉封州,大败。

楚以水军击汉,围封州,汉主命街使苏章救之。至贺江,沉铁絙,于两岸作巨轮挽絙,筑长堤以隐之,伏壮士于堤中。自以轻舟逆战,阳不利,楚人逐之,入堤中。挽轮举絙,楚舰不能进退,以强弩夹水射之,楚兵大败遁去。

夏四月,唐以从荣为北都留守。

以从荣为北都留守,冯赟为副留守,杨思权为步军都指挥使以佐之。唐主谓重诲曰:"从荣左右有矫宣朕旨,令勿接儒生,恐溺人志气者。朕以从荣年少临大藩,故择名儒,使辅导之,今奸人所言乃如此!"欲斩之,重诲请严戒而已。

吴攻楚岳州,大败。

吴雄武军使苗璘、统军王彦章将水军攻楚岳州,楚王殷遣许德勋将战舰千艘御之。德勋曰:"吴人掩吾不备,见大军必惧而走。"乃潜军角子湖,使王环夜帅战舰二百屯杨林浦,绝吴归路。迟明,吴人进军江口,德勋命虞候詹信以轻舟三百出吴军后,德勋以大军当其前,夹击之,虏璘及彦章以归。

唐王都反,奚、契丹助之。唐遣招讨使王晏球等将兵讨破之。

义武节度使王都在镇十余年,自除刺史,租税皆赡本军。及安重诲用事,稍以法制裁之,唐主亦以都篡父位恶之。时契丹数犯塞,朝廷多屯兵于幽、易间,都阴为之备,浸成猜阻。腹心和昭训劝都为自全之计,都乃遣人说北面副招讨使王晏球,晏球不从。乃以金遗晏球帐下,使图之,不克。

楚军进攻南汉封州,结果大败。

楚国派水军攻打南汉,包围封州,南汉主命令衔使苏章前去营救。苏章到达贺江,把铁索沉到江中,在两岸设置巨型的轮子牵挽铁索,再修筑一道长堤,把这些设置隐蔽起来,让壮士埋伏在堤中。苏章亲自率轻便的小船前去迎战,佯装作战不利,楚人追击,进入堤中。南汉军绞动巨型的轮子,使铁索上升,楚军的战舰进退不得,南汉军用强弩在两岸射击楚军,楚军大败而逃。

夏四月,后唐任命李从荣为北都留守。

后唐明宗任命李从荣为北都留守,委派冯赟为副留守、杨思权为步军都指挥使来辅佐他。后唐明宗对安重诲说:"从荣身边有人假传朕的旨意,让从荣别接触儒生,怕会使人志气消沉。朕因为从荣小小年纪就统辖大镇,所以挑选名儒来辅佐引导他,现在奸人竟这么说!"想杀死那人,安重诲请求严加警戒了事。

吴国攻打楚国的岳州,结果大败。

吴国雄武军使苗璘、统军王彦章率水军攻打楚国的岳州,楚王马殷派许德勋率一千艘战舰抵御。许德勋说:"吴军本想乘我们没有防备进行袭击,看见大军开到,准会吓得逃跑。"便让军队潜伏在角子湖,派王环夜间率二百艘舰屯驻杨林浦,以切断吴军的归路。天刚亮,吴军向江口进军,许德勋命令虞候詹信率三百艘轻便小船赶到吴军的后面,许德勋率大军拦在吴军的前面,两面夹击,将苗璘与王彦章俘虏带回。

后唐王都反叛,奚人、契丹前来助战。后唐派招讨使王晏球等人领兵打败王都。

义武节度使王都在军镇任职十余年,由自己任命刺史,租赋都用来供养本军。等到安重诲当权,逐步按法规加以管束,后唐明宗也因王都篡夺父亲的职位而憎恶他。当时,契丹屡次侵犯边塞,朝廷经常在幽、易等州之间驻兵,王都暗中防备,对朝廷逐渐产生猜疑。心腹和昭训劝王都做好保全自己的打算,于是王都派人去劝说北面副招讨使王晏球,王晏球没有同意。王都又用金钱贿赂王晏球的部下,让他们谋害王晏球,但没有成功。

晏球以都反状闻，诏削夺官爵，以晏球为招讨使，发诸道兵会讨定州。晏球攻拔其北关城，都以重赂求救于奚酋秃馁。五月，秃馁以万骑突入定州，晏球退保曲阳，都与秃馁就攻之。晏球与战，破之，因进攻之，得其西关城，以为行府，使三州民输税供军食而守之。契丹亦发兵救定州，与王都夜袭新乐，破之，杀赵州刺史朱建丰。晏球至曲阳，王都悉众与契丹五千骑合万余人邀战。晏球集诸将校，令之曰："王都轻而骄，可一战擒也。今日乃诸君报国之时，悉去弓矢，以短兵击之，回顾者斩！"于是骑兵先进，奋挝挥剑，直冲其陈，大破之，僵尸蔽野。契丹死者过半，余众北走，都与秃馁得数骑仅免。卢龙节度使赵德钧邀击契丹北走者，殆无孑遗。晏球知定州有备，未易急攻，朱弘昭、张虔钊宣言大将畏怯，有诏促令攻城。晏球不得已攻之，杀伤将士三千人。

吴遣使如楚。

吴求和于楚，请苗璘、王彦章，楚王殷归之。许德勋饯之，谓曰："楚国虽小，旧臣宿将犹在，愿吴朝勿以措怀，必俟众驹争皂栈，然后可图也。"时殷多内宠，嫡庶无别，诸子骄奢，故德勋语及之。

秋七月，唐收曲税。

东都民有犯私曲者，留守孔循族之。或请听民造曲而于秋税亩收五钱，从之。

契丹救定州，王晏球击走之，擒其将惕隐。

契丹复遣其酋长惕隐救定州，晏球逆战，破之。追至易州，俘斩溺死者不可胜数。赵德钧遣牙将武从谏邀击之，

王晏球将王都反叛的情形上奏，后唐明宗下诏削夺王都的官职爵位，任命王晏球为招讨使，调发各道军队联合讨伐定州。王晏球攻下定州北关城，王都以重礼向奚人首长秃馁求救。五月，秃馁率一万骑兵冲进定州，王晏球退守曲阳，王都与秃馁赶去攻打。王晏球与王都交战，打败王都，趁机进攻，占据定州西关城作为行府，使定、祁、易三州百姓纳税供给军队食用，并坚守其地。契丹也发兵来救定州，与王都夜间袭击新乐，攻破其城，杀死赵州刺史朱建丰。王晏球来到曲阳，王都率所有兵力与契丹的五千骑兵合计一万余人前来挑战。王晏球召集诸将校，下令说："王都轻浮骄躁，可以一战成擒。今天就是诸君报效国家的时候，都扔下弓箭，用短兵器进攻，谁回头观望，斩首论处！"于是骑兵先进军，奋力挥栀舞剑，直冲敌阵，大破敌军，敌人的尸体遮蔽原野。契丹人死亡过半，余众北逃。王都与秃馁因有数人骑马保护，才免一死。卢龙节度使赵德钧截击北逃的契丹人，杀得几乎一个不剩。王晏球知道定州已有防备，不适于急攻，朱弘昭、张虔钊扬言说主将畏葸怯懦，有诏催促王晏球攻城。王晏球不得已，前去攻城，被杀伤的将士有三千人。

吴国派使者前往楚国。

吴国向楚国求和，请求交出苗璘和王彦章，楚王马殷将二人交还。许德勋为二人饯行，告诉他们说："楚国虽小，但老臣宿将还在，希望吴朝不要耿耿于怀，一定要等众马驹争夺厩棚时才可以谋取。"当时，马殷有许多受宠的宫人，嫡庶不分，诸子骄傲奢侈，所以许德勋讲了这些话。

秋七月，后唐征收酒曲税。

东都百姓有私自造酒犯法的，留守孔循将他全家诛灭。有人请求任凭百姓造酒，在秋税中每亩收钱五钱，后唐明宗照准。

契丹去救定州，王晏球将契丹击退，捉获契丹将领惕隐。

契丹又派酋长惕隐率领军队来救援定州，王晏球率军迎战，打败了惕隐的军队。王晏球追击契丹军队到易州，俘获、斩杀、淹死的人多得数不过来。赵德钧派牙将武从谏截击契丹军队，

擒惕隐等数百人,余众散投村落,村人以白梃击之,其得脱者不过数十人。自是契丹沮气,不敢轻犯塞。德钧献俘,诸将皆请诛之,唐主曰:"此曹皆虏中骁将,杀之则虏绝望。不若存之,以纾边患。"乃赦惕隐等五十人,余六百人悉斩之。

八月,唐以王延钧为闽王。

延钧度僧二万人,由是闽中多僧。

契丹遣使如唐。 **九月,唐温韬、段凝伏诛。**

唐主以韬发诸陵,凝反覆,敕所在赐死。

冬十一月,唐立哀帝庙于曹州。 **十二月,荆南节度使高季兴卒。**

吴立其子从诲代之。

己丑(929) 唐天成四年。吴大和元年。是岁,凡四国三镇。

春二月,唐王晏球克定州,王都伏诛。获秃馁,送大梁斩之。

定州守备固,伺察严,诸将屡有谋翻城应官军者,皆不果。唐主遣使者促王晏球攻城,晏球与使者联骑巡城,谓之曰:"城高峻如此,借使主人听外兵登城,亦非梯冲所及,徒多杀精兵,无损于贼。不若食三州之租,爱民养兵以俟之,彼必内溃。"唐主从之。王都、秃馁欲突围走,不得出,定州都指挥使马让能开门纳官军,都举族自焚,擒秃馁,送大梁斩之。晏球在定州城下日以私财飨士,自始攻至克城未尝戮一卒。三月,入朝,唐主美其功,晏球谢久烦馈运而已。

捉获惕隐等数百人,余众分散逃到村落,村民用白木棒打他们,逃脱的不过数十人。从此契丹士气沮丧,不敢轻易侵犯边塞。赵德钧进献俘虏,诸将都请求杀死他们,后唐明宗说:"这些人都是契丹的骁将,杀了他们,契丹就会失去希望。不如留着他们,以缓解边患。"便赦免惕隐等五十人,其余六百人全部处斩。

八月,后唐封王延钧为闽王。

王延钧剃度僧人二万人,从此闽中多僧人。

契丹派使者前往后唐。　九月,后唐温韬、段凝被杀。

后唐明宗因温韬发掘唐朝诸帝陵墓,段凝反复无常,敕令二人就地自杀。

冬十一月,后唐在曹州建立唐哀帝的祠庙。　十二月,荆南节度使高季兴去世。

吴主杨溥扶立其子高从诲接替高季兴的职务。

己丑(929)　后唐天成四年。吴国大和元年。这一年,共四个国家、三个藩镇。

春二月,后唐王晏球攻克定州,王都被杀。后唐军捉获秃馁,送到大梁处斩。

定州防御设施牢固,巡察严密,诸位将领多次计划翻墙出城去响应官军,都没能实现。后唐明宗派使者催促王晏球攻城,王晏球与使者一齐骑马巡视定州城,对使者说:"城墙如此高峻,假如守城一方听凭外面的军队登城,云梯冲车也做不到,白白死伤许多精兵,对敌人并无损害。不如坐食三州的赋税,爱民养兵,等待时机,敌人内部一定会崩溃。"后唐明宗听从了王晏球的建议。王都、秃馁想突围逃走,无法出城,定州都指挥使马让能打开城门放官军进城,王都全族自焚,秃馁被擒,送到大梁处斩。王晏球在定州城下每天用私财犒劳将士,从开始进攻到攻克定州城从没杀过一个士兵。三月,王晏球进京朝见,后唐明宗赞美王晏球的功劳,王晏球只是对长期麻烦朝廷保证粮食运输表示歉意罢了。

三月,唐主杀其子从璨。

从璨性刚,安重诲用事,从璨不为之屈。唐主东巡,从璨与客宴于会节园,酒酣,戏登御榻,重诲奏请诛之。

楚王殷以其子希声知政事,总诸军。

自是,国政先历希声,乃达于殷。

夏四月,唐禁铁锡钱。

时湖南全用锡钱,铜钱一直锡钱百,流入中国,法不能禁。

唐置缘边市马场。

先是,党项皆诣阙,以贡马为名,国家约其直酬之,加以馆谷赐与,岁费五十余万缗。至是,始于缘边置场市马,不令诣阙。

唐以从荣为河南尹,从厚为北都留守。

北都留守从荣年少骄狠,不亲政务,唐主遣左右往讽导之。其人谓曰:"河南相公恭谨好善,亲礼端士,有老成之风。相公齿长,宜自策励,勿令声问出河南之下。"从荣不悦,退告杨思权曰:"我其废乎!"思权因劝从荣多募部曲,缮甲兵,阴为自固之备。其人惧,以告冯赟,赟密奏之。唐主召思权诣阙,亦弗之罪。及赟入为宣徽使,谓执政曰:"从荣刚僻而轻易,宜选重德辅之。"史馆修撰张昭远亦言:"窃见先朝皇弟、皇子皆喜俳优,入则饰姬妾,出则夸仆马,习尚如此,何道能贤?诸皇子宜精择师傅,令皇子屈身师事之,讲礼义之经,论安危之理。古者人君即位则建太子,所以明嫡庶之分,塞祸乱之源。今卜嗣建储,臣未敢轻议。

三月，后唐明宗杀死自己的儿子李从璨。

李从璨性情刚强，安重诲当权后，李从璨对他从不屈服。后唐明宗东巡时，李从璨与客人在会节园举行宴会，酒喝得酣畅时，李从璨戏登御榻，安重诲奏请将李从璨杀死。

楚王马殷委任其子马希声掌管政事，统领诸军。

从此，国政先经马希声裁决，而后才送到马殷手里。

夏四月，后唐禁止流通铁锡钱。

当时，湖南完全使用锡钱，十个铜钱相当于一百个锡钱，锡钱流入中原，法令无法禁止这种钱的流通。

后唐设置边境沿线马匹买卖市场。

此前，党项人都到京城来，名义上说是来进贡马匹，国家估计马价，酌情给钱，加上食宿和赏赐，每年要花费五十余万缗。到这时，开始在边境沿线设置市场买卖马匹，不再让党项人到京城来。

后唐任命李从荣为河南尹，李从厚为北都留守。

北都留守李从荣很年轻，骄横凶残，不亲自处理政务，后唐明宗派亲信前去委婉劝导他。那人对他说："河南相公李从厚恭敬谨慎，从善如流，亲近礼遇品格端正的人，作风老成。您年龄比李从厚大，应鞭策激励自己，别让名声比河南相公差。"李从荣不悦，回去告诉杨思权说："恐怕要废掉我了！"于是杨思权劝李从荣大量招募部曲，修缮铠甲兵器，暗中做巩固自己地位的准备。那人心怀恐惧，将这事告诉了冯赟，冯赟秘密上奏。后唐明宗把杨思权召到朝廷，也没加罪于他。等冯赟回朝担任宣徽使，对执政官员说："李从荣刚愎自用，轻佻浮躁，应选择德高望重的人去辅佐他。"史馆修撰张昭远也说："我见先朝的皇弟、皇子都喜欢戏子，进门就给姬妾打扮，出门则夸耀仆从坐骑，习尚如此，有什么办法让他们贤明？应为诸位皇子精心选择师傅，让皇子屈身奉他们为师长，请他们讲解有关礼义的经典，谈论国家安危的道理。古代人君即位就立太子，为的是明确嫡庶的区别，杜绝祸乱的根源。现在，选择后嗣，确立皇储，臣不敢轻易议论。

至于恩泽赐与之间,昏姻省侍之际,嫡庶长幼宜有所分,示以等威,绝其侥冀。"唐主赏叹其言而不能用。

唐以赵凤同平章事。

唐主问凤:"帝王赐人铁券,何也?"对曰:"与之立誓,令其子孙长享爵禄耳。"唐主曰:"先朝受此赐者三人,崇韬、继麟寻皆族灭,朕得脱如毫厘耳。"因叹息久之。凤曰:"帝王心存大信,固不必刻之金石也。"

五月,唐遣使如两川。

唐主将祀南郊,遣客省使李仁矩以诏谕两川献钱,皆辞以军用不足。仁矩,唐主在藩镇时客将也,为安重诲所厚,恃恩骄慢。至梓州,董璋置宴召之,日中不往,方拥妓酣饮。璋怒,从卒徒执兵入驿,立仁矩于阶下而诟之曰:"公但闻西川斩李客省,谓我独不能邪?"仁矩流涕拜请,仅而得免。未几,唐复遣通事舍人李彦珣诣东川,入境失小礼,璋拘其从者,彦珣奔还。

六月,唐罢邺都。 秋七月,唐以高从诲为荆南节度使。

高季兴之叛唐也,其子从诲切谏,不听。既袭位,谓僚佐曰:"唐近而吴远,舍近臣远,非计也。"乃因楚王殷以谢罪于唐,求复修职贡,故有是命。

楚马希声杀判官高郁。

初,楚王殷用都军判官高郁为谋主,国以富强,邻国皆疾之。庄宗入洛,殷遣其子希范入贡,庄宗爱其警敏,曰:"比闻马氏当为高郁所夺,今有子如此,郁安能得之!"高季兴亦

至于陛下的降恩赏赐、皇子的婚姻省视等方面,对嫡出的与庶出的、年长的与年幼的应有所区别,以显示不同的等级威仪,杜绝侥幸的希图。"后唐明宗赞叹他的进言,但不能采用。

后唐任命赵凤为同平章事。

后唐明宗问赵凤:"帝王为什么赐给人铁券?"赵凤回答说:"与这人立誓,让他的子孙永远享受爵禄。"后唐明宗说:"先朝有三个人受到这种赏赐,郭崇韬、李继麟不久都被诛灭全族,朕得以脱身,也只在毫发之间。"于是叹息了许久。赵凤说:"帝王心存大信义,本来不用刻在金石上。"

五月,后唐派使者前往两川。

后唐明宗将去南郊祭天,派客省使李仁矩用诏书谕示两川献钱,两川都推脱说军中用度不足。李仁矩是后唐明宗在藩镇时的客将,受到安重诲的优待,依仗恩宠,骄横傲慢。来到梓州,董璋设宴邀请他,李仁矩拖到中午还不赴宴,却正抱着歌女酣然饮酒。董璋大怒,带着士兵手拿兵器,走进驿站,让李仁矩站在台阶下面,骂他说:"你只听说孟知祥杀了李严,认为我偏不能杀人吗?"李仁矩流着眼泪,下拜请求宽恕,才免去一死。不久,后唐又派通事舍人李彦珣前往东川,李彦珣入境后稍稍失礼,董璋就拘捕了他的随从人员,李彦珣逃回朝廷。

六月,后唐撤销邺都。 秋七月,后唐任命高从诲为荆南节度使。

高季兴背叛后唐时,他的儿子高从诲恳切劝谏,高季兴不听。高从诲承袭父位后,对属下说:"我们离唐国近,离吴国远,丢开近处的唐国,臣服远处的吴国,不是明智的想法。"便通过楚王马殷向后唐谢罪,请求重新称臣纳贡,所以才有这一任命。

楚国马希声杀死判官高郁。

当初,楚王马殷任用都军判官高郁为主要谋臣,国家因此富强,邻国都嫉妒他。后唐庄宗进入洛阳时,马殷派儿子马希范入朝进贡,后唐庄宗喜欢他的机警敏捷,说:"近来听说马氏要被高郁取代,现在马家有这样的儿子,高郁怎么可能得逞!"高季兴也

屡以流言间郁于殷,殷不听,乃遣使遗希声书,盛称郁功名,愿为兄弟。司马杨昭遂,希声之妻族也,谋代郁任,日谮之于希声。希声屡言于殷,请诛之,殷曰:"成吾功业,皆郁力也,汝勿为此言。"希声固请罢其兵柄,乃左迁郁行军司马。郁谓所亲曰:"亟营西山,吾将归老。狮子渐大,能咋人矣。"希声闻之益怒,矫以殷命杀郁,诬以谋叛,并诛其族党。至暮,殷尚未知。是日大雾,殷谓左右曰:"吾昔从孙儒渡淮,每杀不辜,多致兹异,马步院岂有冤死者乎?"明日,吏以郁死告,殷拊膺大恸曰:"吾老耄,政非己出,使我勋旧横罹冤酷!"既而顾左右曰:"吾亦何可久处此乎?"

有年。

唐主与冯道从容语及年谷屡登,四方无事,道曰:"臣昔在先皇幕府,奉使中山,历井陉之险,臣忧马蹶,执辔甚谨,幸而无失。逮至平路,放辔自逸,俄至颠陨。凡为天下者,亦犹是也。"唐主深以为然,又问道:"今岁虽丰,百姓赡足否?"道曰:"农家岁凶则死于流莩,岁丰则伤于谷贱,丰凶皆病者,惟农家为然。臣记进士聂夷中诗云:'二月卖新丝,五月粜新谷。医得眼下疮,剜却心头肉。'语虽鄙俚,曲尽田家之情状。农于四民之中最为勤苦,人主不可不知也。"唐主悦,命左右录其诗,常讽诵之。

唐削钱镠官爵。

吴越王镠尝遗安重诲书,辞礼颇倨。唐遣供奉官乌

屡次在马殷处用流言离间高郁，马殷不听，便派使者送信给马希声，竭力称许高郁的功劳与名声，表示愿意与高郁结为兄弟。行军司马杨昭遂与马希声的妻子出于同族，谋求取代高郁的职务，天天在马希声那里诋毁高郁。马希声屡次向马殷进言，请求杀死高郁，马殷说："成就我的功业，全靠高郁出力，你别说这话。"马希声坚持请求剥夺高郁的兵权，于是马殷将高郁降职为行军司马。高郁对亲近的人说："赶紧经营西山，我要告老回乡。狗崽子逐渐长大，能咬人了。"马希声听说后越发愤怒，假托马殷的命令杀死高郁，诬蔑高郁图谋反叛，同时诛灭他的族亲党羽。到日暮时分，马殷还不知此事。这天大雾弥漫，马殷对身边的人说："从前我跟随孙儒渡过淮水，每当杀戮无辜时，大多会出现这种奇怪的现象，难道马步院有冤死的人吗？"第二天，吏人报告高郁已死，马殷捶打胸口，极为悲痛地说："我老啦，不能由自己决定政事，使我过去的功臣横遭残酷无道的杀害！"一会儿又看着身边的人说："我又怎能久处此位呢？"

本年丰收。

后唐明宗与冯道闲暇时谈到近年连续五谷丰登，四方没有战事，冯道说："以前臣在先帝的幕府中办事，奉命出使中山，经过井陉天险时，臣担心马会跌倒，非常小心地把稳缰绳，幸好没有闪失。等来到平坦的路面上，放开缰绳让马随意奔跑，不一会儿就从马上跌落下来。大凡治理天下，与此同理。"后唐明宗认为他说的很对，又问冯道："今年虽然丰收，百姓丰足吗？"冯道说："庄稼人遇上荒年会流亡饿死，遇上丰年则因谷物便宜而受到损害，不论丰年荒年都困苦的，只有庄稼人。臣记得进士聂夷中的诗说：'二月卖新丝，五月粜新谷。医得眼下疮，剜却心头肉。'虽然语言鄙俗，但是委曲详尽地表现了农民的状况。农民在四民中最为辛勤劳苦，人主不可不知道啊。"后唐明宗闻言大悦，命身边的人把诗抄下来，经常诵读。

后唐削去钱镠的官职爵位。

吴越王钱镠曾致信安重海，措辞礼节很傲慢。后唐派供奉官乌

昭遇、韩玫使吴越还,玫奏:"昭遇见镠,称臣拜舞。"重海奏赐昭遇死。制镠以太师致仕,自余官爵皆削之。凡吴越进奏官、使者、纲吏,令所在系治之。镠令子传瓘等上表讼冤,不省。

冬十月,唐以康福为朔方节度使。

前磁州刺史康福善胡语,唐主退朝,多召入便殿,访以时事,福以胡语对。安重海恶之,常戒之曰:"汝但妄奏事,会当斩汝。"福惧,求外补。重海以灵州深入胡境,为帅者多遇害,以福为朔方、河西节度使。福见唐生泣辞,唐主命更他镇,重海不可。唐主不得已,遣将军卫审峻等将兵万人卫送之。福行至方渠,羌胡出兵邀福,福击走之。至青刚峡,遇吐蕃野利、大虫二族数千帐,福遣审峻掩击,大破之,杀获殆尽。由是威声大振,遂进至灵州,自是朔方始受代。

吴加徐知诰兼中书令。

吴诸道副都统徐知询数与知诰争权,知诰患之。内枢密使王令谋曰:"公辅政日久,挟天子以令境内,谁敢不从!知询年少,恩信未洽于人,无能为也。"知询待诸弟薄,诸弟皆怨之,徐玠反持其短以附知诰。知询典客周廷望说知询捐宝货,结勋旧,知询从之。廷望至江都,因知诰亲吏周宗密输款于知诰,亦以知诰阴谋告知询。宗谓廷望曰:"人言侍中有不臣七事,宜亟入谢。"廷望还,以告知询。十一月,知询入朝,知诰留以为统军,遣征金陵兵还江都,知诰自

昭遇、韩玫出使吴越归来，韩玫奏称："乌昭遇见钱镠，自称臣，行拜舞礼。"安重诲奏请命乌昭遇自杀。后唐明宗下制书命钱镠以太师的名号辞官归居，其余官职爵位一律免除。凡是吴越的进奏官、使者、纲吏等，命令当地官府予以拘捕治罪。钱镠让儿子钱传瓘等上表申诉冤屈，后唐明宗不予理睬。

冬十月，后唐任命康福为朔方节度使。

前磁州刺史康福精通胡语，后唐明宗退朝后，往往把他叫进便殿，打听时事，康福用胡语回答。安重诲厌恶此举，经常警告康福说："只要你胡乱奏事，就杀了你。"康福心怀恐惧，请求补授外地官职。安重诲因灵州深入胡人的疆境，主帅多被杀害，便任命康福为朔方、河西节度使。康福见到后唐明宗，哭着要求推掉这一职务，后唐明宗命令把他调换到别的军镇，安重诲不肯答应。后唐明宗不得已，派将军卫审峤等人领兵一万人护送康福就任。康福走到方渠，羌胡出兵拦截，康福将羌胡兵击退。来到青刚峡，遇到吐蕃的野利、大虫二族数千帐人，康福派卫审峤领兵袭击，大破野利、大虫二族，几乎将他们全部斩杀俘获。康福因此声势大振，威名远扬，于是开进到灵州，从此，朔方开始接受朝廷委派的官员来接任节度使。

吴国加封徐知诰兼任中书令。

吴国的诸道副都统徐知询多次与徐知诰争权，徐知诰深以为患。内枢密使王令谋说："您长期辅佐朝政，以天子的名义号令本境，谁敢不从！徐知询年轻，恩惠信义尚未遍施于百姓，做不了什么的。"徐知询对待诸位弟弟刻薄寡恩，弟弟们都怨恨他，徐玠反而抓住他们的短处讨好归附徐知诰。徐知询的典客周廷望劝徐知询拿出珍宝财货，交结有功绩的旧臣，徐知询依言而行。周廷望来到江都，通过徐知诰的亲信官吏周宗暗中向徐知诰表示投诚，同时把徐知询的阴谋告知徐知诰。周宗对周廷望说："人们说徐侍中有七件不忠于人主的事情，应赶紧入朝谢罪。"周廷望回去后告诉了徐知询。十一月，徐知询进京朝见，徐知诰留徐知询担任统军，派人将金陵的军队调回江都，徐知诰从

是始专吴政。知询又以廷望所言诘知诰，知诰曰："以尔所为告我者，亦廷望也。"遂斩之。吴加知诰兼中书令。知诰召知询饮，以金钟酌酒赐之曰："愿与弟寿千岁。"知询疑有毒，引他器均之，跪献曰："愿与兄各享五百岁。"知诰变色，左右莫知所为。伶人申渐高径前为诙谐语，掠二酒合饮之，怀钟趋出，脑溃而卒。

唐以李仁矩为保宁节度使。

唐割阆、果二州，以仁矩为节度使，安重诲之谋也。重诲又使绵州刺史武虔裕将兵赴治。虔裕，唐主故吏，重诲之外兄也。重诲使仁矩诇董璋反状，仁矩增饰而奏之。又使夏鲁奇治遂州城隍，缮甲兵，益兵戍之，璋大惧。时道路传言又将割绵、龙为节镇，孟知祥亦惧。璋素与知祥有隙，未尝通问，至是，遣使诣成都，请为其子娶知祥女，知祥许之，谋并力以拒朝廷。

庚寅（930）　唐长兴元年。是岁，凡四国三镇。

春二月，唐董璋筑寨剑门，与孟知祥上表拒命，诏慰谕之。

董璋遣兵筑七寨于剑门。孟知祥遣赵季良诣璋修好，还言璋贪残好胜，终必为患。西川指挥使李仁罕、张业欲置宴召知祥，有尼告二将欲害知祥，诘之无状，斩之。屏左右，独诣仁罕第，仁罕叩头流涕曰："老兵惟尽死以报德。"由是诸将亲服。知祥与董璋同上表言："两川闻朝廷于阆中建节，绵、遂益兵，无不忧惧。"唐主以诏书慰谕之。

此开始独揽吴国大政。徐知询又拿周廷望告诉自己的事来责问徐知诰,徐知诰说:"把你干的事告诉我的也是周廷望。"随即杀死周廷望。吴国加封徐知诰兼任中书令。徐知诰叫徐知询去喝酒,用金钟斟了酒赐给徐知询说:"愿与弟弟共享千岁。"徐知询怀疑酒中有毒,拿别的酒杯把酒分开,跪伏在地,献上其中的一杯,说:"愿与哥哥各享五百岁。"徐知诰变了脸色,周围的人不知所措。伶人申渐高径直走上前来说诙谐的话,夺过两杯酒,倒在一起喝下去,怀揣金钟快步走出,结果脑子溃烂而死。

后唐任命李仁矩为保宁节度使。

后唐划出阆、果二州,任命李仁矩为节度使,这是安重诲的主意。安重诲又让绵州刺史武虔裕领兵前往治所就任。武虔裕是后唐明宗过去的属吏,安重诲的表兄。安重诲让李仁矩刺探董璋谋反的情形,李仁矩添油加醋地做了奏报。安重诲又让夏鲁奇修整遂州城池,修缮甲兵,增兵戍守,董璋极为恐惧。当时,民间传说还要将绵、龙二州划为节镇,孟知祥也感到恐惧。董璋与孟知祥素有嫌隙,本来从不互通音讯,到这时董璋派使者前往成都,请求为自己的儿子娶孟知祥的女儿,孟知祥同意了,打算合力抗拒朝廷。

庚寅(930) 后唐长兴元年。这一年,共四个国家、三个藩镇。

春二月,后唐董璋在剑门修筑营寨,与孟知祥一起上表抗拒朝廷命令,后唐明宗下诏予以抚慰开导。

董璋派兵在剑门修筑了七座营寨。孟知祥派赵季良到董璋处修好,赵季良回来后说董璋贪婪残忍,争强好胜,终究必成祸害。西川指挥使李仁罕、张业想设宴邀请孟知祥,有位尼姑告诉孟知祥二将想加害他,经盘问没有证据,便杀了尼姑。孟知祥不带侍从,独自来到李仁罕家,李仁罕叩头流泪,说:"我这个老兵只有拼死报答你的恩德。"从此诸将都亲近佩服孟知祥。孟知祥与董璋一起上表说:"东西两川得知朝廷在阆中设置节帅,在绵、遂二州增兵,没有不恐惧的。"后唐明宗降诏书加以抚慰开导。

璋还，召武虔裕囚之。阅民兵，皆剪发黥面。于剑门北列烽火。知祥累表请云安盐监，唐主许之。

三月，唐立淑妃曹氏为后。

唐主将立曹淑妃为后，淑妃谓王德妃曰："吾素病中烦，倦于接对，妹代我为之。"德妃曰："中宫敌偶至尊，谁敢干！"乃立淑妃为后。德妃事后恭谨，后亦怜之。初，妃因安重诲得进，常德之。唐主性俭约，及在位久，宫中用度稍侈，重诲每规谏。妃取外库锦造地衣，重诲切谏，引刘后为戒，妃由是怨之。

吴遣兵击荆南，不克。　唐河中军乱，逐其节度使，讨平之。

初，唐主在真定，李从珂与安重诲饮酒争言，从珂殴重诲，既醒，悔谢，重诲终衔之。至是，从珂为河中节度使，重海屡短之，唐主不听。重诲乃矫以唐主命，谕河中牙内指挥使杨彦温，使逐之。从珂出城阅马，彦温勒兵闭门拒之。从珂使人诘之，对曰："彦温非敢负恩，受枢密使宣，请公入朝耳。"从珂遣使以闻，唐主以问重诲，对曰："此奸人妄言耳，宜速讨之。"唐主疑之，欲诱致彦温讯其事。重诲固请发兵击之，乃命西都留守索自通等将兵讨之，令："必生致彦温，吾欲面讯之。"从珂驰入自明，唐主责使归第，绝朝请。

自通拔河中，斩彦温，唐主怒。安重诲讽冯道、赵凤奏从珂失守，宜加罪，唐主曰："吾儿为奸党所倾，未明曲直，

董璋回来后，召来武虔裕加以囚禁。董璋检阅民兵，民兵一律剪短头发，面上刺字。董璋还在剑门北面布置烽火。孟知祥屡次上表请求将云安盐监隶属于自己，后唐明宗同意了。

三月，后唐明宗册立淑妃曹氏为皇后。

后唐明宗准备册立曹淑妃为皇后，曹淑妃对王德妃说："我向来有胸中烦闷的病，厌倦应酬，请妹妹代我去办。"王德妃说："中宫是皇上的配偶，谁敢干涉！"于是册立曹淑妃为皇后。王德妃事奉曹皇后恭敬谨慎，曹皇后也怜爱王德妃。当初，王德妃通过安重诲得以进宫，对他常怀感激之情。后唐明宗生性俭朴，及至在位日久，宫中的费用逐渐增多，安重诲每每规谏。王德妃拿外廷国库的锦帛做地毯，安重诲恳切进谏，援引后唐庄宗的刘皇后作为鉴戒，王德妃从此怨恨安重诲。

吴国派兵进攻荆南，未能取胜。　后唐河中军发生变乱，驱逐本军节度使，朝廷讨伐平定变乱。

当初，后唐明宗在真定，李从珂与安重诲喝酒时发生争吵，李从珂殴打了安重诲，酒醒后表示悔恨和歉意，安重诲始终怀恨在心。到这时，李从珂担任河中节度使，安重诲屡次指责李从珂的过失，后唐明宗都没理睬。于是安重诲假传后唐明宗的命令，谕示河中牙内指挥使杨彦温驱逐李从珂。李从珂出城检阅战马，杨彦温率领兵马关闭城门，拒绝让李从珂回城。李从珂让人前去责问，杨彦温说："我不敢辜负你的恩德，只是接到枢密使的文书，请你进京朝见。"李从珂派使者上报朝廷，后唐明宗就此去问安重诲，安重诲回答说："这是奸人胡说，应赶快征讨。"后唐明宗心怀疑虑，想诱使杨彦温前来，以便查问其事。安重诲坚持请求发兵进攻杨彦温，后唐明宗便命西都留守索自通等领兵讨伐，命令说："一定要活捉杨彦温，我想当面审问。"李从珂火速进京为自己解释，后唐明宗责令李从珂回家反省，不许朝见。

索自通率兵攻克河中之后，杀死了杨彦温，后唐明宗大怒。安重诲婉言暗示冯道、赵凤上奏说李从珂有失职守，应当予以治罪，后唐明宗说："我的孩儿被奸党倾轧，不懂得分辨是非，

公辈遂不欲置之人间,何邪?且此皆非公辈意也。"明日,重诲自言之,唐主曰:"朕昔为小校,家贫,赖此小儿拾马粪自赡,以至今日为天子,曾不能庇之邪?卿欲如何处之,于卿为便!"重诲曰:"惟陛下裁之。"唐主曰:"使闲居私第亦可矣,何用复言?"以自通镇河中,自通承重诲旨,籍军府甲仗数上之,以为从珂私造,赖王德妃保护得免。士大夫不敢与从珂往来,惟礼部侍郎吕琦居相近,时往见之。从珂每有奏请,皆咨琦而后行。

夏六月朔,日食。　秋八月,唐告密人边彦温等伏诛。

捧圣军使李行德、十将张俭引告密人边彦温,告安重诲发兵,云欲自讨淮南,又引占相者问命。侍卫都指挥使安从进、药彦稠曰:"此奸人欲离间陛下勋旧耳,臣等请以宗族保之。"唐主乃斩彦温,召重诲,慰抚之,君臣相泣。既而赵凤复奏收行德及俭,皆族诛之。

唐以张延朗为三司使。
三司使之名自此始。
唐立子从荣为秦王,从厚为宋王。　唐两川节度使董璋、孟知祥连兵反。
董璋之子光业为宫苑使,璋与书曰:"朝廷割吾支郡为节镇,屯兵三千,是杀我必矣。汝见枢要为吾言,如朝廷更发一骑入斜谷,吾必反。与汝诀矣。"光业以书示枢密承旨李虔徽。未几,朝廷又遣兵戍阆州,光业谓虔徽曰:"此兵未至,吾父必反。吾不敢自爱,恐烦朝廷调发。愿止此兵,吾父

你们为什么就不想让他活下去？而且这都不是你们的意思。"第二天，安重诲亲自就此进言，后唐明宗说："过去朕当一名小校，家里很穷，全靠这孩子拾马粪养活全家，以至朕现在当了天子，难道就庇护不了他吗？你想怎样处置，随你的便！"安重诲说："全由陛下裁定。"后唐明宗说："让他在自己家里闲住也就可以了，还用再说别的吗？"后唐明宗委派索自通镇守河中，索自通秉承安重诲的意旨，登记军府铠甲兵器的数额上报，当成是李从珂私自制造的，全靠王德妃的保护，李从珂才没被惩处。士大夫不敢跟李从珂往来，只有礼部侍郎吕琦因为住处离得近，时常前去看望李从珂。每当李从珂有事上奏请示时，都先向吕琦咨询，然后再实行。

夏六月初一，发生日食。　秋八月，后唐告密人边彦温等人被处死。

捧圣军使李行德、十将张俭带领告密人边彦温，告发安重诲发兵，说是想亲自讨伐淮南，还找占卜看相的人算命。侍卫都指挥使安从进、药彦稠说："这是奸人想离间陛下的有功旧臣，请让臣等用宗族性命来做担保。"于是后唐明宗杀了边彦温，召见安重诲，加以抚慰，君臣相对哭泣。事后，赵凤又上奏要求收捕李行德和张俭，将他们全部灭族。

后唐任命张延朗为三司使。

三司使的名称从这时开始有。

后唐明宗册立儿子李从荣为秦王，李从厚为宋王。　后唐两川节度使董璋、孟知祥联合起兵反叛。

董璋的儿子董光业担任宫苑使，董璋给他写信说："朝廷将我的辖郡划分出去设置节镇，驻扎军队三千人，要杀我是一定的了。你见到中枢要员时为我传话，如果朝廷再多派一人一马进入斜谷，我必定会造反。与你诀别了。"董光业把这信拿给枢密承旨李虔徽看。不久，朝廷又派兵戍守阆州，董光业对李虔徽说："不等这支军队赶到，我父亲肯定反叛。我不敢爱惜自己，只怕有劳朝廷调集征发军队。希望能阻止这支军队前去，我父亲

保无他。"虔徽以告安重海,重海不从,璋遂反。重海曰:"臣久知其如此,陛下含容不讨耳。"帝曰:"我不负人,人负我则讨之。"九月,西川进奏官苏愿白孟知祥,云朝廷欲讨两川。知祥谋于副使赵季良,季良请以东川先取遂、阆,然后并兵守剑门。知祥从之,遣使约董璋同举兵。璋引兵击阆州,知祥以指挥使李仁罕、赵廷隐、张业将兵攻遂州,侯弘实、孟思恭将兵会璋攻阆州。

九月,唐以范延光为枢密使。

安重海久专大权,中外恶之。王德妃及武德使孟汉琼浸用事,数短重海于上。重海惧,表解机务,求一镇以全余生,唐主不许。重海请不已,唐主怒曰:"听卿去,朕不患无人。"前成德节度使范延光劝留重海,且曰:"重海去,谁能代之?"唐主曰:"卿岂不可?"延光谢不敢当。唐主遣汉琼诣中书议重海事,冯道曰:"诸公果爱安令,宜解其枢务为便。"赵凤曰:"公失言。"乃奏大臣不可轻动。乃以延光为枢密使,而重海如故。

董璋陷阆州,唐将姚洪死之。

东川兵至阆州,诸将皆曰:"董璋久蓄反谋,以金帛啖其士卒,锐气不可当。宜深沟高垒以挫之,不过旬日大军至,贼自走矣。"李仁矩曰:"蜀兵懦弱,安能当我精卒?"遂出战,兵未交而溃。璋昼夜攻之,城陷,杀仁矩。初,璋为梁将,指挥使姚洪尝隶麾下。至是,将兵戍阆州,璋密以书诱之,洪投诸厕。城陷,璋让之曰:"汝何相负?"洪曰:"老贼!

绝对没有别的意思。"李虔徽把这话告诉了安重诲,安重诲没有答应,董璋随即反叛。安重诲说:"臣早就知道董璋会这么干,只是陛下宽容,不肯讨伐。"后唐明宗说:"我不辜负别人,别人辜负了我就得讨伐。"九月,西川进奏官苏愿向孟知祥禀报,说朝廷想讨伐两川。孟知祥与副使赵季良商量对策,赵季良请求让东川军先占领遂、阆二州,然后合兵防守剑门。孟知祥依言而行,派使者约董璋共同起兵。董璋领兵攻打阆州,孟知祥派指挥使李仁罕、赵廷隐、张业领兵进攻遂州,侯弘实、孟思恭领兵与董璋会师,进攻阆州。

九月,后唐任命范延光为枢密使。

安重诲长期独揽大权,朝廷内外都厌恶他。王德妃以及武德使孟汉琼逐渐当权,屡次向后唐明宗指责安重诲的过失。安重诲深感恐惧,上表请求解除机要职务,要求授给他一个军镇以保全余生,后唐明宗没有许可。安重诲不断请求,后唐明宗生气地说:"你随便走,朕不愁没人。"前成德节度使范延光劝后唐明宗挽留安重诲,并说:"安重诲一走,谁能取代他?"后唐明宗说:"难道你不可以?"范延光表示推辞,说是不敢当。后唐明宗派孟汉琼前往中书省商议有关安重诲的事情,冯道说:"诸位果真爱护安令,以解除他的枢要职务为好。"赵凤说:"您失言了。"便奏称大臣不应轻易变动。于是后唐明宗任命范延光为枢密使,同时,安重诲枢密使的职务依然如故。

董璋攻陷阆州,后唐将领姚洪殉死。

东川军抵达阆州,诸将都说:"董璋长期蓄意谋反,用金帛收买本军士兵,锐气不可抵挡。应该深挖壕堑,高筑壁垒,挫其锋芒,用不了十天,大军赶到,贼军自然逃跑。"李仁矩说:"蜀中士兵懦弱,怎能抵挡我的精兵?"随即出战,未及交锋,阆州军溃散。董璋日夜攻城,城被攻陷,李仁矩被杀。当初,董璋担任后梁的将领,指挥使姚洪曾隶属于他的部下。至此,姚洪领兵戍守阆州,董璋秘密写信引诱姚洪,姚洪把信扔进厕所。城被攻陷后,董璋责问姚洪说:"你为什么做对不起我的事?"姚洪说:"老贼!

汝昔为李氏奴,扫马粪,得脔炙,感恩无穷。今天子用汝为节度使,何负于汝而反邪!汝犹负天子,吾受汝何恩,而云相负哉?汝奴材,固无耻。吾义士,岂忍为汝所为乎!吾宁为天子死,不能与人奴并生。"璋怒,然镬于前,令壮士十人刲其肉自啖之,洪至死骂不绝声。唐主置洪二子于近卫,厚给其家。

唐诏削董璋官爵,遣天雄节度使石敬瑭讨之。

下制削董璋官爵,兴兵讨之,以孟知祥兼供馈使,石敬瑭为招讨使,夏鲁奇副之。

汉取交州。 冬十月,孟知祥兵围遂州,董璋攻利州,不克。

李仁罕围遂州,夏鲁奇婴城固守,遣马军都指挥使康文通出战,文通以其众降。董璋引兵趣利州,遇雨,还阆州。知祥闻之,曰:"比破阆中,正欲径取利州。其帅不武,必望风遁去。吾获其仓廪,据漫天之险,北军终不能西救武信。今董公僻处阆州,远弃剑阁,非计也。"欲遣兵三千助守剑门,璋固辞曰:"此已有备。"

唐诛董璋之子光业,夷其族。 董璋兵陷征、合、巴、蓬、果五州。 十一月,孟知祥兵陷黔州。 楚武穆王马殷卒,子希声嗣。

殷遗命诸子,兄弟相继。及卒,希声袭位,去建国之制。希声居丧无戚容,葬殷之日,顿食鸡雁数盘。其臣潘起讥之曰:"昔阮籍居丧食蒸豚,何代无贤!"

唐削孟知祥官爵,并讨之,攻剑州,不克。

过去你是李家的奴仆,干扫马粪的活儿,得片烤肉,就感恩不尽。现在,天子用你为节度使,有哪里对不起你,你要造反呢?你尚且对不起天子,我受过你什么恩德,哪里说得上对不起呢?你是奴才胚子,本就无耻。我是义士,怎肯干你干的勾当!我宁可为天子而死,也不与奴才同生。"董璋大怒,在姚洪面前烧起大锅,让十名壮汉割姚洪的肉自己吃,姚洪至死骂不绝口。后唐明宗把姚洪的两个儿子安置到近卫中,从优抚恤他的家属。

后唐诏令削去董璋的官职爵位,派天雄节度使石敬瑭前去讨伐。

后唐颁布制书削去董璋的官职爵位,起兵前去讨伐,任命孟知祥兼供馈使,石敬瑭为招讨使,夏鲁奇担任他的副职。

南汉攻占交州。 冬十月,孟知祥军包围遂州,董璋攻打利州,未能攻克。

李仁罕包围遂州,夏鲁奇据城坚守,派马军都指挥使康文通出城迎战,康文通率领部众投降。董璋领兵奔赴利州,途中遇雨,返回阆州。孟知祥闻讯说:"攻破阆州后,正应该直取利州。该州主帅不够勇武,必然望风逃走。我方得到利州的粮食储备,占据漫天寨的险要地势,北军终究不能西去营救遂州。现在,董公置身偏僻的阆州,远离剑阁,不是良策。"想派三千名士兵协助防守剑门,董璋坚决推辞说:"这儿已有防备。"

后唐杀死董璋的儿子董光业,诛灭他全族。 董璋军攻破征、合、巴、蓬、果五州。 十一月,孟知祥军攻破黔州。 楚武穆王马殷去世,其子马希声继位。

马殷临终命令几个儿子,对自己职位的承袭要兄终弟即。等到马殷去世,马希声承袭父亲的职位,去除楚国称王建国的制度,恢复为藩镇。马希声服丧期间没有悲哀的神情,安葬马殷那天,一顿饭吃好几盘鸡肉羹。他的臣属潘起讥讽他说:"过去阮籍服丧期间也吃蒸猪崽,哪一代没有贤人!"

后唐削去孟知祥的官职爵位,并派兵讨伐他,攻打剑州,但没有攻克。

石敬瑭入散关，阶州刺史王弘贽、泸州刺史冯晖，与前锋王思同、赵在礼引兵出人头山后，过剑门之南，还袭剑门，克之，杀东川兵三千人，据而守之。弘贽等破剑州，而大军不继，乃焚其庐舍，取其资粮，还保剑门。董璋遣使至成都告急，孟知祥惧曰："董公果误我。"遣指挥使李肇将兵五千赴之，戒之曰："尔倍道兼行，先据剑州，北军无能为也。"又遣赵廷隐将万人会屯剑州，李筠将兵四千趣龙州，守要害。

先是，西川牙内指挥使庞福诚、谢锽屯来苏村，闻剑门失守，相谓曰："使北军更得剑州，则二蜀势危矣。"遂引部兵千余人间道趣剑州。始至，官军万余人自北山大下，会日暮，二人谋曰："众寡不敌，逮明则吾属无遗矣。"福诚夜引兵数百升北山，大噪于官军营后，锽帅余众操短兵自其前急击之。官军大惊，空营遁去，复保剑门，十余日不出。知祥闻之，喜曰："吾始谓弘贽等克剑门，径据剑州，坚守其城，或引兵直趣梓州，董公必弃阆州奔还，我亦须解遂州之围。如此则内外受敌，两川震动，势可忧危。今乃焚毁剑州，运粮东归剑门，顿兵不进，吾事济矣。"董璋遣王晖将兵三千会李肇等分屯剑州。

契丹东丹王突欲奔唐。

突欲自以失职，帅部曲四十人越海奔唐。

十二月，唐石敬瑭攻剑州，不克。

石敬瑭至剑门，进屯剑州北山，赵廷隐陈于牙城后山，李肇、王晖陈于河桥。敬瑭引步兵进击廷隐，廷隐择善射者五百人伏敬瑭归路，按甲待之，矛稍欲相及，乃扬旗鼓噪击之，

石敬瑭进入散关，阶州刺史王弘贽、泸州刺史冯晖，与前锋王思同、赵在礼率兵从人头山后进发，经剑门关南侧，回军袭击剑门关，攻克其地，杀死东川士兵三千人，据关防守。王弘贽等攻下剑州，但官府大军没有随后赶来，便焚毁房舍，抢走粮草，回军守卫剑门。董璋派使者到成都告急，孟知祥恐惧地说："董公果然耽误了我。"派指挥使李肇领兵五千人赴援，告诫他说："你兼程赶路，先占据剑州，北军无能为力。"又派赵廷隐领兵一万人会合李肇后驻兵剑州，李筠领兵四千人奔赴龙州，扼守要害。

此前，西川牙内指挥使庞福诚、谢锽驻扎在来苏村，得知剑门关失守，两人交谈说："假使北军再得到剑州，东西两蜀的形势就危急了。"赶紧带领本部军队一千余人抄近道奔赴剑州。才赶到，一万多名官军从北山纷纷涌下，这时正值日暮时分，庞、谢二人商量说："敌众我寡，难以抵敌，天亮后我们就都活不了了。"庞福诚连夜领兵数百人登上北山，在官军营地后面大声呼叫，谢锽率领其余人众，手握短兵器从北山前面火速进攻。官军大惊，丢下一座空营逃走，重新守卫剑门，十余天没有出动。孟知祥闻讯高兴地说："我开始认为王弘贽等人攻克剑门关后会直接占据剑州，坚守该城，或者领兵直奔梓州，董璋必然放弃阆州逃回，我也必须解除遂州的包围。这样，我方受到内外夹击，东西两川地区震动不安，形势可忧。现在，他们烧毁剑州，把粮食向东运回剑门关，让军队停下来，不再前进，我的事要成了。"董璋派王晖领兵三千人去会合李肇等人，分别驻扎在剑州。

契丹东丹王耶律突欲投奔后唐。

耶律突欲认为自己失去契丹王位，率领家兵四十人渡过渤海，投奔后唐。

十二月，后唐石敬瑭攻打剑州，未能攻克。

石敬瑭来到剑门关，进驻剑州北山，赵廷隐在内城后山列阵，李肇、王晖在河桥列阵。石敬瑭带领步兵进攻赵廷隐，赵廷隐挑选五百名擅长射箭的人在石敬瑭的归路埋伏下来，屯兵等待，在长矛快能刺到对方时，才挥动旗帜，擂鼓呐喊，突然出击，

斩首百余人。敬瑭又使骑兵冲河桥,肇以强弩射之。薄暮,敬瑭引去,廷隐引兵蹑之,与伏兵合击,败之。

唐遣安重诲督征蜀诸军。

石敬瑭征蜀未有功,使者自军前来,多言道险狭,难进兵,关右之民疲于转饷,聚为贼盗。唐主忧之,谓近臣曰:"谁能办吾事者,吾当自行耳。"安重诲曰:"军威不振,臣之罪也。臣请自往督战。"拜辞便行,日驰数百里,西方藩镇闻之,无不惶骇。钱帛刍粮昼夜辇运赴利州,人畜毙踣,不可胜纪。时唐主已疏重诲,石敬瑭本不欲西征,及重诲西出,乃敢累表奏论,以为蜀不可伐,唐主颇然之。

辛卯(931) 唐长兴二年。是岁,凡四国三镇。

春正月,孟知祥兵陷遂州,唐守将夏鲁奇死之。 唐召安重诲还。二月,石敬瑭引兵遁归,两川兵追之,陷利州。

初,凤翔节度使朱弘昭谄事安重诲,连得大镇。重诲过凤翔,弘昭迎拜马首,馆于府舍,妻子罗拜,奉酒进食,礼甚谨。重诲为弘昭泣,言:"谗人交构,几不免,赖主上明察,得保宗族。"重诲既去,弘昭即奏:"重诲怨望,有恶言,至行营,恐夺敬瑭兵柄。"又遗敬瑭书言:"重诲举措孟浪,恐将士疑骇,宜逆止之。"敬瑭大惧,即上言:"重诲至,恐有变,宜急征还。"宣徽使孟汉琼自西方还,亦言重诲过恶,有诏召重诲还。

二月朔,石敬瑭以遂、阆既陷,粮运不继,烧营北归。军前以告,孟知祥匿书,谓赵季良曰:"北军渐进,奈何?"季良

斩首百余人。石敬瑭又派骑兵冲击河桥，李肇用强弩射击。傍晚，石敬瑭领兵离去，赵廷隐率军尾随，与伏兵合攻，打败石敬瑭军。

后唐派安重诲监督征讨蜀中各军。

石敬瑭征讨蜀中没有建功，使者从前方回来，大多说道路险要狭窄，难以进兵，关西百姓运输粮饷已经筋疲力尽，只好集结起来，去当强盗。后唐明宗忧心忡忡，对近侍大臣说："谁能为我办事啊，我亲自去吧。"安重诲说："军威不振是臣的罪责。臣请求亲自前去督战。"叩头告别后就出发，每天急驰数百里，西部各藩镇闻讯没有不惊骇的。钱帛粮草日夜用车运往利州，人畜死亡的，不可胜数。当时，后唐明宗已经疏远安重诲，石敬瑭本来不想西征，等到安重海向西出发，才敢多次上奏议论，认为蜀中不可讨伐，后唐明宗对石敬瑭的想法颇为首肯。

辛卯（931）　后唐长兴二年。这一年，共四个国家、三个藩镇。

春正月，孟知祥军攻陷遂州，后唐守将夏鲁奇殉死。　后唐将安重诲召回。二月，石敬瑭领兵逃回，两川军追击，攻陷利州。

当初，凤翔节度使朱弘昭谄媚讨好安重诲，得以接连担当大镇的节度使。安重诲经过凤翔，朱弘昭迎在马前下拜，让安重诲到帅府的宅子里去住，妻子儿女围着安重诲叩头见礼，端酒上菜，持礼非常恭敬。安重诲对朱弘昭流着眼泪说："好进谗言的小人迭相诬陷，我几乎难以脱身，幸亏皇上明察秋毫，才得以保全宗族。"安重诲走后，朱弘昭立即上奏说："安重诲怨恨不满，口出恶言，到行营后，恐怕会夺石敬瑭的兵权。"又写信给石敬瑭说："安重诲办事卤莽，恐怕将士会惊疑不安，应阻拦他前去。"石敬瑭大为恐惧，立刻进言说："安重诲到达之后，恐怕发生变乱，最好赶紧召他回朝。"宣徽使孟汉琼从西线战地返回，也陈述安重诲的过错，于是后唐明宗下诏将安重诲召回。

二月初一，石敬瑭因为遂、阆二州已经失陷，粮食运输也接应不上，烧毁营寨北归。军前人员将此事报告孟知祥，孟知祥压下有关文书，对赵季良说："朝廷军逐渐推进，怎么应付？"赵季良

曰:"不过绵州,必遁。"知祥问故,曰:"彼悬军千里,粮尽能无遁乎!"知祥大笑,以书示之。

安重诲至三泉,得诏亟归。过凤翔,弘昭不内,重诲惧,驰骑而东。两川兵追敬瑭至利州,昭武节度使李彦琦弃城走,知祥以赵廷隐为昭武留后。廷隐遣使密言于知祥曰:"董璋多诈,必为公患,因其至剑州劳军,请图之。并两川之众,可以得志于天下。"知祥不许。廷隐叹曰:"不从吾谋,祸难未已。"

孟知祥兵陷忠、万、夔州。　唐以安重诲为护国节度使。

赵凤言于唐主曰:"重诲,陛下家臣,终不叛主,但不能周防,为人所谗。陛下不察其心,重诲死无日矣。"唐主以为朋党,不悦。

吴以宋齐丘为右仆射,致仕。

吴徐知诰欲以宋齐丘为相,齐丘自以资望素浅,欲以退让为高,谒归洪州葬父,因入九华山应天寺,启求隐居。吴主下诏征之,不至。知诰遣其子景通入山敦谕,齐丘始还,除右仆射,致仕。

唐赐契丹突欲姓名李赞华,以为怀化节度使。　唐以李从珂为左卫大将军,复钱镠官爵。

唐主既解安重诲枢务,乃召李从珂泣谓曰:"如重诲意,汝安得复见吾?"以为左卫大将军。尽复钱镠官爵,遣使往谕旨,以向日致仕,重诲矫制也。

说:"他们到不了绵州,肯定逃跑。"孟知祥问其中的原因,赵季良说:"他们孤军深入达千里之遥,粮食一吃光,能不逃跑吗?"孟知祥大笑,让赵季良看文书。

安重诲抵达三泉,接到诏书,急忙返回。经过凤翔时,朱弘昭不让他进城,安重诲心中恐惧,骑马向东急驰。两川军追击石敬瑭到利州,昭武节度使李彦琦弃城逃跑,孟知祥委任赵廷隐为昭武留后。赵廷隐让人向孟知祥秘密进言说:"董璋非常狡诈,必然成为您的祸患,趁他到剑州劳军之机,请设法干掉他。将两川人众合在一起,可以得志于天下。"孟知祥没有答应。赵廷隐叹息说:"不用我的计谋,祸难还没结束。"

孟知祥军攻陷忠、万、夔三州。 后唐任命安重诲为护国节度使。

赵凤向后唐明宗进言说:"安重诲是陛下的家臣,终究不会背叛主人,但办事不够周全圆通,因而遭人谤毁。如果陛下不能体察安重诲的心迹,过不多久,他就会毙命。"后唐明宗认为这是朋党勾结的表现,心中不悦。

吴国任命宋齐丘为右仆射,同时命他辞官归居。

吴国徐知诰想委任宋齐丘为宰相,宋齐丘认为自己平时资历不深,名望不高,想通过谦虚退让的行为显示自己的清高,告假回家乡洪州安葬父亲,于是进了九华山的应天寺,请求在此隐居。吴主杨溥下诏叫他回朝,宋齐丘不来。徐知诰打发自己的儿子徐景通进山敦促开导,宋齐丘这才回朝,于是被任命为右仆射,同时命他辞官归居。

后唐赐给契丹东丹王耶律突欲姓名,叫李赞华,任命他为怀化节度使。 后唐任命李从珂为左卫大将军,恢复钱镠的官职爵位。

后唐明宗解除安重诲的枢要职务后,叫来李从珂哭诉说:"按安重诲的意思办,你怎能再见到我?"便任命李从珂为左卫大将军。后唐明宗恢复钱镠的官职爵位,派使者前去告诉钱镠,以前命他告老退休,是安重诲假托圣旨干的。

唐以李愚同平章事。 夏四月，唐以德妃王氏为淑妃。闽奉国节度使王延禀举兵袭福州，败死。

延禀闻闽王延钧有疾，帅建州刺史继雄将水军袭福州，延钧遣楼船指挥使王仁达拒之。仁达伪降，继雄喜，登舟慰抚，仁达斩之。延禀众溃，追擒之。延钧见之曰："果烦老兄再下！"延禀惭不能对，延钧斩之，遣其弟都教练使延政如建州，慰抚吏民。

唐以赵延寿为枢密使，石敬瑭兼六军诸卫使。 唐罢曲税。

罢亩税曲钱，城中官造曲减旧半价，乡村听百姓自造，民甚便之。

唐以宦者孟汉琼为宣徽使。

汉琼，本赵王镕奴也。时范延光、赵延寿惩安重诲以刚愎得罪，每事不敢可否，独汉琼与王淑妃居中用事，人皆惮之。先是，宫中须索稍逾常度，重诲辄执奏，由是非分之求殆绝。至是，汉琼直以中宫之命取府库物，不复关由枢密院及三司，亦无文书，所取不可胜纪。

唐杀其太子太师致仕安重诲。

安重诲内不自安，表请致仕。闰月，制以太子太师致仕，其子崇赞、崇绪逃奔河中。以李从璋为护国节度使，遣步军指挥使药彦稠将兵趣河中。崇赞等至，重诲惊曰："汝安得来？"既而曰："此为人所使耳。吾以死徇国，夫复何言？"乃执二子，表送诣阙。明日，有中使至，见重诲，恸哭。重诲问故，中使曰："人言令公有异志，朝廷已遣药彦稠将兵至矣。"重诲曰："吾受国恩，死不足报，敢有异志？ 更烦

后唐任命李愚为同平章事。 夏四月,后唐将德妃王氏封为淑妃。 闽国奉国节度使王延禀起兵袭击福州,事败而死。

王延禀得知闽王王延钧有病,带着建州刺史王继雄率领水军袭击福州,王延钧派楼船指挥使王仁达抵御。王仁达假装投降,王继雄心中高兴,上船前来抚慰,王仁达将他杀死。王延禀的部众溃散,被追上捉住。王延钧见到王延禀后说:"果然有劳老兄再下福州!"王延禀满面羞惭,无言回答,王延钧杀死王延禀,派自己的弟弟都教练使王延政前往建州,抚慰官民。

后唐任命赵延寿为枢密使,石敬瑭兼六军诸卫使。 后唐停征酒曲税钱。

后唐停征按亩计算的酒曲税钱,城中官造酒曲减价一半,乡村任凭百姓自行酿造,百姓甚感方便。

后唐任命宦官孟汉琼为宣徽使。

孟汉琼原来是赵王王镕的奴仆。当时,范延光、赵延寿汲取安重诲因刚愎自用而得罪的教训,对每件事都不敢表示同意与否,只有孟汉琼与王淑妃在宫中主事,人们对二人心怀忌惮。此前,内宫索取财物稍微超出正常的规定,安重诲总是坚持上奏,因此非分的索求几乎断绝。到这时,孟汉琼径直以后宫命令支取府库的物品,不再禀告枢密院和三司,也不用文书凭据,支取的物品不可胜数。

后唐杀死以太子太师身份退休的安重诲。

安重诲内心不安,上表请求退休。闰五月,后唐明宗命安重诲以太子太师的身份退休,安重诲的儿子安崇赞、安崇绪逃往河中。后唐明宗任命李从璋为护国节度使,派步军指挥使药彦稠领兵奔赴河中。安崇赞等人来到河中,安重诲惊讶地说:"你们怎能到这里来?"一会儿又说:"这是受了别人的指使。我以死报国,还说什么?"便把两个儿子绑了,上表将他们押送到京城。第二天,有位中使前来,见到安重诲就放声痛哭。安重诲问其原因,中使说:"别人说您蓄意谋反,朝廷已派药彦稠领兵到了。"安重诲说:"我受国家恩典,死了也难以报答,哪敢谋反? 更劳烦

国家发兵,贻主上之忧,罪益重矣。"皇城使翟光邺素恶重海,唐主遣诣河中察之,曰:"重海果有异志则诛之。"光邺至,从璋以甲士围其第,自入见重海,拜于庭下。重海惊,降阶答拜,从璋奋挝击其首。妻张氏惊救,亦挝杀之。诏以重海离间孟知祥、董璋、钱镠,又诬其欲自击淮南以图兵柄,遣元随窃二子归本道,并二子诛之。

唐遣两川将吏还谕本镇。

唐主遣西川进奏官苏愿、东川军将刘澄各还本道,谕以安重海专命兴兵,今已伏辜。孟知祥遣使告董璋,欲与之俱上表谢罪,璋怒曰:"孟公亲戚皆完,固宜归附。璋已族灭,尚何谢为!"由是复为怨敌。

六月,唐均田税。　闽作宝皇宫。

闽王延钧好神仙之术,道士陈守元、巫者徐彦林与盛韬共诱之作宝皇宫,极土木之盛。

秋九月,唐敕解纵五坊鹰隼。

敕解纵鹰隼,内外无得更进。冯道曰:"陛下可谓仁及鸟兽。"唐主曰:"不然。朕昔尝从武皇猎,时秋稼方熟,有兽逸入田中,遣骑取之,比得兽,余稼无几。以是思之,猎有损无益,故不为耳。"

冬十月,唐以王延政为建州刺史。　十一月朔,日食。吴以其中书令徐知诰镇金陵,徐景通为司徒,辅政。

知诰表请归老金陵,以知诰为镇海、宁国节度使,镇金陵,总录朝政。以其子景通为司徒、同平章事,知中外左右诸军事,留江都辅政。以王令谋、宋齐丘为左右仆射,并

国家发兵,使主上忧虑,罪更重了。"皇城使翟光邺一向憎恶安重诲,后唐明宗派他到河中察看,说:"安重诲果真蓄意谋反,就杀了他。"翟光邺一到,李从璋率甲兵包围安重诲的住宅,自己进宅去见安重诲,在庭院中跪拜。安重诲大惊,走下台阶来跪拜还礼,李从璋奋力用挝击打安重诲的头部。妻子张氏惊慌地前来抢救,也被打死。后唐明宗下诏指责安重诲离间孟知祥、董璋、钱镠与朝廷的关系,又诬陷他想亲自进攻淮南以谋取兵权,派亲随把两个儿子带回本道,将他两个儿子一并杀死。

后唐派两川将吏回本镇劝导当地官民。

后唐明宗派西川进奏官苏愿、东川军将领刘澄分别返回本道,告知安重诲擅自命令起兵,现已伏罪处死。孟知祥派使者告诉董璋,想与董璋一起上表谢罪,董璋生气地说:"孟公的亲戚都安然无恙,当然应该归附朝廷。我已经被灭族,还谢罪干什么!"从此双方又相互怨恨敌对。

六月,后唐平均田税。　闽国建造宝皇宫。

闽王王延钧喜欢神仙之术,道士陈守元、巫师徐彦林与盛韬一起引诱他建造宝皇宫,建得极为豪华。

秋九月,后唐敕令放掉内廷五坊豢养的鹰隼。

敕令规定,放掉鹰隼,朝廷内外不得再来进献。冯道说:"陛下可谓仁爱施及鸟兽。"后唐明宗说:"并非如此。过去朕曾跟武皇去打猎,当时秋天的庄稼刚成熟,有些野兽逃到田地里,就派人骑马去捉,等捉到野兽后,庄稼所剩无几。据此想来,打猎有害无益,所以朕不打猎。"

冬十月,后唐任命王延政为建州刺史。　十一月初一,发生日食。　吴国派中书令徐知诰镇守金陵,任命徐景通为司徒,辅理朝政。

徐知诰上表请求告老退休,返回金陵,吴主杨溥任命徐知诰为镇海、宁国节度使,镇守金陵,总揽朝廷政务。任命徐知诰的子徐景通为司徒、同平章事,掌管中外左右诸军事,留在江都辅佐处理朝廷政务。任命王令谋、宋齐丘为尚书省左右仆射,均任

同平章事,兼内枢使,使以佐景通。知诰作礼贤院于府舍,聚图书,延士大夫,与孙晟、陈觉议时事。以国中屡灾,曰:"兵民困苦,吾安可独乐?"悉纵遣侍妓,取乐器焚之。

十二月,唐初听民铸田器,亩收税钱。

初听百姓自铸农器并杂铁器,每田二亩,夏秋输农具三钱。

孟知祥遣李肇守利州。

昭武留后赵廷隐请兵于孟知祥,欲以取兴元及秦、凤,知祥不许。廷隐以顷在剑州,与李肇同功,愿以昭武让肇,知祥褒谕,不许。廷隐三让,知祥从之。

壬辰(932) 唐长兴三年。是岁,凡四镇三国。

春正月,唐遣兵击党项,破之。 **二月,唐初刻九经,版印卖之。** **唐赐高从诲爵渤海王。** **三月,吴越武肃王钱镠卒,子元瓘嗣。**

镠寝疾,谓将吏曰:"吾疾必不起,诸儿皆愚懦,谁可为帅者?"众泣曰:"两镇令公仁孝有功,孰不爱戴?"镠乃悉出印钥授传瓘,曰:"将吏推尔,宜善守之。"又曰:"子孙善事中国,勿以易姓废事大之礼。"卒,年八十一。传瓘与兄弟同幄行丧,内牙指挥使陆仁章曰:"令公嗣先王霸业,将吏旦暮趋谒,当与诸公子异处。"乃命主者更设一幄,扶传瓘居之,禁诸公子从者无得妄入。镠末年,左右皆附传瓘,独仁章数以事犯之。至是,传瓘劳之,仁章曰:"先王在位,仁章不知事令公。今日尽节,犹事先王也。"传瓘嘉叹久之。传瓘更名元瓘,以遗命去国仪,用藩镇法,除民田荒绝者租税,

同平章事，兼内枢使，让他们来佐助徐景通。徐知诰在府宅里建造礼贤院，收集图书，延引士大夫，与孙晟、陈觉议论时事。由于国内屡次发生灾害，徐知诰说："士兵和百姓处境困苦，我怎能独自享乐？"便放走所有的侍妾，拿出乐器来烧毁。

十二月，后唐开始听任百姓铸造农具，按亩征收税钱。

开始听任百姓自行铸造农具和杂铁器，每二亩地，夏秋两季交纳农具税三钱。

孟知祥派李肇防守利州。

昭武留后赵廷隐向孟知祥请求派兵，想占领兴元及秦州、凤州，孟知祥没有答应。赵廷隐因不久前在剑州与李肇功劳相等，希望把昭武让给李肇，孟知祥授以褒奖的谕旨，但仍然没有答应。赵廷隐经三次相让，孟知祥便同意了。

壬辰（932）　后唐长兴三年。这一年，共四个藩镇、三个国家。

春正月，后唐派兵攻打党项取胜。　**二月，后唐最初刊刻九经，雕版印刷出售。**　**后唐赐给高从诲渤海王的爵位。**　**三月，吴越武肃王钱镠去世，其子钱元瓘继位。**

钱镠卧病在床，对将吏说："我的病肯定不会好了，儿子们都愚昧懦弱，谁能担任主帅？"大家哭着说："两镇令公仁爱孝敬，又有功劳，谁不爱戴？"于是钱镠拿出所有印信、锁钥交给钱传瓘说："将吏拥护你，你应妥善守护。"又说："子孙后代应好好事奉中原朝廷，不要因王室易姓就丢了事奉大国的礼数。"钱镠去世，时年八十一岁。钱传瓘与兄弟在同一帷帐里守丧，内牙指挥使陆仁章说："令公继承先王的霸业，将吏要早晚进见，所以不应与诸位公子在一起。"便命令主事的另设一帐，扶钱传瓘去住，禁止诸公子的随从擅自入内。钱镠晚年时，身边的人都依附钱传瓘，只有陆仁章屡次因事冒犯钱传瓘。到这时，钱传瓘慰劳陆仁章，陆仁章说："先王在位时，我不知事奉您。现在为您尽心竭力，如同事奉先王。"钱传瓘嘉许赞叹了许久。钱传瓘改名元瓘，根据钱镠的遗命撤销国家的仪节，采用藩镇制度，免除荒芜民田的赋税，

置择能院,掌选举殿最。内牙指挥使刘仁杞及仁章久用事,为众所恶。一日,诸将共请诛之,元瓘谕之曰:"二将事先王久,吾方图其功,汝曹乃欲逞私憾而杀之,可乎?吾为汝王,汝当禀吾命。不然,吾当归临安,以避贤路。"众惧而退。乃以仁章为衢州刺史,仁杞为湖州刺史。中外有上书告讦者,元瓘皆置不问,由是将吏辑睦。

契丹遣使如唐。

初,契丹舍利茢剌与惕隐皆为赵德钧所擒,契丹屡遣使请之。唐主谋于群臣,德钧等皆曰:"契丹所以数年不犯边、数求和者,以此辈在南故也,纵之则边患复生。"冀州刺史杨檀亦曰:"茢剌,契丹之骁将,在朝廷数年,知中国虚实。若得归,为患必深,恐悔之无及。"既而契丹使者辞归,唐主曰:"朕志在安边,不可不少副其求。"乃遣茢骨舍利与之俱归。契丹以不得茢剌,自是数寇云州及振武。

夏四月,董璋袭西川。五月,孟知祥击败之。璋为其下所杀,知祥遂取东川。

孟知祥三遣使说董璋,以"主上加礼于两川,苟不奉表谢罪,恐复致讨。"璋不从。三月,遣李昊诣梓州,极论利害,璋诟怒不许。昊还,言于知祥曰:"璋不通谋议,且有窥西川之志,公宜备之。"至是,璋会诸将,谋袭成都,皆曰必克。王晖曰:"剑南万里,成都为大。时方盛夏,师出无名,必无成功。"璋不从,自将破白杨林镇,声势甚盛。知祥忧之,赵季良曰:"璋为人勇而无恩,士卒不附,城守则难克,

设置择能院,执掌选拔贤能和考核政绩优劣。内牙指挥使刘仁杞和陆仁章长期当权,为大家所憎恶。有一天,诸位将领一起请求杀死他们,钱元瓘告诉诸位将领说:"刘仁杞、陆仁章两位将军长期事奉先王,我正盼他们为国立功,你们为报复私人怨恨就想杀死他们,行吗? 我是你们的王,你们应该听从我的命令。否则我就回临安去,为贤人让路。"大家恐惧地退了下去。于是任命陆仁章为衢州刺史,刘仁杞为湖州刺史。朝廷内外有上书告发攻讦他们的,钱元瓘都搁置下来,不加追究,因此将吏得以和睦相处。

契丹派使者前往后唐。

当初,契丹的舍利蒴刺与惕隐都被赵德钧抓获,契丹屡次派使者要人。后唐明宗与群臣商量,赵德钧等人都说:"契丹几年来没侵犯边境、多次求和的原因,在于这些人还在南边,放了他们,就会再生边患。"冀州刺史杨檀也说:"舍利蒴刺是契丹的骁将,在朝廷待了好几年,了解中原的虚实。如果舍利蒴刺得以回国,为害必然很大,恐怕后悔不及。"不久,契丹使者告辞回国,后唐明宗说:"朕决心安定边疆,不能不稍微满足下他们的要求。"便打发蒴骨舍利与使者一起回国。契丹因得不到舍利蒴刺,从此多次侵犯云州及振武。

夏四月,董璋袭击西川。五月,孟知祥打败董璋。董璋被部下杀死,于是孟知祥占领东川。

孟知祥三次派使者劝说董璋,认为:"主上礼待两川,如果不上表谢罪,恐怕又会招致讨伐。"董璋不同意。三月,孟知祥派李昊前往梓州,极力论述利害,董璋恼怒大骂,没有同意。李昊回来后,对孟知祥说:"董璋不肯互相商量,而且有窥伺西川的企图,您最好防备他。"到这时,董璋召集众将领,谋划袭击成都,大家都说准能攻克。王晖说:"剑南广阔万里,成都最大。这时正是盛夏,出师无名,一定不会成功。"董璋没有接受,亲自领兵攻破白杨林镇,声势甚大。孟知祥为此感到忧虑,赵季良说:"董璋为人勇猛,薄情寡恩,士兵并不拥护,要是据城固守还难以攻克,

野战则成擒矣。今不守巢穴，公之利也。璋用兵，精锐皆在前锋，公直以羸兵诱之，以劲兵待之，始虽小衄，后必大捷。璋素有威名，今举兵暴至，人心危惧，公当自出御之，以强众心。"赵廷隐亦以为然。乃以廷隐为都部署，将三万人拒之。五月朔，入辞，璋檄至，又有遗季良、廷隐及李肇书，诬之云与己通谋。廷隐不视，投之于地，曰："不过为反间，欲令公杀副使与廷隐耳。"再拜而行。知祥曰："事必济矣。"肇囚其使者，拥众为自全计。

璋克汉州，知祥自将兵八千趣汉州，廷隐陈于鸡踪桥，张公铎陈于其后，璋退陈于武侯庙下。璋帐下骁卒大噪曰："日中曝我辈何为，何不速战？"璋乃上马。前锋始交，指挥使张守进降于知祥，言："璋兵尽此，无复后继，当急击之。"知祥登高冢督战，赵廷隐三战不利。知祥惧，以马棰指后陈，张公铎帅众大呼而进，东川兵大败，死者数千人，璋与数骑遁去，余众七千人降。知祥引兵追璋至赤水而还，命廷隐攻梓州。

璋至梓州，王晖帅兵三百，大噪而入。璋引妻子登城，呼指挥使潘稠，使讨乱兵。稠斩璋首以授晖，晖举城迎降，廷隐封府库以待知祥。李肇闻璋败，始斩其使以闻。知祥复将兵八千如梓州。李仁罕自遂州来，侵侮廷隐，廷隐大怒。知祥犒赏将士，谓仁罕、廷隐曰："二将谁当镇此？"命李昊草牒，俟二将有所推而命之。昊曰："昔梁祖、庄宗皆兼领

进行野战就只有被擒了。现在，董璋不防守巢穴，对您有利。董璋用兵，喜欢把精锐部队都安排在前锋，您用弱兵诱敌，劲兵伏击，虽然开始稍受挫折，最终必然取得大捷。董璋一向很有声威，现在起兵突然前来，人心恐惧，您应该亲自出兵抵御，以增强大家的信心。"赵廷隐也认为是这样。于是孟知祥委任赵廷隐为都部署，率领三万人前去抵抗。五月初一，赵廷隐与孟知祥辞行时，董璋的檄文送到，还有董璋写给赵季良、赵廷隐及李肇的信，诬陷说他们与自己共同策划起事。赵廷隐看也不看，把信扔在地上说："不过是反间计，想让你杀副使和我。"拜了两拜就出发了。孟知祥说："此行准能成事。"李肇将董璋的使者囚禁起来，拥兵自重，作为保全自己的计策。

董璋攻克汉州，孟知祥亲自带领八千名士兵奔赴汉州，赵廷隐在鸡踪桥列阵，张公铎在赵廷隐军后面列阵，董璋退到武侯庙前列阵。董璋帐下的骁勇士兵大声喧噪说："日头都中午了，干嘛晒我们？为什么不赶快作战？"董璋于是上马出去。前锋刚接触，指挥使张守进投降孟知祥，说："董璋的兵马都在这里，再没有后续的兵力，应当赶快进攻。"孟知祥登上高坟督战，赵廷隐三次交战失利。孟知祥为之恐惧，用马鞭指了指赵廷隐后面的军阵，张公铎率领部众大声呼叫着向前挺进，东川军大败，死了数千人，董璋与数人骑马逃去，剩下的七千人投降。孟知祥领兵追赶董璋，追到赤水才返回，并命令赵廷隐攻打梓州。

董璋来到梓州，王晖率领三百名士兵大声喧噪着闯入董璋的住宅。董璋领着妻子儿女登上城头，招呼指挥使潘稠去讨伐哗变的士兵。潘稠砍下董璋的头颅交给王晖，王晖率全城迎接并投降西川军，赵廷隐封存了府库，等待孟知祥的命令。李肇听说董璋战败，这才杀了他的使者，向孟知祥报告。孟知祥又带领八千名士兵前往梓州。李仁罕由遂州前来，侵犯欺侮赵廷隐，赵廷隐大怒。孟知祥犒赏将士，对李仁罕、赵廷隐说："二位将军应由谁来镇守此地呢？"命令李昊起草公文，等两位将领推举出一人来就加以任命。李昊说："过去梁太祖、本朝庄宗都同时统领

四镇,今二将不让,惟公自领之为便耳。"知祥命李仁罕归遂州,留赵廷隐东川巡检,遂还成都,廷隐亦引兵还。知祥谓李昊曰:"君为我晓廷隐,今复以阆州为保宁军,益以果、蓬、渠、开四州,往镇之,吾自领东川,以绝仁罕之望。"廷隐犹不平,昊深解之,乃受命。赵季良帅将吏请知祥兼领东川,许之。又请称王,不许。

董璋之起兵也,范延光言于唐主曰:"若两川并于一贼,取之益难,宜及其交争早图之。"唐主以为然。未几,闻璋败死,延光曰:"知祥虽据全蜀,然士卒皆东方人,知祥恐其思归为变,亦欲倚朝廷之重以威其众。陛下不屈意抚之,彼则无从自新。"唐主曰:"知祥吾故人,为人离间至此,何屈意之有!"乃遣供奉官李存瓌赐知祥诏,知祥拜泣受诏,上表谢罪。自是,复称藩,然益骄倨矣。

秋七月,唐武安节度使马希声卒,八月,弟希范嗣。唐以李从珂为凤翔节度使。　唐诏孟知祥补两川节度使以下官。

知祥令李昊为武泰赵季良等五留后草表,请以知祥为蜀王,行墨制,仍自求旌节。昊曰:"如此,则轻重之权皆在群下矣。借使明公自请,岂不可邪?"知祥大悟,更令李昊为己草表,请行墨制补两川刺史以下,又表请以季良等为节度使。初,安重诲欲图两川,每除刺史,皆以东兵卫送之,小州不减五百人,夏鲁奇、李仁矩、武虔裕各数千人,皆以

四镇，现在两位将军各不相让，只有由您亲自统领才合适。"孟知祥命令李仁罕返回遂州，把赵廷隐留下来巡视东川，于是自己回到成都，赵廷隐也领兵返回。孟知祥对李昊说："你替我告诉赵廷隐，如今又在阆州设置保宁军，为保宁军增加果、蓬、渠、开四州，由他前去镇守，我亲自统领东川，以断绝李仁罕的企望。"赵廷隐仍然愤恨不平，经李昊耐心劝解，才接受任命。赵季良率领将吏请求孟知祥兼领东川，孟知祥答应下来。赵季良又请求孟知祥称王，孟知祥没有答应。

董璋起兵时，范延光对后唐明宗说："如果两川都归了一个叛贼，就更难攻取了，应该趁他们互相争斗时及早设法攻取。"后唐明宗认为他说得对。不久，听说董璋战败而死，范延光说："孟知祥虽然占有全蜀，但是士兵都是东部地区的人，孟知祥怕他们思归故乡，因而哗变，也想借助朝廷的声威来威慑部众。如果陛下不曲意迁就，加以安抚，他就无从改过自新。"后唐明宗说："孟知祥是我的老友，被人离间才弄到这般地步，对他有什么曲意迁就可言！"便派供奉官李存瓌赐给孟知祥诏书，孟知祥跪拜哭泣，接受诏命，上表谢罪。从此，孟知祥重新对后唐自称藩属，但愈发骄慢倨傲了。

秋七月，后唐武安节度使马希声去世，八月，其弟马希范承袭他的职位。　后唐任命李从珂为凤翔节度使。　后唐下诏允许孟知祥在两川补授节度使以下的官员。

孟知祥让李昊为武泰赵季良等五位留后草拟奏表，请求封孟知祥为蜀王，把他的亲笔手令称作制书，自己仍然要求节度使的旌节。李昊说："这样做，轻重大权就由一群下属来决定了。假如你自己提出请求，难道有什么不好吗？"孟知祥恍然大悟，又让李昊为自己草拟奏表，请求用自己的亲笔手令作为制书，来补授两川刺史以下的官员，同时上表请求任命赵季良等人为节度使。当初，安重诲想图谋两川，每次任命刺史时，都派东部地区的军队加以护送，小州长官的护送人员不少于五百人，夏鲁奇、李仁矩、武虔裕的护送人员各自有数千人，这些护送人员都以

牙队为名。及知祥克六镇，得东兵无虑三万人，恐朝廷征还，表请其妻子。诏凡剑南节度使以下官听知祥署讫奏闻，惟不遣戍兵妻子，然其兵亦不复征也。

吴徐知诰广金陵城。　　九月，唐城三河县。

初，契丹既强，寇抄卢龙诸州皆遍。每自涿州运粮入幽州，虏多伏兵于阎沟，掠取之。及赵德钧为节度使，城阎沟而戍之，为良乡县，粮道稍通。于州东五十里城潞县而戍之，近州之民始得稼穑。至是，又于州东北百余里城三河县，以通蓟州运路。虏骑来争，德钧击却之。

唐大理少卿康澄上疏论事，唐主优诏答之。

澄上疏曰："国家有不足惧者五，有深可畏者六：阴阳不调不足惧，三辰失行不足惧，小人讹言不足惧，山崩川涸不足惧，螽贼伤稼不足惧。贤人藏匿深可畏，四民迁业深可畏，上下相徇深可畏，廉耻道消深可畏，毁誉乱真深可畏，直言蔑闻深可畏。不足惧者，愿陛下存而勿论；深可畏者，愿陛下修而靡忒。"优诏奖之。

冬十一月，唐以石敬瑭为河东节度使。

秦王从荣喜为诗，聚浮华之士高辇等于幕府，与相唱和，颇自矜伐。唐主语之曰："吾虽不知书，然喜闻儒生讲经义，开益人智思。吾见庄宗好为诗，将家子，文非素习，徒取人窃笑，汝勿效也。"从荣为人鹰视，轻佻峻急，既参朝政，骄纵不法。安重诲死，王淑妃、孟汉琼宣传制命，

牙队为名。等到孟知祥攻克遂、阆、利、夔、黔、梓六镇，得到来自东部地区的军队不下三万人，唯恐朝廷下令召回，就上表请求让他们的妻子儿女前来。后唐明宗下诏剑南节度使以下所有的官员，任凭孟知祥署任后上报，只是不让戍兵的妻子儿女前往两川，但也不再征调那些兵员。

吴国徐知诰扩建金陵城。　九月，后唐修筑三河县城。

当初，契丹强大后把卢龙各州都劫掠遍了。每次把粮食从涿州运进幽州，契丹往往在阎沟埋伏兵马，加以掠夺。等到赵德钧担任节度使，修筑阎沟城，派兵戍守，设立良乡县，粮道才稍微畅通了一些。赵德钧在幽州东面五十里处的潞县筑城戍守，靠近州城的百姓才得以务农。到这时，赵德钧又在幽州东北面百余里处修筑三河县城，以保证蓟州运输通道的畅通。契丹骑兵前来争夺，赵德钧将契丹骑兵击退。

后唐大理少卿康澄上疏论事，后唐明宗以褒美嘉奖的诏书作了答复。

康澄上疏说："国家不足畏惧的事情有五条，深可畏惧的事情有六条：阴阳二气不调不足畏惧，日月星运行失常不足畏惧，小人的谣言不足畏惧，山脉崩塌、河流干涸不足畏惧，害虫毁伤庄稼不足畏惧。贤人隐退不出深可畏惧，士农工商四民不安本业深可畏惧，上下各谋私利深可畏惧，丧失廉耻的原则深可畏惧，毁谤与赞誉违背真实情况深可畏惧，听不到正直的言论深可畏惧。对于不足畏惧的，希望陛下搁置一旁，不必过问；对于深可畏惧者，希望陛下修明其事，不出差错。"后唐明宗下诏加以褒扬嘉奖。

冬十一月，后唐任命石敬瑭为河东节度使。

秦王李从荣喜欢作诗，把浮华文士高辇等聚集在幕府中，与他们互相唱和，颇为夸耀自己。后唐明宗告诉他说："我虽不识字，但喜欢听儒生讲解经书大义，以启发增益人的才智。我见庄宗喜欢写诗，但将门之子，一向不熟悉文墨，徒然惹人背后讥笑，你别学他。"李从荣目光锐利如鹰，为人轻佻严酷，参与朝政后，骄横放纵，不守法纪。安重诲死后，王淑妃、孟汉琼传达诏命，

范延光、赵延寿为枢密使，从荣皆轻侮之。石敬瑭兼六军诸卫副使，其妻永宁公主与从荣异母，素相憎疾。从荣以从厚声名出己右，尤忌之，从厚善以卑弱奉之，故嫌隙不外见。敬瑭不欲与从荣共事，常思外补以避之。延光、延寿亦虑及祸，屡辞机要。会契丹欲入寇，唐主命择河东帅，延光、延寿皆曰："今帅臣可往者，独石敬瑭、康义诚耳。"敬瑭亦愿行，即命除之。既受诏，不落六军副使，敬瑭复辞，遂召义诚诣阙，且命趣议河东帅。敬瑭欲之，而延光、延寿欲用义诚，议久不决。枢密直学士李崧以为"非石太尉不可"，众从崧议，遂以敬瑭镇河东。敬瑭至晋阳，以部将刘知远、周瓖为都押衙，委以心腹，军事委知远，帑藏委瓖。

唐蔚州叛，降契丹。

蔚州刺史张彦超与石敬瑭有隙，闻敬瑭为总管，遂降契丹。

癸巳（933） 唐长兴四年。闽主王延钧龙启元年。是岁，凡四国三镇。

春正月，闽王延钧称帝，更名璘。

闽人有言真封宅龙见者，闽王延钧更名其宅曰龙跃宫，遂诣宝皇宫受册，备仪卫入府，即皇帝位。自以国小地僻，常谨事四邻，由是境内差安。

二月，唐定难节度使李仁福卒，子彝超嗣。 唐以孟知祥为蜀王。 三月，唐以李彝超为彰武留后，安从进为定难留后，彝超拒命。

范延光、赵延寿当了枢密使,李从荣对他们都随意侮辱。石敬瑭兼任六军诸卫副使,其妻永宁公主与李从荣不是一母所生,两人一向互相憎恨。李从荣因李从厚的名声在自己之上,对他尤其憎恶,李从厚善于用谦卑软弱的态度事奉李从荣,所以矛盾没表现出来。石敬瑭不想与李从荣共事,总想在朝外任职,以避开李从荣。范延光、赵延寿也顾虑招致祸患,多次要求辞去机要职务。适值契丹准备入侵,后唐明宗命令推选河东主帅,范延光、赵延寿都说:"现在可以前去担任主帅的大臣只有石敬瑭和康义诚。"石敬瑭也愿前去,后唐明宗就任命石敬瑭为河东主帅。石敬瑭接受诏命后,没有免除六军副使的职务,石敬瑭又加推辞,于是后唐明宗召康义诚进京,并命从速计议河东主帅的人选。石敬瑭想担当此任,而范延光、赵延寿想任用康义诚,商议了许久,都没有决定下来。枢密直学士李崧认为"非由石太尉担当不可",大家依了李崧的意见,于是委派石敬瑭镇守河东。石敬瑭来到晋阳,任命部将刘知远、周瓌为都押衙,作为自己的心腹,军事交给刘知远,财政交给周瓌。

后唐蔚州反叛,投降契丹。

蔚州刺史张彦超与石敬瑭有矛盾,听说石敬瑭是总管,就向契丹投降了。

癸巳(933) 后唐长兴四年。闽主王延钧龙启元年。这一年,共四个国家、三个藩镇。

春正月,闽王王延钧称帝,改名为璘。

闽国有人说真封宅出现了龙,闽王王延钧将此宅改名为龙跃宫,随即到宝皇宫接受册命,设置仪仗卫队,进了王府,即位称帝。王延钧自认为闽国国小地僻,对周围的邻国总是恭谨事奉,因此境内大致安定。

二月,后唐定难节度使李仁福去世,其子李彝超继任。 后唐封孟知祥为蜀王。 三月,后唐任命李彝超为彰武留后,安从进为定难留后,李彝超拒绝接受命令。

先是,河西诸镇皆言李仁福潜通契丹,并吞河右,南侵关中。会仁福卒,以其子彝超为彰武留后,安从进为定难留后,仍命静难节度使药彦稠将兵五万,以宫苑使安重益为监军,送从进赴镇,敕谕夏、银、绥、宥将吏:"彝超年少,未能扞御,故徙之延安。从命则有富贵之福,违命则有覆族之祸。"四月,彝超上言:"为军民拥留,未得赴镇。"诏遣使趣之。

唐以刘赞为秦王傅。

言事者请为亲王置师傅,宰相畏秦王从荣,请令自择。秦府判官王居敏荐兵部侍郎刘赞于从荣,从荣请以为傅。王府参佐皆新进少年,轻脱诮谀,赞独从容规讽,从荣不悦,概以僚属待之,赞有难色。从荣戒门者勿为通,月听一至府,或竟日不召,亦不得食。

唐立从珂为潞王,从益为许王。　闽地震。

初,闽王审知性节俭,府舍皆庳陋。至是,大作宫殿,极土木之盛。

吴徐知诰营宫城于金陵。

宋齐丘劝知诰徙吴主都金陵,知诰乃营宫城于金陵。

秋七月,唐安从进讨李彝超,不克,引还。

安从进攻夏州,州城赫连勃勃所筑,坚如铁石,斫凿不能入。又党项万余骑徜徉四野,抄掠粮饷,官军无所刍牧。山路险狭,关中民输斗粟束藁费钱数缗,民间困竭不能供。彝超登城谓从进曰:"夏州贫瘠,非有珍宝蓄积可以充朝廷贡赋也。但以祖父世守此土,不欲失之。幸与表闻,许其自新。"

此前，河西各镇都说李仁福与契丹暗中勾结，谋求吞并河右，南下侵犯关中。适值李仁福去世，朝廷任命其子李彝超为彰武留后，安从进为定难留后，还命令静难节度使药彦稠领兵五万，由宫苑使安重益担任监军，护送安从进赴镇上任，并颁布敕令告知夏、银、绥、宥各州将吏说："李彝超还年轻，不能抵御外敌，所以改派他到延安。服从命令即有享受富贵的福分，违抗命令则有宗族覆灭的灾祸。"四月，李彝超上表说："被当地军民挽留，未能赴镇上任。"后唐明宗下诏派使者前去催促。

后唐任命刘赞为秦王傅。

言事的人请求为亲王安排师傅，宰相畏惧秦王李从荣，请他自己挑选。秦王府判官王居敏向李从荣推荐兵部侍郎刘赞，李从荣就请求任命刘赞为秦王傅。秦王府的僚属都是新进少年，行为轻佻，谄媚逢迎，唯独刘赞慢条斯理地婉言规劝，李从荣心中不悦，把刘赞当作普通的僚属，刘赞面有难色。李从荣告诉守门人不给刘赞通报，允许他每月到秦王府来一次，有时整天不予召见，也不给饭吃。

后唐立李从珂为潞王，李从益为许王。　闽国发生地震。

当初，闽王王审知生性节俭，王府的房屋都很简陋。到这时，王璘大建宫殿，建得极为豪华。

吴国徐知诰在金陵营建宫城。

宋齐丘劝徐知诰让吴主杨溥迁都金陵，于是徐知诰在金陵营建宫城。

秋七月，后唐安从进讨伐李彝超，未能取胜，领兵返回。

安从进攻打夏州，夏州城是赫连勃勃修筑的，坚如铁石，砍不坏，凿不进。又有一万余名党项族骑兵在原野各处流动，抢掠粮饷，官军无处割草放牧。山路险要狭窄，关中百姓运输一斗米、一捆草要耗费数缗钱，民间极端困乏，粮饷难以供应。李彝超登上城头对李从进说："夏州土地瘠薄，人民贫困，并没有珍宝财货可以向朝廷进献贡物和赋税。只是因为自从祖父以来世代据守此地，我也不想失掉。请上表告知此意，允许我改过自新。"

诏从进引兵还。自是夏州轻朝廷,每有叛臣,必阴与之连,以邀赂遗。

唐赐在京诸军优给。

唐主暴得风疾,久未平,征夏州无功,军士颇有流言,于是赐在京诸军优给有差。赏赉无名,士卒益骄。

唐以钱元瓘为吴王。

元瓘于兄弟甚厚,其兄元璙自苏州入见,元瓘以家人礼事之,奉觞为寿曰:"此兄之位也,而小子居之,兄之赐也。"元璙曰:"先王择贤而立之,君臣位定,元璙知忠顺而已。"因相与对泣。

闽以薛文杰为国计使。

文杰性巧佞,以聚敛求媚,闽主璘亲任之。文杰阴求富民之罪,籍没其财,被榜捶者胸背分受,仍以铜斗火熨之。建州土豪吴光入朝,文杰利其财,将治之。光怨怒,帅其众且万人叛奔吴。

唐主加尊号,赐内外将士优给。

时一月之间再行优给,用度益窘。

唐以秦王从荣为天下兵马大元帅。

太仆少卿致仕何泽表请立从荣为太子,唐主览表泣下,私谓左右曰:"群臣请立太子,朕当归老太原旧第耳。"不得已,诏宰相、枢密议之。从荣见上言曰:"臣幼少,且愿学治军民,不愿当此名也。"退见范延光、赵延寿曰:"执政欲夺我兵柄,幽之东宫耳。"延光等知上意,且惧从荣之言,即以白上。制以从荣为天下兵马大元帅,位宰相上。

唐以赵延寿为宣武节度使,朱弘昭为枢密使。

后唐明宗下诏命安从进领兵返回。从此，夏州轻视朝廷，每当出现叛臣，夏州就暗中与叛臣勾结，以索求财物。

后唐从优赏赐在京各军。

后唐明宗突然得了风疾，很久没有平复，征讨夏州没有建功，军士颇有流言，于是按等级从优供给在京各军。由于赏赐没有名义，士兵越发骄悍。

后唐封钱元瓘为吴王。

钱元瓘对兄弟们非常优厚，他的哥哥钱元璙由苏州入朝进见，钱元瓘用家人的礼节对待他，捧杯敬酒说："这是哥哥的位子，现在我坐在这里，是哥哥的赏赐。"钱元璙说："先王选择贤才作为嗣君，现在君臣关系已经确定，我只知道忠诚顺从罢了。"于是相对哭泣。

闽国任命薛文杰为国计使。

薛文杰生性奸诈机巧，通过搜括财富来讨好国君，闽主王璘很亲信重用他。薛文杰暗中寻找富人的罪过，没收家产，被拷打的人胸背分别受刑，还用烧红的铜斗熨烫他们。建州当地的豪强吴光进京朝见，薛文杰贪图吴光的财产，打算整治吴光。吴光怨恨恼怒，率领他的部众将近万人反叛，投奔吴国。

后唐明宗加称尊号，赏赐对朝廷内外将士从优供给。

当时，在一个月内两次实行从优供给，费用更加窘困。

后唐任命秦王李从荣为天下兵马大元帅。

辞官归居的太仆少卿何泽上表请求立李从荣为太子，后唐明宗看到奏表，流下眼泪，私下对身边的人说："群臣请求立太子，朕应回太原旧宅养老了。"出于无奈，下诏命宰相、枢密使商议此事。李从荣来见后唐明宗说："臣还年轻，而且愿意学习治军理民，不想接受这个名号。"退下来去见范延光、赵延寿说："执政想夺我的兵权，把我囚在东宫里。"范延光等人了解后唐明宗的意图，对李从荣的话又感到恐惧，便向后唐明宗禀报。后唐明宗下制书任命李从荣为天下兵马大元帅，地位在宰相之上。

后唐任命赵延寿为宣武节度使，朱弘昭为枢密使。

秦王从荣请严卫、捧圣步骑两指挥为牙兵，每入朝，从数百骑，张弓挟矢，驰骋衢路。不快于执政，私谓所亲曰："吾一旦南面，必族之。"范延光、赵延寿惧，屡求外补以避之。唐主以为见己病而求去，甚怒，曰："欲去自去，奚用表为？"齐国公主复为延寿言于禁中，乃以延寿为宣武节度使，以朱弘昭为枢密使、同平章事。弘昭复辞，唐主叱之，弘昭乃不敢言。

唐遣使如吴越。

吏部侍郎张文宝泛海使杭州，船坏，风飘至天长，吴主厚礼之，资以从者仪服、钱币数万。文宝独受饮食，余皆辞之，曰："唐朝与吴久不通问，今既非君臣，又非宾主，若受此物，何辞以谢？"吴主嘉之，竟达命于杭州而还。

闽主璘杀其从子继图。

薛文杰说闽主璘抑挫诸宗室，继图不胜忿，谋反，坐诛，连坐者千余人。

冬十月，唐以范延光为成德节度使，冯赟为枢密使。

延光屡因孟汉琼、王淑妃以求出，以为成德节度使，以冯赟代之。唐主以亲军都指挥使康义诚为朴忠，亲任之。时要近之官多求出，以避秦王之祸。义诚度不能自脱，乃令其子事秦王，务持两端，冀得自全。唐主饯范延光曰："卿今远去，事宜尽言。"对曰："朝廷大事，愿陛下与内外辅臣参决，勿听群小之言。"遂相泣而别。时孟汉琼用事，附之者共为朋党，以蔽惑上听，故延光言及之。

秦王李从荣请求以严卫、捧圣步骑两指挥使充当自己的牙兵，每次入朝，数百人骑马跟随，张弓挟箭，在大道上奔驰。李从荣对执政大臣很不满意，私下对亲信说："我一旦即位，一定将他们灭族。"范延光、赵延寿为之恐惧，屡次要求补任外地的官职，以避开李从荣。后唐明宗以为范、赵二人见自己有病才要离去，非常恼怒，说："要走就走，哪里用得着上表？"齐国公主又替赵延寿在宫中进言，于是后唐明宗任命赵延寿为宣武节度使，朱弘昭为枢密使、同平章事。朱弘昭又表示推辞，后唐明宗大声喝叱，朱弘昭这才不敢吱声。

后唐派使者前往吴越。

吏部侍郎张文宝由海路出使杭州，船只毁坏，海风使船漂流到天长，吴主杨溥以隆重的礼节接待张文宝，并资助随从人员的礼仪服装和钱币数万。张文宝只接受饮食，其余的东西一概推辞不受，说："唐朝与吴国很久没有互通音讯，现在既不是君臣关系，又不是宾主关系，如果接受这些东西，用什么措辞表示感谢呢？"吴主杨溥嘉许张文宝，张文宝最终到杭州完成了使命回国。

闽主王璘杀死自己的侄子王继图。

薛文杰劝闽主王璘抑制诸位宗室成员，王继图不胜忿怨，图谋反叛，获罪被杀，受牵连的有一千余人。

冬十月，后唐任命范延光为成德节度使，冯赟为枢密使。

范延光屡次通过孟汉琼、王淑妃谋求调离京城，后唐明宗任命他为成德节度使，让冯赟接替他的职务。后唐明宗认为亲军都指挥使康义诚朴厚忠实，亲信重用他。当时，身处要职、近职的官员多要求外放，以躲避秦王李从荣的加害。康义诚估计难以脱身，便让自己的儿子事奉秦王李从荣，力求脚踩两只船，希望得以保全自己。后唐明宗为范延光饯行说："现在你要远行，有事应该知无不言。"范延光回答说："对于朝廷大事，希望陛下与内外辅政大臣商讨决定，别听一群小人的话。"于是流着眼泪互相告别。当时，孟汉琼当权，依附他的人结成朋党，来蒙蔽后唐明宗的视听，所以范延光说了这一番话。

唐以李彝超为定难节度使。

彝超上表谢罪，故有是命。

十一月，唐主疾病，秦王从荣作乱，伏诛。

唐主疾作，大渐，秦王从荣入问疾，唐主俯首不能举。从荣出，闻宫中皆哭，意唐主已殂，明旦称疾不入。从荣自知不为时论所与，恐不得为嗣，与其党谋，欲以兵入侍，先制权臣。遣都押牙马处钧谓朱弘昭、冯赟曰："吾欲帅牙兵入宫中侍疾，且备非常。"二人曰："主上万福，王宜竭心忠孝，不可妄信浮言。"从荣怒，复遣谓曰："公辈殊不爱家族邪，何敢拒我！"二人患之，入告王淑妃、孟汉琼，召康义诚谋之，义诚竟无言。

从荣将步骑千人陈于天津桥，遣马处钧至冯赟第语之曰："吾今日决入，公辈祸福在须臾耳。"赟驰入右掖门，见弘昭、义诚、汉琼及三司使孙岳。赟让义诚曰："公勿以儿在秦府，左右顾望。主上拔擢吾辈自布衣至将相，苟使秦王兵得入此门，置主上何地乎！"义诚未对。监门白："秦王已将兵至端门外。"汉琼拂衣起，入殿门，弘昭、赟随之，义诚不得已，亦随之入。汉琼见帝曰："从荣反，兵已攻端门矣。"唐主指天泣下，谓义诚曰："卿自处置，勿惊百姓。"控鹤指挥使李重吉，从珂之子也，时侍侧，唐主曰："吾与尔父冒矢石，定天下，从荣辈得何力，今乃为人所教，为此悖逆！当呼尔父，授以兵柄耳。"重吉即帅控鹤兵守宫门，汉琼召马军指挥使朱洪实，使将五百骑讨从荣。从荣走归府，僚佐皆窜匿，牙兵溃去。皇城使安从益斩从荣并其子

后唐任命李彝超为定难节度使。

李彝超上表谢罪，所以有这项任命。

十一月，后唐明宗生病，秦王李从荣作乱被杀。

后唐明宗疾病发作，已到生命垂危的时刻，秦王李从荣进宫问候病情，后唐明宗低着头抬不起来。李从荣出来后，听见宫中人都在哭泣，心想后唐明宗已死，第二天就声称有病，不再进宫问候。李从荣知道舆论并不赞成自己，恐怕当不了继承人，就与同党密谋，准备率领军队进宫侍候后唐明宗，先将权臣制服。李从荣派押牙马处钧告诉朱弘昭、冯赟说："我想率领牙兵进宫侍候皇上的疾病，同时防止意外发生。"朱、冯二人说："主上多福，大王您应该尽心恪守忠孝，不可随意相信毫无根据的话。"李从荣大怒，又打发马处钧对朱、冯二人说："你们难道一点也不爱自己的家族吗？怎敢不听我的！"朱、冯二人深以为忧，进宫去告诉王淑妃、孟汉琼，把康义诚叫来商议其事，康义诚始终没有发话。

李从荣带领上千名步兵、骑兵在天津桥列阵，派马处钧到冯赟的府第去说："现在我决意进宫，你们的祸福就在顷刻之间。"冯赟火速骑马进入右掖门，去见朱弘昭、康义诚、孟汉琼及三司使孙岳。冯赟责备康义诚说："你不要因儿子在秦王府就左右观望。主上把我们从平民提拔为将相，假使秦王的军队能进此门，主上往哪里摆！"康义诚没有答话。守门人报告说："秦王已领兵来到端门外。"孟汉琼拂衣而起，走进殿门，朱弘昭、冯赟随后，康义诚出于无奈，也跟着进了殿门。孟汉琼见了后唐明宗说："从荣反了，他的军队已经在攻打端门。"后唐明宗手指着天，流下眼泪，对康义诚说："由你自行处理，不要惊动百姓。"控鹤指挥使李重吉是李从珂的儿子，当时正侍候在后唐明宗身旁，后唐明宗说："我与你父亲冒着飞石流矢平定天下，从荣这些人出过什么力，现在竟受人教唆，干这种忤逆的事！应该叫你父亲来，授给兵权。"李重吉立即率控鹤军守卫宫门，孟汉琼召来马军指挥使朱洪实，让他带五百骑兵讨伐李从荣。李从荣跑回府第，僚佐都逃窜躲藏，牙兵溃散逃走。皇城使安从益杀死李从荣及他儿子

以献,唐主悲骇,绝而复苏,由是疾复剧。从荣一子尚幼,养宫中,诸将请除之,唐主泣曰:"此何罪!"不得已,竟与之。时宋王从厚为天雄节度使,遣孟汉琼征之,追废从荣为庶人。

执政共议从荣官属之罪,冯道曰:"从荣所亲者,高辇、刘陟、王说而已,自非与之同谋,岂得一切诛之!"于是流贬有差。初,从荣失道,六军判官赵远谏曰:"大王勿谓父子至亲为可恃,独不见恭世子、戾太子乎?"从荣怒,出为泾州判官。及从荣败,远以是知名。远字上交,幽州人也。

唐主殂。

明宗性不猜忌,与物无竞,登极之年已逾六十。每夕于宫中焚香祝天曰:"某胡人,因乱为众所推。愿天早生圣人,为生民主。"在位年谷屡丰,兵革罕用,校于五代,粗为小康。

闽主璘杀其枢密使吴勖。

闽主璘好鬼神,巫盛韬等皆有宠。薛文杰言于璘曰:"陛下左右多奸臣,非质诸鬼神,不能知也。盛韬善视鬼,宜使察之。"文杰恶枢密使吴勖,勖有疾,文杰省之曰:"主上以公久疾,欲罢公近密,仆言公但小苦头痛耳,将愈矣。主上或遣使来问,慎勿以他疾对也。"明日,使韬言于璘曰:"适见北庙崇顺王,讯吴勖谋反,以铜钉钉其脑。"璘以告文杰,文杰曰:"未可信也,宜遣使问之。"果以头痛对,即收下狱,遣文杰治之。勖自诬服,并其妻子诛之,由是国人益怒。吴光请兵于吴,吴信州刺史蒋延徽不俟朝命,引兵

斩首进献,后唐明宗惊骇悲伤交集,晕过去又醒过来,从此病情又加重了。李从荣的一个儿子年纪还小,养在宫中,诸将领请求杀死他,后唐明宗哭着说:"这孩子有什么罪!"迫不得已,最终还是交给诸将领杀死。当时,宋王李从厚担任天雄节度使,后唐明宗派孟汉琼征调李从厚回朝,追废李从荣为庶人。

执政大臣共同拟议李从荣的属官的罪责,冯道说:"从荣亲近的,只是高辇、刘陟、王说罢了,他们自然不属于与从荣同谋,怎能一律处死!"于是流放贬黜诸人各有等差。当初,李从荣不守常道,六军判官赵远进谏说:"大王别以为父子至亲的关系靠得住,难道没看过晋献公杀恭世子、汉武帝杀戾太子的往事吗?"李从荣发怒,外放赵远为泾州判官。等到李从荣垮台,赵远以此闻名。赵远字上交,幽州人。

后唐明宗李亶去世。

后唐明宗天生不好猜忌,与世无争,登基那年已经六十多岁。每夜在宫中焚香祝祷说:"我是胡人,由于兵荒马乱才被众人推戴。希望上天早生圣人,做百姓的主宰。"在位期间收成屡次获得丰收,很少发生战事,在五代时期比较起来约略可称小康。

闽主王璘杀死本国枢密使吴勖。

闽主王璘喜好鬼神,巫师盛韬等人都很受宠。薛文杰向王璘进言说:"陛下身边有许多奸臣,不动问鬼神,无法分辨清楚。盛韬善于与鬼接触,应该让他察看一下。"薛文杰憎恶枢密使吴勖,由于吴勖有病,薛文杰前去探望说:"主上认为你病了许久,想免去你的枢密使职务,我说你只是稍微受头痛的困扰,快好了。主上也许会派使者前来探问,你千万别说有别的病。"第二天,薛文杰指使盛韬对王璘说:"刚才见到北庙的崇顺王在审问吴勖谋反一案,把铜钉钉进他的脑子。"王璘告诉了薛文杰,薛文杰说:"这不可信,应派使者去问一下。"吴勖果然回答说自己头痛,王璘当即将吴勖收捕下狱,派薛文杰去审吴勖。吴勖违心认罪,薛文杰将吴勖连同其妻子儿女一并处死,由此国人更加愤怒。吴光请吴国发兵,吴国信州刺史蒋延徽不等朝廷下令,就领兵

会攻建州,璘遣使求救于吴越。

十二月,唐主从厚立。

唐主自终易月之制,即召学士读《贞观政要》《太宗实录》,有致治之志,然不知其要,宽柔少断。李愚私谓同列曰:"位高责重,事亦堪忧。"朱弘昭以诛秦王立唐主为己功,欲专朝政。天雄押牙宋令询侍唐主最久,雅被亲信,弘昭不欲其在唐主左右,以为磁州刺史,唐主不悦,而无如之何。孟知祥闻明宗殂,亦谓僚佐曰:"宋王幼弱,为政者皆胥吏小人,其乱可坐而俟也。"

闽主璘杀其指挥使王仁达。

仁达有擒王延禀之功,性慷慨,言事无所避,闽主璘恶之,诬以谋叛,族诛之。

甲午(934) 唐闵帝从厚应顺元年,四月以后,唐主从珂清泰元年。蜀主孟知祥明德元年。是岁,蜀建国,凡五国三镇。

春正月,唐以高从诲为南平王,马希范为楚王,钱元瓘为吴越王。 唐以李重吉为亳州团练使。

潞王从珂与石敬瑭少从明帝征伐,有功名,得众心。朱弘昭、冯赟位望素出二人下远甚,一旦执朝政,皆忌之。及明宗殂,从珂辞疾不来。使臣至凤翔者,或自言伺得从珂阴事,于是朱、冯不欲重吉典禁兵,出为亳州团练使。从珂女为尼洛阳,亦召入禁中,从珂由是疑惧。

吴人攻闽建州,不克。

会攻建州,王璘派使者向吴越求救。

十二月,后唐闵帝李从厚即位。

后唐闵帝从结束以日易月的丧礼开始,就召来学士研读《贞观政要》《太宗实录》,表现出谋求政治修明的志向,但却不知道其中的要领,优柔寡断。李愚私下对同僚们说:"地位崇高,责任重大,也是可忧之事。"朱弘昭把诛灭秦王李从荣、拥立后唐闵帝即位看作自己的功劳,想专擅朝政。天雄押牙宋令询侍候后唐闵帝的时间最长,深蒙亲近信任,朱弘昭不愿让他在后唐闵帝身边,任命他为磁州刺史,后唐闵帝很不高兴,但也不能把朱弘昭怎么样。孟知祥听说后唐明宗去世,也对僚佐说:"宋王李从厚年少软弱,执政的大臣都是办理案牍的小人,变乱的发生可以坐着等了。"

闽主王璘杀死本国指挥使王仁达。

王仁达有抓获王延禀的功劳,性情慷慨,言事没有避讳,闽主王璘憎恶他,诬蔑他图谋反叛,诛灭他全族。

后唐闵帝末帝

甲午(934) 后唐闵帝李从厚应顺元年,四月以后,后唐末帝李从珂清泰元年。后蜀高祖孟知祥明德元年。这一年,后蜀建国,共五个国家、三个藩镇。

春正月,后唐封高从诲为南平王,马希范为楚王,钱元瓘为吴越王。 后唐任命李重吉为亳州团练使。

潞王李从珂与石敬瑭年轻时跟随后唐明宗征伐,有功勋名望,受部众拥护。朱弘昭、冯赟的地位名望一向比二人差得多,一旦执掌朝政,都忌恨二人。等到后唐明宗去世,李从珂推说有病,不肯前来。前往凤翔的使者,有的自称刺探到李从珂的隐私,于是朱弘昭、冯赟不想让李重吉掌管禁军,把他外放为亳州团练使。李从珂的女儿在洛阳当尼姑,也被召进宫中,李从珂因此心怀疑虑恐惧。

吴人攻打闽国的建州,没有攻克。

吴蒋延徽败闽兵于浦城，遂围建州。闽主璘遣兵救建州，军及中途，士卒不进，曰："不得薛文杰，不能讨贼。"军中以闻，国人震恐。太后及福王继鹏泣谓璘曰："文杰盗弄国权，枉害无辜，上下怨怒久矣。今吴兵深入，士卒不进，社稷一旦倾覆，留文杰何益？"文杰亦在侧，互陈利害。璘曰："吾无如卿何，卿自为谋。"文杰出，继鹏伺之门外，以笏击之仆地，槛车送军前，士卒脔食之。初，文杰以古制槛车疏阔，更为之，形如木柜，攒以铁，铓内向，动辄触之，既成，而首自入焉。并诛盛韬。延徽攻建州，垂克，徐知诰以延徽吴太祖之婿，与临川王濛素善，恐其克建州，奉濛以图兴复，遣使召之。延徽亦闻闽兵及吴越兵将至，引兵归。闽人追击，败之。知诰贬延徽为右威卫将军，遣使求好于闽。

唐以唐汭、陈乂为枢密直学士。

唐主即位，旧镇将佐之有才者，朱、冯皆斥逐之。汭以文学从历三镇，而性迂疏，故朱、冯引置密近，又以其党陈乂监之。

蜀王孟知祥称帝。

知祥以赵季良为司空、平章事。

吴徐知诰黜其押牙周宗为池州副使，寻复召之。

吴人多不欲迁都者，都押牙周宗言于徐知诰曰："主上西迁，公复须东行，不惟劳费甚大，且违众心。"吴主遣宋齐丘如金陵，谕知诰罢迁都。先是，知诰久有传禅之志，以吴主无失德，恐众心不悦，欲待嗣君，宋齐丘亦以为然。

吴将蒋延徽在浦城打败闽军，于是包围建州。闽主王璘派兵援救建州，军队行至中途，士兵不肯前进，说："不得到薛文杰，就不能讨贼。"军中将领上报，国人震惊恐惧。太后和福王王继鹏哭着对王璘说："薛文杰窃用国家大权，没来由地残害无辜，上上下下，怨恨愤怒已久。现在，吴军深入我国，士兵不肯前进，国家一旦倾覆，留着薛文杰有什么用呢！"薛文杰也在一旁，双方都陈述利害。王璘说："我不会把你怎样，你自己看着办。"薛文杰出来后，王继鹏躲在门外等他，用笏板把他打倒在地，用囚车押送到军前，士兵割碎他的肉吃掉。当初，薛文杰认为按古制制造的囚车空间太宽阔，重新制成形如木柜的槛车，向内插上带刃的尖铁，人一动就会碰到它，这种槛车制成后，薛文杰本人第一个被装了进去。同时杀了盛韬。蒋延徽攻打建州，即将攻克，徐知诰因蒋延徽是吴太祖杨行密的女婿，与临川王杨濛一向交好，怕他攻下建州会拥戴杨濛，以图复兴吴王室，就派使者召他撤军。蒋延徽也听说闽军和吴越军即将赶到，就领兵返回。闽军追击，打败蒋延徽军。徐知诰将蒋延徽贬为右威卫将军，派使者到闽国谋求和好。

　　后唐任命唐汭、陈乂为枢密直学士。

　　后唐闵帝即位后，之前镇守地方的有才能的将佐，朱弘昭、冯赟都加以斥逐。唐汭以王府文学的职务随闵帝历任宣武、河东、天雄三镇，但性情迂阔粗疏，所以朱弘昭、冯赟援引他安置在接近皇上的职位上，同时派自己的党羽陈乂去监督唐汭。

　　蜀王孟知祥称帝。

　　孟知祥任命赵季良为司空、平章事。

　　吴国徐知诰将押牙周宗贬为池州副使，不久又召回他。

　　吴人大多不愿迁都，都押牙周宗向徐知诰进言说："主上西迁金陵，你又东往江都，不但极为劳民伤财，而且不符合大家的心愿。"吴主杨溥派宋齐丘前往金陵，告诉徐知诰停止迁都。此前，徐知诰早就有意让吴主禅让传位，由于吴主德行无亏，担心大家心中不悦，想等嗣君继位后实行，宋齐丘也认为该这样。

一旦,知诰临镜镊白髭,叹曰:"国家安而吾老矣,奈何?"周宗知其意,请如江都,微以传禅讽吴主。齐丘以宗先己,心疾之,手书切谏,以为未可,请斩宗以谢,吴主乃黜宗为池州副使。久之,节度副使李建勋、司马徐玠等屡陈知诰功业,宜早从民望,召宗复为都押牙。知诰由是疏齐丘。

唐以潞王从珂为河东节度使,石敬瑭为成德节度使。从珂举兵凤翔,唐遣兵讨之,官军降溃。

朱弘昭、冯赟不欲石敬瑭久在太原,徙潞王从珂镇河东,敬瑭镇成德,皆不降制书,但各遣使臣持宣监送赴镇。从珂既与朝廷猜阻,朝廷又命洋王从璋权知凤翔。从璋性粗率乐祸,前代安重诲而杀之。从珂谋于将佐,皆曰:"主上富于春秋,政事出于朱、冯。大王功名震主,离镇必无全理,不可受也。"观察判官冯胤孙曰:"君命召,不俟驾。今道过京师,临丧赴镇而已,诸人凶谋,不可从也。"众哂之。从珂乃移檄邻道,言:"朱弘昭等专制朝权,惧倾社稷。今将入朝,以清君侧,而力不能独办,愿乞灵邻藩以济之。"以西都留守王思同当东出之道,尤欲与之相结,遣使诣长安说以利害,饵以美妓。思同谓将吏曰:"吾受明宗大恩,今与凤翔同反,借使事成而荣,犹为一时之叛臣,况事败而辱,流千古之丑迹乎?"遂执其使以闻,他使亦多为邻道所执。惟陇州防御使相里金倾心附之,遣判官薛文遇往来计事。

一天早上，徐知诰在镜前拔白胡须，叹息说："国家安定，我也老了，如何是好？"周宗明白他的心意，请求前往江都，把禅让传位的想法略微暗示给吴主杨溥。宋齐丘因周宗抢在自己前头，心怀忌恨，亲笔写奏书极力劝阻，认为不可实行，请求杀死周宗，向吴主谢罪，于是吴主将周宗贬为池州副使。过了一段时间，节度副使李建勋、司马徐玠等人屡次陈述徐知诰的功业，认为应及早顺应百姓的愿望，于是吴主又召回周宗，让他重新担任都押牙。徐知诰因此疏远宋齐丘。

后唐任命潞王李从珂为河东节度使，石敬瑭为成德节度使。李从珂在凤翔起兵，后唐派兵讨伐，官军溃散投降。

朱弘昭、冯赟不想让石敬瑭长期留在太原，改派潞王李从珂镇守河东，调石敬瑭镇守成德，都没下达制书，只分别派使者带去枢密院的文书，监送他们前往本镇。李从珂与朝廷互相猜疑，产生隔阂，朝廷又命洋王李从璋暂时掌管凤翔。李从璋性情粗鲁轻率，幸灾乐祸，以前接替安重诲的职务就杀死安重诲。李从珂与将佐商议，将佐都说："主上还年轻，政事由朱弘昭、冯赟决定。大王的功业与名望足以震慑人主，离开本镇肯定没有保全的道理，所以不能接受命令。"观察判官冯胤孙说："皇上下令相召，应不等备好马就急忙启程。现在大王应在路过京城时去参加葬礼，然后前往本镇，不能照大家不祥的主意去办。"大家都嘲笑冯胤孙。于是李从珂向邻道送去檄文，说："朱弘昭等人专擅朝廷大权，恐怕会倾覆国家。如今准备去谒见皇上，为的是清除皇上身边的恶人，不过没有独自办到的力量，请邻道助成其事。"由于西都留守王思同处于由凤翔东进的要道上，李从珂尤其想与王思同交结，所以派使者前往长安，说明利害，赠送漂亮的歌姬，加以利诱。王思同对将吏说："我深受明宗的大恩，现在却与凤翔一起反叛，假使取得成功，因而荣耀加身，仍是当代的叛臣，何况事败受辱，丑事会流传千古呢？"便将来使拿下，上报朝廷，李从珂派往别处的使者大多也被邻道扣留。只有陇州防御使相里金一心依附李从珂，派判官薛文遇往来商议要事。

　　朝廷议讨凤翔,康义诚不欲出,请以王思同为统帅,侯益为都虞候。益知军情将变,辞疾不行。严卫指挥使尹晖、羽林指挥使杨思权等皆为偏裨,护国节度使安彦威为都监。思同虽有忠义之志,而御军无法。从珂老于行陈,将士徼幸富贵者心皆向之。

　　三月,彦威与山南西道张虔钊、武定孙汉韶、彰义张从宾、静难康福等五节度使合兵讨凤翔。凤翔城堑卑浅,守备俱乏,众心危急。从珂登城泣谓外军曰:"吾未冠从先帝百战,出入生死,金创满身,以立今日之社稷,汝曹目睹其事。今朝廷信任谗臣,猜忌骨肉,我何罪而受诛乎?"因恸哭,闻者哀之。虔钊褊急,以白刃驱士卒登城,士卒怒,大诟,反攻之,虔钊走免。杨思权因大呼曰:"大相公,吾主也。"遂帅诸军解甲投兵,请降于从珂,以幅纸进曰:"愿王克京城日,以臣为节度使。"从珂即书"思权可邠宁节度使"授之。王思同犹未之知,趣士卒登城,尹晖大呼曰:"城西军已入城受赏矣!"众争弃甲投兵而降,其声振地。日中,乱兵悉入,外军亦溃,思同等六节度使皆遁去。潞王悉敛城中之财以犒军,至于鼎釜皆估直以给之。思同等至长安,副留守刘遂雍闭门不内,乃趣潼关。

唐潞王从珂至长安,唐主以康义诚为招讨使,将兵拒之,杀马军指挥使朱洪实。

　　从珂建大将旗鼓,整众而东,以孔目官刘延朗为腹心。刘遂雍悉出府库之财于外,军士前至者即给赏令过,皆不入城。从珂至长安,遂雍迎谒,率民财以充赏。

朝廷商量讨伐凤翔，康义诚不想离京，请求任命王思同为统帅，侯益为都虞侯。侯益知道军情即将有变，托病不去。严卫指挥使尹晖、羽林指挥使杨思权等人都担任偏将，护国节度使安彦威任都监。王思同虽有奉行忠义的志向，但治军没有法度。李从珂指挥军队，经验丰富，希望侥幸获得富贵的将士都拥护他。

三月，安彦威与山南西道张虔钊、武定孙汉韶、彰义张从宾、静难康福等五节度使合兵讨伐凤翔。凤翔城低壕浅，守备器具都很缺乏，大家感到形势危急。李从珂登上城头，哭着对城外的官军说："我不到二十岁时就跟随先帝身经百战，出生入死，创伤满身，才创立了现在的国家，你们都目睹其事。如今朝廷信任肆意谗言毁谤的奸臣，猜忌骨肉至亲，但我有何罪，要受诛讨呢？"于是放声痛哭，人们听了都很难过。张虔钊偏激急躁，用兵器驱赶士兵登城，士兵恼怒，放声大骂，转身来打张虔钊，张虔钊逃跑，得以不死。杨思权乘机大声喊道："大相公是我们的主上！"于是率领各军脱去盔甲，丢下兵器，请求向李从珂投降，杨思权递上一张纸，上面写道："希望大王攻克京城时，任命臣为节度使。"李从珂立即写了"同意任命杨思权为邠宁节度使"的条子交给杨思权。王思同还不知此事，仍然催促士兵登城，尹晖大声喊道："城西的军队已经进城受赏啦！"大家争着脱下盔甲，扔掉兵器，向李从珂投降，呼声震动大地。中午时分，乱兵全部进城，城外的官军也溃不成军，王思同等六节度使全部逃走。潞王李从珂搜刮城中所有的财物来犒赏军队，以至于把鼎釜估了价赏给士兵。王思同等人来到长安，副留守刘遂雍关闭城门，不让进城，王思同等人只好赶往潼关。

后唐潞王李从珂来到长安，后唐闵帝任命康义诚为招讨使，率领军队抵抗李从珂，杀死马军指挥使朱洪实。

李从珂设置大将的旗鼓，整饬部众东进，把孔目官刘延朗当作亲信。刘遂雍把府库的财物全部拿到外面，对前来的将士立即给予奖赏，让他们过去，所以将士都没有进城。李从珂抵达长安，刘遂雍迎接拜见，搜刮百姓的财物充当犒赏。

都监王景从等奔还,中外大骇。唐主不知所为,谓康义诚等曰:"先帝弃万国,朕外守藩方,当是之时,为嗣者在诸公所取耳。既承大业,国事皆委诸公,诸公以社稷大计见告,朕何敢违?今事至于此,何方可以转祸?朕欲自迎潞王,以大位让之,若不免于罪,亦所甘心。"朱弘昭、冯赟大惧,不敢对。义诚欲悉以宿卫兵迎降为己功,乃曰:"侍卫诸军尚多,臣请自往,扼其冲要,招集离散,以图后效,幸陛下勿为过忧。"唐主遣使召石敬瑭,欲令将兵拒之,义诚固请自行。唐主乃召将士慰谕,空府库以劳之,许以平凤翔,人更赏三百缗,军士益骄,无所畏忌。遣楚匡祚杀李重吉于宋州,匡祚榜捶重吉,责其家财,又杀尼惠明。

初,马军都指挥使朱洪实为秦王从荣所厚,及从荣勒兵天津,洪实首击之,康义诚由是恨之。唐主亲至左藏给将士金帛。义诚、洪实共论用兵利害,洪实欲以禁军固守洛阳,曰:"如此,彼亦未敢径前,然后徐图进取,可以万全。"义诚怒曰:"洪实欲反邪?"洪实曰:"公自欲反,乃谓谁反!"其声渐厉,唐主闻,召而讯之,竟不能辨,遂斩洪实,军士益愤。

唐潞王从珂执西京留守王思同,杀之。

从珂至昭应,闻前军获王思同,曰:"思同虽失计,然尽心所奉,亦可嘉也。"至灵口,前军执思同以至,从珂责让之,对曰:"思同起行间,先帝擢之,位至节将,常愧无功以报大恩。非不知附大王立得富贵,助朝廷自取祸殃,但恐

都监王景从等人逃回洛阳，朝廷内外大为恐骇。后唐闵帝不知所措，对康义诚等人说："先帝去世时，朕在外地担任节度使，当此时，谁当嗣君，完全取决于诸公。朕继承大业后，国家的政事都交给诸公办理，诸公把国家大计告诉朕，朕怎敢违背？现在事已至此，有什么办法可以改变祸乱降临的局面？朕想亲自迎接潞王，把帝位让给他，即使不能免罪，也心甘情愿。"朱弘昭、冯赟大为恐惧，不敢答话。康义诚想率所有的宿卫军迎降，作为自己的功劳，就说："侍卫诸军还很多，臣请求亲自前往，扼守军事要地，招集失散的士兵，以谋求将来有所建树，希望陛下不要为此过分担忧。"后唐闵帝派使者去召石敬瑭，想让康、石二人一齐领兵抵御，康义诚坚持要求独自前去。后唐闵帝便召集将士，加以抚慰开导，搬空府库中所有的财物犒劳全军，许诺平定李从珂后，每人再赏钱三百缗，军中将士越发骄横，无所忌惮。后唐闵帝派楚匡祚在宋州杀死李重吉，楚匡祚不但拷打李重吉，责令没收家产，还杀死女尼惠明。

　　当初，马军都指挥使朱洪实深受秦王李从荣的厚爱，等到李从荣率领军队来到天津桥，朱洪实首先进攻李从荣，康义诚因此憎恨朱洪实。后唐闵帝亲自到左藏库给将士发放金帛。康义诚、朱洪实一起谈论用兵利害，朱洪实想以禁军固守洛阳，说："这样做，敌军不敢径直向前开进，然后慢慢想办法进军打败敌人，可以万无一失。"康义诚生气地说："洪实想反叛吗？"朱洪实说："你自己想反叛，还说别人反叛！"语调逐渐严厉，后唐闵帝听见后，叫两人来询问，始终不能分辨是非，就杀死朱洪实，军中将士更加愤怒。

后唐潞王李从珂抓住西京留守王思同，将他杀死。

　　李从珂抵达昭应，听说前军抓获了王思同，说："王思同虽失算，但对他尊奉的主人尽心竭力，也值得嘉许。"来到灵口时，前军将王思同押到，李从珂责备王思同，王思同回答说："我是行伍出身，先帝提拔我，位至节镇大将，常为没有功劳报答大恩而惭愧。并非不知依附大王会立即得到富贵，帮助朝廷是自取祸殃，只怕

死之日，无面目见先帝于泉下耳。败而衅鼓，固其所也，请早就死。"王为之改容曰："公且休矣。"欲宥之，而杨思权之徒耻见其面。尹晖尽取思同家资妓妾，屡言于刘延朗曰："若留思同，虑失士心。"属从珂醉，不待报，擅杀之，及其妻子。从珂醒，怒延朗，嗟惜者累日。

唐潞王从珂至陕，诸将及康义诚皆降。

从珂至阌乡，朝廷前后所发诸军，遇之皆迎降，无一人战者。康义诚引兵发洛阳，诏以安从进为京城巡检，从进已受从珂书，潜布腹心矣。从珂至灵宝，安彦威、安重霸皆降，惟宝义节度使康思立谋固守陕城。从珂前锋至城下，呼曰："禁军十万，已奉新帝，尔辈数人奚为！徒累一城人涂地耳。"于是士卒争出迎，思立不能禁，亦出迎。从珂至陕，移书谕洛阳文武士庶，惟朱弘昭、冯赟两族不赦。义诚所部自相结，百什为群，弃甲兵，争先诣陕降。义诚麾下才数十人，亦因候骑请降。

唐主出奔。夏四月，石敬瑭入朝，遇于卫州，杀其从骑。

唐主忧骇，不知所为，急遣中使召朱弘昭谋所向，弘昭赴井死。安从进杀冯赟于第，传二人首于从珂。唐主欲奔魏州，召孟汉琼，使为先置，汉琼单骑奔陕。初，唐主密与慕容迁谋，使帅部兵守玄武门。及是，以五十骑出门，谓曰："朕且幸魏州，徐图兴复，汝帅有马控鹤从我。"迁曰："生死从大家。"乃阳为团结，而竟不行。

死后没脸到黄泉去见先帝。既然败了，就是用我的血来祭奠战鼓，也是应有的下场，请让我早点死吧。"潞王李从珂感动得变了脸色，说："你别说了。"想宽恕王思同，但是杨思权一类的人羞于与王思同见面。尹晖掠走王思同所有的家财和姬妾，多次对刘延朗说："如果让王思同活下来，恐怕会丧失军心。"趁李从珂醉酒，也不报告，就擅自杀死王思同及其妻子儿女。李从珂酒醒后，对刘延朗很是恼火，一连几天都在感叹惋惜。

后唐潞王李从珂来到陕州，诸将领及康义诚全都投降。

李从珂抵达阌乡，朝廷先后派出的各支军队，遇到凤翔军纷纷投降，没有一人应战。康义诚领兵从洛阳出发，后唐闵帝下诏任命安从进为京城巡检，安从进已接到李从珂的书信，暗中表示了自己的至诚忠心。李从珂来到灵宝，安彦威、安重霸全都投降，只有宝义节度使康思立打算固守陕州城。李从珂的前锋来到城下，呼喊说："十万禁军已拥戴新帝，你们几千人能干什么！白白连累一城人肝脑涂地而已。"于是士兵争先出城迎接，康思立无法阻止，也出城迎降。李从珂来到陕州，传递文书通告洛阳文武朝臣和士绅百姓，只有朱弘昭、冯赟两族不在赦免之列。康义诚的部下自发地聚集在一起，百十人为一伙，丢掉盔甲兵器，争先恐后地前往陕州投降。康义诚麾下仅有数十人，也通过侦察巡逻的凤翔骑兵请求投降。

后唐闵帝出逃。夏四月，石敬瑭要入朝晋见，在卫州遇到了后唐闵帝，杀了跟随后唐闵帝骑马出行的侍从。

后唐闵帝又愁又怕，不知所措，急忙派中使叫朱弘昭来商量到哪里去，朱弘昭跳井自杀。安从进把冯赟杀死在家中，将二人的首级由驿站送给李从珂。后唐闵帝想逃奔魏州，叫孟汉琼先做安排，孟汉琼独自骑马逃奔陕州。当初，后唐闵帝秘密与慕容迁商量，让慕容迁带领部下军队守卫玄武门。到这时，后唐闵帝带着五十人骑马出了玄武门，对慕容迁说："朕将前往魏州，从长计议复兴大业，你带领有马的控鹤军跟我走。"慕容迁说："不论生死，都跟着陛下。"便伪装组织兵员，终于没有随行。

冯道等入朝,及端门闻变,道及刘昫欲归,李愚曰:"天子之出,吾辈不预谋。今太后在宫,吾辈当至中书,遣小黄门取太后进止,然后归第,人臣之义也。"道曰:"主上失守社稷,人臣惟君是奉。潞王已处处张榜,不若归俟教令。"乃归。至天宫寺,安从进遣人语之曰:"潞王倍道而来,且至矣,相公宜帅百官至谷水奉迎。"乃止于寺中,召百官。中书舍人卢导至,冯道曰:"劝进文书宜速具草。"导曰:"潞王入朝,百官班迎可也。设有废立,当俟太后教令,岂可遽议劝进乎?"道曰:"事当务实。"导曰:"安有天子在外,人臣遽以大位劝人者邪?若潞王守节北面,以大义见责,将何辞以对?公不如帅百官诣宫门,进名问安,取太后进止,则去就善矣。"道未及对,从进屡遣人趣之,道等即纷然而去。既而从珂未至,三相息于上阳门外,卢导过前,道复召而语之,导对如初。李愚曰:"舍人之言是也。吾辈之罪,擢发不足数。"

康义诚至陕待罪,从珂责之曰:"先帝晏驾,立嗣在诸公。今上亮阴,政事出诸公。何为不能终始,陷吾弟至此乎?"义诚大惧,叩头请死。从珂素恶其为人,未欲遽诛,且宥之。乃上笺于太后取进止,遂自陕而东。

四月,唐主至卫州东数里,遇石敬瑭,大喜,问以大计。敬瑭闻康义诚叛去,俯首长叹数四,乃见卫州刺史王弘贽问之。弘贽曰:"前代天子播迁多矣,然皆有将相、侍卫、府库、法物,使群下有所瞻仰。今独以五十骑自随,虽有忠义之心,将若之何?"敬瑭还,以其言告弓箭库使沙守荣、奔洪进,

冯道等人去谒见后唐闵帝,来到端门时听说发生变故,冯道与刘昫想回家,李愚说:"天子出走,没有预先跟我们商量。现在太后仍在宫中,我们应该前往中书省,派小黄门去请示太后的旨意,然后回家,这是人臣的本分。"冯道说:"主上不能守护社稷,人臣只能事奉君主。潞王已经到处张榜,不如回家听候潞王命令。"于是回家。走到天宫寺时,安从进派人告诉冯道说:"潞王兼程赶来,就要到了,相公应率百官前往谷水迎接。"冯道便留在天宫寺,召集百官。中书舍人卢导来了,冯道说:"应赶快起草劝进文书。"卢导说:"潞王入朝,百官按朝班排列迎接就可以了。假设实行废立,应等候太后的教令,怎能马上商议劝进呢?"冯道说:"办事应当务实。"卢导说:"哪有天子流亡在外,人臣赶紧劝别人即位的?如果潞王能守臣节,以君臣大义责备我们,要怎样回答呢?您不如带领百官前往宫门,报上姓名,谒见问安,听候太后的旨意,便去就两全了。"冯道没来得及回答,安从进一再派人催促,冯道等人就乱纷纷地离去。过了一会儿,李从珂还没到来,三位宰相在上阳门外休息,卢导从他们面前经过,冯道又叫卢导来交谈,卢导的回答与之前一样。李愚说:"卢舍人说得对。我们的罪过,拔掉头上的头发也数不过来!"

　　康义诚到陕州听候治罪,李从珂责备他说:"先帝去世,立嗣由诸公决定。当今皇上服丧,政事由诸公决定。为什么不能善始善终,把我弟弟害成这样?"康义诚大为恐惧,伏地叩头,请求免死。李从珂一向憎恶康义诚的为人,但不想马上杀人,就暂且宽恕了他。李从珂便上书太后,听候旨意,随即由陕州东进。

　　四月,后唐闵帝来到卫州以东数里的地方,遇到石敬瑭,大为高兴,向他询问国家大计。石敬瑭听说康义诚背叛离去,低头长叹了好几次,就去见卫州刺史王弘贽请教这事应该怎么办。王弘贽说:"前代天子流亡的也有很多,但他们都有将相、侍卫、府库和仪仗、祭祀方面的器物,使下面的人有所瞻仰。现在他仅仅让五十人骑马跟着自己,即使具有忠义之心,又能怎么样呢?"石敬瑭回去之后,把这些话告诉了弓箭库使沙守荣、奔洪进,

洪进前责敬瑭曰："公明宗爱婿，富贵相与共之，忧患亦宜相恤。今天子播越，委计于公，冀图兴复，乃以此四者为辞，是直欲附贼卖天子耳！"抽佩刀欲刺之，敬瑭亲将陈晖救之，守荣斗死，洪进亦自刎。敬瑭牙内指挥使刘知远引兵入，尽杀唐主左右及从骑，独置唐主而去，敬瑭遂趣洛阳。

唐孟汉琼诣潞王从珂降，从珂诛之。

初，从珂罢河中，归私第，王淑妃数遣孟汉琼存抚之。汉琼自谓于从珂有旧恩，至渑池西，见从珂大哭，欲有所陈。从珂曰："诸事不言可知。"即命斩于路隅。

唐兴元、武定两镇降蜀。

张虔钊之讨凤翔也，留武定节度使孙汉韶守兴元。虔钊败归，与汉韶举两镇之地降蜀。

唐潞王从珂入洛阳，废其主从厚为鄂王而自立。

从珂至蒋桥，百官班迎，传教以未拜梓宫，未可相见。冯道等皆上笺劝进。从珂入谒太后、太妃，诣西宫，伏梓宫恸哭，自陈诣阙之由。冯道帅百官班见，拜，从珂答拜。道等复上笺劝进，从珂曰："予之此行，事非获已。俟皇帝归阙，园寝礼终，当还守藩服。群公遽言及此，甚无谓也。"明日，太后下令废少帝为鄂王，以潞王知军国事。又明日，太后令潞王宜即帝位，乃即位于柩前。唐主从珂之发凤翔也，许军士以入洛人百缗。既至，问三司使王玫以府库之实，对有数百万在。既而阅实，金帛不过三万两、匹，而

奔洪进上前责备石敬瑭说："您是明宗的爱婿，富贵共同享受，忧患也应互相分担。现在天子流亡，把天下大计交付给您，希望复兴国家，你却以这四条为口实，这简直是想依附叛贼，出卖天子！"抽出佩刀，想刺石敬瑭，石敬瑭的亲信将领陈晖上前救护，沙守荣格斗致死，奔洪进也自刎而死。石敬瑭的牙内指挥使刘知远领兵进来，杀死后唐闵帝所有的侍从和骑马随从，只留下后唐闵帝一人，扬长而去，石敬瑭随即奔赴洛阳。

后唐孟汉琼到潞王李从珂处投降，李从珂将他杀死。

当初，李从珂免去河中节度使的职务，返回自己的府第，王淑妃屡次派孟汉琼去安慰李从珂。孟汉琼认为自己过去对李从珂有恩，就前往渑池以西，见到李从珂后放声大哭，想陈述些什么。李从珂说："种种事情，不说我也知道。"使命令把他杀死在路边。

后唐兴元、武定两镇投降蜀国。

张虔钊讨伐凤翔时，让武定节度使孙汉韶留守兴元。张虔钊战败返回，与孙汉韶以两镇之地投降蜀国。

后唐潞王李从珂进入洛阳，将后唐闵帝李从厚废为鄂王，自立为帝。

李从珂抵达蒋桥，百官按朝班列队迎接，李从珂下达命令说，因没拜谒后唐明宗的灵柩，不能相见。冯道等人都上书劝进。李从珂进宫谒见太后、太妃，前往西宫，伏在后唐明宗的灵柩上放声痛哭，说明自己进京的缘由。冯道率领百官列班晋见行礼，李从珂回礼。冯道等人再次上书劝进，李从珂说："我这次前来，是迫不得已。等皇帝回京，安葬先帝的大礼结束，我理当回去镇守本镇。诸公骤然说到这些，太无谓了。"第二天，太后下令将少帝废为鄂王，委任潞王李从珂掌管军国政事。第三天，太后命令潞王李从珂即帝位，于是李从珂在后唐明宗的灵柩前即位。后唐末帝李从珂从凤翔出发时，答应将士进入洛阳后每人赏钱百缗。到洛阳后，后唐末帝问三司使王玫府库有多少积蓄，王玫回答说库存数百万。事后经核实，库存金帛不过三万两、匹，而

赏军之费计应用五十万缗。唐主怒,玫请率京城民财以足之,数日仅得数万缗。唐主谓执政曰:"军不可不赏,人不可不恤,今将奈何?"执政请据屋为率,无问士庶自居及僦者,预借五月僦直,从之。

唐主从珂弒鄂王从厚于卫州,磁州刺史宋令询死之。

王弘贽迁唐闵帝于州廨,唐主从珂遣弘贽之子峦往鸩之,闵帝不饮,峦缢杀之。闵帝性仁厚,于兄弟敦睦,虽遭秦王忌疾,坦怀待之,卒免于患。及嗣位,于潞王亦无嫌,而朱弘昭、孟汉琼之徒横生猜间,闵帝不能违,以至祸败焉。孔妃尚在宫中,唐主使人谓之曰:"重吉辈何在?"遂杀妃并其四子。闵帝之在卫州也,惟磁州刺史宋令询遣使问起居,闻其遇害,恸哭半日,自经死。

唐以郝琼权判枢密院。 唐康义诚伏诛,夷其族。

唐赐将士缗钱有差。

有司百方敛民财,仅得六万。唐主怒,下军巡使狱,昼夜督责,囚系满狱,贫者至自经赴井。而军士游市肆,皆有骄色,市人聚诟之曰:"汝曹为主力战,立功良苦。反使我辈鞭胸杖背,出财为赏,汝曹犹扬扬自得,不愧天地乎?"是时,竭左藏旧物及诸道贡献,乃至太后、太妃器服簪珥皆出之,才及二十万缗,唐主患之。学士李专美夜直,唐主让之曰:"卿名有才,不能为我谋此,留才安得施乎?"专美谢曰:"臣驽劣,陛下擢任过分。然军赏不给,非臣之责也。

犒劳军队的费用总共需要五十万缗。后唐末帝发怒,王玫请求征收京城百姓的财物来补足其数,征收数天,只得到数万缗。后唐末帝对执政大臣说:"不能不犒赏军队,也不能不体恤百姓,现在怎么办?"执政大臣请求按房屋征收,不论士绅百姓,属于自己居住或租赁的,都预借五个月的租金,后唐末帝采纳了这个建议。

后唐末帝李从珂将鄂王李从厚杀死在卫州,磁州刺史宋令询殉死。

王弘赟将后唐闵帝迁移到卫州官署,后唐末帝李从珂派王弘赟的儿子王峦用毒酒去害后唐闵帝,后唐闵帝不肯喝,王峦将后唐闵帝缢死。后唐闵帝性情仁厚,对兄弟敦厚亲善,虽然遭受秦王李从荣的忌恨,仍能开诚相见,终于免遭祸患。等到他即位,对潞王李从珂也并无嫌隙,但朱弘昭、孟汉琼一伙人恣意制造猜忌隔阂,后唐闵帝无法违逆,因此招致祸乱败亡。孔妃当时还在宫中,后唐末帝让人对她说:"李重吉那些人在哪里?"便杀死孔妃和她的四个儿子。后唐闵帝在卫州时,只有磁州刺史宋令询派使者问候起居,听说后唐闵帝遇害,痛哭半日,自缢而死。

后唐任命郝琼暂时兼管枢密院。 后唐康义诚被处死,诛灭他全族。 后唐分级别赏赐将士缗钱。

有关官员想尽办法去征敛民财,只得到六万钱。后唐末帝发怒,将这些官员押进军巡使监狱,日夜督促责罚,囚犯押满监狱,穷人甚至上吊跳井。而将士在街市店铺里游荡,都显出骄傲的神色,市民聚在一起骂他们说:"你们为主人奋力作战,立下功劳,实在辛苦。却反而让我们胸背遭受鞭笞杖打,出钱充当奖赏,还扬扬自得,不愧对天地吗?"这时,把左藏库的旧物以及各道进献的贡物,以至太后、太妃的器物衣服、发簪耳环全部拿出来,才刚够二十万缗,后唐末帝为此深感忧虑。学士李专美夜间值班,后唐末帝责备他说:"你名为有才,不能替我想法办好这事,你的才留着有什么用?"李专美谢罪说:"臣平庸低下,被陛下过度提拔任用。不过,军中的赏赐供给不上,却不是臣的责任。

窃思自长兴之季,赏赉亟行,卒以是骄,继以山陵及出师,帑藏遂涸。虽有无穷之财,终不能满骄卒之心,故陛下拱手于危困之中而得天下。夫国之存亡,不专系于厚赏,亦在修法度,立纪纲。陛下苟不改覆车之辙,臣恐徒困百姓,存亡未可知也。今财力尽于此矣,宜据所有均给之,何必践初言乎?"唐主以为然,诏禁军在凤翔归命者赐钱七十缗至二十缗,在京者各十缗。军士无厌,犹怨望,为谣言曰:"除去菩萨,扶立生铁。"以闵帝仁弱,唐主刚严,有悔心故也。

五月,唐以韩昭胤为枢密使,刘延朗为副使。 唐复以石敬瑭为河东节度使。

唐主与石敬瑭皆以勇力善斗事明宗,然素不相悦。至是,敬瑭不得已入朝,不敢言归。时敬瑭久病羸瘠,太后及魏国公主屡为之言,而凤翔旧将佐皆劝留之,惟韩昭胤、李专美以为赵延寿在汴,不宜猜忌敬瑭。帝亦见其骨立,不以为虞,乃复遣之河东。

唐以冯道为匡国节度使,范延光为枢密使。 唐复以李从曮为凤翔节度使。

唐主之起凤翔也,悉取天平节度使李从曮家财、甲兵以供军。将行,凤翔之民遮马请复以从曮镇凤翔,许之,故有是命。

吴徐知诰幽其主之弟临川王濛于和州。

知诰将受禅,忌临川王濛,遣人告濛藏匿亡命,擅造兵器,降封历阳公,幽于和州,命控鹤军使王宏将兵二百卫之。

臣私下认为，自从明宗长兴末年以来，赏赐多次实行，军士因此越发骄横，接着又为明宗修建陵墓和出兵征讨，致使国库空竭。即使有用不完的财物，终究不能满足骄悍士兵的欲望，所以陛下毫不费力地在危难中得到天下。国家的存亡，不能专靠优厚的奖赏维系，而在于修明法度，建立纪纲。如果陛下不改变重蹈覆辙的做法，臣担心白白困扰百姓，国家存亡仍未可知。现在财力全都在这了，应根据现有的财力平均发放，何必履行当初的诺言呢？"后唐末帝认为言之有理，下诏规定，在凤翔归顺的禁军赐钱每人七十缗至二十缗，在京城归顺的禁军赐钱每人十缗。将士仍不满足，心怀怨恨，制造谣言说："除去一尊菩萨，扶立一块生铁。"这是由于后唐闵帝仁厚柔弱，后唐末帝刚强严厉，大家心生悔恨的缘故。

五月，后唐任命韩昭胤为枢密使，刘延朗为枢密副使。　后唐再次任命石敬瑭为河东节度使。

后唐末帝李从珂与石敬瑭都靠勇武善战事奉后唐明宗，但两人一向不太和睦。到这时，石敬瑭迫不得已，进京朝见，不敢再说返回本镇。当时，石敬瑭病了许久，身体瘦弱，太后和魏国公主屡次替他讲情，而旧日的凤翔将佐都劝后唐末帝把石敬瑭留在朝中，只有韩昭胤、李专美认为，由于赵延寿在汴梁，不应猜忌石敬瑭。后唐末帝见石敬瑭瘦得只剩皮包骨，也不认为值得担忧，于是又派他前往河东。

后唐任命冯道为匡国节度使，范延光为枢密使。　后唐又任命李从曮为凤翔节度使。

后唐末帝李从珂起兵凤翔时，将天平节度使李从曮的所有家财和甲兵都调归军用。将出发时，凤翔百姓拦在后唐末帝的马前，请求再次让李从曮镇守凤翔，后唐末帝应允，所以有此任命。

吴国徐知诰将国主杨溥的弟弟临川王杨濛囚禁在和州。

徐知诰即将接受禅让，忌恨临川王杨濛，派人举报杨濛窝藏逃亡的罪犯，擅自制造兵器，杨濛被降封为历阳公，囚禁在和州，徐知诰命控鹤军使王宏带领二百名士兵加以监视。

秋七月，唐以卢文纪、姚颐同平章事。

刘昫苛察，李愚刚褊，论议多不合，至相诟骂，事多凝滞。唐主患之，欲更命相，问所亲信，皆以尚书左丞姚颐、太常卿卢文纪、秘书监崔居俭对。论其才行，互有优劣，唐主不能决，乃置其名于琉璃瓶，夜焚香祝天，以箸挟之，得二人，乃有是命。

唐流楚匡祚于登州。

唐主欲杀楚匡祚，韩昭胤曰："陛下为天下父，天下之人皆陛下子，用法宜存至公。匡祚受诏检校重吉家财，不得不尔。今族匡祚，无益死者，恐不厌众心。"乃流登州。

蜀主知祥殂，子昶立。

蜀主得疾逾年，至是增剧，立子仁赞为太子，召司空赵季良、节度使李仁罕、赵廷隐、枢密使王处回受遗诏辅政。是夕，殂，秘不发丧。王处回夜启义兴门，告赵季良。处回泣不已，季良正色曰："今强将握兵，专伺时变。宜速立嗣君，以绝觊觎，岂可但相泣邪？"处回收泪谢之。季良教处回见李仁罕，审其词旨，然后告之。处回至仁罕第，仁罕设备而出，遂不以实告。仁赞更名昶，即位。

八月，唐诏蠲逋租三百三十八万。

初，唐主以王玫对左藏见财失实，故以刘昫代判三司。昫命判官高延赏钩考穷核，皆积年逋欠之数，奸吏利其征责勾取，故存之。昫具奏其状，且请察其可征者急督之，必无可偿者悉蠲之，韩昭胤极言其便。

秋七月，后唐任命卢文纪、姚顗为同平章事。

刘昫为人苛刻明察，李愚刚愎自用，主张多不一致，甚至互相辱骂，使许多事情停滞难行。后唐末帝李从珂深为忧虑，想重新任命宰相，询问自己亲近信任的人，都回答说尚书左丞姚顗、太常卿卢文纪、秘书监崔居俭胜任。衡量三人的才能与品行，各有优劣，后唐末帝无法决定，就把三人名字放在琉璃瓶里，夜间焚香祷告上天，用筷子去夹，结果夹出姚、卢二人，所以有此任命。

后唐将楚匡祚流放到登州。

末帝想杀楚匡祚，韩昭胤说："陛下是天下人之父，天下人都是陛下之子，执法应体现大公无私的原则。楚匡祚接受诏命去核查李重吉的家财，不得不这么干。现在诛灭楚匡祚全族对死者无益，恐怕与大家的心愿不合。"于是将楚匡祚流放到登州。

蜀主孟知祥去世，其子孟昶继立。

蜀主孟知祥得病已超过一年，到这时病情加剧，立儿子孟仁赞为太子，将司空赵季良、节度使李仁罕、赵廷隐、枢密使王处回召来接受遗诏，辅理朝政。当天晚上，孟知祥去世，死讯被封锁保密。王处回夜间打开义兴门，告知赵季良。王处回哭个不停，赵季良严肃地说："如今强悍的将领掌握兵权，专门窥伺时势的变化。应该赶紧扶立嗣君，杜绝觊觎，怎能一味相对哭泣呢？"王处回止住哭泣，道歉认错。赵季良让王处回去见李仁罕，弄清他说话的态度，然后告诉自己。王处回来到李仁罕的府第，李仁罕做好防备才肯出来露面，于是王处回就没有据实相告。孟仁赞改名为孟昶，即位。

八月，后唐诏令蠲免逃欠赋税三百三十八万缗。

当初，后唐末帝李从珂因王玫回答关于左藏库现存财物情况失实，所以派刘昫接替王玫兼管盐铁、户部、度支三司。刘昫命判官高延赏进行深切严密的核查，发现库存都是历年逃欠赋税的数额，奸吏贪图通过追缴债务索取贿赂，所以保留下来。刘昫详细奏明这一情形，并请求进行清查，可以征收的，赶快督促交纳，绝对无法偿还的，全部蠲免，韩昭胤极力称道个办法可取。

八月,诏长兴以前户部及诸道逋租三百三十八万咸免勿征,贫民大悦,而三司吏怨之。

唐李愚、刘昫罢。 **冬十月,蜀杀其中书令李仁罕,徙其侍中李肇于邛州。**

仁罕自恃宿将有功,复受顾托,求判六军,令进奏吏谕枢密院,又至学士院侦草麻。蜀主不得已,加仁罕兼中书令,判六军事。昭武节度使李肇闻蜀主即位,顾望不时入朝,至汉州,留饮逾旬,十月始至成都,称足疾,扶杖入朝,不拜。指挥使张公铎与医官使韩继勋等素怨仁罕,共潜之,云有异志,蜀主令继勋等与赵季良、赵廷隐谋,因仁罕入朝,命武士执而杀之。是日,肇始释杖而拜,左右请诛之,蜀主以为太子少傅致仕,徙邛州。

十一月,吴徐知诰召其子景通还金陵,留景迁江都辅政。 **唐葬鄂王于徽陵城南。**

徽陵明宗墓也,封才数尺,观者悲之。

旱。

是岁,秋冬旱,民多流亡,同、华、蒲、绛尤甚。

汉平章事杨洞潜卒。

汉主命秦王弘度募宿卫兵千人,皆市井无赖,弘度昵之。洞潜谏曰:“秦王,国家之冢嫡,宜亲端士。使之治军已过矣,况昵群小乎!”汉主不听。洞潜出,见卫士掠商人金帛,商人不敢诉,叹曰:“政乱如此,安用宰相?”固谢病归,久之,卒。

八月,后唐末帝下诏规定,长兴年间以前户部和各道逃欠赋税三百三十八万缗,一律蠲免不征,贫困的百姓大为欢悦,但三司的官吏怨恨刘昫。

　　后唐李愚、刘昫罢官。　冬十月,蜀国杀死中书令李仁罕,将侍中李肇贬谪到邛州。

　　李仁罕依仗自己是老将,有功劳,又接受顾命嘱托,就谋求兼判六军,让进奏吏告知枢密院,又到学士院探听起草麻纸诏书的情况。蜀主孟昶迫不得已,加授李仁罕兼中书令,判六军事。昭武节度使李肇得知蜀主孟昶即位,采取观望态度,不按时进京朝见,到达汉州时,留下来饮宴十多天,直到十月才到达成都,又托称脚有病,拄着手杖上朝,不向蜀主孟昶行礼。指挥使张公铎与医官使韩继勋等人一向怨恨李仁罕,一起诬陷说李仁罕有反叛的企图,蜀主孟昶让韩继勋等人与赵季良、赵廷隐谋划,趁李仁罕上朝时,命武士将其拿下杀死。这一天,李肇才丢开手杖,向蜀主孟昶行礼,侍臣请求杀死李肇,蜀主孟昶让李肇以太子少傅的职衔退休,并贬谪到邛州。

　　十一月,吴国徐知诰将儿子徐景通召回金陵,让徐景迁留在江都辅理朝政。　后唐将鄂王李从厚安葬在徽陵城南。

　　徽陵是后唐明宗墓,培土只有几尺高,看到的人都很难过。

　　发生旱灾。

　　这一年,秋冬发生旱灾,许多百姓流亡逃荒,同、华、蒲、绛几个州尤为严重。

　　南汉平章事杨洞潜去世。

　　南汉主刘龑命秦王刘弘度招募了一千名宿卫兵,这些人都是市井无赖,却受到刘弘度的亲近。杨洞潜规劝说:"秦王是皇家的嫡长子,应该与品行端正的人接近。让秦王掌管军队已经不对,何况与一帮小人亲近呢?"南汉主不听劝告。杨洞潜出宫,看见卫士抢劫商人的金帛,而商人不敢申诉,便叹息说:"国政这样混乱,要宰相干什么?"于是推说有病,回家闲居,久后去世。

乙未（935） 唐清泰二年。吴天祚元年，闽永和元年。是岁，五国三镇。

春二月，唐夏州节度使李彝超卒，兄彝殷代之。 蜀主尊其母李氏为太后。

太后，太原人，本唐庄宗后宫也，以赐蜀高祖。

闽主璘立其父婢陈氏为后。

陈氏，本太祖侍婢金凤也，陋而淫。闽主嬖之，立以为后，以其族人守恩、匡胜为殿使。

三月，唐以赵延寿为枢密使。 唐诏开言路。

太常丞史在德，性狂狷，上书历诋内外文武之士，请遍加考试，黜陟能否，执政大怒，卢文纪及补阙刘涛皆请加罪。唐主谓学士马胤孙曰："朕新临天下，宜开言路。若朝士以言获罪，谁敢言者？卿为朕作诏书宣朕意。"乃下诏，略曰："昔魏徵请赏皇甫德参，今涛等请黜史在德，事同言异，何其远哉！在德情在倾输，安可责也？"

吴加徐景迁同平章事。

徐知诰令尚书郎陈觉辅景迁，谓曰："吾少时与宋子嵩论议，好相诘难。子嵩携衣笥望秦淮门，欲去者数矣，吾常戒门者止之。吾今老矣，犹未遍达时事，况景迁年少当国，故屈吾子以诲之矣。"

夏六月，吴中书令柴再用卒。

史官王振尝询再用战功，对曰："鹰犬微效，皆社稷之灵，再用何功之有？"竟不报。

契丹寇边，唐北面总管石敬瑭将兵屯忻州。

敬瑭既还镇，阴为自全之计。唐主好咨访外事，常命端明殿学士李专美、翰林学士李崧、知制诰吕琦、薛文遇、翰林天文赵延义等更直于中兴殿庭，与语或至夜分。

乙未（935）　后唐清泰二年。吴天祚元年,闽永和元年。这一年,共五个国家、三个藩镇。

　　春二月,后唐夏州节度使李彝超去世,其兄李彝殷接替他的职务。　蜀主孟昶尊奉母亲李氏为太后。

　　李太后是太原人,本是后唐庄宗的宫女,庄宗将她赏赐给后蜀高祖孟知祥。

　　闽主王璘将父亲的婢女陈氏立为皇后。

　　陈氏本是太祖王审知的侍婢金凤,低贱而又淫荡。闽主王璘宠爱陈氏,立为皇后,任命陈氏的本家陈守恩和陈匡胜为殿使。

　　三月,后唐任命赵延寿为枢密使。　后唐诏令广开言路。

　　太常丞史在德,性情狂妄褊急,上书逐个诋毁朝廷内外文武官员,请求普遍实行考试,提拔贤能,贬黜庸才,执政大臣大为恼怒,卢文纪以及补阙刘涛都请求惩处史在德。后唐末帝李从珂对学士马胤孙说:"朕新近统御天下,应广开言路。如果朝臣因言论受到惩处,谁敢开口发言?你替朕起草诏书,讲清朕的想法。"于是颁下诏书,大略说:"从前魏徵请求奖赏皇甫德参,如今刘涛等请求贬黜史在德,事情相同,评论迥异,相差多么悬殊啊!史在德本意在于尽情阐述自己的主张,怎能加以责难?"

　　吴国加封徐景迁为同平章事。

　　徐知诰让尚书郎陈觉辅佐徐景迁,告诉他说:"我年轻时与宋齐丘议论,喜欢互相诘难。宋齐丘多次提起衣箱望着秦淮门,打算离去,我总是告诫守门人加以阻止。现在我老了,仍不能通晓一切时事,何况景迁年轻当国,所以委屈你去教诲他吧。"

　　夏六月,吴国中书令柴再用去世。

　　史官王振曾问柴再用有哪些战功,柴再用回答说:"只是尽些鹰犬小力,全靠社稷之福,我有什么功劳?"最终也没报功。

　　契丹侵犯边境,后唐北面总管石敬瑭领兵驻扎忻州。

　　石敬瑭回本镇后,暗中设计保全自己。后唐末帝喜欢打听外界的事情,常命端明殿学士李专美、翰林学士李崧、知制诰吕琦、薛文遇、翰林天文赵延义等在中兴殿内轮班,有时跟他们谈到半夜。

时敬瑭二子为内使,赂太后左右,令伺其密谋,事无巨细皆知之。敬瑭对客常称羸瘵,不堪为帅,冀朝廷不之忌。时契丹屡寇北边,禁军多在幽、并,敬瑭与赵德钧求益兵运粮,朝夕相继,诏借河东人菽粟,诏镇州输绢五万匹于总管府,率镇冀车千五百乘运粮于代州。时水旱民饥,敬瑭遣使者督趣严急,山东流散,乱始兆矣。敬瑭将大军屯忻州,朝廷遣使赐军士夏衣,传诏抚谕,军士呼万岁者数四。敬瑭惧,幕僚段希尧请诛其唱者,敬瑭命刘知远斩三十六人以徇。唐主闻,益疑之。

唐诏窃盗不计赃,并纵火强盗,并行极法。 秋七月,唐遣北面副总管张敬达将兵屯代州。

唐以敬达为北面行营副总管,将兵屯代州,以分石敬瑭之权也。唐主深以时事为忧,尝从容让卢文纪等无所规赞。文纪等上言:"臣等每五日起居,与两班旅见,侍卫满前,虽有愚虑,不敢敷陈。窃见前朝置延英殿,或宰相欲有奏论,天子欲有咨度,皆非时召对,旁无侍卫,故人得尽言。望复此故事。"诏以:"旧制,五日起居,百僚俱退,宰相独升,若常事自可敷奏,或事应严密,听于阁门奏榜子,当尽屏侍臣,于便殿相待,何必袭延英之名也!"

唐以房暠为枢密使。

刘延朗及学士薛文遇等居中用事,暠与赵延寿虽为使长,启奏除授一归延朗。州镇自外入者先赂延朗,后议贡献,赂厚者先得内地,赂薄者晚得边陲。由是诸将帅皆怨愤。

当时，石敬瑭的两个儿子担任内使，通过贿赂太后身边的人，让他们窥探后唐末帝的密谋，无论事情大小，全都知道。石敬瑭在宾客面前常说自己身体瘦弱，担当主帅难以胜任，希望朝廷不猜忌自己。当时，契丹屡次侵犯北部边境，禁军多在幽州、并州驻扎，石敬瑭和赵德钧请求日夜不间断地增兵运粮，后唐末帝下诏向河东百姓借用粮食，命镇州向总管府交纳绢五万匹，向镇冀征用一千五百辆车把粮食运往代州。当时，水旱灾害并作，百姓忍饥挨饿，石敬瑭派使者严厉急切地加以督促，山东百姓流离失所，开始显出祸乱的苗头。石敬瑭率领大军驻扎在忻州，朝廷派使者向将士颁赐夏衣，传达诏书，加以抚慰，将士频频高呼万岁。石敬瑭感到恐惧，幕僚段希尧请求处死带头的人，石敬瑭命刘知远将三十六人斩首示众。后唐末帝闻讯后，对石敬瑭越发猜疑。

后唐下诏：行窃的盗贼不论赃物多少，连同纵火的强盗，一律处死。 秋七月，后唐派北面副总管张敬达领兵屯驻代州。

后唐任命张敬达为北面行营副总管，领兵驻扎代州，以分散石敬瑭的兵权。后唐末帝李从珂对时事甚为忧虑，曾从容不迫地责备卢文纪等人没有提供劝告。卢文纪等人进言说："臣等每五天问安一次，与文武两班众人一起进见，面前都是侍卫，即使有想法也不敢陈述。臣等见前朝设置延英殿，有时宰相想上奏言事，天子要进行咨询，一律临时召见问对，旁边没有侍卫，所以人们得以畅所欲言。臣等希望恢复这一惯例。"后唐末帝下诏说："以往的制度规定，五天一次问安，百官都退下以后，宰相单独上殿，如属平常之事自然可以奏陈，有时事属机密，允许在阁门进呈奏折，朕屏退所有的侍臣，在便殿接见，何必沿袭延英殿的名义！"

后唐任命房暠为枢密使。

刘延朗和学士薛文遇等人在朝中当权，房暠和赵延寿虽然是枢密院的长官，但上奏和任免都由刘延朗掌管。由外地进京的州镇官员先贿赂刘延朗，再议定进献的贡物，贿赂多的优先在内地任官，贿赂少的末了在边区任官。因此，诸将领都怨恨愤懑。

蜀寇唐金州，不克。

蜀寇金州，拔水寨。城中兵才千人，都监陈知隐遁去。防御使马全节罄私财以给军，出奇死战，蜀兵乃退。

冬十月，闽李仿弑其主璘而立福王继鹏，更名昶。

初，闽主璘有幸臣曰归守明，出入卧内。璘晚得风疾，陈后与守明及百工院使李可殷私通，国人皆恶之。可殷尝谮皇城使李仿于璘，后族陈匡胜无礼于福王继鹏，仿及继鹏皆恨之。璘疾甚，仿使人杀可殷，陈后诉之。璘力疾视朝，诘可殷死状。仿惧而出，俄引步兵鼓噪入宫，璘匿帐下，乱兵刺杀之。仿与继鹏杀陈后、陈守恩、陈匡胜、归守明及继鹏弟继韬，继鹏即位，更名昶。既而自称权知福建节度事，遣使奉表于唐，立父婢李春燕为贤妃。璘初娶汉女，使宦者林延遇置邸于番禺，掌国信。汉主问以闽事，延遇不对，退谓人曰："去闽语闽，去越语越，处人宫禁，可如是乎？"至是，闻变求归，不许，素服向其国三日哭。

荆南梁震退居土洲。

荆南节度使高从诲，性明达，亲礼贤士，委任梁震，以兄事之。楚王希范好奢靡，游谈者共夸其盛。从诲谓僚佐曰："如马王，可谓大丈夫矣。"孙光宪对曰："天子诸侯，礼有等差。彼乳臭子，骄侈僭忒，取快一时，不为远虑，危亡无日，又足慕乎！"从诲悟，曰："公言是也。"他日谓梁震曰：

蜀国侵犯后唐的金州，未能取胜。

蜀国侵犯金州，攻克水寨。金州城内只有士兵千人，都监陈知隐逃走。防御使马全节用全部私财供给军队，采用奇计，拼死作战，蜀军于是退却。

冬十月，闽国李仿杀死闽主王璘，另立福王王继鹏，王继鹏改名王昶。

当初，闽主王璘有个名叫归守明的宠臣，可以出入王璘的卧室。王璘晚年得了风疾，陈皇后与归守明及百工院使李可殷私通，国人都憎恶他们。李可殷曾向王璘诬陷皇城使李仿，陈皇后的本家陈匡胜对福王王继鹏无礼，李仿和王继鹏都痛恨他们。王璘病情加剧，李仿派人杀死李可殷，陈皇后告诉了王璘。王璘勉强带病上朝，盘问李可殷是怎么死的。李仿恐惧地退出，不久即带领步兵大声呼叫着闯进宫中，王璘藏在帷帐下面，乱兵将他刺死。李仿与王继鹏杀死陈皇后、陈守恩、陈匡胜、归守明以及王继鹏的弟弟王继韬，王继鹏即位，改名王昶。不久，王昶自称权知福建节度事，派使者向后唐上表，将父亲王璘的婢女李春燕立为贤妃。起初，王璘娶南汉主刘龑的女儿，派宦官林延遇在番禺设置府邸，掌管与外国通使的符节文书。南汉主刘龑打听闽国的事情，林延遇不作回答，退下来对别人说："离开闽国谈闽国的机密，离开越国谈越国的机密，置身于人家的宫廷中，能这样干吗？"到这时，林延遇得知变故发生，请求回国，南汉不许，于是身穿丧服，面向闽国，哭了三天。

荆南梁震退职，在土洲家居。

荆南节度使高从诲性情通达，亲近礼遇贤士，信任梁震，把他当作自己的兄长对待。楚王马希范喜欢奢侈，言谈浮夸者都夸耀马希范的盛大排场。高从诲对僚佐说："像马王那样，可以称为大丈夫了。"孙光宪回答说："天子和诸侯，礼节具有等级差别。那个乳臭未干的小子骄纵奢华，僭越傲慢，只图一时快活，不作长远打算，垂危覆灭的下场为时不远，还值得羡慕吗！"高从诲明白过来，说："您说得对。"后来有一天，高从诲对梁震说：

"吾自念平生奉养固已过矣。"乃捐去玩好,以经史自娱,省刑薄赋,境内以安。震曰:"先王待我如布衣交,以嗣王属我。今嗣王能自立,不坠其业。吾老矣,不复事人矣。"遂固请退居。从诲不能留,乃为之筑室于土洲。震披鹤氅,自称荆台隐士,每诣府,跨黄牛至厅事。从诲时过其家,四时赐与甚厚。自是,悉以政事属孙光宪。

吴加徐知诰大元帅,封齐王,备殊礼。 **十一月,闽李仿伏诛。**

闽皇城使李仿专制朝政,阴养死士,闽主昶与拱宸指挥使林延皓等图之。十一月,仿入朝,执斩之,枭首朝门。诏暴仿弑君及杀继韬等罪,告谕中外,六军判官叶翘为内宣徽使。翘博学质直,闽主璘擢为福王友,昶以师傅礼待之,多所裨益,宫中谓之"国翁"。昶既嗣位,骄纵,不与翘议国事。一旦,昶方视事,翘衣道士服趋出,昶召还,拜之曰:"军国事殷,久不接对,孤之过也。"翘顿首曰:"老臣辅国无状,致陛下即位以来无一善可称,愿乞骸骨。"昶曰:"先帝以孤属公,政令不善,公当极言,奈何弃孤去?"厚赐金帛慰谕,令复位。昶元妃李氏,昶嬖李春燕,待之甚薄。翘谏曰:"夫人,先帝之甥,聘之以礼,奈何以新爱而弃之?"昶不悦,放归永泰,以寿终。

唐以马全节为横海留后。

唐主嘉马全节之功,召诣阙。刘延朗求赂,全节无以与之。延朗欲以为绛州刺史,群议沸腾,乃以为横海留后。

"我想自己平生的生活享受本来已经过度了。"便丢开珍宝玩物，以阅读经史自娱，减轻刑罚，降低赋税，国内因此安定无事。梁震说："先王待我如同布衣之交，把嗣王嘱托给我。现在嗣王已能自立，不会断送先王的遗业。我老了，不再事奉别人了。"于是再三要求退职家居。高从诲挽留不住梁震，便为梁震在土洲盖了房屋。梁震身披鹤氅，自称荆台隐士，每次前往军府，总是骑着黄牛到府厅之前。高从诲也时常到梁震家看望，一年四季的赏赐甚为丰厚。从此，高从诲把政事都交给孙光宪处理。

吴国加任徐知诰为大元帅，封为齐王，给予特殊的礼遇。

十一月，闽国李仿被处死。

闽国皇城使李仿控制朝政，暗中蓄养敢死之士，闽主王昶与拱宸指挥使林延皓等人图谋杀掉他。十一月，李仿入朝时被捉住杀死，在朝门斩首示众。闽主王昶下诏公布李仿杀害国君及王继韬等人的罪行，告知朝廷内外，任命六军判官叶翘为内宣徽使。叶翘学识渊博，质朴正直，闽主王璘选拔他为福王友，王昶以师傅之礼待他，从他那里得到的补益甚多，宫中都称他为"国翁"。王昶继位后，骄傲放纵，不与叶翘商议国家大事。一天早上，王昶正在办公，叶翘穿着道士的服装快步走出门去，王昶叫回叶翘，行礼说："军国事务繁重，很久没有听取你的意见，是孤家的过错。"叶翘伏地叩头说："老臣辅佐国家无方，致使陛下即位以来没有任何一点善政可以称道，希望让我告老回乡。"王昶说："先帝把孤家嘱托给您，政令不善，您应极力进言，怎能丢下孤家就走？"赏赐给他许多金帛加以宽慰劝解，让叶翘复位。王昶的元妃是李氏，而王昶宠爱李春燕，对李氏很冷淡。叶翘进谏说："李夫人是先帝的外甥女，按礼法聘娶的，怎能因新欢而丢开她？"王昶很不高兴，将叶翘贬回永泰，叶翘寿满而终。

后唐任命马全节为横海留后。

后唐末帝李从珂嘉奖马全节的功勋，将马全节召至朝廷。刘延朗索求贿赂，马全节无物可给。刘延朗想任命马全节为绛州刺史，引起大家议论纷纷，于是任命马全节为横海留后。

十二月,唐以冯道为司空。

时久无正拜三公者,朝议疑其职事,卢文纪欲令掌祭祀扫除。道闻之曰:"司空,扫除职也,吾何惮焉?"既而文纪自知不可,乃止。

闽以陈守元为天师。

闽主赐陈守元号天师,信重之,更易将相,刑罚选举,皆与之议。守元受赂请托,言无不从,其门如市。

丙申(936) 唐清泰三年,十一月以后,晋高祖石敬瑭天福元年。闽主昶通文元年。是岁,唐亡晋兴,凡五国三镇。

春正月,唐以吕琦为御史中丞。

唐主以千春节置酒,晋国长公主上寿毕,辞归晋阳。唐主醉曰:"何不且留?遽归,欲与石郎反邪?"石敬瑭闻之益惧,尽收其货之在洛阳及诸道者归晋阳,托言以助军费,人皆知其有异志。唐主夜与近臣从容语曰:"石郎于朕至亲,无可疑者。但流言不息,万一失欢,何以解之?"皆不对。端明殿学士李崧退谓同僚吕琦曰:"吾辈受恩深厚,岂得自同众人,一概观望邪?计将安出?"琦曰:"河东若有异谋,必结契丹为援。契丹屡求和亲,但求蓟刺等未获,故未成耳。今诚归蓟刺等,岁以礼币十余万缗遗之,彼必欢然承命。如此,则河东虽欲陆梁,无能为矣。"崧曰:"此吾志也。然钱谷皆出三司,宜更与张相谋之。"遂告张延朗。延朗曰:"如学士计,不惟可以制河东,亦省边费之什九。

十二月，后唐任命冯道为司空。

当时，很久没人正式封拜为三公，朝廷商议疑虑三公的职事，卢文纪想让此职执掌祭祀扫除。冯道听到消息后说："司空是负责扫除的职务，我怕什么呢？"不久，卢文纪自知不妥，于是搁置不提。

闽国封陈守元为天师。

闽主王昶赐给陈守元天师的称号，对他信任倚重，任免将相、实行刑罚、选士任官，都与陈守元商量。陈守元接受贿赂请托，言无不从，门庭若市。

后晋高祖

丙申（936） 后唐末帝清泰三年，十一月以后，为后晋高祖石敬瑭天福元年。闽主王昶通文元年。这一年，后唐灭亡，后晋兴起，共五个国家、三个藩镇。

春正月，后唐任命吕琦为御史中丞。

后唐末帝李从珂在自己的生日千春节设置酒宴，晋国长公主祝寿完毕，告辞说要回晋阳。后唐末帝醉中说："何不多留几天？忙着回去，想与石郎造反吗？"石敬瑭得知后更加恐惧，把自己在洛阳和各道的财物都汇集到晋阳，声称是为了补助军用开支，人们都知道石敬瑭有了叛乱之心。后唐末帝夜间对近臣从容不迫地说："石郎是朕的至亲，没有可以怀疑的地方。只是流言总不平息，万一失和，怎样化解？"大家都不回答。端明殿学士李崧退下来对同僚吕琦说："我们深受厚恩，怎能把自己与大家等同起来，一概采取观望态度呢？能想出点主意来吗？"吕琦说："石敬瑭如有反叛的企图，必然会勾结契丹作为外援。契丹屡次谋求和亲，但由于放薱剌等人回国的要求未能实现，所以和亲未成。如果现在放薱剌等人回国，每年赠送给契丹十余万缗的礼物，契丹肯定欣然从命。这样，即使石敬瑭想猖獗，也办不到。"李崧说："这也是我的意愿。"于是去告诉张延朗。张延朗说："按您的主意办，不仅可以控制河东，还能节省边防开支的十分之九。

若主上听从,但责办于老夫。"他夕,二人密言其策,唐主大喜。

久之,以告枢密直学士薛文遇,文遇对曰:"以天子之尊,屈身夷狄,不亦辱乎? 又虏若循故事求尚公主,何以拒之?"唐主意遂变。一日,急召崧、琦,盛怒责之曰:"卿辈皆知古今,欲佐人主致太平,今乃为谋如是! 朕一女,尚乳臭,卿欲弃之沙漠邪? 且欲以养士之财输之虏廷,其意安在?"二人惧,拜谢无数。琦气竭,拜少止,唐主曰:"吕琦强项,肯视朕为人主邪?"既而怒解,各赐卮酒罢之。自是,群臣不敢复言和亲之策,遂以琦为御史中丞,盖疏之也。

闽主昶立其父婢李氏为后。 夏四月,楚王希范以其弟希杲知朗州。

静江节度使马希杲有善政,监军裴仁煦谮之于楚王希范,言其收众心,希范疑之。汉侵蒙、桂二州,希范自将步骑如桂州。希杲惧,其母华夫人逆希范于全义岭,谢曰:"希杲为治无状,致寇戎入境,妾之罪也。愿削封邑,洒扫掖庭,以赎希杲罪。"希范曰:"吾久不见希杲,闻其治行尤异,故来省之,无他也。"汉兵引去,徙希杲知朗州。

五月,唐以石敬瑭为天平节度使,敬瑭拒命,唐发兵讨之。

初,石敬瑭欲尝唐主之意,累表自陈羸疾,乞解兵柄,移他镇,帝与执政议从其请,移镇郓州。房暠、李崧、吕琦等皆力谏,以为不可。五月,薛文遇独直,唐主与之议,

如果主上采纳，只需责成老夫去办。"后来的一天晚上，李崧、吕琦二人秘密讲了自己的计策，后唐末帝大喜。

久后，后唐末帝将此事告知枢密直学士薛文遇，薛文遇回答说："以天子的尊贵地位，对夷狄降低身份，不也是很耻辱的事吗？还有，如果契丹按照惯例请求公主下嫁，如何拒绝？"于是后唐末帝变了主意。有一天，后唐末帝急忙叫来李崧和吕琦，极为恼怒地责备他们说："你们都通晓古今，想辅佐人主达到太平盛世，现在却出这样的主意！朕的一个女儿还乳臭未干，你们想把她丢在沙漠里吗？而且想把养兵的资财运往胡虏的朝廷，是什么意思？"李、吕二人心中恐惧，不停地叩头认错。吕琦喘不过气来，叩拜略有停顿，后唐末帝说："吕琦脖子很硬，肯把朕视为人主吗？"不久怒气缓解，赐给每人一杯酒，让他们回家去了。从此，群臣不敢再谈和亲的谋略，于是后唐末帝任命吕琦为御史中丞，意在疏远他。

闽主王昶将父亲的婢女李氏立为皇后。 夏四月，楚王马希范委任自己的弟弟马希杲掌管朗州。

静江节度使马希杲为政有方，监军裴仁煦向楚王马希范诋毁马希杲，说马希杲收揽人心，马希范心生猜疑。南汉侵犯蒙、桂二州，马希范亲自带领步兵、骑兵前往桂州。马希杲心中恐惧，其母华夫人在全义岭迎接马希范，谢罪说："希杲为政无方，致使敌寇入境，是我的罪责。我甘愿撤销封邑，到后宫执洒扫之役，为希杲赎罪。"马希范说："我许久没见希杲，听说他为政成绩优异，所以前来看望，没别的意思。"南汉军退去，马希范调马希杲掌管朗州。

五月，后唐任命石敬瑭为天平节度使，石敬瑭抗拒朝命，后唐派兵讨伐。

当初，石敬瑭想试探后唐末帝的意图，多次上表说自己瘦弱有病，请求解除兵权，调往其他军镇，后唐末帝与执政大臣商议后同意他的请求，调他镇守郓州。房暠、李崧、吕琦等都极力进谏，认为不妥。五月，薛文遇单独值班，后唐末帝与他商议这事，

文遇曰："'当道筑室，三年不成'，兹事断自圣志。群臣各为身谋，安肯尽言？以臣观之，河东移亦反，不移亦反，在旦暮耳，不若先事图之。"先是，术者言："国家今年应得贤佐，出奇谋，定天下。"唐主意文遇当之，闻其言，大喜曰："卿言殊豁吾意，成败吾决行之。"即为除目，付学士院，使草制，徙敬瑭镇天平，宋审虔镇河东。制出，两班闻呼敬瑭名，相顾失色。

以张敬达为西北都部署，趣敬瑭之郓州。敬瑭疑惧，谋于将佐曰："吾之再来河东也，主上面许终身不除代。今忽有是命，得非如千春节与公主所言乎？我安能束手死于道路！今且发表称疾，以观其意。若其宽我，我当事之，若加兵于我，我则改图耳。"段希尧极言拒之，敬瑭以其朴直，不责也。判官赵莹劝敬瑭赴郓州，刘知远曰："明公久将兵，得士卒心。今据形胜之地，士马精强。若称兵传檄，帝业可成，奈何以一纸制书自投虎口乎？"掌书记桑维翰曰："主上初即位，明公入朝，主上岂不知蛟龙不可纵之深渊邪？然则以河东复授公，此乃天意假公以利器也。明宗遗爱在人，主上以庶孽代之，群情不附。公，明宗之爱婿，今主上以反逆见待，此非首谢可免，但力为自全之计。契丹主素与明宗约为兄弟，公诚能推心屈节事之，朝呼夕至，何患不成？"敬瑭意遂决，表唐主养子，不应承祀，请传位许王。

唐主手裂其表抵地，以诏答之曰："卿于鄂王固非疏远，卫州之事，天下皆知。许王之言，何人肯信？"制削夺

薛文遇说:"'在路边盖房,三年盖不成',此事应由陛下决定。群臣都为自身打算,哪肯畅所欲言? 在臣看来,调动石敬瑭会反,不调动也会反,只是早晚的问题,不如先下手对付他。"此前,术士说:"国家今年会得到贤能的辅臣,提出奇谋,安定天下。"后唐末帝以为薛文遇就是贤人,听了他的话,非常高兴地说:"你说的使我豁然开朗,无论成败,我决意实行。"立即写了除授官吏的文书,交给学士院起草制书,调石敬瑭镇守天平,由宋审虔镇守河东。制书下达时,文武两班听到念石敬瑭的名字,都相顾失色。

后唐末帝任命张敬达为西北都部署,让他催促石敬瑭前往郓州。石敬瑭疑虑恐惧交集,与将佐商量说:"我重来河东时,主上当面答应终身不派别人接替我的职务。现在忽然下达这一命令,莫非真像千春节时对公主讲的那样吗? 我怎能束手就范,死在道路之上! 现在我暂且上表称病,来观察皇上的用意。如果对我宽容,我就事奉他;如果对我用兵,我就另作主张。"段希尧竭力直言反对,石敬瑭认为他朴厚正直,不加责怪。判官赵莹劝石敬瑭前往郓州,刘知远说:"您长期带兵,得到士兵的爱戴。现在您占据有利的地势,兵强马壮。如果您举兵起事,向各地发布檄文,可以成就帝业,怎能凭这一纸制书就自投虎口呢?"掌书记桑维翰说:"主上刚即位时,您进京朝见,主上哪会不懂得不能把蛟龙放回深渊呢? 这么说来,重新委任您镇守河东,这是上天有意让您掌握兵权。明宗留下的仁爱被人们怀念,主上以旁支庶出接替明宗,不受大家的拥护。您是明宗的爱婿,现在主上把您当成叛逆对待,这不是自首认罪就能躲过去的,只能努力做好保全自己的打算。契丹主早就与明宗约定互为兄弟,如果您能以诚相待,降低身份,事奉契丹,契丹就能早上叫,晚上到,何必担心不能成事呢?"于是石敬瑭下了决心,上表说后唐末帝是先帝的养子,不应继承帝位,要求传位给许王李从益。

后唐末帝亲手撕碎石敬瑭的表章,扔在地上,下诏答复说:"你同鄂王李从厚的关系本不疏远,你在卫州杀害鄂王的事,天下尽人皆知。关于要求传位给许王的话,谁肯相信?"下制书削去

敬瑭官爵,以张敬达为太原四面兵马都部署,杨光远为副。先锋指挥使安审信、雄义指挥使安元信率众奔晋阳,敬瑭谓曰:"汝见何利害,舍强而归弱?"对曰:"元信非知星识气,顾以人事决之耳。夫帝王所以御天下,莫重于信。今主上失大信于令公,亲而贵者且不自保,况疏贱乎?其亡可翘足而待,何强之有?"敬瑭悦,委以军事。振武巡检使安重荣亦帅步骑五百奔晋阳。

唐天雄军乱,逐节度使刘延皓以应河东。

延皓恃后族之势,骄纵无度。都虞候张令昭因众心怨怒,谋以魏博应河东,帅众攻牙城,克之。延皓脱身走至洛阳,唐主怒,命远贬。皇后为之请,止削官爵,归私第。以令昭权知天雄军府事,令昭以调发未集,且受新命。寻有诏徙齐州防御使,令昭托以士卒所留。唐主遣使谕之,令昭杀使者。诏以范延光为天雄军四面行营招讨使,讨之。

秋七月,唐杀石敬瑭子弟四人。　唐克魏州。　石敬瑭遣使求救于契丹。

敬瑭令桑维翰草表称臣于契丹主,且谓以父礼事之,约事捷之日割卢龙一道及雁门关以北诸州与之。刘知远谏曰:"称臣可矣,以父事之太过。厚以金帛赂之,自足致其兵,不必许以土田。恐异日大为中国之患,悔之无及。"敬瑭不从。表至,契丹主大喜,复书许俟仲秋倾国赴援。

八月,唐张敬达攻晋阳,不克。

张敬达筑长围以攻晋阳。石敬瑭以刘知远为马步都

石敬瑭的官职爵位,任命张敬达为太原四面兵马都部署,由杨光远担当副职。先锋指挥使安审信、雄义指挥使安元信率众投奔晋阳,石敬瑭对他们说:"你们看到什么好处才舍强归弱呢?"安元信回答说:"我不懂观星望气,只凭人事来做决定。帝王之所以统御天下,最重要的是信用。现在的主上对您失了大信,连皇室的亲戚、地位尊贵的人都不能自保,何况关系疏远、地位卑贱的人呢?他的灭亡举足之间就会到来,有什么强的?"石敬瑭心中高兴,把军中事务交给他处理。振武巡检使安重荣也带领步兵、骑兵五百人投奔晋阳。

后唐天雄军叛乱,驱逐节度使刘延皓,以响应石敬瑭。

刘延皓仗着皇后家族的势力,骄横放纵,毫无限度。都虞候张令昭趁大家心怀怨恨恼怒,企图以魏博响应石敬瑭,率众攻克牙城。刘延皓脱身逃到洛阳,后唐末帝李从珂大怒,下令贬到远方。皇后为刘延皓讲情,于是只削去刘延皓的官职爵位,让他返回自己的府第。后唐末帝任命张令昭暂且掌管天雄军军府事务,张令昭因征调的兵马没有会集一处,姑且接受了新的任命。不久有诏改任张令昭为齐州防御使,张令昭托称士兵挽留自己。后唐末帝派使者前去开导,张令昭杀死使者。后唐末帝下诏任命范延光为天雄军四面行营招讨使,讨伐张令昭。

秋七月,后唐杀死石敬瑭的子弟四人。   后唐攻克魏州。石敬瑭派使者向契丹求救。

石敬瑭让桑维翰起草表章向契丹主耶律德光称臣,并表示愿意以对父亲的礼节来事奉契丹主,约定事成之日将卢龙道和雁门以北各州割让给契丹。刘知远劝阻说:"称臣就可以了,当作父亲来事奉太过分了。用大量金帛贿赂契丹,自然足以招致契丹军队,没必要答应割让土地。恐怕将来契丹成为中国大患,后悔不及。"石敬瑭不听劝告。表章送到,契丹主大喜,回信答应等仲秋时节调集全国兵力前来援助。

八月,后唐张敬达进攻洛阳,没有攻克。

张敬达修筑长围来攻打晋阳。石敬瑭任命刘知远为马步都

指挥使,降兵皆隶焉。知远用法无私,抚之如一,由是人无贰心。敬瑭亲乘城,坐卧矢石下,知远曰:"观敬达辈无他奇策,不足虑也。愿明公四出间使,经略外事。守城至易,知远独能办之。"敬瑭执知远手,抚其背而赏之。唐主闻契丹许敬瑭以仲秋赴援,屡督敬达急攻,不能下。每有营构,多值风雨,长围复为水潦所坏,竟不能合。晋阳城中亦日窘,粮储浸乏。

九月,**契丹德光将兵救石敬瑭,唐兵大败,契丹围之。唐主自将次怀州。**

契丹主将五万骑,自杨武谷而南至晋阳,陈于虎北口,先遣人谓敬瑭曰:"吾欲今日即破贼,可乎?"敬瑭遣人驰告曰:"南军甚厚,请俟明日。"使者未至,契丹已与唐骑将高行周、符彦卿合战,敬瑭乃遣刘知远出兵助之。张敬达、杨光远、安审琦以步兵陈于城西北山下,契丹遣轻骑三千,不被甲,直犯其陈。唐兵逐之,至汾曲,契丹伏兵起,冲唐兵,断而为二,纵兵乘之,唐兵大败,死者近万人。敬达等收余众保晋安,契丹亦引兵归虎北口。敬瑭得唐降兵千余人,刘知远劝敬瑭尽杀之。

是夕,敬瑭出见契丹主,问曰:"皇帝远来,士马疲倦,遽与唐战而大胜,何也?"契丹主曰:"始吾谓唐必断雁门诸路,伏兵险要,则吾不可得进矣。使人侦视,皆无之,吾是以长驱深入,知大事必济也。兵既相接,我气方锐,若不乘此急击之,旷日持久,则胜负未可知矣。此吾所以亟战而胜,不可以劳逸常理论也。"敬瑭叹伏。引兵会围晋安寨,

指挥使，降兵都归他统辖。刘知远执法无私，抚恤部下时一视同仁，所以人们没有二心。石敬瑭亲自登上城头，在流矢飞石之下坐卧，刘知远说："看来张敬达这些人没有别的出人意料的计策，不足挂虑。请您向各地派出密使，经营办理对外事务。守城很容易，我一个人就能承担其事。"石敬瑭拉着刘知远的手，拍拍他的背，予以奖赏。后唐末帝李从珂得知契丹对石敬瑭作了仲秋前来援助的承诺，屡次督促张敬达抓紧攻城，但无法攻克。每逢修筑工事，往往赶上刮风下雨，长围又被积水浸坏，终究不能合围。晋阳城里也日益窘困，粮食储备渐渐匮乏。

九月，契丹主耶律德光领兵援救石敬瑭，后唐军队大败，被契丹军包围。后唐末帝李从珂亲征，驻兵怀州。

契丹主耶律德光带领五万骑兵，从杨武谷南进到晋阳，在虎北口驻扎下来，先派人对石敬瑭说："我想今天即刻打败敌军，好吗？"石敬瑭派人火速告诉耶律德光说："南军兵力雄厚，请等到明天再说。"使者还没赶到，契丹已经与后唐骑兵将领高行周、符彦卿打在一起，于是石敬瑭派刘知远出兵帮助契丹。张敬达、杨光远、安审琦率步兵在西北山下列阵，契丹派三千名不披铠甲的轻装骑兵直冲其阵。后唐军队将契丹骑兵追赶到汾水向黄河西折处，契丹伏兵杀出，冲击后唐军队，将后唐军队断成两截，纵兵进击，后唐军队大败，死了近一万人。张敬达等人聚合残余人众，防守晋安，契丹也领兵返回虎北口。石敬瑭得到后唐降兵一千余人，刘知远劝石敬瑭将降兵全部杀死。

当天晚上，石敬瑭出城去见契丹主，问道："皇帝远道而来，人马疲倦，却马上与唐军交战，并大获全胜，是什么道理？"契丹主说："最初我以为唐军一定会切断连接雁门的各条道路，在险要地带埋伏兵马，那我就无法前进了。我派人侦察，发现完全没有这样的部署，所以我长驱直入，知道大事准能成功。双方交战后，我军士气正盛，如不趁这时赶快进攻，致使战事旷日持久，胜负就难以预料了。这就是我速战取胜的原因，无法用兵家有关劳逸的常理衡量。"石敬瑭叹服备至。石敬瑭领兵合围晋安寨，

置营于晋安之南，长百余里，厚五十里，多设铃索吠犬，人跬步不能过。敬达等士卒犹五万人，马万匹，四顾无所之，遣使告败。

唐主大惧，遣符彦饶将兵屯河阳，诏天雄范延光、卢龙赵德钧、耀州潘环共救晋安，下诏亲征。雍王重美曰："陛下目疾未平，不可远涉风沙。臣虽童稚，愿代陛下北行。"唐主本不欲行，闻之颇悦。张延朗、刘延皓皆劝行，唐主不得已，发洛阳，谓卢文纪曰："朕排众议用卿，今祸难如此，卿嘉谋皆安在乎？"文纪但拜谢，不能对。遣符彦饶军赴潞州，为大军后援。诸军自凤翔推戴以来，骄悍不为用，彦饶恐其为乱，不敢束之以法。

唐主至河阳，心惮北行，卢文纪希旨言："国家根本在河南。胡兵倏来忽往，不能久留。晋安大寨甚固，况已发三道兵救之。河阳天下津要，车驾宜留此镇抚南北，且遣近臣往督战，苟不能解围，进亦未晚。"张延朗曰："文纪言是也。"唐主议近臣可使北行者，延朗与翰林学士和凝等皆曰："赵延寿父德钧以卢龙兵来赴难，宜遣延寿会之。"乃遣延寿将兵二万如潞州。

唐主至怀州，以晋安为忧，问策于群臣，吏部侍郎龙敏请："立李赞华为契丹主，令天雄、卢龙二镇分兵送之，自幽州趣西楼，朝廷露檄言之，契丹主必有内顾之忧，然后选募军中精锐以击之，此亦解围之一策也。"唐主深以为然，而执政恐其无成，议竟不决。唐主忧沮，日夕酣饮悲歌，群臣或劝其北行，则曰："卿勿言，石郎使我心胆堕地。"

在晋安南面扎营,营地长一百余里,宽五十里,到处放出系铃的吠犬,人们无法越过半步。张敬达等人仍有士兵五万人,战马一万匹,四处张望却无处可去,只得派使者报告战败的消息。

后唐末帝大为恐惧,派符彦饶领兵屯驻河阳,下诏命天雄范延光、卢龙赵德钧、耀州潘环共同援救晋安,同时下诏宣布亲征。雍王李重美说:"陛下眼病未愈,不宜远道跋涉风沙之地。臣虽然年纪还小,愿意代替陛下北行。"后唐末帝本来不想前去,听了这话颇为高兴。张延朗、刘延皓都劝后唐末帝走一遭,后唐末帝迫不得已,从洛阳启程,对卢文纪说:"朕力排众议,任用了你,现在面临这样的祸难,你的妙计良策都哪里去了?"卢文纪只是叩头谢罪,无话可答。后唐末帝派符彦饶军赶赴潞州,充当晋安寨大军的后援。自凤翔拥戴李从珂以来,各军骄横凶悍,不服从命令,难以调用,符彦饶怕军队哗变,不敢用法令加以约束。

后唐末帝来到河阳,心里害怕往北走,卢文纪迎合后唐末帝的意愿说:"国家的根本在河南地区。契丹军忽来忽去,行动迅速,不能久留。晋安大寨甚为坚固,何况已征调天雄、卢龙、耀州三道兵马前去援救。河阳是天下水陆冲要之地,陛下最好留在这里镇抚南北各军,并派近臣前去督战,如果不能解围,再去不迟。"张延朗说:"卢文纪说得对。"后唐末帝商议可以委派北行的近臣人选,张延朗与翰林学士和凝等人都说:"赵延寿的父亲赵德钧率卢龙军奔赴国难,应派赵延寿前去会合。"于是后唐末帝派赵延寿率领二万名士兵前往潞州。

后唐末帝抵达怀州,为晋安的形势担忧,向群臣问计,吏部侍郎龙敏建议:"将李赞华立为契丹主,命令天雄、卢龙两镇分兵护送,从幽州直趋西楼,由朝廷发布公告讲明其事,契丹主必然会有内顾之忧,然后挑选招募军中的精锐将士去攻打契丹,这也是解围的计策之一。"后唐末帝深以为然,而执政大臣担心计策不能成功,最终没有作出决议。后唐末帝忧虑沮丧,从早到晚只是酗饮悲歌,群臣中有人劝后唐末帝北行,后唐末帝却说:"你别说了,石郎使我心胆落地了。"

冬十月，唐括民马，籍义军，以拒契丹。

诏大括天下将吏及民间马，又发民为兵，每七户出征夫一人，自备铠仗，谓之“义军”，期以十一月俱集，用张延朗之谋也。凡得马二千余匹，征夫五千人，实无益于用，而民间大扰。

十一月，唐以赵德钧为行营都统。

初，赵德钧阴蓄异志，欲因乱取中原，自请救晋安寨。唐主命自飞狐踵契丹后，钞其部落，德钧请将骑由土门路西入，许之。赵州刺史刘在明戍易州，德钧以其众自随至镇州，以董温琪领招讨副使，邀与偕行。又表称兵少，须合泽潞兵，乃趣潞州。时范延光受诏将兵屯辽州，德钧又请与魏博军合。延光知德钧志趣难测，表称魏博兵已入贼境，无容南行数百里与德钧合，乃止。十一月，以德钧为诸道行营都统，延寿遇德钧于西阳，悉以兵属焉。德钧志在并范延光军，逗留不进，诏书屡趣之，德钧乃引兵北屯团柏谷口。

契丹立石敬瑭为晋皇帝，敬瑭割幽、蓟等十六州以赂之。

契丹主谓石敬瑭曰：“吾三千里来赴难，必有成功。观汝器貌识量，真中原之主也，吾欲立汝为天子。”敬瑭辞让数四，将吏复劝进，乃许之。契丹主作策书，命敬瑭为大晋皇帝，自解衣冠授之，筑坛即位。割幽、蓟、瀛、莫、涿、檀、顺、新、妫、儒、武、云、应、寰、朔、蔚十六州以与契丹，仍许岁输帛三十万匹。制改长兴七年为天福元年，敕命

冬十月，后唐征用全国的马匹，调发百姓组成义军，以抵御契丹。

下诏普遍征用全国将吏以及民间的马匹，并征发百姓当兵，每七户出一名出征的兵员，自备铠甲兵器，称作"义军"，规定十一月为全部集中起来的期限，这采用的是张延朗的主意。结果共得到马两千余匹，出征的兵员五千人，实际毫无作用，民间却大受骚扰。

十一月，后唐任命赵德钧为行营都统。

当初，赵德钧暗含叛离之心，想趁天下大乱之机夺取中原，所以请求让自己去救晋安寨。后唐末帝李从珂命赵德钧由飞狐道进兵，尾随在契丹军的后面，抄掠契丹部落，赵德钧请求带领骑兵由土门路西进，后唐末帝同意了。赵州刺史刘在明戍守易州，赵德钧让刘在明的部众跟随自己来到镇州，让董温琪兼任招讨副使，邀请他与自己同行。赵德钧又上表说自己兵少，必须与泽潞军会合，于是直趋潞州。当时，范延光受诏领兵驻扎在辽州，赵德钧又要求与魏博军会合。范延光知道赵德钧用意难测，上表说魏博军已进入敌境，不可能南行数百里与赵德钧会合，这才没有实施。十一月，后唐末帝任命赵德钧为诸道行营都统，赵延寿在西阳遇到赵德钧，把军队都交给赵德钧统辖。赵德钧志在兼并范延光军，一味逗留，不肯前进，诏书屡次催促，赵德钧才领兵北进，在团柏谷谷口驻扎下来。

契丹将石敬瑭立为晋皇帝，石敬瑭割让幽、蓟等十六州，用来贿赂契丹。

契丹主耶律德光对石敬瑭说："我跋涉三千里赶来解救危难，必能成功。看你的风度容貌、见识气量，真是中原之主，所以我想立你为天子。"石敬瑭多次推让，将吏又来劝进，便答应下来。契丹主制作策命文书，命石敬瑭为大晋皇帝，脱下自己的衣冠授给石敬瑭，筑坛即皇帝位。石敬瑭向契丹割让幽、蓟、瀛、莫、涿、檀、顺、新、妫、儒、武、云、应、寰、朔、蔚十六州，还答应每年献纳帛三十万匹。石敬瑭颁布制书改长兴七年为天福元年，敕令

法制皆遵明宗之旧。以赵莹为翰林学士承旨,桑维翰为翰林学士、权知枢密使事,刘知远为侍卫马军都指挥使,客将景延广为步军都指挥使。立晋国长公主为皇后。

唐赵德钧降契丹,契丹不受。

契丹主虽军柳林,其辎重老弱皆在虎北口,每日暝,辄结束以备遁逃。而赵德钧欲倚契丹取中国,至团柏逾月,按兵不战,去晋安才百里,声问不能相通。德钧累表为延寿求成德节度使,唐主怒曰:"赵氏父子能却胡寇,虽欲代吾位,吾亦甘心。若玩寇邀君,但恐犬兔俱毙耳。"德钧不悦,密以金帛赂契丹主云:"若立己为帝,请即以见兵南平洛阳,与契丹为兄弟,仍许石氏常镇河东。"契丹主自以深入敌境,晋安未下,德钧兵尚强,范延光在其东,又恐山北诸州邀其归路,欲许德钧之请。

晋主闻之大惧,亟使桑维翰说契丹主曰:"赵北平父子素蓄异志,非以死徇国之人,何足可畏,而信其诞妄之辞,贪豪末之利,弃垂成之功乎?且使晋得天下,将竭中国之财以奉大国,岂此小利之比乎?"契丹主曰:"吾非有渝前约也,但兵家权谋不得不尔。"对曰:"皇帝以信义救人之急,四海之人俱属耳目,奈何一旦二三其命,使大义不终,臣窃为皇帝不取也。"跪于帐前,自旦至暮,涕泣争之。契丹主乃从之,指帐前石谓德钧使者曰:"我已许石郎,此石烂,可改矣。"

唐将杨光远杀招讨使张敬达,降于契丹。

龙敏谓前郑州防御使李懿曰:"今从驾兵尚万余人,

在法制方面一律遵守后唐明宗时的老规矩。任命赵莹为翰林学士承旨，桑维翰为翰林学士、权知枢密使事，刘知远为侍卫马军都指挥使，客将景延广为步军都指挥使。将晋国长公主立为皇后。

后唐赵德钧投降契丹，契丹没有接受。

契丹主耶律德光虽驻扎在柳林，其辎重与老弱兵员都留在虎北口，每当日落时分，这些人就整顿行装，准备逃走。然而，赵德钧想依靠契丹夺取中国，抵达团柏过了一个月，依然按兵不动，团柏离晋安只有一百里，却未能互通音信。赵德钧多次上表为赵延寿要求成德节度使的职务，后唐末帝李从珂恼怒地说："如果赵氏父子能击退胡寇，即使想取代我的皇位，我也甘心。如果纵容敌寇，要挟君主，只怕猎狗与狡兔一起毙命。"赵德钧不高兴，暗中用金帛贿赂契丹主耶律德光，说："如能立本人为帝，请让我立即率现有的兵马南下平定洛阳，与契丹结为兄弟之国，仍然允许石敬瑭长期镇守河东。"契丹主耶律德光认为自己深入敌境，晋安尚未攻克，赵德钧兵力尚强，范延光驻兵在他的东边，又怕山北各州切断自己的退路，因此想答应赵德钧的请求。

后晋高祖石敬瑭闻讯后大为恐惧，连忙让桑维翰去对契丹主耶律德光说："赵德钧父子一向暗含叛离之心，并非以死报国之人，有什么可怕的，难道竟要相信他那些荒诞虚妄的话，贪图微小的利益，放弃将成的功业吗？而且，假如晋国得到天下，将竭尽中国的资财来事奉贵国，哪是这点小利能比的呢？"契丹主耶律德光说："不是我要背弃先前的约定，只是作为兵家的权谋，不得不这样干。"桑约翰回答说："皇上讲究信义，救人急难，为四海之人亲眼所见，亲耳所闻，为何忽然教令反复不定，使大义不能贯彻到底，臣私下认为皇上这样做不对。"桑约翰跪在帐前，从早到晚，流着眼泪争辩不已。契丹主耶律德光终于接受请求，指着帐前的石头对赵德钧的使者说："我已答应石郎，除非这石头烂了，承诺才能改变。"

后唐将领杨光远杀死招讨使张敬达，投降契丹。

龙敏对前郑州防御使李懿说："今随驾的兵还有一万余人，

马近五千四。若选精骑一千,使仆将之,自介休山路夜冒
虏骑,入晋安寨,但使其半得入,则事济矣。张敬达等陷于
重围,不知朝廷声问,若知大军近在团柏,虽有铁障可冲
陷,况虏骑乎?"懿以白唐主,唐主曰:"龙敏之志极壮,用
之晚矣。"晋安被围数月,高行周、符彦卿数引骑兵出战,无
功,刍粮俱竭,马死则食之,援兵竟不至。张敬达性刚,时
谓之"张生铁"。杨光远、安审琦劝敬达降于契丹,敬达曰:
"吾受明宗及今上厚恩,为元帅而败军,其罪已大,况降敌
乎?今援兵旦暮至,且当俟之。必若力尽势穷,诸军斩我
出降,未为晚也。"光远目审琦,欲斩敬达,审琦未忍。高行
周知光远欲图敬达,常引壮骑尾而卫之。敬达不知其故,
谓人曰:"行周每踵余后,何意也?"行周乃不敢随之。诸将
旦集,光远斩敬达首,帅诸将降于契丹。契丹主嘉敬达之
忠,命收葬而祭之,谓其下及晋诸将曰:"汝曹为人臣当效
敬达也。"马军都指挥使康思立愤惋而死。晋主以晋安已
降,遣使谕诸州,代州刺史张朗斩其使。吕琦奉诏劳军,至
忻州,遇晋使,亦斩之。

晋以赵莹、桑维翰同平章事。

契丹主谓晋主曰:"桑维翰尽忠于汝,宜以为相。"故有
是命。

**契丹以晋主南下,破唐兵于团柏,唐主还河阳,赵德钧
降契丹。**

晋主与契丹主将引兵而南,欲留一子守河东,契丹主
令晋主尽出诸子自择之。晋主兄子重贵,父敬儒早卒,晋主

战马还有五千四。如果挑选一千名精锐骑兵，让我带领，由介休山路在夜间冲破契丹骑兵的包围，进入晋安寨，只要有一半人进得去，就成事了。张敬达等人身陷重围，得不到朝廷的音信，如果知道大军近在团柏，即使有铁的屏障都能冲破，何况契丹骑兵呢？"李懿禀告后唐末帝李从珂，后唐末帝说："龙敏极有壮志，可惜任用他太晚了。"晋安被包围数月，高行周、符彦卿屡次带领骑兵出战，不能突围，粮草消耗一空，战马死了就被吃掉，援兵始终不到。张敬达性情刚强，时人叫他"张生铁"。杨光远、安审琦劝张敬达投降契丹，张敬达说："我深受明宗和当今皇上的厚恩，作为元帅，打了败仗，罪过已经很大，何况投降敌人呢？如今援军早晚之间就到，应姑且等待。如果力尽势穷，各军杀了我去投降，也不算晚。"杨光远以目光向安审琦示意，想杀张敬达，安审琦于心不忍。高行周知道杨光远想谋害张敬达，经常带领强壮的骑兵跟在张敬达身后护卫他。张敬达不知其中的缘由，对人说："高行周总跟在我身后，什么意思？"于是高行周不敢尾随下去。诸将领早上集合议事时，杨光远砍下张敬达的头颅，率领诸将领投降契丹。契丹主耶律德光嘉许张敬达的忠义，命令收尸安葬，加以祭奠，对自己的臣属和后晋诸将领说："你们身为人臣，应当学习张敬达。"马军都指挥使康思立愤恨怅惘而死。后晋高祖石敬瑭因晋安各军已经投降，派使者告谕各州，代州刺史张朗杀死后晋使者。吕琦受命慰劳各军，抵达忻州时，遇到后晋使者，也把使者杀死。

后晋任命赵莹、桑维翰为同平章事。

契丹主耶律德光对后晋高祖石敬瑭说："桑维翰对你竭尽忠诚，应任命为宰相。"所以有这项任命。

契丹随后晋高祖石敬瑭南下，在团柏打败后唐军队，后唐末帝李从珂返回河阳，赵德钧投降契丹。

后晋高祖与契丹主耶律德光领兵南下，想留一个儿子防守河东，契丹主耶律德光让后晋高祖把所有儿子叫出来，由他来挑选。后晋高祖哥哥的儿子石重贵，父亲石敬儒死得早，后晋高祖

养以为子,貌类晋主而短小。契丹主指之曰:"此大目者可也。"乃以重贵为北京留守,以契丹将高谟翰为前锋,与降卒皆进。至团柏,与唐兵战,赵德钧、赵延寿先遁,诸将继之,士卒大溃,死者万计。

刘延朗、刘在明至怀州,唐主始知晋主即位,杨光远降。众议车驾宜幸魏州,唐主召李崧谋之。薛文遇不知而继至,唐主怒,变色,崧蹴文遇足,文遇乃去。唐主曰:"我见此物肉颤,适几欲抽佩刀刺之。"崧曰:"文遇小人,浅谋误国,刺之益丑。"崧因劝唐主南还,唐主从之。洛阳大震,居人逃窜,门者请禁之,河南尹雍王重美曰:"国家多难,未能为百姓之主,又禁其求生,徒增恶名耳,不若听其自便。"乃出令任从所适,众心差安。唐主还至河阳,命诸将分守南北城。

晋主与契丹主至潞州,赵德钧父子迎谒于高河,契丹主锁之,送归国。德钧见述律太后,太后问曰:"汝近者何为往太原?"德钧曰:"奉唐主之命。"太后指天曰:"汝从吾儿求为天子,何妄语邪?"又自指其心曰:"此不可欺也。"又曰:"吾儿将行,吾戒之云:赵大王若引兵北向渝关,亟须引归,太原不可救也。汝欲为天子,何不先击退吾儿,徐图亦未晚。汝为人臣,既负其主,不能击敌,又欲乘乱邀利,所为如此,何面目复求生乎!"德钧俯首不能对,逾年而卒。张砺与延寿俱入契丹,契丹主复以为翰林学士。

晋主发潞州,契丹北还。

收养为子,相貌很像后晋高祖,只是身材矮小。契丹主指着石重贵说:"这个大眼睛的可以。"便让石重贵担任北京留守,让契丹将领高谋翰充当前锋,与降兵一齐开进。来到团柏,与后唐军队交战,赵德钧、赵延寿率先逃跑,诸将领也跟着逃跑,军队全面溃散,死人数以万计。

刘延朗、刘在明来到怀州时,后唐末帝才知道后晋高祖即位,杨光远投降。群臣商议认为皇上前往魏州,后唐末帝把李崧叫来商量。薛文遇不知其事,跟着赶到,后唐末帝气得变了脸色,李崧踩了薛文遇一脚,薛文遇才离开。后唐末帝说:"我见了这家伙就浑身发抖,刚才几乎要抽出佩刀来刺死他。"李崧说:"薛文遇是小人,谋略不深远,使国家遭受危害,刺死他更加不光彩。"于是劝后唐末帝南下返回京城,后唐末帝依言而行。洛阳人心大震,居民四处逃窜,把守城门的人要求加以阻止,河南尹雍王李重美说:"国家多难,不能为百姓做主,还要阻止百姓自找活路,只能加重恶名罢了,不如让百姓自便。"便下令允许百姓随意到任何地方去,民心才略微安定了一些。后唐末帝回到河阳,命诸将领分别把守南北二城。

后晋高祖与契丹主耶律德光来到潞州,赵德钧父子在高河迎接进见,契丹主耶律德光给他们上了锁链,押送回国。赵德钧去见述律太后,述律太后问道:"近来你为什么去太原?"赵德钧说:"奉唐主之命去的。"述律太后指着天说:"你向我儿请求当天子,为什么说瞎话呢?"又指着自己的胸口说:"这颗心,没法欺骗。"又说:"我儿临行前,我告诫他说:如果赵德钧领兵北赴渝关,就应赶快领兵返回,不能去救太原。你想当天子,为什么不先把我儿击退,再慢慢谋取,也为时不晚。你作为人臣,既背叛自己的主子,不肯去打敌人,又想趁混乱时捞取好处,干的都是这种勾当,还有脸活吗!"赵德钧低下头,无法回答,过了一年就死了。张砺与赵延寿一起归顺契丹,契丹主耶律德光仍任命为翰林学士。

后晋高祖石敬瑭从潞州出发,契丹北还。

晋主将发上党，契丹主举酒属之曰："我若南向，河南之人必大惊骇。汝宜自引汉兵南下，我令太相温将五千骑卫送汝至河梁。余且留此，俟汝音闻，有急则下山救汝。若洛阳既定，吾即北返矣。"因泣别曰："世世子孙勿相忘。"又曰："刘知远、赵莹、桑维翰皆创业功臣，无大故，勿弃也。"

唐晋州军乱，逐守将高汉筠。

初，唐主遣将军高汉筠守晋州，至是，副使田承肇帅众攻之。汉筠开门延入，从容谓曰："仆与公俱受朝寄，何相迫如此？"承肇曰："欲奉公为节度使。"汉筠曰："仆老矣，义不为乱首，死生惟公所处。"承肇目左右，欲杀之，军士投刃于地曰："高金吾累朝宿德，奈何害之？"承肇乃听汉筠归洛阳。

唐主还洛阳。

符彦饶、张彦琪言于唐主曰："今胡兵大下，河水复浅，人心已离，此不可守。"唐主命河阳节度使苌从简与赵州刺史刘在明守河阳南城，遂断浮梁，归洛阳。杀李赞华于其第。

晋主至河阳，节度使苌从简迎降。

从简迎降，舟楫已具。

唐主从珂自焚死，晋主入洛阳。

唐主议复向河阳，将校皆已飞状迎晋主。晋主虑唐主西奔，遣契丹千骑扼渑池。唐主与曹太后、刘皇后、雍王重美及宋审虔等携传国宝登玄武楼自焚。皇后欲烧宫室，重美谏曰："新天子至，必不露居。他日重劳民力，死而遗怨，将安用之？"乃止。王淑妃与许王从益匿于毬场，获免。是日晚，

后晋高祖在上党临出发前，契丹主耶律德光举杯劝酒说："我如果南进，黄河以南的人一定大为惊惶恐骇。你应由自己带领汉族军队南下，我让太相温带领五千名骑兵护送你到河阳桥。我暂留此地，等你的消息，一旦情况紧急，我就下山救你。如果洛阳平定了，我就北还。"于是挥泪告别说："世世代代，子子孙孙，不要相忘。"又说："刘知远、赵莹、桑维翰都是创业的功臣，只要没有大错，别抛弃他们。"

后唐晋州军哗变，赶走守将高汉筠。

当初，后唐末帝派将军高汉筠防守晋州，到这时，副使田承肇率众攻打高汉筠。高汉筠开门把田承肇请进去，从容地对田承肇说："我与您都受朝廷的委托，为什么这样苦苦相逼？"田承肇说："想拥戴您当节度使。"高汉筠说："我老了，不当变乱的头子是大义所在，是死是活，您看着办。"田承肇以目光向身边的人示意杀死高汉筠，军士把兵器扔在地上说："高金吾是身历数朝的有德老臣，干嘛害他？"田承肇只好听任高汉筠返回洛阳。

后唐末帝李从珂返回洛阳。

符彦饶、张彦琪向后唐末帝进言说："如今契丹军大举南下，黄河水又很浅，民心已经分崩离析，这里守不住了。"后唐末帝命河阳节度使苌从简与赵州刺史刘在明守卫河阳南城，随即毁掉浮桥，返回洛阳。后唐末帝将李赞华杀死在其家里。

后晋高祖石敬瑭来到河阳，节度使苌从简出迎归降。

苌从简出迎归降，船只已经备齐。

后唐末帝李从珂自焚身死，后晋高祖石敬瑭进入洛阳。

后唐末帝商议再次前往河阳，将校都已飞速进呈状文，迎接后晋高祖。后晋高祖担心后唐末帝向西逃跑，派一千名契丹骑兵扼守渑池。后唐末帝与曹太后、刘皇后、雍王李重美以及宋审虔等人带着传国玺印登上玄武楼自焚。刘皇后想烧毁宫殿，李重美劝谏说："新天子前来，肯定不会住在不蔽风雨的房屋里。将来还要耗费民力，我们死了还要留下怨恨，又有什么用？"便没烧宫殿。王淑妃与许王李从益藏在球场，得以脱身。这天晚上，

晋主入洛阳，唐兵皆解甲待罪。晋主命刘知远部署京城，知远分汉军使还营，馆契丹于天宫寺，城中肃然，无敢犯令。初，判三司张延朗不欲河东多蓄积，凡财赋应留使之外尽收取之，晋主以是恨之，收付御史台。刘延皓匿于龙门数日，自经死。刘延朗将奔南山，捕得杀之。斩张延朗，既而选三司使，难其人，晋主甚悔之。

十二月，晋追废唐主从珂为庶人，以冯道同平章事。晋以张希崇为朔方节度使。

初，朔方节度使张希崇为政有威信，民夷爱之。兴屯田以省漕运，徙为静难节度使。至是，晋主与契丹修好，恐其复取灵武，复以希崇镇朔方。

晋以周瓌为三司使，不拜。

瓌辞曰："臣自知才不称职，宁以避事见弃，犹胜冒宠获辜。"许之。

唐安远节度使卢文进奔吴。

文进闻晋主为契丹所立，弃镇奔吴，所过镇戍，召其主将，告之故，皆拜辞而退。

高丽击破新罗、百济。

高丽王建用兵击破新罗、百济，于是东夷诸国皆附之，有二京、六府、九节度、百二十郡。

后晋高祖进入洛阳,后唐士兵都放下武器,等候治罪。后晋高祖命刘知远安排京城事务,刘知远调汉军回营,让契丹兵住在天宫寺,城中秩序井然,没人敢违犯命令。当初,判三司张延朗不想让河东储备过多,对于财赋除了应归节度使留用的以外,全部收缴一空,后晋高祖因此痛恨张延朗,予以逮捕,交付御史台惩处。刘延皓在龙门躲藏数日,上吊自杀。刘延朗准备逃往南山,被捉住杀死。又将张延朗杀死,不久,朝廷选拔三司使,找不到合适的人选,后晋高祖非常后悔。

十二月,后晋追废后唐末帝李从珂为庶人,任命冯道为同平章事。 后晋任命张希崇为朔方节度使。

当初,朔方节度使张希崇处理政务有威望,讲信用,受到百姓和夷民的爱戴。张希崇兴办屯田,以减少漕运的负担,朝廷调任他为静难节度使。到这时,后晋高祖石敬瑭与契丹结成友好关系,担心张希崇再攻占灵武,又委任张希崇镇守朔方。

后晋任命周瓌为三司使,周瓌没有接受任命。

周瓌推辞说:"臣知道自己的才能不称职,宁可逃避职事,为世遗弃,也比无功无德而蒙受宠幸,最终受到惩处为好。"后晋高祖石敬瑭同意了。

后唐安远节度使卢文进逃奔吴国。

卢文进得知契丹扶立后晋高祖石敬瑭,放弃本镇,逃奔吴国,每经过一个驻防军的城堡营垒,就把该处主将叫来告知其事,这些将领都行礼告辞,然后退下。

高丽打败新罗、百济。

高丽王建用武力打败新罗、百济,于是东夷各国都依附高丽,高丽有二京、六府、九节度、一百二十郡。

资治通鉴纲目卷五十七

起丁酉（937）晋高祖天福二年，尽丙午（946）晋主重贵开运三年。凡十年。

丁酉（937） 晋天福二年。南唐烈祖徐诰昇元元年。是岁，吴亡，晋、蜀、汉、闽、南唐代吴，凡五国，吴越、湖南、荆南，凡三镇。

春正月，日食。 晋天雄节度使范延光杀齐州防御使秘琼。

延光微时，有术士张生语之云："必为将相。"延光既贵，信重之。尝梦蛇自脐入腹，以问张生，张生曰："蛇者龙也，帝王之兆。"延光由是有非望之志。唐潞王素与延光善，及败，延光虽奉表请降，内不自安，以书潜结成德留后秘琼，欲与之为乱，琼不报。将之齐，过魏境，延光遣兵邀杀之。

晋以李崧同平章事、充枢密使，桑维翰兼枢密使。

时晋新得天下，藩镇多未服从，或虽服从，反仄不安。兵火之余，府库殚竭，民间困穷，而契丹征求无厌。维翰劝晋主推诚弃怨以抚藩镇，卑辞厚礼以奉契丹，训卒缮兵以修武备，务农桑以实仓廪，通商贾以丰货财。数年之间，中国稍安。

吴徐知诰建齐国于金陵。

丁酉（937）　后晋天福二年。南唐烈祖徐诰昇元元年。这一年,吴国灭亡,后晋、蜀、南汉、闽、南唐取代吴国,共五个国家,吴越、湖南、荆南,共三个藩镇。

春正月,出现日食。　后晋天雄节度使范延光杀死齐州防御使秘琼。

范延光地位低微的时候,有个术士张生对他说:"您将来必定会成为将相。"范延光地位显贵以后,特别信任器重张生。范延光曾经梦见一条蛇从肚脐钻进腹中,便拿这件事来询问张生,张生说:"蛇代表龙,这是做帝王的征兆。"范延光从此便有了非分的想法。后唐潞王李从珂一向与范延光关系很好,等到李从珂失败以后,范延光虽然向后晋高祖上表请求投降,内心很不自安,便暗中给成德留后秘琼写信结为同盟,想和他一起作乱,秘琼接信后没有答复他。秘琼将要到齐州赴任,路过魏州境,范延光便派兵把他截杀。

后晋任命李崧为同平章事,充枢密使,任命桑维翰兼枢密使。

当时后晋刚得天下,多数藩镇还没有服从,有的虽然表面服从,但是还动荡不安。战火之余,官府库存空竭,民间生活穷困,而契丹索取不知满足。桑维翰劝后晋高祖要推心置腹、抛弃前嫌来安抚各地藩镇,用谦卑的话语和丰厚的礼物来奉承契丹,要训练士卒、修缮兵器来修整武备力量,要劝民务农来充实仓储,发展通商贸易来丰富物资财富。过了几年时间,中原逐渐安定下来。

吴国徐知诰在金陵建立齐国。

徐知诰以太尉李德诚、中书令周本位望隆重，欲使之帅众推戴。本曰："我受先王大恩，自徐温父子用事，恨不能救杨氏之危，又使我为此，可乎？"其子弘祚强之，不得已，与德诚帅诸将诣江都，表吴主陈知诰功德，请行册命，又诣金陵劝进。宋齐丘谓德诚之子建勋曰："尊公太祖元勋，今日扫地矣。"吴太子琏纳齐王知诰女为妃，知诰始建太庙社稷，改金陵为江宁府，以宋齐丘、徐玠为左右丞相，周宗、周廷玉为内枢使。

二月，契丹攻云州，判官吴峦拒之。

契丹主归过云州，节度使沙彦珣出迎，契丹主留之。判官吴峦在城中，谓其众曰："吾属礼义之俗，安可臣于夷狄乎？"众推峦领州事，闭城不受命，契丹攻之，不克。应州指挥使郭崇威亦耻臣契丹，挺身南归。张砺逃归，为追骑所获，契丹主责之，对曰："臣华人，饮食衣服皆不与此同，生不如死，愿早就戮。"契丹主顾通事高彦英曰："吾常戒汝善遇此人，何故使之失所而亡去，若失之，安可复得邪？"笞彦英而谢砺。砺甚忠直，遇事辄言，无所隐避，契丹主甚重之。

三月，吴越王元瓘杀其弟元珦、元球。

初，吴越王镠少子元球数有军功，镠赐之兵仗。及元瓘立，元球恃恩骄横，增置兵仗，国人附之，元瓘忌之。铜官庙吏告元球遣亲信祷神求主吴越，又为蜡丸与兄元珦谋议。元瓘召元球宴宫中，既至，左右称元球有刃坠于怀袖，

吴国徐知诰因为太尉李德诚、中书令周本地位威望显赫，想让他们率领众将拥戴自己当皇帝。周本说："我蒙受先王大恩，自从徐温父子当权，我就痛恨自己不能挽救杨氏的危难，现在又让我干这种事，可以吗？"他的儿子周弘祚强迫他干，周本没有办法，只好与李德诚率领诸将来到江都，向吴主杨溥上表陈述徐知诰的功德，请求吴主加以册命，又到金陵向徐知诰劝进。宋齐丘对李德诚的儿子李建勋说："令尊是太祖的元勋功臣，今天威信扫地了。"吴国太子杨琏娶齐王徐知诰的女儿为妃，徐知诰开始修建太庙和社稷祭坛，将金陵改为江宁府，任用宋齐丘、徐玠为左右丞相，周宗、周廷玉为内枢使。

二月，契丹攻打云州，判官吴峦组织抗击。

契丹主耶律德光回北方路过云州，节度使沙彦珣出城迎接，契丹主把他留了下来。判官吴峦在城中，对他的部众说："我们是礼义之邦，怎么可以向夷狄称臣呢？"众人推举吴峦统领全州事务，关闭城门不接受契丹的命令，契丹攻打全城，没有攻破。应州指挥使郭崇威也耻于向契丹称臣，便挺身南归。张砺从契丹逃归南方，被追赶的骑兵抓获，契丹主责备他，他回答说："我是中原汉人，包括饮食衣服等生活习惯都与这里不同，活着还不如死了，希望您早日把我杀掉。"契丹主回头对通事高彦英说："我经常告诫你要善待这个人，你为什么让他流失所而逃走，如果失掉了这个人，到哪里才能再找到呢？"便笞打高彦英，向张砺赔礼道歉。张砺对契丹主很是忠诚耿直，遇事总是直言劝谏，丝毫不隐瞒回避，契丹主很器重他。

三月，吴越王钱元瓘杀了他的弟弟钱元珦、钱元球。

当初，吴越王钱镠的小儿子钱元球数次建立军功，钱镠赐给他打仗用的兵仗。到钱元瓘继位后，钱元球仗恃过去的恩宠，行事骄傲蛮横，擅自增设兵仗，国民都依附他，钱元瓘很忌惮他。铜官庙的小吏告发钱元球派亲信祈祷神灵保佑他做吴越君主，还告发他制作蜡丸与哥哥钱元珦密谋商议。钱元瓘召钱元球进宫赴宴，钱元球进宫后，宫中近侍声称钱元球有刀从怀袖中掉落，

即格杀之,并杀元珣。元璀欲按诸将吏与交通者,其子仁俊谏曰:"昔光武克王郎,曹公破袁绍,皆焚其书疏以安反侧,今宜效之。"元璀乃止。

晋葬故唐主于徽陵南。

或得唐潞王赟及髀骨,献之,诏以王礼葬。

夏四月,晋迁都汴州。

范延光聚卒缮兵将作乱,会晋主谋徙都大梁。桑维翰曰:"大梁北控燕赵,南通江淮,水陆都会,资用富饶。今延光反形已露,大梁距魏不过十驿,彼若有变,大军寻至,所谓'疾雷不及掩耳'也。"下诏托以洛阳漕运有阙,东巡汴州。

吴徐知诰更名诰。　五月,吴与契丹通使修好。

徐诰用宋齐丘策,欲结契丹以取中国,遣使以美女、珍玩泛海修好,契丹主亦遣使报之。

六月,晋范延光举兵反,遣杨光远等讨之。

范延光素以军府之政委元随押牙孙锐,锐恃恩专横。会延光病,密召澶州刺史冯晖逼延光反,延光亦思张生之言,遂从之,遣兵度河焚草市。诏马军指挥使白奉进屯白马津,都军使杨光远屯滑州,护圣都指挥使杜重威屯卫州,重威尚晋主妹乐平长公主。延光遣冯晖、孙锐将步骑二万抵黎阳口。

晋以和凝为端明殿学士,张谊为左拾遗。

就把他绑起来杀了,同时还杀了钱元珦。钱元瓘还想追究与钱元珦、钱元球有交往的将吏,他的儿子钱仁俊劝谏说:"从前东汉光武帝打败王郎,曹操攻破袁绍,都是把跟他们交往的书信烧了,用以安抚那些心中忐忑不安的人,现在我们也应该效法他们的做法。"钱元瓘才停止了追究。

后晋把后唐末帝李从珂葬在徽陵南面。

有人得到后唐潞王李从珂的脊椎骨和腿骨,献给朝廷,后晋高祖石敬瑭下诏用王礼埋葬。

夏四月,后晋迁都汴州。

范延光聚集军队,修缮兵器,准备作乱,适逢后晋高祖石敬瑭计划迁都到大梁。桑维翰说:"大梁北面控制燕赵大地,南面通往江淮,是水陆两路会通的地方,物资财用都很富饶。现在范延光的谋反形迹已经显露出来,大梁距魏州不过十驿站的路程,他那里如果有变故,大军很快就可到达,这就是平常所说的'迅雷不及掩耳'。"后晋高祖下诏书,借口洛阳漕运不足,到东边巡视汴州。

吴国徐知诰更名为诰。　五月,吴国与契丹互派使者修好。

吴国徐诰采纳宋齐丘的计策,想勾结契丹夺取中原,派使者用美女、珍宝从海上送到契丹以便修好关系,契丹主也派使臣回访。

六月,后晋范延光举兵谋反,后晋高祖石敬瑭派杨光远等讨伐他。

范延光向来把军府的政事委托给亲随押牙孙锐办理,孙锐仗着范延光的恩宠而专横武断。适逢范延光患病,孙锐暗中召来澶州刺史冯晖逼迫范延光谋反,范延光也想起术士张生的话,便依从了他们,派遣军队渡过黄河焚烧草市。后晋高祖下诏命令马军指挥使白奉进屯驻白马津,都军使杨光远屯驻滑州,护圣都指挥使杜重威屯驻卫州,杜重威娶的妻子是后晋高祖的妹妹乐平长公主。范延光派遣冯晖、孙锐率领步兵、骑兵二万人进抵黎阳口。

后晋任命和凝为端明殿学士,张谊为左拾遗。

凝署其门不通宾客,耀州推官张谊致书于凝,以为"切近之职为天子耳目,宜知四方利病,奈何拒绝宾客?虽安身为便,如负国何?"凝奇之,荐于桑维翰,除左拾遗。谊上言:"北狄有援立之功,宜外敦信好,内谨边备,不可自逸,以启戎心。"晋主深然之。

晋云州围解,以吴峦为武宁节度副使。

契丹攻云州,半岁不能下。吴峦遣使间道奉表求救,晋主以为请,契丹解围去。乃召峦归,以为武宁节度副使。

晋魏府部署张从宾反河阳,入东都。

张从宾击范延光,延光使人诱之,从宾遂与同反,杀皇子河阳节度使重信。引兵入洛阳,杀皇子东都留守重乂。引兵东扼汜水关,将逼汴州。羽檄纵横,从官凶惧,独桑维翰从容指画军事,神色自若,接对宾客,不改常度,众心差安。

闽作白龙寺。

方士言于闽主云:"有白龙夜见。"闽主作白龙寺。时百役繁兴,用度不足。有司除官皆令纳赂,籍而献之。以货多寡为差,又以空名堂牒卖官于外。民有隐年者杖背,隐口者死,逃亡者族,果菜鸡豚皆重征之。

秋七月,张从宾攻晋汜水关。

从宾攻汜水,晋主戎服严轻骑,将奔晋阳以避之。桑维翰叩头苦谏曰:"贼锋虽盛,势不能久,请少待之,不可轻动。"乃止。

和凝在家门口贴出告示不会见宾客,耀州推官张谊给和凝写信,认为"你身居接近皇上的职务,是天子的耳目,应了解各地的利弊,怎么能拒绝会见宾客呢? 这样尽管对自己安身比较有利,但辜负了国家的重托怎么办?"和凝认为张谊的人才出众,便把他推荐给桑维翰,被任命为左拾遗。张谊上书说:"北狄契丹有援国立主的功劳,应该表面上保持互相信任友好的关系,实际则要认真加强边境防备,千万不可自图安逸,开启他们兴兵侵犯的心思。"后晋高祖深以为然。

后晋云州解围,委任吴峦为武宁节度副使。

　　契丹攻打云州,半年没有攻下。吴峦派使者从小路紧急上表向朝廷求救,后晋高祖为他向契丹主提出请求,契丹主下令撤去云州的包围。后晋高祖把吴峦召回,委任他为武宁节度副使。

后晋魏府部署张从宾在河阳反叛,进入东都。

　　张从宾进攻范延光,范延光派人诱劝张从宾,张从宾便同范延光一起造反,杀死皇子河阳节度使石重信。又率兵进入洛阳,杀死皇子东都留守石重义。接着又率兵东去扼守汜水关,准备直逼汴州。当时军事情报频繁传递,后晋高祖的随从官吏没有不恐惧的,只有桑维翰从容指挥军事,神色镇定自若,接待应对宾客,不改变平时的风度,众人见了内心略感安定。

闽国兴建白龙寺。

　　方士对闽主王昶说:"有条白龙在夜间出现。"闽主为此兴建白龙寺。当时各种徭役繁重,国家资金不足。有关部门任命官员都命令交纳财物,登记造册后进献。任用官吏凭交纳钱的多少来分等级,又用空白的委任牒文在外面卖官。民间若有隐瞒年龄的笞背,有隐瞒人口的处死,擅自逃亡的诛灭全族,有水果、蔬菜、鸡猪的都征收重税。

秋七月,张从宾攻打后晋的汜水关。

　　张从宾攻打汜水,后晋高祖身穿戎装整备轻骑,准备跑到晋阳躲避。桑维翰叩头苦苦劝阻说:"贼兵锋芒尽管强盛,其势头不会持久,请您稍等,不要轻率行动。"后晋高祖这才停止行动。

晋将军娄继英等奔汜水。

范延光遣使以蜡丸招诱失职者,将军娄继英、尹晖在大梁,温韬之子延濬、延沼、延袞居许州,皆应之。继英、晖事泄出走。敕以延光奸谋诬污忠良,自今获延光谍人赏获者,杀谍人,焚蜡书,勿以闻。晖为人所杀,继英奔许州。节度使苌从简盛为之备,延濬等不得发,欲杀继英以自明,延沼止之,遂同奔张从宾。继英劝从宾执三温,皆斩之。

晋义成节度使符彦饶举兵反,指挥使卢顺密讨平之。

白奉进在滑州,军士有夜掠者,捕获五人,三隶奉进,二隶符彦饶,奉进皆斩之。彦饶怒,明日奉进从数骑诣彦饶谢。彦饶曰:"军中各有部分,奈何无客主之义乎?"奉进曰:"军士犯法,何有彼我?仆已谢公,而公怒不解,岂非欲与延光同反邪?"拂衣而起,彦饶不留。帐下甲士大噪,擒奉进杀之,诸军喧噪不可禁止。奉国左厢指挥使马万帅部兵欲从乱,遇右厢指挥使卢顺密帅部兵出营,厉声谓万曰:"符公擅杀白公,必与魏城通谋。此去行宫才二百里,奈何不思报国,乃欲助乱自求族灭乎?今日当共擒符公送天子,立大功。军士从命者赏,违命者诛!"万部兵尚有呼跃者,顺密杀数人,众莫敢动。万不得已,与攻牙城,执彦饶送大梁,斩之。杨光远士卒闻乱,欲推光远为主,光远曰:"天子岂汝等贩弄之物?晋阳之降出于穷逼,今若改图,真反贼也。"其下乃不敢言。

后晋将军娄继英等逃奔汜水。

范延光派使者用蜡丸密书招诱失职的人，将军娄继英、尹晖当时在大梁，温韬的儿子温延濬、温延沼、温延袞住在许州，他们都响应范延光的号召。娄继英、尹晖因事情泄露而逃走。后晋高祖下敕书，认为范延光施行奸谋诬陷忠良，今后奖赏抓获范延光间谍的人，杀死间谍，焚毁蜡丸密书，不必上报。尹晖被人杀死，娄继英逃奔许州。节度使苌从简严加防备，温延濬等不敢发作，想杀死娄继英来摘清自己，温延沼阻止了他，便一起投奔张从宾。娄继英劝张从宾抓住温家三兄弟，把他们都杀了。

后晋义成节度使符彦饶举兵造反，指挥使卢顺密讨平符彦饶。

白奉进在滑州，有的士兵在夜间进行掠夺，捕获了五个人，其中三个是白奉进的属下，两个是符彦饶的属下，白奉进便把他们都杀了。符彦饶因此很恼怒，第二天白奉进带着几个随从骑兵来向符彦饶赔礼道歉。符彦饶说："军中士兵各有分属，怎么抓人连主人、客人的名分都不顾了？"白奉进说："士兵犯法，怎能分你的、我的？我已经向您赔礼道歉，而您还是怒气不消，这岂不是想与范延光一起造反吗？"白奉进说完一甩袖子起身告辞，符彦饶没有挽留。帐下甲兵大声喧闹，抓住白奉进杀了，各军士兵喧闹嘈杂之声无法禁止。奉国左厢指挥使马万率领部下士兵正想跟着作乱，遇到右厢指挥使卢顺密率领部下士兵出营，卢顺密厉声对马万说："符公擅自杀掉白公，必定是与魏城的范延光串通好了。这里距天子行宫才二百里路，为什么不思报效国家反而要帮助暴乱自取灭族之祸呢？现在我们应当共同捉拿符公，送交天子，建立大功。军士服从命令的赏，违抗命令的杀！"马万部下士兵还有呼叫捣乱的，卢顺密杀了几个人，众人都不敢乱动。马万不得已，与卢顺密一起攻打牙城，捉住符彦饶送往大梁，后晋将其斩杀。杨光远的士卒听说出现动乱，想推举杨光远做君主，杨光远说："天子岂是你们这等人卖弄的东西？过去我在晋阳投降，完全是被逼得没有办法，现在如果改变图谋，那就真的成为叛贼了。"他的部下都不敢再说什么。

时三镇继叛，人情大震，晋主问计于刘知远，对曰："陛下昔在晋阳，粮不支五日，俄成大业。今天下已定，内有劲兵，北结强虏，鼠辈何能为乎？愿陛下抚将相以恩，臣请戢士卒以威，恩威兼著，京邑自安。本根深固，则枝叶不伤矣。"知远乃严设科禁。有军士盗纸钱一幞被擒，左右请释之，知远曰："吾诛其情，不计其直。"竟杀之，由是众皆畏服。

晋杨光远败魏兵，杜重威等克氾水，张从宾伏诛。

冯晖、孙锐引兵至六明镇，光远引之度河，半度而击之，晖、锐众败，多溺死，晖、锐走还。杜重威、侯益引兵至氾水，遇张从宾众万余人，与战，俘斩殆尽，遂克氾水。从宾走度河溺死，获其党张延播、继祚，送大梁，斩之，灭其族。史馆修撰李涛上言张全义有再造洛邑之功，乞免其族，乃止，诛继祚妻子。涛，回之族曾孙也。范延光知事不济，归罪于孙锐而族之，遣使奉表待罪，不许。

晋安州乱，讨平之。

安州指挥使王晖杀节度使周瑰，自领军府，欲俟延光胜则附之，败则度江奔吴。晋遣上将军李金全将千骑如安州巡检，许赦王晖。晖大掠安州，将奔吴，部将胡进杀之。

吴徐诰杀其主之弟历阳公濛。

濛知吴将亡，杀守卫军使王宏。以德胜节度使周本吴之勋旧，引二骑诣庐州，欲依之。本将见之，其子弘祚固谏，

当时三镇相继发生叛乱，对人们的情绪震动很大，后晋高祖向刘知远询问有什么办法，刘知远回答说："陛下从前在晋阳时，粮食支持不了五天，转眼间成就了大业。现在天下已经安定，内有强大的军队，北边结交了强大的契丹，这些反叛的鼠辈还能有什么作为呢？愿陛下用恩德安抚将相，我请求用威势统辖士卒，这样恩威兼施，京城自然会安定无事。树干和树根牢固了，那么树枝和树叶就不会受到伤害。"刘知远便设计了严格的禁令条例。有个军士偷盗一包袱纸钱被抓住了，左右的人请求释放他，刘知远说："我是根据他的偷盗行为诛杀他，并不计较他偷盗钱数的多少。"最终还是把他杀了，从此众军士都畏服他。

后晋杨光远打败魏兵，杜重威等攻克汜水，张从宾被杀。

冯晖、孙锐带领军队到达六明镇，杨光远引诱他们渡河，渡到一半便突然袭击他们，冯晖、孙锐的军队惨败，多数人被水淹死，冯晖、孙锐逃回魏州。杜重威、侯益率兵到达汜水，遇上张从宾的军队一万多人，遂与交战，几乎将其全部俘获杀尽，随后攻克汜水。张从宾逃跑渡河时被淹死，俘获了他的党羽张延播、张继祚等，把他们送到大梁斩杀，并诛灭他们的家族。史馆修撰李涛上书说张全义有再建洛阳的功劳，乞求赦免他的族人，于是便只杀了张继祚的妻子儿女。李涛，是李回家族的曾孙。范延光知道造反不会成功，便把责任归罪于孙锐，并把他的族人杀死，还派使者上表朝廷等待治罪，后晋高祖石敬瑭没有准许。

后晋安州发生动乱，被朝廷征讨平息。

安州指挥使王晖杀死节度使周瓌，自己统领军府事务，打算等待范延光胜利了就归附他，如果他失败就渡过长江投奔吴国。后晋派上将军李金全率领千余骑兵，到安州巡视检查，许诺赦免王晖。王晖在安州大肆掠夺，准备投奔吴国，部将胡进杀死了他。

吴国徐诰杀死吴主的弟弟历阳公杨濛。

杨濛知道吴国即将灭亡，杀死守卫军使王宏。因为德胜节度使周本是吴国有功勋的旧臣，杨濛便带着两个骑兵来到庐州，想依附周本。周本准备会见杨濛，他的儿子周弘祚坚决劝阻他，

本怒曰:"我家郎君来,何为不使我见?"弘祚合扉不听本出,使人执濛送江都。徐诰遣使杀之,侍卫军使郭悰杀濛妻子于和州,诰归罪于悰,贬之。

吴徐诰称帝,国号唐,奉吴主为让皇。

吴司徒王令谋老病,或劝之致仕,令谋曰:"齐王大事未毕,吾何敢自安?"疾亟,力劝徐诰受禅。吴主下诏禅位于齐,李德诚等复诣金陵帅百官劝进,宋齐丘不署表。九月,令谋卒。十月,齐王诰即帝位于金陵,国号唐。遣丞相玠奉册诣吴主,称受禅老臣诰谨拜稽首上尊号曰高尚思玄弘古让皇。宴群臣于天泉阁,李德诚曰:"陛下应天顺人,惟宋齐丘不乐。"因出齐丘止德诚劝进书,唐主执书不视,曰:"子嵩三十年旧交,必不相负。"加齐丘大司徒,齐丘以不得预政事,心愠怼。闻制词云"布衣之交",抗声曰:"臣为布衣时,陛下为刺史,今日为天子,可不用老臣矣。"还家请罪,唐主手诏谢之,亦不改命。久之,齐丘不知所出,乃更上书请迁让皇于他州,及斥远吴太子琏,绝其昏,唐主不从。立王后宋氏为皇后,以景通为吴王,更名璟。赐杨琏妃号永兴公主,妃闻人呼公主则流涕而辞。

晋安远节度使李金全杀其中门使贾仁沼。

金全以亲吏胡汉筠为中门使,汉筠贪猾残忍,聚敛无厌。晋主闻之,以廉吏贾仁沼代之,且召汉筠。汉筠惧,劝金全以异谋。金全故人庞令图屡谏,汉筠夜遣壮士逾垣

周本愤怒地说:"我们国家的少主来到这里,为什么不让我会见他?"周弘祚关上门不让周本出去,还派人把杨濛抓起来送往江都。徐诰派使者杀死杨濛,侍卫军使郭悰在和州杀死杨濛的妻子儿女,徐诰把责任归罪于郭悰,并贬谪了他。

吴国徐诰称帝,国号唐,并尊奉吴主杨溥为让皇。

吴国司徒王令谋年老有病,有人劝他退休,王令谋说:"齐王的大事还没有做完,我哪里敢自图安闲呢?"他病危时,还竭力劝说徐诰接受吴主杨溥禅位。吴主颁下诏书把帝位禅让给齐王徐诰,李德诚等人再次到金陵率领百官劝进,宋齐丘不在劝进表上签名。九月,王令谋去世。十月,齐王徐诰在金陵即帝位,国号唐。派遣丞相徐玠向吴主奉送册文,声称接受禅让的老臣徐诰谨伏地叩头,献上尊号为高尚思玄弘古让皇。徐诰在天泉阁宴请群臣,李德诚说:"陛下上应天意,下顺民心,只有宋齐丘不高兴。"因而拿出宋齐丘阻止李德诚劝进的书信,南唐主徐诰拿着这封信看也不看,说:"宋齐丘是我三十年的老朋友,必定不会背叛我。"南唐主加授宋齐丘为大司徒,宋齐丘因为不能参与政事,心怀怨恨。听到制词中称"布衣之交",便抗辩说:"我做老百姓时,陛下还是刺史,现在当了天子,可以不用老臣了。"便向南唐主请求回家听候治罪,南唐主亲笔写诏书向他致歉,但也不更改授官命令。时间久了,宋齐丘不知道如何办才好,便上书南唐主,请求把让皇杨溥迁移到其他州府,并排斥疏远吴太子杨琏,断绝与他的婚姻关系,南唐主没有听从他的意见。册立王后宋氏为皇后,封徐景通为吴王,改名为徐璟。给杨琏的妃子赐号为永兴公主,这个妃子听到别人称呼她为公主,便两眼流泪,不肯承认。

后晋安远节度使李金全杀死他的中门使贾仁沼。

李金全任用亲信官吏胡汉筠为中门使,胡汉筠贪财狡猾,凶恶残忍,搜刮民财,贪得无厌。后晋高祖石敬瑭听说后,便用廉洁官吏贾仁沼替代他,并召回胡汉筠。胡汉筠很害怕,便劝李金全谋反。李金全的老友庞令图屡次劝阻,胡汉筠夜间派壮士翻墙

灭令图之族，又毒仁沼，舌烂而卒。汉筠遂与推官张纬相结，以谄惑金全，金全爱之弥笃。

契丹改号辽。

是岁，契丹改元会同，国号大辽。公卿庶官皆仿中国，参用中国人，以赵延寿为枢密使，寻兼政事令。

戊戌（938）　晋天福三年。蜀广政元年。是岁，凡五国三镇。

春正月，日食。　唐德胜节度使周本卒。

本以不能存吴，愧恨而卒。

二月，晋诏求直言。

左散骑常侍张允上《驳赦论》，以为："帝王遇天灾多肆赦，谓之修德。借有二人坐狱，遇赦则曲者幸免，直者衔冤。冤气升闻，乃所以致灾，非所以弭灾也。"诏褒之。晋主乐闻谠言，诏百官各上封事，置详定院以考之，无取者留中，可者行之。数月应诏者无十人，复降御札趣之。河南奏修洛阳宫，谏议大夫薛融谏曰："今宫室虽经焚毁，犹侈于帝尧之茅茨。所费虽寡，犹多于孝文之露台。请俟海内平宁，营之未晚。"诏褒纳之。

三月，晋禁民作铜器。

初，唐世天下铸钱有三十六冶，乱丧以来皆废绝，钱日益耗，民有销钱为铜器，故禁之。

晋制诸州奏补将校员数。

把庞令图的亲族都杀了，又对贾仁沼投毒，使贾仁沼舌头烂掉而死。胡汉筠随后与推官张纬相勾结，共同谄媚迷惑李金全，李金全对他们更加宠爱。

契丹改国号为辽。

这一年，契丹改年号为会同，国号为大辽。公卿百官的设置，都仿效中原的做法，并参用中原汉人，任用赵延寿为枢密使，不久又兼任政事令。

戊戌（938） 后晋天福三年。后蜀广政元年。这一年，共五个国家、三个藩镇。

春正月，出现日食。　南唐德胜节度使周本去世。

周本因为在未能保全吴国，怀着愧恨的心情去世。

二月，后晋高祖石敬瑭下诏要求直言进谏。

左散骑常侍张允进献《驳赦论》，认为："帝王遭遇天灾时大多实行赦免，称之为修德。假设有两个人坐牢，遇到大赦，无理的人侥幸被赦免，有理的人却还含冤。冤气上升，被上天知道了，这正是招致天灾的原因，而不是用来消除天灾的办法。"后晋高祖下诏褒奖张允。后晋高祖喜欢听取直言，下诏让百官各自呈上密封奏书言事，设置详定院加以考察，没有可取之处的奏书留在宫中，有可取的奏书就加以实施。过了几个月时间，应诏上书的不足十人，后晋高祖再次下诏催办这件事。河南官吏奏请修缮洛阳宫，谏议大夫薛融劝谏说："现在洛阳宫殿尽管遭到焚烧毁坏，但比帝尧的茅草宫殿要奢侈得多。所需费用尽管很少，但比汉文帝修露台的费用还是多得多。请求等到海内平静安宁，再营建洛阳宫殿也不晚。"后晋高祖下诏褒奖，并采纳了他的意见。

三月，后晋禁止民间制作铜器。

当初，唐朝年间全国有三十六个冶铜所铸造钱币，发生动乱以来，都被废弃了，而钱一天比一天耗费，民间有销毁铜钱来制作铜器的，所以禁止民间制作铜器。

后晋规定诸州奏补将校人数。

中书舍人李详上疏曰："十年以来,赦令屡降,诸道职掌皆许推恩,而藩方荐论动逾数百,乃至优伶、奴仆,初命则至银青阶,被服皆紫袍象笏,名器僭滥,贵贱不分。请自今诸道节度州听奏朱记大将以上十人,他州止听奏都押牙、都虞候、孔目官而已。"从之。

夏五月,唐主诰迁故吴主于润州。

吴让皇固请徙居,李德诚等亦亟以为言。五月,唐主改润州牙城为丹杨宫,徙让皇居之。或献毒酒方于唐主,唐主曰："犯吾法者,自有常刑,安用此为?"群臣争请改府寺州县名有"吴"及"杨"者,判官杨嗣请更姓羊。徐玠曰:"陛下自应天顺人,事非逆取,而谄邪之人专事更改,咸非急务,不可从也。"唐主然之。

晋制民垦田三年外,乃听徭役。

金部郎中张铸奏:"乡村浮户种木未盈十年,垦田未及三顷,似成生业,已为县司收供徭役,责之重赋,威以严刑,故不免捐功舍业,更思他适。乞自今民垦田及五顷以上三年外,乃听县司徭役。"从之。

秋七月,晋作受命宝。
以"受天明命,惟德允昌"为文。
八月,晋上尊号于契丹。
上尊号于契丹主及太后,以冯道、左仆射刘煦为册礼使,契丹主大悦。晋主事契丹甚谨,奉表称臣,谓契丹主为"父皇帝"。每契丹使至,即于别殿拜受诏敕。岁输金帛三十万之外,吉凶庆吊,岁时赠遗,相继于道。乃至太后、元帅太子、

中书舍人李详上疏说:"十年以来,屡次颁布赦令,准许诸道职掌都推恩扩充,而各地藩镇举荐的动辄超过数百人,乃至艺人、奴仆,初次任命都要授以银青阶,穿的都是紫色官服,拿的都是象牙笏板,这样名号和器物僭越滥用,造成贵贱不分的结果。请求今后诸道节度州只允许奏报朱记大将十人,其他州只允许奏报都甲牙、都虞候、孔目官。"后晋高祖石敬瑭听从了这个意见。

夏五月,南唐主徐诰把旧吴主杨溥迁移到润州。

吴国让皇杨溥坚决请求迁出旧宫,李德诚等也多次建议这样做。五月,南唐主将润州牙城改称为丹杨宫,叫让皇迁居在这里。有人向南唐主进献一个毒酒配方,南唐主说:"违犯我的法律的,自有正常的刑罚,为什么要用这个呢?"群臣争相请求更改府寺州县名称中有"吴"和"杨"字的,判官杨嗣请求改姓羊。徐玠说:"陛下本就是上应天意,下顺民心,所行并不是篡逆之事,而那些善于迎合的谄邪之人,专门致力于更改事物名称,都不是当务之急,不要听他们的。"南唐主认为很对。

后晋规定农民垦田三年后,才允许县司征收徭役。

金部郎中张铸奏言:"乡村没有定籍的浮户,种树不到十年,垦田不到三顷,好像已成为生计大业,已开始被县司要求提供徭役,要他们交纳重赋,以酷刑威吓他们,所以他们不免就要丢弃劳动,舍掉生业,另谋他路。请从今以后农民垦田五顷以上三年以后,才允许县司征收徭役。"后晋高祖听从了这个意见。

秋七月,后晋制作受命宝玺。

印文为"受天明命,惟德允昌"。

八月,后晋高祖石敬瑭向契丹进献尊号。

后晋高祖给契丹主耶律德光和述律太后进献尊号,任命冯道和左仆射刘煦为册礼使,契丹主非常高兴。后晋高祖事奉契丹很恭谨,上奏表时必定称臣,称契丹主为"父皇帝"。每当契丹使者到来,后晋高祖总是在别殿拜接诏书和敕令。除了每年向契丹输送金帛三十万之外,还有各种吉凶庆吊的礼品,四季节令馈赠的财物,运送的马车在路上接连不断。至于太后、元帅太子、

诸王大臣皆有赂遗，小不如意，辄来责让，多不逊语。朝野咸以为耻，而晋主事之曾无倦意，然所输金帛不过数县租赋。其后契丹主屡止晋主上表称臣，但令为书称"儿皇帝"，如家人礼。初，契丹主既得幽州，命曰南京，以唐降将赵思温为留守。思温子延照在晋，晋主以为祁州刺史。思温密令延照言虏情终变，请以幽州内附，晋主不许。

契丹遣使如唐。

契丹遣使诣唐，宋齐丘劝唐主厚贿之，俟至淮北，潜遣人杀之，欲以间晋。

九月，范延光复降于晋，晋以为天平节度使。

杨光远奏：冯晖来降，言范延光食尽穷困。时光远攻广晋，岁余不下。晋主以师老民疲，遣内职朱宪入城谕范延光，许移大藩，曰："若降而杀汝，白日在上，吾无以享国。"延光曰："主上重信，云不死则不死矣。"乃撤守备。九月，遣牙将奉表待罪，诏释之。光远表乞入朝。制以延光为天平节度使，仍赐铁券，将佐皆除防团刺史，牙兵皆升为侍卫亲军。初，河阳行军司马李彦珣，邢州人也，父母在乡里，未尝供馈。后与张从宾同反，败奔广晋。延光使登城拒守，光远访获其母，置城下以招之，彦珣引弓射杀之。至是，得为坊州刺史，近臣言彦珣杀母恶逆不可赦，晋主曰："赦令已行，不可改也。"

诸王、大臣都有单独赠送的礼物，契丹稍不如意，便来训斥责备，语多不逊。当时朝野都感到耻辱，而后晋高祖事奉契丹从来没有怠慢过，然而向契丹输送的这些金帛，不过是几个县上交的租赋而已。其后契丹主多次制止后晋高祖上表称臣，只令他写信时称"儿皇帝"，像家庭中的礼节一样。当初，契丹夺取幽州后，命名为南京，委任后唐降将赵思温当留守。赵思温的儿子赵延照在后晋，后晋高祖任用他为祁州刺史。赵思温暗中让儿子赵延照向后晋高祖进言，说明契丹的情况最终必然有变，请求把幽州内附于后晋，后晋高祖没有答应。

契丹派使者到南唐。

契丹派使者来到南唐，宋齐丘劝南唐主徐诰给他丰厚的馈赠，等到使者行至淮河以北时，便暗中派人把他杀了，想用这种办法离间契丹与后晋的关系。

九月，范延光再次向后晋投降，后晋任命他为天平节度使。

杨光远奏报：冯晖前来投降，说范延光粮食已经吃光了，处境窘困。当时杨光远攻打广晋，一年多也没能攻下来。后晋高祖石敬瑭因为兴师打仗很久，老百姓很疲困，便派宦官朱宪进入广晋城，告谕范延光，同意他去别的大藩镇供职，说："如果投降后杀掉你，白日在上，我无法享有国家。"范延光说："主上讲求信用，说不杀我就不会杀我。"于是撤掉守备。九月，范延光派牙将向朝廷上表等待治罪，后晋高祖下诏书赦免了他。杨光远上表请求进京朝见。后晋高祖下制书任命范延光为天平节度使，仍然赐给他铁券，范延光的将佐都任命为防御使、团练使、刺史等，牙兵都升任为侍卫亲军。当初，河阳行军司马李彦珣是邢州人，父母住在乡里，没有受过儿子供养。后来李彦珣和张从宾共同谋反，失败后投奔广晋。范延光让他登城拒守，杨光远查访抓获他的母亲，押到城下，以招降李彦珣，李彦珣用弓箭把母亲射死。到这时，后晋高祖委任他为坊州刺史，近臣对后晋高祖说李彦珣杀母的恶行不能赦免，后晋高祖说："赦令已经施行，不能更改了。"

晋以杨光远为天雄节度使。 冬十月,契丹加晋主尊号。 **晋以汴州为东京开封府,东都为西京。**

晋主以大梁舟车所会便于漕运,故徙都之。

晋停兵部尚书王权官。

晋主遣权使契丹谢尊号,权耻之。谓人曰:"吾老矣,安能向穹庐屈膝?"乃辞以老疾,晋主怒,停权官。

晋枢密使桑维翰罢。

初,郭崇韬既死,宰相罕有兼枢密使,至是,维翰、李崧兼之,宣徽使刘处让及宦官皆不悦。杨光远围广晋,处让数以军事衔命往来,光远奏请多逾分,维翰独以法裁折之,光远有不平语,处让曰:"是皆执政之意。"光远由是怨执政。范延光降,光远密表论执政过失,晋主不得已,罢崧、维翰,而以处让代之。

交州乱,汉主龚遣其子弘操将兵攻之,败死。

初,交州将皎公羡杀安南节度使杨延艺而代之。至是,延艺故将吴权举兵攻公羡,公羡以赂求救于汉,汉主龚欲乘其乱而取之。以其子弘操为交王,将兵救公羡。问策于崇文使萧益,益曰:"今霖雨积旬,海道险远,吴权桀黠,未可轻也。大军当持重,多用乡导,然后可进。"不听,命弘操帅战舰趣交州。权已杀公羡,引兵逆战,先于海口多植大杙,锐其首,冒之以铁。遣轻舟乘潮挑战而伪遁,弘操逐之,

后晋任命杨光远为天雄节度使。　冬十月，契丹给后晋高祖石敬瑭加封尊号。　后晋以汴州为东京开封府，改东都为西京。

后晋高祖认为大梁是车船汇集的地方，漕运便利，所以把国都迁徙到大梁。

后晋将兵部尚书王权停职。

后晋高祖石敬瑭派王权出使契丹，表示对加封尊号的谢意，王权把这看作是耻辱的事情。对人说："我已经老了，怎么能向穹庐屈膝下跪？"便以自己年老有病推辞不去，后晋高祖发怒，停了王权的官职。

后晋枢密使桑维翰被罢免。

当初，郭崇韬死后，宰相很少有兼任枢密使的，到这时，桑维翰、李崧兼任，宣徽使刘处让和宦官们对此事都不满意。杨光远围攻广晋，刘处让几次因军事奉命往来，杨光远奏事多逾越本分，只有桑维翰依照法规加以裁制驳斥，杨光远对此说过不满意的话，刘处让说："这都是执政大臣的意思。"杨光远因此怨恨执政大臣。范延光投降后，杨光远密表论说执政大臣的过失，后晋高祖石敬瑭不得已，罢免了李崧、桑维翰的枢密使官职，而任命刘处让接任枢密使。

交州出现动乱，南汉主刘龑派他的儿子刘弘操率兵攻打交州，刘弘操兵败而死。

当初，交州将领皎公羡杀死安南节度使杨延艺，取而代之。到这时，杨延艺的老部将吴权率兵攻打皎公羡，皎公羡用财物向南汉求救，南汉主刘龑想利用动乱的机会夺取交州。刘龑便封他的儿子刘弘操为交王，由他率兵去救皎公羡。刘龑向崇文使萧益询问计策，萧益说："现在已经连着下了十天雨，海道又远又危险，吴权为人狡黠凶狠，千万不可轻视。大军行动应当稳重，多用当地向导，然后才可以行进。"刘龑不听劝告，命令刘弘操统帅战舰向交州进军。当时吴权已将皎公羡杀掉，率兵出来迎战，预先在海口栽上大木桩，把头削尖，用铁皮包住。还派人用轻便的小船乘涨潮出海挑战，接着伪装逃跑，刘弘操随后追赶他们，

须臾潮落，碍铁杙不得返，大败溺死。先是，著作佐郎侯融劝龚弭兵息民，至是以兵不振咎融，剖棺暴其尸。

楚王夫人彭氏卒。

夫人貌陋而治家有法，楚王希范惮之。既卒，希范始纵声色。有商人妻美，杀其夫而夺之，妻誓不辱，自经死。

河决郓州。　十一月，晋册闽主昶为闽国王，不受。

以闽主昶为闽国王，以散骑常侍卢损为册礼使，赐昶赭袍。昶闻之，遣进奏官白执政，以既袭帝号，辞册命。闽谏议大夫黄讽以昶淫暴，与妻子辞诀入谏，昶欲杖之，讽曰：“臣若迷国不忠，死亦无怨。直谏被杖，臣不受也。”乃黜为民。损至福州，闽主不见，命弟继恭主之，遣使奉继恭表，随损入贡。有士人林省邹，私谓损曰：“吾主不事其君，不爱其亲，不恤其民，不敬其神，不睦其邻，不礼其宾，其能久乎？”

晋建邺都，置彰德、永清军，徙澶州城。

晋主患杨光远跋扈难制，桑维翰请分天雄之众，加光远西京留守，兼河阳节度使。光远由是怨望，密以赂自诉于契丹，养部曲千余人，常蓄异志。晋遂建邺都于广晋府，置彰德军于相州，以澶、卫隶之。置永清军于贝州，以博、冀隶之。澶州旧治顿丘，晋主虑契丹为后世之患，遣刘继勋徙澶州城跨德胜津。以高行周为邺都留守，王廷胤为彰德节度使，王周为永清节度使。

不久潮水下落，刘弘操的军舰被铁木桩拦住不能返航，南汉兵大败，很多人淹死。此前，著作佐郎侯融曾劝刘䶮休兵养民，到这时刘䶮又把兵力不振归罪于侯融，将他从棺材中挖出来暴尸。

楚王夫人彭氏去世。

楚王夫人相貌丑陋，但治家有方，楚王马希范很怕她。夫人去世后，楚王马希范开始纵情迷恋声色。有个商人的妻子长得很漂亮，楚王派人杀掉她的丈夫后想霸占她，商人妻子发誓不受玷辱，便上吊自杀而死。

黄河在郓州决口。　十一月，后晋册封闽主王昶为闽国王，王昶不接受册封。

后晋高祖石敬瑭封闽主王昶为闽国王，任命散骑常侍卢损为册礼使，赐予王昶红袍。王昶听说后，派进奏官禀告执政者，说是闽主已承袭帝号，所以辞谢后晋的册封。闽国谏议大夫黄讽因为王昶荒淫残暴，便和妻子诀别入朝进谏，王昶想用木杖打他，黄讽说："我若是惑乱国家而不忠诚，即使处死我也没有怨言。我若是为国家直言劝谏而被杖责，我不能接受。"闽王于是把他贬黜为民。后晋册礼使卢损到达福州，闽主王昶不接见他，命令弟弟王继恭主持接待，派使者带着王继恭的表章，跟随卢损入朝进贡。有个士人林省邹私下对卢损说："我们的主上不事奉国君，不爱护亲族，不体恤人民，不敬崇神明，不与邻邦和睦相处，不礼遇宾客，这样的主上还能维持多久呢？"

后晋建立邺都，设置彰德军、永清军，迁移澶州城的城址。

后晋高祖石敬瑭担心杨光远专横跋扈难以控制，桑维翰请求分散天雄军的兵力，加封杨光远为西京留守，兼河阳节度使。杨光远因此怨恨不满，暗中向契丹行贿诉苦，并私养部曲一千多人，常想着背叛后晋。后晋在广晋府建立邺都，在相州设置彰德军，把澶州、卫州归属于它。在贝州设置永清军，把博州、冀州归属于它。澶州旧的州治设在顿丘，后晋高祖考虑到契丹是后世的隐患，派刘继勋把澶州城迁徙到德胜津。任命高行周为邺都留守，王廷胤为彰德节度使，王周为永清节度使。

晋范延光致仕。

延光屡请致仕。居于大梁，每预宴会，与群臣无异。延光之反也，相州刺史王景拒境不从，以景为耀州团练使。

晋听公私自铸钱。

敕听公私自铸铜钱，无得杂以铅铁，每十钱重一两，以"天福元宝"为文，惟禁私作铜器。

故吴主杨溥卒。

唐主追谥曰睿皇帝。

晋凤翔军乱，讨平之。

凤翔节度使李从曮厚文士而薄武人，爱农民而严士卒，由是将士怨之。会发兵戍西边，作乱剽掠，从曮发帐下兵击之，乱兵败走至华州，镇国节度使张彦泽邀击，尽诛之。

己亥(939) 晋天福四年。闽主曦永隆元年。是岁，南唐复姓李氏，凡五国三镇。

春正月，晋以冯晖为朔方节度使。

朔方节度使张希崇卒，羌胡寇抄，无复畏惮。党项酋长拓跋彦超最为强大，晖至，彦超入贺，晖厚遇之，因为于城中治第，丰其服玩，留之不遣，封内遂安。

唐主徐诰复姓李氏，更名昪。

唐群臣屡表请唐主复姓李，立唐宗庙，唐主从之。又请上尊号，唐主曰："尊号虚美，且非古。"遂不受。其后子孙皆蹈其法，又不以外戚辅政，宦者不得预事，皆他国所不及也。仓吏岁终献羡余万石，唐主曰："出纳有数，苟非

后晋范延光退休。

范延光多次请求退休。他居住在大梁，每逢参加宴会，与群臣没有什么不同。范延光谋反时，相州刺史王景在边境抵御，不肯从命，任命王景为耀州团练使。

后晋允许公私自铸铜钱。

后晋高祖石敬瑭敕令：允许公私自铸铜钱，但不得掺杂铅和铁，每十钱重一两，用"天福元宝"作钱上文字，只禁止个人私自制作铜器。

旧吴主杨溥去世。

南唐主徐诰追谥杨溥为睿皇帝。

后晋凤翔军发生动乱，被讨伐镇压下去。

凤翔节度使李从晖重视文人，轻视武人，爱护农民，严管士兵，因此将士怨恨他。正值调动军队戍守西部边境，一部分军人作乱，在街上大肆抢劫掠夺，李从晖派帐下军队攻击他们，乱军失败，逃到华州，镇国节度使张彦泽率兵阻击，把他们全部杀了。

己亥（939）　后晋天福四年。闽主曦永隆元年。这一年，南唐皇室恢复李姓，共五个国家、三个藩镇。

春正月，后晋任命冯晖为朔方节度使。

朔方节度使张希崇去世，羌胡入侵掠夺，肆无忌惮。当时党项酋长拓跋彦超最为强大，冯晖到任后，拓跋彦超前来祝贺，冯晖优待他，还在城中为他修建宅第，送给他很多服饰珍玩，并留下他不让回去，境内于是安宁下来、

南唐主徐诰恢复姓李氏，改名为昪。

南唐群臣多次上表请求南唐主恢复姓李氏，建立唐室宗庙，南唐主听从了这个意见。群臣又请求南唐主受帝王尊号，南唐主说："尊号是虚空的美名，而且并非古制。"便没接受。此后子孙都延续这种做法，也不用外戚辅理朝政，宦官不得干预政事，这都是其他国家做不到的。管仓库的官吏年底向南唐主进献一万石额外盈余的税粮，南唐主说："国家收支有定额，如果不

掊民刻军,安得羡余耶?”改太祖庙号曰义祖,为李氏考妣发哀,斩衰居庐,如初丧礼,朝夕临,凡五十四日。诏国事委齐王璟详决,惟军旅以闻。唐主更名昪。诏百官议二祢合享礼,宋齐丘等议以义祖居七室之东,唐主命居高祖于西室,太宗次之,义祖又次之,皆为不祧之主。群臣言:“义祖诸侯,不宜与高宗、太宗同享,请于太庙正殿后别建庙祀之。”唐主曰:“吾自幼托身义祖,乡非义祖有功于吴,朕安得启此中兴之业?”群臣乃不敢言。唐主欲祖吴王恪,或曰:“恪诛死,不若祖郑王元懿。”唐主命有司考二王苗裔,以吴王孙祎有功,祎子岘为宰相,遂祖吴王,云自岘五世至父荣,其名率皆有司所撰。

三月,晋加刘知远、杜重威同平章事。

知远自以有佐命功,重威起外戚,无大功,耻与之同制,制下数日,杜门不受,晋主怒,谓赵莹曰:“知远坚拒制命,可落军权,令归私第。”莹拜请曰:“陛下昔在晋阳,兵不过五千,为唐兵十余万所攻,危于朝露,非知远心如金石,岂能成大业? 奈何以小过弃之? 窃恐此语外闻,非所以彰人君之大度也。”晋主意乃解。命和凝诣知远第谕旨,知远惶恐,起受命。

晋灵州戌将王彦忠叛。

盘剥老百姓,克扣军饷,怎么会有额外盈余的税粮呢?"改称南唐太祖徐温的庙号为义祖,为李氏父母发丧,南唐主披麻戴孝值守祭堂,就像初丧时的礼节一样,早晚哀哭达五十四天。南唐主下诏书,国家的政事都委托齐王李璟具体处理,只有军事问题上报南唐主知道。南唐主更名为李昪。南唐主下诏书,让百官讨论徐、李二姓合祭的礼制,宋齐丘等建议把义祖徐温的灵位放在第七室的东侧,南唐主命令把唐高祖李渊的灵位放在西室,唐太宗李世民居其次,义祖徐温再居其次,他们都被尊奉为永不迁移的神主。群臣说:"义祖是诸侯,不适宜与高祖、太宗享同等的祭礼,请求在太庙正殿后面另建庙宇祭祀。"南唐主说:"我从小托身于义祖,如果不是义祖过去对吴国有功,朕怎能开创现在的中兴大业?"群臣便不敢再说什么。南唐主想把自己的世祖定为吴王李恪,有人说:"李恪是被诛杀的,不如把世祖定为郑王李元懿。"南唐主命令有关官员考察二王的后裔,因吴王的孙子李祎立过功劳,李祎的儿子李岘又当过宰相,于是定吴王为世祖,说从李岘开始五世传到南唐主父亲李荣,他们的名字及世系都是有关官员杜撰出来的。

三月,后晋加授刘知远、杜重威为同平章事。

刘知远自认为有辅佐后晋高祖石敬瑭创立新朝的功劳,杜重威是由外戚起家,没有大功,把与杜重威同制加官视为耻辱,制令下达几天,刘知远闭门不予接受,后晋高祖发怒,对赵莹说:"刘知远坚决拒绝接受制命,可以剥夺他的军权,让他回到自己家里去。"赵莹叩拜讲情说:"陛下从前在晋阳的时候,兵力不过五千,被唐兵十多万人所攻击,情况比早晨的露水还要危险,如果不是刘知远当时心如金石般的忠诚,怎么能够成就帝业?为什么因为一点小小的过错就抛弃他?我担心这些话传出去,不能彰显君主宽宏大度的胸怀器量。"后晋高祖的怒意这才消解。于是命令和凝亲自到刘知远府第传谕旨意,刘知远感到惶恐,起身接受制命。

后晋灵州守将王彦忠叛乱。

彦忠据怀远城叛，晋主遣供奉官齐延祚往招谕之。彦忠降，延祚杀之。晋主怒曰："朕践祚以来，未尝失信于人。彦忠已输仗出迎，延祚何得擅杀之？"除延祚名，重杖配流，议者犹以为延祚不应免死。

夏四月，晋废枢密院。

梁太祖以来，军国大政，天子多与崇政、枢密使议之，宰相受成命，行制敕，讲典故，治文事而已。晋主惩安重诲专横，即位之初，但命桑维翰兼枢密使，及刘处让为枢密使，奏对多不称旨，会处让遭母丧，废枢密院，以印付中书，院事皆委宰相分判。然勋臣近习不知大体，习于故事，每欲复之。

闽主昶杀其叔父延武、延望。

闽主昶忌其叔父延武、延望，巫者林兴与之有怨，托鬼神语，云二人将为变。昶不复诘，使兴杀之，并其五子。用陈守元言，作三清殿于禁中，以黄金数千斤铸宝皇、老君像，昼夜作乐，焚香祷祀，政无大小，皆林兴传宝皇命决之。

晋加楚王希范天策上将军。　唐主迁故吴主杨氏之族于泰州。

唐人迁让皇之族于泰州，号永宁宫，防卫甚严。

秋七月朔，日食。　晋以皇甫遇为昭义节度使。

成德节度使安重荣恃勇骄暴，每谓人曰："今世天子，兵强马壮则为之耳。"府廨有幡竿高数十尺，尝挟弓矢谓左右曰："我能中竿上龙首者，必有天命。"一发中之，以是益自负。所奏请多逾分，为执政所可否，意愤愤不快，乃聚

王彦忠占据怀远城叛乱，后晋高祖石敬瑭派供奉官齐延祚前去招抚开导。王彦忠投降，齐延祚杀了他。后晋高祖生气地说："朕自登位以来，从未失信于人。王彦忠已经放下兵器出迎投降，齐延祚怎能擅自杀了他？"于是除去齐延祚的名籍，重加杖责，流放外地，议论的人还觉得不应免除齐延祚的死刑。

　　夏四月，后晋废除枢密院。

　　自后梁太祖以来，军队和国家大政，大都是天子与崇政使、枢密使议定，宰相只是接受成命，执行敕令，讲求典故，治理文事而已。后晋高祖石敬瑭接受后唐时安重诲专横的教训，即位之初，只任命桑维翰兼任枢密使，到刘处让任枢密使时，回答问题大多不能称意，适逢刘处让母亲去世，便废除了枢密院，把印交给中书省，枢密院的事务都委托宰相处理。然而勋臣和受宠爱亲近的人不识大体，习惯于旧的作法，常常想恢复旧制。

　　闽主王昶杀了他的叔父王延武、王延望。

　　闽主王昶对他叔父王延武、王延望很忌惮，有个巫师林兴与他的叔父有怨恨，便托鬼神的话，说是这两个人将发动变乱。王昶也没有再核查，就指使林兴把两个叔父杀了，并杀死他们的五个儿子。闽主采用陈守元的意见，在皇宫中建造了三清殿，用黄金数千斤铸造宝皇、老君像等神像，昼夜作乐，烧香祭祀祷告，国家政事不论大小，都由林兴传达宝皇的神命来裁决。

　　后晋高祖石敬瑭加封楚王马希范天策上将军。　南唐主李昪把吴国旧主杨溥的族人迁到泰州。

　　南唐人把吴国让皇杨溥的族人迁到泰州，号称永宁宫，对他们防卫很严密。

　　秋七月初一，出现日食。　后晋任命皇甫遇为昭义节度使。

　　成德节度使安重荣仗着勇武，傲慢暴虐，常对人说："现在的天子，只要兵强马壮就可以当。"他的官府有个几十尺高的幡竿，他曾挟着弓箭对左右的人说："我如果能射中竿上的龙头，必定有做天子的命运。"结果一发射中，因此更加自负。他所奏请的大多超越本分，被执政者批准或否定，内心总是愤愤不平，便招集

亡命,市战马,有飞扬之志。晋主知之,以义武节度使皇甫遇与重荣姻家,徙为昭义节度使。

晋禁私铸钱。

敕私钱多用铅锡,小弱缺薄,宜皆禁之,专令官司自铸。

晋以桑维翰为彰德节度使。

杨光远疏平章事桑维翰迁除不公,与民争利。晋主不得已,出维翰镇相州。

晋以王廷胤为义武节度使。

初,王处直子威避王都之难,亡在契丹。至是,契丹主遣使来言:"请使威袭父土地。"晋主辞以"中国之法,必自刺史、团防序迁,乃至节度使。请遣威至此,渐加进用"。契丹主怒曰:"尔自节度使为天子亦有阶级邪?"晋主恐其滋蔓不已,厚赂之,请以处直兄孙廷胤镇易定,契丹怒稍解。

闽王曦弑其主昶而自立,称藩于晋。

初,闽以太祖元从为拱宸、控鹤都,及闽主昶立,更募壮士为腹心,号宸卫都,禄赐甚厚,二都怨望,将作乱。昶好为长夜之饮,强群臣酒醉,则令左右伺其过失。从弟继隆醉失礼,斩之。叔父延羲阳为狂愚以避祸,昶赐以道士服,幽于私第。数侮拱宸、控鹤军使朱文进、连重遇,二人怨之。会北宫火,求贼不获,昶命重遇将兵扫除余烬,士卒苦之。又疑重遇知纵火之谋,欲诛之。内学士陈郯私告重遇,重遇帅二都兵迎延羲共攻昶,昶与李后如宸卫都。比明,

一些亡命之徒，购买战马，有放纵不轨的意图。后晋高祖石敬瑭知道这些情况后，便以义武节度使皇甫遇与安重荣是姻亲为由，把皇甫遇调任为昭义节度使。

后晋禁止私自铸钱。

后晋高祖石敬瑭敕令：私自铸造的钱大多用铅和锡，又小又薄，都应该加以禁止，专门让官府自行铸造。

后晋任命桑维翰为彰德节度使。

杨光远上疏称平章事桑维翰对官吏的调任升迁不公正，与民争利。后晋高祖石敬瑭不得已，把桑维翰调出镇守相州。

后晋任命王廷胤为义武节度使。

当初，王处直的儿子王威为躲避王都叛乱的灾难，逃亡到契丹。到这时，契丹主耶律德光派使者来说："请让王威承袭他父亲的土地。"后晋高祖石敬瑭推辞说："依据中原的制度，必须按刺史、团练使、防御使的顺序升迁，才能升到节度使。请把王威派到这里，逐渐加以进用。"契丹主发怒说："你自己从节度使升迁为天子，也是按等级升上去的吗？"后晋高祖担心这种做法会蔓延不止，便用厚礼贿赂契丹，请求用王处直哥哥的孙子王廷胤镇守易定，契丹主的怒气才稍有消解。

闽国王曦杀死闽主王昶自立，向后晋称藩。

当初，闽国用太祖王审知的元从作为拱宸、控鹤二都，等到闽主王昶即位之后，又招募壮士作为心腹，号为宸卫都，俸禄和赏赐非常优厚，拱宸、控鹤二都心存怨恨，准备作乱。王昶喜欢长夜饮酒，强迫群臣喝醉，然后命令身边的人伺机寻找他们的过失。闽主的从弟王继隆醉后失礼，便把他杀了。闽主叔父王延羲表面假装疯狂来躲避祸患，王昶赐给他道士服，囚禁在私宅。王昶几次侮辱拱宸、控鹤两军使朱文进、连重遇，二人都怨恨他。适逢北宫失火，没有抓获纵火贼，王昶命令连重遇率兵清扫余烬，士兵觉得很苦。王昶又怀疑连重遇知道纵火的阴谋，想把他杀死。内学士陈郯私下告诉了连重遇，连重遇率领二都士兵迎接王延羲共同攻打王昶，王昶和李后逃到宸卫都。等到天亮，

宸卫战败,奉昶及李后出北关,至梧桐岭,众稍逃散。延羲使兄子继业将兵追之,及于村舍,醉而缢之,并李后及诸子皆死。延羲自称闽国王,更名曦。遣商人间道奉表称藩于晋。

河决博州。　八月,晋以冯道守司徒兼侍中。

诏中书知印止委上相,由是事无巨细,悉委于道。晋主尝访以军谋,对曰:"征伐大事,在圣心独断。臣书生,惟知谨守历代成规而已。"晋主然之,宠遇无比。

晋以吴越王元瓘为天下兵马元帅。　晋以唐许王从益为郇国公。

从益尚幼,李后养于宫中,奉王淑妃如事母。

冬十月,吴越王夫人马氏卒。

初,武肃王镠禁中外畜声妓,元瓘年三十余无子,夫人为之请于镠,镠喜,乃听元瓘纳妾,生弘倧、弘佐、弘俶等数人。夫人抚视慈爱如一,常置银鹿于帐前,坐诸儿于上而弄之。

十二月,晋禁造佛寺。　汉平章事赵光裔卒。

光裔相汉二十余年,府库充实,边境无虞。及卒,汉复以其子损同平章事。

庚子(940)　晋天福五年。是岁,凡五国三镇。
春二月,晋北都留守安彦威入朝。

彦威入朝,晋主曰:"吾所重者信与义,昔契丹以义救我,我今以信报之。闻其征求不已,公能屈节奉之,深称朕意。"对曰:"陛下以苍生之故,犹卑辞厚币以事之,臣何

宸卫都被打败,剩下的士兵保护王昶和李后逃出北关,到达梧桐岭,剩下的人逐渐逃散。王延羲指使他哥的儿子王继业率兵追赶,追到一个村舍,让王昶喝醉后把他勒死,李后和他的几个儿子也都被杀死。王建义自称闽国王,改名曦。派商人走小路上表,向后晋朝廷称藩。

黄河在博州决口。　　**八月,后晋任命冯道守司徒兼侍中。**

后晋高祖石敬瑭下诏,中书省只由上相掌印,从此事无大小,都委托冯道办理。后晋高祖曾向冯道访询用兵的谋略,冯道说:"征伐是国家大事,取决于圣上一人的决断。臣是书生,只知道恭敬地遵守历代成规。"后晋高祖赞同他的意见,对他的宠信礼遇别人无法相比。

后晋任命吴越王钱元瓘为天下兵马元帅。　　**后晋任命后唐许王李从益为郇国公。**

李从益还年幼,李皇后把他养在宫中,侍奉王淑妃如同母亲。

冬十月,吴越王钱元瓘的夫人马氏去世。

当初,武肃王钱镠禁止朝廷内外畜养歌伎舞女,钱元瓘三十多岁还没有儿子,夫人向钱镠请求为他纳妾,钱镠很高兴,便允许钱元瓘纳妾,生了钱弘傧、钱弘佐、钱弘俶等数人。马夫人抚养照顾儿子们,慈爱如一,经常在自己帐前放置银鹿,让儿子们都坐在上面,逗他们玩。

十二月,后晋禁止建造佛寺。　　**南汉平章事赵光裔去世。**

赵光裔在南汉任宰相二十多年,国家府库充足,边境没有忧患。等赵光裔死后,南汉又任命他的儿子赵损为同平章事。

庚子(940)　后晋天福五年。这一年,共五个国家、三个藩镇。

春二月,后晋北都留守安彦威进京朝见。

安彦威进京朝见,后晋高祖石敬瑭说:"我看重的是信和义,从前契丹仗义救我,我现在用信来报答他。听说他们不断索取,您能屈节侍奉他们,很合朕的心意。"安彦威回答说:"陛下为了老百姓,尚且能用谦卑的言词、丰厚的礼品来事奉他们,臣哪里

屈节之有？"晋主悦。

楚平群蛮，立铜柱于溪州。

初，溪州刺史彭士愁引群蛮寇辰、澧，楚王希范遣兵讨平之，自是群蛮服于楚。希范自谓伏波之后，以铜五千斤铸柱高一丈二尺，入地六尺，铭誓状于上，立之溪州。

唐康化节度使杨琏卒。

琏谒平陵还，一夕大醉，卒于舟中，唐主追封谥曰弘农靖王。

闽王曦遣兵击其弟延政于建州，败绩。吴越遣兵救建州。夏五月，延政击却之。

曦骄淫苛虐，猜忌宗族，多寻旧怨。其弟建州刺史延政数以书谏之，曦怒，复书骂之。遣亲吏业翘、杜汉崇监其军，二人争掯延政阴事告于曦，由是兄弟积相猜恨。一日，翘与延政议事不叶，呵之曰："公反邪？"延政怒，欲斩翘，翘奔南镇，延政发兵就攻取之。曦遣统军使潘师逵、吴行真将兵四万击延政，延政求救于吴越，吴越王元瓘遣宁国节度使仰仁诠、都监使薛万忠，将兵四万救之，丞相林鼎谏，不听。三月，师逵分兵出战，延政遣兵败之。延政募死士入师逵垒，因风纵火，战棹都头陈诲杀师逵，其众皆溃。行真将士弃营走，延政乘胜取永平、顺昌二城，自是建兵始盛。仁诠等兵至，延政奉牛酒犒之，请班师，仁诠等不从，延政惧，复遣使乞师于曦，曦遣兵救之，遣轻兵绝吴越粮道。吴越军食尽，延政遣兵出击，大破之。唐主遣使如

有什么屈节可言呢?"后晋高祖很高兴。

楚国平定了群蛮,在溪州立铜柱作纪念。

当初,溪州刺史彭士愁引导群蛮入侵辰州、澧阳,楚王马希范调遣军队讨伐平息了这次入侵,从此群蛮归服楚国。楚王马希范自认为是汉代伏波将军马援的后代,便用五千斤铜铸造了一个高一丈二尺的铜柱,埋入地下六尺,在铜柱上铸了铭文誓词,立在溪州。

南唐康化节度使杨琏去世。

杨琏拜谒其父杨溥平陵墓葬归来,一天晚上饮酒大醉,在船上去世,南唐主李昪给他追封谥号为弘农靖王。

闽主王曦派兵到建州攻击他的弟弟王延政,战败。吴越派兵到建州援救王延政。夏五月,王延政击退了吴越的军队。

闽主王曦骄奢淫逸,苛刻暴虐,猜疑忌恨宗族,经常搜寻旧怨进行报复。他弟弟建州刺史王延政多次上书劝谏,王曦发怒,回信责骂王延政。并派亲信官吏业翘、杜汉崇监督王延政的军队,这两人争相搜罗王延政的隐私报告给王曦,因此兄弟二人互相积下很深的猜疑仇恨。一天,业翘与王延政议论事情时发生争执,业翘呵斥王延政说:"你想造反吗?"王延政发怒,想杀死业翘,业翘逃奔南镇,王延政发兵攻打南镇,占领了南镇。王曦派统军使潘师逵、吴行真率兵四万攻打王延政,王延政向吴越求救,吴越王钱元瓘派宁国节度使仰仁诠、都监使薛万忠率兵四万前往救援,丞相林鼎谏阻钱元瓘,钱元瓘不听。三月,潘师逵分兵出战,王延政率兵把他们打败。王延政招募了一批敢死之士潜入潘师逵的营垒,顺风放火,战棹都头陈诲杀死潘师逵,他的部众都溃散了。吴行真率兵弃营逃跑,王延政乘胜占领了永平、顺昌两座城,从此建州军队开始强盛起来。仰仁诠等率吴越援军到达建州,王延政用牛肉美酒犒劳他们,请他们率兵返回吴越,仰仁诠等并不同意,王延政感到害怕,又派使者向王曦乞求发兵救援,王曦派兵救援王延政,又派轻兵断绝吴越军运粮通道。吴越军粮食用尽,王延政率兵出击,大败吴越军。南唐主李昪派使者到

闽，和闽王曦及延政，延政遣牙将及女奴持誓书及香炉至福州，与曦盟于宣陵，然猜恨如故。

晋李金全以安州叛降于唐，晋遣马全节讨之，唐师败绩。

胡汉筠不诣阙，晋乃以马全节代李金全，汉筠绐金全曰：“进奏吏遣人来言，朝廷俟公受代，即按贾仁沼死状。”金全大惧，汉筠因说金全自归于唐，金全从之。晋主命马全节讨之，安审晖为之副。金全奉表请降于唐，唐主遣鄂州屯营使李承裕、段处恭将兵三千逆之。金全诣唐军，承裕入据安州，马全节进军与战，大破之。承裕南走，全节入安州。审晖追败唐兵，段处恭战死，虏承裕及其众，悉斩之。送监军杜光业等于大梁，晋主曰：“此曹何罪？”皆归之。

初，卢文进之奔吴也，唐主命祖全恩将兵逆之，戒无人安州城，无得剽掠。承裕逆李金全，戒之如全恩。承裕贪剽掠，与晋战败，失亡四千人。唐主惋恨累日，自以戒敕之不熟也。光业等至唐，唐主以其违命而败，不受，遗晋主书曰：“边校贪功，乘便据垒。军法朝章，彼此不可。”帝复遣之。唐主遣战舰拒之，乃还。晋主悉授唐诸将官，以其士卒为显义都，命旧将刘康领之。

秋七月，闽王曦城福州西郭，度僧万人。
闽城西郭，备建人也。度民为僧，民避重赋，多为僧者。

闽国,帮助闽主王曦和王延政讲和,王延政派牙将和女奴带着誓书和香炉前往福州,与王曦在闽太祖王审知的宣陵前宣誓定盟,然而兄弟俩依旧互相猜疑忌恨。

后晋李金全在安州反叛,向南唐投降,后晋派马全节讨伐他,南唐军队战败。

胡汉筠不进京朝见,后晋于是用马全节替代李金全,胡汉筠欺骗李金全说:"进奏官吏派人来说,朝廷等待您接受替代后,就要追查贾仁沼的死因。"李金全很害怕,胡汉筠因而劝李金全自行归顺南唐,李金全听从了他的意见。后晋高祖石敬瑭命令马全节讨伐李金全,任命安审晖为他的副手。李金全带着奏表请求归顺南唐,南唐主李昪派鄂州屯营使李承裕、段处恭率兵三千人迎接他。李金全到达南唐军中,李承裕占据安州,马全节率兵进攻安州,把李承裕打得大败。李承裕南逃,马全节进驻安州。安审晖追击打败南唐逃兵,段处恭战死,俘虏了李承裕及其部下,把他们都杀了。把监军杜光业等送到大梁,后晋高祖说:"这些人有什么罪?"便把他们都送回南唐。

当初,卢文进投奔吴国时,南唐主命令祖全恩率兵迎接他,并告诫不要进入安州城,不许抢劫掠夺。李承裕迎接李金全时,也像告诫祖全恩一样告诫他。李承裕贪图抢劫掠夺,与后晋军队交战便被打败,损失了四千人。南唐主为此惋惜悔恨了好几天,认为自己对他的告诫还不够到位。杜光业等回到南唐,南唐主因为他们违抗命令导致失败,不予接纳,并给后晋高祖写信说:"边防将校贪功,乘机占据营垒。这样做无论是用军法或朝章论处,都是不允许的。"后晋高祖再次把他们遣送回去。南唐主派战船阻拦他们,他们于是又回到后晋。后晋高祖给南唐诸将都授以官职,把这些南唐士兵编为显义都,命令旧将刘康统领他们。

秋七月,闽主王曦在福州西面修建城郭,剃度一万人当僧人。

闽主在福州城西面修建城郭,防备建州人入侵。剃度民众当僧人,民众为了躲避沉重的赋税,很多人都出家当了僧人。

晋赠贾仁沼、桑千等官，诛庞守荣于安州。

李金全之叛也，安州副都指挥使桑千、王万金、成彦温不从而死，都指挥使庞守荣消其愚，以徇金全之意。至是，赠贾仁沼及千等官，诛守荣于安州。金全至金陵，唐主待之甚薄。

晋西京留守杨光远杀太子太师范延光。

延光请归河阳私第，许之。延光重载而行，光远利其货，且虑为子孙之患，奏延光叛臣，恐其逃入敌国，宜早除之，不许。请敕延光居西京，从之。光远使其子承贵以甲士围其第，逼令自杀。延光曰："天子赐我铁券，尔父子何得如此？"承贵以白刃驱延光挤于河，奏云自赴水死，晋主知其故，惮光远之强，不敢诘。

晋诏诸州仓吏贷死抵罪。

李崧奏："诸州仓粮，于计帐之外所余颇多。"晋主曰："法外税民，罪同枉法。仓吏特贷其死，各痛惩之。"

晋罢翰林学士。

学士李浣轻薄多酒失，晋主恶而罢之，并其职于中书舍人。

晋以杨光远为平卢节度使。

光远入朝，帝欲徙之他镇，谓光远曰："围魏之役，卿左右皆有功，尚未之赏，今当各除一州以荣之。"因以其将校数人为刺史，徙光远镇青州。

后晋给贾仁沼、桑千等人追赠官职,在安州诛杀庞守荣。

李金全背叛后晋时,安州副都指挥使桑千、王万金、成彦温由于不顺从他而被杀害,都指挥使庞守荣讥笑他们愚蠢,以迎合李金全的意图。到这时,后晋高祖石敬瑭给贾仁沼和桑千等人追赠官职,在安州诛杀庞守荣。李金全到达金陵,南唐主李昪待他很冷漠。

后晋西京留守杨光远杀死太子太师范延光。

范延光请求回到河阳私宅居住,后晋高祖石敬瑭准许了他。范延光带着很多财物上路,杨光远贪图范延光的财物,并且考虑到子孙的祸患,便上奏说范延光是个叛臣,恐怕他要逃到敌国去,应当尽早把他除掉,后晋高祖不准许。又请求朝廷敕令范延光居住在西京,后晋高祖同意了。杨光远指使他儿子杨承贵率领甲兵包围范延光的私宅,逼迫他自杀。范延光说:"天子赐给我铁券,你父子怎么能这样呢?"杨承贵拿着刀逼迫范延光掉进黄河,杨光远上奏说范延光是自己跳水身死,后晋高祖知道其中的缘故,因害怕杨光远的强大,不敢追究。

后晋下诏:诸州管粮仓的官吏额外征粮,可以免死,但要严加惩处。

李崧上奏说:"诸州仓库的粮食,在计帐之外的盈余相当多。"后晋高祖石敬瑭说:"在法定外向农民征税,罪过同枉法一样。管粮仓的官吏特免其一死,但对他们要严加惩处。"

后晋撤销翰林学士的官职。

翰林学士李浣为人态度轻薄,经常饮酒误事,后晋高祖石敬瑭很厌恶他,将他罢免了,把翰林学士的职责并到中书舍人名下。

后晋任命杨光远为平卢节度使。

杨光远进京朝见,后晋高祖石敬瑭想把他调任别的军镇,便对杨光远说:"围攻魏州之役,你的左右都立了大功,还没有奖赏他们,现在应当各授官一州,使他们显荣。"因而便把他下边几个将校任命为刺史,调杨光远镇守青州。

冬十月,晋加吴越王元瓘尚书令。　唐大赦。

唐大赦,诏中外奏章,无得言"睿圣",犯者以不敬论。

唐主如江都。

唐主巡东都,太仆少卿陈觉以私憾奏泰州刺史褚仁规贪残,罢为扈驾都部署,觉始用事。

晋以闽王曦为闽国王。

辛丑(941)　晋天福六年。是岁,凡五国三镇。

春正月,吐谷浑降,晋不受。

初,晋主割雁门之北以赂契丹,由是吐谷浑皆属契丹,苦其贪虐,思归中国。成德节度使安重荣复诱之,于是部落千余帐来奔。契丹大怒,遣使来让,晋主遣兵逐之,使还故土。

闽以王延政为富沙王。

延政请于闽王曦,欲以建州为威武军,自为节度使。曦以建州为镇安军,延政为节度使,封富沙王。延政改镇安曰镇武而称之。

二月,晋彰义节度使张彦泽杀其掌书记张式。

彦泽欲杀其子,式谏止之,彦泽怒射之。左右素恶式,从而谮之,式惧,谢病去,彦泽遣兵追之。晋主以彦泽故,流式商州。彦泽遣使诣阙求之,且曰:"彦泽不得张式,恐致不测。"晋主不得已,与之。彦泽命决口剖心,断其四支。

夏四月,唐以陈觉、常梦锡为宣徽副使。　唐遣使如晋。

冬十月,后晋加授吴越王钱元瓘为尚书令。 南唐实行大赦。

南唐实行大赦,诏令中外奏章,不得用"睿圣"字样,违犯者以不敬论处。

南唐主李昪前往江都。

南唐主到东都巡视,太仆少卿陈觉因私人怨恨奏言泰州刺史褚仁规贪婪残暴,南唐主将其罢免为扈驾都部署,陈觉开始当权主事。

后晋封闽主王曦为闽国王。

辛丑(941) 后晋天福六年。这一年,共五个国家、三个藩镇。

春正月,吐谷浑投降后晋,后晋不敢接受。

当初,后晋高祖石敬瑭割让雁门以北地区,用来贿赂契丹,从此吐谷浑都归属于契丹管辖,吐谷浑苦于契丹贪婪暴虐,总想归附中原。成德节度使安重荣又引诱吐谷浑,于是吐谷浑有千余帐来投奔后晋。契丹人大怒,派使者来责备后晋,后晋高祖派兵驱逐吐谷浑,让他们回归故土。

闽国任命王延政为富沙王。

王延政向闽王王曦奏请,想把建州设置为威武军,由自己做节度使。王曦将建州设置为镇安军,由王延政做节度使,并加封富沙王。王延政把镇安改称为镇武。

二月,后晋彰义节度使张彦泽杀死他的掌书记张式。

张彦泽想杀他的儿子,张式加以劝阻,张彦泽发怒,用箭射张式。左右的人平素就憎恶张式,这时也趁机讲张式的坏话,张式很害怕,便托病离去,张彦泽派兵追捕他。后晋高祖石敬瑭因为张彦泽的缘故,把张式流放到商州。张彦泽派使者到朝廷索要张式,并且说:"如果我得不到张式,恐怕要发生不测事件。"后晋高祖不得已,把张式交给张彦泽。张彦泽命令把张式的嘴割掉,心剖开,四肢剁断。

夏四月,南唐任命陈觉、常梦锡为宣徽副使。 南唐派使者前往后晋。

唐主遣通事舍人欧阳遇如晋，求假道以通契丹，不许。自黄巢以来，天下血战数十年，然后诸国各有分土，兵革稍息。及唐主即位，江、淮丰稔，兵食有余，群臣争言："北方多难，宜出兵恢复旧疆。"唐主曰："吾少长军旅，见兵之为民害深矣，不忍复言，使彼民安则吾民亦安矣，又何求焉？"汉主遣使如唐，谋共取楚分其地，唐主不许。

六月，晋成德节度使安重荣执契丹使者，上表请伐契丹。

重荣耻臣契丹，见其使者，必箕踞慢骂，或潜遣人杀之。契丹以为让，晋主为之逊谢。六月，重荣执契丹使拽剌，遣轻骑掠幽州南境，上表称："吐谷浑、两突厥、浑、契苾、沙陀各帅部众归附，党项等亦纳契丹告牒，言为虏所陵暴，愿自备十万众与晋共击契丹。陛下屡敕臣承奉契丹，勿自起衅端。其如天道人心难以违拒，愿早决计！"表数千言，大抵斥晋主父事契丹，竭中国以媚无厌之虏。又为书遗朝贵，及移藩镇，云已勒兵，必与契丹决战，晋主患之。

时邺都留守刘知远在大梁，泰宁节度使桑维翰密上疏曰："陛下免于晋阳之难而有天下，皆契丹之功，不可负也。今重荣恃勇轻敌，吐浑假手报仇，皆非国家之利，不可听也。臣观契丹士马精强，战胜攻取，其君智勇过人，其臣上下辑睦，牛马蕃息，国无天灾，此未可与为敌也。且中国新败，士气凋沮。又和亲既绝，则当发兵守塞，兵少则不足

南唐主李昇派通事舍人欧阳遇前往后晋,请求借道前往契丹,后晋高祖石敬瑭没有准许。自黄巢以来,天下血战几十年,然后各国互相瓜分疆土,战事稍有停息。到南唐主即位,长江、淮河一带连年有好收成,军粮有了富余,群臣便争着说:"北方多有灾难,现在应该出兵恢复唐朝的疆域。"南唐主说:"我从少年时就生活在军旅中,亲眼看到战争给民众带来的危害很深,我不忍心再提打仗,能使他们的百姓安宁,我的百姓也就安宁了,又有什么可追求的呢?"南汉主刘龚派使者到南唐,谋求共同夺取楚国,分占它的土地,南唐主没有答应。

六月,后晋成德节度使安重荣抓捕契丹使者,上表请求讨伐契丹。

安重荣耻于向契丹称臣,每次会见契丹使者,必定要伸开两腿坐着大骂一番,或者暗中派人杀掉使者。契丹就此谴责后晋,后晋高祖石敬瑭常为此向契丹道歉谢罪。六月,安重荣抓捕契丹使者拽剌,派轻装骑兵抢掠幽州的南境,上表说:"吐谷浑、两突厥、浑、契苾、沙陀各自帅部前来归附,党项等也缴出契丹委任职务的告身牒文,诉说受到契丹的凌辱虐待,愿意自己准备十万军队,与晋共同攻击契丹。陛下多次命令我顺承事奉契丹,不要自己挑起事端。怎奈天道人心难以违抗,愿朝廷早做决断!"奏表几千言,大体都是指斥后晋高祖把契丹当父亲来侍奉,竭尽中原所能以讨好贪得无厌的胡虏。又把这些情况写信分送朝中权贵和各个藩镇,说已经调兵遣将,必定与契丹决一死战,后晋高祖对此极为忧虑。

此时邺都留守刘知远在大梁,泰宁节度使桑维翰秘密上疏说:"陛下逃脱晋阳之难而夺得天下,都是契丹的功劳,不可亏负人家。现在安重荣恃勇轻敌,吐谷浑借我们的手报仇,都对国家不利,不能听从他们。我看契丹兵强马壮,战必胜,攻必克,契丹君主智勇过人,臣子上下和睦,牛马繁衍,国内没有天灾,这样的国家是不能与之为敌的。况且中原最近刚败给他们,士气低落。加上和亲关系中断后,就要发兵戍守边塞,兵少了不能

以待寇,兵多则馈运无以继之。我出则彼归,我归则彼至,臣恐禁卫之士疲于奔命,镇、定之地无复遗民。今天下粗安,烝民困弊,静而守之,犹惧不济,其可妄动乎?契丹与国家恩义非轻,信誓甚著,彼无间隙而自启衅端,就使克之,后患愈重,万一不克,大事去矣。议者以岁输缯帛谓之耗蠹,有所卑逊谓之屈辱,殊不知兵连祸结,财力将匮,耗蠹孰甚焉?武吏功臣过求姑息,屈辱孰大焉?臣愿陛下训农习战,养兵息民,俟国无内忧,民有余力,然后观衅而动,则动必有成矣。又邺都富盛,国家藩屏,今主帅赴阙,军府无人。乞陛下略加巡幸,以杜奸谋。"晋主谓使者曰:"朕比日以来,烦懑不决,今见卿奏,如醉醒矣。"

闽王曦杀其兄子继业。

闽王曦以书招泉州刺史王继业还,赐死,杀其子于泉州。司徒杨沂丰与之亲善,下狱族诛。自是宗族勋旧相继被诛,人不自保,谏议大夫黄峻异榇诣朝堂极谏,曦曰:"老物狂发矣。"贬漳州司户。曦淫侈无度,资用不给,谋于国计使陈匡范,匡范请日进万金,曦悦。匡范增算商贾数倍,未几,不能足,贷诸省务钱以足之,恐事觉,忧悸而卒,曦祭赠甚厚。诸省务以贷帖闻,曦大怒,斲棺断其尸弃水中,以黄绍颇代之。绍颇请令欲仕者输钱,以资望高下及户口多寡定其直,自百缗至千缗,从之。

应付敌寇,兵多了后勤运输难以为继。我军出战他们就退回,我军退回他们又来骚扰,我担心禁军士兵疲于奔命,镇州、定州两地无人存活。现在天下初步安定,百姓困苦不堪,静静地维护这种安定局面,还怕做不到,怎可再轻举妄动呢?契丹对我们国家恩义甚重,彼此都很重视信守誓约,他们没有出现让我们可乘之机,现在我们自己挑起事端,即使暂时取胜,后患也会加重,万一不能取胜,国家大事就全完了。议论的人把每年向契丹输送缯帛叫作耗蠹,对契丹卑恭谦逊叫作屈辱,殊不知战祸连年,国家财用就会匮乏,与耗蠹相比哪个更厉害呢?过分姑息迁就武将功臣,屈辱哪个更大呢?我希望陛下劝导农耕,训练军事,养兵蓄锐,与民休息,等到国家没有内忧,民众有了余力,再观察形势,采取行动,那时的行动必定会取得成功。再者,邺都富足强盛,是国家的屏障,现在它的主帅又入京朝见,军府无人主事。请陛下略加巡视,以杜绝奸谋。"后晋高祖对使者说:"朕这几天心情烦闷,犹豫不决,今天看见你们节帅的奏章,就像喝醉酒醒了一样。"

闽王王曦杀死他哥哥的儿子王继业。

闽王王曦用书信召泉州刺史王继业回朝,命他自杀,并在泉州杀死他的儿子。司徒杨沂丰与王继业亲善,被抓入狱并连同全族一起被诛灭。从此闽国的宗族勋旧相继被杀,人人不能自保,谏议大夫黄峻抬着棺材到朝堂极言劝谏,王曦说:"老东西疯病发作了。"把他贬为漳州司户。王曦荒淫奢侈没有节制,造成国家费用不足,就与国计使陈匡范商量办法,陈匡范请求每天进献万金,王曦很高兴。陈匡范向商贾增收数倍的税金,没多久便不够用了,就向各部门借钱来满足要求,陈匡范担心事情被发觉,忧惧而死,王曦对陈匡范的祭礼馈赠很丰厚。各部门把陈匡范借钱的文书上奏,王曦大怒,劈开棺材,斩断尸体,扔到水中,任用黄绍颇接任国计使。黄绍颇请求让想做官的人都自己交钱,根据资望高低和户口多少来确定价格,从百缗到千缗,王曦听从了这个建议。

秋七月,晋以刘知远为北京留守。

晋主忧安重荣跋扈,以知远为北京留守。知远微时为晋阳李氏赘婿,尝牧马,犯僧田,僧执而笞之。知远至,首召其僧,命之坐,慰谕赠遗,众心大悦。

吴越府署火。

吴越府署火,吴越王元瓘惊惧发狂疾。唐人劝唐主乘弊取之,唐主曰:"奈何利人之灾?"遣使唁之,且赒其乏。

闽王曦自称大闽皇。

曦自称大闽皇,领威武节度,与王延政治兵相攻,互有胜负。镇武判官潘承祐屡请息兵修好,延政不从。闽主使者至,延政对使者语悖慢,承祐长跪切谏,延政怒,顾左右曰:"判官之肉可食乎?"承祐不顾,声色愈厉。

八月,晋以杜重威为御营使。

冯道、李崧屡荐重威,以为御营使,代刘知远,知远由是恨二相。重威所至黩货,民多逃亡。尝出过市,谓左右曰:"人言我驱尽百姓,何市人之多也?"

晋主如邺都。

晋主至邺都,以诏谕安重荣曰:"吾因契丹得天下,尔因吾致富贵,吾不敢忘德,尔乃忘之,何邪?今吾以天下臣之,尔欲以一镇抗之,不亦难乎?宜审思之,无取后悔。"重荣得诏愈骄。闻山南东道节度使安从进有异志,阴遣使与之通谋。

吴越文穆王钱元瓘卒,子弘佐嗣。

秋七月，后晋任命刘知远为北京留守。

后晋高祖石敬瑭担忧安重荣专横跋扈，便任命刘知远为北京留守。刘知远微贱时曾是晋阳李氏的上门女婿，有次放马时，踩了僧人田地，僧人抓住他打了一顿。刘知远到了晋阳，首先把那个打他的僧人召来，请他坐下，安慰他后还赠送了东西，民众内心大为高兴。

吴越王府署失火。

吴越王府署失火，吴越王钱元瓘震惊恐惧，得了疯病。南唐人劝说南唐主李昪乘机夺取吴越，南唐主说："怎么能趁人家受灾时夺取好处呢？"便派遣使者去慰问他们，并且赈济他们所缺少的东西。

闽主王曦自称大闽皇。

王曦自称大闽皇，兼领威武节度使，与王延政整顿兵马相互攻击，各有胜负。镇武判官潘承祐多次请求停战和好，王延政不同意。闽主的使者来到，王延政对使者语言极其傲慢狂悖，潘承祐直身跪着恳切劝谏，王延政大怒，对身边的人说："判官的肉可以吃吗？"潘承祐毫不理会，声音和脸色更严厉。

八月，后晋任命杜重威为御营使。

冯道、李崧多次举荐杜重威，朝廷任用他为御营使，来替代刘知远，刘知远由此憎恨两位宰相。杜重威所到之处以贪财闻名，民众多有逃亡。有一次他路过街市，对身边的人说："有人说我把老百姓驱赶光了，为什么街市上还有这么多人呢？"

后晋高祖石敬瑭前往邺都。

后晋高祖到达邺都，用诏书谕示安重荣说："我因契丹而得到天下，你因我而得到富贵，我不敢忘记人家的恩德，你却忘记恩德，是什么原因呢？现在我用天下向契丹称臣，你却想用一镇之地对抗契丹，不是太难了？望你审慎思考，不要做后悔的事。"安重荣得到诏书后更加傲慢。听说山南东道节度使安从进有叛乱的意图，便暗中派使者与他互相勾结。

吴越文穆王钱元瓘去世，他的儿子钱弘佐继位。

元瓘寝疾，察内都监使章德安忠厚能断大事，属以后事，卒。内衙指挥使戴恽，元瓘养子弘侑乳母之亲也，或告恽谋立弘侑。德安秘不发丧，与诸将谋伏甲士于幕下。恽入府，执而杀之，废弘侑，复姓孙，幽之明州。将吏以元瓘遗命，承制以弘佐为节度使。弘佐温恭，好书礼士，躬勤政务，发摘奸伏，人不能欺。民有献嘉禾者，弘佐问仓吏："今蓄积几何？"对曰："十年。"王曰："然则军食足矣，可以宽吾民。"乃命复其境内税三年。

河决滑州。　冬十月，晋刘知远招纳吐谷浑白承福等徙之内地。

刘知远遣亲将郭威以诏指说吐谷浑酋长白承福，令去安重荣归朝廷。威曰："虏惟利是嗜，安铁胡止以袍裤赂之。今欲其来，莫若重赂，乃可致耳。"知远从之。且使谓承福曰："朝廷已割尔曹隶契丹，尔曹当自安部落，今乃南来助安重荣为逆，重荣已为天下所弃，朝夕败亡，尔曹宜早从化，勿俟临之以兵，南北无归，悔无及矣。"承福惧，帅众归知远。知远处之太原、岚、石之间，表领大同节度使，收其精骑以隶麾下。达靼、契苾亦不附安重荣，重荣势大沮。

闽王曦称帝。　十一月，晋山南东道节度使安从进举兵反。

晋主之发大梁也，和凝请曰："车驾已行，安从进必反。"请密留空名宣敕十数通，付留守郑王重贵，闻变则书诸

钱元瓘病重,他发现内都监使章德安为人忠厚,能决断大事,便把后事托付给他,然后去世。内衙指挥使戴恽,是钱元瓘养子钱弘佋乳母的亲戚,有人告发戴恽蓄谋拥立钱弘佋。章德安封锁钱元瓘去世的消息,与诸将谋划把甲兵埋伏于幕后。戴恽走进王府,将他抓起来杀掉,废钱弘佋为平民,恢复孙姓,幽禁在明州。将吏依据钱元瓘的遗命,秉承朝廷命令便宜行事,任命钱弘佐为节度使。钱弘佐性格温和谦恭,喜欢读书,礼贤下士,亲自勤勉地处理政务,发现隐伏的奸情,人们无法欺骗他。庶民中有人向朝廷进献嘉禾,钱弘佐便问管仓库的官吏:"现在蓄存的粮食有多少?"回答说:"能吃十年。"钱弘佐说:"这么说军粮很充足,可以减轻百姓负担。"于是下令境内农民三年免交税粮。

黄河在滑州决口。 冬十月,后晋刘知远招纳吐谷浑酋长白承福等迁徙到内地。

刘知远派亲近将领郭威用朝廷旨意劝说吐谷浑酋长白承福,让他脱离安重荣归属后晋朝廷。郭威说:"胡虏惟利是图,安重荣只是用袍裤贿赂他们。现在想把他们拉过来,没有比用贵重的东西贿赂他们更好的办法,那样才可能达到目的。"刘知远听从了这个建议。并且让使者对白承福说:"朝廷已经把你们划归契丹,你们应当安分地住在自己的部落,现在你们南来帮助安重荣的叛逆行为,安重荣已经被天下唾弃,早晚就会败亡,你们应该尽早顺从教化,不要等到重兵来到,你们南、北两方都无法回去时,再后悔就来不及了。"白承福很害怕,率领部众归附刘知远。刘知远把他们安置在太原及岚州、石州之间,上表请求任命白承福为大同节度使,收编他的精锐骑兵隶属于自己的部下。达靼、契苾也不服从安重荣,安重荣的势力大受损失。

闽王王曦称帝。 十一月,后晋山南东道节度使安从进举兵造反。

后晋高祖石敬瑭从大梁出发时,和凝请示说:"您的车驾已经出发,安从进必然趁机造反。"请求秘密留下空着名字的敕令十几份,交给留守郑王石重贵,如果听到有大的变故,就写上诸

将名遣击之,从之。十一月,从进举兵,重贵遣高行周、宋彦筠、张从恩讨之。从进攻邓州,节度使安审晖拒之。从进退至花山,遇张从恩兵,不意其至之速,合战大败,奔还襄州。

唐定田税。

唐主性节俭,常蹑蒲履,盥颒铁盎,暑则寝于青葛帷,左右使令惟老丑宫人,服饰粗略。死国事者虽士卒,皆给禄三年。分遣使者,按行民田,以肥瘠定其税,民间称其平允。自是江、淮调兵兴役及他赋敛,皆以税钱为率,至今用之。唐主勤于听政,以夜继昼,还自江都,不复宴乐,颇伤躁急。内侍王绍颜上书以为今春以来群臣获罪者众,中外疑惧。唐主手诏释其所以然,令绍颜告谕中外。

十二月,荆南、湖南会晋师讨襄州。 晋安重荣反,晋遣杜重威击败之。

安重荣闻安从进反,遂集境内饥民数万,南向邺都,声言入朝。晋主闻之,以杜重威为招讨使,马全节副之。重威与重荣遇于宗城西南,再击之,不动,惧欲退,指挥使王重胤曰:"兵家忌退。镇之精兵,尽在中军,请公分锐士击其左右翼,重胤为公以契丹直冲其中军,彼必狼狈。"重威从之。镇人稍却,官军乘之,镇人大溃。重荣走还,婴城自守,镇人战及冻死者二万余人。

汉主龚更名龑。

汉主龚寝疾,有胡僧谓龚名不利,龚乃自造"龑"字名之,义取"飞龙在天",读若俨。

将的名字，派他们去攻击安从进，后晋高祖听从了他的意见。十一月，安从进举兵造反，石重贵派高行周、宋彦筠、张从恩讨伐他。安从进进攻邓州，节度使安审晖奋力抵抗。安从进退到花山，遇上张从恩的军队，没想到他们来得这么快，经过交战，安从进大败，逃回襄州。

南唐制定田税制度。

南唐主李昪性格喜爱节俭，经常脚穿蒲草编的草鞋，洗手洗脸用铁盆，暑天就睡在用青葛做的蚊帐中，左右使唤的是又老又丑的宫人，服饰粗糙简单。为国事而死的人，即使是普通士兵，都发给三年俸禄。分派使者，按察民田，依据田地的肥沃与贫瘠制定税率，民间都称道公平合理。从此江、淮地区的调兵、兴役及其他赋税，都折合成钱征收，直到现在仍然采用这个办法。南唐主勤于处理政务，夜以继日，从江都巡视回来后，不再举行宴会和娱乐活动，处理事务颇有些急躁。内侍王绍颜上书认为，从今春以来群众获罪的比较多，朝廷内外都有些疑虑害怕。南唐主亲笔写诏书解释为什么会这样，让王绍颜宣示中外。

十二月，荆南、湖南会合后晋军队讨伐襄州。 **后晋安重荣造反，后晋派杜重威把他击败。**

安重荣听说安从进造反，便纠集境内几万饥民，南向邺都，声称要进京朝见。后晋高祖石敬瑭听到消息后，任命杜重威为招讨使，任用马全节为副手。杜重威与安重荣的军队在宗城西南相遇，杜重威两次攻击都攻不动，心里有些害怕，想要后退，指挥使王重胤说："兵家打仗最忌讳退兵。安重荣的精锐部队都在中军，请您分派精锐部队攻击他的左右两翼，我为您用契丹兵直攻他的中军，他必定会狼狈不堪。"杜重威听从了王重胤的建议。安重荣的镇州军队稍有退却，官军乘胜追击，镇州军队大溃。安重荣逃回镇州，据城自守，镇州军队战死、冻死的有两万多人。

南汉主刘龚改名为刘䶮。

南汉主刘龚病重卧床不起，有个胡僧说刘龚名字不吉利，刘龚于是就自己造了一个"䶮"字作名字，意思取"飞龙在天"，读音如俨。

壬寅（942） 晋天福七年。六月，晋主重贵立。汉主玢光天元年。是岁，凡五国三镇。

春正月，晋师入镇州，安重荣伏诛。

镇州牙将自西郭水碾门导官军入城，杀守陴民二万人，执安重荣斩之。杜重威杀导者，自以为功。晋主函重荣首送契丹。

晋以杜重威为顺国节度使。

晋改镇州成德军为恒州顺国军，以杜重威为节度使。重威表王瑜为副使，瑜为之重敛于民，恒人不胜其苦。

晋以王周为彰义节度使。

张式父铎诣阙讼冤，故以周代张彦泽。

唐以宋齐丘知尚书省，寻罢之。

齐丘固求豫政事，唐主听入中书。又求领尚书，乃以齐丘知尚书省事。数月，亲吏夏昌图盗官钱三千缗，齐丘判贷其死。唐主大怒，斩昌图，齐丘称疾请罢，从之。

晋以陈延晖为凉州节度使。

泾州奏遣押牙陈延晖持敕书诣凉州，州中将吏请以为节度使，从之。

夏四月，晋贬张彦泽为龙武大将军。

彦泽在泾州，擅发兵击诸胡，兵皆败没，调民马千余匹以补之。还至陕，获亡将杨洪，乘醉断其手足而斩之。王周奏彦泽在镇贪残不法二十六条，民散亡者五千余户。彦泽既至，晋主以其有军功，释不问。四月，谏议大夫郑受益上言：

壬寅（942） 后晋天福七年。六月，后晋出帝石重贵即位。南汉主刘玢光天元年。这一年，共五个国家、三个藩镇。

春正月，后晋官军进入镇州，安重荣被杀。

镇州牙将从西郭水碾门引导官军入城，杀死守城的民众两万人，抓住安重荣，将其斩杀。杜重威杀了引导入城的人，把入城当成自己的功劳。后晋高祖石敬瑭将安重荣的头用木匣装好送到契丹。

后晋任命杜重威为顺国节度使。

后晋改镇州成德军为恒州顺国军，任命杜重威为节度使。杜重威上表推荐王瑜为节度副使，王瑜为杜重威向民众征收重税，恒州人难以承受其苦。

后晋任命王周为彰义节度使。

张式的父亲张铎到朝廷申诉冤情，因此，朝廷用王周替代了张彦泽。

南唐任用宋齐丘主持尚书省事务，不久又罢免了他。

宋齐丘坚持要求参与处理国家政事，南唐主李昪允许他进入中书省。宋齐丘又要求统领尚书省，于是南唐主任用宋齐丘主持尚书省事务。几个月后，宋齐丘的亲信官吏夏昌图盗窃官钱三千缗，宋齐丘判处他可以免死。南唐主大怒，下令杀了夏昌图，宋齐丘声称有病，请求罢职，南唐主答应了他的请求。

后晋任命陈延晖为凉州节度使。

泾州奏请朝廷派遣押牙陈延晖携带朝廷敕书到凉州，州中将吏请求任命陈延晖为节度使，后晋朝廷听从了这个意见。

夏四月，后晋贬张彦泽为龙武大将军。

张彦泽在泾州时，擅自调出军队去攻打各部胡人，军队都战败覆没了，又调集民间的一千多匹马来补充。回到陕州时，抓获了逃亡的将领杨洪，乘喝醉酒时砍断了他的手足，然后杀掉。王周上奏张彦泽在藩镇时贪婪残暴不法罪状二十六条，民众失散流亡者五千余户。张彦泽到达朝廷后，后晋高祖石敬瑭因为他有军功，就赦免了他的罪，没有追究。四月，谏议大夫郑受益上奏说：

"杨洪所以被屠,由陛下去岁送张式与彦泽,使之遏志,致彦泽敢肆凶残,无所忌惮。见闻之人无不切齿,而陛下曾不动心,一无诘让。中外皆言陛下受彦泽所献马百匹,听其如是,窃为陛下惜此恶名,乞正彦泽罪法以湔洗圣德。"疏奏,留中。刑部郎中李涛等伏阁极论彦泽之罪,语甚切至。敕彦泽削一阶,降爵一级。涛复与两省及御史台官伏阁奏,请论如法。晋主召涛面谕之,涛端笏前迫殿陛论辩,声色俱厉。晋主怒,连叱之,涛不退。晋主曰:"朕已许彦泽不死。"涛曰:"陛下许彦泽不死,不可负,不知范延光铁券安在?"晋主拂衣起入禁中,既而有是命。

汉主龚殂,子玢立。

汉主龚寝疾,以其子秦王弘度、晋王弘熙皆骄恣,少子越王弘昌孝谨有智识,与右仆射王翷谋出弘度、弘熙而立弘昌。会崇文使萧益入问疾,以其事访之。益曰:"立嫡以长,违之必乱。"乃止。龚为人辩察,多权数,好自矜大,穷奢极丽,宫殿悉以金玉珠翠为饰。用刑惨酷,有灌鼻、割舌、支解、剔剔、炮炙、烹蒸之法。或聚毒蛇水中,以罪人投之,谓之"水狱"。杨洞潜谏不听,末年尤猜忌,以士人多为子孙计,故专任宦者,由是其国宦者大盛。及殂,弘度即位,更名玢,以弘熙辅政。

五月,唐以宋齐丘为镇南节度使。

"杨洪之所以被屠杀,是由于陛下去年把张式送交张彦泽处置,使他心志得逞,致使张彦泽敢于肆意做出凶残暴虐之举,而无所顾忌。看见或听说此事的人没有不咬牙切齿的,而陛下却毫不动心,不做任何追究和责难。朝廷内外的人都说陛下接受了张彦泽所献的一百匹马,才听任他这样做,我真惋惜陛下承受这样恶劣的名声,请陛下依法惩办张彦泽的罪行,来洗刷陛下的圣德美名。"疏上奏后,被留在宫中。刑部郎中李涛等跪伏在阁门下极力论说张彦泽的罪状,言语十分恳切感人。后晋高祖下敕令把张彦泽官秩削去一阶,爵位降低一级。李涛与两省及御史台官员再次伏阁奏言,请求依法论处。后晋高祖召李涛入殿当面向他解释,李涛捧着笏板迫近御殿台阶极力论辩,声音脸色都很严厉。后晋高祖大怒,连声喝叱他,李涛也不退让。后晋高祖说:"朕已答应张彦泽可以免死。"李涛说:"陛下答应张彦泽免死,固然不可以背信弃义,不知道当年赐给范延光的铁券现在在哪里呢?"后晋高祖拂衣起身进入宫中,不久才有这项命令。

南汉主刘龚去世,他的儿子刘玢继位。

南汉主刘龚病重卧床不起,因为他的儿子秦王刘弘度、晋王刘弘熙都骄横放纵,少子越王刘弘昌孝顺恭谨,有智慧有胆识,与右仆射王翷谋划调出刘弘度、刘弘熙而立刘弘昌为太子。适逢崇文使萧益入宫问候疾病,便以这件事访询萧益的意见。萧益说:"立太子应立嫡长子,违反这个原则必然导致混乱。"于是便停止下来。刘龚为人善于分辨是非,洞察秋毫,多有权谋,喜欢自我炫耀,追求奢侈华丽,宫殿都用黄金、美玉、珍珠、翡翠装饰。使用的刑罚极其惨烈严酷,有灌鼻、割舌、肢解、剐剔、炮炙、烹蒸等办法。或者把毒蛇聚养在水中,把犯罪的人投进去,称之为"水狱"。杨洞潜劝谏不听,到了晚年更加猜忌,认为士人大多都为子孙着想,所以专任宦官,由此南汉国中宦官大为兴盛。等到南汉高祖刘龚去世后,刘弘度继承帝位,改名刘玢,任用刘弘熙辅理朝政。

五月,南唐任命宋齐丘为镇南节度使。

齐丘既罢，不复朝谒。唐主遣寿王景遂劳问，许镇洪州，始入朝。唐主与之宴，酒酣，齐丘曰："陛下中兴，臣之力也，奈何忘之？"唐主怒曰："公以游客干朕，今为三公亦足矣。"齐丘曰："臣为游客时，陛下乃偏裨耳。"明日，唐主手诏谢之曰："朕之褊性，子嵩平昔所知。少相亲，老相怨，可乎？"乃以齐丘镇洪州。

六月，晋主敬瑭殂，兄子齐王重贵立。

契丹以晋招纳吐谷浑，遣使来让。晋主忧悒成疾。一旦，冯道独对，晋主命幼子重睿出拜之，又令宦者抱置道怀中，盖欲道辅立之。六月，晋主殂，道与侍卫马步都虞候景延广议，以国家多难，宜立长君，乃奉齐王重贵为嗣，是日即位。延广始用事，禁人偶语。初，高祖疾亟，有旨召刘知远入辅政，晋主重贵寝之，知远由是怨。

秋七月，闽富沙王延政攻汀州，不克，归败福州，兵于尤口。 晋以景延广为侍卫都指挥使。 汉循州盗张遇贤起，讨之不克。

有神降于博罗县民家，县吏张遇贤事之甚谨。时循州盗贼群起，莫相统一，共祷于神，神大言曰："张遇贤当为汝主。"于是群帅共奉遇贤称王改元，攻掠海隅。遇贤年少，无他方略，诸将但告进退而已。汉主遣越王弘昌、循王弘杲讨之，战不利，为贼所围。指挥使陈道庠等力战救之，得免。东方州县多为遇贤所陷。

宋齐丘被罢职后，不再上朝谒见。南唐主李昪派寿王李景遂去慰问他，并许诺让他镇守洪州，宋齐丘才入朝谒见。南唐主与宋齐丘一起吃饭，当酒喝得正高兴时，宋齐丘说："陛下完成中兴大业，是我鼎力支持的结果，怎么现在把我忘了？"南唐主愤怒地说："您以游士的身份来找我，现在位至三公也应该满足了。"宋齐丘说："我做游士时，陛下只是个偏将而已。"第二天，南唐主亲手写诏书向宋齐丘道歉说："朕的性格偏狭，你向来是知道的。我们年轻时相亲相爱，老来互相怨恨，这怎么可以呢？"于是任用宋齐丘镇守洪州。

六月，后晋高祖石敬瑭去世，他哥哥的儿子齐王石重贵继位。

契丹以后晋招纳吐谷浑为由，派使者来责问。后晋高祖石敬瑭心情忧郁以致生病。一天早晨，后晋高祖召冯道单独谈话，命令幼子石重睿出来拜见冯道，又让宦官抱着石重睿放置到冯道怀中，想让冯道辅立他为幼主。六月，后晋高祖去世，冯道与侍卫马步都虞候景延广商议，认为现在国家正处于多难时期，应该立年长的国君，于是便拥立齐王石重贵为继承人，当天便即帝位。景延广开始当权，禁止人们在一起议论时政。当初，后晋高祖病重时，有旨召刘知远入朝辅政，后晋主石重贵把旨意扣压不发，刘知远由此怨恨石重贵。

秋七月，闽国富沙王王延政攻打汀州，没有攻下来，败归福州，驻扎在尤口。　后晋任命景延广为侍卫都指挥使。　南汉循州张遇贤起兵造反，南汉出兵讨伐，没有打败张遇贤。

有个神仙降临到博罗县一个农民家中，县吏张遇贤事奉他极为恭谨。当时循州一带盗贼群起，互相之间不能统一，乱贼都向神仙祷告，神仙大声说："张遇贤应当成为你们的君主。"于是群贼共同推举张遇贤为王，并改年号，攻打抢掠沿海一带。张遇贤年纪较轻，没有什么别的方略，诸将只是向他报告何时进军何时撤退而已。南汉主刘玢派越王刘弘昌、循王刘弘杲讨伐张遇贤，作战失利，被贼兵所包围。指挥使陈道庠等力战解救他们，才得以脱险。南汉境内东边的州县多被张遇贤攻陷。

八月,晋讨襄州,拔之,安从进伏诛。

高行周围襄州,逾年不下。奉国军都虞候王清曰:"贼城已危,我师已老,民力已困,不早逼之,尚何俟乎?"与指挥使刘词帅众先登,拔之。从进举族自焚。

闽主曦杀其从子继柔。

曦宴群臣于九龙殿,从子继柔不能饮,强之。继柔私减其酒,曦怒,并客将斩之。

唐行《升元条》。

唐主自为吴相,兴利除害,变更旧法甚多。及即位,命法官删定为《升元条》三十卷,行之。

闽以余廷英同平章事。

曦以同平章事余廷英为泉州刺史,廷英掠人女子,事觉,曦以属吏,廷英献买宴钱万缗,曦悦。明日召见,谓曰:"宴已买矣,皇后贡物安在?"廷英复献钱于李后,乃遣归泉州,自是诸州皆别贡皇后物。未几,复召廷英为相。

冬十月,楚王希范作天策府。

希范作天策府,极栋宇之盛,户牖栏槛皆饰以金玉。

十一月,晋复行官卖盐法。

先是,河南、北诸州官自卖海盐,岁收缗钱十七万。又散蚕盐敛民钱。言事者称民坐私贩盐,抵罪者众,不若听民自贩,而岁以官所卖钱直敛于民,谓之"食盐钱",高祖从之。俄而盐价顿贱,每斤至十钱。至是,三司使董遇欲增求羡利,而难于骤变前法,乃重征盐商,过者七钱,留

八月，后晋讨伐襄州，攻破城池，安从进自杀。

高行周围攻襄州，一年多没有攻下。奉国军都虞候王清说："贼城已经危险，我军将士已经疲乏，国内民力已经困乏，不早点逼迫他们投降，还等到何时？"与指挥使刘词帅兵率先登上城墙，攻破城池。安从进全族自焚而死。

闽主王曦杀死他的侄子王继柔。

王曦在九龙殿宴请群臣，他的侄子王继柔不能饮酒，就强迫他喝。王继柔暗自减少了些酒，王曦大怒，把他连同客将一起杀死。

南唐颁布施行《升元条》。

南唐主李昪自从当吴国宰相以来，兴利除害，变更了很多旧的法规。等他即帝位后，命令法官删定为《升元条》三十卷，颁布施行。

闽国任命余廷英为同平章事。

王曦任命同平章事余廷英为泉州刺史，余廷英掠夺别人家的女子，案发后，王曦责成有关部门处理，余廷英向闽主进献买宴钱万缗，王曦很高兴。第二天王曦就召见他，对他说："宴已经买了，给皇后的贡物在哪里？"余廷英又献钱给李皇后，于是便派他回泉州，从此各州都另外向皇后献贡物。没过多久，又召见余廷英，任命他为宰相。

冬十月，楚王马希范建造天策府。

马希范建造天策府，楼宇宏伟到极点，门窗栏槛都用黄金宝玉装饰。

十一月，后晋又恢复施行海盐官卖制度。

此前，黄河南、北各州官府私自贩卖海盐，每年收入十七万缗钱。又散派养蚕用盐来搜刮民钱。奏事的人说，民众因为私自贩卖海盐而犯法判罪的人很多，不如听任民众自行贩卖，而把每年官府所卖的钱数直接向民众征收，称之为"食盐钱"，后晋高祖石敬瑭听从了这个意见。不久盐价突然下降，每斤只卖十个钱。到这时，三司使董遇想增加超额税收，而难于突然改变以前的法制，便加重向盐商征税，路过的盐每斤征收七钱的税，留下来

卖者十钱。由是盐商殆绝，而官复自卖，其食盐钱至今敛之如故。

十二月，闽以李仁遇同平章事。

仁遇，闽主曦之甥也，年少美姿容，得幸于曦，以为左仆射，与吏部侍郎李光准并同平章事。曦荒淫无度，尝夜宴，光准醉忤旨，命斩之。吏不敢杀，系狱中。明日视朝，召复其位。他日又宴，侍臣皆以醉去，独翰林学士周维岳在。曦曰："维岳身甚小，何饮酒之多？"左右曰："酒有别肠，不必长大。"曦欣然命捽维岳下殿，欲剖视其酒肠。或曰："杀维岳，无人复能侍陛下剧饮者。"乃舍之。

癸卯（943）　晋天福八年。南唐元宗璟保大元年，殷主王延政天德元年，南汉主晟乾和元年。是岁，并殷凡六国三镇。

春二月，晋主还东京。

晋主之初即位也，大臣议奉表称臣告哀于契丹，景延广请致书称孙而不称臣，李崧曰："陛下如此，他日必躬擐甲胄与契丹战，于时悔无益矣。"延广固争，冯道依违其间，晋主卒从延广议。契丹大怒，遣使来责让，延广复以不逊语答之。契丹卢龙节度使赵延寿欲代晋帝中国，屡说契丹击晋，契丹主颇然之。晋主闻契丹将入寇，还东京，然犹与契丹问遗相往来，无虚月。

唐主昪殂。

唐宣城王景达刚毅开爽，唐主爱之，屡欲以为嗣，宋齐丘亟称其才，唐主以璟年长而止。尝如璟宫，遇璟亲调乐器，

自卖的每斤征收十钱的税。因此，盐商私贩的现象几乎绝迹，官府又开始自己贩卖海盐，食盐钱到现在还照征不误。

十二月，闽国任命李仁遇为同平章事。

李仁遇是闽主王曦的外甥，年轻貌美，甚得王曦宠爱，任用他为左仆射，与吏部侍郎李光准并授同平章事。王曦荒淫无度，有一次夜宴时，李光准喝醉酒违背了王曦的旨意，便命人把他杀掉。官吏不敢杀他，便将其关进监狱。第二天王曦上朝，又召见他恢复其官位。有一天又举行宴会，侍臣都喝醉酒走了，只有翰林学士周维岳还在。王曦说："周维岳身材矮小，为什么能喝那么多酒？"左右的人说："会喝酒的人有特别的肠子，不必长得高大。"王曦欣然命人把周维岳揪下宫殿，想剖开周维岳的肚子看看他的酒肠。有人说："杀死周维岳，就没有人再能陪伴陛下痛快饮酒了。"于是便释放了他。

癸卯（943）　后晋天福八年。南唐元宗李璟保大元年，殷主王延政天德元年，南汉主刘晟乾和元年。这一年，算上殷国，共六个国家、三个藩镇。

春二月，后晋出帝石重贵回到东京。

后晋出帝刚即帝位时，大臣们商议向契丹上表称臣报告先帝去世的噩耗，景延广请求文书中称孙而不称臣，李崧说："陛下这样做，他日必然会亲自身披甲胄同契丹打仗，到那时后悔就没有用了。"景延广极力争辩，冯道在中间含糊其辞，后晋出帝最后听从了景延广的意见。契丹主耶律德光接信后大怒，派使者来责问，景延广又用不恭敬的话语答复使者。契丹卢龙节度使赵延寿想替代晋主在中原做皇帝，多次劝契丹攻击后晋，契丹主认为他说得很对。后晋出帝听说契丹将要入侵，便回到东京，但还同契丹互派使者不断往来，没有一个月间断过。

南唐主李昪去世。

南唐宣城王李景达性格刚毅开朗，南唐主很喜欢他，多次想立他为继承人，宋齐丘竭力称赞他的才干，南唐主因为李璟年长而放弃。有一次，南唐主到李璟宫中，碰上李璟正亲手调弄乐器，

大怒数日。幼子景逷，母种氏有宠，乘间言景逷可为嗣，唐主怒曰："子有过，父训之，常事也。国家大事，女子何得预知？"即命嫁之。方士献丹饵之，浸成躁急。群臣奏事，往往暴怒。然有论辩中理者，亦敛容谢之。问道士王栖霞："何道可致太平？"对曰："王者治心治身，乃治家国。今陛下尚未能去饥嗔饱喜，何论太平？"凡所赐予，皆不受。

　　驾部郎中冯延巳为齐王掌书记，性倾巧，与宋齐丘及陈觉相结，尝戏谓中书侍郎孙晟曰："公有何能？"晟曰："晟山东鄙儒，文章不如公，诙谐不如公，诡诈不如公。然主上使公与齐王游处，盖欲以仁义辅导之也，岂但为声色狗马之友邪？晟诚无能，如公之能，适足为国家之祸耳。"又有魏岑者，亦在齐府。给事中常梦锡屡言觉、延巳、岑皆佞邪小人，不宜侍东宫。司门郎中萧俨亦表觉奸回乱政，唐主颇寤，未及去。会疽发背，疾亟，太医吴廷裕遣亲信召齐王璟入侍疾。唐主谓曰："吾饵金石，始欲益寿，乃更伤生，汝宜戒之。"是夕殂，秘不发丧，下制以齐王监国。

　　孙晟恐冯延巳等用事，欲称遗诏令太后临朝称制，翰林学士李贻业曰："先帝尝云：'妇人预政，乱之本也。'安肯自为厉阶？此必近习奸人之诈也。且嗣君春秋已长，

大为恼怒了好几天。最小的儿子李景逷，母亲种氏很受南唐主的宠爱，借机说李景逷可以继承帝位，南唐主发怒说："儿子有过错，父亲教训他，这是很正常的事情。国家的大政谋略，女人怎么能参与过问？"便立即下令把种氏嫁出去了。有个方士进献仙丹给南唐主吃，使南唐主慢慢形成急躁的毛病。群臣向他奏报事情，往往大发脾气。然而碰到在论辩中讲得有道理的人，他也会庄重地表示歉意。南唐主问道士王栖霞说："用什么办法可以达到天下太平？"王栖霞回答说："做君王的首先要治心治身，然后才能治理好家国。现在陛下还不能去掉饿了就生气、饱了就高兴的毛病，怎么能谈论天下太平？"凡是南唐主所赐予的东西，王栖霞都不接受。

驾部郎中冯延巳为齐王掌书记，本性善于投机取巧，与宋齐丘及陈觉相互勾结，曾戏笑着对中书侍郎孙晟说："您有什么能耐？"孙晟说："我不过是山东一个鄙陋儒生，写文章不如您，谈吐诙谐不如您，谄媚狡诈不如您。然而主上让您与齐王一同游玩居住，是想请您用仁义辅导齐王，难道是让你们仅仅成为一起玩弄声色狗马的朋友吗？我诚然没有什么能耐，如果像您这样的能耐，恰好足以给国家造成祸患。"又有个名叫魏岑的人，也在齐王府中。给事中常梦锡多次上奏说陈觉、冯延巳、魏岑都是奸邪小人，不应该让他们在东宫侍奉太子。司门郎中萧俨也上表控诉陈觉奸邪乱政，南唐主很有些察觉，但没有来得及除去他们。适逢南唐主背上长了个毒疮，病情恶化，太医吴廷裕派亲信把齐王李璟召入宫中侍奉南唐主治病。南唐主对李璟说："我服用金石丹药，本来想延年益寿，结果反而更加伤害身体，你应该警惕戒备这件事。"这天晚上，南唐主便去世了，朝廷封锁丧事消息不予宣布，同时下达制令让齐王李璟监国。

孙晟担心冯延巳等把持朝政，想宣称先帝遗诏让太后临朝代行天子号令，翰林学士李贻业说："先帝曾经说过：'妇人干预朝政，是混乱的根源。'怎么会自己先开这个坏头？这必定是受宠爱亲近的奸人搞的欺诈行为。况且继嗣之君已经长大成人，

明德著闻，公何得遽为亡国之言？若果宣行，吾必对百官毁之。"晟乃止。陈觉以烈祖末年卞急，近臣多罹谴罚，称疾累月，及宣遗诏乃出。萧俨劾之，齐王不许。

自烈祖相吴，禁压良为贱，令买奴婢者通官作券。冯延巳及弟延鲁俱在元帅府，欲自买妾，乃草遗诏，听民卖男女。萧俨驳曰："此必延巳等所为，非大行之命也。昔延鲁为东都判官，已有此请。先帝访臣，臣对曰：'陛下昔为吴相，民有鬻男女者，为出府金赎而归之，故远近归心。今即位而反之，可乎？'先帝斜封延鲁章，抹三笔，持入宫，今必尚在。"齐王求果得之，然以遗诏已行，不之改。

闽富沙王延政称帝于建州，国号殷。

延政称帝，以潘承祐为吏部尚书，杨思恭为兵部尚书，同平章事。国小民贫，军旅不息，思恭以善聚敛得幸，增田亩山泽之税，至于鱼盐蔬果无不倍征，国人谓之"杨剥皮"。

晋以桑维翰为侍中。　　唐主璟立。

唐元宗即位，大赦，改元保大。秘书郎韩熙载请俟逾年改元，不从。唐主未听政，时冯延巳屡入白事，一日至数四，唐主曰："书记有常职，今何烦也？"唐主为人谦谨，不名大臣，数延公卿论政体，李建勋谓人曰："主上宽仁大度，优于先帝，但性习未定，苟旁无正人，恐不能守先帝之业耳。"初，唐主为齐王，知政事，每有过失，常梦锡常直言规正，

品德和声望都很显著，您为什么突然讲这种亡国的话呢？如果真要宣布施行，我一定在百官面前加以抨击。"孙晟才停止了这种做法。陈觉因为南唐烈祖李昇晚年脾气暴躁，亲近大臣大多遭受谴责和惩罚，便一连几个月称病不出，等到宣布遗诏后才出来。萧俨为此弹劾他，齐王李璟没有准许。

自从南唐烈祖在吴国任宰相，便禁止逼迫良民作奴婢，命令买奴婢的人通过官府立下字据。冯延巳和他弟弟冯延鲁都在元帅府任职，想私自买妾使用，于是便草拟烈祖遗诏，听由民众出卖儿女。萧俨驳斥说："这事必定是冯延巳等人干的，并不是大行皇帝的命令。从前冯延鲁做东都判官时，已经有过这样的请求。当时先帝曾访询过我，我回答说：'陛下从前做吴国宰相时，民众有卖儿女者，您拿出府库中的金钱帮忙把人赎出来，归还给他们的父母，所以不论远近的民众都归心于您。现在您即位做皇帝，反而施行相反的做法，可以吗？'先帝斜封了冯延鲁的奏章，抹了三笔，拿进宫内，现在必然还在宫内。"齐王索求果然得到这个奏章，然而因为烈祖的遗诏已经施行，没有再做更改。

闽国富沙王王延政在建州称帝，国号殷。

王延政称帝，任命潘承祐为吏部尚书，任命杨思恭为兵部尚书，同平章事。殷国国家小，人民贫穷，战事不断，杨思恭以善于聚敛民财而深得君主宠幸，增加田亩山泽的赋税，至于鱼盐蔬果之类，没有不加倍征收赋税的，殷国人都称他为"杨剥皮"。

后晋任命桑维翰为侍中。　南唐主李璟即位。

南唐元宗李璟即位，实行大赦，改年号为保大。秘书郎韩熙载请求等过了年再改年号，南唐主没同意。南唐主还没有坐朝听政，当时冯延巳已多次入朝言事，一天好几次，南唐主说："书记有常规职责，现在为什么这么频繁呢？"南唐主为人谦虚恭谨，不直呼大臣名字，多次召集公卿议论国家大计，李建勋对人说："主上宽仁大度，比先帝要好，但他习性尚未定型，如果身边没有正直的人辅佐，恐怕不能守住先帝的基业。"当初，李璟还是齐王时，处理国家政事，每当有过失时，常梦锡常直言规劝纠正，

始虽忿懥，终以谅直多之。及即位，许以为翰林学士，齐丘之党疾之，坐封驳制书，贬池州判官。池州多迁客，节度使王彦俦防制过甚，几不聊生，惟事梦锡如在朝廷。宋齐丘待陈觉素厚，唐主亦以为才，委任之。冯延巳、延鲁、魏岑皆依附觉，与查文徽更相汲引，侵蠹政事，唐人谓为"五鬼"。延鲁自员外郎迁中书舍人，江州观察使杜昌业闻之，叹曰："国家所以驱驾群臣，在官爵而已。若一言称旨，遽跻通显，后有立功者，何以赏之？"未几，岑及文徽皆为枢密副使，会觉遭母丧，岑即暴扬觉过恶，摈斥之。

汉晋王弘熙弑其主玢而自立，更名晟。

汉主玢骄奢，不亲政事，居丧无礼，左右忤意辄死，无敢谏者。惟越王弘昌及内常侍吴怀恩屡谏，不听。常猜忌诸弟，晋王弘熙欲图之，乃盛饰声妓，娱悦其意，以成其恶。玢好手搏，弘熙令指挥使陈道庠引力士刘思潮等五人习手搏。汉主与诸王宴而观之，至夕大醉，弘熙使道庠、思潮等掖汉主，因拉杀之。弘熙即位，更名晟，以弘昌为太尉，道庠等皆受赏赐甚厚。

闽主曦立尚氏为贤妃。

妃有殊色，曦嬖之。醉中，妃所欲杀则杀之，所欲宥则宥之。

夏四月朔，日食。　五月，殷削其平章事潘承祐官爵。

尽管开始心里不痛快，但是最后总能因他的忠信正直而赞许他。等到李璟即帝位后，答应任用常梦锡为翰林学士，宋齐丘的党羽憎恨他，使他因封驳皇帝制书获罪，贬为池州判官。池州有很多被贬的官吏，节度使王彦俦防备控制他们很严厉，几乎不能维持生活，惟独事奉常梦锡就像他在朝廷一样。宋齐丘素来对陈觉很好，南唐主也认为他很有才能，便任用他。冯延巳、冯延鲁、魏岑都依附于陈觉，他们与查文徽互相引荐提携，破坏国家政事，南唐人把他们称作"五鬼"。冯延鲁从员外郎迁升为中书舍人，江州观察使杜昌业听说这事后，感叹地说："国家用来驾驭群臣的工具，就是官职爵位而已。如果说一句话合了君主的心意，便马上把他提拔到通达显要的地位，以后再有为国家立功的人，拿什么来奖赏他们呢？"没过多久，魏岑和查文徽都被提拔为枢密副使，适逢陈觉赶上母亲去世，魏岑立即揭发宣扬陈觉的过失和恶行，把他排挤掉。

南汉晋王刘弘熙杀掉其主刘玢而自立为帝，改名为刘晟。

南汉主刘玢骄奢淫逸，不亲自处理政事，服丧期间不守礼法，左右的人一旦违逆他的心意就处死，所以没有人敢向他进谏。只有越王刘弘昌和内常侍吴怀恩多次劝谏，但刘玢也不采纳。刘玢经常猜忌他的几个弟弟，晋王刘弘熙想谋杀刘玢，便盛妆打扮声妓，博取刘玢的欢心，以促使他更加作恶。刘玢爱好手搏，刘弘熙便命令指挥使陈道庠介绍武士刘思潮等五人练习手搏。刘玢和诸王欢宴观赏手搏，到夜晚时刘玢喝得大醉，刘弘熙指使陈道庠、刘思潮等人挟着刘玢，趁机拉伤杀害了他。刘弘熙即位，改名为刘晟，任命刘弘昌为太尉，陈道庠等人都受到很丰厚的赏赐。

闽主王曦立尚氏女为贤妃。

尚妃长得特别出色，王曦很宠爱她。王曦喝醉酒时，尚妃所要杀的人，王曦就杀，所要宽恕的人，王曦就宽恕。

夏四月初一，出现日食。　　**五月**，殷国削去平章事潘承祐的官爵。

承祐上书陈十事,大指言:"兄弟相攻,逆伤天理,一也。赋敛繁重,力役无节,二也。发民为兵,羁旅愁怨,三也。杨思恭夺人衣食,使归怨于上,四也。疆土狭隘,多置州县,增吏困民,五也。除道裹粮,将攻临汀,曾不忧金陵、钱塘乘虚相袭,六也。括高赀户,财多者补官,逋负者被刑,七也。延平诸津征果菜鱼米,获利至微,敛怨甚大,八也。与唐、吴越为邻,即位以来,未尝通使,九也。宫室台榭,崇饰无度,十也。"殷主延政大怒,削承祐官爵,勒归私第。

汉主晟杀其弟弘杲。

汉主晟既立,国中议论讻讻。循王弘杲请斩刘思潮等以谢中外,不从。思潮等闻之,谮弘杲谋反,汉主令思潮等伺之。思潮斩弘杲,于是汉主谋尽诛诸弟。以越王弘昌贤而得众,尤忌之。

闽主曦杀其校书郎陈光逸。

光逸上书陈曦大恶五十事,曦怒,杀之。

秋七月,晋遣使括民谷。

诏以年饥国用不足,分遣使者六十余人,于诸道括民谷。

吴越贬其都监使章德安于处州。

吴越王弘佐初立,上统军使阚璠强戾,排斥异己,弘佐不能制。章德安数与之争,右都监使李文庆亦不附璠,璠贬德安、文庆于外,与右统军使胡进思益专横。

唐主立其弟景遂为齐王,景达为燕王。

潘承祐上书陈奏十件事,大体意思是说:"兄弟之间互相攻杀,违背伤害天理,这是第一件事。赋税征敛繁重,抽调劳役没有节制,这是第二件事。征发民众服兵役,士兵长年奔波,内心充满愁怨,这是第三件事。杨思恭掠夺人民衣食,让民众的怨恨归于主上,这是第四件事。国家疆土狭小,过多设置州县,增加官吏,困扰民众,这是第五件事。修道运粮,准备攻打汀州,却不忧虑金陵、钱塘会乘机袭击,这是第六件事。搜刮有钱的人家,拿钱财多的补任官爵,欠钱财的被判刑罚,这是第七件事。在延平诸河道流域征收果、菜、鱼、米等税,获利极少,招致百姓的怨恨很大,这是第八件事。与南唐、吴越相邻,君主即位后一直没有互通使者,这是第九件事。宫室台榭,装饰豪华,没有节制,这是第十件事。"殷主王延政看后大怒,削去潘承祐的官职爵位,勒令他返回私宅。

南汉主刘晟杀死他的弟弟刘弘杲。

南汉主刘晟登基称帝后,国内上下议论纷纷。循王刘弘杲请求杀掉刘思潮等人,以向朝廷内外谢罪,南汉主没有听从。刘思潮等人听说后,诬告刘弘杲谋反,南汉主命令刘思潮等人暗中监视他。刘思潮杀了刘弘杲,于是南汉主又谋划把几个弟弟全都杀了。因为越王刘弘昌贤能且又得人心,尤为猜忌他。

闽主王曦杀死其校书郎陈光逸。

陈光逸上书陈述王曦大恶五十件事,王曦大怒,把他杀了。

秋七月,后晋派使臣到民间搜刮谷物。

后晋出帝石重贵下诏书,以年景饥荒,国家财用不足,分别派使臣六十多人,到各道搜刮民间谷物。

吴越把都监使章德安贬到处州。

吴越王钱弘佐刚继位,上统军使阚璠强横霸道,排斥异己,钱弘佐不能控制他。章德安多次与他发生争执,右都监使李文庆也不依附于阚璠,阚璠把章德安、李文庆贬到外地,与右统军使胡进思一起,更加专横。

南唐主李璟任命他的弟弟李景遂为齐王,李景达为燕王。

　　唐主缘烈祖意,以景遂为诸道兵马元帅,徙封齐王,居东宫;景达为副元帅,徙封燕王。宣告中外,约以传位。景遂、景达固辞,不许。景遂自誓必不敢为嗣,更其字曰"退身"。又立景逿为保宁王。宋太后怨种夫人,屡欲害景逿,唐主力保全之。

九月,晋主尊其母安氏为太妃。

　　晋主事太后、太妃甚谨,多侍食于其宫,待诸弟亦友爱。

晋执契丹回图使乔荣,既而归之。

　　初,河阳牙将乔荣从赵延寿入契丹,契丹以为回图使,往来贩易于晋,置邸大梁。至是,景延广说晋主囚荣于狱,凡契丹贩易在晋境者皆杀之,夺其货。大臣皆言契丹不可负,乃释荣,慰赐而归之。荣辞延广,延广大言曰:"归语而主,先帝为北朝所立,故称臣奉表。今上乃中国所立,所以降志于北朝者,正以不敢忘先帝盟约故耳。为邻称孙足矣,无称臣之理。翁怒则来战,孙有十万横磨剑,足以相待。他日为孙所败,取笑天下,毋悔也。"荣欲为异时据验,乃曰:"公所言颇多,惧有遗忘,愿记之纸墨。"延广命吏书其语以授之,荣具以白契丹主,契丹主大怒,入寇之志始决。晋使如契丹者皆縶之。桑维翰屡请逊辞以谢契丹,每为延广所沮。晋主以延广为有定策功,故宠冠群臣。又总宿卫兵,故大臣莫能与之争。河东节度使刘知远知延广必致寇

南唐主李璟遵照南唐烈祖李昪的旨意,任命李景遂为诸道兵马元帅,改封为齐王,居住在东宫;任命李景达为副元帅,改封为燕王。宣告朝廷内外,约定以后传位给他们。李景遂、李景达坚决推辞,没有答应。李景遂自己发誓,一定不敢做继承人,把自己的名字改为"退身"。又封李景逿为保宁王。宋太后怨恨种夫人,多次想加害李景逿,南唐主竭力保全他。

九月,后晋出帝石重贵尊奉他母亲安氏为皇太妃。

后晋出帝侍奉太后、太妃很恭谨,经常在宫中侍候她们吃饭,对待几个弟弟也很友爱。

后晋抓捕了契丹回图使乔荣,后来又放他返回契丹。

当初,河阳牙将乔荣跟随赵延寿投奔契丹,契丹委任他为回图使,让他往返于后晋和契丹之间搞贩卖贸易,在后晋京都大梁设置了官邸。到这时,景延广说服后晋出帝把乔荣囚禁在狱中,凡是在后晋境内搞贩卖贸易的契丹人都杀掉,并抢夺了他们的财货。大臣们都说对契丹不可辜负,于是释放了乔荣,并对他进行慰问赏赐,让他回到契丹。乔荣向景延广告辞,景延广对他夸口说:"回去后告诉你们的君主,先帝是北朝所立,所以向北朝称臣上表。现在的君主是中原自己所立,之所以还向北朝降低身段,正是因为不敢忘记先帝与北朝签订过盟约的缘故。作为邻邦自称为孙已经足够了,没有再向北朝称臣的道理。如果祖翁发怒了就出兵来战,孙儿有十万磨过的利剑,足以用来应战。如果有一天被孙儿打败,被天下人所取笑,就不要后悔了。"乔荣想为今后取得证据,便说:"您所说的内容这么多,我怕有些被遗忘,希望能用纸墨记录下来。"景延广命令官吏记下他的话交给乔荣,乔荣把这些话详细告诉了契丹主耶律德光,契丹主大怒,才下决心进犯中原。后晋使臣去往契丹的都被抓了起来。桑维翰多次请求用谦逊的话向契丹谢罪,每次都被景延广阻拦。后晋出帝因为景延广有辅佐他继位的功劳,所以对他最为宠信。景延广又总管宫廷卫兵,所以朝中大臣没有人能与他争论。河东节度使刘知远知道景延广这样一定会招致契丹军队的入侵,

而不敢言,但益募兵,增置十余军以备契丹。

冬十月,**晋主立其叔母冯氏为后。**

初,高祖爱少弟重胤,养以为子,取冯濛女为其妇。重胤早卒,冯夫人寡居,有美色。晋主初立,纳之,群臣皆贺。因与夫人酺饮,过梓宫前,醮而告曰:"皇太后之命,与先帝不任大庆。"左右失笑,晋主亦自笑,顾谓左右曰:"我今日作新婿何如?"夫人与左右皆大笑。太后虽恚,而无如之何。至是,立以为后,颇预政事,兄玉时为盐铁判官,擢为端明殿学士,与议政事。

张遇贤侵唐境,唐遣兵擒斩之。

遇贤为汉所败,告于神,神曰:"取虔州则大事可成。"遇贤遂趣虔州。唐主遣洪州都虞候严恩将兵讨之,以通事舍人边镐为监军,镐用虔州人白昌裕为谋主,击遇贤,屡破之。遇贤祷于神,神不复言,其徒大惧。昌裕劝镐伐木开道,出其营后袭之,其下执遇贤以降,斩于金陵市。

十二月,晋杨光远诱契丹入寇。

初,高祖以马三百借平卢节度使杨光远,景延广以诏命取之,光远怒,密召其子单州刺史承祚,承祚称母疾,夜开门奔青州。晋主遣内班赐光远玉带、御马、金帛,以安其意。遣步军指挥使郭谨、领军卫将军蔡行遇将兵戍郓州。光远遣骑兵入淄州,劫刺史翟进宗以归,密告契丹,以晋境大饥,乘此攻之,一举可取。赵延寿亦劝之,契丹主乃集

但也不敢说话，只能增加招募士兵，增设十多个军的部队，以防备契丹。

冬十月，后晋出帝石重贵册封他的叔母冯氏为皇后。

当初，后晋高祖石敬瑭喜爱小弟石重胤，把他当作儿子养起来，后娶冯濛的女儿作为石重胤的媳妇。石重胤早死，冯夫人守寡，长得很漂亮。后晋出帝刚继位，便把冯夫人娶过来，群臣都来朝贺。后晋出帝与冯夫人尽兴畅饮，路过后晋高祖的灵柩前面，便祭奠祷告说："奉皇太后之命，我与先帝不受大庆。"左右的人不禁失笑，后晋出帝自己也笑起来，回头对左右的人说："我今天作新女婿怎么样?"冯夫人和左右的人都大笑起来。皇太后尽管心里怨恨，但也没有办法。到这时，后晋出帝把冯夫人立为皇后，经常参与政事，哥哥冯玉当时任盐铁判官，被提拔为端明殿学士，常同他商议政事。

张遇贤入侵南唐辖境，南唐派军队把他捉住杀死。

张遇贤被南汉打败，便向神主祷告，神主说："夺取虔州就可以成就大事。"张遇贤随即赶往虔州。南唐主李璟派洪州都虞候严恩率兵讨伐，任命通事舍人边镐为监军，边镐用虔州人白昌裕为主要谋士，进攻张遇贤，多次打败他。张遇贤又向神主祷告，神主不再说话，他的手下大为恐惧。白昌裕劝说边镐砍伐树木开辟道路，绕到张遇贤军营后面去袭击他，张遇贤的下属抓住他来投降，在金陵街市上将他斩首。

十二月，后晋杨光远引诱契丹入侵。

当初，后晋高祖石敬瑭把三百匹马借给平卢节度使杨光远，景延广用诏令向杨光远索取，杨光远发怒，暗中去召他的儿子单州刺史杨承祚，杨承祚谎称母亲有病，夜间打开城门逃奔青州。后晋出帝石重贵派遣内班使者，赏赐杨光远玉带、御马和金帛，用来安慰他的心意。后晋派遣步军指挥使郭谨、领军卫将军蔡行遇率兵守卫郓州。杨光远派遣骑兵攻入淄州，劫持刺史翟进宗带回青州，并暗中密告契丹，说后晋境内发生大的饥荒，乘此机会攻打后晋，一举可以攻占。赵延寿也劝说契丹主征伐后晋，契丹主便调集

兵五万，使延寿将之，经略中国，曰："若得之，当立汝为帝。"延寿信之，为尽力。朝廷颇闻其谋，遣使城南乐及德清军，征近道兵以备之。

唐以宋齐丘为青阳公，遣归九华。

唐侍中周宗年老恭谨，中书令宋齐丘树党倾之，宗泣诉于唐主，唐主由是薄齐丘。齐丘忿怼，表乞归九华旧隐，唐主知其诈，一表即从之，仍赐号九华先生，封青阳公。齐丘乃治大第于青阳，服御将吏，皆如王公，而愤邑尤甚。

晋旱、水、蝗，民大饥。

是岁晋境春夏旱，秋冬水，蝗大起，原野、山谷、城郭、庐舍皆满，竹木叶俱尽。重以官括民谷，使者督责严急，不留其食，有坐匿谷抵死者。县令往往纳印自劾去，民馁死者数十万口，流亡不可胜数。朝廷以恒、定饥甚，独不括民谷。杜威奏请如例，用判官王绪谋，检索殆尽，得百万斛。威止奏三十万斛，余皆入其家。又令判官李沼称贷于民，复满百万斛，阖境苦之。定州吏欲援例为奏，节度使马全节不许，曰："吾为观察使，职在养民，岂忍效彼所为乎？"

楚作九龙殿。

楚地多产金银，茶利尤厚。楚王希范奢欲无厌，务穷侈靡。作九龙殿，刻沉香为八龙，饰以金宝，长十余丈，抱柱相向。希范居中，自为一龙，其幞头脚长丈余，以象龙角。用度不足，重于赋敛。每遣使者行田，专以增顷亩

五万大军，由赵延寿统帅，图谋夺取中原，并说："如果夺得中原，会立你为皇帝。"赵延寿相信了这话，为夺取中原尽心竭力。后晋朝廷知道了这个图谋，派使臣在南乐筑城并设置德清军，征调附近各道兵力防备契丹。

南唐任命宋齐丘为青阳公，遣送他回到九华山。

南唐侍中周宗年老恭谨，中书令宋齐丘树立朋党排挤他，周宗哭泣着向南唐主李璟诉苦，南唐主由此轻慢宋齐丘。宋齐丘很怨恨，上表乞求回九华山旧居隐住，南唐主知道他是假意归隐，只上一表便批准了他，还赐封号九华先生，封为青阳公。宋齐丘便在青阳营建了一处大的府第，衣服用具、将官吏员的规格，都和王公大人一样，然而内心的愤郁更加严重。

后晋遭受旱灾、水灾和蝗灾，民众遭遇大饥荒。

这一年后晋境内春天、夏天干旱，秋季、冬季发大水，蝗灾大起，原野、山谷、城郭、庐舍都布满了蝗虫，竹叶、树叶都被吃光。再加上官府搜刮民众的粮食，使者监督追责非常严厉急切，不给民众留口粮，有人因为隐藏粮食而被判罪抵命的。县令往往因催督不上来粮食，而被迫交出大印自行弹劾弃官离去，百姓饿死的多达几十万人，流亡逃荒的不可胜数。朝廷因为恒州、定州饥荒太严重，单独准许不搜刮民众的粮食。杜威奏请同其他各州一样搜刮，采用判官王绪的计谋，把民众的粮食几乎搜刮干净，获得一百万斛。杜威只奏报了三十万斛，余下的都收进他自己家里。又命令判官李沼用向农民借贷的名义，又得到一百万斛，全境百姓深受其苦。定州官吏想援引杜威的先例上奏，节度使马全节不准许，并说："我做观察使，职责在于养育民众，怎能忍心仿效他们的做法呢？"

楚国建造九龙殿。

楚地多产金银，茶叶获利尤其丰厚。楚王马希范奢侈的贪欲不知满足，务求极尽奢侈。建造一座九龙殿，用沉香木雕刻为八条龙，都用金宝装饰，长十余丈，绕柱相向。马希范坐在中间，自己作为一条龙，他戴的幞头脚有一丈多长，用来象征龙角。用度不足，便加重征收赋税。常派使者巡查田亩，专以增加顷亩

为功,民多逃去。希范曰:"但令田在,何忧无谷?"命籍逃田,募民耕艺。民舍故从新,仅能自存,自西徂东,各失其业。又听人入财拜官,富商大贾布在列位,外官还者必责贡献。民有罪,则富者输财,强者为兵,惟贫弱受刑。

用孔目官周陟议,令常税之外,大县贡米二千斛,中千斛,小七百斛,无米者输布帛。天策学士拓跋恒上书曰:"殿下长深宫之中,藉已成之业,身不知稼穑之劳,耳不闻鼓鼙之音,驰骋遨游,雕墙玉食。府库尽矣,而浮费益甚。百姓困矣,而厚敛不息。今淮南为仇雠之国,番禺怀吞噬之志,荆渚日图窥伺,溪洞待我姑息。谚曰:'足寒伤心,民怨覆国。'愿罢输米之令,诛周陟以谢郡县,去不急之务,减兴作之役,无令一旦祸败,为四方所笑。"希范大怒。他日请见,辞以昼寝。恒谓客将曰:"王逞欲而愎谏,吾见其千口飘零无日矣。"王益怒,遂终身不复见之。

闽御史中丞刘赞卒。

闽主曦嫁其女,取班簿阅视之,朝士有不贺者十二人,皆杖之于朝堂。以赞不举劾,亦将杖之,赞义不受辱,欲自杀。谏议大夫郑元弼谏曰:"古者刑不上大夫,中丞仪刑百僚,岂宜加之棰楚?"曦正色曰:"卿欲效魏徵邪?"元弼曰:"臣以陛下为唐太宗,故敢效魏徵。"曦怒稍解,乃释赞,赞竟以忧卒。

当作功劳,百姓大多逃亡离开。马希范说:"只要田地在,何必担心没有粮食?"命令登记田主逃亡的田亩,招募百姓来耕种。农民舍弃旧田而耕种新田,仅仅能维持自己生存,从西到东,各自都丧失了营生之业。又允许人们用钱财买官,富商大贾分布在各个职位,在朝外做官回朝的,必须向朝廷贡献钱财。百姓犯罪的,富裕的交纳钱财,身体强壮的当兵,只有贫穷体弱的受刑。

采用孔目官周陟的建议,下令在正常纳税之外,大县贡献大米二千斛,中县一千斛,小县七百斛,无米的县交纳布帛。天策学士拓跋恒上书说:"殿下生长在深宫之中,继承了早已成就的祖业,身体不知道种庄稼的劳苦,两耳没有听到过战鼓之声,骑马驰骋遨游,住的是雕龙画凤的宫殿,吃的是山珍海味。国家的府库已经空虚了,而腐化奢侈的费用更加严重。百姓生活已经困苦不堪了,而加重征收赋税的行为还不停止。现在淮河以南的唐国是我们的仇敌,番禺的汉国总怀着吞并之心,荆渚的高氏每天都在窥伺着我们,溪洞诸族期待着我们的宽容。有谚语说:'足寒伤心,民怨覆国。'希望能停止输米的命令,杀掉周陟来向郡县谢罪,去除不急的事务,减少兴建的苦役,不让国家有朝一日招致祸败,被四方之人耻笑。"楚王马希范看后大怒。有一天拓跋恒请求谒见,楚王以正在午睡为由推辞不见。拓跋恒对客将说:"楚王随心所欲,拒绝劝谏,我看要不了多久,他的千口之家就要飘零了。"楚王更加愤怒,从此终身不再见拓跋恒。

闽国御史中丞刘赞去世。

闽主王曦要嫁他的女儿,拿来记载将吏朝贺的名册查看,发现朝士中有十二个人没有朝贺,都在朝堂施行杖责。刘赞因为没有举报弹劾这些人,也将要施行杖责,刘赞执意不甘受辱,想要自杀。谏议大夫郑元弼劝谏说:"古代有'刑不上大夫'的说法,御史中丞是百官的表率,怎么能对他施加杖刑呢?"王曦严肃地说:"你想仿效魏徵吗?"郑元弼说:"我把陛下当作唐太宗,所以才敢仿效魏徵。"王曦怒气稍有缓解,于是释放了刘赞,刘赞最终因为忧虑而死。

甲辰（944）　晋开运元年。是岁，凡六国三镇，闽亡。

春正月，契丹陷晋贝州，权知州事吴峦败死，晋遣兵御之。

契丹前锋将赵延寿、赵延照将兵入寇，逼贝州。先是，朝廷以贝州水陆要冲，多聚刍粟，为大军数年之储。军校邵珂性凶悖，节度使王令温黜之。珂怨望，密遣人亡入契丹，言贝州易取。会令温入朝，执政以吴峦权知州事。契丹入寇，峦书生，无爪牙，珂请效死，峦使将兵守南门，自守东门。契丹主自攻贝州，峦悉力拒之，烧其攻具殆尽，珂引契丹自南门入，峦赴井死，契丹遂陷贝州，所杀万人。晋以高行周为都部署，与符彦卿、皇甫遇等将兵御之。

唐主敕齐王景遂参决庶政，既而罢之。

唐主决欲传位于齐、燕二王，翰林学士冯延巳等因之欲隔绝中外以擅权，请敕齐王景遂参决庶政，百官惟魏岑、查文徽得白事，余非召对不得见。唐主从之，国人大骇。给事中萧俨上疏极论，不报。侍卫都虞候贾崇叩阁求见，曰："臣事先帝三十年，观其延接疏远，孜孜不怠，下情犹有不通者。陛下新即位，所任者何人？而顿与群臣谢绝。臣老矣，不得复奉颜色。"因涕泗呜咽，唐主感悟，遽收前敕。

唐主于宫中作高楼，召侍臣观之，众皆欢笑。萧俨曰：

后晋出帝

甲辰（944） 后晋开运元年。这一年，共六个国家、三个藩镇，闽国灭亡。

春正月，契丹攻陷后晋贝州，暂时主持州事的吴峦战败而死，后晋调遣军队抵御契丹入侵。

契丹前锋将领赵延寿、赵延照率兵入侵，逼近贝州。此前，后晋朝廷因为贝州是水陆要冲，便大量屯集粮草，作为大军打仗可用几年的储备。军校邵珂性情凶暴悖逆，节度使王令温贬黜了他。邵珂非常怨恨，暗中派人逃入契丹，说贝州很容易攻取。适逢王令温入朝，执政者任用吴峦暂时主持州中事务。契丹入侵，吴峦是个书生，没有得力干将，邵珂请求以死效力，吴峦让他率兵镇守南门，自己镇守东门。契丹主耶律德光亲自攻打贝州，吴峦全力抗拒，把他的攻城器具几乎都烧光了，邵珂引领契丹兵从南门入城，吴峦跳井而死，契丹于是攻陷贝州，所杀害的有近万人。后晋任命高行周为都部署，和符彦卿、皇甫遇等率军抵御契丹入侵。

南唐主李璟敕令齐王李景遂参与决断各项政务，不久又罢免了他。

南唐主决定传位给齐、燕二王，翰林学士冯延巳等想借此隔绝朝廷内外联系，以便把持朝政，请求南唐主下敕令，让齐王李景遂可以参与决断各项政务，百官中只有魏岑、查文徽可以向国君奏事，其他人除非召对不得进见。南唐主听从了这个意见，国人大为惊骇。给事中萧俨上疏极力论争，未见答复。侍卫都虞候贾崇到阁门叩拜请求接见，说："臣侍奉先帝三十年，亲眼看到先帝接见疏远之人，勤勤恳恳，不敢怠慢，这样下边的情况还有不能上达的。陛下刚继位不久，所任用的都是什么人？便马上与群臣断绝联系。我现在老了，不能再亲眼看到陛下的面容了。"于是泪流满面，呜咽不已，南唐主有所感悟，便急忙收回原先下的敕令。

南唐主在宫中建高楼，召侍臣来观看，众人都欢笑。萧俨说：

"恨楼下无井。"唐主问其故,对曰:"以此不及景阳楼耳。"唐主怒,贬于舒州观察使。孙晟遣兵防之,俨曰:"俨以谏诤得罪,非有他志。昔顾命之际,君几危社稷,其罪顾不重于俨乎?今日反见防邪。"晟遽罢之。

晋主自将次澶州,遣刘知远、杜威、张彦泽将兵御契丹。

晋主遣使持书遗契丹,契丹已屯邺都,不得通而返。以景延广为御营使,高行周以前军先发。时用兵方略、号令皆出延广,延广乘势使气,陵侮诸将,虽天子亦不能制。晋主发东京,契丹至黎阳。晋主至澶州,契丹主屯元城。契丹别将寇太原,刘知远与白承福合兵击之。诏以知远为招讨使,杜威为副使,马全节为都虞候。遣张彦泽等将兵拒契丹于黎阳,复遣译者致书于契丹,求修旧好。契丹主复书曰:"已成之势,不可改也。"太原奏破契丹伟王于秀容,契丹遁去。

二月,契丹渡河,晋主自将及遣李守贞等分道击之,契丹败走。

晋天平节度副使颜衎遣观察判官窦仪奏博州刺史周儒降契丹,又与杨光远通情,引契丹自马家口济河。仪谓景延广曰:"虏若与光远合,则河南危矣。"延广然之。二月朔,命石赟守麻家口,白再荣守马家口。未几,周儒引契丹主之从弟麻答自马家口济河,营于东岸,攻郓州北津,以应杨光远。晋遣李守贞、皇甫遇、梁汉璋、薛怀让将兵万人,缘河水陆俱进。契丹围高行周、符彦卿及先锋使石公霸于戚城。先是,景延广令诸将分地而守,无得相救。行周

"只恨楼下没有挖口井。"南唐主问他为什么这样说，回答说："因为缺口井而不如陈后主的景阳楼。"南唐主发怒，把他贬为舒州观察使。孙晟派兵防备他，萧俨说："我因为直言劝谏受罚，没有别的企图。从前在顾命时，您几乎把国家引向危亡的边缘，您的罪过难道不比我更严重吗？今天你反而来防备我。"孙晟急忙解除了防备。

后晋出帝石重贵亲自率兵驻扎澶州，派刘知远、杜威、张彦泽率兵抵御契丹。

后晋出帝派遣使臣带着书信送到契丹，契丹已经屯兵邺都，不得通行而返回。后晋出帝任命景延广为御营使，派高行周率领前军首先出发。当时用兵的方略、号令都出自景延广，景延广凭借权势任性使气，凌侮各军将领，即使是天子也不能控制他。后晋出帝从东京出发，契丹军队到达黎阳。后晋出帝到达澶州，契丹主耶律德光屯兵元城。契丹别的将领率兵入侵太原，刘知远和白承福联合迎击契丹。后晋朝廷下诏任命刘知远为招讨使，任命杜威为招讨副使，任命马全节为都虞候。派遣张彦泽等率兵在黎阳抗击契丹，又派遣翻译给契丹送信，要求修复旧好。契丹主回信说："已经形成的局势，不可能再改变了。"太原奏报在秀容打败了契丹伟王，契丹兵逃走。

二月，契丹军队渡过黄河，后晋出帝石重贵亲自率兵并派李守贞等分道抗击，契丹军队败逃。

后晋天平节度副使颜衎派观察判官窦仪奏报博州刺史周儒向契丹投降，又与杨光远勾结，引导契丹军队从马家口渡过黄河。窦仪对景延广说："契丹如果与杨光远联合，那么黄河以南就危险了。"景延广认为他说得对。二月初一，后晋命石赟把守麻家口，命白再荣把守马家口。不久，周儒引导契丹主堂弟麻答从马家口渡过黄河，在黄河东岸扎营，进攻郓州北津，以响应杨光远。后晋派李守贞、皇甫遇、梁汉璋、薛怀让率兵万人，沿黄河水陆并进。契丹军队在戚城包围了高行周、符彦卿和先锋使石公霸。此前，景延广命令诸将分地而守，不得相互救援。高行周

等告急，延广徐白晋主，晋主自将救之。契丹解去，三将泣诉救兵之缓，几不免。守贞等至马家口，契丹遣步卒万人筑垒，散骑兵于其外，余兵数万屯河西。度未已，晋兵薄之，契丹骑兵退走，晋兵进攻其垒，拔之。契丹大败，溺死数千人，俘斩亦数千人。河西之兵恸哭而去，由是不敢复东。初，契丹主得贝州、博州，皆抚慰其人，或拜官赐服章。及败于戚城及马家口，忿恚，所得民皆杀之。由是晋人愤怒，戮力争奋。

晋定难节度使李彝殷侵契丹以救晋。　晋诏刘知远击契丹，知远屯乐平不进。　晋百官奏请其主听乐，不许。

晋主居丧期年，即于宫中奏细声女乐。及出师，常奏羌笛，击鼓歌舞。曰："此非乐也。"及百官表请听乐，则诏不许。

杨光远围晋棣州，大败走还。　三月，契丹寇晋澶州，不克，引还。

契丹伪弃元城去，伏精骑于古顿丘城，以俟晋军与恒、定之兵合而击之。大军欲进追之，会霖雨而止。契丹人马饥疲，赵延寿曰："晋军悉在河上，畏我锋锐，必不敢前，不如即其城下，四合攻之，夺其浮梁，则天下定矣。"契丹主从之。三月朔，自将兵十余万陈于澶州城北。高行周与战，自午至晡，互有胜负。契丹主以精兵当中军而来，晋主亦出陈以待之。契丹主望见晋军之盛，谓左右曰："杨光远

等纷纷告急,景延广才慢吞吞地报告后晋出帝,后晋出帝亲自带兵救援。契丹军队解围退去,三将哭诉着援兵来得太慢,几乎不能免于一死。李守贞等率兵到达马家口,契丹调遣步兵万人修筑堡垒,散布骑兵在外面戍守,余下的数万人在黄河以西屯驻。契丹军队渡河还没渡完,后晋军队便迫近他们,契丹的骑兵败退,后晋军队便进攻契丹堡垒,并成功攻占。契丹军队大败,淹死的有几千人,被俘、被杀的也有几千人。黄河以西的士兵痛哭着败退,从此不敢再向东进攻。当初,契丹主耶律德光夺得贝州、博州后,都对当地人进行安抚和慰问,有的还拜授官职赐予官服。等到在戚城及马家口吃了败仗后,心里很恼火,把所俘虏的民众都杀了。因此,后晋的百姓对契丹人更加愤怒,齐心合力抗击契丹军队的入侵。

后晋定难节度使李彝殷率兵侵入契丹境内来救援后晋。后晋出帝石重贵下诏命刘知远攻击契丹,刘知远屯兵乐平不再前进。　后晋百官奏请后晋出帝听乐,后晋出帝没有准许。

后晋出帝居丧一年,便在宫中演奏细声女乐。等到出师北伐时,经常演奏羌笛,并击鼓唱歌跳舞。说:"这不是作乐。"等到百官上表请求听乐时,后晋出帝却下诏不予批准。

杨光远围攻后晋棣州,大败后逃回青州。　三月,契丹入侵后晋澶州,没有攻克,引兵退回。

契丹假装舍弃元城退去,把精锐骑兵埋伏在古顿丘城,以等待后晋军队与恒州、定州军队会合后而攻打它们。后晋大军想前进追击契丹兵,由于遇到天气下雨而停止。契丹军队人马饥饿疲劳,赵延寿说:"后晋军队都停在河上,畏惧我军,必定不敢前来,我们不如攻到他们城下,四面合围攻打,夺取黄河上的浮桥,那么天下大事就定了。"契丹主耶律德光听从了他的意见。三月初一,契丹主亲自率领军队十多万人在澶州城北摆开阵势。高行周率兵与契丹兵交战,从中午到傍晚,双方互有胜负。契丹主率领精锐军队向中军进攻而来,后晋出帝石重贵也出兵列阵准备迎战。契丹主望见后晋军队的盛况,对身边人说:"杨光远

言晋兵半已馁死，今何其多也？”以精骑左右略陈，晋军不动，万弩齐发，飞矢蔽地。契丹稍却，两军死者不可胜数。昏后，契丹引去。契丹主帐中小校亡来，云契丹已传木书，收军北去。景延广疑有诈，闭壁不敢追。契丹主北归，所过焚掠，民物殆尽。

汉主晟杀其弟越王弘昌。 闽指挥使朱文进弑其主曦而自立。

闽拱宸都指挥使朱文进、阁门使连重遇既弑昶，常惧国人之讨，相与结昏以自固。闽主曦果于诛杀，尝因醉杀控鹤指挥使魏从朗。从朗，朱、连之党也。又尝酒酣诵白居易诗云：“惟有人心相对间，咫尺之情不能料。”因举酒属二人，二人大惧。李后妒尚贤妃之宠，欲弑曦而立其子亚澄，使人告二人曰：“主上殊不平于二公，奈何？”会后父李真有疾，曦往问之。文进、重遇使马步使钱达弑曦于马上，召百官告之曰：“天厌王氏，宜更择有德者立之。”众莫敢言。重遇乃推文进升殿，被衮冕，帅群臣北面称臣。文进自称闽主，悉收王氏宗族五十余人，皆杀之。以重遇总六军，礼部尚书郑元弼抗辞不屈，殷主延政遣统军使吴成义将兵讨文进，不克。文进以黄绍颇为泉州刺史。

晋籍乡兵。
每七户共出兵械资一卒，号武定军。时兵荒之余，复有此扰，民不聊生。
夏四月，晋主还大梁，以景延广为西京留守。

说晋国军队有半数已饿死,现在怎么还有这么多?"使用精锐骑兵从左右两面进攻,后晋军队丝毫不动,万弩齐发,飞箭铺天盖地。契丹兵稍向后退,两军战死的人不可胜数。天黑以后,契丹军队退去。契丹主帐中的小校逃到后晋军中,说契丹已经传送木书,准备收军北去。景延广怀疑有诈,关闭军营不敢追击。契丹主率兵北撤,所经过的地方,大肆焚烧抢掠,民众财物几乎都被抢光了。

南汉主刘晟杀了他弟弟越王刘弘昌。　闽国指挥使朱文进杀了他的国君王曦,自立为帝。

闽国拱宸都指挥使朱文进、阁门使连重遇杀死王昶后,常常害怕国人讨伐他们,便互相结成婚姻来巩固自己的势力。闽主王曦对诛杀很随意,曾经因为醉酒杀了控鹤指挥使魏从朗。魏从朗是朱文进、连重遇的党羽。王曦又曾经在酒喝得正高兴时吟诵白居易的诗:"惟有人心相对间,咫尺之情不能料。"同时举酒看着朱文进、连重遇二人,二人大为恐惧。李皇后很妒忌尚贤妃受到的宠爱,想杀掉闽主王曦而立她的儿子王亚澄为帝,便派人告诉朱文进、连重遇二人说:"主上对你们二位很不满,怎么办?"适逢李皇后的父亲李真有病,王曦到李真府上问候病情。朱文进、连重遇指使马步使钱达把王曦杀死在马上,然后召集百官告诉他们说:"上天已厌弃王氏,现在应该另外选择有德的人立为皇帝。"众人都不敢说话。连重遇便推举朱文进上殿升座,让他穿戴上帝王的服饰冠冕,然后率领群臣面向北朝拜称臣。朱文进自称闽国君主,把王氏宗族五十多人全部收捕,然后都杀掉。任命连重遇总领六军,礼部尚书郑元弼严词抗拒不屈服,殷主王延政派遣统军使吴成义率兵征讨朱文进,没有取胜。朱文进任命黄绍颇为泉州刺史。

后晋按户籍征集乡兵。

每七家农户共同给一个士卒出兵械钱,号称武定军。当时正值战乱饥荒之后,又加上这样的困扰,民不聊生。

夏四月,后晋出帝石重贵回到大梁,任命景延广为西京留守。

晋主命高行周、王周留镇澶州,遂还大梁。景延广既为上下所恶,晋主亦惮之。桑维翰引其不救戚城之罪,出为西京留守,以高行周为侍卫马步都指挥使,延广郁郁不得志,日夜纵酒。

晋遣使分道括率民财。

晋朝因契丹入寇,国用愈竭,复遣使者三十六人分道括率民财,各封剑以授之。使者多从吏卒,携锁械刀杖入民家,大小惊惧,求死无地,州县吏复因缘为奸。河南府出缗钱二十万,景延广率三十七万。留守判官卢亿曰:"公位兼将相,富贵极矣。国家不幸,府库空竭,不得已取于民,公何忍复因而求利,为子孙之累乎?"延广惭而止。先是,诏以杨光远叛,命兖州修守备,节度使安审信以治楼堞为名,率民财以实私藏。括率使至,赋缗钱十万,指取一囷,已满其数。

晋遣李守贞讨杨光远于青州,契丹救之,不克。 晋太尉、侍中冯道罢,以桑维翰为中书令兼枢密使。

道虽为首相,依违两可,无所操决。或谓晋主曰:"冯道承平之良相,今艰难之际,譬如使禅僧飞鹰耳。"乃以为匡国节度使。或谓晋主曰:"陛下欲御北狄,安天下,非桑维翰不可。"遂复置枢密院,以维翰为中书令兼枢密使,事无大小,悉以委之。数月之间,朝廷差治。

晋滑州河决,发民塞之。

后晋出帝任命高行周、王周留镇守澶州,随后回到大梁。景延广既为上下臣民所厌恶,后晋出帝也对他心怀忌惮。桑维翰提出他不救援戚城的罪行,后晋出帝便把景延广外放为西京留守,任命高行周为侍卫马步都指挥使,景延广郁郁不得志,便昼夜大肆饮酒。

后晋派使臣分别到各道搜刮民财。

后晋朝廷因为契丹入侵,国家财用更加枯竭,又派使者三十六人分别到各道搜刮民财,朝廷给每个使者都封赐尚方宝剑,授予斩杀大权。这些使者带着众多的随从卒吏,拿着各种锁链刑械、刀杖等进入百姓家,老百姓大大小小都很惊怕,想死都找不到地方,各州县官吏又借机胡作非为。河南府应出缗钱二十万,景延广去搜刮到三十七万。留守判官卢亿对景延广说:"您的职位兼居将相,富贵已达到极点。现在国家遭受不幸,府库空乏,没有办法只得向百姓索取,您怎么忍心再借机谋求私利,给子孙增加罪过呢?"景延广感到惭愧,便停止了搜刮。此前,后晋因为杨光远背叛朝廷,下诏令兖州加强修筑守备设施,节度使安审信用建造城防楼堞的名义,大肆搜刮民财来充实自己的私人财产。括率使来到兖州,收取赋税缗钱十万,指令取一个囷库的钱,便已满足了这个数目。

后晋派李守贞到青州讨伐杨光远,契丹派兵救援杨光远,没有取胜。   后晋太尉、侍中冯道罢官,任命桑维翰为中书令兼枢密使。

冯道虽为首相,但办事模棱两可,无论什么事都不拿主意。有人对后晋出帝石重贵说:"冯道是和平时期的好宰相,现在是国家艰难时期,任用他就好比让参禅的僧人学习飞鹰搏兔一样。"于是便任用冯道为匡国节度使。有人对后晋出帝说:"陛下要想抵御北狄,安定天下,非任用桑维翰不可。"于是就重新设置枢密院,任命桑维翰为中书令兼枢密使,事情无论大小,都委托他操办。数月之间,朝廷稍得治理。

黄河在后晋的滑州决口,后晋发动民众去堵塞决口。

滑州河决,浸汴、曹、单、濮、郓五州之境,诏大发数道丁夫塞之。既塞,晋主欲刻碑纪其事,中书舍人杨昭俭谏曰:"陛下刻石纪功,不若降哀痛之诏。染翰颂美,不若颁罪己之文。"晋主乃止。

晋以折从远为府州团练使。

初,高祖割地以赂契丹,府州预焉。会契丹欲尽徙河西之民以实辽东,州人大怒,刺史折从远因保险拒之。及晋与契丹绝,从远引兵深入,拔十余寨,故有是命。

晋复置翰林学士。

以李慎仪为承旨,刘温叟、徐台符、李浣、范质为学士。

秋八月,晋以刘知远为行营都统,杜威为招讨使,督十三节度以备契丹。

桑维翰两秉朝政,出杨光远、景延广于外,至是一制指挥节度使十五人,无敢违者,时人服其胆略。朔方节度使冯晖上章自陈未老可用,而制书见遗。维翰召学士使为答诏曰:"非制书忽忘,实以朔方重地,非卿无以弹压,比欲移卿内地,受代亦须奇才。"晖得诏,甚喜。时军国多事,咨请辐辏,维翰随事裁决,初若不经思虑,人疑其疏略,退而熟议之,亦终不能易也。然颇任爱憎,恩怨必报,人亦以是少之。

契丹之入寇也,晋主再命刘知远会兵山东,皆不至。晋主疑之,谓所亲曰:"太原殊不助朕,必有异图。"至是,虽

黄河在滑州决口后，浸淹了汴、曹、单、濮、郓五州地区，朝廷下诏命大规模征发几个道的民夫去堵塞决口。等堵塞完成后，后晋出帝石重贵想刻碑记载此事，中书舍人杨昭俭谏阻说："陛下刻碑纪念这些功绩，不如降下哀痛的诏书。拿笔蘸墨歌功颂德，不如颁发责备自己的文告。"后晋出帝便不再刻碑纪功。

后晋任命折从远为府州团练使。

当初，后晋高祖石敬瑭割让土地来贿赂契丹，府州也划归契丹。适逢契丹想把黄河以西的居民全部迁徙来充实辽东，府州居民大为恼怒，府州刺史折从远于是据守险地而抗拒这种做法。等到后晋与契丹绝交，折从远便率兵深入北境，攻占契丹十几个营寨，所以有这项任命。

后晋恢复设置翰林学士。

后晋任命李慎仪为翰林学士承旨，任命刘温叟、徐台符、李浣、范质为学士。

秋八月，后晋任命刘知远为行营都统，杜威为招讨使，督领十三个节度使防备契丹。

桑维翰两次执掌朝政，把杨光远、景延广调到外地，到这时统一指挥十五位节度使，没有人敢违抗命令，当时的人都佩服他的胆略。朔方节度使冯晖上奏说自己年岁未老还可留用，而制书没有提到他。桑维翰召唤学士让拟定答复诏命说："不是制书忽略忘记了你，实在是因为朔方是个重要的地方，除了你没有谁能够弹压得住，近来想把你调到内地，但接替你的也必须是个奇才。"冯晖得到诏书，心里极为高兴。当时军务国事特别繁重，请示报告的人都集中到桑维翰那里，桑维翰随事裁决，初看好像没有经过认真考虑，人们怀疑他办事粗略，但退下来仔细讨论，最终还是没有可更改的地方。然而他颇据自己的爱憎办事，如有恩怨，一定报复，人们因此也对他有所非议。

契丹入侵时，后晋出帝石重贵两次命令刘知远会师山东，刘知远都没来。后晋出帝怀疑刘知远，对亲近的人说："驻守太原的刘知远极不愿帮助我，必定有反叛的图谋。"到这个时候，虽然

为都统而实无临制之权，密谋大计皆不得预。知远亦知见疏，但慎事自守而已。郭威见知远有忧色，谓知远曰："河东山河险固，风俗尚武，土多战马，静则勤稼穑，动则习军旅，此霸王之资也，何忧乎？"

朱文进称藩于晋，晋以为闽国王。　晋置镇宁军于澶州。　九月朔，日食。　冬十一月，闽泉州牙将留从效等诛朱文进所署刺史黄绍颇，传首建州。

泉州散员指挥使留从效谓同列曰："朱文进屠灭王氏，遣腹心分据诸州。吾属世受王氏恩而交臂事贼，一旦富沙王克福州，吾属死有余愧。"众以为然。十一月，各引军中所善壮士，夜饮于从效之家，从效绐之曰："富沙王已平福州，密旨令吾属讨黄绍颇。诸君从吾言，富贵可图，不然，祸且至矣。"众皆踊跃，操白梃逾垣而入，执绍颇斩之。从效持州印诣王继勋第，请主军府。函绍颇首，遣副使陈洪进赍诣建州。延政以继勋为泉州刺史，从效、洪进皆为都指挥使。

十二月，晋师围青州。杨光远之子承勋劫其父以降。

李守贞围青州经时，城中食尽，饿死者太半。契丹援兵不至，杨光远遥稽首于契丹曰："皇帝皇帝，误光远矣。"其子承勋劝光远降，冀全其族，光远不许。承勋斩劝光远反者判官丘涛等，送其首于守贞，纵火大噪，劫其父出居私第，上表待罪，开城纳官军。

任用刘知远为军队都统，但实际上没有统辖指挥的权力，密谋国家大事都不让他参与。刘知远也知道自己被后晋出帝疏远，但还是谨慎做事自我守护而已。郭威看到刘知远脸色忧虑，便对他说："河东地区山河险峻坚固，当地风俗崇尚勇武，多产战马，国家安静时勤奋耕种，国家动乱时演习军事，这是成就霸王之业的资本，有什么可忧虑的呢？"

　　朱文进向后晋朝廷称藩，后晋封他为闽国王。　后晋在澶州设置镇宁军。　九月初一，出现日食。　冬十一月，闽国泉州牙将留从效等人诛杀朱文进所任命的刺史黄绍颇，并把他的头送到建州。

　　泉州散员指挥使留从效对同事说："朱文进屠灭王氏家族，派心腹之人分别占领各州。我们这些人世代受到王氏的恩典，现在却拱手事奉奸贼，一旦富沙王攻克福州，我们死也惭愧。"众人都认为他说得对。十一月，他们各自带着军中关系好的壮士，夜里在留从效家中饮酒，留从效欺骗他们说："富沙王已经平定福州，有密旨命我们讨伐黄绍颇。诸君听我的话，富贵可以得到，否则祸患就要临头。"众人都积极响应，踊跃参加，拿着棍棒跳墙而入，抓住黄绍颇杀死。留从效手持州府的印信来到王继勋的府第，请他主持军府事务。把黄绍颇的首级用匣子装起来，派副使陈洪进带着送到建州。王延政任命王继勋为泉州刺史，任命留从效、陈洪进为都指挥使。

　　十二月，后晋军队围攻青州。杨光远的儿子杨承勋劫持父亲向后晋投降。

　　李守贞围攻青州已经很长时间，城中粮食用尽，饿死的人有一大半。契丹的援兵一直没到，杨光远远远地朝契丹叩拜说："皇帝呀皇帝，把我杨光远给害了。"他的儿子杨承勋劝说杨光远投降，希望能够保全家族，杨光远不答应。杨承勋杀了劝杨光远谋反的判官丘涛等人，把他们的头送给李守贞，然后放火大声喧闹，劫持他父亲出居私人府第，向后晋朝廷上表等待治罪，并打开城门接纳官军。

殷遣兵讨朱文进，唐遣兵攻殷。

朱文进闻黄绍颇死，大惧。募兵攻泉州，留从效与福州兵战，大破之。殷主延政遣吴成义帅战舰千艘攻福州，朱文进求救于吴越。初，唐翰林学士臧循与枢密副使查文徽同乡里，循常为贾人，习福建山川，为文徽画取建州之策。文徽表请击延政，国人多以为不可。文徽独奏言攻之必克，唐主以边镐为行营都虞候，将兵从文徽伐殷。屯盖竹，闻泉、漳、汀降于殷，退保建阳。循屯邵武，邵武民执循送建州，斩之。

闰月，晋李守贞杀杨光远。

朝廷以光远罪大而诸子归命，难于显诛，命守贞以便宜从事，守贞遣人拉杀光远，以病死闻。起复承勋除汝州防御使。

闽人讨杀朱文进，传首建州。

殷吴成义闻有唐兵，诈使人告福州吏民曰："唐助我讨贼臣，大兵今至矣。"福人益惧。南廊承旨林仁翰谓其徒曰："吾曹世事王氏，今受制贼臣，富沙王至，何面见之？"帅其徒二十人被甲趣连重遇第，刺杀之，斩其首以示众，曰："富沙王且至，汝辈族矣。今重遇已死，何不呕取文进以赎罪？"众踊跃从之，遂斩文进，迎吴成义入城，函二首送建州。

契丹复入寇。

契丹复大举入寇，赵延寿引兵先进。至邢州，晋主欲自将拒之，会有疾，命天平节度使张从恩、邺都留守马全节、

殷国派兵讨伐朱文进,南唐派兵攻打殷国。

朱文进听说黄绍颇被杀死,大为恐惧。招募军队攻打泉州,留从效率兵与福州军队交战,把福州军队打得大败。殷主王延政派遣吴成义统率千艘战舰攻打福州,朱文进向吴越求救。当初,南唐翰林学士臧循与枢密副使查文徽是同乡,臧循曾做过商人,对福建的山水很熟悉,为查文徽谋划夺取建州的策略。查文徽上表南唐主李璟请求攻打王延政,国人大多数认为这样做不可行。唯独查文徽上奏称攻打必定会取胜,南唐主任命边镐为行营都虞候,率兵跟随查文徽讨伐殷国。查文徽领兵进屯盖竹,听说泉州、漳州、汀州都向殷国投降,便退守建阳。臧循屯驻邵武,邵武百姓抓住臧循,把他送往建州,建州方面杀了他。

闰十二月,后晋李守贞杀了杨光远。

后晋朝廷因为杨光远罪大,而他的几个儿子都归顺朝廷,难于对他进行公开处斩,便命令李守贞根据情况酌情处理,李守贞便派人拉伤杀死杨光远,对外说是病死了。起用杨承勋担任汝州防御使。

闽国人讨伐杀死朱文进,并把他的首级送到建州。

殷国人吴成义听说南唐兵来了,便派人告诉福州的官民,诈称:"南唐帮助我们讨伐贼臣,大军现在到了。"福州人更加恐惧。南廊承旨林仁翰对他的徒众说:"我们世代侍奉王氏,现在受到贼臣的制约,富沙王来了,有何脸面见他?"便率领他的徒众二十人披上铠甲赶到连重遇的府第,刺杀了他,并砍下他的头示众,说:"富沙王将要来到,你们这些人就要被灭族了。现在连重遇已死,为什么不赶快去拿下朱文进来为自己赎罪?"众人踊跃跟随他,于是又杀了朱文进,迎接吴成义进城,把朱文进、连重遇二人的首级用匣子装好送到建州。

契丹再次入侵后晋。

契丹军队再次大规模入侵,赵延寿率领兵马先行进发。契丹军队进抵邢州,后晋出帝石重贵想亲自率领兵马前往抵抗,恰好身体有病,于是命令天平节度使张从恩、邺都留守马全节、

护国节度使安审琦,会诸道兵屯邢州,武宁节度使赵在礼屯邺都。契丹主以大兵继至,建牙于元氏。朝廷惮契丹之盛,诏从恩等引兵稍却,于是凶惧,无复部伍,委弃器甲,所过焚掠,比至相州,不复能整。

乙巳(945) 晋开运二年。是岁,凡五国三镇,殷改称闽而亡。

春正月,契丹至相州,引还,晋主自将追之。

诏赵在礼还屯澶州,马全节还邺都,又遣张彦泽屯黎阳,景延广守胡梁渡。契丹寇邢、洺、磁三州,杀掠殆尽,入邺都境。张从恩、马全节、安审琦悉兵陈于相州、安阳水之南,皇甫遇与濮州刺史慕容彦超将数千骑前觇契丹,至邺都,遇契丹数万,遇等且战且却。至榆林店,契丹大至,二将谋曰:“吾属今走,死无遗矣。”乃止布阵,自午至未,力战百余合,相杀伤甚众。遇马毙步战,其仆杜知敏以所乘马授之。战稍解,顾知敏,已为契丹所擒,遇曰:“知敏义士,不可弃也。”与彦超跃马入陈,取知敏而还。俄而契丹继出新兵来战,二将曰:“吾属势不可走,以死报国耳。”日且暮,安阳诸将怪觇兵不还,审琦即引骑兵出,将救之,从恩曰:“虏众猥至,尽吾军,恐未足以当之,公往何益?”审琦曰:“成败天也,万一不济,当共受之。借使虏不南来,坐失皇甫太师,

护国节度使安审琦,会合各道兵马屯驻邢州,武宁节度使赵在礼率兵屯驻邺都。契丹主耶律德光率领大军接着来到,在元氏建造牙帐。后晋朝廷害怕契丹军队强盛,便下诏令张从恩等率兵稍作退却,于是各军都非常恐惧,无法保持大军的队列,丢弃兵器铠甲,所经过的地方都被焚烧抢掠,等退到相州,军队已经全乱了。

乙巳(945) 后晋开运二年。这一年,共五个国家、三个藩镇,殷国改称闽国而消亡。

春正月,契丹军队到达相州,然后退回,后晋出帝石重贵亲自率兵追击。

后晋出帝下诏命令赵在礼回师屯驻澶州,马全节回师邺都,又派遣张彦泽屯驻黎阳,景延广把守胡梁渡。契丹军队入侵邢、洺、磁三州,几乎在那里抢光杀尽,然后进入邺都境内。张从恩、马全节、安审琦都率全部军队列阵于相州、安阳水之南,皇甫遇和濮州刺史慕容彦超率领数千骑兵前去察看契丹军队的情况,到了邺都,与契丹数万军队相遇,皇甫遇等边战边退。到榆林店时,契丹大军赶到,两位将军商议说:"我们现在这样逃走,将会死尽无余。"于是停下来布阵,从午时到未时,力战百余回合,互相杀伤了很多人。皇甫遇的马战死后便徒步作战,他的仆人杜知敏把自己骑的马交给他。交战稍有缓解,皇甫遇回头找杜知敏,发现他已被契丹人擒获,皇甫遇说:"杜知敏是个义士,不可抛弃他。"说完便与慕容彦超跃马杀入敌阵,把杜知敏夺了回来。不一会儿,契丹又派新兵出来作战,两位将领说:"我们势必难以逃走,只能用死来报效国家了。"太阳将要落山,据守在安阳的诸将都奇怪察看敌情的兵马还没回来,安审琦就率领骑兵出营,准备前去救援,张从恩说:"假如胡虏大军真的来到,即使我军全部出击,恐怕也不足以抵挡,您去能有什么用处?"安审琦说:"成功失败在于天意,万一不能解救他们,理当与他们共同承受后果。假使胡虏军队不继续南来进犯,而让皇甫太师陷身敌营,

吾属何颜以见天子?"遂逾水而进,契丹解去,遇等乃得还。彦超本吐谷浑也,与刘知远同母。

契丹亦引军退,其众自相惊曰:"晋军悉至矣。"时契丹主在邯郸,闻之,即时北遁,不再宿至鼓城。从恩等议曰:"契丹倾国而来,吾兵少粮尽,死无日矣。不若引军就黎阳仓,南倚大河以拒之,可以万全。"议未决,从恩引兵先发,诸军继之,扰乱失亡,复如发邢州之时。留步兵五百守安阳桥,夜四鼓,知相州事符彦伦谓将佐曰:"此夕纷纭,人无固志,五百弊卒,安能守桥?"即召入乘城为备。至曙望之,契丹数万骑已陈于安阳水北,彦伦命城上扬旌鼓噪约束,契丹不测。逾水环州而南,闻张彦泽兵至,引还,全节等不敢追。晋主疾小愈,河北相继告急,晋主曰:"此非安寝之时。"乃部分诸将为行计。马全节等奏:"据降者言,虏众不多,宜乘其散归种落,大举径袭幽州。"晋主以为然,征兵诸道,下诏亲征,发大梁。

殷改国号曰闽。

闽之故臣共迎殷主延政,请归福州,改国号曰闽。延政以方有唐兵,未暇徙都,以从子继昌镇福州,以指挥使黄仁讽将兵卫之。赏林仁翰甚薄,仁翰未尝自言其功。发两军甲士万五千人,诣建州以拒唐。

二月,晋主至澶州,诸将引军北上。

晋主至澶州,马全节等诸军以次北上,刘知远闻之曰:"中国疲弊,自守恐不足。乃横挑强胡,胜之犹有后患,况不胜乎?"

我们有何脸面去见天子？"于是越过安阳水前进，契丹人解围退去，皇甫遇等得以回来。慕容彦超本是吐谷浑人，与刘知远同母。

契丹也引兵后退，其士兵自相惊呼："晋军都过来了。"当时，契丹主耶律德光在邯郸，听说此事后，立即向北逃奔，没过两天就到了鼓城。张从恩等商议说："契丹调动全国军队来战，我们兵少，粮食用尽，离死没几天了。现在不如引军靠近黎阳粮仓，南面依靠大河来抗拒他，这样才可以得到保全。"商议还没做出决定，张从恩便带兵先行出发，其他诸军相继跟随，军队纷乱失散逃亡，又像从邢州出发时那样。张从恩留下五百步兵把守安阳桥，夜间四更时，主持相州事务的符彦伦对将佐说："今晚乱哄哄的，人们都没有坚强的斗志，这五百个疲惫的兵卒，怎么能守住这座桥？"立即把人召进城来，利用城池作防备。到天亮时一看，契丹数万骑兵已列阵在安阳水以北，符彦伦命令城上士兵扬旗呐喊严守号令，契丹不能料知城中实情。契丹军队渡过安阳水，环绕相州向南进军，听说张彦泽率兵来到，契丹便引兵后退，马全节等不敢追击。后晋出帝病情稍有好转，河北各地相继告急，后晋出帝说："现在不是安稳睡觉的时候。"便部署分派诸将为出征作安排。马全节等奏报称："根据投降的人讲，胡虏军队并不多，应该利用他们散乱撤退的时机，大举发兵直袭幽州。"后晋出帝认为说得对，便向诸道征兵，并下诏亲征，从大梁出发。

殷国改国号为闽。

闽国的旧臣共同迎接殷主王延政，请他回到福州，改国号为闽。王延政以南唐兵正在犯境为由，来不及迁徙国都，任用他的侄子王继昌镇守福州，任用指挥使黄仁讽率兵守卫。王延政对林仁翰的赏赐很微薄，林仁翰也没有夸耀自己的功劳。调动两军甲士一万五千人到建州，来抗拒南唐兵的侵扰。

二月，后晋出帝石重贵到达澶州，诸将率兵北上。

后晋出帝到达澶州，马全节等率领诸军依次北上，刘知远听说此事后说："中国疲惫困乏，自我守备还怕力量不够。却要强行挑战强大的契丹，即使打胜了也免不了后患，何况打不胜呢？"

契丹陷晋祁州，刺史沈斌死之。

契丹以羸兵驱牛羊，过祁州城下，晋刺史沈斌出兵击之。契丹以精骑夺其门，州兵不得还。赵延寿引契丹急攻之，斌在城上，延寿语之曰："使君何不早降？"斌曰："侍中父子失计，陷身虏庭，忍帅犬羊以残父母之邦，不自愧耻，更有骄色，何哉？沈斌弓折矢尽，宁为国家死耳，终不效公所为。"明日城陷，斌自杀。

晋以冯玉为枢密使。

晋端明殿学士冯玉，宣徽北院使李彦韬，皆挟恩用事，恶桑维翰，数毁之。晋主欲罢桑维翰政事，李崧、刘昫固谏而止。请以玉为枢密副使，玉殊不平，中旨以玉为枢密使，以分维翰之权。彦韬少事阎宝为仆夫，后隶高祖帐下，有宠于晋主。性纤巧，与嬖幸相结，以蔽耳目。至于升黜将相，亦得预议。常谓人曰："吾不知朝廷设文官何所用，且欲澄汰，徐当尽去之。"

闽人及唐人战，闽人败绩。

唐查文徽表求益兵，唐主遣祖全恩将兵会之，屯赤岭。闽主延政遣仆射杨思恭、统军使陈望将兵万人拒之，列栅水南，旬余不战，唐人不敢逼。思恭以延政之命督望战，望曰："江淮兵精，其将习武事。国之安危，系此一举，不可不万全而后动。"思恭怒，望不得已，引兵涉水与唐战，全恩等以大军当其前，使奇兵出其后，大破之。望死，思恭仅以身免。延政大惧，婴城自守，召泉州兵分守要害。

契丹攻陷后晋祁州，刺史沈斌殉死。

契丹用残弱的士兵驱赶着牛羊，经过祁州城下，后晋刺史沈斌派兵袭击他们。契丹用精锐的骑兵攻取了城门，州兵回不了城。赵延寿率领契丹兵紧急攻城，沈斌在城墙上，赵延寿对他喊话说："使君为什么不早点投降？"沈斌说："侍中父子因为失算，陷身于胡虏之中，现在又忍心率领犬羊般的胡虏来摧残父母之邦，自己不感到惭愧和羞耻，脸上反而有得意的神色，这是为什么呢？我沈斌即使弓折矢尽，宁愿为国家献身，最终也不能仿效你的做法。"第二天城池陷落，沈斌自杀。

后晋任命冯玉为枢密使。

后晋端明殿学士冯玉，宣徽北院使李彦韬，都仗着皇帝恩宠当权，他们讨厌桑维翰，多次诋毁他。后晋出帝石重贵想罢免桑维翰的政务，由于李崧、刘昫的坚决谏阻而停止。桑维翰请求任用冯玉为枢密副使，冯玉内心很不满，朝廷下旨任命冯玉为枢密使，用以分割桑维翰的权力。李彦韬年少时事奉阎宝做过车夫，后来隶属后晋高祖石敬瑭帐下，受到后晋出帝的宠爱。他本性工于心计，与那些受宠的人互相勾结，蒙蔽君主的耳目。至于朝廷讨论提升降贬将相，他也能够参与讨论。他经常对人说："我不知朝廷设置文官有什么用，我想把他们淘汰，慢慢地将他们全部去掉。"

闽国人与南唐人交战，闽国人战败。

南唐查文徽上表请求增加兵力，南唐主李璟派遣祖全恩率兵跟他会合，屯驻赤岭。闽主王延政派遣仆射杨思恭、统军使陈望率兵万人抵御南唐兵，在水的南面安营扎寨，十多天不出战，南唐军队不敢进逼。杨思恭用王延政的命令督促陈望出战，陈望说："江淮军队都是精兵，他们的将官也都熟悉军事。国家的安危存亡，全系这一仗，不可不考虑好万全之策后再行动。"杨思恭很不高兴，陈望不得已，便引兵渡河与南唐兵交战，祖全恩等用大军在前面迎击，又派奇兵在后面突袭，把闽国军队打得大败。陈望战死，杨思恭只身逃脱。王延政大为恐惧，据城自守，并征调泉州军队分守要害之地。

三月，闽李仁达作乱，以僧卓岩明称帝，闽主延政遣兵讨之。

初，光州人李仁达仕闽，叛奔建州。及朱文进之乱，复叛奔福州。蒲城人陈继珣亦叛闽主延政奔福州，至是二人不自安。王继昌暗弱嗜酒，不恤将士，将士多怨。仁达与继珣说黄仁讽杀继昌及吴成义。仁达欲自立，恐众心未服，以雪峰寺僧卓岩明素为众所重，相与迎之，立以为帝，帅将吏北面拜之，然犹遣使称藩于晋。延政闻之，族黄仁讽家，命统军使张汉真将水军五千，会漳、泉兵讨岩明。

契丹还军南下，晋都排陈使符彦卿等击之，契丹败走。夏四月，晋主还大梁。

杜威等诸军会于定州，攻契丹泰州，降之。取蒲城，获契丹二千人，取遂城。赵延寿部曲有降者言："契丹主还至虎北口，闻晋取泰州，复拥众南向，约八万余骑，计来夕当至。"威等惧，退至阳城。契丹大至，晋军与战，逐北十余里，契丹逾白沟而去。晋军结阵而南，胡骑四合如山，诸军力战拒之，人马饥乏。至白团卫村，埋鹿角为行寨。契丹围之数重，奇兵出寨后断粮道。

是夕，东北风大起，营中掘井辄崩，人马俱渴。至曙风甚，契丹主坐奚车中，命铁鹞四面下马，拔鹿角而入，奋短兵以击晋军，又顺风纵火扬尘以助其势。军士皆愤怒大呼曰："都招讨使何不用兵？令士卒徒死。"诸将请出战，杜威曰："俟风稍缓，徐观可否。"李守贞曰："彼众我寡，风沙之内，

三月，闽国李仁达作乱，拥立僧人卓岩明做皇帝，闽主王延政派兵讨伐。

当初，光州人李仁达在闽国做官，后叛逃到建州。到朱文进作乱时，又叛逃到福州。浦城人陈继珣也是背叛闽主王延政投奔福州的，到这时，二人都感到不安。王继昌愚蠢懦弱，嗜酒如命，不体恤爱护将士，将士多有怨恨。李仁达与陈继珣劝说黄仁讽杀了王继昌和吴成义。李仁达想自立称帝，害怕众人内心不服，因雪峰寺僧人卓岩明素来受到群众尊重，便一起去迎接他，拥立他当皇帝，并率领众吏面朝北向他朝拜，然后派遣使臣向后晋朝廷称藩。王延政听说后，杀了黄仁讽全族，命令统军使张汉真率水军五千，会合漳州、泉州的军队讨伐卓岩明。

契丹兵回师南下，后晋都排陈使符彦卿率兵抗击，契丹兵败退。夏四月，后晋出帝石重贵回到大梁。

杜威等诸军在定州会合，攻打泰州的契丹军队，泰州的契丹兵投降。夺取蒲城，擒获契丹士卒二千人，夺取了遂城。赵延寿部下有投降的人说："契丹主回到虎北口，听说晋兵夺取泰州，又率领众兵向南进军，约有八万多骑兵，预计明晚就能赶到。"杜威等害怕，退却到阳城。契丹军队大举攻来，后晋军队与之交战，打败追击他们十余里，契丹兵越过白沟逃去。后晋军队集结列阵向南行进，契丹骑兵从四面像山岳一样合围过来，后晋诸军顽强抗击，人马饥饿疲乏。后晋军队到达白团卫村，埋下鹿角安营扎寨。契丹军队将他们重重包围，又派奇兵绕到后晋军队营寨后方截断运粮通道。

这天晚上，东北风大起，后晋军营中一挖井便崩塌了，人马都渴得厉害。到天亮时，风刮得更大了，契丹主耶律德光坐在奚车中，命令铁鹞军四面下马，拔掉鹿角攻入营寨，利用短兵器袭击晋军，又顺风纵火扬尘以助其声势。后晋军士都很愤怒，大声呼喊说："都招讨使为什么不命令出兵抗击？让士兵们白白送死。"诸将都请求出兵作战，杜威说："等风势稍微缓和一些，再慢慢看可不可以出战。"李守贞说："敌兵人多我们人少，风沙之中，

莫测多少,惟力斗者胜,此风乃助我也。若俟风止,吾属无类矣。"即呼曰:"诸军齐击贼。"又谓威曰:"令公善守御,守贞以中军决死矣。"马军排阵使张彦泽召诸将问计,皆曰:"虏得风势,宜俟风回与战。"彦泽亦以为然。右厢副使药元福谓彦泽曰:"今军中饥渴已甚,若俟风回,吾属已为虏矣。敌谓我不能逆风以战,宜出其不意急击之,此兵之诡道也。"都排陈使符彦卿曰:"与其束手就擒,曷若以身殉国!"乃与彦泽、元福及皇甫遇引精骑出西门击之,诸将继至。

契丹却数百步,风势益甚,昏晦如夜。彦卿等拥万余骑横击契丹,呼声动天地,契丹大败而走,势如崩山。守贞亦令步兵尽拔鹿角出斗,步骑俱进,逐北二十余里。铁鹞既下马,苍黄不能复上,委弃马仗蔽地。契丹主乘奚车走十余里,追兵急,获一橐驼,乘之而走。诸将请追击之,杜威扬言曰:"逢贼幸不死,更索衣囊耶?"李守贞曰:"人马渴甚,得水足重,难以追寇。"乃退保定州。契丹主至幽州,散兵稍集,以军失利,杖其酋长各数百。诸军引归,晋主亦还大梁。

晋复以邺都为天雄军。　闽兵攻福州,不克。

闽张汉真至福州,黄仁讽闻其家夷灭,开门力战,执汉真斩之。卓岩明无他方略,但于殿上噀水散豆,作诸法事而已。李仁达自判六军诸卫事,使黄仁讽屯西门,陈继珣屯北门。仁讽从容谓继珣曰:"人之所以为人,以有忠信仁义也。

看不清谁多谁少，只有奋力作战的人才能获胜，这风正好是给我们帮忙。如果等到风停再战，我们这些人就不会剩下几个了。"即刻呼喊说："诸军一齐向贼兵出击。"又对杜威说："令公您擅长防御固守，我守贞准备率中路军与敌人决一死战。"马军排阵使张彦泽召集诸将问怎么办好，诸将都说："胡虏现在正是顺风作战，应该等到风向回转时再与他们交战。"张彦泽也认为应该这样做。右厢副使药元福对张彦泽说："现在军中将士饥饿口渴得很，如果等到风向回转，我们都已成为俘虏了。敌人认为我们不能逆风作战，现在应该出其不意突然袭击他，这是用兵的诡诈之道。"都排陈使符彦卿说："与其束手被擒，何如以身殉国！"就与张彦泽、药元福及皇甫遇率领精锐的骑兵出西门进攻契丹，诸将随后也跟了上来。

　　契丹兵退却了几百步，这时风刮得更加厉害，天空昏暗得像黑夜。符彦卿等率领万余骑兵横冲突击契丹军阵，喊杀声震天动地，契丹军队大败而逃，势如山崩地裂。李守贞也命令步兵拔尽鹿角出击战斗，步兵和骑兵一起进攻，追击契丹败兵二十余里。契丹铁鹞军下马后，仓皇之中来不及再上马，把马和兵器丢弃得遍地都是。契丹主乘坐奚车逃跑了十余里，追兵紧急，劫获一匹骆驼，骑上便逃。诸将请求追击契丹军队，杜威扬言说："遇上贼兵侥幸没有死掉，还要索求人家的衣囊吗？"李守贞说："原来人马都渴极了，现在喝足了水加重了体重，难以追上逃兵。"于是便退回来固守定州。契丹主逃到幽州，逃散的士兵逐渐集结，便以打仗失利为由，对酋长们各打军仗数百下。诸军从定州引还，后晋出帝也回到大梁。

　　后晋恢复邺都为天雄军。　闽国军队攻打福州，没有攻克。

　　闽国张汉真率兵到达福州，黄仁讽听说自己家已被灭族，便打开城门，奋力作战，抓住张汉真杀死。卓岩明没有什么治国方略，只会在宫殿上喷水撒豆，做各种法事而已。李仁达自己处理六军诸卫事务，让黄仁讽屯驻西门，陈继珣屯驻北门。黄仁讽从容地对陈继珣说："人之所以能作为人，是因为有忠信仁义。

吾顷尝有功于富沙,中间叛之,非忠也。人以从子托我而与人杀之,非信也。属者与建兵战,所杀皆乡曲故人,非仁也。弃妻子,使人鱼肉之,非义也。此身十沉九浮,死有余愧。"因拊膺恸哭,继珣曰:"大丈夫徇功名,何顾妻子?宜置此事,勿以取祸。"仁达闻之,使人杀之,由是兵权尽归仁达。

五月,晋顺国节度使杜威入朝。

威久镇恒州,贪残不法,又畏懦过甚,每契丹数十骑入境,威已闭门登陴。由是虏无所忌惮,属城多为所屠,威竟不出一卒救之,千里之间暴骨如莽。威见所部残弊,为众所怨,又畏契丹之强,累表求朝,不许。威不俟报,遽委镇入朝,桑维翰曰:"威居常凭恃勋亲,邀求姑息,及疆埸多事,曾无守御之意,宜因此时废之,庶无后患。"晋主不悦,曰:"威,朕之密亲,必无异志。但长公主欲相见耳,公勿以为疑。"维翰自是不敢复言,以足疾辞位。

闽李仁达杀卓岩明,称藩于唐。

仁达大阅战士,阴教军士突前刺杀岩明。共执仁达,使居岩明之坐。仁达乃自称威武留后,奉表称藩于唐,亦遣使入贡于晋。唐以仁达为节度使,赐名弘义。

六月,晋以杜威为天雄节度使。

威献部曲步骑兵四千人,粟十万斛,刍二十万束,云皆在本道。晋主以其所献骑兵隶扈圣,步兵隶护国。威复请

我过去曾有功于富沙王，中途背叛了他，这是不忠。人家把侄子托付给我，而我却跟别人一起把他杀了，这是不信。目前与建州兵作战，所杀的都是同乡故人，这是不仁。抛弃妻子儿女，让人像鱼肉一样宰杀他们，这是不义。我这个人一生十况九浮，死有余愧。"因此抚胸痛哭起来，陈继珣说："大丈夫为功名而死，哪还顾得上妻子儿女？应该把这些事放到一边，不要因此而招致祸患。"李仁达听说后，派人杀死了黄仁讽和陈继珣，从此兵权全部归到李仁达手中。

五月，后晋顺国节度使杜威进京朝见。

杜威镇守恒州已经很长时间，性情贪婪残酷，不守法纪，又过分畏缩怯懦，每当契丹几十个骑兵入境，杜威就已经关闭城门登城守备了。因此，契丹兵无所忌惮，他所辖属的城镇多数被契丹兵屠掠，杜威竟然不派一兵一卒去救援，千里之间暴露的尸骨像草莽一样。杜威看到自己所辖地区破败，为众人所怨恨，又畏惧契丹的强盛，连续上表请求进京朝见，朝廷没有同意。杜威不等批复，就急忙放下军镇入朝，桑维翰说："杜威平常就仗着自己是功臣皇亲，提出过分的要求，等到边疆防卫多事时，一点也没有守土御敌的决心，应该借此时机把他废除罢免，免得给国家带来后患。"后晋出帝石重贵听后很不高兴，说："杜威是朕的至密亲戚，必定不会有二心。只是长公主想见他，您不要对他产生怀疑。"桑维翰从此不敢再说此事，借口脚有病辞职。

闽国李仁达杀掉卓岩明，称藩于南唐。

李仁达大规模检阅军队战士，暗中教唆军士突然上前刺死卓岩明。军士们一起架着李仁达，让他坐在卓岩明的座位上。李仁达于是自称威武留后，向南唐上表称藩，也派遣使臣向后晋入贡。南唐任命李仁达为节度使，赐名弘义。

六月，后晋任命杜威为天雄节度使。

杜威向后晋朝廷献上部下步兵、骑兵共四千人，又献粟十万斛，刍草二十万束，说这些东西都存在本道。后晋出帝石重贵把他所献的骑兵隶属于扈圣军，步兵隶属于护国军。杜威又请求

以为牙队,而禀赐皆仰县官。威又令公主白求天雄节钺,许之。

晋遣使如契丹。

契丹连岁入寇,中国疲于奔命,边民涂地。契丹人畜亦多死,国人厌苦之。述律太后谓契丹主曰:"使汉人为胡主,可乎?"曰:"不可。"太后曰:"然则汝何故欲为汉主?"曰:"石氏负恩不可容。"太后曰:"汝今虽得汉地,不能居也,万一蹉跌,悔何所及?"又谓其群下曰:"汉儿何得一向眠? 自古但闻汉和蕃,不闻蕃和汉。汉儿果能回意,我亦何惜与和?"桑维翰屡劝晋主复请和于契丹,以纾国患,晋主遣使奉表称臣,诣契丹谢过。契丹主曰:"使景延广、桑维翰自来,仍割镇、定两道隶我,则可和。"朝廷以契丹语忿,谓其无和意,乃止。及契丹主入大梁,谓李崧等曰:"向使晋使再来,则南北不战矣。"

秋七月,唐兵拔镡州。

闽人或告福州援兵谋叛,闽主延政收其铠仗,遣还,伏兵杀之,死者八千余人,脯其肉以归为食。唐边镐拔镡州,魏岑、冯延巳、延鲁以师出有功,皆踊跃赞成之。征求供亿,府库为之耗竭,洪、饶、抚、信之民尤苦之。延政称臣吴越以求救。

楚王希范杀其弟希杲。 **八月朔,日食。晋加冯玉同平章事。**

把这些兵马编作牙队,而粮草供给却都由朝廷负责。杜威又让公主向后晋出帝请求让他出任天雄节度使,后晋出帝答应了他的要求。

后晋派遣使臣前往契丹。

契丹连年入侵,中原军队疲于奔命,边境民众受尽苦难。契丹的人口牲畜也死了很多,契丹国人对此深恶痛绝。述律太后对契丹主耶律德光说:"让汉人来当胡人的君主,可以吗?"回答说:"不可以。"太后说:"既然如此,那么你为什么想当汉人的君主呢?"回答说:"石家辜负了我们对他的恩情,实在不能容忍。"太后说:"你现在即使夺取了汉地,也不能居住,万一受到挫折,后悔又哪还来得及呢?"又对契丹的臣子们说:"汉儿又何曾睡过一个好觉呢?自古只听说汉来和蕃的,没有听说过蕃去和汉的。汉儿如果能回心转意,我们又何必吝惜与他们和好呢?"桑维翰屡次劝说后晋出帝石重贵再次与契丹讲和,以缓解国家的祸患,后晋出帝派遣使臣向契丹奉表称臣,到契丹谢罪。契丹主说:"让景延广、桑维翰亲自前来,并割让镇州、定州两道归属我们,就可以讲和。"后晋朝廷因为契丹主说话语气愤怒,认为他没有讲和的意思,便停止了这项活动。等到后来契丹主进入大梁时,对李崧等人说:"假如之前后晋使者再次来到我国,那么我们南北双方就不会再战了。"

秋七月,南唐兵攻克镡州。

闽国有人告发福州援兵图谋叛乱,闽主王延政收缴了他们的铠甲兵器,把他们遣送回福州,路上设伏兵把他们杀了,杀死的有八千多人,把他们的肉做成肉脯带回去当食物。南唐边镐攻克镡州,魏岑、冯延巳、冯延鲁因为出兵有功,都踊跃促成这样做。征收搜求以供应军需物资,把国家府库的积蓄都耗光了,洪、饶、抚、信诸州的民众尤其蒙受苦难。王延政向吴越称臣,以求取救援。

楚王马希范杀了他的弟弟马希杲。 八月初一,出现日食。后晋加授冯玉同平章事。

　　和凝罢,加枢密使冯玉同平章事,事无大小,悉以委之。晋主自阳城之捷,谓天下无虞,骄侈益甚。多造器玩,广宫室,作织锦楼以织地衣,用工数百,期年乃成。又赏赐优伶无度,桑维翰谏曰:"向者陛下亲御胡寇,战士重伤者,赏不过帛数端。今优人一谈一笑称旨,往往赐束帛、万钱、锦袍、银带。彼战士见之,能不觖望? 士卒解体,陛下谁与卫社稷乎?"不听。冯玉每善承迎,益有宠。有疾在家,晋主谓诸宰相曰:"自刺史以上,俟冯玉出乃得除。"玉乘势弄权,赂遗辐凑,朝政益坏。

唐兵拔建州,闽主延政出降,汀、泉、漳州皆降。

　　唐兵围建州既久,建人离心。或谓董思安:"盍早择去就?"思安曰:"吾世事王氏,危而叛之,天下其谁容我?"众感其言,无叛者。唐先锋使王建封先登,遂克建州,闽主延政降,思安整众奔泉州。初,唐兵之来,建人苦王氏之乱与杨思恭之重敛,争伐木开道以迎之。至是纵兵掠焚,建人大失望。

　　汉主杀其仆射王翷。
　　汉主杀刘思潮,以翷尝与高祖谋立弘昌赐死,内外皆惧不自保。
　　冬十月,唐以王延政为羽林大将军。
　　延政至金陵,唐主斩杨思恭以谢建人。以王崇文为永安节度使。崇文治以宽简,建人遂安。

和凝罢相后，加授枢密使冯玉同平章事，朝廷事务无论大小，全都委托冯玉处理。后晋出帝石重贵自从阳城获得胜利后，便认为天下没有可忧虑的事情，骄纵奢侈更加严重。大量制造器具玩物，扩建宫室，建造织锦楼来纺织地毯，征用民工数百人，一年才完成。又毫无节制地赏赐歌舞艺人，桑维翰劝谏说："从前陛下亲自率兵抗击胡人入侵，战士受重伤的，也不过赏给布帛数端。现在艺人一说一笑合乎您的心意，往往要赏给十端布帛、上万钱币、锦袍、银带等。如果让那些战士看到这样，他们能不抱怨吗？如果军队都离心离德了，陛下还靠谁来保卫国家呢？"后晋出帝不听劝告。冯玉经常善于迎合君主的心意，更加受宠。一次他有病在家，后晋出帝对宰相们说："刺史以上的官职，要等冯玉病好出来后才能任命。"冯玉仗势玩弄权力，向他贿赂馈赠物品的马车聚在他家，朝政更加败坏。

南唐军队攻克建州，闽主王延政投降，汀州、泉州、漳州也都向南唐投降。

南唐军队包围建州已经很久，建州城中人心涣散。有人对董思安说："何不尽早选择去向？"董思安说："我世世代代事奉王氏，到危难时背叛他，天下还有谁能容纳我呢？"众人被他的话感动，竟没有一人背叛。南唐先锋使王建封率先登城，于是攻克建州，闽主王延政投降，董思安整顿军队逃往泉州。当初，南唐兵到来之时，建州人为王延政的昏乱和杨思恭的横征暴敛受尽了苦，他们争相砍伐树木开辟道路来迎接南唐军队。等到南唐兵攻克建州后，竟纵容士兵大肆抢掠放火，建州百姓大失所望。

南汉主刘晟杀了他的仆射王翶。

南汉主杀了刘思潮等，因王翶曾与南汉高祖刘龑谋划立刘弘昌而将其赐死，内外大臣都很畏惧，担心不能保全自己的性命。

冬十月，南唐主李璟任命王延政为羽林大将军。

王延政到达金陵，南唐主杀掉杨思恭来建州人谢罪。任命王崇文为永安节度使。王崇文按宽宏简约的方针处理政事，建州百姓于是过上了安定的生活。

十一月，晋遣使如高丽。

初，高丽王建因胡僧袜啰言于晋高祖曰："渤海，我婚姻也，其王为契丹所虏，请与朝廷共击取之。"高祖不报。及是，袜啰复言之，晋主欲使高丽扰契丹东边以分其兵势，会建卒，子武上表告丧，以武为高丽王，遣通事舍人郭仁遇使其国，使击契丹。仁遇见其兵极弱，向者之言，特建为夸诞耳，武亦更以他故为解。

吴越杀其臣杜昭达、阚璠。

吴越内都监使杜昭达、统军使阚璠皆好货，富人程昭悦以货结二人，得侍弘佐左右。昭悦狡佞，王悦之，宠待逾于旧将，璠不能平。昭悦惧，谋去璠。璠专而愎，国人恶之者众，王亦恶之。昭悦私谓右统军使胡进思曰："今欲除公及璠各为本州，使璠不疑，可乎？"进思许之，乃以璠为明州、进思为湖州刺史。璠怒曰："出我于外，是弃我也。"进思曰："老兵得大州幸矣，不行何为？"璠乃受命，既而复以他故留进思。统军使钱仁俊母，杜昭达之姑也。昭悦因谮璠、昭达谋奉仁俊作乱，下狱，锻炼成之。诛璠、昭达，幽仁俊于东府。昭悦治阚、杜之党，凡权位与己侔，意所忌者，诛放百余人。进思重厚寡言，昭悦以为戆，故独存之。昭悦收仁俊故吏慎温其，使证仁俊之罪，拷掠备至。温其坚守不屈，弘佐嘉之，擢为国官。

晋桑维翰罢。

十一月，后晋派遣使臣前往高丽。

当初，高丽王王建通过胡人僧侣袜啰对后晋高祖石敬瑭说："渤海是我们的姻亲之国，渤海国王被契丹俘虏，请求与朝廷共同攻取契丹。"后晋高祖没有答复。到这时，袜啰再次谈到这件事，后晋出帝石重贵想让高丽骚扰契丹东部，来分散契丹的兵力，适逢高丽王王建去世，他的儿子王武向后晋朝廷上表报丧，后晋出帝册封王武为高丽王，派遣通事舍人郭仁遇出使高丽，让高丽进攻契丹。郭仁遇发现高丽兵力极为薄弱，以前所说的话，只是王建夸夸其谈而已，王武也以其他理由为此辩解。

吴越王钱弘佐杀了他的大臣杜昭达、阚璠。

吴越内都监使杜昭达、统军使阚璠都贪财，富人程昭悦用钱财结交二人，使程昭悦得以在吴越王钱弘佐身边侍奉。程昭悦为人狡猾，善于奉承谄媚，吴越王很喜欢他，对他的宠信厚待超过老将，阚璠对此愤愤不平。程昭悦很害怕，谋划着除掉阚璠。阚璠为人专横且刚愎自用，国人憎恶他的人很多，吴越王对他也很憎恶。程昭悦私下对右统军使胡进思说："现在想任命你和阚璠各回本州任官，让阚璠不生疑心，可以吗？"胡进思答应了这件事，于是任命阚璠为明州刺史，任命胡进思为湖州刺史。阚璠发怒说："把我调到外地做官，是抛弃我。"胡进思说："老兵能得个大州也算幸运了，为什么不去呢？"阚璠于是接受了任命，不久又以其他理由留下了胡进思。统军使钱仁俊的母亲，是杜昭达的姑母。程昭悦因而诬陷阚璠和杜昭达合谋拥奉钱仁俊作乱，将他们抓到狱中，罗织罪名而定罪。杀死阚璠、杜昭达，把钱仁俊囚禁在东府。程昭悦大肆抓捕阚璠、杜昭达的党羽，凡是权力、官位与自己相当的，他心里有所忌惮的，被诛杀、流放的有一百多人。胡进思老实巴交，寡言少语，程昭悦认为他憨厚，所以唯独留下了他。程昭悦收捕了钱仁俊的旧臣慎温其，让他证明钱仁俊的罪行，并百般拷打他。慎温其坚贞不屈，钱弘佐赞赏他，提拔他为国家官员。

后晋桑维翰罢相。

初,晋主疾未平,会正旦,枢密使桑维翰遣女仆入宫,起居太后,因问:"皇弟睿近读书否?"冯玉因谮维翰有废立之志,李守贞、李彦韬合谋排之,以赵莹柔而易制,共荐以代维翰。罢维翰政事,为开封尹,以莹为中书令,李崧为枢密使。维翰遂称足疾,希复朝谒,杜绝宾客。或谓冯玉曰:"桑公元老,当优以大藩,奈何使之尹京,亲猥细之务乎?"玉曰:"恐其反耳。"曰:"儒生安能反?"玉曰:"纵不自反,恐其教人耳。"

丙午(946) 晋开运三年。是岁,凡四国三镇。

春正月,唐以宋齐丘为太傅。

唐齐王景达府属谢仲宣言于景达曰:"宋齐丘,先帝布衣之交,今弃之草莱,不厌众心。"景达为之言于唐主曰:"齐丘宿望,勿用可也,何必弃之以为名?"唐主乃以齐丘为太傅,但奉朝请,不预政事。

唐以李建勋、冯延巳同平章事。

建勋练习吏事,而懦怯少断。延巳工文辞而狡佞,喜大言,多树党。水部郎中高越上书指延巳兄弟过恶,唐主怒,贬越蕲州司士。初,唐主置宣政院于禁中,以给事中常梦锡领之,专典机密。梦锡与中书侍郎严续皆忠直无私。唐主谓梦锡曰:"大臣惟严续中立,然无才,恐不胜其党,卿宜左右之。"未几,梦锡罢宣政院,续亦出为池州观察使。梦锡于是称疾纵酒,不复预朝廷事。续,可求之子也。

当初，后晋出帝石重贵病情还未平复，适逢正月初一，枢密使桑维翰派女仆进宫向太后问安，便询问说："皇弟重睿近来读书吗？"冯玉便诬陷桑维翰有废石重贵、立石重睿的心思，李守贞、李彦韬合谋排挤桑维翰，认为赵莹性情软弱容易控制，共同举荐赵莹来替代桑维翰。朝廷罢免了桑维翰的朝中职务，任命他为开封尹，任命赵莹为中书令，李崧为枢密使。桑维翰于是称脚有病，很少再入朝谒见，并谢绝会见宾客。有人对冯玉说："桑公是开国元老，应当优待他，让他担任大藩的长官，怎么让他做京都的长官，亲自去干那些琐碎的杂务呢？"冯玉说："怕他起来造反。"那人说："他只是个读书的儒生，怎么能造反？"冯玉说："纵然他自己不造反，也怕他教唆别人造反。"

丙午（946）　后晋开运三年。这一年，共四个国家、三个藩镇。

春正月，南唐任命宋齐丘为太傅。

南唐齐王李景达的幕僚谢仲宣对李景达说："宋齐丘是先帝贫贱时的老朋友，现在被抛弃在民间，难服众心。"李景达为此对南唐主李璟说："宋齐丘是久负重望的人，不重用他也可以，何必抛弃他给自己招来恶名呢？"南唐主于是任命宋齐丘为太傅，只让他参加朝会，并不参与政务大事。

南唐任命李建勋、冯延巳为同平章事。

李建勋熟悉官场事务，然而为人胆小怕事，优柔寡断。冯延巳擅长文章辞藻，然而为人狡猾，巧言善辩，喜欢说大话，结交了很多党羽。水部郎中高越上书指责冯延巳兄弟作恶多端，南唐主李璟发怒，将高越贬为蕲州司士。当初，南唐主在宫禁中设置宣政院，任命给事中常梦锡主持院事，专门处理国家机要事务。常梦锡和中书侍郎严续都是忠诚正直无私的大臣。南唐主对常梦锡说："大臣中只有严续保持中立，但是没有才能，怕不能战胜朝中其他朋党，你应当从旁边帮助他。"不久，常梦锡被罢免宣政院职务，严续也被调到外地做池州观察使。常梦锡于是上书称病，终天在家饮酒消愁，不再参与朝廷政事。严续是严可求的儿子。

二月朔，日食。　　夏四月，晋灵州党项作乱。

初，冯晖在灵州，留拓跋彦超于州下，故诸部不敢为寇。及将罢镇而纵之。王令温代镇，不存抚羌、胡，以中国法绳之。羌、胡怨怒，彦超与石存、也厮褒三族共攻灵州。

唐泉州牙将留从效逐其刺史王继勋而代之。　　晋定州指挥使孙方简叛降契丹。

定州西北有狼山，土人筑堡于山上，以避胡寇。堡中有佛舍，尼孙深意居之，以妖术惑众，远近信奉之。中山人孙方简及弟行友自言深意之侄，事之甚谨。深意死，方简嗣行其术，称深意坐化，事之如生，其徒日滋。会晋与契丹绝好，北边寇盗充斥，方简、行友因帅乡里豪健，据寺自保。契丹入寇，帅众邀击，颇获其军资，人挈家往依之者益众，遂为群盗。惧为吏所讨，乃归款朝廷，朝廷亦资其御寇，署东北招收指挥使。方简邀求不已，朝廷小不副其意，则举寨降于契丹，请为乡道以入寇。时河北大饥，民饿死者所在以万数，盗贼蜂起，吏不能禁。天雄军将刘延翰市马于边，方简执之，献于契丹。延翰逃归，言："方简欲乘中国凶饥，引契丹入寇，宜为之备。"

六月，晋复以冯晖为朔方节度使。

晖在灵武得羌、胡心，市马期年至五千匹，朝廷忌之，徙镇邠州。晖乃厚事冯玉、李彦韬，复求灵州。会有羌、胡之扰，从之，使将关西兵击羌、胡。

二月初一,出现日食。 **夏四月**,后晋灵州党项人作乱。

当初,冯晖在灵州时,把党项首长拓跋彦超扣留在州里,所以各部落不敢前来进犯。等到冯晖离任时,就把拓跋彦超放了。王令温代替冯晖镇守朔方,他不去安抚羌人、胡人,却用中原的法律来处置他们。羌人、胡人都很怨恨恼怒,拓跋彦超和石存、也厮褒三个部族联合进攻灵州。

南唐泉州牙将留从效驱逐刺史王继勋,取而代之。 **后晋定州指挥使孙方简反叛投降契丹。**

定州西北方有座狼山,当地人在山上修筑城堡,用来躲避胡寇的入侵。城堡中有佛舍,尼姑孙深意居住在里面,用妖术来蛊惑民众,远近的百姓都信奉她。中山人孙方简和弟弟孙行友,自称是孙深意的侄子,事奉她很恭谨。孙深意死后,孙方简继承她的法术,称孙深意已经坐化,像她活着时一样事奉她,他的门徒日益增多。适逢后晋与契丹断绝关系,北部边境盗贼横行,孙方简、孙行友于是率领同乡中豪壮勇健的人,把守寺庙来保护自己。契丹入侵时,孙方简率领大家奋力抗击,缴获了很多军用物资,携带家眷前往依附他的人越来越多,于是便成为强盗。他们因惧怕官府征讨,便归顺朝廷,朝廷也利用他们抵御契丹的入侵,便任命他为东北招收指挥使。孙方简不断向朝廷邀功请赏,朝廷稍不如他的意,他就率全寨向契丹投降,请求作契丹的向导入侵内地。当时正值河北遭遇大饥荒,民众饿死的数以万计,盗贼蜂拥而起,官府不能禁止。天雄军将领刘延翰到边境买马,孙方简抓住他,献给契丹。刘延翰逃跑回来,向朝廷说:"孙方简想乘中原闹饥荒,勾引契丹人入侵,应该做好防备。"

六月,后晋再次任命冯晖为朔方节度使。

冯晖在灵武任官时,很得羌、胡的民心,一年之内买到的马匹达五千匹,朝廷对他有所顾忌,把他调到邠州镇守。冯晖于是用厚礼事奉冯玉、李彦韬,再次请求镇守灵州。适逢朝廷也有羌、胡部族在边境的骚扰,便同意了他的请求,让他率领关西兵马攻击羌、胡。

契丹寇定州,晋遣兵御之。

定州言契丹勒兵压境,诏以李守贞为都部署将兵御之。时李彦韬方用事,视守贞蔑如也,守贞恨之。有自幽州来者,言赵延寿有心归国,李崧、冯玉信之,命杜威致书延寿,啖以厚利,延寿复书乞发大军应接,辞旨恳密,朝廷欣然,复遣人诣延寿以为期约。

唐遣陈觉使福州。

初,唐人既克建州,欲乘胜取福州,唐主不许。枢密使陈觉请自往说李弘义,必令入朝。宋齐丘荐觉才辩可遣,唐主乃以觉为宣谕使,厚赐弘义。弘义知其谋,见觉辞色甚倨,觉不敢言入朝事而还。

秋七月,河决。

河决杨刘,西入莘县,广四十里,自朝城北流。

八月,晋刘知远杀白承福,夷其族。

晋主数召承福入朝,宴赐甚厚,使戍滑州。属岁大热,遣其部落还太原畜牧,多犯法。刘知远无所纵舍,部落知朝廷微弱,且畏知远之严,谋相与遁归故地。有白可久者,位亚承福,帅所部先亡归契丹。知远与郭威谋曰:"今天下多事,置此属于太原,乃腹心之疾也,不如去之。"密表:"吐谷浑反复,请迁于内地。"晋主遣使发其部落,分置诸州。知远遣威诱承福等入居太原城中,诬以谋叛杀之,合四百口,吐谷浑由是遂微。

晋流慕容彦超于房州。

契丹入侵定州，后晋调遣军队抵抗。

定州上报朝廷，说契丹重兵压境，朝廷下诏书任命李守贞为都部署率兵抵抗。当时李彦韬正执掌权柄，很看不起李守贞，李守贞也很憎恨他。有从幽州来的人，说赵延寿有意归顺后晋，李崧、冯玉相信这事，命令杜威给赵延寿写信，用丰厚的财利来引诱他，赵延寿回信请求朝廷派遣大军接应，言辞恳切真挚，朝廷很高兴，再次派人去见赵延寿与他约定日期。

南唐派陈觉出使福州。

当初，南唐人攻克建州后，想乘胜夺取福州，南唐主李璟没有准许。枢密使陈觉请求亲自去说服李弘义，必定让他入朝称臣。宋齐丘也推荐陈觉多才善辩可以派遣，南唐主于是任命陈觉为宣谕使，用丰厚的财物赏赐李弘义。李弘义明白了他们的计谋，会见陈觉时，言辞、脸色非常傲慢，陈觉不敢提朝见的事便返回了。

秋七月，黄河决口。

黄河在杨刘决口，向西流入莘县，河面涨水宽有四十里，从朝城向北流去。

八月，后晋刘知远杀死白承福，诛灭他全族。

后晋出帝石重贵多次召唤白承福入朝，宴请和赏赐都很隆重丰厚，并让他戍守滑州。适逢天气酷热，白承福遣送他的部下回太原畜牧，很多人犯法。刘知远对犯法者毫不宽纵，白承福部落的人知道后晋朝廷软弱，而且害怕刘知远的严厉，便谋划着共同跑回老家。有个叫白可久的人，地位仅次于白承福，率领部下最先逃回契丹。刘知远和郭威谋划道："现在天下多事，把吐谷浑部落安置在太原，乃是心腹之患，不如把它除掉。"送上密表称："吐谷浑反复无常，请求把他们迁到内地。"后晋出帝派遣使臣将吐谷浑部落分别安置各州。刘知远派遣郭威引诱白承福等人住进太原城中，诬陷他们图谋反叛，把他们杀了，一共四百人，吐谷浑从此开始衰败。

后晋把慕容彦超流放到房州。

濮州刺史慕容彦超坐违法科敛，擅取官麦。李彦韬素与彦超有隙，发其事，趣冯玉使杀之。李崧曰："如彦超之罪，今天下藩侯皆有之。若尽其法，恐人人不自安。"乃赦免死，削官爵，流房州。

唐攻福州，克其外郭。

唐陈觉自福州还，耻无功，矫诏召弘义入朝，擅发汀、建、抚、信州兵，命冯延鲁将之趣福州。唐主以觉专命，甚怒，群臣多言："兵已傅城下，不可中止，当发兵助之。"觉、延鲁进攻福州，弘义出击，大破之。唐主遣王崇文、魏岑会兵攻福州，克其外郭，弘义固守第二城。

冯晖击破党项，入灵州。

冯晖引兵过旱海，糇粮已尽。拓跋彦超众数万扼要路、据水泉以待之，军中大惧。晖以赂求和于彦超，彦超许之。自旦至日中，使者往返数四，兵未解。药元福曰："虏知我饥渴，阳调和以困我耳。若至暮，则吾辈成擒矣。今虏虽众，精兵不多，依西山而陈者是也。其余步卒，不足为患。请公严陈以待我，我以精骑先犯西山兵，小胜则举黄旗，大军合势击之，破之必矣。"乃帅骑先进，用短兵力战，彦超小却，元福举黄旗，晖引兵赴之，彦超大败。明日，晖入灵州。

晋张彦泽败契丹于定州北。　晋以楚王希范为诸道兵马元帅。

希范知晋主好奢靡，屡以珍玩为献，求都元帅，故有是命。

濮州刺史慕容彦超因违法摊派赋税、擅自取走官仓的麦子而有罪。李彦韬素来与慕容彦超有嫌隙，告发了这件事，并催促冯玉杀掉他。李崧说："像慕容彦超所犯的罪，现在各地的藩镇诸侯都有。如果全都依法处置，恐怕人人都不能安心。"于是下敕免了慕容彦超的死刑，削去官职爵位，流放到房州。

　　南唐进攻福州，攻克福州的外城。

　　南唐陈觉从福州返回，耻于此行没有功劳，就假托朝廷诏书，征召李弘义入朝，并擅自调动汀州、建州、抚州、信州的军队，命令冯延鲁统领他们赶赴福州。南唐主李璟认为陈觉独断专行，非常恼怒，群臣多数说："军队已经逼近福州城下，不能中途停止，应当继续发兵助攻。"陈觉、冯延鲁共同进攻福州，李弘义出兵抗击，大败南唐军。南唐主派遣王崇文、魏岑联兵进攻福州，攻克福州的外城，李弘义固守第二道城墙。

　　冯晖打败党项人，进入灵州。

　　冯晖率兵走过旱海，干粮已经吃光。拓跋彦超统帅几万大军扼守要道，占据水源，严阵以待，冯晖军中大为恐惧。冯晖用财物向拓跋彦超求和，拓跋彦超答应了。从早晨到中午，使者往返多次，对方的军队还未解除。药元福说："胡虏知道我们又饥又渴，假装跟我们讲和，实际却困住我们。如果到了傍晚，那么我们就被要活捉了。现在胡虏虽然人多，但精兵并不多，只有依靠西山布阵那些罢了。其余的步兵，不值得担心。请你严阵以待我的信号，我用精锐的骑兵首先攻击西山的军队，如获小胜就举起黄旗，然后大军合力进攻，必然能够大败敌军。"药元福于是率领骑兵首先进攻，用短兵器全力作战，拓跋彦超稍稍退却，药元福便举起黄旗，冯晖率兵赶到，拓跋彦超被打得大败。第二天，冯晖率兵进入灵州。

　　后晋张彦泽在定州北打败契丹兵。　　后晋出帝石重贵任命楚王马希范为诸道兵马元帅。

　　马希范知道后晋出帝喜好奢侈靡丽，多次进献玩物珍宝，谋求都元帅的职位，所以便有这项任命。

冬十月,晋遣杜威将兵伐契丹。

契丹使瀛州刺史刘延祚遗乐寿监军王峦书,请举城内附。云:"城中契丹兵不满千人,乞朝廷发轻骑袭之,已为内应。契丹主已归牙帐,地远阻水,不能救也。"峦与杜威屡奏,瀛、莫乘此可取,冯玉、李崧信以为然,欲发大兵迎赵延寿及延祚。先是,李守贞数将兵过广晋,杜威厚待之,赠金帛甲兵,动以万计。守贞入朝,因言:"陛下若他日用兵,臣愿与威戮力以清沙漠。"及将北征,晋主与冯玉、李崧议以威为都招讨使,守贞副之。赵莹私谓冯、李曰:"杜令国戚,贵为将相,而所欲未厌,心常慊慊,岂可复假以兵权?必若有事北方,不若止任守贞为愈也。"不从。十月,下敕榜曰:"专发大军,往平黠虏,先收瀛、莫,安定关南。次复幽燕,荡平塞北。有能擒获虏主者,除上镇节度使,赏钱万缗,绢万匹,银万两。"时自六月积雨,至是未止,军行及馈运者甚艰苦。

吴越遣兵救福州。

唐主命留从效将州兵会攻福州,福州遣使乞师于吴越,吴越王弘佐召诸将,皆曰:"道险远难救。"内都监使水丘昭券以为当救。弘佐曰:"唇亡齿寒,吾为天下元帅,曾不能救邻道,将安用之?诸军但乐饱食安坐邪?"遣统军使张筠将兵救福州。先是,募兵久无应者,弘佐命纠之。曰:"纠而为兵者,粮赐减半。"明日,应募者云集。弘佐命昭券专掌用兵,程昭悦掌应援馈运事,而以军谋委元德昭。

冬十月，后晋派遣杜威率兵讨伐契丹。

契丹让瀛州刺史刘延祚给乐寿监军王峦写信，请求率领全城官兵投降后晋。信中说："城中契丹兵不足一千人，请朝廷派轻骑前来袭击，自己作为内应。契丹主已回归牙帐，路途遥远又隔着河，不能前来救援。"王峦和杜威多次上奏，瀛州、莫州可以趁此机会攻取，冯玉、李崧都信以为真，想派出大军迎接赵延寿和刘延祚。此前，李守贞多次率兵路过广晋，杜威总是优待他，赠送给他金银丝帛和铠甲兵器等，动辄数以万计。李守贞入朝时，对后晋出帝说："陛下如果他日用兵打仗，我愿与杜威同心协力来肃清沙漠的敌人。"等到将要北伐时，后晋出帝石重贵与冯玉、李崧商议，任命杜威为都招讨使，李守贞为副手。赵莹私下对冯玉、李崧说："杜威是皇帝的亲戚，又有将相的显贵地位，他的欲望没有满足的时候，心里常常不满，怎么能再把兵权交给他呢？如果一定要对北方用兵，不如只任用李守贞为好。"冯玉、李崧没有听从。十月，下敕榜说："这次朝廷专门调发大军，前往扫平黠虏，先收取瀛州、莫州，安定关南。其次收复幽燕，扫荡平定塞北。有能擒获胡虏君主的，任命为上镇节度使，赏赐金钱一万缗，绢帛一万匹，银子一万两。"当时从六月开始连日下雨，到这时一直未停，行军和运送粮草物资都很艰难辛苦。

吴越派兵援救福州。

南唐主李璟命令留从效率领州中军队合攻福州，福州方面派遣使者到吴越乞求援兵，吴越王钱弘佐召集诸将商议，诸将都说："道路又险又远，很难援救。"只有内都监使水丘昭券认为应当援救。钱弘佐说："嘴唇没有了，牙齿就会感到寒冷，我作为天下的统兵元帅，却不能解救邻邦，那还有什么用？诸军将领只喜欢吃饱坐着没事干吗？"便派遣统军使张筠率兵救援福州。此前，招募士兵很长时间都没有应募的，钱弘佐下令征集，并说："凡被征集当兵的，粮食和赏赐将减少一半。"第二天，应募的人云集而至。钱弘佐命令水丘昭券专管用兵之事，命程昭悦掌管接应后援物资运输事宜，而把军事谋略的大事交给元德昭掌管。

弘佐议铸铁钱以益将士禄赐,其弟弘亿谏曰:"铸铁钱有八害:新钱既行,旧钱皆流入邻国,一也。可用于吾国而不可用于他国,则商贾不行,百货不通,二也。铜禁至严,民犹盗铸,况家有铛釜,野有铧犁,犯法必多,三也。闽人铸铁钱而乱亡,不足为法,四也。国用幸丰而自示空乏,五也。禄赐有常而无故益之,以启无厌之心,六也。法变而弊,不可遽复,七也。钱者国姓,易之不祥,八也。"弘佐乃止。

十一月,晋师至瀛州,与契丹战,不利而还。

杜威、李守贞会兵于广晋而北行。威屡使公主入奏,请益兵,由是禁军皆在麾下,而宿卫空虚。十一月,至瀛州,城门洞启,寂若无人,威等不敢进。闻契丹将高谟翰先已引兵潜出,威遣梁汉璋将二千骑追之,汉璋败死,威等引兵南还。

吴越兵救福州,不克。

吴越兵至福州,潜入州城。唐兵进据东武门,李达与吴越兵御之,不利。自是内外断绝,城中益危。唐主遣王建封助攻福州。时王崇文虽为元帅,而陈觉、冯延鲁、魏岑争用事,留从效、王建封倔强不用命,各争功,进退不相应。由是将士皆解体,故攻城不克。

契丹大举入寇。十二月,晋将王清战死,杜威等以兵降。契丹遣兵入大梁,执晋主重贵以归,杀桑维翰,囚景延广。

钱弘佐提议用铸铁钱来增加将士的俸禄赐赏,他的弟弟钱弘亿劝谏说:"铸铁钱有八大害处:新钱一开始发行,旧钱都会流入邻国,这是第一条。可在我国使用而不能在他国使用,在商人就不会往来,百货就不能流通,这是第二条。铜钱被严格禁止铸造,百姓还会偷偷铸造,何况各家都有铁锅,地里有铧犁,私铸犯法的必然很多,这是第三条。闽人因私铸铁钱而致动乱灭亡,不值得效法,这是第四条。国家费用很丰厚充足,而铸造铁钱却是自己显示国库空虚,这是第五条。俸禄赏赐本来有常数,而无故增加会诱发贪得无厌之心,这是第六条。钱法变更而产生弊端,很难立即恢复,这是第七条。钱是国姓,随便改动不吉利,这是第八条。"钱弘佐于是放弃了这种想法。

十一月,后晋军队到达瀛州,与契丹交战,失利退回。

杜威、李守贞率军在广晋会师后向北进发。杜威多次让公主入宫上奏,请求增兵,由此禁军都归属在他的麾下,皇宫的宿值警卫力量都因此空虚薄弱。十一月,后晋军队到达瀛州,发现那里城门都敞开着,寂静得像没有人一样,杜威等人不敢进城。听说契丹将领高谟翰先前已经率兵偷跑出城,杜威便派遣梁汉璋率领二千骑兵追击高谟翰军,梁汉璋战败而死,杜威等率兵向南回撤。

吴越军队救援福州,没有取胜。

吴越军队到达福州,秘密地进入城中。南唐军队进城后占据东武门,李达与吴越军队共同抗击,战事不利。从此福州城与外界断绝联系,城中形势更加危急。南唐主李璟派遣王建封帮助进攻福州。当时,王崇文虽为军中元帅,而陈觉、冯延鲁、魏岑都争着主事,留从效、王建封又倔强不服从命令,各自争抢功劳,军队进退互不照应。因此,军中将士都人心涣散,所以福州城攻不下来。

契丹大举入侵。十二月,后晋将领王清战死,杜威等率兵投降。契丹派兵进入大梁,捉住后晋出帝石重贵带回,杀死桑维翰,囚禁景延广。

契丹主大举入寇，趣恒州。杜威等闻之，将自冀、贝而南。张彦泽时在恒州，引兵会之，言契丹可破之状。威等乃复趣恒州，以彦泽为前锋，与契丹夹滹沱而军。契丹恐晋军急度滹沱与恒州合势，议引兵还。及闻晋军筑垒为持久之计，遂不去。威性懦怯，偏裨皆节度使，但日相承迎，置酒作乐，罕议军事。磁州刺史李毂说威及李守贞曰："今大军去恒州咫尺，烟火相望。若多以三股木置水中，积薪布土其上，桥可立成。密约城中举火相应，夜募壮士斫虏营而入，表里合势，虏必逃遁。"诸将皆以为然，独杜威不可，遣毂出督怀、孟军粮。

契丹以大兵当晋军之前，潜遣其将萧翰将百骑出晋军之后，断晋粮道及归路。樵采者遇之，尽为所掠。有逸归者，皆称虏众之盛，军中凶惧。翰等获晋民，皆黥其面曰："奉敕不杀。"纵之南走。运夫在道遇之，皆弃车惊溃。

十二月，李毂自书密奏，具言大军临危之势，请幸滑州，及发兵守澶州、河阳，以备奔冲。杜威奏请益兵，诏悉发守宫禁者，得数百人赴之。威又遣使告急，还为契丹所获，自是朝廷与军前声问两不相通。开封尹桑维翰以国家危在旦夕，求见言事，晋主方在苑中调鹰，辞不见。又诣执政言之，执政不以为然，退谓所亲曰："晋氏不血食矣。"晋主欲自将北征，李彦韬谏而止。诏以高行周、符彦卿共戍

契丹主耶律德光率兵大举入侵，直扑恒州。杜威等听到消息后，准备从冀州、贝州向南走。张彦泽当时正在恒州，率兵与杜威等会师，陈述契丹兵可以打败的状况。杜威等人于是再次赶到恒州，用张彦泽为前锋，与契丹军队隔着滹沱河驻扎下来。契丹怕后晋军队强渡滹沱河与恒州军队联合夹击，便商议退兵返回。等到听说后晋军队构筑营垒作持久作战的打算后，便决定不退兵了。杜威生性懦弱胆小，他手下将领都是节度使，只知道整天奉承迎合，饮酒作乐，很少议论军事。磁州刺史李毂劝说杜威和李守贞道："现在大军距离恒州只有咫尺之近，彼此间的烟火都能看见。如果把很多用三根木棒捆成的木桩放在水中，上面再铺些柴草和土，桥就可以立刻架成。然后再密约城中守军举火作为联络信号，夜间招募壮士砍断敌营栅栏冲进去，形成里外夹击之势，胡虏必定败逃。"诸将都认为李毂说得对，只有杜威认为不行，于是便派遣李毂出去到怀州、孟州督运军粮。

契丹用大军阻挡后晋军队的前进，又悄悄派遣将领萧翰率领百余骑兵跑到后晋军队的后面，切断后晋军队的粮道和归路。后晋军中负责打柴的人遇到萧翰的部队，全都被抓走。有脱逃回来的，都声称契丹军队很强大，后晋军中人心惶惶。萧翰等人抓获后晋百姓，都在脸上刺"奉敕不杀"四个黑字，放他们往南走。运送物资的民夫在路上遇见他们，都丢下车马惊慌溃逃。

十二月，李毂亲自向后晋出帝书写密奏，详细说明后晋大军当前面临的危急形势，请求皇帝亲临滑州，并派兵固守澶州、河阳，以防备契丹军队的冲击。杜威也上奏请求增兵，后晋出帝下诏书调发守卫宫城的人，调集几百人奔赴前线。杜威又派遣使臣告急，使臣在返回途中被契丹抓获，从此朝廷与前线军队失去联系。开封府尹桑维翰因为国家危在旦夕，求见皇帝商议事情，后晋出帝正在御苑中玩弄鹰鸟，推辞不见。桑维翰又要求向执政的大臣谈论此事，执政的大臣也不以然，桑维翰回来后对亲近的人说："晋国的宗庙怕是得不到祭祀了。"后晋出帝想亲自率军北征，李彦韬劝谏并阻止了他。下诏命令高行周、符彦卿共同守卫

澶州,景延广戍河阳。

指挥使王清言于杜威曰:"请以步卒二千为前锋,夺桥开道,公帅诸军继之,得入恒州,则无忧矣。"威许诺,遣清与宋彦筠俱进。清战甚锐,契丹小却,诸将请以大军继之,威不许。彦筠败走,清独帅麾下力战,屡请救,威竟不遣一骑助之。清谓其众曰:"上将握兵,坐观吾辈困急而不救,此必有异志,吾辈当以死报国耳。"众感其言,莫有退者,至暮战不息。契丹以新兵继之,清及士众尽死,由是诸军皆夺气。

契丹遥以兵环晋营,军中食尽。威与李守贞、宋彦筠谋降契丹,威潜遣腹心诣契丹牙帐,邀求重赏。契丹主给之曰:"赵延寿威望素浅,恐不能帝中国,汝果降者,当以汝为之。"威喜,遂定降计。伏甲召诸将,出降表使署名,诸将骇愕听命。命军士出陈于外,军士皆踊跃,以为且战。威亲谕之曰:"今食尽涂穷,当为汝曹共求生计。"因命释甲,军士皆恸哭,声振原野。威、守贞仍于众中扬言主上失德,信任奸邪,猜忌于己,闻者无不切齿。契丹主遣赵延寿衣赭袍至晋营,慰抚士卒,亦以赭袍衣威,其实皆戏之耳。威引契丹主至恒州城下,顺国节度使王周亦出降。

先是,契丹主屡攻易州,刺史郭璘固守拒之。契丹主每过城下,指而叹曰:"吾能吞并天下,而为此人所扼。"至是,遣通事耿崇美至易州,诱谕其众,众皆降,璘不能制,遂为

澶州,景延广守卫河阳。

指挥使王清对杜威说:"请求用步兵二千人为前锋,抢夺桥梁,开辟道路,您率领各军紧随其后,能够进入恒州,就没有忧虑了。"杜威答应了,便派遣王清和宋彦筠一同前进。王清率军作战锐不可当,契丹兵稍微退却,众将请求派大军前去接应,杜威不允许。宋彦筠被打败逃走,王清独自率领麾下兵将奋力作战,多次请求救援,杜威始终不派一个骑兵援助。王清对他的士兵说:"上将手握重兵,却坐观我们处在危急之中而不救援,他必定有叛变的意图,我们应当以死报国。"众人被他的话所感动,没有一人后退,到傍晚仍战斗不息。契丹又派新到的军队与他们作战,王清及其部下全都战死,从此后晋军队都丧失了士气。

契丹派兵远远地包围了后晋军营,后晋军中粮食吃光了。杜威和李守贞、宋彦筠谋划投降契丹,杜威还暗中派遣心腹到契丹牙帐中,要求重赏。契丹主欺骗他说:"赵延寿威望素来不高,恐怕不能在中原当皇帝,你如果能投降过来,就让你当中原皇帝。"杜威很高兴,于是便定下投降的计策。杜威在埋伏好全副武装的士兵后,便召集各将领前来,拿出降表让他们签名,众将领都惊愕害怕地听从了命令。杜威命令全军将士到营外列阵,将士都非常踊跃,以为是要打仗。杜威亲自告诉他们说:"现在全军粮食已经吃光,无路可走,我应当为你们大家求一条活路。"于是命令全军将士放下武器,军士们都号啕大哭,哭声震撼原野。杜威、李守贞还在众人中宣扬后晋出帝没有德行,信任奸邪的小人,猜忌自己,听的人没有不恨得咬牙切齿的。契丹主派遣赵延寿穿着红褐色的袍服到后晋军营中,安慰抚问士兵,也给杜威穿上红褐色的袍服,其实都是戏弄他们而已。杜威引导契丹主来到恒州城下,顺国节度使王周也出城投降。

此前,契丹主多次进攻易州,刺史郭璘坚守城池,抵抗契丹军队入侵。契丹主每次经过易州城下,都指着城感叹道:"我能吞并天下,却被此人所扼阻。"到这时,契丹主派遣通事耿崇美来到易州,诱劝郭璘的部下,部下们都投降了,郭璘不能制止,于是被

崇美所杀。契丹主以孙方简为义武节度使,麻答为安国节度使。张砺言于契丹主曰:"今大辽已得天下,中国将相宜用中国人为之,不宜用北人及左右近习。苟政令乖失,则人心不服,虽得之犹将失之。"契丹主不从。

引兵南,杜威将降兵以从,遣张彦泽将二千骑先取大梁,能通事傅住兒为都监。杜威之降也,皇甫遇初不预谋。契丹主欲遣遇先入大梁,遇辞,退谓所亲曰:"吾位为将相,败不能死,忍复图其主乎?"至平棘,谓从者曰:"吾不食累日矣,何面目复南行?"遂扼吭而死。张彦泽倍道疾驱,夜渡白马津。晋主召李崧、冯玉、李彦韬入禁中计事,欲诏刘知远发兵入援。明日,彦泽自封丘门斩关而入,城中大扰。晋主于宫中起火,自携剑驱后宫赴火,为亲军将薛超所持。俄而彦泽传契丹主与太后书慰抚之,且召桑维翰、景延广。晋主乃命灭火,与后妃聚泣。召范质草降表,自称:"孙男臣重贵,祸至神惑,运尽天亡。今与太后及妻冯氏举族面缚待罪,遣男延煦、延宝奉国宝出迎。"太后亦上表称"新妇李氏妾"。傅住兒入宣契丹主命,晋主脱黄袍服素衫拜受,左右皆掩泣。使召张彦泽,欲与计事,彦泽微笑不应。

或劝桑维翰逃去,维翰曰:"吾大臣,逃将安之?"坐而俟命。彦泽以晋主命召维翰,维翰至天街,遇李崧,驻马语未毕,有军吏于马前揖维翰赴侍卫司。维翰知不免,顾谓崧

耿崇美杀掉。契丹主任命孙方简为义武节度使,任命麻答为安国节度使。张砺对契丹主说:"现在大辽已经得到了天下,中原的将相应当由中原人来担任,不应该用北方人以及您身边亲近的人。如果推行的政令出现乖乱失误,那么人心就会不服,那样即使得到了天下,最终还是会失去天下。"契丹主没有听从张砺的建议。

契丹主率兵南下,杜威率降兵跟随,派遣张彦泽率二千骑兵先去攻取大梁,任命通事傅住儿为都监。杜威投降的事,皇甫遇当初没有参与谋划。契丹主想派遣皇甫遇先率兵攻入大梁,皇甫遇拒绝了,退下来对亲信说:"我官至将相,战败不能身死,怎能忍心再谋害君主呢?"走到平棘,对随从的人说:"我不吃东西已经好几天了,战败了不能去死,还有什么脸面再往南走呢?"于是上吊自缢而死。张彦泽率兵日夜兼程疾驰如飞,夜间渡过白马津。后晋出帝召集李崧、冯玉、李彦韬入宫议事,打算下诏命刘知远率兵入城救援。第二天,张彦泽从封丘门破关入城,城中大乱。后晋出帝在宫中放起了火,自己拿着宝剑驱赶后宫的人进入火场,被亲军将领薛超控制了。不久张彦泽传进契丹主给太后的书信以慰抚他们,并召集桑维翰、景延广前来。后晋出帝于是命令灭火,与后妃们聚在一起哭泣。后晋出帝又召范质来草拟降表,自称:"孙男臣重贵,祸患到来,神志迷惑,运数已尽,天命消亡。现在与太后及妻子冯氏,还有全家族人两手反绑等待治罪,派遣儿子延煦、延宝奉上国宝金印出城迎接。"太后也上表称"新妇李氏妾"。傅住儿入宫宣布契丹主的命令,后晋出帝脱下黄袍穿上素色的衣衫,叩拜接受命令,宫内左右侍从们都掩面哭泣。后晋出帝让人去召张彦泽,想与他商议事情,张彦泽微笑着不答应。

有人劝桑维翰逃跑,桑维翰说:"我是大臣,逃到哪里去呢?"坐在那里待命。张彦泽用后晋出帝的名义征召桑维翰,桑维翰走到天街,遇见李崧,停下马交谈,话还没说完,便有军吏到马前揖请桑维翰快去侍卫司。桑维翰知道自己难免一死,回头对李崧

曰：“侍中当国，今日国亡，反令维翰死之，何也？”崧有愧色。彦泽倨坐见维翰，维翰责之曰：“去年拔公于罪人之中，复领大镇，授以兵权，何乃负恩至此？”彦泽无以应，遣兵守之。

彦泽纵兵大掠，二日，都城为之一空。彦泽自谓有功于契丹，旗帜皆题“赤心为主”，见者笑之。彦泽素与阁门使高勋不协，杀其叔及其弟。中书舍人李涛谓人曰：“吾与其逃于沟渎而不免，不若往见之。”乃投刺谒彦泽，曰：“上疏请杀太尉人李涛，谨来请死。”彦泽欣然接之，谓涛曰：“舍人惧乎？”涛曰：“涛今日之惧，亦犹足下昔年之惧也。向使高祖用涛言，事安至此？”彦泽大笑，命酒饮之，涛引满而去，旁若无人。

彦泽迁晋主于开封府，顷刻不得留，见者流涕。晋主悉以内库金珠自随，彦泽曰：“此物不可匿也。”晋主悉归之，亦分以遗彦泽。彦泽遣指挥使李筠以兵守晋主，内外不通，上契丹主表章皆先示彦泽，然后敢发。使取内库帛，主者不与，曰：“此非帝物也。”求酒于李崧，崧亦辞不进。欲见李彦韬，彦韬亦不往。

冯玉佞彦泽，求自送传国宝，冀契丹复任用。延煦之母有美色，彦泽使人取之。杀桑维翰，以带加颈，白契丹主，云其自经，契丹主命厚抚其家。高行周、符彦卿皆诣契丹降，契丹主以阳城之败诘之，彦卿曰：“臣当时惟知为晋主竭力，今日死生惟命。”契丹主笑而释之。

说："侍中主持国政,现在国家灭亡,反而让桑维翰去死,这是为什么呢?"李崧露出惭愧的脸色。张彦泽傲慢地坐着接见桑维翰,桑维翰指责他说："去年从罪人之中把你提拔上来,再次让你管辖一个大的藩镇,并授给你兵权,你怎么能忘恩负义到这种地步?"张彦泽无话可答,派兵看守桑维翰。

张彦泽放纵士兵大肆抢掠,两天时间,都城便被抢劫一空。张彦泽自认为对契丹有功,他的旗帜上都写着"赤心为主"四个字,看见的人都耻笑他。张彦泽一向与阁门使高勋关系不好,借此机会杀了高勋的叔父和弟弟。中书舍人李涛对人说："我与其逃到水沟里不免一死,不如前往去见他。"于是便投名帖谒见张彦泽,说："上疏请杀太尉的李涛,谨来请死。"张彦泽欣然接见了他,对李涛说："你害怕吗?"李涛说："我今天的害怕,也像你从前的害怕一样。过去如果让高祖听了我李涛的话,事情怎么能到这种地步?"张彦泽听后大笑,命人拿酒让李涛喝,李涛拿酒杯斟满后一饮而尽,旁若无人似的走了。

张彦泽将后晋出帝迁往开封府,片刻不得停留,见到的人都流下眼泪。后晋出帝把内库的金银珠宝全都随身带上,张彦泽说："这些物品无法藏匿。"后晋出帝把这些财宝都放回内库,也分了一份给张彦泽。张彦泽派遣指挥使李筠用兵看守后晋出帝,使后晋出帝与外界失去联系,上书契丹主的表章,都要先让张彦泽看过,然后才敢发出。后晋出帝让人取一点内库的丝帛,管内库的人不给,说："这不是皇帝的物品。"向李崧要酒,李崧也推辞不给。想会见李彦韬,李彦韬也不愿来。

冯玉巴结张彦泽,请求亲自去送传国之宝,希望契丹再次任用他。石延煦的母亲很有姿色,张彦泽派人把她带来。张彦泽杀了桑维翰,然后用带子加到他的脖颈上,声称他是上吊自杀,契丹主命人用丰厚的财物抚恤桑维翰的家属。高行周、符彦卿都向契丹投降,契丹主以阳城之败责问符彦卿,符彦卿说："我当时只知为晋主竭尽全力,今天生死只听您的命令。"契丹主笑着释放了他。

契丹主赐晋主手诏曰："孙勿忧，必使汝有啖饭之所。"又以所献传国宝非真诘之，晋主奏："顷王从珂自焚，旧传国宝不知所在，此宝先帝所为，群臣备知。"乃止。有司欲使晋主衔璧牵羊，大臣舆榇迎于郊外，契丹主曰："吾遣奇兵取大梁，非受降也。"不许。又诏晋文武群僚，一切如故。朝廷制度，并用汉礼。

遣兵趣河阳捕景延广，延广见契丹主于封丘，契丹主诘之曰："致两主失欢，皆汝所为也，十万横磨剑安在？"召乔荣使相辨证，延广初不服，荣以纸所记语示之，乃服。延广伏地请死，乃锁之。

契丹主赐给后晋出帝亲笔诏书说："孙儿不要担忧，一定让你有吃饭的场所。"契丹主又以后晋出帝所献传国之宝不是真的为由，责问后晋出帝，后晋出帝上奏说："不久前李从珂自焚时，旧的传国之宝就不知去向，这个国宝是先帝所制，群臣全都知道。"于是作罢。有关官吏想让后晋出帝口衔玉璧，手牵着羊，大臣用车拉着棺材到郊外迎接契丹主，契丹主说："我派奇兵夺取大梁，不是来受降的。"不许这样做。又下诏书告诉后晋文武百官，一切都照旧。朝廷制度，全用汉人礼节。

契丹主又派兵赶到河阳捉拿景延广，景延广在封丘见到契丹主，契丹主责问他说："导致两国君主不和，都是你所干的事，你说的'十万横磨剑'现在哪里呢？"召来乔荣让他俩互相辩论对质，景延广开始不服，乔荣把纸上所记的话让他看，他才心服。景延广伏在地下请求赐死，于是把他关押起来。

资治通鉴纲目卷五十八

起丁未(947)汉高祖刘知远晋天福十二年,尽辛亥(951)周太祖郭威广顺元年。凡五年。

丁未(947)　二月,汉高祖刘知远立,仍称晋天福十二年,六月,改号汉。是岁,晋亡,汉兴,并蜀、南汉、南唐凡四国,吴越、湖南、荆南凡三镇。

春正月,契丹德光入大梁,杀张彦泽,景延广自杀。

正月朔,百官遥辞晋主于城北,乃易素服纱帽迎契丹主,伏路侧请罪。契丹主命起改服,抚慰之。晋主、太后迎于封丘门外,契丹主辞不见。遂入门,民皆惊走。契丹主遣通事谕之曰:“我亦人也,汝曹勿惧,会当使汝曹苏息。我无心南来,汉兵引我至此耳。”至明德门,下马拜而后入。日暮复出,屯于赤冈。执杨承勋,责以杀父叛契丹,杀之。高勋诉张彦泽杀其家人,契丹主亦怒彦泽剽掠京城,锁之,百姓争投牒疏彦泽罪,遂与傅住儿俱斩北市,仍命高勋监刑。彦泽前所杀士大夫子孙,皆经杖号哭诟骂,以杖扑之。勋命剖其心以祭死者,市人争破脑取髓,脔其肉而食之。契丹送景延广归其国,宿陈桥,夜扼吭而死。

后汉高祖

丁未（947） 二月，后汉高祖刘知远即位，仍称晋天福十二年，六月，改国号为汉。这一年，后晋灭亡，后汉建立，加上后蜀、南汉、南唐共四个国家，吴越、湖南、荆南共三个藩镇。

春正月，契丹主耶律德光进入大梁，杀了张彦泽，景延广自杀。

正月初一，后晋文武百官在大梁城北远远地向后晋出帝石重贵告别，然后换上白服纱帽迎接契丹主的到来，他们都跪在路旁请罪。契丹主命令他们起来改换服装，并安抚慰问他们。后晋出帝和太后在封丘门外迎接，契丹主推辞不见。于是契丹主进入城门，百姓都惊呼跑掉。契丹主派翻译告诉百姓说："我也是人，你们不要害怕，我会让你们休养生息。我根本无心南来，是汉兵引我到这里来的。"到了明德门，契丹主下马叩拜后入宫。日落时分，契丹主退出城门，屯兵于赤冈。抓住郑州防御使杨承勋，责备他杀父背叛契丹，杀了他。高勋控诉张彦泽杀了他的家属，契丹主也恼怒张彦泽剽掠京城，将他锁起来，百姓争相上书指控张彦泽的罪行，于是把他和傅住兒一同押到北市斩首，仍然命令高勋监刑。张彦泽先前所杀士大夫的子孙，都扎麻带、手持丧杖号哭怒骂，用丧杖扑打张彦泽的尸体。高勋命人将张彦泽剖腹取心来祭奠死者，市民争相砸破他的脑袋取出脑髓，把他的肉剁碎吃掉。契丹兵押送景延广返回契丹，晚上住在陈桥，晚上景延广上吊自杀而死。

契丹封晋主重贵为负义侯，徙之黄龙府。

契丹主使迁晋主及其家人于封禅寺，以兵守之，数遣存问。时雨雪连旬，外无供亿，上下冻馁。太后使人谓寺僧曰："吾尝于此饭僧数万，今日独无一人相念耶？"僧辞以虏意难测，不敢献食。晋主阴祈守者，乃稍得食。黄龙府即慕容氏和龙城也。

契丹以李崧为枢密使，冯道为太傅，晋诸藩镇皆降。

契丹引兵入宫，诸门皆以契丹守卫。磔犬悬羊皮为厌胜，谓晋群臣曰："自今不修甲兵，不市战马，轻赋省役，天下太平矣。"改服中国衣冠，百官起居皆如旧制。赵延寿、张砺共荐李崧，会冯道自邓州入朝，契丹主素闻二人名，皆礼重之。以崧为太子太师充枢密使，道守太傅，于枢密院祗候。契丹主遣使以诏赐晋之藩镇，晋之藩镇争上表称臣。惟彰义节度使史匡威据泾州拒契丹，而雄武节度使何重建以秦、阶、成州降蜀。

契丹分遣晋降卒还营。

初，杜重威既以晋军降契丹，契丹主悉收其铠仗贮恒州，驱马归其国，遣重威将其众从己而南。及河，恐其为变，欲悉以胡骑拥而纳之河流。或谏曰："晋兵在他所者尚多，彼闻降者尽死，必皆拒命。不若且抚之，徐思其策。"契丹主乃使重威以其众屯陈桥。会久雪冻馁，咸怨重威，重威每出，道旁人皆骂之。契丹主犹欲诛晋兵，赵延寿曰："皇帝亲冒矢石以取晋国，欲自有之乎？将为他人取之乎？"

契丹封后晋出帝石重贵为负义侯，把他迁到黄龙府。

契丹主让后晋出帝及其家人迁到封禅寺，派兵看守，多次派人前去探视问候。当时雨雪交加下了十几天，寺外没有任何供给，全家老小又冻又饿。太后派人对寺内僧人说："我曾在这里供给数万僧人斋饭，现在难道就没有一个人记得这件事吗？"僧人以契丹用意难以推测为由，不敢献食。后晋出帝只好暗地哀求看守，才得到一点食物。黄龙府就是慕容氏的和龙城。

契丹任命李崧为枢密使，任命冯道为太傅，后晋各藩镇都向契丹投降。

契丹主率兵进宫，都城各门都派契丹兵把守。契丹主在宫中杀狗悬挂羊皮来辟邪，对后晋群臣说："从现在开始不再修整兵器，不购买战马，减轻赋税，少征徭役，天下就太平了。"契丹主改穿中原衣冠，朝廷文武百官起居问候都按旧制施行。赵延寿、张砺共同举荐李崧，适逢冯道从邓州入朝，契丹主早就听说二人的名声，都礼遇尊重他们。任命李崧为太子太师充任枢密使，任命冯道为太傅，在枢密院供职。契丹主派遣使臣将诏书赐给后晋的各个藩镇，后晋各藩镇都争相上表称臣。只有彰义节度使史匡威据守泾州拒绝契丹招降，而雄武节度使何重建则率领秦、阶、成三州投降后蜀。

契丹分别遣送后晋投降的士兵返回兵营。

当初，杜重威率领后晋军队投降契丹后，契丹主收缴了他的全部铠甲兵器贮存在恒州，把军马驱赶回他的国中，派遣杜重威率兵跟随自己南下。到了黄河岸边，怕众多的后晋兵制造事变，想用自己的骑兵把他们统统赶进黄河。有人劝谏说："后晋兵在各地的还很多，如果让他们听说投降的都死了，一定都会抵抗到底。不如先安抚他们，然后再慢慢考虑更好的对策。"契丹主就让杜重威率领众兵屯驻陈桥。当时正赶上连日下雪，士兵们又冻又饿，大家都怨恨杜重威，杜重威每次出门，路旁的人都咒骂他。契丹主还想诛杀后晋士兵，赵延寿说："皇帝亲自冒着飞矢流石的危险夺取晋国，是想自己拥有呢？还是想替别人夺取呢？"

契丹主变色曰："朕举国南征，五年不解甲，仅能得之，岂为他人乎？"延寿曰："晋国南有唐，西有蜀，常为仇敌。东西数千里，常以兵戍之。南方暑湿，上国之人不能居也。他日车驾北归，无兵守之，吴、蜀必相与乘虚入寇，如此岂非为他人取之乎？"契丹主曰："然则奈何？"延寿曰："陈桥降卒分以戍边，则吴、蜀不能为患矣。"契丹主曰："昔我失于断割，悉以唐兵授晋，既而返为仇雠。今幸入吾手，岂可复留以为后患乎？"延寿曰："向留晋兵不质其妻子，故有此忧。今若悉徙其家于恒、朔，每岁分番使戍南边，何忧其为变哉？"契丹主悦，由是陈桥兵始得免，分遣还营。

故晋主重贵发大梁。

晋主与太后、安太妃、冯后及弟睿、子延煦、延宝俱北迁，从者百余人。契丹遣三百骑援送，又遣赵莹、冯玉、李彦韬与之俱。在涂供馈不继，或时绝食。旧臣无敢进谒者，独磁州刺史李毅迎谒于路，倾赀以献。晋主至中度桥，见杜重威寨，叹曰："天乎，我家何负？为此贼所破。"恸哭而去。

契丹纵兵大掠，遣使括借士民钱帛。

契丹主广受四方贡献，大纵酒作乐。赵延寿请给上国兵食，契丹主曰："吾国无此法。"乃纵胡骑四出剽掠，谓之"打草谷"。丁壮毙于锋刃，老弱委于沟壑，自东西两畿及郑、滑、曹、濮数百里间财畜殆尽。契丹主谓判三司刘昫曰："契丹兵应有优赐，速宜营办。"时府库空竭，昫请

契丹主变了脸色说:"朕统率全国军队南征,五年不敢解甲,才刚刚得到晋国,难道为别人吗?"赵延寿说:"晋国南面有唐,西面有蜀,常常互为仇敌。晋国东西边境数千里,常要派兵镇守。南方暑热潮湿,贵国的人不能居住。他日您回到北方,没有军队镇守辽阔的晋国疆土,吴国、蜀国一定会乘虚入侵,如果这样,岂不是为他人夺取江山吗?"契丹主说:"那么应该怎么办呢?"赵延寿说:"把陈桥屯驻的后晋降兵分散到各地戍守边境,那么吴国、蜀国就不能成为祸患了。"契丹主说:"从前我的失策在于当断不断,把唐兵都交给了晋国,后来没想到反而与我为仇。现在幸好落在我的手里,怎么能再留下作为后患呢?"赵延寿说:"从前留下晋兵不把他们的妻子做人质,所以才有这种忧患。现在如果把他们的家眷都迁到恒州、朔州,每年让他们轮番戍守南部边疆,还担忧他们发生变乱吗?"契丹主很高兴,于是陈桥屯兵得到豁免,分别遣返他们回到兵营。

原后晋皇帝石重贵从大梁出发。

后晋出帝与太后、安太妃、冯后及弟弟石重睿、儿子石延煦、石延宝全部向北迁徙,跟随的有一百多人。契丹派三百名骑兵护送,又派赵莹、冯玉、李彦韬与他们同行。在路上,食物供给接不上,有时甚至没有一点吃的。那些旧臣竟没一个敢前来晋见的,只有磁州刺史李毅敢在路边迎接拜谒,并把自己所有的资财献上。后晋出帝到达中度桥,看到杜重威的营寨,感叹道:"天啊,我家有什么地方对不住你?竟被你这个贼子败坏。"痛哭而去。

契丹纵容士兵大肆抢掠,派遣使臣向士人百姓搜刮钱帛。

契丹主广泛接受四面八方献上来的礼品,大肆饮酒作乐。赵延寿请求契丹主发给北国军队粮饷,契丹主说:"我国没有这个规矩。"于是就纵容契丹骑兵四处抢掠,称之为"打草谷"。百姓中年轻力壮的死于契丹兵的刀下,老弱病残的都被填到沟壑,从东西两座都城附近直到郑、滑、曹、濮各州数百里之间,财产牲畜几乎被抢劫一空。契丹主对判三司刘昫说:"契丹兵应该发给优厚的赏赐,望赶快操办。"当时官府仓库空竭,刘昫请求

括借都城士民钱帛，又分遣使者数十人诣诸州括借，皆迫以严诛，人不聊生。其实无所颁给，皆蓄之内库，欲辇归其国。由是内外怨愤，始患苦契丹，皆思逐之矣。

晋刘知远遣使奉表于契丹。

初，晋主忌河东节度使、北平王刘知远，以为北面行营都统。知远因之广募士卒，又得吐谷浑财畜，由是富强，步骑至五万人。晋主与契丹结怨，知远知其必危而未尝论谏。契丹屡深入，知远初无邀遮入援之志。及闻契丹入汴，乃分兵守四境。遣客将王峻奉表称臣，契丹主赐诏褒美，亲加"儿"字于知远姓名之上，仍赐以木拐。胡法以优礼大臣，如汉赐几杖之比。既而知其观望不至，使谓知远曰："汝不事南朝，又不事北朝，意欲何所俟耶？"孔目官郭威言于知远曰："虏恨深矣，王峻言契丹贪残失人心，必不能久有中国。"或劝知远举兵进取。知远曰："用兵当随时制宜。今契丹新据京邑，未有他变，岂可轻动？且观其所利，止于得货财，货财既足，必将北去。况冰雪已消，势难久留，宜待其去，然后取之，可以万全。"

昭义节度使张从恩欲朝契丹，谋于知远。知远曰："君宜先行，我当继往。"从恩以为然。判官高防谏曰："公晋室懿亲，不宜轻变臣节。"从恩不从。以副使赵行迁知留后，以其姻家王守恩与防佐之，遂行。

荆南节度使高从诲遣使入贡于契丹，又遣使诣河东劝进。　唐主立其弟景遂为太弟。

向都城的士人百姓借钱，又分别派遣数十名使臣到各州借钱，都用严刑相威胁，民不聊生。其实搜刮的钱并没有颁发给契丹士兵，都聚存在皇宫内库里，打算用车运回契丹国。因此朝廷内外怨恨愤怒，开始感觉到契丹带来的忧患痛苦，都想把契丹驱逐出中原。

后晋刘知远派使者向契丹上表称臣。

当初，后晋出帝石重贵猜忌河东节度使、北平王刘知远，任命他为北面行营都统。刘知远趁机广泛招募士兵，又得到吐谷浑的财产牲畜，从此变得富强，步兵、骑兵达五万人。后晋出帝与契丹结怨，刘知远判断后晋出帝必定危险，却未曾加以劝谏。契丹屡次深入进犯，刘知远本就没有抗击救援的打算。等到听说契丹攻入大梁后，便分兵把守四方边境。派客将王峻向契丹主上表称臣，契丹主赐诏书给以称赞，亲自在刘知远姓名上加"儿"字，还赏赐木拐。按照胡人的传统，木拐是用来优待礼遇大臣的，就好像汉人赐给几杖一样。后来契丹主知道刘知远只观望而不实际行动，便让人对刘知远说："你既不事奉南朝，又不事奉北朝，打算等什么呢？"孔目官郭威对刘知远说："胡虏对我们仇恨很深，王峻说契丹贪婪残暴，不得人心，必定不能长久占据中原。"有人劝刘知远率兵进攻契丹，刘知远说："用兵应当根据时机制定相应的策略。现在契丹刚刚占据京都，形势没有其他变化，岂可轻举妄动？而且观察他们所想要的利益，只是些钱财货物，钱财货物满足了，必定要回北方去。而且现在冰雪已经消融，他们很难久留中原，应等他们退去后再去占领那里，才可确保万无一失。"

昭义节度使张从恩想向契丹朝觐，便与刘知远商量。刘知远说："您可先行一步，我当随后跟上。"张从恩信以为真。判官高防劝谏说："您身为晋室的至亲，不要轻易改变臣子的名节。"张从恩没有听从。张从恩命节度副使赵行迁担任留后，让亲家王守恩与高防辅佐赵行迁，便去向契丹朝觐。

荆南节度使高从诲派使者向契丹进贡，又派使者到河东劝刘知远称帝。 **南唐主李璟立他的弟弟李景遂为皇太弟。**

唐主立齐王景遂为皇太弟,徙景达为齐王,弘冀为燕王。景遂尝与宫僚燕集,赞善大夫张易有所规谏,景遂方与客传玩玉杯,弗之顾。易怒曰:"殿下重宝而轻士。"取杯抵地碎之,众皆失色。景遂敛容谢之,待易益厚。景达性刚直,唐主与宗室近臣饮,冯延巳、延鲁、魏岑、陈觉辈极倾诡之态,景达屡呵责之。复极言谏唐主,以不宜亲近佞臣。延巳以二弟立非己意,欲以虚言德之。尝宴东宫,阳醉抚景达背曰:"尔不可忘我。"景达大怒,入白唐主,请折之,唐主谕解乃止。张易谓景达曰:"群小交构,祸福所系。殿下力未能去,数面折之,使彼惧而为备,何所不至?"自是每游宴,景达多辞疾不预。

唐遣使如契丹。

唐主遣使贺契丹灭晋,且请诣长安修复诸陵,契丹不许。而晋密州刺史皇甫晖、棣州刺史王建,皆避契丹帅众奔唐,淮北贼帅多请命于唐。唐史馆修撰韩熙载上疏曰:"陛下恢复祖业,今也其时。若虏主北归,中原有主,则未易图也。"时方连兵福州,未暇北顾。唐人皆以为恨,唐主亦悔之。

二月,契丹行朝贺礼,大赦。以赵延寿为中京留守。

契丹主召晋百官问曰:"中国之俗异于吾国,吾欲择一人君之,如何?"皆曰:"夷、夏之心,皆愿推戴皇帝。"二月朔,契丹主服通天冠、绛纱袍,登正殿。设乐县、仪卫于庭,

南唐主立齐王李景遂为皇太弟，改封李景达为齐王，李弘冀为燕王。李景遂曾经和宫中僚属聚会，赞善大夫张易有所劝谏，而李景遂正与客人传看玩赏玉杯，没有回头理他。张易愤怒地说："殿下是看重宝物而轻视士人。"便抓起玉杯扔到地上摔得粉碎，众人都大惊失色。李景遂收住笑容向张易赔礼道歉，从此对待张易更加优厚。李景达性情刚直，南唐主与宗室近臣一起饮酒，冯延巳、冯延鲁、魏岑、陈觉之辈在此时竭尽谄媚丑态，李景达多次斥责他们。又极力劝谏南唐主，认为他不应亲近这些奸佞之臣。冯延巳因两个皇弟的册立并不是出于自己的心意，就想用空话来表示对他们的恩德。一次在东宫宴饮时，冯延巳假装酒醉，用手抚着李景达的后背说："你可不能忘记我。"李景达大怒，进入宫中禀报南唐主，请求责难他，南唐主尽力劝解才没再追究。张易对李景达说："朝中这帮小人盘根错节，是关系到国家祸福存亡的大事。殿下竭尽全力也未能除去他们，多次当面责难他们，假使他们因害怕而下手准备，他们什么事干不出来？"从此每次游乐宴会，李景达多借口身体有病而不参加。

南唐派遣使臣前往契丹。

南唐主派遣使臣祝贺契丹灭掉后晋，并请求契丹主允许他到长安修复陵墓，契丹主没有准许。后晋密州刺史皇甫晖、棣州刺史王建，都躲避契丹率众投奔南唐，淮北地区的盗贼首领也多请求归附听命于南唐。南唐史馆修撰韩熙载上疏说："陛下要恢复祖宗大业，现在是时候了。如果虏主北上回国，中原有了新主，那就不容易图谋了。"当时南唐正在福州会师作战，没有机会顾及北面。南唐人都以此为悔恨，南唐主也后悔错失良机。

二月，契丹举行朝贺大礼，实行大赦。契丹主任命赵延寿为中京留守。

契丹主召集后晋文武百官，问道："中原的风俗与我国不一样，我想选一个人做中原的君主，怎么样？"文武百官都说："夷族和华夏的民心，都愿拥戴您当皇帝。"二月初一，契丹主头戴通天冠，身穿绛纱袍，在皇宫正殿登极。在庭下设置乐器和仪仗卫队，

百官朝贺。下制称大辽会同十年，大赦。赵延寿以契丹主负约，心怏怏，乞为皇太子。契丹主曰："皇太子当以天子儿为之，岂燕王所可为也？"因令为延寿迁官。时契丹以恒州为中京，张砺奏拟延寿中京留守、大丞相、录尚书事、都督中外诸军事，契丹主取笔涂去"录尚书事、都督中外诸军事"而行之。

晋刘知远称帝于晋阳。

河东将佐劝知远称尊号，以号令四方，知远不许。闻晋主北迁，声言欲出兵井陉迎归晋阳。命指挥使史弘肇集诸军，告以出师之期。军士皆曰："今天下无主，主天下者，非我王而谁？宜先正位号，然后出师。"争呼"万岁"不已。知远曰："虏势尚强，吾军威未振，当且建功业，士卒何知？"命左右遏止之。郭威与都押衙杨邠入说知远曰："此天意也。王不乘此取之，人心一移，则反受其咎矣。"知远从之。

契丹以其将刘愿为保义节度副使，陕人苦其暴虐。都头王晏与指挥使赵晖、侯章谋曰："刘公威德远著，吾辈若杀愿，举陕城归之，为天下唱，取富贵如反掌耳。"晖等然之。乃斩愿及契丹监军，奉晖为留后。

知远即位，自言未忍改晋国，又恶开运之名，乃更称天福十二年。诏诸道为契丹括率钱帛者皆罢之，晋臣为使者令诣行在，契丹所在诛之。

晋主知远自将迎故晋主重贵，至寿阳而还。

知远自将东迎出帝，至寿阳，闻已过数日，乃留兵戍承天军

文武百官都来朝贺。契丹主下诏令,称大辽会同十年,实行大赦。赵延寿因为契丹主负约,心里怏怏不乐,乞求让他当皇太子。契丹主说:"皇太子应当由天子的儿子担当,哪能让燕王来担当呢?"于是下令为赵延寿晋升官。当时,契丹以恒州为中京,张砺奏拟请赵延寿为中京留守、大丞相、录尚书事、都督中外诸军事,契丹主拿笔涂去"录尚书事、都督中外诸军事"后,发布此令。

后晋刘知远在晋阳称帝。

河东将佐劝刘知远称帝,以便号令四方,刘知远没有答应。听说后晋出帝石重贵向北迁移,刘知远便声称要出兵井陉,迎接后晋出帝回到晋阳。命令指挥使史弘肇召集各军,公布出兵的日期。军士们都说:"现在天下没有君主,能主宰天下的,除了我们北平王还能有谁? 应当先确定皇帝名号,然后再出兵。"于是争相喊"万岁"的呼声不断。刘知远说:"现在胡虏的兵势还强,我们的军威还没振作起来,应当先建功立业,士兵懂什么呢?"命左右将佐制止士兵呼喊。郭威与都押衙杨邠入内劝刘知远说:"这是天意。大王不趁此机会夺取天下,如果人心转移,您就要反受其害了。"刘知远听从了他们的主张。

契丹任命他们的将领刘愿为保义节度副使,陕城人苦于他的暴虐。都头王晏与指挥使赵晖、侯章谋划道:"刘公知远德高望重,远近闻名,我们如果杀掉刘愿,率陕城人归附他,以此作为天下首倡,获取富贵就易如反掌了。"赵晖等人都认为他说得对。于是杀了刘愿及契丹监军,拥立赵晖为留后。

刘知远登极即位,自称不忍心改后晋国号,又厌恶开运这个名称,于是改称天福十二年。刘知远下诏,各道为契丹搜刮钱财的官员都要被罢免,后晋臣子被迫做使者的让前来报到,对契丹人要就地诛杀。

后晋主刘知远亲自率兵迎接后晋出帝石重贵,到达寿阳后返回。

刘知远亲自率领军队向东去迎接后晋出帝,到达寿阳时,听说后晋出帝已经过去好几天了,于是留下士兵守卫承天军之后

而还。出帝既出塞,契丹无复供给。至锦州,令拜阿保机墓,出帝不胜屈辱,泣曰:"薛超误我。"冯后求毒药,欲与出帝俱自杀,不果。

晋遣贼帅梁晖袭取相州,杀契丹守兵。

契丹主闻知远即位,遣耿崇美守泽潞,高唐英守相州,崔廷勋守河阳,以控扼要害。初,晋置天威军,教习岁余,竟不可用,悉罢之。但令七户输钱十千,其铠仗悉输官。而无赖子弟不复肯复农业,山林之盗自是而繁。及契丹入汴,纵胡骑打草谷。又多以其子弟及亲信为节度、刺史,不通政事。华人之狡狯者多往依其麾下,教之妄作,民不堪命。于是所在相聚为盗,多者数万人,少者不减千百。滏阳贼帅梁晖有众数百,送款晋阳。磁州刺史李穀密表令晖袭相州,晖侦知高唐英未至,夜遣壮士逾城启关纳众,杀契丹数百,据州自称留后。

晋主知远还晋阳。

知远还至晋阳,议率民财以赏将士,夫人李氏谏曰:"陛下因河东创大业,未有以惠泽其民,而先夺其生生之资,殆非新天子所以救民之意也,请悉出宫中所有以劳军,虽复不厚,人无怨言。"知远从之,中外大悦。

吴越诛其都监程昭悦。 **陕、晋、潞州皆杀契丹使者,遣使奉表诣晋阳。**

建雄留后刘在明朝于契丹,以节度副使骆从朗知州事。知远遣张晏洪如晋州,谕以即位,从朗囚之。大将药可俦杀从朗,推晏洪权留后,遣使以闻。晋州民亦相帅杀

便返回了。后晋出帝到达塞外，契丹便不再供应饮食。到了锦州，契丹命令后晋出帝叩拜契丹主耶律阿保机的墓，后晋出帝忍受不了这种屈辱，哭泣着说："薛超害了我。"冯后悄悄向人索求毒药，想与后晋出帝一起自杀，没有成功。

后晋派贼帅梁晖突袭夺取相州，杀死契丹守兵。

契丹主听说刘知远即帝位，便派耿崇美镇守泽潞，高唐英镇守相州，崔廷勋镇守河阳，用以控制扼守各地要塞。当初，后晋设置天威军，教习演练了一年多，结果不能使用，于是下令全部解散。只是让每七户交钱十千，天雄军的兵器铠甲全部交给官府。而那些无赖子弟不肯再干农活，占据山林的强盗从此多起来。等到契丹攻入汴京，纵容胡人骑兵四处抢劫掠夺。又大多任命他们的子弟及亲信为节度使、刺史，这些人往往不通晓政事。华人中的狡诈者多去依附在他们的麾下，教他们胡作非为，使得老百姓无法活下去。于是百姓就地相聚成为盗贼，多的有数万人，少的不下千儿八百。滏阳盗贼首领梁晖有部众几百人，向晋阳上表请求归附。磁州刺史李毅秘密上表请求命令梁晖偷袭相州，梁晖侦察到高唐英还没有到任，便夜间派强壮的士兵跳过城墙，打开城门，接纳部众，杀死契丹人数百名，占据相州，自称留后。

后晋主刘知远返回晋阳。

刘知远回到晋阳，讨论征收民财奖赏给军队将士，夫人李氏劝谏说："陛下依靠河东开创大业，没给当地百姓带来实惠，却先夺取民众赖以生存的本钱，这大概不是新天子救济民众的本意吧，请把宫中所有的钱财拿出来慰劳军队将士，虽然不算太多，但人们不会有怨言。"刘知远听从了这个意见，中外人士都很高兴。

吴越诛杀都监程昭悦。　陕州、晋州、潞州都把契丹派的使者杀死，派遣使者携带表章前往晋阳。

建雄留后刘在明朝见契丹主，让节度副使骆从朗主持州中事务。刘知远派遣张晏洪前往晋州，宣布自己已经即帝位，骆从朗把派去的人囚禁起来。大将药可俦杀死了骆从朗，推举张晏洪为代理留后，派使者报告刘知远。晋州百姓也联合起来杀死了

契丹使者。契丹主赐赵晖诏,即以为保义留后。晖杀使者,焚其诏,遣使奉表劝知远早引兵南向。高防亦与王守恩谋,斩赵行迁,杀契丹使者,举镇降知远。

澶州贼帅王琼攻契丹将郎五,不克而死。

镇宁节度使耶律郎五性残虐,澶州人苦之。贼帅王琼帅其徒千余人围郎五于衙城,契丹主闻之惧,遣兵救之,琼败死。然契丹主自是无久留河南之意矣。

契丹以李从益为许王。

唐王淑妃与郇公从益居洛阳,赵延寿娶明宗女,淑妃诣大梁会礼,契丹主见而拜之曰:"吾嫂也。"以从益为许王,复归于洛。

契丹以张砺、和凝同平章事。　群盗陷宋、亳、密州。

东方群盗大起,陷宋、亳、密三州。契丹主谓左右曰:"我不知中国之人难制如此。"亟遣泰宁安审琦、武宁符彦卿等归镇。彦卿至埇桥,贼帅李仁恕控彦卿马,请从入城。彦卿子昭序遣人出呼贼中曰:"相公已陷虎口,听相公助贼攻城,城不可得也。"贼知不可劫,乃相帅罗拜解去。

三月朔,契丹行入阁礼。

契丹主服赭袍,坐崇元殿,百官行入阁礼。

晋主知远遣使安集农民保山谷避契丹者。　契丹以萧翰为宣武节度使。

契丹主谓晋百官曰:"天时向暑,吾难久留,欲暂至上国省太后。"乃以汴州为宣武军,以萧翰为节度使。翰,述律太后之兄子,其妹复为契丹主后。始以萧为姓,自是契丹后族皆称萧氏。

契丹使者。契丹主赐给赵晖诏书,任命他为保义留后。赵晖杀了契丹使者,烧掉诏书,并派遣使者奉持表章劝刘知远早日率兵南下。高防也与王守恩谋划,斩了赵行迁,杀了契丹使者,率领全镇归降刘知远。

澶州盗贼首领王琼攻打契丹将领耶律郎五,战败而死。

镇宁节度使耶律郎五性情残酷暴虐,澶州人吃尽了苦头。盗贼首领王琼率兵一千多人将耶律郎五围困在衙城,契丹主听说后很害怕,便派兵救援耶律郎五,王琼战败而死。然而契丹主从此没有久留黄河以南的意思。

契丹封李从益为许王。

后唐王淑妃和郇公李从益住在洛阳,赵延寿曾娶后唐明宗的女儿为妻,王淑妃来到大梁行会面礼,契丹主见到她便下拜行礼说:"您是我的嫂子。"封李从益为许王,李从益又回到洛阳。

契丹任命张砺、和凝为同平章事。 **群盗攻陷宋、亳、密三州。**

东方群盗蜂拥而起,攻陷宋、亳、密三州。契丹主对左右官员说:"我真不知道中原人这样难于统治。"便急派泰宁安审琦、武宁符彦卿等返回藩镇。符彦卿走到埇桥,盗贼首领李仁恕抓住符彦卿的马缰绳,请求跟着一起进城。符彦卿的儿子符昭序派人出城到盗贼中大声说:"相公已经陷入虎口,任凭相公怎样助贼攻城,此城也不可能攻下来。"盗贼知道劫持不成,于是便相互跟着拜谢符彦卿,解围离去。

三月初一,契丹举行入阁大礼。

契丹主身穿赭袍,坐在崇元殿上,文武百官举行隆重的入阁大礼。

后晋主刘知远派使臣安抚那些为躲避契丹而聚集在山谷中的农民。 **契丹任命萧翰为宣武节度使。**

契丹主对后晋文武百官说:"天气逐渐热起来,我很难久留此地,想暂时回辽国探望太后。"于是将汴州改为宣武军,任命萧翰为节度使。萧翰,是述律太后哥哥的儿子,他的妹妹又是契丹主的王后。开始用萧作为姓氏,从此契丹王后族都称作萧氏。

吴越复遣兵救福州，败唐兵，遂取福州。

吴越遣余安将水军救福州。至白虾浦，海岸泥淖，须布竹簀乃可行，唐军聚而射之，簀不得施。冯延鲁曰："相持不战，徒老我师，不若纵其登岸尽杀之，则城不攻自降矣。"裨将孟坚曰："浙兵至此已久，不能进退，求一战而死不可得。若听其登岸，彼必致死于我，其锋不可当，安能尽杀乎？"不听。吴越兵既登岸，大呼奋击，延鲁弃众而走，孟坚战死。城中兵亦出，夹击唐兵，大破之。唐军烧营而遁，死者二万余人，委弃资械数十万，府库为之耗竭。余安引兵入福州，李达举所部授之。

契丹德光发大梁。

契丹主发大梁，晋文武诸司诸军吏卒从者皆数千人，宫女宦官数百人，尽载府库之实以行。谓宣徽使高勋曰："吾在上国以射猎为乐，至此令人悒悒，今得归，死无恨矣。"

晋主知远以其弟崇为太原尹。 **夏四月，契丹陷相州，屠之。**

契丹主攻相州，克之，悉杀城中男子，驱其妇女而北。留高唐英使守城中，遗民仅七百人，而髑髅十余万。或告磁州刺史李榖谋举州应河东，契丹主执而诘之，榖不服，契丹主引手于车中，若取文书者，榖知其诈，因请曰："必有其验，乞显示之。"凡六诘，榖辞气不屈，乃释之。

晋以刘信、史弘肇为侍卫指挥使，杨邠为枢密使，郭威为副使，王章为三司使。 **晋以苏逢吉、苏禹珪同平章事。** **晋以折从阮为永安军节度使。**

吴越国又派兵救援福州,打败南唐兵,于是占领福州。

吴越国派余安率领水军救援福州。水军到达白虾浦,海岸全是泥沼,必须铺上竹篾军队才能登岸,南唐军队聚集起来向他们射箭,竹篾也铺不成。冯延鲁说:"现在两军相持不战,只能使我军疲惫不堪,不如让他们登岸后再全部消灭他们,那么福州城也就不攻自破了。"副将孟坚说:"吴越兵远来这里已经几天了,他们进不能进,退不能退,想跟我们决一死战也做不到。如果任由他们登岸,他们必定跟我们拼死作战,那兵锋锐不可当,哪能全部消灭他们呢?"冯延鲁不听劝告。吴越兵登岸后,就大声喊杀,奋勇进攻,冯延鲁扔下军队便自己逃跑了,孟坚战死。城中兵也冲出来,夹击南唐军队,大败南唐军队。南唐军队烧掉军营逃跑,战死的有二万多人,丢弃的军械器具有数十万件,国家府库为此耗竭。余安率兵进入福州,李达把所有的军队都交给他指挥。

契丹主耶律德光从大梁出发。

契丹主从大梁出发,后晋文武百官、各司各军官吏将士跟随的总共有几千人,宫女、宦官有几百人,把国库中财物全都装车运走。契丹主对宣徽使高勋说:"我在辽国以骑射打猎作为乐事,来到中原让人闷闷不乐,现在能够回到故乡,死了也没遗恨了。"

后晋主刘知远任命他弟弟刘崇为太原尹。 夏四月,契丹攻陷相州,施行屠城。

契丹主命令攻打相州,攻克相州后,把城内的男子全部杀死,驱赶城中妇女北上。留下高唐英镇守相州,城中遗留下的百姓仅七百人,而城中的髑髅则有十几万具。有人告发磁州刺史李毅谋划率领全城响应刘知远,契丹主把他抓起来审问,李毅不承认,契丹主便把手伸向车中,好像是取文书作为凭证,李毅知道他是在搞讹诈,便请求说:"果真有证据的话,请公开展示出来。"契丹主连续追问了六次,李毅话语脸色毫不屈服,便释放了他。

后晋任命刘信、史弘肇为侍卫指挥使,杨邠为枢密使,郭威为枢密副使,王章为三司使。 后晋任命苏逢吉、苏禹珪为同平章事。 后晋任命折从阮为永安军节度使。

从远入朝，更名从阮。置永安军于府州，以从阮为节度使。

契丹寇潞州，晋遣史弘肇救之，郑谦守忻、代，阎万进守岚、宪。

契丹昭义节度使耿崇美屯泽州，将攻潞州，知远遣史弘肇将兵救之。又以郑谦为忻、代都部署，阎万进为岚、宪都制置使。知远闻契丹北归，欲经略河南，故以弘肇为前驱，而遣二人出北方，以分契丹兵势。

晋以武行德为河阳节度使。

契丹以船载晋铠仗溯河归国，命宁国都虞候武行德部送之。至河阴，行德与将士谋曰："虏势不能久留中国，不若共逐其党，坚守河阳，以俟天命之所归者而臣之。"众以为然，即相与杀契丹监军使。会崔廷勋以兵送耿崇美之潞州，行德遂乘虚入据河阳，遣弟行友奉蜡表诣晋阳。史弘肇遣先锋将马海击契丹，斩首千余级。崇美等不敢进，引而南。弘肇遣海追击破之，崇美等退保怀州。知远以行德为河阳节度使。契丹主闻之，叹曰："我有三失，宜天下之叛我也。诸道括钱，一失也；令上国人打草谷，二失也；不早遣诸节度使还镇，三失也。"

唐流陈觉于蕲州，冯延鲁于舒州。

唐主以矫诏败军皆陈觉、冯延鲁之罪，议斩二人以谢中外。御史中丞江文蔚对仗弹冯延巳、魏岑，曰："延巳、延鲁、岑、觉四人皆阴狡弄权，壅蔽聪明，排斥忠良，引用群小。谏争者逐，窃议者刑。上下相蒙，道路以目。今觉、延鲁

折从远入朝,改名为从阮。在府州设置永安军,任命折从阮为节度使。

契丹进攻潞州,后晋派遣史弘肇救援,派郑谦镇守忻、代二州,派阎万进镇守岚、宪二州。

契丹昭义节度使耿崇美驻守泽州,将要进攻潞州,刘知远派史弘肇率兵救援。又任命郑谦为忻、代二州都部署,阎万进为岚、宪二州都制置使。刘知远听说契丹回到北方,打算占领河南,所以派史弘肇为前锋,又派郑谦、阎万进二人出兵北方,以分散契丹的兵力。

后晋任命武行德为河阳节度使。

契丹用大船装载着后晋的铠甲兵器等,沿着黄河逆流北上返回辽国,命令宁国都虞候武行德率部护送。到达河阴时,武行德与将士们商议道:"胡虏势必不能长久留在中原,不如共同把他们赶走,坚守河阳城,等待天命所归的天子出现而做他的臣民。"大家都认为他说得对,便一起杀死了契丹的监军使。这时适逢崔廷勋派兵护送耿崇美到潞州,武行德于是趁城中虚空占据了河阳,并派他弟弟武行友将表章封在蜡丸里奉送到晋阳。史弘肇派遣先锋将马诲进攻契丹,杀死了一千多人。耿崇美等人不敢前进,便率兵南下。史弘肇派马诲前去追击,打败了他们,耿崇美等人退守怀州。刘知远任命武行德为河阳节度使。契丹主听到这些情况后,叹息说:"我有三个失误,难怪天下人背叛我呀。让各道为我们搜刮钱财是第一个失误,让我国人打草谷是第二个失误,没有尽早派各节度使返回藩镇是第三个失误。"

南唐将陈觉流放到蕲州,将冯延鲁流放到舒州。

南唐主李璟认为假托诏书导致军队失败,都是陈觉、冯延鲁的罪过,商议斩杀二人来向朝廷内外谢罪。御史中丞江文蔚在朝堂上弹劾冯延巳、魏岑,说:"冯延巳、冯延鲁、魏岑、陈觉四人,都阴险狡诈,玩弄权柄,蒙蔽皇上视听,排斥忠良,引荐任用小人。敢直言劝谏的被驱逐,私下议论的被判刑罚。上下互相蒙蔽,人们不敢讲真话,在路上见面只能使眼色。现在陈觉、冯延鲁

虽伏辜,而延巳、岑犹在,本根未殄,枝干复生。同罪异诛,人心疑惑。"唐主以文蔚言太过,怒,贬江州司士参军。流觉于蕲州,延鲁于舒州。知制诰徐铉、史馆修撰韩熙载上疏曰:"觉、延鲁罪不容诛,但齐丘、延巳为之陈请,故陛下赦之。擅兴者不罪,则疆场有生事者矣。丧师者获存,则行陈无效死者矣。请行显戮以重军威。"不从。但罢延巳为太弟少保,贬岑太子洗马。熙载屡言宋齐丘党与必为祸乱,齐丘奏熙载嗜酒猖狂,贬和州司士参军。

契丹耶律德光死于杀胡林,赵延寿入恒州,自称权知南朝军国事。

契丹主至临城得疾,至杀胡林而卒。国人剖其腹,实盐数斗,载之北去,晋人谓之"帝羓"。赵延寿恨契丹主负约,即日引兵入恒州。契丹永康王兀欲,东丹王之子也,以兵继入。契丹诸将密议奉以为主,延寿不知,自称受契丹皇帝遗诏,权知南朝军国事。所以供给兀欲与诸将同,兀欲衔之。契丹主丧至国,述律太后不哭,曰:"待诸部宁一如故,则葬汝矣。"或说延寿曰:"契丹诸大人数日聚谋,此必有变。今汉兵不减万人,不若先事图之。"延寿犹豫不决,下令以来月朔日于待贤馆上事,受文武官贺。李崧以虏意不同,事理难测,延寿乃止。

五月,契丹兀欲执赵延寿而自立。

兀欲召延寿及张砺等饮,兀欲妻素以兄事延寿。从容谓曰:"妹自上国来,宁欲见之乎?"延寿与俱入,良久,兀欲

虽然被治罪，但冯延巳、魏岑还在，树根没有铲除，枝干就会重新发芽。同罪异罚，就会使人心疑惑不解。"南唐主认为江文蔚说得太过分，恼怒，贬他为江州司士参军。将陈觉流放到蕲州，将冯延鲁流放到舒州。知制诰徐铉、史馆修撰韩熙载上疏说："陈觉、冯延鲁罪大恶极，死有余辜，只是因为宋齐丘、冯延巳为他们求情，所以陛下赦免了他们的死罪。擅自发兵的人不严加治罪，那么边疆就会有制造事端的人。造成全军覆没的人还能活着，那么军队中就没有拼死作战的人。请求施行显著的刑罚来重振军威。"南唐主没听从。只是罢免冯延巳为太弟少保，贬魏岑为太子洗马。韩熙载多次上书说宋齐丘的党羽必会造成祸患，宋齐丘上奏说韩熙载嗜酒狂妄，南唐主贬韩熙载为和州司士参军。

契丹主耶律德光死在杀胡林，赵延寿率兵进入恒州，自称代理知南朝军国事。

契丹主耶律德光走到临城得了重病，走到杀胡林便死了。契丹人把他的肚子剖开，装进几斗盐，载着尸体北去，后晋人称之为"帝羓"。赵延寿怨恨契丹主违背约定，当天便率兵进入恒州。契丹永康王兀欲是东丹王的儿子，随后也率兵进入恒州。契丹各将领密谋商议拥戴兀欲为契丹主，赵延寿不知道这些情况，自称受契丹皇帝遗诏，代理主持南朝军国事务。给兀欲的供给和其他将领一样，兀欲怀恨在心。契丹主的尸体运到辽国国都，述律太后见了没有哭，说："等到各部落像之前那样安宁统一时，就来安葬你。"有人劝说赵延寿道："契丹各大人连日聚会密谋，这里必定有什么变故。现在汉兵不下万人，不如先下手为强。"赵延寿犹豫不决，下令于下月初一在待贤馆举行仪式，接受文武官员的朝贺。李崧认为胡房不赞同赵延寿掌权，事情发展难以预测，赵延寿便停止举行这个仪式。

五月，契丹兀欲拘捕赵延寿，自立为契丹主。

兀欲召集赵延寿和张砺等人饮酒，兀欲的妻子平素把赵延寿当成兄长事奉。兀欲从容地对赵延寿说："妹妹从辽国来，难道不想见见她吗？"赵延寿和兀欲一起进入后堂，过了许久，兀欲

出谓砺等曰:"燕王谋反,适已锁之矣。"又曰:"先帝在汴时,遗我一筹,许我知南朝军国。近者临崩,别无遗诏,而燕王擅自知南朝军国,岂理耶?"后数日,集蕃、汉之臣于府署,宣契丹主遗制,即皇帝位。举哀成服,既而易吉服见群臣,不复行丧,歌吹之声不绝于内。

晋以刘崇为北都留守。

知远集群臣议进取,诸将咸请出师井陉,攻取镇、魏。知远欲自石会趋上党,郭威曰:"虏主虽死,党众犹盛,各据坚城。我出河北,兵少路迂,傍无应援。若群盗合势共击,我军粮饷路绝,此危道也。上党山路险涩,粟少民残,无以供亿,亦不可由。近者陕、晋相继款附,引兵从之,万无一失,不出两旬,洛、汴定矣。"知远曰:"卿言是也。"诏谕诸道,以太原尹崇为北京留守。

楚文昭王希范卒,弟希广嗣。

希广,希范之母弟也,性谨顺,希范爱之,使判内外诸司事。希范卒,将佐议所立,张少敌、袁友恭以武平节度使知永州事希萼最长,请立之。刘彦瑫、李弘皋皆欲立希广。拓跋恒曰:"三十郎居长,请遣使以礼让之。不然,必起争端。"彦瑫等皆曰:"天与不取,异日吾辈安所自容乎?"希广懦弱,不能自决。彦瑫等称希范遗命共立之。少敌退而叹曰:"祸其始此乎?"与拓跋恒皆称疾不出。

出来对张砺等人说："燕王图谋造反,刚才已经把他锁起来了。"
又说："先帝在汴京时,留给我一个计划,允许我主持南朝军国大
事。近日先帝驾崩之时,并没有留下其他遗诏,而燕王擅自主持
南朝军国大事,难道合理吗?"几天后,兀欲又召集蕃、汉大臣到
恒州府衙,宣读契丹主的遗诏,并即皇帝位。契丹主开始为先帝
举行哀悼,穿上丧服,接着又穿上吉服接见群臣,不再行丧礼,歌
声和吹奏乐声在府内响个不停。

后晋任命刘崇为北都留守。

刘知远召集群臣商议进军路线,各将领都建议从井陉出兵,
进攻镇、魏二州。刘知远想要从石会出兵进攻上党,郭威说道:
"契丹主虽然已死,但他的党羽部众还很强盛,他们各自占据坚
固的城池。我们出兵河北,兵力稀少,道路迂回,旁边没有接应
救援力量。如果这些契丹兵联合攻击我们,那么我们的运粮道
路就会断绝,这是一条危险的道路。上党地区的山路艰险难走,
沿途粮食缺少,百姓贫穷,没有粮饷供给,这条路也不能走。近
来陕、晋二州相继向我们投诚归附,如果率兵从这里出发,可以
万无一失,不出二十天,洛阳、汴京就可以平定了。"刘知远说:
"爱卿说得极是。"便下诏令向各道宣布,任命太原尹刘崇为北京
留守。

楚文昭王马希范去世,弟弟马希广继位。

马希广是楚文昭王马希范的同母弟弟,性格恭谨温顺,马希
范很喜欢他,让他处理内外各司的事务。马希范去世,各将领辅
臣商议继位人选,张少敌、袁友恭认为武平节度使兼主持永州事
务的马希萼在兄弟中年龄最长,建议立马希萼。刘彦瑫、李弘皋
都主张立马希广。拓跋恒说:"三十郎马希萼年龄居长,建议派
遣使者以礼相让。不然,一定会引起争端。"刘彦瑫等都说:"上
天赐予而不取,今后我们这些人哪还有安身之所呢?"马希广性
格懦弱,不能自己决断。刘彦瑫等宣称有马希范的遗命,共同拥
立马希广。张少敌退下来叹息道:"大祸从此就要开始降临了。"
从此和拓跋恒都称身体有病,不再出门。

晋主知远发太原，出晋、绛。　　晋史弘肇克泽州，契丹将崔廷勋等遁去。

始，弘肇攻泽州，刺史翟令奇固守不下。知远以弘肇兵少，欲召还。苏逢吉、杨邠曰："今陕、晋、河阳皆已向化，廷勋、崇美朝夕遁去。若召弘肇还，则河南人心动摇，虏势复壮矣。"知远未决，使问弘肇，弘肇曰："兵已及此，势如破竹，可进不可退。"乃遣李万超说令奇，令奇降。廷勋、崇美、奚王拽剌合兵逼河阳，武行德战败，闭城自守。拽剌欲攻之，廷勋曰："今北军已去，得此何用？且杀一夫犹可惜，况一城乎？"乃拥众北遁，契丹在河南者相继北去。

弘肇为人沉毅寡言，御众严整，将校小不从命，立挝杀之。士卒所过，犯民田及系马于树者，皆斩。军中惕息，莫敢犯令，故所向必克。知远自晋阳安行入洛及汴，兵不血刃，皆弘肇之力也。知远由是倚爱之。

契丹将萧翰劫李从益称帝于大梁，遂北走，从益避位。

翰闻刘知远拥兵而南，欲北归，恐中国无主必大乱，己不得从容而去。时唐许王从益与王淑妃在洛阳，翰矫契丹主命，以从益知南朝军国事，召己赴恒州。淑妃、从益匿于徽陵下宫，不得已而出。翰立以为帝，帅诸酋长拜之。百官谒见淑妃，淑妃泣曰："吾母子单弱如此，而为诸公所推，是祸吾家也。"翰留燕兵千人为从益卫而行。从益遣使

后晋主刘知远从太原出发,从晋、绛二州出兵。　后晋史弘肇攻克泽州,契丹将领崔廷勋等逃走。

　　刚开始时,史弘肇进攻泽州,刺史翟令奇固守城池攻不下来。刘知远认为史弘肇兵少,想召回他们。苏逢吉、杨邠说:"现在陕、晋、河阳都已归顺我们,崔廷勋、耿崇美早晚都要逃跑。如果现在召回史弘肇,河南就会人心动摇,胡虏的气势就会再度壮大起来。"刘知远没做决断,派人问史弘肇,史弘肇说:"大军已经到达这里,势如破竹,只可前进,不可后退。"史弘肇派部将李万超前去劝说翟令奇,翟令奇便归降过来。崔廷勋、耿崇美、奚王拽剌联合逼近河阳,武行德战败,闭城自守。拽剌想要攻城,崔廷勋说:"现在契丹军队已向北撤退,得到这座城有什么用?而且杀死一个民夫还觉可惜,何况攻毁一座城呢?"就率兵向北撤退,契丹在河南的军队也相继撤往北方。

　　史弘肇为人稳重坚毅,沉默寡言,他统率军队号令严明,军纪肃整,大小将领稍有不服从命令的,立刻处死。士兵所经过的地方,有侵犯百姓农田和把马拴在树上的,都一律斩首。军队中人人小心谨慎,没有敢违犯军令的,因此所向无敌,攻无不克。刘知远从晋阳一路平安地进入洛阳和汴京,士兵的刀枪都没有沾过血,都是靠了史弘肇的力量。刘知远从此更加倚重、喜爱史弘肇了。

　　契丹将领萧翰劫持李从益在大梁称帝,后来萧翰率兵向北撤退,李从益回避帝位。

　　萧翰听说刘知远率兵南下,原想向北回国,又怕中原没有君主必定大乱,自己就不能从容回国了。当时南唐许王李从益和王淑妃在洛阳,萧翰假托契丹主的命令,让李从益主持南朝军国大事,召自己到恒州。王淑妃和李从益藏在徽陵的下宫里,不得已才出来。萧翰立李从益为皇帝,并率领众酋长向他朝拜。文武百官拜见王淑妃,王淑妃哭着说:"我们母子这样孤单弱小,却被你们推到这个位置,这是祸害我们家呀。"萧翰留下燕兵一千人,作为李从益的警卫力量,然后就走了。李从益派遣使者

召高行周、武行德,皆不至。淑妃惧,召大臣谋之曰:"吾母子为萧翰所逼,分当灭亡。诸公无罪,宜早迎新主,自求多福,勿以吾母子为意。"众感其言,皆不忍去。或曰:"今集诸营与燕兵并力坚守一月,北救必至。"淑妃曰:"吾母子亡国之余,安敢与人争天下? 若新主见察,当知我无所负。今更为计画,则祸及他人,阖城涂炭,终何益乎?"众犹欲拒守,三司使刘审交曰:"城中公私穷竭,遗民无几,若复受围一月,无噍类矣。愿诸公勿复言,一从太妃处分。"乃用赵远、翟光邺策,称梁王,知军国事,遣使奉表称臣迎知远,仍出居私第。

契丹兀欲勒兵出塞。

契丹主兀欲以德光有子在国,已以兄子袭位,又无述律太后之命,内不自安。初,阿保机卒于渤海,述律太后杀酋长数百人。至是,诸酋长惧死,乃谋奉兀欲勒兵北归。以麻答为中京留守,晋文武士卒悉留恒州,独以后宫宦者、教坊自随。

晋主知远至绛州,降之。

初,知远以绛州刺史李从朗拒命,遣兵攻之,未下。至是,亲至城下谕之,从朗乃降。知远命亲将分护诸门,士卒一人毋得入。

六月,契丹将萧翰至恒州,杀其国相张砺。

翰至恒州,与麻答以铁骑围张砺之第,数之曰:"汝何故言于先帝,云胡人不可以为节度使? 又云解里好掠人财,

召高行周、武行德,他们都不来。王淑妃有些害怕,便召集大臣商议说:"我们母子为萧翰所逼迫,本来应当去死。诸位大臣都没有罪,应该尽早迎接新的君主,为自己多求福禄,不要为我们母子挂念。"大家被她的一席话所感动,都不忍心离她而去。有人说:"现在集中各营兵马,和燕兵联合坚守一个月,北面的救兵一定会到。"王淑妃说:"我们母子本来就是亡国的残余之人,怎么敢与别人争夺天下?如果新的君主能明察这一切,应当了解我们是无负于人。现在如果再计划用兵,那么祸患就会殃及他人,造成满城灾难,最终又有什么好处呢?"众人还要坚守城池抵抗,三司使刘审交说:"现在城中官家私人都贫穷到极点,留下的百姓也没有多少,如果再围困一个月,恐怕就没有再活着的人了。希望各位都不要再说什么,一切都听从太妃的处置。"于是就采用赵远、翟光邺的建议,称李从益为梁王,主持这里的军国大事,派遣使者向刘知远奉表称臣,迎接刘知远早日到来,并从宫中搬出居住在私宅。

契丹兀欲统率军队出塞回国。

契丹主兀欲因耶律德光有儿子在辽国,自己是以他哥哥儿子的身份承袭皇位,又没有述律太后的命令,内心很不踏实。当初,契丹主阿保机死在渤海,述律太后杀死酋长几百人。到这时,各酋长都怕死,于是便策划尊奉契丹主兀欲统率军队向北回国。兀欲任命麻答为中京留守,后晋文武官员和士兵都留在恒州,只让后宫宦官、教坊等有关人员跟随自己。

后晋主刘知远到达绛州,使绛州刺史投降。

当初,刘知远因为绛州刺史李从朗抗拒命令,派兵攻打李从朗,没有攻下。到这时,刘知远亲自来到城下,劝谕归降,李从朗就开城投降了。刘知远命令亲信将领分别把守各城门,士兵一个人也不许进入城中。

六月,契丹将领萧翰到达恒州,杀死国相张砺。

萧翰至恒州,与麻答派铁骑兵包围张砺的府第,数落他说:"你为什么对先帝说,胡人不可做节度使?又说解里好抢财物,

我好掠人子女,今我必杀汝。"命锁之。砺抗声曰:"此皆国
家大体,吾实言之,欲杀即杀,奚以锁为?"是夕,愤恚而卒。

**吴越忠献王弘佐卒,弟弘倧嗣。　晋主知远入洛阳,
遣使杀李从益。**

知远至洛阳,汴州百官奉表来迎。谕以受契丹补署者
皆勿自疑,聚其告牒而焚之。赵远更名上交。命郑州防御
使郭从义先入大梁清宫,密令杀李从益及王淑妃。淑妃且
死曰:"吾儿何罪而死?何不留之?使每岁寒食以一盂麦
饭洒明宗陵乎?"闻者泣下。

晋主知远入大梁,诸镇多降。始改国号曰汉。

知远发洛阳,枢密院吏魏仁浦自契丹逃归,郭威问以
兵数及故事,仁浦强记精敏,威由是亲任之。知远至大梁,
晋之藩镇相继来降。复以汴州为东京,改国号曰汉,仍称
天福年,曰:"余未忍忘晋也。"

契丹兀欲幽其祖母于木叶山。

契丹述律太后闻契丹主自立,大怒,发兵拒之。契丹
主以伟王为前锋,相遇于石桥。太后以李彦韬为排陈使。
彦韬迎降于伟王,太后兵败。契丹主幽太后于阿保机墓。
改元天禄,自称天授皇帝。慕中华风俗,多用晋臣。而荒
于酒色,轻慢诸酋长,由是国人不附,诸部数叛,故数年之
中不暇南寇。

唐以李金全为北面招讨使。

唐主闻契丹主德光死,萧翰弃大梁去,下诏曰:"乃眷
中原,本朝故地。"以金全为北面行营招讨使,议经略北方。
闻汉已入大梁,遂不敢出兵。

我喜欢抢人家的女子，今天我一定要杀了你。"命人把张砺锁起来。张砺大声说："这些事都关系到国家的大体，我确实说过，要杀就杀，为什么把我锁起来？"这天夜里，张砺怀着愤恨死去。

吴越忠献王钱弘佐去世，弟弟钱弘倧继位。　后晋主刘知远进入洛阳，派使者杀了李从益。

刘知远到达洛阳，汴州的文武百官都奉表前来迎接。刘知远下诏书宣布，以前接受契丹任命安排的人不要自己疑虑，把任命文告状牒收集起来烧掉。赵远改名为上交。命令郑州防御使郭从义先进入大梁清宫，密令杀死李从益和王淑妃。王淑妃临死前说："我儿子有什么罪而杀他？为什么不留下他？使每年的寒食节有一盂麦饭洒在明宗陵前呢？"听到的人都流下了眼泪。

后晋主刘知远进入大梁，各藩镇大多归降。开始改国号为汉。

刘知远从洛阳出发，枢密院的官吏魏仁浦从契丹逃回，郭威询问契丹兵力和旧日的典章制度，魏仁浦为人精明敏捷，博闻强记，郭威从此更加亲近重用他。刘知远到达大梁，后晋各藩镇相继前来归降。于是又把汴州改为东京，改国号叫汉，年号仍称天福，刘知远说："我不忍心忘掉晋呀。"

契丹兀欲把他祖母囚禁在木叶山。

契丹述律太后听说兀欲自立为契丹主，大怒，派兵前去抗击。契丹主兀欲派伟王为前锋，与太后的军队在石桥相遇。太后任命李彦韬为排陈使。李彦韬向伟王投降，太后军队大败。契丹主把太后囚禁在阿保机墓旁。改年号为天禄，自称天授皇帝。契丹主美慕中原的风俗，多用后晋的大臣。但他整天沉浸在酒色之中，轻视怠慢各位首长，因此国人不肯归附，各个部落多次叛乱，所以几年内顾不上向南侵犯。

南唐任命李金全为北面招讨使。

南唐主李璟听说契丹主耶律德光去世，萧翰放弃大梁逃往北方，下诏书说："我仍眷恋着中原，那是本朝的故地。"任命李金全为北面行营招讨使，商议攻取北方。听说后汉高祖刘知远已经进入大梁，于是不敢再出兵。

秋七月，汉以杜重威为归德节度使，重威拒命，汉发兵讨之。

重威自以附契丹负中国，内常疑惧。移镇制下，拒而不受，遣其子质于麻答以求援，麻答遣其将杨衮将契丹千五百人及幽州兵赴之。诏削夺重威官爵，以高行周为招讨使，慕容彦超副之，以讨重威。时兵荒之余，公私匮竭，王章白帝罢不急之务，省无益之费以奉军，用度克赡。

汉立高祖、世祖及四亲庙。 恒州将何福进、李荣逐契丹将麻答，遣使降汉。

麻答贪猾残忍，民间有珍货美女，必夺取之。又捕村民，诬以为盗，披面抉目，焚炙而杀之。悬人肝、胆、手、足，饮食起居于其间。契丹所留兵不满二千，麻答常疑汉兵，稍稍废省，又损其食以饲胡兵，众心怨愤，闻汉主入大梁，皆有南归之志。前颍州防御使何福进、控鹤指挥使李荣，潜结军中壮士谋攻契丹。夺守门兵杀十余人，因突入府，据甲库，召汉兵及市人，给铠仗，焚衙门，与契丹战。荣召诸将并力，指挥使白再荣狐疑，不得已而行。诸将继至，烟火四起，鼓噪震地。麻答等大惊，载宝货家属，走保北城。而汉兵无所统一，贪狡者乘乱剽掠，懦者窜匿。

八月朔，契丹自北门入，势复振，汉民死者二千余人。前磁州刺史李毂恐事不济，请冯道等至战所慰勉士卒，士卒

秋七月，后汉任命杜重威为归德节度使，杜重威拒绝接受，后汉派兵讨伐他。

杜重威自从投降契丹、背叛中原后，心里常常疑虑害怕。等到调任归德节度使的制令下达，他拒不接受，并派自己的儿子给麻答做人质以换取契丹的救援，麻答派遣将领杨衮率契丹兵一千五百人和幽州兵马前往。后汉高祖刘知远下诏削去杜重威的官职爵位，任命高行周为招讨使，任命慕容彦超为他的副手，出兵讨伐杜重威。当时正是兵荒马乱之后，国家、私人都资财亏空，王章建议后汉高祖撤销不急办的事务，减省无益的花费来供应军队，这样开支才够用。

后汉兴建高祖、世祖和四座近亲宗庙。　恒州将领何福进、李荣驱逐契丹将领麻答，派使者归降后汉。

麻答性情贪婪，狡诈残忍，民间有珍宝美女，他都一定要抢夺到手。他还抓捕村民，诬蔑为强盗，对他们剥皮、挖眼，或用火活活烧死他们。有时在周围悬挂着人的肝、胆、手、脚，而他在里面照样吃饭睡觉。当时契丹所留在恒州的兵不到两千人，麻答常怀疑汉人兵将，逐渐削减汉人兵员，又减少汉兵的粮食供给，用来供养契丹兵吃，汉兵心里怨恨愤怒，听说刘知远进入大梁，都有向南投奔的意愿。前颍州防御使何福进、控鹤指挥使李荣，暗地里联络军中壮士策划攻击契丹人。他们夺过契丹门卫兵器，杀死十多名契丹兵，又冲入府衙，占领武库，召集汉人士兵和市民，给他们发铠甲兵器，焚烧衙门，与契丹人拼杀。李荣号召各将领通力协作，团结作战，指挥使白再荣狐疑害怕，不得已才一起行动。各个将领相继到达，烟火从四面八方燃烧起来，鼓噪喊杀声震天动地。麻答等人大为惊恐，装上钱财宝物和家属逃到北城进行拒守。而汉兵没有统一指挥行动，贪婪狡诈的乘乱抢掠，胆小怕事的逃窜藏匿。

八月初一，契丹兵从北门进入恒州城，其声势又开始振作起来，汉民被杀死的有两千多人。前磁州刺史李毂担心事情不能成功，就请冯道等人到阵前去慰问和勉励士兵们，士兵们

争自奋。会日暮,有村民数千噪于城外,欲夺契丹宝货妇女,契丹惧而北遁。麻答、崔廷勋皆奔定州,与义武耶律忠合,忠即郎五也。冯道等四出安抚兵民,众推道为节度使。道曰:"我书生也,宜择诸将为留后。"时李荣功最多,而白再荣位在上,乃以再荣权知留后,具以状闻,且请援兵。汉主遣飞龙使李彦从将兵赴之。

再荣贪昧猜忌,遣军士围李崧、和凝第,求赏给,崧、凝与之,又欲杀二人以灭口。毂责之曰:"国亡主辱,公辈握兵不救。今仅能逐一虏将,镇民死者近三千人,岂独公之力耶?新天子若诘公专杀之罪,公何辞以对?"再荣惧而止。又欲率民财以给军,毂力争止之。汉人尝事麻答者,再荣皆拘之,以取其财,恒人以其贪虐,谓之"白麻答"。

汉制盗贼毋问赃多少皆死。

时四方盗贼多,朝廷患之,故重其法,仍分命使者逐捕。苏逢吉自草诏,意云:"应贼盗,并四邻同保,皆全族处斩。"众以为:"盗犹不可族,况邻保乎!"逢吉固争,不得已,但省去"全族"字。由是捕盗使者张令柔杀平阴十七村民。逢吉为人文深好杀,在河东幕府,汉主尝令静狱以祈福,逢吉尽杀狱囚还报。及为相,朝廷草创,悉以军事委杨邠、郭威,庶务委逢吉及苏禹珪。二相决事,皆出胸臆,不拘旧制。用舍黜陟,惟其所欲。汉主方倚信之,无敢言者。逢吉

争先奋勇杀敌。适逢日落西山，有几千村民在城外鼓噪呐喊，要夺取契丹人的金银财宝和妇女，契丹人害怕而向北逃去。麻答、崔廷勋都逃往定州，与义武节度使耶律忠会合，耶律忠就是耶律郎五。冯道等人到各处去安抚士兵和百姓，众人推举冯道为节度使。冯道说："我只是个书生，应该从各位将领中选择留后。"当时李荣功劳最大，而白再荣的官位在他上边，就让白再荣代理主持留后事务，写成状子上报，并且请增派援兵。后汉高祖刘知远派飞龙使李彦从率兵前往增援。

白再荣为人贪婪昏昧，猜疑妒忌，派军士包围李崧、和凝住宅，索求赏钱，李崧、和凝都给了他们，但白再荣又想杀掉二人灭口。李毅责备他说："国家灭亡，君主蒙辱，你们手握兵权不去救援。现在只是能驱逐一个胡虏将领，属下百姓死了近三千人，难道都是你一个人的功劳吗？新天子如果追究你擅杀大臣的罪过，你用什么话来回答呢？"白再荣害怕而住手。白再荣又想搜刮民财来供养军队，李毅竭力抗争制止了他。汉人中曾经事奉过麻答的，白再荣都把他们抓起来，用来索取他们的财物，恒州人因为他贪婪暴虐，都叫他"白麻答"。

后汉颁布制书，规定凡是盗贼不问赃物多少，都处死罪。

当时各地盗贼普遍增多，朝廷深为担忧，所以要从重处罚，并分派使者到各地追捕犯人。苏逢吉亲自草拟诏文，大意说："接应盗贼的，连同四邻同保，都要全族处以斩首。"众大臣认为："盗贼尚且不可灭掉全族，何况是四邻同保呢！"苏逢吉固执己见，不得已只删去了"全族"二字。由此，捕盗使者张令柔杀死了平阴县十七村的百姓。苏逢吉为人用法严厉，嗜好杀戮，在河东幕府时，后汉高祖曾令他静狱来祈求福祐，苏逢吉就杀尽狱中的囚犯回来上报。等他做到宰相时，朝廷刚刚创建，后汉高祖把一切军事上的事务都委托给杨邠、郭威，日常事务都委托给苏逢吉和苏禹珪。这两位宰相决断事务，都出于自己的私意，不拘泥于旧有的典章制度。对人的任用舍弃、罢免升迁，都是随心所欲。后汉高祖正依靠、信任他们，其他人没有敢说话的。苏逢吉

尤贪诈，继母死不为服。庶兄自外至，不白逢吉而见诸子，逢吉密语郭威，以他事杖杀之。

楚王希广以其兄希萼守朗州。

希广庶弟希崇性狡险，阴遗希萼书，言刘彦瑶等违先王之命，废长立少，以激怒之。希萼来奔丧，彦瑶白希广，遣指挥使周延诲等将水军逆之，不听。入劝希广杀之，希广曰："吾何忍杀兄？宁分潭、朗而治之。"乃厚赠希萼，遣还朗州。希崇尝为希萼诇希广语言动作，约为内应。

荆南袭汉襄、郢，不克。

初，荆南介居湖南、岭南之间，地狭兵弱，自武信王季兴时，诸道入贡过其境者，多掠夺其货币。及诸道诘让加兵，不得已复归之。及从诲立，唐、晋、契丹、汉更据中原，南汉、闽、吴、蜀皆称帝，从诲利其赐予，所向称臣。诸国贱之，谓之"高无赖"。

南汉主晟杀其弟八人。

晟恐诸弟与其子争国，杀齐王弘弼等八人，尽杀其男子，纳其女充后宫。作离宫千余间，饰以珠宝，设镬汤、铁床、刳剔等刑，号"生地狱"。

汉以窦贞固、李涛同平章事。

初，汉主与窦贞固俱事晋高祖，雅相知重。及即位，欲以为相，问苏逢吉："其次谁可者？"逢吉与李涛善，因荐之。会高行周、慕容彦超共讨杜重威，彦超欲急攻城，行周欲缓之以待其弊。行周女为重威子妇，彦超扬言："行周以

尤其贪婪奸诈,他继母死后也不穿丧服。他庶出的哥哥从外地来,没有事先禀报他就先去看了侄子,苏逢吉就私下告诉郭威,以其他事由把哥哥用木杖打死。

楚王马希广命他哥哥马希萼镇守朗州。

马希广的庶出弟弟马希崇,生性狡猾阴险,暗地给长兄马希萼写信,说刘彦瑫等违背先王遗命,废除长兄,拥立少弟,借此来激怒马希萼。马希萼前来奔丧,刘彦瑫告诉马希广,请派指挥使周延诲等率水军前往迎接,马希广没听从。马希萼入城,有人劝马希广杀掉马希萼,马希广说:"我怎忍心杀死哥哥,宁愿与他分管潭州、朗州。"于是给马希萼丰厚的赏赐,送他回到朗州。马希崇曾为马希萼刺探马希广的言语行动,相约在城中做内应。

荆南出兵袭击后汉襄州、郢州,没有攻克。

当初,荆南介于湖南、岭南之间,地域狭小,兵力薄弱,从武信王高季兴时起,各道进贡人员路过这里的,大多要掠夺走他们的货物钱财。等到各道谴责罪行或派兵讨伐时,不得已又把财物归还人家。等到高从诲即位时,后唐、后晋、契丹、后汉相继占据中原,南汉、闽、吴、后蜀都称帝,高从诲贪图各国的赏赐,就到处称臣。各国都看不起他,称他为"高无赖"。

南汉主刘晟杀掉他的弟弟八人。

刘晟担心他的弟弟们和他儿子争夺南汉,就杀掉齐王刘弘弼等八人,并杀光他们家中的男子,把妇女都充入后宫。他还命修建离宫一千多间,用珠宝装饰,并设置镬汤、铁床、剐剔等刑具,号称"生地狱"。

后汉任命窦贞固、李涛为同平章事。

当初,后汉高祖刘知远与窦贞固一同事奉后晋高祖石敬瑭,互相深知敬重。等后汉高祖即帝位后,想任命窦贞固为宰相,便问苏逢吉说:"除你之外,还有谁能当宰相?"苏逢吉与李涛很要好,因此就推荐李涛。适逢高行周、慕容彦超共同讨伐杜重威,慕容彦超想急速攻城,而高行周想暂缓进攻,以等待敌人疲弊。高行周的女儿是杜重威的儿媳妇,慕容彦超扬言说:"高行周因为

女故，爱贼不攻。"由是二将不协。汉主恐生他变，欲自将击重威，意未决。涛上疏请亲征，汉主大悦，以涛有宰相器。制贞固、涛并同平章事，诏幸澶、魏劳军。

汉晋昌节度使赵匡赞叛，降于蜀。
匡赞，延寿之子也，恐不为朝廷所容，遣使降蜀。

冬十月，汉主如澶、魏劳军。十一月，杜重威出降。

汉主至邺都城下，舍于高行周营。行周言曰："城中食未尽，急攻徒杀士卒，未易克也。不若缓之，彼食尽自溃。"汉主然之。慕容彦超数因事陵轹行周，行周泣诉于执政，苏逢吉、杨邠密以白汉主。汉主命二臣和解之，又召彦超于帐中责之，且使诣行周谢。既而城中食浸竭，将士多出降者。慕容彦超固请攻城，自寅至辰，士卒死伤者万余人，不克而止，乃不敢复言。

初，契丹留幽州兵千五百人戍汴，汉主至，尽杀之于繁台之下。至是，张琏将幽州兵二千助重威，汉主遣人招谕，许以不死，琏曰："繁台之卒，何罪而戮？今守此，以死为期耳。"由是城久不下。十一月，重威食竭力尽，开门出降，城中馁死者什七八。张琏先邀朝廷信誓，诏许以归乡里，及出降，杀之。郭威请杀重威牙将百余人，并重威家赀籍之以赏战士，从之。以重威为太傅。重威每出入，路人往往掷瓦砾诟之。

女儿的缘故，爱护敌人不敢进攻。"因此两位将领关系不和。后汉高祖害怕发生其他变故，想亲自率兵攻打杜重威，但主意还没有决定。李涛上疏请求皇帝御驾亲征，后汉高祖大为高兴，认为李涛有宰相才器。后汉高祖制令，任命窦贞固、李涛为同平章事，并下诏宣布前往澶州、魏州慰劳军队。

后汉晋昌节度使赵匡赞叛变，投降后蜀。

赵匡赞是赵延寿的儿子，害怕自己不能为朝廷所容忍，便派遣使臣归降后蜀。

冬十月，后汉高祖刘知远到澶州、魏州慰劳军队。十一月，杜重威出城投降。

后汉高祖来到邺都城下，住在高行周的军营中。高行周对后汉高祖说："城中粮食未尽，现在急攻，只会白白损失士兵，不容易攻克城池。不如暂缓进攻，等城中粮食吃完就会自然溃散。"后汉高祖认为他说得对。慕容彦超多次挑起事端凌辱高行周，高行周向执政大臣哭诉，苏逢吉、杨邠将这些情况密报后汉高祖。后汉高祖便命两位大臣调和二人的关系，又把慕容彦超召到军帐里责备他，并让他向高行周谢罪。后来城中粮食慢慢吃光，将士多有出城投降的。慕容彦超坚决请求攻城，从凌晨到上午，士兵死伤的有一万多人，未能攻下而收兵，才不敢再说攻城之事。

当初，契丹留下幽州兵一千五百人戍守大梁，后汉高祖到大梁后，把这些士兵都杀死在繁台下面。到这时，张琏率幽州兵二千人帮助杜重威，后汉高祖派人劝谕招降，并许诺不杀他们，张琏说："死在繁台的士兵，他们有什么罪要被杀戮？现在坚守此城，只求一死。"因此城池久攻不下。十一月，杜重威粮食吃光，力气用尽，便打开城门出来投降，城中饿死的有十分之七八。张琏首先要求朝廷信守誓言，后汉高祖下诏书，许诺让他们返回家乡，等出城归降后，就杀了张琏等人。郭威请求杀死杜重威的牙将一百多人，并查抄杜重威家中的资财奖赏给战士，后汉高祖同意了。后汉高祖任命杜重威为太傅。杜重威每次出入，路人往往都向他投掷瓦块并辱骂他。

十二月，蜀人侵汉。　汉主之子、开封尹承训卒。

承训孝友忠厚，达于从政，人皆惜之。

汉主还大梁。　吴越戍将杀李仁达，夷其族。　汉凤翔节度使侯益叛降于蜀。　吴越统军使胡进思废其君弘倧而立其弟弘俶。

弘倧性刚严，诛杭、越侮法吏三人。统军使胡进思恃迎立功，干预政事，弘倧恶之。有所谋议，数面折之，进思恨怒不自安。弘倧与指挥使何承训谋逐之，又谋于内都监使水丘昭券，昭券以为进思党盛难制，不如容之。弘倧犹豫未决，承训反以谋告进思。进思作乱，帅亲兵戎服入见，弘倧叱之，不退。猝愕趋入义和院，进思锁其门，矫称王命告中外，云："猝得风疾，传位于弘俶。"因帅诸将迎弘俶于私第，且召丞相元德昭。德昭至，立于帘前，不拜，曰："俟见新君。"进思亟出襄帘，德昭乃拜。进思称弘倧之命，承制授弘俶镇海、镇东节度使，弘俶曰："能全吾兄，乃敢承命。不然，当避贤路。"进思许之，弘俶始视事。进思杀水丘昭券，进思之妻曰："他人犹可杀，昭券君子也，奈何害之？"

戊申（948）　汉乾祐元年，二月，隐帝承祐立。是岁，凡四国三镇。

十二月，后蜀入侵后汉。　后汉高祖刘知远的儿子、开封尹刘承训去世。

刘承训为人孝顺父母，友爱兄弟，忠诚厚道，而且通晓政务，人们对他的死都深感惋惜。

后汉高祖刘知远回到大梁。　吴越守将杀掉李仁达，诛灭其家族。　后汉凤翔节度使侯益反叛，归降后蜀。　吴越统军使胡进思废除君主钱弘倧，拥立他的弟弟钱弘俶。

钱弘倧生性刚毅严厉，诛杀了杭、越二州玩弄破坏法纪的官吏三人。统军使胡进思仗着有迎立新主的功劳，干预国家政事，钱弘倧很厌恶他。胡进思有时陈述自己的谋略，钱弘倧就多次当面责难他，胡进思既愤恨恼怒，又深感不安。钱弘倧与指挥使何承训谋划驱逐胡进思，又与内都监使水丘昭券谋划，水丘昭券认为胡进思党羽众多，难以制服，不如宽容他。钱弘倧犹豫不决，何承训反而把密谋告诉了胡进思。胡进思发动叛乱，率领亲兵身穿戎装入宫见钱弘倧，钱弘倧呵斥他，他也不退。钱弘倧仓促惊愕地跑进义和院，胡进思锁上大门，假称王命宣告朝廷内外，说："我因突然中风得病，现传位给钱弘俶。"于是便率领众将到钱弘俶家接他入宫，并告诉了宰相元德昭。元德昭来到后，站立在帘前不拜，说："等待谒见新君。"胡进思急忙出去拉开帘子，元德昭才下拜。胡进思又假称钱弘倧之命，根据旨意任命钱弘俶镇海、镇东节度使，钱弘俶说："能保全我哥哥，才敢接受此命。不然，我当避路让贤。"胡进思答应了他，钱弘俶才开始处理国事。胡进思杀了水丘昭券，胡进思的妻子说："其他人还可以杀掉，水丘昭券可算是个君子，怎么能杀害他呢？"

后汉隐帝

戊申（948）　后汉乾祐元年，这年二月，后汉隐帝刘承祐即位。这一年，共四个国家、三个藩镇。

春正月,汉遣将军王景崇等经略关中。

汉主以赵匡赞、侯益与蜀兵共为寇,患之。会回鹘入贡,诉称为党项所阻,乞兵应接。诏将军王景崇、齐藏珍将禁军数千赴之,因使之经略关西。

晋昌节度判官李恕久在赵延寿幕下,延寿使之佐匡赞。匡赞将入蜀,恕谏曰:"汉家新得天下,方务招怀,若谢罪归朝,必保富贵,入蜀非全计也。"匡赞乃遣恕奉表请入朝。景崇等未行而恕至,帝问恕:"匡赞何为附蜀?"对曰:"匡赞自以身受虏官,父在虏庭,恐陛下未之察,故附蜀求苟免耳。"帝曰:"匡赞父子本吾人也,不幸陷虏。今延寿方坠陷阱,吾何忍更害匡赞乎?"即听其入朝。侯益亦请赴圣寿节上寿。景崇等将行,帝召入卧内,敕之曰:"二人之心,皆未可知。汝至彼,彼已入朝,则勿问。若尚迁延顾望,当以便宜从事。"

汉主更名暠。　　汉以冯道为太师。　　吴越迁故王弘倧于衣锦军。

吴越王弘俶迁故王弘倧于衣锦军,遣都头薛温将亲兵卫之,潜戒之曰:"若有非常处分,皆非吾意,当以死拒之。"

赵匡赞、侯益叛蜀还汉。王景崇等击蜀兵,败之。

赵匡赞不俟李恕返命,已离长安。王景崇等至长安,闻蜀兵已入秦川,发本道及赵匡赞牙兵千余人同拒之。恐牙兵亡逸,欲文其面,微露风旨。军校赵思绾首请自文面

春正月，后汉派遣将军王景崇等人谋划夺取关中地区。

后汉高祖刘知远因为赵匡赞、侯益与后蜀军队联合入侵，深感忧虑。适逢回鹘前来进贡，诉称在路上被党项人所阻拦，请求发兵接应。后汉高祖下诏令将军王景崇、齐藏珍率领禁军几千人前往，借此让他们夺取关西。

晋昌节度判官李恕多年在赵延寿幕府中供职，赵延寿派他辅佐赵匡赞。赵匡赞将要进入蜀中，李恕劝谏说："汉家新得天下，正致力于招降怀远，如果现在认罪回归朝廷，一定能保住富贵，到蜀地去并不是万全之策。"赵匡赞于是派李恕去后汉奉上降表请求入朝。王景崇等人还没行动而李恕就到了，后汉高祖问李恕："赵匡赞为什么要归附蜀国？"李恕回答说："匡赞认为自己接受了胡虏官职，父亲又在胡虏朝廷，怕陛下不能细察，所以依附蜀国寻求苟且免死。"后汉高祖说："匡赞父子本来就是我们的人，不幸身陷胡虏。如今延寿刚落入胡虏陷阱，我怎能忍心再害匡赞呢？"当即允许他入朝。侯益也请求赶在圣寿节来祝贺。王景崇等人将要出发时，后汉高祖把他们召到卧室内，敕令道："赵匡赞、侯益二人的心，都不可知。你们到那里后，如果他们已经入朝，就不要再问什么。如果他们还在迁延观望，应当随机应变。"

后汉高祖刘知远改名为刘暠。　后汉任命冯道为太师。吴越把旧国王钱弘倧迁到衣锦军居住。

吴越王钱弘俶把旧国王钱弘倧迁到衣锦军居住，并派都头薛温率亲兵守卫，还悄悄告诫薛温说："如果有异常处理，都不是我的意思，你应当拼死拒绝。"

赵匡赞、侯益背叛后蜀归附后汉。王景崇等人攻打后蜀军队，打败了他们。

赵匡赞不等李恕返回复命，便已离开长安。王景崇等到达长安，听说后蜀军队已经开进秦川，就调遣本道兵马和赵匡赞的一千多牙兵共同抗敌。王景崇怕牙兵逃跑，想在他们的脸上刺字，稍微透露一点风声。牙兵军校赵思绾首先请求在自己脸上刺字

以帅下，景崇悦。齐藏珍窃言曰："思绾凶暴难制，不如杀之。"景崇不听。蜀将李廷珪闻匡赞已入朝，欲引归，景崇邀败之。张虔钊至宝鸡，侯益拒之，虔钊夜遁，景崇追败之，俘将卒四百人。

汉主暠殂。杜重威伏诛。周王承祐立。

汉主大渐。杨邠忌侍卫指挥使刘信，立遣之镇。信不得奉辞，雨泣而去。帝召苏逢吉、杨邠、史弘肇、郭威入受顾命，曰："承祐幼弱，后事托在卿辈。"又曰："善防重威。"是日殂，逢吉等秘不发丧，下诏，称："重威父子，因朕小疾，谤议摇众，皆斩之。"磔尸于市，市人争啖其肉。二月，立皇子承祐为周王。有顷发丧，周王即位，时年十八。

吴越指挥使何承训伏诛。

何承训复请诛胡进思。吴越王弘俶恶其反覆，且惧召祸，执承训斩之。进思屡请杀废王弘倧，弘俶不许。进思诈以王命，密令薛温害之，温曰："仆受命之日不闻此言，不敢妄发。"进思乃夜遣其党二人逾垣而入，弘倧阖户大呼。温闻之，率众而入，毙之庭中。入告弘俶，弘俶大惊曰："全吾兄，汝之力也！"弘俶畏忌进思，曲意下之。进思内忧惧，未几，疽发背死，弘倧由是获全。

汉以王景崇为凤翔巡检使。

景崇引兵至凤翔，侯益尚未行，景崇以禁兵分守诸门。或劝景崇杀益，景崇以所受密旨嗣王未之知，或疑于专杀，

来做部下的表率，王景崇很高兴。齐藏珍私下说："赵思绾凶猛残暴难以制服，不如杀掉他。"王景崇没有听从。后蜀将领李廷珪听说赵匡赞已进京朝觐，想率兵返回蜀地，王景崇拦击，打败了他。张虔钊到达宝鸡，侯益抗击张虔钊，张虔钊率兵连夜逃跑，王景崇乘胜追击，打败了张虔钊，俘虏兵将四百人。

后汉高祖刘暠去世。杜重威被诛杀。周王刘承祐即位。

后汉高祖病危。杨邠猜忌侍卫指挥使刘信，立即派他前往镇所。刘信没能向后汉高祖辞行，哭得泪如雨下而离去。后汉高祖召集苏逢吉、杨邠、史弘肇、郭威入宫接受遗嘱，说："承祐年幼弱小，一切后事都拜托各位爱卿办理。"又说："要妥善防范杜重威。"当天，后汉高祖去世，苏逢吉等人封锁后汉高祖去世的消息，颁下诏书，声称："杜重威父子，乘朕小病，毁谤非议，动摇人心，全都斩首。"在集市中将杜重威的尸体分解，市人争着吃他的肉。二月，立皇子刘承祐为周王。不久发布丧事消息，周王刘承祐即帝位，当时年龄十八岁。

吴越指挥使何承训被诛杀。

何承训再次请求诛杀胡进思。吴越王钱弘俶厌恶他反复无常，而且怕招致祸患，便把何承训抓起来斩首。胡进思屡次请求杀掉废王钱弘倧，钱弘俶不允许。胡进思假称王命，密令薛温害死钱弘倧，薛温说："我自从受命那天起就没有听到这句话，不敢妄自行动。"胡进思就乘夜间派他的党羽二人跳墙而入，钱弘倧关门大声呼喊。薛温听到喊声，率众兵进入，把二人杀死在庭中。薛温入宫把此事报告钱弘俶，钱弘俶大为惊讶地说："能保全我哥哥的性命，全靠你的力量呀！"钱弘俶畏惧忌惮胡进思，委曲自己对他低三下四。胡进思内心担忧害怕，不久，背上恶疮发作而死，钱弘倧由此获得保全。

后汉任命王景崇为凤翔巡检使。

王景崇率领军队到达凤翔，侯益还没有启程，王景崇派禁兵分别把守各个城门。有人劝说王景崇杀掉侯益，王景崇因为原来所接受的密旨新皇帝不知道，或许会被怀疑是擅权杀戮，

犹豫未决。益闻之,不告景崇而去,景崇悔之。及益入朝,汉主问:"何故召蜀军?"对曰:"臣欲诱致而杀之。"汉主哂之。

三月,汉史弘肇以母丧起复,加兼侍中。

弘肇遭丧不数日,自出朝参,故有是命。

汉以侯益为开封尹。

益富于财,厚赂执政史弘肇等,故有是命。

汉改广晋为大名府,晋昌为永兴军。　汉征凤翔兵诣阙,行至长安,军校赵思绾据城作乱。

侯益盛毁王景崇于朝,言其恣横,景崇不自安。会诏遣供奉官王益如凤翔,征赵匡赞牙兵诣阙,赵思绾等甚惧,景崇因以言激之。至长安,节度副使安友规出迎益,思绾前白曰:"壕寨使已定舍馆于城东,将士欲各入城挈家诣城东宿。"友规等然之。思绾等大噪,持白梃杀守门者,入府开库取铠仗,友规等皆逃去。思绾遂据城,集城中少年得四千余人,旬日间战守之具皆备。景崇讽凤翔吏民表已知军府事,朝廷患之。以王守恩为永兴节度使,赵晖为凤翔节度使,以景崇为邠州留后。

汉复以孙方简为义武节度使。契丹将郎五、麻答掠定州而遁。

初,契丹北归,至定州,以义武节度使孙方简为大同节度使。方简怨恚不受命,帅其党三千人保狼山故寨,契丹攻之,不克。未几,遣使降汉,汉主复其旧官,使扞契丹。

犹豫不决。侯益听到这些情况,不向王景崇告别便离开了,王景崇非常后悔。等到侯益入朝觐见,后汉隐帝刘承祐问他:"为什么招来蜀军?"他回答说:"臣想把他们引诱出来然后杀掉。"后汉隐帝讥笑他。

三月,后汉史弘肇在为母亲守丧期间被起用,加官兼侍中。

史弘肇遭受母丧没几天,便自己出来上朝参见,所以有这个任命。

后汉任命侯益为开封尹。

侯益家里富裕财产丰厚,送厚礼贿赂执政大臣史弘肇等人,所以有这个任命。

后汉改广晋为大名府,晋昌军为永兴军。 后汉征调凤翔兵到京城,走到长安,军校赵思绾占据城池,作乱。

侯益在朝中大肆诋毁王景崇,说他恣意专横,王景崇内心忐忑不安。适逢诏令派供奉官王益到凤翔,调赵匡赞的牙兵到京城,赵思绾等人很害怕,王景崇就用话语来激他。牙兵到达长安,节度副使安友规出城迎接王益,赵思绾上前禀告说:"壕寨使已把馆舍定在城东,将士们想各自进城带上家属到城东住宿。"安友规等人同意了。赵思绾等人趁机大喊大叫,拿棍子打死了把守大门的人,进入府衙打开库房取出铠甲武器,安友规等人都逃走了。赵思绾于是占据了长安城,召集城中少年约有四千多人,十几天工夫作战守卫的兵器都已齐备。王景崇示意凤翔官吏士民向朝廷上表,推举自己主持军府事务,朝廷为此深感担忧。任命王守恩为永兴节度使,任命赵晖为凤翔节度使,任命王景崇为邠州留后。

后汉又任命孙方简为义武节度使。契丹将领郎五、麻答抢掠定州后逃回北方。

当初,契丹主北行回国,来到定州,任命义武节度使孙方简为大同节度使。孙方简怨恨愤怒不接受任命,率领他的党羽三千人固守狼山的旧山寨,契丹进攻山寨,没有攻克。不久,孙方简派使者归降后汉,后汉高祖恢复了他的原官职,让他来抵御契丹。

耶律忠闻邺都既平，常惧华人为变，与麻答等焚掠定州，悉驱其人弃城北去。方简自狼山帅其众数百还据定州，奏以弟行友为易州刺史，方遇为泰州刺史。每契丹入寇，兄弟奔命，契丹颇畏之。于是晋末州县陷契丹者，皆复为汉有矣。麻答至其国，契丹主鸩杀之。

汉李涛罢。

苏逢吉等迁补官吏，杨邠以为虚费国用，所奏多抑之，逢吉等不悦。李涛等上疏言："今关西纷扰，外御为急。且二枢密官虽贵而家未富，宜授以要害大镇。枢机之务，在陛下目前，易以裁决，逢吉、禹珪皆可委也。"杨邠、郭威闻之，见太后泣诉，太后怒，以让汉主，汉主因以诘责宰相。涛曰："此疏臣独为之，他人无预。"乃罢涛政事。

汉护国节度使李守贞反。

始，守贞闻杜重威死而惧，阴有异志。自以尝有战功，素好施，得士卒心。汉室新造，天子年少初立，执政皆后进，有轻朝廷之志。乃招纳亡命，治城堑，缮甲兵，昼夜不息。遣人间道赍蜡丸结契丹，屡为边吏所获。其客赵修己善术数，为守贞言："时命不可，勿妄动。"不听，乃称疾归乡里。僧总伦以术媚守贞，言其必为天子，守贞信之。会赵思绾据长安，奉表献御衣于守贞，守贞乃自称秦王，遣其骁将王继勋将兵据潼关。同州距河中最近，匡国节度使张彦威常诇守贞所为，奏请乞为之备，诏罗金山将兵戌之，故同州

耶律忠听说邺都已被平定,常害怕汉人发动事变,和麻答等人焚烧抢掠定州,把定州人都驱赶出城向北去。孙方简从狼山率领几百名部下回来占据定州,上奏朝廷请求任命弟弟孙行友为易州刺史,孙方遇为泰州刺史。每当契丹入侵,兄弟三人就奔走抵抗,契丹人很害怕他们。于是后晋末年落入契丹人手中的州县,又都归后汉所有。麻答回到辽国,契国主用毒药毒死了他。

后汉李涛罢相。

苏逢吉等人频繁提升补充官员,杨邠认为这是白白耗费国家钱财,苏逢吉所奏请的事情多被压制,苏逢吉等人很不高兴。李涛等人上疏说:"现在关西纷乱不安,抵御外寇入侵是当务之急。况且两枢密官虽然都很显贵,但家中并不富有,应该授给他们重要的大藩镇。机要的事务,在陛下眼前,容易裁决,委托给苏逢吉、苏禹珪也都能办理。"杨邠、郭威听说后,就进宫向太后哭诉,太后大怒,以此责备后汉隐帝,后汉隐帝因此又去责问宰相。李涛说:"这篇疏文是我独自所写,他人没有参与。"于是就罢免了李涛的官职。

后汉护国节度使李守贞谋反。

刚开始时,李守贞听说杜重威被杀而感到害怕,暗中萌发反叛的念头。自以为曾经立有战功,平素乐善好施,深得士兵之心。后汉朝廷刚刚建立,皇帝年少刚刚继位,执掌朝政的都是后辈官员,心中常有轻蔑朝廷的思想。于是招纳亡命之徒,整治城墙壕堑,修缮铠甲兵器,昼夜不停。又派人从小路带着蜡丸密信勾结契丹,多次被守边的官吏查获。他的门客赵修己擅长星象占卜之术,对李守贞说:"时令、命运都不许可,不要轻举妄动。"李守贞不听,于是赵修己声称身体有病回到乡下。僧人总伦用法术向李守贞献媚,说他一定会做天子,李守贞信以为真。适逢当时赵思绾占领了长安城,向李守贞奉上表献上御衣,李守贞便自封秦王,派他的骁将王继勋率兵据守潼关。同州距离河中最近,匡国节度使张彦威经常侦察李守贞的所作所为,奏请朝廷对李守贞要多加防备,朝廷下诏令调罗金山戍守同州,所以同州

不为所并。

夏四月，汉以杨邠同平章事，郭威为枢密使。

汉主与左右谋，以太后怒李涛离间，欲更进用二枢密，以明非己意。左右亦疾二苏之专，欲夺其权，共劝之。制以邠为中书侍郎同平章事，枢密使如故；郭威为枢密使。自是政事尽决于邠。邠素愚蔽，不喜书生，常言："国家府廪实，兵甲强，乃为急务。至于文章礼乐，何足介意？"既恨二苏排己，又以其除官太滥，欲矫其弊，由是艰于除拜。凡门荫及百司入仕悉罢之，时人亦咎二苏之不公所致云。

汉遣郭从义讨赵思绾，白文珂、王峻讨李守贞。 契丹兀欲如辽阳。

契丹主如辽阳，故晋主与太后、皇后皆谒见。契丹主妻兄禅奴利闻晋主有女未嫁，求之不得，契丹主使人驰取赐之。

五月，河决鱼池。 六月朔，日食。 汉王景崇叛降于蜀。

景崇迁延不之邠州，阅集凤翔丁壮，诈言讨赵思绾，仍牒邠州会兵。至是降蜀，亦受李守贞官爵。

秋七月，蜀以王昭远知枢密院事。

昭远幼以僧童从其师入府，蜀高祖爱其敏慧，令给事蜀主左右。至是，委以机务，府库金帛皆恣其取与，不复会计。

八月，汉河东节度使刘崇表募兵备契丹。

在李守贞谋反时没有被占领。

夏四月，后汉任命杨邠为同平章事，郭威为枢密使。

后汉隐帝与身边大臣商议，因为太后恼怒李涛挑拨离间，想再次任用两位枢密使，来表明之前的行动不是自己的意思。左右大臣也痛恨苏逢吉、苏禹珪专权，想夺走他们手中的大权，所以共同劝后汉隐帝这样做。制令任命杨邠为中书侍郎兼同平章事，枢密使官职照旧，任命郭威为枢密使。从此朝政大事都由杨邠决断。杨邠平素不通事理，不喜欢书生，他常说："国家府库仓廪充实，军队强大，才是当务之急。至于文章礼乐，哪里值得在意？"他既憎恨二苏排斥自己，又因二苏过去任官太滥，想纠正这一弊端，因此授予官职就更加慎重严格。凡靠长辈门庭荫庇得官的子弟及从各部门入仕的，全部罢免，当时人们也归咎于二苏封官不公所致。

**后汉派郭从义讨伐赵思绾，派白文珂、王峻讨伐李守贞。
契丹主兀欲前往辽阳。**

契丹主到了辽阳，后晋出帝石贵重和太后、皇后都去拜见他。契丹主妻子的哥哥禅奴利听说后晋出帝有个女儿没有出嫁，向后晋出帝求婚没有得到，契丹主派人骑马带走后晋出帝的女儿，赐给了禅奴利。

五月，黄河在鱼池决口。　**六月初一**，出现日食。　后汉王景崇叛变，归降后蜀。

王景崇拖延着不到邠州上任，召集检阅凤翔的壮丁，谎称讨伐赵思绾，并发檄文与邠州军队会合。到这时，归降后蜀，也接受李守贞授予的官职爵位。

秋七月，后蜀任命王昭远主持枢密院事务。

王昭远年幼时当过小和尚，跟随他的师傅进入都府，后蜀高祖孟知祥喜爱他聪明敏慧，让他在后蜀主孟昶身边办事。到这时，后蜀主委任他办理机要事务，国家府库里的金银布帛都任他随意取用送人，不再计算。

八月，后汉河东节度使刘崇上表招募士兵，防备契丹入侵。

初，高祖镇河东，崇与郭威争权有隙。及威执政，崇忧之。判官郑珙劝崇为自全汁，崇遂表募兵四指挥，自是选募勇士，招纳亡命，缮甲兵，实府库，罢上供财赋，皆以备契丹为名，朝廷诏令多不禀承。

汉以郭威为西面招慰安抚使。

汉自河中、永兴、风翔三镇拒命，继遣诸将讨之，久无功，汉主患之。欲遣重臣临督，以郭威为西面军前招慰安抚使，诸军皆受节度。威问策于冯道，道曰："守贞自谓旧将，为士卒所附。愿公勿爱官物，以赐士卒，则夺其所恃矣。"威从之，由是众心始附于威。

蜀以赵廷隐为太傅。

国有大事，就第问之。

汉郭威督诸将围李守贞于河中。

郭威与诸将议攻讨，诸将欲先取长安、风翔。镇国节度使扈彦珂曰："今三叛连衡，推守贞为主，守贞亡则两镇自破矣。若舍近而攻远，万一王、赵拒吾前，守贞掎吾后，此危道也。"威善之。于是威自陕州，白文珂、刘词自同州，常思自潼关，三道攻河中。威抚养士卒，与同苦乐，小有功辄厚赏之，微有伤常亲视之。士无贤不肖，有所陈启，皆温辞色而受之。违忤不怒，小过不责。由是士卒咸归心焉。

始，李守贞以禁军皆尝受其恩施，谓其至则叩城奉迎。既而士卒新受赐于郭威，皆忘守贞旧恩。至城下，扬旗伐

当初，后汉高祖镇守河东，弟弟刘崇与郭威二人为争夺权力结下嫌隙。等到郭威执掌政权，刘崇很担忧。判官郑珙劝刘崇做保全自己的打算，刘崇上表招募四个指挥的士兵，从此他选招勇士，招纳亡命之徒，修缮铠甲兵器，充实官府仓库，停止上缴财物赋税，这些都以防御契丹入侵为名，朝廷的诏令大多不接受。

后汉任命郭威为西面招慰安抚使。

后汉自从河中、永兴、凤翔三个藩镇抗拒命令以来，相继派众将领讨伐他们，很长时间没有什么成效，后汉隐帝为此忧虑。后汉隐帝想派一名重臣临阵督战，便任命郭威为西面军前招慰安抚使，各军都受他的调遣。郭威向冯道请教良策，冯道说："李守贞自认为是老将，士兵之心都归附于他。希望您不要吝惜国家的财物，要用来赏赐士兵，那么您就能夺走李守贞所倚仗的优势了。"郭威听从了冯道的建议，从此众人之心开始归附郭威。

后蜀任命赵廷隐为太傅。

国家有重大事情，便到他家中询问。

后汉郭威督战各军将领围攻李守贞于河中。

郭威与众将领商议进攻讨伐的计策，众将领想先夺取长安、凤翔。镇国节度使扈彦珂说："现在三个叛镇联合，推举李守贞为首，如果李守贞灭亡，那么其他两个叛镇就会不攻自破。如果舍近而攻远，万一王、赵在我前面抵抗，李守贞在我后面夹击，这是危险之道。"郭威认为他说得好。于是郭威从陕州出发，白文珂、刘词从同州出发，常思从潼关出发，从三条道进攻河中。郭威抚养士兵，与他们同苦同乐，他们稍立军功就给予优厚的奖赏，稍有负伤就经常亲自看望。士人无论贤者还是不肖者，只要他们愿意陈述自己的计策，都和颜悦色地接受他们陈述。即使有不同或相反的意见，也不发怒，犯有小的过错也不责罚。因此，士兵之心都归附于郭威。

刚开始时，李守贞因为禁军都曾受过他的恩惠，认为禁军到来就会敲开城门奉迎他为君主。不久，士兵们因新近受到郭威的赏赐，都忘了李守贞的旧恩。士兵到达城下，扬起军旗，擂响

鼓,踊跃诉噪,守贞视之失色。诸将欲急攻城,威曰:"守贞前朝宿将,健斗好施,屡立战功。况城临大河,楼堞完固,未易轻也。且彼冯城而斗,吾仰而攻之,何异帅士卒投汤火乎?不若且设长围而守之,吾洗兵牧马,坐食转输。俟城中无食,然后进梯冲以逼之,飞书檄以招之。彼之将士脱身逃死,父子且不相保,况乌合之众乎?思绾、景崇但分兵以縻之,不足虑也。"乃发民夫二万,使白文珂帅之,剜长壕,筑连城,列队伍而围之。又谓诸将曰:"守贞有轻我心,故敢反,正宜静以制之。"乃偃旗卧鼓,但循河设火铺,连延数十里,番步卒以守之。遣水军舣舟于岸,寇有潜往来者,无不擒之,于是守贞如坐网中矣。

蜀遣兵援凤翔,汉人击败之。　　王景崇杀侯益家属。

景崇杀益家七十余人,益子仁矩在外得免。仁矩子延广尚在襁褓,乳母刘氏以己子易之,抱延广而逃,乞食至于大梁,归于益家。

李守贞遣兵出战,败还。

守贞屡出兵,欲突长围,皆败而反。遣人赍蜡丸求救于唐、蜀、契丹,皆为逻者所获。城中食且尽,殍死者日众。守贞忧形于色,召总伦诘之,总伦曰:"分野有灾,待磨灭将尽,只余一人一骑,乃大王鹊起之时也。"守贞犹以为然。

冬十月,汉赵晖围王景崇于凤翔,蜀遣兵救之,不克。

战鼓,跳跃辱骂,大声呼喊,李守贞看到后大惊失色。各将领想加紧攻城,郭威说:"李守贞是前朝老将,勇敢善斗,慷慨好施,多次建立战功。况且城池面临黄河,城楼围墙完好坚固,不能轻视。而且他们依靠高城作战,我们仰面进攻,这与率领士兵去赴汤蹈火有什么不同?不如先设置长长的包围圈困守着他们,我们磨洗兵器,放牧战马,坐等吃着转运的粮食。待到城中没有粮食,然后推进云梯冲车去逼近他们,飞传书信招降他们。那边的将领士兵纷纷脱身逃跑,即使是父子也不能互相保全,何况这些乌合之众?赵思绾、王景崇二处,只要分兵把他牵制住,不值得忧虑。"于是征发民夫二万人,派白文珂率领他们,挖长壕,筑连城,排兵布阵把他们团团围住。郭威又对众将领说:"李守贞有轻视我们的思想,所以敢于反叛,我们正应该用静的方式来制服他。"于是收起军旗,放下战鼓,只沿着黄河设置火铺传递军事情报,连绵几十里,派步兵轮番守卫。派水军船舰停泊在岸边,敌人有偷偷往来的,没有不被擒获的,于是李守贞就好像坐在罗网之中。

后蜀派兵救援凤翔,后汉人把他们击败。 **王景崇杀害侯益家属。**

王景崇杀害侯益家属七十余人,只有侯益的儿子侯仁矩在外得免一死。侯仁矩的儿子侯延广还在襁褓之中,奶妈刘氏用自己的孩子与他调换,抱着侯延广逃走,靠要饭走到大梁城,把侯延广交给侯益家。

李守贞派兵出战,失败而还。

李守贞多次出兵,想突破长围,都战败而回。又派人带着蜡丸密信向南唐、后蜀、契丹求救,都被巡逻士兵抓获。城中的粮食即将吃光,饿死的人一天比一天多。李守贞脸上布满愁云,召来总伦和尚责问他,总伦说:"现在分野有灾,等到磨难将要历尽,只剩下一人一马,就是大王鹊起的时候。"李守贞仍然信以为真。

冬十月,后汉赵晖将王景崇包围在凤翔,后蜀派兵救援王景崇,没能成功。

景崇遣兵出西门,赵晖击破之,遂取西关城。景崇退守大城,晖堑而围之,数挑战,不出。晖潜遣千余人摄甲执兵,效蜀旗帜,循南山而下,令诸军声言:"蜀兵至矣。"景崇果遣兵数千出迎之。晖设伏掩击,尽殪之,自是景崇不敢出。

蜀主遣安思谦将兵救凤翔,仆射毋昭裔上疏谏曰:"臣窃见唐庄宗志贪西顾,前蜀主意欲北行,凡在廷臣皆贡谏疏,殊无听纳,有何所成?只此两朝,可为鉴诫。"不听。思谦遣申贵将兵二千设伏于竹林,以兵数百压宝鸡而陈,汉兵逐之,遇伏而败。蜀兵进屯渭水,汉益兵五千戍宝鸡,思谦引还。

荆南节度使高从诲卒,以其子保融知留后。 **十一月,汉杀其太子太傅李崧,灭其家。**

初,汉高祖入大梁,冯道及崧皆在真定。高祖以道第赐苏禹珪,崧第赐苏逢吉。崧第中瘗藏之物及洛阳别业,逢吉尽有之。及崧归朝,自以形迹孤危,事汉权臣甚谨。而二弟屿、㟧时乘酒出怨言,逢吉闻而恶之。翰林学士陶穀先为崧所引用,复从而谮之。汉法既严,而史弘肇尤残忍,宠任孔目官解晖,凡入军狱者,使之随意锻炼,无不自诬。及三叛连兵,群情震动。弘肇巡逻京城,得罪人不问情法何如,皆专杀不请,虽奸盗屏迹,而冤死者甚众。

李屿仆夫葛延遇为屿贩鬻,多所欺匿,屿抶之,督其负。延遇与苏逢吉之仆李澄谋上变告屿谋反,逢吉召崧送

王景崇派兵出西门，赵晖击败了他，并夺取了西关城。王景崇退回固守大城，赵晖挖壕沟包围住他们，多次向他们挑战，都不出战。赵晖就暗自派一千多人身披铠甲手执兵器，仿效后蜀军队的旗号，沿着南山开下来，让各军大喊："蜀兵到了。"王景崇果然派出几千人马出城迎接。赵晖设下伏兵突然袭击，出城军队全被歼灭，从此王景崇再不敢出城。

后蜀主孟昶派安思谦率兵救援凤翔，仆射毋昭裔上疏劝谏说："臣私下认为后唐庄宗皇帝贪于向西征伐，前蜀主王衍想要向北进军，凡是在朝的臣子都上疏劝谏，一点也没听取采纳，后来有什么成就呢？只这两朝的先例，就可作为鉴诫。"后蜀主不听。安思谦派申贵率兵二千在竹林埋伏，派几百名士兵逼近宝鸡布阵，后汉兵驱逐他们，在竹林中了埋伏而失败。后蜀军队进兵驻扎渭水之滨，后汉增兵五千人戍守宝鸡，安思谦引兵退还。

荆南节度使高从诲去世，让他儿子高保融主持留后事务。十一月，后汉诛杀太子太傅李崧，诛灭其家族。

当初，后汉高祖刘知远进入大梁，冯道和李崧都在真定。后汉高祖把冯道的住宅赐给苏禹珪，把李崧的住宅赐给苏逢吉。李崧住宅中埋藏的东西和洛阳家园，全被苏逢吉占有。等李崧归顺后汉朝廷，自认为个人处境孤立危险，事奉后汉权臣很小心谨慎。而他的两个弟弟李屿和李㠖，有时趁喝酒后口出怨言，苏逢吉听说后很憎恶他们。翰林学士陶毂早先被李崧举荐引用，也跟着说他的坏话。后汉法纪已经很严，而史弘肇尤其残忍，宠信任用孔目官解晖，凡被抓到军队监狱的人，让他随意罗织罪名，施行刑罚，最后没有不屈打成招的。等到三镇叛变连兵，朝野内外人心动摇。史弘肇在京城巡逻，凡抓到罪犯，不问法律案情该如何处置，都不请示就杀头，这样虽然奸人盗贼绝迹，而冤枉屈死的人也很多。

李屿的车夫葛延遇为李屿贩卖东西，经常欺骗主人、贪污钱财，李屿抽打他，督促他交出亏空的财物。葛延遇和苏逢吉的仆人李澄商量向上诬告李屿谋反，苏逢吉把李崧招来并送进

侍卫狱。屿自诬云："与兄弟及家僮二十人谋作乱，又遣人结李守贞，召契丹兵。"及具狱上，逢吉取笔改"二十"为"五十"字。诏诛崧兄弟家属，仍厚赏延遇等，时人无不冤之。自是士民家皆畏惮仆隶，往往为所胁制。他日，縠谓崧族子秘书郎昉曰："李氏之祸，縠有力焉。"

弘肇尤恶文士，常曰："此属轻人难耐，每谓吾辈为卒。"领归德节度，委亲吏杨乙收属府公利。乙依势骄横，合境畏之。月率钱万缗以输弘肇，部民不胜其苦。

唐遣兵救李守贞，次于海州。
沈丘人舒元、嵩山道士杨讷，俱以游客干李守贞。守贞遣元更姓朱，讷更姓李名平，间道奉表求救于唐。唐谏议大夫查文徽、兵部侍郎魏岑请出兵应之。唐主命李金全将兵救河中，军于沂州之境。金全与诸将方会食，候骑白有汉兵数百在涧北，皆羸弱，请掩之，金全令曰："敢言过涧者斩。"及暮，伏兵四起，金鼓闻十余里，金全曰："向可与之战乎？"时唐士卒厌兵，莫有斗志，又河中道远，势不相及，退保海州。

南汉遣兵击楚，取贺、昭州。　蜀兵救凤翔，败汉兵。汉郭威引兵赴之，蜀兵引还。

王景崇告急于蜀。蜀主命安思谦再出兵救之，进屯散关，败汉兵。赵晖告急于郭威，威自往赴之。时李守贞遣副使周光逊、王继勋守城西。威戒白文珂、刘词曰："贼苟不能突围，终为我擒。万一得出，则吾不得复留于此。

侍卫狱。李崧自己诬告说："我与兄弟及家僮二十人谋划作乱，又派人勾结李守贞，招引契丹兵。"到结案上报时，苏逢吉取笔把"二十"改为"五十"。朝廷下诏诛杀李崧兄弟家属，并重赏葛延遇等人，当时人们无不觉得李崧兄弟是冤枉的。从此士民家里都害怕仆人，往往被仆人所胁制。有一天，陶毅对李崧的族人秘书郎李昉说："李家的祸患，我是出了力的。"

史弘肇尤其憎恶文人雅士，他曾经说："这些文人轻蔑人，让人难以忍受，每次都称我们是兵卒。"史弘肇担任归德节度使时，委派他亲近的官吏杨乙征收所辖州府的公利。杨乙倚仗史弘肇的势力骄横跋扈，整个藩镇境内都害怕他。每月搜刮上万缗钱财交给史弘肇，属下的士民百姓都受不了这种苦。

南唐派兵救援李守贞，驻扎在海州。

沈丘人舒元、嵩山道士杨讷，都以游客身份谒见李守贞。李守贞命舒元改姓朱，杨讷改姓李名平，让他们带着表章抄小路向南唐求救。南唐谏议大夫查文徽、兵部侍郎魏岑请求出兵救应。南唐主李璟命李金全率兵救河中，驻军在沂州境内。李金全和各将领正在一起吃饭，侦察骑兵报告有后汉兵几百人在涧北，都是病弱之人，请求袭击他们，李金全下令说："敢说过涧者斩首。"到了傍晚，四周埋伏的士兵一起冲杀，鸣金击鼓之声传出十几里远，李金全说："之前可以与他们交战吗？"当时南唐士兵厌战，没有斗志，又因河中道路遥远，形势上也很难相救，便退回固守海州。

南汉派兵进攻楚国，夺取贺、昭二州。 后蜀派兵救援凤翔，打败后汉军队。后汉郭威率领军队前去救援，后蜀军遭失败而撤军。

王景崇向后蜀告急求救。后蜀主孟昶命安思谦再次率兵去救援他，军队进兵驻扎在散关，打败了后汉军队。赵晖向郭威告急，郭威亲自率兵赶赴救援。当时李守贞派副使周光逊、王继勋守卫城西。郭威告诫白文珂、刘词说："贼军如果不能突围，最终必被我擒获。万一他们冲出包围，那么我们就不能再留在这里。

成败之机,于是乎在。贼之骁锐尽在城西,我去必来突围,尔曹谨备之。"威至华州,闻蜀兵食尽引去,威乃还。

己酉(949) 汉乾祐二年。是岁,凡四国三镇。

春正月,李守贞遣兵袭汉栅,大败。

郭威将至河中,白文珂出迎之。李守贞遣王继勋等引精兵千余人袭汉栅,纵火大噪,军中狼狈,不知所为。刘词神色自若,下令曰:"小盗不足惊也。"帅众击之。裨将李韬援稍先进,众从之。河中兵退走,死者七百人,继勋重伤,仅以身免。威至,词迎马首请罪,威厚赏之。守贞之欲攻河西栅也,先遣人出酤酒于村墅,或赉与,不责其直,逻骑多醉,由是河中兵得潜行入寨。威乃下令:"将士非犒宴,毋得私饮。"爱将李审晨饮少酒,威怒曰:"汝为吾帐下,首违军令,何以齐众?"立斩以徇。

二月,汉以静州隶定难军。

诏以静州隶定难军,李彝殷上表谢。彝殷以中原多故,有轻傲之志。每藩镇有叛者,常阴助之,邀其重赂,朝廷亦以恩泽羁縻之。

契丹迁故晋主重贵于建州。

晋李太后诣契丹主,请依汉人城寨之侧,给田耕桑以自赡,契丹主许之,并晋主迁于建州。未至,安太妃卒于路。遗令:"焚骨,南向扬之。"既至建州,得田五十余顷,令从者耕以给食。顷之,德光之子述律王遣骑取晋主宠姬赵氏、聂氏而去。

三月,汉以史德珫领忠州刺史。

成败的关键,就在于此。贼军的精锐部队都在城西,我一离去他们必然从这里突围,你们要谨慎防备他们。"郭威来到华州,听说后蜀军队军粮吃完已退走,郭威就返回河中。

己酉(949) 后汉乾祐二年。这一年,共四个国家、三个藩镇。

春正月,李守贞派兵袭击后汉军队营栅,被后汉军队打得大败。

郭威将要到达河中,白文珂出来迎接他。李守贞派王继勋等率领精锐部队一千多人袭击后汉军队营栅,进营后一边放火,一边大声呼喊,军营中一片混乱,不知该怎么办。刘词神色自若,下命令说:"小小盗贼,不足惊慌。"率领众兵攻打他们。副将李韬举起长矛冲锋在前,众兵跟着冲锋。河中士兵退却逃跑,死亡七百人,王继勋受重伤,仅保住了性命。郭威到达营地,刘词在马头前迎接请罪,郭威给他重赏。李守贞在攻击河西军队营栅前,先派人出去到河西村头卖酒,有的赊欠赠给,不要付钱,后汉巡逻的骑兵大多喝醉,因此河中的士兵得以偷偷地进入营寨。郭威于是下命令:"将领士兵不是参加犒劳宴会,不得私自饮酒。"他的爱将李审早晨喝了点酒,郭威发怒说:"你在我的帐下,带头违反军令,怎么来管理大家?"立刻斩首示众。

二月,后汉将静州隶属于定难军。

后汉隐帝下诏书,将静州隶属于定难军,李彝殷上表致谢。李彝殷因为中原多事,有轻慢傲气的念头,每当藩镇出现反叛时,他常暗中相助,期望得到丰厚的贿赂,朝廷也用恩惠来笼络他。

契丹把后晋出帝石重贵迁往建州。

后晋李太后去见契丹主兀欲,请求靠着汉人城寨的旁边,给一块田地用来耕种养蚕养活自己,契丹主准许了她的要求,并把后晋出帝迁到建州。还没到达建州,安太妃便死在路途中。她的遗嘱说:"请火化我的遗体,向南方撒去。"到达建州后,得到田地八十余顷,让随行的人耕种来供给吃的。不久,契丹主耶律德光的儿子述律王派骑兵夺走后晋出帝的宠姬赵氏、聂氏。

三月,后汉任命史德琉兼任忠州刺史。

德珫，弘肇之子也，颇读书，常不乐父之所为。有举人呼噪于贡院门，苏逢吉命执送侍卫司，欲其痛棰而黥之。德珫言于父曰："书生无礼，自有台府治之，非军务也。此乃公卿欲彰大人之过耳。"弘肇即破械遣之。

夏四月，太白昼见。
民有仰视之者，为逻卒所执，史弘肇腰斩之。

李守贞出兵攻长围，大败。其将王继勋等诣汉军降。

河中城中食且尽，民饿死者什五六。李守贞出兵攻长围，郭威遣都监吴虔裕引兵横击之，河中兵败走，夺其攻具，擒其将魏延朗，王继勋帅其众千余人来降。威乘其离散，督诸军百道攻之。

五月，赵思绾遣使请降于汉。
赵思绾好食人肝，及长安城中食尽，取妇女、幼稚为军粮，每犒军辄屠数百人。计穷不知所出。初，思绾少时，求为左骁卫上将军李肃仆，肃不纳，曰："是人目乱而语诞，它日必为叛臣。"肃妻张氏曰："君今拒之，后且为患。"乃厚以金帛遗之。及思绾据长安，肃据城中，思绾数就见之，拜伏如故礼。肃曰："是子亟来，且污我。"欲自杀。妻曰："曷若劝之归国？"会思绾问自全之计，肃乃与判官程让能说思绾曰："公本与国家无嫌，但惧罪耳。今国家三道用兵，俱未有功。若以此时翻然改图，朝廷必喜，自可不失富贵。孰与坐而待毙乎？"思绾从之，遣使请降于汉。汉以为华州留后。

史德珫是史弘肇的儿子,很爱读书,常不喜欢他父亲的所作所为。有举人在贡院门前大声喧哗,苏逢吉命人抓起来送到侍卫司,希望对他痛打一顿鞭子,再往脸上刺字。史德珫对他父亲说:"书生无礼,自然由台府处置,这不是军务。这不过是公卿大臣想要宣扬您的过错罢了。"史弘肇立即打开刑具把书生送走。

夏四月,太白星白天出现。

百姓中有仰面观看的,被巡逻的士兵抓获,史弘肇命处以腰斩。

李守贞派兵进攻长围,被打得大败。他的将领王继勋等到后汉军中投降。

河中城里粮食将要吃光,百姓饿死十分之五六。李守贞派兵进攻长围,郭威派都监吴虔裕率兵拦腰截击他们,河中兵战败逃跑,后汉军夺走河中兵进攻的器械,擒获将领魏延朗,王继勋率部下一千多人到后汉投降。郭威趁李守贞军队分崩离散之机,督促率领各军从各路进攻河中。

五月,赵思绾派使臣请求投降后汉。

赵思绾喜爱吃人肝,到长安城中粮食吃光时,就抓来妇女、儿童充当军粮,每次慰劳军队都要屠杀几百人。赵思绾最后计谋用尽,不知出路何在。当初,赵思绾年少时,请求当左骁卫上将军李肃的仆人,李肃不接纳他,说:"这个人眼珠乱转而且言语荒诞,将来一定是个叛臣。"李肃的妻子张氏说:"你现在拒绝他,以后会成为祸患。"于是赠送赵思绾许多金银丝帛。等到赵思绾占据长安,李肃住在城中,赵思绾多次登门求见,向李肃伏地叩拜如同旧礼。李肃说:"这人总来我这里,是玷污我的清白。"想要自杀。妻子说:"还不如劝他归附朝廷。"适逢赵思绾前来询问保全自己的计策,李肃就与判官程让能劝赵思绾说:"您本来与朝廷并无嫌隙,只不过怕获罪而已。现在国家三路用兵,都没有获得成功。如果你现在趁此时幡然改悔,朝廷一定高兴,自然不会失掉富贵。这与坐以待毙哪个好呢?"赵思绾听从了他们的劝告,派使臣前往后汉请求归降。后汉任命他为华州留后。

六月朔,日食。　秋七月,汉郭从义诱赵思绾杀之。

思绾释甲出城受诏,郭从义以兵守其南门,复遣还城。思绾迁延收敛财贿,三改行期。从义等疑之,密白郭威请图之,威许之。从义与都监王峻入府舍,召思绾酌别,因执之,及其部曲三百人,皆斩于市。

汉郭威克河中,李守贞自杀。

郭威攻河中,克其外郭。李守贞与妻子自焚。威入城,获其子崇玉等及所署将相国师总伦等,送大梁,磔于市。征赵修已为翰林天文。威阅守贞文书,得朝臣藩镇交通书,词意悖逆,欲奏之,秘书郎王溥谏曰:"魑魅乘夜争出,见日自消。愿一切焚之,以安反仄。"威从之。唐主闻河中破,以朱元、李平为郎。

唐主杀其户部员外郎王冲敏、天威都虞候王建封。

唐主复进用魏岑。吏部郎中钟谟、员外郎李德明始以辩慧得幸,参预国政。二人皆恃恩轻躁,国人恶之。冲敏性狷介,乃教建封上书历诋用事者,请进用正人。唐主大怒,皆杀之。

八月,汉郭威以白文珂为西京留守。

西京留守王守恩性贪鄙,专事聚敛。丧车非输钱不得出城,下至抒厕、行乞之人,不免课率。或纵麾下令盗人财。有富室娶妇,守恩与俳优数人往为贺客,得银数铤而返。郭威自河中还,过洛阳,守恩肩舆出迎,威怒不见,即以头子命白文珂代守恩。守恩犹坐客次,吏白:"新留守已

六月初一,出现日食。　　秋七月,后汉郭从义诱杀赵思绾。

赵思绾脱下盔甲出城接受诏书,郭从义派兵把守南门,又把他送回城中。赵思绾拖延时间收敛钱财,三次改变行期。郭从义等人对他产生怀疑,密报郭威请杀谋赵思绾,郭威准许了。郭从义与都监王峻入城来到府署馆舍,召赵思绾饯行告别,就势抓住了他,连同部下三百人,全部斩首在街市上。

后汉郭威攻克河中城,李守贞自杀。

郭威进攻河中,攻克河中外城。李守贞与妻子自焚而死。郭威率兵入城,抓住了李守贞的儿子李崇玉等以及他所任命的将相、国师总伦等人,把他们押送到大梁,都在街市上凌迟处死。征召赵修己为翰林天文官。郭威阅读李守贞的公文书信,得到朝廷权臣及各藩镇官员与李守贞交往的书信,言语大逆不道,郭威想奏报朝廷,秘书郎王溥劝谏说:"鬼怪利用夜间争着出来,见到太阳就会自然消失。希望把这些书信统统烧掉,来安定动荡不安的人心。"郭威听从了他的话。南唐主李璟听说河中被攻陷,任命朱元、李平为郎官。

南唐主李璟杀死户部员外郎范冲敏和天威都虞候王建封。

南唐主再次任用魏岑。吏部郎中钟谟、员外郎李德明开始因为善辩聪慧得到宠幸,参与国政。二人都自恃得到恩宠而轻浮骄躁,国人憎恶他们。范冲敏性情耿直,于是让王建封上书一一指责当权人的错误,请求任用正人君子。南唐主看后勃然大怒,把范冲敏、王建封都杀了。

八月,后汉郭威任命白文珂为西京留守。

西京留守王守恩性情贪婪卑鄙,专门聚敛钱财。出殡的丧车如果不交钱不准出城,下到打扫厕所、乞讨要饭的人,都不免除缴纳税款。有时还指使他手下的人去偷盗人家的钱财。有富裕的人家娶媳妇,王守恩和几个艺人前往充当祝贺的客人,捞取几锭银子才回去。郭威从河中返回,路过洛阳,王守恩坐着轿子里出来迎接,郭威大怒,不见他,立即拟诏帖任命白文珂取代王守恩做留守。王守恩还坐在客座上,官吏告诉他说:"新留守已经

视事于府矣。"守恩狼狈而归,见家属已逐出府矣,朝廷不之问。

楚马希萼攻潭州,不克。

希萼调丁壮,作战舰,将攻潭州。其妻苑氏谏曰:"兄弟相攻,胜负皆为人笑。"不听,引兵趣长沙。马希广闻之曰:"朗州吾兄也,不可与争,当以国让之而已。"刘彦瑫等固争以为不可,乃以王赟部署战棹,大破其兵。追希萼,将及之,希广遣使召之曰:"勿伤吾兄。"赟引兵还,希萼遁归。苑氏泣曰:"祸将至矣,余不忍见也。"赴井而死。

九月,汉加郭威侍中,威请加恩将相藩镇,从之。

威至大梁,入见,劳赐甚厚。辞曰:"臣将兵在外,凡镇安京师,供亿兵食,皆诸大臣居中者之力也,臣安敢独膺此赐? 请遍赏之。"乃遍赐宰相、枢密、宣徽、三司、侍卫使九人如一。加威兼侍中,史弘肇中书令,窦贞固司徒,苏逢吉司空,苏禹珪、杨邠仆射。诸大臣议,以执政既溥加恩,恐藩镇觖望,亦遍加恩有差。议者以郭威不专有其功,推以分人,信为美矣。而国家爵位以一人立功而覃及天下,不亦滥乎?

冬十月,吴越募民垦田。

吴越王弘俶募民能垦荒田者,勿收其税,由是境内无弃田。或请纠民遗丁以增赋,弘俶杖之国门,国人皆悦。

楚静江节度使马希瞻卒。

希瞻以兄希萼、希广交争,屡遣使谏止,不从。知终覆族,疽发背卒。

在西京府主持工作了。"王守恩狼狈而回,看见家属已被赶出官府,朝廷不过问此事。

楚国马希萼进攻潭州,没有攻克。

马希萼征调壮丁,制造战舰,准备攻打潭州。他的妻子范氏劝谏说:"兄弟互相攻打,不管胜负都要被人讥笑。"马希萼不听,率兵赶赴长沙。马希广听到情况后说:"朗州来的是我的哥哥,不可与他争斗,应当把国家让给他算了。"刘彦瑫等人一再劝谏,认为不能这样做,于是派王赟率领水军战舰出战,大败马希萼的军队。王赟追击马希萼,快追上时,马希广派使臣招呼王赟说:"不要伤害我的哥哥。"王赟于是率兵返回,马希萼逃回朗州。范氏哭泣着说:"大祸将要临头,我不忍心看见。"便投井而死。

九月,后汉加授郭威为侍中,郭威请求给各位将相及藩镇官员加恩,后汉隐帝听从了他的建议。

郭威回到大梁,入朝拜见后汉隐帝,后汉隐帝慰劳他,给他丰厚的赏赐。郭威推辞说:"我率领兵马在外,镇守安定京城,供应军队粮食,都是朝中各位大臣努力的结果,我怎么敢独自接受这些赏赐呢?请都分赏给大家吧。"于是给宰相、枢密使、宣徽使、三司使、侍卫使九个人全都同样赏赐。加授郭威兼侍中,史弘肇兼中书令,窦贞固兼司徒,苏逢吉兼司空,苏禹珪、杨邠兼仆射。众大臣商议,认为执政大臣普遍加恩受赏,恐怕各地藩镇的官员埋怨失望,所以也按差等普遍加恩赏赐。议论的人认为郭威不独占功劳,把功劳推让分给别人,确实是美好的行为。但是国家的爵位因一个人立功而加封遍及天下人,不也太滥了吗?

冬十月,吴越招募农民开垦荒田。

吴越王钱弘俶招募能开垦荒田的农民,不向他们征收赋税,从此吴越境内没有闲弃的荒田。有人请求查纠户籍遗漏的男丁来增加赋役,钱弘俶命人在都城大门杖打他,国人都很高兴。

楚国静江节度使马希瞻去世。

马希瞻因为哥哥马希萼、马希广交相争斗,多次派使者劝谏阻止,二人都没有听从。马希瞻知道最终要造成家族覆灭,背上毒疮发作而去世。

契丹寇河北，汉遣郭威督诸将御之。　十二月，汉赵晖攻凤翔，王景崇自杀。

赵晖急攻凤翔，周璨谓王景崇曰："蒲、雍已平，蜀儿不足恃，不如降也。"景崇曰："善，吾更思之。"后数日，外攻转急，景崇自焚死，诸将乃降。

三叛既平，汉主浸骄纵，与左右狎昵，与飞龙使后匡赞、茶酒使郭允明为廋辞、丑语。太后屡戒之，太常卿张昭上言："宜亲近儒臣，进习经训。"皆不听。昭即昭远，避高祖讳改之。

唐以留从效为清源节度使。

庚戌（950）　汉乾祐三年。是岁，四国三镇，汉亡。
春正月，汉遣使收瘞河中、凤翔遗骸。

时有僧已聚二十万矣。
二月，唐遣兵攻福州，吴越守兵败之，执其将查文徽。

福州人告唐永安留后查文徽云，吴越兵已弃城去，请文徽为帅。文徽信之，遣剑州刺史陈诲将水军下闽江，文徽自以步骑继之。至城下，吴越知威武军吴程诈遣数百人出迎。诲曰："闽人多诈，未可信也，宜立寨徐图。"文徽曰："疑则变生，不若乘机据其城。"因引兵径进。诲整众鸣鼓，止于江湄。程勒兵出击唐兵，大败之，执文徽，士卒死者万人。诲全军归。

汉汝州防御使刘审交卒。

契丹进犯河北,后汉派郭威督率众将领前往抵御。 十二月,后汉赵晖进攻凤翔,王景崇自杀。

赵晖加紧进攻凤翔,周璨对王景崇说:"蒲、雍两个藩镇已被平定,蜀国小儿也不值得依靠,不如投降为好。"王景崇说:"好,让我再考虑考虑。"过了几天,城外的进攻更加紧急,王景崇自焚身死,各将领于是投降。

三个叛贼平定之后,后汉隐帝刘承祐渐渐骄傲放纵起来,与周围宦官越来越亲近,和飞龙使后匡赞、茶酒使郭允明说隐语、脏话,太后多次告诫他,太常卿张昭上表说:"应该亲近儒臣,讲授学习经书训诂。"后汉隐帝都没有听从。张昭就是张昭远,因避讳后汉高祖刘知远的名字改作张昭。

南唐任命留从效为清源节度使。

庚戌(950) 后汉乾祐三年。这一年,有四个国家、三个藩镇,后汉灭亡。

春正月,后汉派使臣到河中、凤翔收集掩埋因战乱而死的兵士的骸骨。

当时,有僧人已经搜集到遗骸二十万具。

二月,南唐派兵进攻福州,吴越守兵把他们打败,抓获南唐将领查文徽。

福州有人报告南唐永安留后查文徽说,吴越的军队已经弃城而离开了,请求查文徽做福州主帅。查文徽相信了他的话,派剑州刺史陈诲率领水军沿闽江而下,查文徽亲自率领步兵、骑兵跟在后面。南唐军队到了福州城下,吴越知威武军吴程派几百人出城假装迎接。陈诲说:"闽人善于欺诈,不可相信,应当安营扎寨慢慢谋求。"查文徽说:"怀疑就会发生变故,不如趁此机会占据福州城。"便率兵直接前进。陈诲整顿部队击鼓前进,在闽江边停了下来。吴程统率士兵出城袭击南唐军队,把南唐军队打得大败,抓获查文徽,士兵战死的有上万人。陈诲率领全军返回剑州。

后汉汝州防御使刘审交去世。

汝州吏民诣阙上书,以审交有仁政,乞留葬汝州,得奉事其丘垄,许之。州人为立祠,岁时享之。冯道曰:"吾尝为刘君僚佐,观其为政,无以逾人,非能减其租赋,除其徭役也,但推公廉慈爱之心行之耳。此亦众人所能为,但他人不为而刘君独为之,故汝人爱之如此。使天下二千石皆效其所为,何患得民不如刘君哉?"

夏四月,汉以王饶为护国节度使。

汉主欲移易藩镇,因其请赴嘉庆节上寿许之。至是,高行周等十余人入朝,诏皆徙镇。李守贞之乱,王饶潜与之通,守贞平,众谓饶必居散地。及入朝,厚结史弘肇,迁护国节度使,闻者骇之。

汉以郭威为邺都留守,枢密使如故。

汉朝以契丹入寇,议以郭威镇邺都,使督诸将备契丹。史弘肇欲威仍领枢密使,苏逢吉以为故事无之。弘肇曰:"领枢密使则可以便宜从事,诸军畏服,号令行矣。"汉主从之。仍诏河北,兵甲钱谷,但见郭威文书,立皆禀应。弘肇怨逢吉异议,逢吉曰:"以内制外,顺也,今反以外制内,其可乎?"

既而朝贵会饮,弘肇举大觞属威,厉声曰:"昨日廷议,一何同异!"逢吉与杨邠亦举觞曰:"是国家之事,何足介意?"弘肇又厉声曰:"安定国家,在长枪大剑,安用毛锥?"王章曰:"无毛锥,则财赋何从可出?"自是将相始有隙。

汝州官吏百姓到朝廷上书,认为刘审交生前实行仁政,恳求将遗体留葬在汝州,便于能够侍奉他的坟墓,朝廷准许了这个要求。汝州百姓为刘审交立了祠堂,每年按时为他举行祭祀。冯道说:"我曾经做过刘君的同僚,我观察他处理政务,没有超过别人的地方,并没有减轻租赋,免除徭役,只是能推广公正廉洁、慈善仁爱的心并尽力实行罢了。这也是众人所能做到的,只是别人不做而唯独刘君一人去做了,所以汝州百姓这样爱戴他。如果天下各地方长官都能仿效刘君的做法,何愁不像刘君这样得民心呢?"

夏四月,后汉任命王饶为护国节度使。

后汉隐帝刘承祐想调整各藩镇的官吏,同意他们上朝祝贺皇上生日嘉庆节的要求。到这时,高行周等十余人入朝祝寿,后汉隐帝下诏将他们都调任其他藩镇。李守贞叛乱时,王饶暗中与他勾结,等到李守贞叛乱被平息,众人认为王饶一定要被贬到闲散之地任职。等到进京入朝,他用重金结交史弘肇,竟调任为护国节度使,听到此事的人都感到惊骇。

后汉任命郭威为邺都留守,枢密使仍然兼任。

后汉朝廷因为契丹入侵,商议派郭威镇守邺都,让他督率诸将防备契丹。史弘肇想让郭威仍然兼任枢密使,苏逢吉认为此事没有先例。史弘肇说:"让郭威兼任枢密使,就可以在外随机应变处理事情,各路军队就会畏惧服从,号令也会通行无阻。"后汉隐帝刘承祐听从了史弘肇的建议。还下诏书给黄河以北地区,说军队所用的铠甲兵器、钱财粮草,只要见到郭威签署的文书,都接受命令负责供应。史弘肇怨恨苏逢吉的不同意见,苏逢吉说:"用内朝官制约外朝官是名正言顺的,现在反过来用外朝官制约内朝官,这样可以吗?"

不久,朝廷权贵在一起饮酒,史弘肇举起大杯向郭威劝酒,厉声说:"昨天朝廷议论此事,竟是何等的不同!"苏逢吉和杨邠也举起酒杯说:"这都是国家的政事,哪值得介意呢?"史弘肇又厉声说:"安定国家,靠的是长枪大剑,哪里用得着毛笔呢?"王章说:"没有毛笔,国家的钱财赋税从何而来呢?"从此军队将领与政府文臣之间开始有了矛盾。

　　既而章复置酒，酒酣，为手势令，弘肇不闲其事，逢吉戏之，弘肇大怒，以丑语诟逢吉，欲殴之，逢吉起去。弘肇索剑欲追之，杨邠哭止之曰："苏公宰相，若杀之，置天子何地？愿熟思之。"于是将相如水火矣。汉主使宣徽使王峻置酒和解之，不能得。

汉以郭荣为贵州刺史。

　　荣本姓柴，父守礼，郭威之妻兄也。威未有子时养以为子。

五月，汉以折德扆为府州团练使。

　　德扆，从阮之子也。

郭威赴邺。

　　威辞行，言于帝曰："太后从先帝久，多历天下事，陛下富于春秋，有事宜禀其教而行之。亲近忠直，放远谗邪，善恶之间，所宜明审。苏逢吉、杨邠、史弘肇皆先帝旧臣，愿陛下推心任之。至于疆场之事，臣愿竭愚。"帝敛容谢之。威至邺都，以河北困弊，戒边将谨守疆场，严守备，无得出侵掠，契丹入寇，则坚壁清野以待之。

汉敕防、团非军期无得专奏事，申观察使以闻。　汉以郭琼为颍州团练使。

　　平卢节度使刘铢贪虐，朝廷欲征之，恐其拒命，因沂、密用兵于唐，遣琼将兵屯青州。铢置酒召琼，伏兵幕下，欲害之。琼知其谋，悉屏左右，从容如会，了无惧色，铢不敢发。琼因谕以祸福，铢感服，诏至即行，故有是命。

不久，王章又设宴置酒招待朝廷权贵，酒兴正浓时，用手势行酒令，史弘肇不熟悉此事，苏逢吉就戏弄他，史弘肇大怒，用脏话辱骂苏逢吉，并想揍他，苏逢吉起身离去。史弘肇索求宝剑想追杀他，杨邠哭着阻止说："苏公是当朝宰相，你如果杀他，把天子置于何地？望你慎重考虑。"于是文武将相的关系就像水火一样不能相容。后汉隐帝让宣徽使王峻置办酒席调解他们之间的紧张关系，也没有成功。

后汉任命郭荣为贵州刺史。

郭荣本姓柴，父亲柴守礼是郭威妻子的哥哥。郭威没有儿子时将他收养为养子。

五月，后汉任命折德扆为府州团练使。

折德扆是折从阮的儿子。

郭威奔赴邺都。

郭威辞行，向后汉隐帝刘承祐进言说："太后跟随先帝很久，经历天下事也多，陛下年纪尚轻，有大事应当接受太后的教导再行事。亲近忠诚正直的君子，远离谄谀邪恶的小人，是善是恶，应当明确审查。苏逢吉、杨邠、史弘肇都是先帝的老臣，希望陛下放心任用他们。至于边疆防备入侵之事，臣下愿意竭尽微薄之力。"后汉隐帝脸色严肃地告谢。郭威到达邺都，因为黄河以北地区困顿疲惫，告诫戍边将士要谨守疆界，严密防备，不得外出侵扰抢掠，如果契丹入侵，那么就用坚壁清野的方法对付他们。

后汉敕令各防御使、团练使如果不是军务机要，不得专门向朝廷进奏言事，要先申报各地观察使上报。　后汉任命郭琼为颍州团练使。

平卢节度使刘铢贪婪暴虐，朝廷准备征召他，怕他抗拒命令，便乘在沂、密二州对南唐用兵之机，派郭琼率兵进驻青州。刘铢设酒宴召请郭琼，并埋伏士兵在帘幕下，想杀了他。郭琼知道刘铢的阴谋，屏退左右的所有随从，从容赴会，毫无惧色，刘铢不敢下手。郭琼乘机说明祸福利害，刘铢被感化折服，诏书下达后立即行动，所以有这项任命。

闰月,汉大风。

汉宫中数有怪,大风发屋拔木,吹郑门扉起十余步而落。汉主召司天监赵延义,问以禳祈之术,对曰:"臣之职在天文时日,禳祈非所习也。然王者欲弭灾异,莫如修德。"汉主曰:"何谓修德?"对曰:"请读《贞观政要》而法之。"

六月,河决郑州。 秋七月,马希萼以群蛮攻潭州。

希萼既败归,乃诱辰、溆州及梅山蛮,欲与共击湖南。蛮素闻长沙帑藏之富,大喜,争出兵赴之,遂攻益阳。楚将陈璠、张延嗣、黄处超皆败死,潭人震恐。

八月,故晋太后李氏卒于契丹。

后病无医药,惟与晋主仰天号泣,戟手骂杜重威、李守贞曰:"吾死不置汝。"周显德中,有自契丹来者云:"晋主及冯后尚无恙,其从者亡归及物故则过半矣。"

九月,马希萼遣使乞师于唐,唐兵助之。

希萼表请别置进奏务于京师,不许。亦赐楚王希广诏,劝以敦睦。希萼以朝廷意佑希广,怒,遣使称藩于唐,乞师攻楚。唐命楚州刺史何敬洙将兵往助希萼。

冬十月,楚遣兵攻朗州,马希萼还战,楚兵大败。

刘彦瑫言于楚王希广曰:"朗州兵不满万,马不满千,

闰五月，后汉出现大风。

后汉宫中多次出现怪事，大风发作，吹倒房屋和树木，吹得郑门门扇飞起十多步远才落地。后汉隐帝刘承祐召集司天监赵延义，向他询问祈祷消除灾祸的办法，赵延义回答说："臣下的职责在于天文历算，禳灾祈祷并不是我所熟习的。然而王者要想消除灾异，最好的办法就是修行德政。"后汉隐帝说："怎样才算是修行德政呢？"赵延义回答说："请熟读《贞观政要》并效法它去做。"

六月，黄河在郑州决口。　秋七月，马希萼利用各蛮族部落进攻潭州。

马希萼兵败逃回之后，就引诱辰州、溆州以及梅山的蛮族，打算与他们共同进攻湖南。蛮族人平素就听说长沙的国库里藏有很多金银财宝，非常高兴，争着出兵前往，于是攻打益阳。楚国的将领陈璠、张延嗣、黄处超都战败身死，潭州人大为震惊恐慌。

八月，原后晋太后李氏在契丹去世。

李太后生病了没有医生药物，只能和后晋出帝石重贵仰天呼喊哭泣，伸手指着大骂杜重威、李守贞说："我就是死了也不放过你们。"后周世宗显德年间，有从契丹过来的人说："晋主石重贵和冯后还活着，但是他的侍从逃跑回家以及过世的却超过一半了。"

九月，马希萼派使者向南唐请求出兵，南唐出兵援助他。

马希萼上表后汉请求在京城另外设置进奏务，后汉朝廷没有准许。后汉朝廷也赐楚王马希广诏书，劝说马氏兄弟要亲密和睦。马希萼以为后汉朝廷有意袒护楚王马希广，便发怒，派使者向南唐称臣，请求出兵攻打楚王马希广。南唐令楚州刺史何敬洙率兵前往援助马希萼。

冬十月，楚王马希广派兵攻打朗州，马希萼回兵迎战，楚王马希广的军队被打得大败。

刘彦瑫对楚王马希广说："朗州兵不足一万，军马不足一千，

都府精兵十万,何忧不胜?愿假臣兵万余人,径入朗州,缚取希萼,以解大王之忧。"希广从之。彦瑫入朗州境,父老争以牛、酒犒军,舰过则运竹木以断其后。希萼遣兵逆战,彦瑫乘风纵火以焚其舰,顷之,风回,自焚。还走则江路已断,战溺死者数千人。希广闻之,涕泣不知所为。或告天策左司马希崇流言惑众,请杀之。希广曰:"吾自害其弟,何以见先王于地下?"指挥使张晖击朗州,闻彦瑫败,遁归,朗兵击之,士卒九千余人皆死。

十一月朔,日食。　马希萼将兵攻潭州。

楚王希广遣其属孟骈说马希萼曰:"公忘父兄之仇,北面事唐,何异袁谭求救于曹公邪?"希萼将斩之,骈曰:"骈若爱死,安肯此来?骈之言非私于潭人,实为公谋也。"乃释之,使还报曰:"大义绝矣,非地下不相见也。"悉发境内之兵趣长沙。

汉主承祐杀其枢密使杨邠、侍卫指挥使史弘肇、三司使王章。遣使杀郭威,不克。威举兵反,遂弑其主承祐。

汉主自即位以来,杨邠总机政,郭威主征伐,史弘肇典宿卫,王章掌财赋。邠颇公忠,门无私谒,虽不却四方馈遗,然有余辄献之。弘肇督察京城,道不拾遗。章捃摭遗利,吝于出纳,供馈不乏,国家粗安。然章聚敛刻急,旧制田税每斛更输二升,谓之"雀鼠耗",章始令更输二斗,谓之"省耗"。旧钱出入皆以八十为陌,章始令入者八十,

您有精兵十万,何必担忧不能取胜?希望您给我军队一万多人,直接攻打朗州,捉拿马希萼,以消除大王内心的忧愁。"马希广听从了他的建议。刘彦瑫率兵进入朗州境内,父老乡亲争着用牛、酒慰劳军队,战舰驶过后,就运来毛竹木头截断后路。马希萼派兵迎战,刘彦瑫乘着风势放火焚烧朗州的战舰,一会儿,风向回转,反过来烧了自己的战舰。刘彦瑫往回逃跑,但水路已经截断,士兵战死或淹死的有几千人。马希广听说后,哭泣着不知怎么办好。有人告发天策左司马马希崇散布流言蜚语,蛊惑民心,请求杀掉他。马希广说:"我亲自杀害自己的兄弟,将来有什么脸面去见九泉之下的先王呢?"指挥使张晖带兵攻打朗州,听说刘彦瑫兵败,往回逃跑,朗州军队乘胜追击,士兵九千多人全部战死。

十一月初一,出现日食。　马希萼率兵攻打潭州。

楚王马希广派他的僚属孟骈去劝说马希萼:"您忘记了父兄的仇敌,臣服于南唐,这与东汉末年袁谭向曹操求救有什么不同?"马希萼准备把他斩首,孟骈说:"我如果舍不得死,怎肯到这里来?我的话并不是出于潭州人的私利,实在是为您着想。"于是马希萼释放了他,让他回去捎话说:"兄弟的情义已经断绝,不到九泉之下不再相见。"于是调遣境内全部军队向长沙进发。

后汉隐帝刘承祐杀害枢密使杨邠、侍卫指挥使史弘肇、三司使王章。派使者杀害郭威,没有成功。郭威举兵造反,于是杀死后汉隐帝刘承祐。

后汉隐帝自即位以来,杨邠总理机要政务,郭威主持军事征伐,史弘肇负责皇宫宿卫,王章掌管财政赋税。杨邠很秉公忠诚,门下没私人拜会,虽然不拒绝四方的馈赠,但有多余的就献给皇帝。史弘肇督察京城治安,路上丢了东西都没人敢捡。王章搜集点滴余利,节约开支,各种供应从不缺乏,国家初步安定。然而王章征集赋税严厉苛刻,旧制规定田税每斛之外再交二升,叫作"雀鼠耗",王章开始下令再交二斗,叫作"省耗"。旧制钱币付出、收入都以八十文为陌,王章开始下令收入以八十文为陌,

出者七十七,谓之"省陌"。犯盐、矾、酒曲之禁者,锱铢涓滴皆死,由是百姓愁怨。章尤不喜文臣,尝曰:"此辈授之握筭,不知纵横,何益于用?"俸禄皆以不堪资军者高其估而给之。

汉主左右嬖幸浸用事,太后亲戚亦干朝政,邠等屡裁抑之。太后弟武德使李业求宣徽使,不得。内客省使阎晋卿次当为宣徽使,亦久不补。聂文进、后匡赞、郭允明皆有宠,而久不迁官。刘铢罢归,久未除官,共怨执政。汉主除丧听乐,赐伶人锦袍玉带。弘肇怒曰:"士卒守边苦战,犹未有以赐之,汝曹何功而得此?"皆夺之。

汉主年益壮,厌为大臣所制。邠、弘肇尝议事于前曰:"陛下但禁声,有臣等在。"汉主积不能平,左右因谮之曰:"邠等专恣,终当为乱。"苏逢吉与弘肇有隙,屡发言激业等。汉主遂与业、文进、匡赞、允明谋诛邠等,入白太后。太后曰:"兹事何可轻发,更宜与宰相议之。"业曰:"先帝尝言,朝廷大事不可谋及书生,懦怯误人。"太后不可。汉主忿曰:"国家之事,非闺门所知。"拂衣而出。

业等以告阎晋卿,晋卿恐事不成,诣弘肇第,欲告之,弘肇辞不见。与邠、章入朝,殿中甲士出而杀之。文进呕召宰相、朝臣、诸军将校,汉主亲谕之。分遣使收捕邠等亲党僚从,尽杀之。遣供奉官孟业赍密诏令镇宁李洪义杀

付出以七十七为陌，叫作"省陌"。有违反盐、矾、酒曲禁令的，即使是一两一钱、一点一滴都定死罪，因此百姓愁苦怨恨。王章尤其不喜欢文官，曾经说："这帮人交给他们一把算筹，不知道如何摆弄，有什么用处？"文官的俸禄都拿不能用于军队的物品做高价估算发给他们。

后汉隐帝左右的宠臣逐渐被任用，太后的亲戚也干预朝政，杨邠等人多次加以约束抑制。太后的弟弟武德使李业想当宣徽使，没有得逞。内朝客省使阎晋卿按次序应当担任宣徽使，也很长时间没有递补。聂文进、后匡赞、郭允明都受到后汉隐帝的宠信，却长时间没有升官。刘铢罢免归来，长期没有委派职务，他们共同怨恨执政的权臣。后汉隐帝服丧期结束就观赏乐舞表演，赏赐给优伶锦袍玉带。史弘肇发怒说："将士守卫边疆与敌人殊死苦战，还没有得到什么赏赐，你们有什么功劳得到这些锦袍玉带呢？"把这些东西都夺走了。

后汉隐帝年龄渐渐长大，厌恶被大臣所控制。杨邠、史弘肇曾在后汉隐帝面前议论政事，并说："陛下只管闭口不言，有我们在。"后汉隐帝内心渐渐积蓄不满，左右宠臣就趁机向皇帝进谗言说："杨邠等人专横恣肆，最终定会犯上作乱。"苏逢吉与史弘肇之间有隔阂，多次用言辞激李业等人。后汉隐帝便与李业、聂文进、后匡赞、郭允明密谋诛杀杨邠等人，入内禀告太后。太后说："此事怎可轻举妄动，应当再与宰相商议。"李业说："先帝曾经说过，朝廷大事不可与书生谋划，他们胆小怕事，会误事害人。"太后不同意。后汉隐帝生气地说："国家的大事，不是女人所能知晓的。"说完拂袖而出。

李业等人将此事告诉阎晋卿，阎晋卿怕事情不成，便到史弘肇家，想告诉他这事，史弘肇推辞不见他。史弘肇与杨邠、王章入朝，藏在殿中的武士突然出来把他们杀了。聂文进紧急召集宰相、朝廷大臣和各军将校，后汉隐帝亲自宣布了这件事。分头派使者收捕杨邠等人的亲属、党羽、随从，全部诛杀。后汉隐帝又派供奉官孟业携带秘密诏书命令镇宁节度使李洪义杀死

弘肇党步军指挥使王殷，又令行营指挥使郭崇威、曹威杀郭威及监军王峻。又急诏征高行周、符彦卿、郭从义、慕容彦超、李毅入朝。以苏逢吉权知枢密院事，刘铢权知开封府，李洪建权判侍卫司事。逢吉虽恶弘肇，而不预李业等谋，闻变惊愕，私谓人曰："事太忽忽，主上倘以一言见问，不至于此。"业等命刘铢诛郭威、王峻之家，铢极其惨毒，婴孺无免者。命李洪建诛王殷之家，洪建但使人守视，仍饮食之。

孟业至澶州，洪义不敢发。殷因业，以诏示郭威，威召魏仁浦，示以诏书，曰："奈何？"仁浦曰："公，国之大臣，功名素著，加之握强兵，据重镇，一旦为群小所构，祸出非意，此非辞说所能解。时事如此，不可坐而待死。"威乃召郭崇威、曹威及诸将，告以邠等冤死，及有密诏之状，且曰："吾与诸公披荆棘，从先帝取天下，受托孤之任，竭力以卫国家，今诸公已死，吾何心独生，君辈当奉行诏书，取吾首以报天子，庶不相累。"崇威等皆泣曰："天子幼冲，此必左右群小所为，若使此辈得志，国家其得安乎？愿从公入朝自诉，荡涤鼠辈以清朝廷。"赵修己曰："公徒死何益？不若顺众心，拥兵而南，此天启也。"威乃留其养子荣镇邺都，命崇威前驱，自将大军继之。

慕容彦超方食，得诏，舍匕箸入朝，汉主悉以军事委之。侯益曰："邺都戍兵家属皆在京师，官军不可轻出，不若闭城

史弘肇党羽步军指挥使王殷，又命令行营指挥使郭崇威、曹威杀死郭威及监军王峻。又紧急下诏征调高行周、符彦卿、郭从义、慕容彦超、李毅进京朝见。任命苏逢吉临时主持枢密院事务，刘铢临时主持开封府事务，李洪建临时兼管侍卫司事务。苏逢吉虽然厌恶史弘肇，但没有参与李业等人的密谋，听到发生事变时，大吃一惊，私下对人说："事情办得太草率，皇上倘若有一言问我，就不会发展到这种地步。"李业等人命令刘铢诛杀郭威、王峻的家属，刘铢极其残忍毒辣，连婴儿小孩都没有幸免于难的。命令李洪建诛杀王殷的家属，李洪建只派人守卫监视，仍然供给饮食。

孟业到达澶州，李洪义不敢动手。王殷囚禁孟业，把诏书拿给郭威看，郭威召见魏仁浦，把诏书拿给他看，说："怎么办？"魏仁浦说："您是国家的大臣，功勋名声素来卓著，加上掌握强大的军队，占据重要的藩镇，一旦为一群小人所诬陷，出现意想不到的灾难，这不是用言词所能消解的。事态发展已经如此，不能坐着等死。"郭威于是召集郭崇威、曹威以及诸将，告诉他们杨邠等蒙冤屈死之事，以及有秘密诏书的情况，并且说："我与诸公披荆斩棘，跟随先帝夺取天下，接受托孤的重任，竭尽全力保卫国家，现在诸公已经死去，我还有什么心思独自活着，你们应当执行诏书指令，取我的脑袋来禀报天子，大概能不受牵累。"郭崇威等人都哭泣着说："天子年少，这必定是天子身边的小人们干的，如果让这帮小人得志，国家怎么能得到安宁？我们甘愿跟从您进京入朝亲自申诉，扫除小人鼠辈来肃清朝廷。"赵修己说："您白白送死有什么益处？不如顺应民心，率兵南下，这是天赐良机。"郭威于是就留下养子郭荣镇守邺都，命郭崇威率骑兵在前面开道，自己率领大部队随后跟进。

慕容彦超正在吃饭，得到朝廷的诏书，放下饭勺筷子就进京朝见，后汉隐帝把军事全都委托给他处理。侯益说："戍守邺都将士的家属都在京师，官府军队不可轻易出动，不如紧闭城门

以挫其锋,使其母妻登城招之,可不战而下也。"彦超曰:
"侯益衰老,为懦夫计耳。"汉主乃遣益及阎晋卿、吴虔裕、
张彦超将禁军趣澶州。

郭威至澶州,李洪义纳之,王殷亦以兵从。汉主遣内
养鸷脱觇郭威,威获之。以表置衣领中,使归白曰:"臣昨
得诏书,延颈俟死。郭崇威等不忍杀臣,逼臣诣阙请罪。
陛下若以臣为有罪,安敢逃刑? 若实有谮臣者,愿执付军
前以快众心,臣敢不抚谕诸军,退归邺都!"

威趣滑州,义成节度使宋延渥迎降。威取滑州库物以
劳将士,且谕之曰:"闻侯令公已督诸军自南来,吾欲全汝
曹功名,不若奉行前诏,吾死不恨。"皆曰:"国家负公,公不
负国,所以万人争奋,如报私仇,侯益辈何能为乎?"王峻徇
于众曰:"我得公处分,俟克京城,听旬日剽掠。"众皆踊跃。

汉主闻郭威至河上,悔惧,私谓窦贞固曰:"属者亦太
草草。"李业等请倾府库以赐诸军,乃赐禁军人二十缗,下
军半之,将士在北者给其家,仍使通家信以诱之。威至封
丘,人情凶惧。太后泣曰:"不用李涛之言,宜其亡也!"

慕容彦超言于汉主曰:"臣视北军犹蠛蠓耳。"退问北
来兵数及将校姓名,颇惧,曰:"是亦剧贼,未易轻也。"汉主
复遣袁㠸、刘重进等帅禁军与侯益等会屯赤冈,彦超以大
军屯七里店。汉主欲自出劳军,太后止之,不从。时扈从
军甚盛,至暮不战而还。来日欲再出,太后又止之,不可。

来挫伤他们的锋芒,让他们的父母妻子登上城楼招呼他们回来,这样可以不战而胜。"慕容彦超说:"侯益已经衰老,只会出胆小鬼的计谋。"后汉隐帝于是派侯益及阎晋卿、吴虔裕、张彦超率领禁军赶赴澶州。

郭威到了澶州,李洪义迎他进城,王殷也率兵跟随。后汉隐帝派宫内杂役鸷脱暗中监视郭威,郭威抓获了他。将奏表放在鸷脱的衣领里,让他回去告诉后汉隐帝说:"我昨天得到诏书,伸着脖子等死。郭崇威等不忍心杀我,逼我到宫阙下请罪。陛下如果认为我有罪,怎敢逃避惩处? 如果确实有诬陷我的小人,希望抓住交到军前以大快人心,我又怎敢不安抚各军,撤回邺都!"

郭威赶到滑州,义成节度使宋延渥出来迎接并向他投降。郭威取出滑州仓库的财物来慰劳将士,并且告诉他们说:"听说侯令公已督率各军从南面而来,我想成全你们的功名,不如实行日前的诏书,我死了也没遗憾。"众将士都说:"国家辜负了您,您没有辜负国家,所以万众奋勇争先,如同各报私仇一样,侯益一伙能有什么作为呢?"王峻向军士们宣布说:"我已得到郭公的决定,攻克京城后,准许抢劫十天。"大家都欢腾雀跃。

后汉隐帝听说郭威率兵已到黄河边上,既后悔又害怕,私下对窦贞固说:"先前的决定也太草率了。"李业等请求把府库里所有的东西都拿出来赏赐各军,于是赏赐禁军每人二十缗钱,其他军队减半,将士在北面郭威军队中的赏给他们家属,让家属写信来引诱他们归降。郭威率兵到达封丘,人心惶惶。太后流着泪说:"不听李涛的话,自该灭亡呀!"

慕容彦超对后汉隐帝说:"我看北方的军队犹如小虫一样。"退朝后询问北方来的军队数量及将校姓名,颇感恐惧,说:"这还是强贼劲敌,不可轻视。"后汉隐帝又派袁㲅、刘重进等率领禁军与侯益等会合驻扎在赤冈,慕容彦超率领大军驻扎在七里店。后汉隐帝准备亲自出城去慰劳军队,太后加以制止,隐帝不听。当时扈从军队很多,到傍晚没有交战就返回了皇宫。第二天后汉隐帝准备再次出城督战,太后又制止他,后汉隐帝还是不答应。

既陈，慕容彦超引轻骑直前奋击，郭威与李荣帅骑兵拒之。彦超引兵退，麾下死者百余人，于是诸军夺气，稍降于北军。侯益等皆潜往见威，威各遣还营。彦超遂与十余骑奔还兖州。

汉主独与三相及从官数十人宿于七里寨，余皆逃溃。旦日将还宫，至玄化门，刘铢在门上射汉主左右。汉主回辔，西北至赵村，追兵已至，汉主下马入民家，为乱兵所弑。苏逢吉、阎晋卿、郭允明皆自杀。

威至，刘铢射之。威自迎春门入归私第，诸军大掠通夕。初，作坊使贾延徽有宠于帝，与魏仁浦为邻，欲并仁浦之居，屡谮仁浦，几至不测。至是，有擒延徽以授仁浦者，仁浦谢曰：“因乱而报怨，吾所不为也。”郭威闻之，待仁浦益厚。获刘铢、李洪建，囚之。命诸将分部禁止掠者，至晡乃定。迁隐帝梓宫于西宫。或请如魏高贵乡公故事，葬以公礼，威不许，曰：“仓猝之际，吾不能保卫乘舆，罪已大矣，况敢贬君乎？”冯道帅百官谒见郭威，威犹拜之，道受拜如平时，徐曰：“侍中此行不易。”

汉迎武宁节度使刘赟于徐州。

郭威帅百官起居太后，奏请早立嗣君。太后诰曰：“河东节度使崇、忠武节度使信，皆高祖之弟。武宁节度使赟、开封尹勋，高祖之子，其令百官议择所宜。”赟，崇之子也，高祖爱之，养视如子。郭威、王峻入见太后，请以勋

军队列阵之后，慕容彦超带领轻骑兵径直向前猛烈攻击，郭威与李荣率骑兵奋力抵抗。慕容彦超引兵撤退，手下死亡的有一百多人，于是各军丧失士气，渐渐向北方军队投降。侯益等都暗中前往拜见郭威，郭威让他们回到各自军营。慕容彦超便与十几名骑兵逃回兖州。

后汉隐帝独自与三位宰相以及随从官员数十人在七里寨住宿，其余的人都四散逃跑了。第二天早晨，后汉隐帝准备回宫，到了大梁玄化门，刘铢在城门上向后汉隐帝身边的人射箭。后汉隐帝掉转马头，向西北方逃到赵村，这时追兵也已赶到，后汉隐帝下马进入百姓家，被乱兵所杀害。苏逢吉、阎晋卿、郭允明都自杀。

郭威到达玄化门，刘铢也向他们射击。郭威从迎春门入城回到自己的私宅，各军整夜大肆抢掠。当初，作坊使贾延徽受到后汉隐帝的宠信，与魏仁浦是邻居，想吞并魏仁浦的住所，多次向后汉隐帝说魏仁浦的坏话，差点遭到不测之祸。到这时，有人抓获贾延徽交给魏仁浦，魏仁浦谢绝说："乘乱之时而报私怨，我是不做的。"郭威听说此事，待魏仁浦更加优厚。抓获刘铢、李洪建后，把他们囚禁起来。命令众将分别禁止抢掠，到傍晚才安定下来。郭威命令把后汉隐帝的棺木迁到西宫。有人请求用三国时魏高贵乡公的旧例，用公礼安葬后汉隐帝，郭威不准许，他说："非常情况下，我没能保卫好天子，罪责已经够大了，哪里再敢贬低国君呢？"冯道率百官拜见郭威，郭威还行了拜礼，冯道接受拜礼仍像平时一样，口中慢慢地说："侍中此行真不容易。"

后汉到徐州迎接武宁节度使刘赟。

郭威率领百官向太后请安，奏请早立国君继承人。太后下诏命说："河东节度使刘崇、忠武节度使刘信，都是高祖的弟弟。武宁节度使刘赟、开封尹刘勋，是高祖的儿子，就让百官商议选择合适的吧。"刘赟是刘崇的儿子，后汉高祖很喜欢他，养护照看他像亲生儿子一样。郭威、王峻入宫谒见太后，请求让刘勋

为嗣。太后曰："勋久羸疾不能起。"令左右以卧榻举之示诸将，诸将乃信之。于是郭威与峻议立赟，帅百官表请。太后诰遣太师冯道及枢密直学士王度、秘书监赵上交诣徐州奉迎。威之讨三叛也，见诏书处分军事皆合机宜，问："谁为之？"使者以范质对。威曰："宰相器也。"至是令草诰令具仪注，苍黄之中，讨论撰定，皆得其宜。

朗州兵至潭州，楚王希广遣兵拒之。

马希萼遣蛮兵围玉潭，攻岳州，刺史王赟拒之。希萼使人谓赟曰："公非马氏之臣乎？不事我欲事异国乎？为人臣而怀贰心，岂不辱其先人？"赟曰："先父为先王将兵破淮南兵，今大王兄弟不相容，赟常恐淮南坐收其弊，一旦以遗体臣淮南，诚辱先人耳。大王苟能释憾罢兵，兄弟雍睦如初，赟敢不尽死以事大王兄弟，岂有二心乎？"希萼惭，引兵去。至长沙，马希广遣刘彦瑫、许可琼、马希崇、李彦温、韩礼将兵拒之。

汉太后临朝。

郭威帅群臣请之也。

汉以王峻为枢密使，王殷为侍卫都指挥使。　汉诛刘铢及其党。

刘铢、李洪建及其党皆枭首于市，而赦其家。郭威谓公卿曰："刘铢屠吾家，吾复屠其家，怨仇反覆，庸有极乎？"由是数家获免。王殷屡为洪建请，威不许。

蜀施州刺史田行皋伏诛。

行皋奔荆南，高保融曰："彼贰于蜀，安肯尽忠于我？"执之归于蜀，伏诛。

继承帝位。太后说:"刘勋身体长期虚弱患病不能起床。"命令手下人用卧榻抬着刘勋给众将看,众将这才相信。于是郭威与王峻商议拥立刘赟继位,并率领百官上表请求让刘赟继承皇位。太后下谕令,派太师冯道及枢密直学士王度、秘书监赵上交到徐州迎接刘赟来京。郭威率兵讨伐三镇叛乱时,发现朝廷诏书处理军务都非常恰当,便问:"这是谁起草的诏书?"使者回答是范质。郭威说:"真是做宰相的材料。"于是便让范质起草谕令和迎接新国君的礼仪规则,匆忙之中,讨论写定,都很得体。

朗州军队到达潭州,楚王马希广派兵抵抗。

马希萼派蛮军围攻玉潭,攻打岳州,刺史王赟率兵抵抗。马希萼派人对王赟说:"您不是马氏的臣子吗? 不事奉我还想事奉别国吗? 做臣子却怀有二心,岂不有辱自己的先人?"王赟说:"先父曾为先王率兵打败淮南军队,如今大王兄弟互不相容,我常常害怕淮南坐收两败俱伤的好处,一旦让我臣服淮南,那才真是有辱先人。大王如果能捐弃前嫌停止用兵,兄弟之间关系融洽和睦如初,我王赟怎敢不尽力拼死来事奉大王兄弟,岂敢有什么二心呢?"马希萼深感惭愧,率兵离去。马希萼率军到达长沙,马希广派刘彦瑶、许可琼、马希崇、李彦温、韩礼率兵抵抗。

后汉太后临朝听政。

郭威率领群臣请求太后临朝听政。

后汉任命王峻为枢密使,任命王殷为侍卫都指挥使。　后汉诛杀刘铢及其党羽。

刘铢、李洪建及其党羽都在街市上被斩首示众,但赦免了他们的家属。郭威对公卿大臣们说:"刘铢屠杀了我的家属,我再屠杀他的家属,翻来覆去结怨报仇,什么时候能到头呢?"因此这几家获得赦免。王殷多次为李洪建请求免除死刑,郭威没有准许。

后蜀施州刺史田行皋被处死。

田行皋投奔荆南,高保融说:"他背叛蜀国,怎么能尽心忠于我呢?"于是把他抓起来交还给后蜀,被处死。

契丹入寇,屠内丘,陷饶阳。汉遣郭威将兵击之。 汉以范质为枢密副使。 马希萼陷潭州,杀楚王希广而自立。

初,蛮酋彭师嵩降于楚,楚人恶其犷直,希广独怜之,以为强弩指挥使,师嵩常欲为希广死。及朗兵至,师嵩登城望之,言于希广曰:"朗人骤胜而骄,杂以蛮兵,攻之易破也。愿假臣步卒三千,自巴溪渡江,出岳麓之后至水西,令许可琼以战舰度江,腹背合击,必破之。前军败则其大军自不敢轻进矣。"希广将从之。

时马希萼已遣间使以厚利啖许可琼,可琼谓希广曰:"师嵩诸蛮族类,安可信也?可琼世为楚将,必不负大王。"希广乃止。

命诸将皆受可琼节度,屡造其营计事。可琼诈称巡江,与希萼会,约为内应。彭师嵩一日见而叱之,拂衣入见曰:"可琼将叛,国人皆知,请速除之,无贻后患。"希广曰:"可琼,许侍中之子,岂有是耶?"师嵩退叹曰:"王仁而不断,败亡可翘足俟也。"

希广信巫觋及僧语,塑鬼于江上,举手以却朗兵,又作大像于高楼,手指水西,怒目视之。

朗州将何敬真望韩礼营旌旗纷错,曰:"彼众已惧,击之易破也。"朗人雷晖潜入礼寨,手剑击礼,不中,军中惊扰。敬真等乘其乱击之,礼军大溃。于是朗兵水陆急攻长沙,指挥使吴宏、小门使杨涤相谓曰:"以死报国,此其时矣。"各引兵出战。自辰至午,朗兵小却。刘彦瑫按军不救。

契丹入侵，屠杀内丘百姓，攻陷饶阳。后汉派郭威率兵抗击。　后汉任命范质为枢密副使。　马希萼攻陷潭州，杀死楚王马希广后自立为王。

当初，蛮族部落酋长彭师暠向楚国投降，楚国人厌恶他粗犷耿直，只有马希广爱怜他，任命他为强弩指挥使，彭师暠常想为马希广献身。等朗州军队到达时，彭师暠登城眺望敌军，然后对马希广说："朗州人突然取胜，骄傲起来，与蛮军混杂在一起，发动进攻，容易打败他们。希望给臣步兵三千，从巴溪渡过湘江，从岳麓山后面绕到湘水西，让许可琼用战舰渡过湘江，前后夹击，必定打败敌人。他们的前锋军队被打败，后面的大队人马自然不敢轻易前进了。"马希广准备听从他的意见。

当时马希萼已派密使用厚利引诱许可琼，许可琼对马希广说："彭师暠与各蛮都是同一族类，怎么可以相信他呢？我世代为楚国将军，必定不会背叛大王。"马希广就停止实行彭师暠的计划。

马希广命令众将都接受许可琼的调遣，并多次到许可琼的营帐中筹划军事。许可琼假称巡视江面，与马希萼相会，约定作为内应。彭师暠有一天看见许可琼，当面斥责他，并拂衣入见马希广说："许可琼将要背叛国家，国人都知道了，请您快速除掉他，不要留下后患。"马希广说："可琼是许侍中德勋的儿子，哪会有这样的事呢？"彭师暠退下叹息说："大王仁义而不果断，失败灭亡抬脚就能等到了。"

马希广相信巫师和僧侣的话，在江边上塑造鬼像，举起手来让朗州军队退却，又在高楼上制造巨大鬼像，手指着湘水两岸，怒目而视。

朗州将领何敬真望见韩礼的军营里旌旗纷乱，便对手下说："对方士兵已经害怕了，攻打他们容易取胜。"朗州人雷晖潜入韩礼的营寨，手持长剑刺向韩礼，没有刺中，但军营中已惊恐骚乱起来。何敬真等人乘乱进攻，韩礼的军队大肆溃逃。于是朗州军队从水、陆两路猛攻长沙，指挥使吴宏、小门使杨涤互相鼓励说："用死报效国家，现在是时候了。"各自率兵出战。从辰时战斗到午时，朗州军队稍稍退却。刘彦瑫按兵不动，不去救援。

彭师嵩战于城东北隅。可琼举全军降希萼,长沙遂陷,朗兵及蛮兵大掠三日。

希崇帅将吏诣希萼劝进。吴宏见希萼曰:"不幸为许可琼所误,今日死,不愧先王矣。"彭师嵩投槊于地,大呼请死。希萼叹曰:"铁石人也!"皆不杀。希萼入府,捕希广,获之。自称楚王,以希崇为节度副使。谓将吏曰:"希广懦夫,为左右所制耳,吾欲生之,可乎?"朱进忠曰:"大王三年血战,始得长沙。一国不容二主,他日必悔之。"乃赐希广死。希广临刑,犹诵佛书,彭师嵩葬之于浏阳门外。希萼召拓跋恒,欲用之,恒称疾不起。

汉刘赟发徐州。

赟留右都押牙巩廷美、教练使杨温守徐州,与冯道等西来,在道仗卫皆如王者,左右呼"万岁"。郭威至滑州,留数日。赟遣使慰劳诸将,受命之际,相顾不拜,私相谓曰:"我辈屠陷京城,其罪大矣。若刘氏复立,我辈尚有种乎?"

汉郭威至澶州,自立而还。王峻、王殷遣兵拒刘赟,以太后诰废为湘阴公,令郭威监国。

威至澶州,将发,将士数千人忽大噪曰:"天子须侍中自为之,将士已与刘氏为仇,不可立也。"或裂黄旗以被威体,共挟抱之,呼"万岁"震地,因拥威南行。威乃上太后笺,请奉汉宗庙,事太后为母。下书抚谕大梁士民,勿有忧疑。至七里店,窦贞固帅百官出迎,拜谒劝进。

赟至宋州,王峻、王殷闻澶州军变,遣郭崇威将七百骑往拒之,又遣马铎将兵诣许州巡检。崇威忽至宋州,

彭师暠在城的东北角作战。许可琼率领全军向马希萼投降,长沙随后陷落,朗州军队和蛮军大肆抢掠三天。

马希崇率领将官前往马希萼处劝他即王位。吴宏见到马希萼说:"不幸被许可琼所耽误,今日虽死,也不愧对先王了。"彭师暠把长矛扔到地上,大喊求死。马希萼感叹说:"真是铁石心肠的人呀!"都没有杀掉。马希萼进入王府,下令抓捕马希广,抓到了他。马希萼自称楚王,任命马希崇为节度副使。马希萼对将校官吏说:"马希广是个软弱无能的人,他只是被左右小人控制罢了,我想让他活着,可以吗?"朱进忠说:"大王经过三年浴血奋战,才夺得长沙。一个国家不能容纳两个君主,将来必定会后悔。"于是命令马希广自杀。马希广临刑之前,口中仍然背诵佛经,彭师暠把他埋葬在浏阳门外。马希萼征召拓跋恒,准备起用他,拓跋恒自称有病,不肯受任。

后汉刘赟从徐州出发。

刘赟留下右都押牙巩廷美、教练使杨温守卫徐州,与冯道等人向西而来,在路上的仪仗警卫都按照君王的规格,左右欢呼"万岁"。郭威到达滑州,停留数日。刘赟派遣使者慰劳众将,众将接受诏命,互相环顾都不参拜,私下相互嘀咕说:"我们屠杀吏民攻陷京城,罪行够大的。如果刘氏再立为君主,我们还会有活路吗?"

后汉郭威到达澶州,自立为王,回到京城。王峻、王殷派兵抗拒刘赟,用太后的诏令废刘赟为湘阴公,命郭威监国。

郭威到达澶州,准备出发,将士数千人忽然大声喧哗起来,说:"天子必须郭侍中亲自来做,将士们已经与刘氏结仇,不可再立刘氏为君了。"有人撕下黄旗披在郭威身上,共同把郭威挟抱起来,欢呼"万岁",震天动地,趁势簇拥郭威向南行进。郭威于是向太后上奏笺,请求事奉后汉宗庙社稷,事奉太后为母亲。郭威下发文谕安抚大梁百姓,让他们不必担心疑虑。郭威到达七里店,窦贞固率领文武百官出城迎接,拜谒时劝郭威即帝位。

刘赟到达宋州,王峻、王殷听说澶州兵变,派郭崇威率七百骑兵前往抗拒,又派马驿率兵到许州巡察。郭崇威忽然来到宋州,

赟大惊，阖门登楼诘之。对曰："澶州军变，郭公遣崇威来宿卫。"赟召崇威登楼，执手而泣，崇威以郭威意安谕之。时护圣指挥使张令超帅部兵为赟宿卫。徐州判官董裔说赟曰："观崇威视瞻举措，必有异谋。道路皆言郭威已为帝，而陛下深入不止，祸其至哉！请急召张令超，谕以祸福，使夜以兵劫崇威，夺其兵。明日，掠睢阳金帛，募士卒，北走晋阳。彼新定京邑，未暇追我，此策之上也。"赟犹豫未决。是夕，崇威密诱令超，令超率众归之，赟大惧。郭威召冯道先归，赟谓之曰："寡人此来所恃者，以公三十年旧相，故无疑耳。今事危矣，公何以为计？"道默然。客将贾贞数目道，欲杀之。赟曰："汝辈勿草草，无预冯公事。"崇威迁赟于外馆，杀其腹心董裔、贾贞等数人。太后诰废赟为湘阴公。马铎引兵入许州，刘信惶惑自杀。

太后诰以侍中监国。百官藩镇相继上表劝进。威营步军将校醉，扬言向者澶州骑兵扶立，今步兵亦欲扶立，威斩之。

南汉以宫人为女侍中。

南汉主以宫人卢琼仙、黄琼芝为女侍中，朝服冠带，参决政事。宗室勋旧，诛戮殆尽，惟宦官林延遇等用事。

辛亥（951）　周太祖郭威广顺元年。北汉主刘崇乾祐四年。是岁，周代汉，北汉建国，凡五国三镇。

刘赟大为震惊，关闭府门登楼责问郭崇威。郭崇威回答说："澶州兵变，郭公派遣崇威前来警卫。"刘赟召郭崇威登楼，抓住他的手就哭泣起来，郭崇威用郭威的意思安慰他。当时护圣指挥使张令超率领所属部队为刘赟警卫。徐州判官董裔劝刘赟说："观察郭崇威的眼神举止，他必定有阴谋。道路上都说郭威已经称帝，而陛下还一路深入前进不停，灾祸就要降临啦！请紧急召见张令超，告诉他祸福利害，让他夜间领兵劫持郭崇威，夺取他的军队。明天，抢掠睢阳府库的金钱丝帛，招募士兵，北赴晋阳。郭威他们刚到京城安顿，没空追赶我们，这是上策。"刘赟犹豫不决。当晚，郭崇威就秘密招诱张令超，张令超率领部众归附郭崇威，刘赟非常惊惧。郭威召冯道先回京城，刘赟对冯道说："我这次前来所依靠的，是您这位有三十年资历的老宰相，所以没有顾虑。现在事情发展到这么危险，您有什么计策？"冯道默然无语。客将贾贞多次注视着冯道，准备杀他。刘赟说："你们不要草率行事，这不关冯公的事。"郭崇威把刘赟迁居到府外驿馆，杀死他的心腹董裔、贾贞等几个人。太后发布诰令，废黜刘赟为湘阴公。马铎率兵进入许州，刘信恐惶不安而自杀。

太后发布诰令，命侍中郭威监国。文武百官和各地藩镇相继上表劝郭威即帝位。郭威军营中有个步兵将校喝醉酒，扬言说前日澶州骑兵扶立郭威为帝，今日步兵也要扶立郭威为帝，郭威将他斩首。

南汉主刘晟任命宫人为女侍中。

南汉主任命宫人卢琼仙、黄琼芝为女侍中，让她们穿戴朝臣的冠服，参与决策政事。朝廷宗室、元老旧臣，差不多都被斩尽杀绝，只有宦官林延遇等人当权。

后周太祖

辛亥（951）　后周太祖郭威广顺元年。北汉主刘崇乾祐四年。这一年，后周取代后汉，北汉建国，共五个国家、三个藩镇。

春正月,郭威称皇帝,国号周。

汉太后下诰,授监国符宝,即皇帝位。制曰:"朕周室之裔,虢叔之后,国号宜曰周。"改元,大赦。凡仓场、库务掌纳官吏,无得收"斗余""称耗"。旧所进羡余物,悉罢之。犯窃盗及奸者,并依晋天福元年以前刑名。罪人非反逆,无得诛及亲族没籍家资。唐庄宗、明宗、晋高祖各置守陵十户,汉高祖陵职员、宫人、荐享、守户并如故。初,唐衰多盗,更定峻法,窃盗赃三匹者死。晋天福中加至五匹,奸者男女并死。汉法窃盗一钱以上皆死。故周主即位,首革其弊。

初,杨邠以功臣国戚为方镇者,多不闲吏事,乃以三司军将补都押衙、孔目官、内知客,其人自恃敕补,多专横,节度使不能制,至是,悉罢之。

命史弘肇亲吏李崇矩访弘肇亲族,崇矩言:"弟弘福今存。"初,弘肇使崇矩掌其家赀之籍,由是尽得其产,皆以授弘福。周主贤之,使隶皇子荣帐下。

汉太后迁居西宫。

号昭圣太后。

汉河东节度使刘崇表请湘阴公归晋阳。

初,崇闻隐帝遇害,欲起兵南向,闻迎立湘阴公,乃止,曰:"吾儿为帝,吾又何求?"太原少尹李骧阴说崇曰:"观郭公之心,终欲自取,公不如疾引兵逾太行据孟津,俟徐州相公即位,然后还镇,则郭公不敢动矣。不然,且为所卖。"

春正月，郭威正式即皇帝位，国号称周。

后汉太后下达谕令，授给监国郭威传国玺印，即皇帝位。制书说："朕是周代宗室的后裔，是虢叔的后裔，国号应该叫周。"改用新年号，天下实行大赦。凡是粮食仓库、场院掌管交纳的官吏，不得收取额外的"斗余""称耗"。从前以赋税盈余名义进贡的物品，全部取消。犯有盗窃及奸淫罪的，一律按照后晋天福元年以前的刑法条文处理。犯人没犯谋反罪的，不得株连亲戚家属和登记没收家产。后唐庄宗、后唐明宗、后晋高祖的陵墓分别设置十户人家守陵，后汉高祖陵园的官吏、宫人、祭祀及守陵户数一律照旧。当初，唐朝衰败，盗贼很多，更改制定严刑峻法，规定盗窃赃物够三匹绢帛的处死。后晋天福年间盗窃罪的处死标准增加到五匹绢帛，犯有奸淫罪的男女都要处死。后汉刑法规定盗窃一文钱以上的都处死刑。所以后周太祖郭威即位后，首先革除这些弊端。

当初，杨邠因为功臣元勋、皇亲国戚担任方镇长官者，多数不熟悉行政事务，于是用朝廷三司军将补任都押衙、孔目官、内知客，那些人自恃是皇命敕补，大多专横跋扈，节度使不能制止，到这时，全部罢免。

命令史弘肇的亲吏李崇矩寻访史弘肇的亲族，李崇矩说："史弘肇的弟弟史弘福现在还活着。"当初，史弘肇让李崇矩掌管他家财产的账簿，因此得到史家全部财产，李崇矩都交还给了史弘福。后周太祖认为李崇矩贤能，让他在皇子郭荣手下供职。

后汉太后迁居西宫。

尊号为昭圣太后。

后汉河东节度使刘崇上表请求让湘阴公回到晋阳。

当初，刘崇听说后汉隐帝遇害，准备起兵向南进发，听说迎立刘赟继位，于是作罢，说："我儿子当皇帝，我又有什么可求的？"太原少尹李骧私下对刘崇说："观察郭威的心思，最终是想自取帝位，您不如迅速率兵翻越太行山，占据孟津，等徐州相公即位，然后返回镇所，这样郭威就不敢动手。不然，您将要被人出卖。"

崇怒曰："腐儒欲离间吾父子。"命左右曳出斩之。骧呼曰："吾负经济之才而为愚人谋事，死固甘心，家有老妻，愿与之同死。"崇并其妻杀之。及赟废，崇乃遣使请赟归晋阳。周主报曰："湘阴公比在宋州，今方取归，必令得所，公勿以为忧。"

汉湘阴公故将巩廷美等举兵徐州。

廷美、杨温闻湘阴公赟失位，奉赟妃董氏据徐州拒守，以俟河东援兵，周主使赟以书谕之。

契丹使至大梁。

契丹之攻内丘也，死伤颇多，又值月食，军中多妖异，契丹主惧，引兵还，遣使请和于汉。会汉亡，刘词送其使者诣大梁，周主遣将军朱宪报聘，且叙革命之由。

周以王殷为邺都留守。

周主以邺都镇抚河北，控制契丹，欲以腹心处之。以殷为留守，领军如故，仍以侍卫司从赴镇。

周主为故汉主承祐举哀成服。　汉泰宁军节度使慕容彦超遣使入贡于周。

彦超遣使入贡于周，周主虑其疑惧，赐诏慰安之。

周主威弑汉湘阴公赟于宋州，汉刘崇称帝于晋阳。

刘崇即位于晋阳，仍用乾祐年号，所有者并、汾、忻、代、岚、宪、隆、蔚、沁、辽、麟、石十二州之地。以判官郑珙、赵华同平章事，次子承钧为侍卫亲军都指挥使，李存瓌为代州

刘崇大怒说："你这个腐儒想离间我们父子关系。"命令手下人将李骧拉出去斩首。李骧大声呼喊说："我身怀经世济民的才能，却为愚人谋划事情，死了本当甘心，只是家有年老的妻子，希望与她一同死去。"刘崇把他妻子一并杀了。等到刘赟被废黜，刘崇才派遣使者请求让刘赟返回晋阳。后周太祖郭威回报说："湘阴公刘赟最近在宋州，现在正取道回归京城，一定让他得其所宜，您不要为此担忧。"

后汉湘阴公刘赟旧将巩廷美等在徐州举兵造反。

巩廷美、杨温听说湘阴公刘赟失去帝位，便侍奉刘赟的妃子董氏占据徐州坚守抵抗，以此等待河东援兵，后周太祖郭威让刘赟用书信向他们陈说利害。

契丹使者到达大梁。

契丹军队攻打内丘时，死伤很多，又碰到月食，军中出现许多妖异怪事，契丹主兀欲有点害怕，便率兵返回，派使者向后汉请求和好。适逢后汉灭亡，刘词把契丹使者送到大梁，后周太祖郭威派将军朱宪回访，并且陈述改朝换代的缘由。

后周任命王殷为邺都留守。

后周太祖郭威因邺都镇抚黄河以北地区，控制契丹，准备安排自己的亲信驻守。任命王殷为邺都留守，统领的军队照旧，仍带侍卫司随从前往镇所。

后周太祖郭威为后汉隐帝刘承祐发丧，穿上丧服。　后汉泰宁军节度使慕容彦超派遣使者入朝向后周进贡。

慕容彦超派遣使者入朝向后周进贡，后周太祖顾虑他有疑虑恐惧，特赐诏书安慰他。

后周太祖郭威在宋州杀死后汉湘阴公刘赟，后汉刘崇在晋阳称帝。

刘崇在晋阳即皇帝位，仍旧沿用乾祐年号，所统辖的有并州、汾州、忻州、代州、岚州、宪州、隆州、蔚州、沁州、辽州、麟州、石州，共十二州之地。刘崇又任命判官郑珙、赵华为同平章事，任命次子刘承钧为侍卫亲军都指挥使，任命李存瓌为代州

防御使。谓诸将曰："朕以高祖之业一朝坠地,今日位号,不得已而称之。顾我是何天子?汝曹是何节度使邪?"由是不建宗庙,祭祀如家人。宰相俸钱月止百缗,节度使止二十缗,自余薄有资给而已。闻湘阴公死,哭曰:"吾不用忠臣之言,以至于此。"为李骧立祠,岁时祭之。

周罢四方贡献珍食,诏百官上封事。

周主谓王峻曰:"朕起于寒微,备尝艰苦,遭时丧乱,一旦为帝王,岂敢厚自奉养以病下民乎?"命峻疏四方贡献珍美食物,诏悉罢之。又诏曰:"朕生长军旅,不亲学问,未知治天下之道。文武官有益国利民之术,各具封事以闻。"以苏逢吉之第赐王峻,峻曰:"是逢吉所以族李崧也。"辞而不处。

北汉主遣其子承钧将兵伐周,不克。   二月,周主以其养子荣为镇宁节度使。

选朝士为之僚佐,以王敏、崔颂为判官,王朴为掌书记。朴,东平人也。
楚遣使入贡于唐。   周主毁汉宫宝器。

周主悉出汉宫中宝玉器碎之于庭,曰:"凡为帝王,安用此物?闻汉隐帝日与嬖宠于禁中嬉戏,珍玩不离侧,兹事不远,宜以为鉴。"仍戒左右,自今珍华悦目之物,毋得入宫。

契丹遣使如周,周报之。   北汉遣使如契丹乞师。

初,契丹主闻北汉主立,使其招讨使潘聿撚遗刘承钧书。北汉主使承钧复书言:"本朝沦亡,欲循晋室故事,

防御使。刘崇对诸将说："朕因为高祖的大业一朝断送，所以现在的帝位年号是不得已才称的。但我算什么天子？你们又算什么节度使呢？"因此不建立宗庙，祭祀祖先如同普通百姓。宰相每月的俸禄只有一百缗钱，节度使每月只有三十缗钱，其余官吏都只有微薄的供给而已。北汉主刘崇听说湘阴公刘赟已死，哭着说："我没有听忠臣的话，才到了这地步。"为李骧建立祠堂，逢年过节祭祀他。

后周停止各地贡献珍美食物，下诏令百官以密封的奏疏言事。

后周太祖对王峻说："朕出身贫寒，饱尝艰辛困苦，遭遇时世沦丧动乱，如今一朝成为帝王，怎敢自己享受优厚的供养而让百姓吃苦呢？"命令王峻清理各地贡献的珍美食物，下诏令全部停止进贡。又下诏书说："朕生长在军队，没有亲自学习做学问，不懂治理天下的道理。文武百官如有益国利民的办法，各自以密封的奏章上报。"把苏逢吉的宅第赐给王峻，王峻说："这宅第是苏逢吉诛灭李崧家族的原因。"推辞不住。

北汉主刘崇派遣他的儿子刘承钧率兵讨伐后周，没有攻克。 二月，后周太祖任命他的养子郭荣为镇宁节度使。

后周太祖挑选朝廷文士做郭荣的属官，任命王敏、崔颂为判官，王朴为掌书记。王朴是东平人。

楚王马希萼派遣使者向南唐进贡。 后周太祖毁坏后汉宫中的珍宝玉器。

后周太祖将后汉宫中珍宝玉器全部清出，在庭院中砸碎，说："凡是做帝王的，哪里用得着这些东西？听说后汉隐帝整天与亲信宠臣在宫禁中游戏玩耍，珍宝玩物不离身边，此事不远，应当引以为戒。"并告诫身边的人，从今以后珍贵华丽、赏心悦目的物品，不得进入宫内。

契丹派使者前往后周，后周派使者回访。 北汉派遣使者前往契丹乞求援兵。

当初，契丹主听说北汉主刘崇即位，让招讨使潘聿撚给刘承钧写信。北汉主让刘承钧复信说："本朝沦亡，打算遵循晋朝旧例，

求援北朝。"契丹主大喜。至是，北汉主遣使如契丹乞兵。

楚将王逵、周行逢作乱，入于朗州。

楚王希萼既得志，多思旧怨，杀戮无度，纵酒荒淫，悉以军府事委马希崇。希崇复多私曲，政刑紊乱。籍民财以赏士卒，士卒犹以不均怨望。遣刘光辅入贡于唐，唐主待之厚，光辅密言："湖南民疲主骄，可取也。"唐主乃以边镐将兵屯袁州，潜图进取。

楚小门使谢彦颙，本希萼家奴，以首面有宠。希萼使坐诸将之上，诸将皆耻之。希萼命朗州指挥使王逵、副使周行逢帅所部兵治府舍，执役甚劳，又无犒赐，士卒皆怨，窃言曰："我辈从大王出万死取湖南，何罪而囚役之？且大王终日酣歌，岂知我辈之劳苦乎？"逵、行逢闻之，相谓曰："众怨深矣，不早为计，祸及吾曹。"帅众逃归。时希萼醉，左右不敢白。明日，始遣兵追之，不及，直抵朗州。逵等乘其疲乏，伏兵纵击，死伤殆尽。逵等以希萼兄子光惠为节度使。

周克徐州，巩廷美死之。 **周加吴越王弘俶诸道兵马都元帅。** **夏四月，唐淮南饥。**

周滨淮州镇言，淮南饥民过淮籴谷。周主诏曰："彼之生民与此何异？无得禁止。"

蜀以伊审徵知枢密院事。

审徵，蜀高祖之甥也，少与蜀主相亲狎。及知枢密，以经济为己任，而贪侈回邪，与王昭远相表里，蜀政由是浸衰矣。

向北朝契丹求援。"契丹主兀欲非常高兴。到这时,北汉主刘崇便派遣使者到契丹乞求援兵。

楚将王逵、周行逢作乱,进入朗州。

楚王马希萼既已得志称王,时常想着旧时怨恨,诛杀屠戮没有节制,日夜纵酒,荒淫无度,把军政事务全部委托给马希崇办理。马希崇又多私人好恶,国家政治刑罚混乱不堪。搜刮民财来赏赐军队士兵,士兵还因为分配不均而抱怨。派遣刘光辅向南唐进贡,南唐主李璟待他很优厚,刘光辅秘密进言说:"湖南百姓疲惫,君主骄横,可以夺取。"南唐主于是派边镐率兵屯驻袁州,暗中图谋进攻夺取湖南。

楚王的小门使谢彦颙,本是马希萼的家奴,因为面目好看得到马希萼的宠幸。宴会时,马希萼让他坐在众将的上位,众将都为此感到耻辱。马希萼命令朗州指挥使王逵、副使周行逢率领部下军队修建府舍,承担的徭役十分辛苦,又没有犒劳赏赐,士兵都有怨恨,他们私下说:"我们跟随大王出生入死夺取湖南,有什么罪过要像囚犯那样服苦役?况且大王终日醉酒作乐,哪里知道我们的辛劳苦楚?"王逵、周行逢听到后,相互说:"大家的怨恨太深了,不尽早做打算,祸患就会轮到我们头上。"于是便率领众兵逃回朗州。当时马希萼喝酒醉得不省人事,周围的人不敢向他报告。第二天,才派兵追赶他们,没追上,一直追到朗州。王逵等利用追兵疲惫困乏,埋伏士兵全力出击,追兵死伤很多,几乎全军覆没。王逵等拥立马希萼哥哥的儿子马光惠为节度使。

后周攻克徐州,巩廷美等殉死。　　后周加授吴越王钱弘俶诸道兵马都元帅。　　夏四月,南唐淮南发生饥荒。

后周滨临淮河的州镇上奏说,淮南饥民渡河买粮食。后周太祖下诏书说:"那边的百姓与这边的百姓有什么不同?不得禁止。"

后蜀任命伊审徵主持枢密院事务。

伊审徵是后蜀高祖孟知祥的外甥,从小与后蜀主孟昶关系亲昵。等到他主持枢密院事务,以经国济世为己任,但他贪婪奢侈,奸诈邪恶,与王昭远内外勾结,后蜀政权因此逐渐衰败。

吴越奉其废王弘倧居东府。

吴越王弘俶徙弘倧居东府,为筑宫室,治园圃,娱悦之,岁时供馈甚厚。

北汉遣使如契丹。

契丹主遣使如北汉,告以周使田敏来,约岁输钱十万缗。北汉主使郑珙以厚赂谢契丹,致书称侄,请行册礼。

周遣将军姚汉英如契丹,契丹留之。　周夏州附于北汉。　周以王峻、范质、李谷同平章事。

初,周主讨河中,已为人望所属。李谷时为转运使,周主数以微言讽之,谷但以人臣尽节为对,周主以是贤之。即位,首用为相。时国家新造,四方多故,王峻夙夜尽心,知无不为,军旅之谋,多所裨益。范质明敏强记,谨守法度。李谷沉毅有器略,议论慷慨,善譬喻以开主意。

楚朗州将王逵等逐其节度使,推刘言为留后。

武平节度使马光惠愚懦嗜酒,王逵、周行逢、何敬真谋以辰州刺史刘言骁勇得蛮夷心,欲迎以为副使。言知逵等难制,曰:"不往,将攻我。"乃单骑赴之。既至,众废光惠,推言权武平留后,求节于唐,亦称藩于周。

契丹遣使如北汉,册命其主崇,更名旻。　契丹燕王述轧弑其主兀欲而自立,述律讨杀述轧而代之。

北汉遣兵伐周,契丹欲引兵会之,与酋长议。诸部不欲南,强之,行至新州,燕王述轧作乱,弑契丹主而自立。

吴越把废黜的前王钱弘倧迁居东府。

吴越王钱弘俶把被废黜的前王钱弘倧迁居东府，为他建筑宫室，修造园林，供他游玩娱乐，每年的供养馈赠很丰厚。

北汉派遣使者前往契丹。

契丹主派遣使者到北汉，告知后周使者田敏来访的情况，约定每年送钱十万缗。北汉主刘崇派遣使者郑珙用丰厚的钱财向契丹致谢，并送书信自称侄儿，请求举行册命典礼。

后周派将军姚汉英前往契丹，契丹扣留了他。　后周夏州归附到北汉。　后周任命王峻、范质、李毂为同平章事。

当初，后周太祖郭威讨伐河中，已为众望所归。李毂当时担任转运使，后周太祖多次用委婉话语暗示他，李毂只用做臣子应该尽守臣节作为回答，后周太祖因此认为他有贤德。等即位后，首先任用他为宰相。当时国家新建，四方多事，王峻日夜尽心尽力，能做的事情没有不去做的，军事谋划，多有良策补益。范质精明敏锐，博闻强记，严守法律制度。李毂沉着坚毅，有才器胆略，谈论事情言辞慷慨激昂，善于运用譬喻的手法来开导君主的智慧。

楚国朗州将领王逵等人驱逐节度使马光惠，推举刘言为留后。

武平节度使马光惠愚蠢胆小，嗜酒如命，王逵、周行逢、何敬真一起商量，认为辰州刺史刘言打仗勇敢，很得夷狄之心，打算迎立他为武平节度副使。刘言知道王逵等人难以控制，便说："我不前往，将会攻打我。"于是单枪匹马赶赴朗州。到达朗州后，众将便废黜马光惠，推举刘言代理武平留后，向南唐请求赐予旌旗符节，同时也向后周称臣。

契丹主派遣使者到北汉，册命北汉主刘崇为皇帝，改名为刘旻。　契丹燕王耶律述轧杀死君主耶律兀欲后自立为皇帝，耶律述律讨伐杀死耶律述轧后取而代之。

北汉派兵讨伐后周，契丹主耶律兀欲准备领兵会合北汉军队，与酋长们商议。各部落都不想南侵，契丹主强迫他们出兵，走到新州，燕王耶律述轧发动叛乱，杀死契丹主后自立为君主。

齐王述律逃入南山，诸部奉之以攻述轧，立述律为帝，改元应历。北汉主复以叔父事之，请兵以击晋州。契丹主年少好游戏，每夜酣饮，达旦乃寐，日中方起，国人谓之"睡王"，后更名明。

楚将徐威等作乱，废其君希萼，立希崇为武安留后。楚人复立希萼居衡山。

希萼遣指挥使徐威、陆孟俊等帅部兵立寨于城西北隅，以备朗兵，不存抚役者，将卒皆怨怒，谋作乱。希崇知其谋。希萼宴将吏，威等使人先驱马十余入府，自帅其徒执斧斤、白梃，声言縶马，奄至坐上，纵横击人。希萼逾垣走，威等执囚之，杀谢彦颙。立希崇为武安留后，纵兵大掠，幽希萼于衡山县。刘言遣兵趣潭州，声言讨其篡夺之罪，希崇发兵拒之。希崇亦纵酒荒淫，为政不公，语多矫妄，国人不附。

初，希萼入长沙，彭师暠虽免死，犹杖背黜为民。希崇以为师暠必怨之，使送希萼于衡山，师暠曰："欲使我为弑君之人乎？"奉事逾谨。衡山指挥使廖偃与其季父巡官匡凝谋帅庄户乡人，与师暠共立希萼为衡山王，以县为行府，断江为栅，编竹为战舰，召募徒众，数日至万余人，州县多应之。

冬十月，唐遣边镐将兵击楚，马希崇降。

徐威等见希崇所为，知必无成，又畏朗州、衡山之逼，欲杀希崇，希崇大惧，密奉表请兵于唐，唐主命边镐将兵万人趣长沙。镐入醴陵，希崇遣天策府学士拓跋恒奉笺

齐王耶律述律逃到南山,各部落拥戴耶律述律来进攻耶律述轧,拥立耶律述律为皇帝,改年号为应历。北汉主刘崇又用对待叔父的规格事奉耶律述律,请求出兵攻击晋州。耶律述律年轻,喜欢游玩,每天夜里摆酒畅饮,直到天明才睡觉,中午才起床,国人都称他为"睡王",后改名为明。

楚将徐威等发动叛乱,废黜君主马希萼,拥立马希崇为武安留后。楚人又拥立马希萼为衡山王。

马希萼派遣指挥使徐威、陆孟俊等率所部军队在城西北角安营扎寨,以防备朗州军队入侵,不安抚慰劳服兵役的将士,将士们都怨恨愤怒,谋划着发动叛变。马希崇知道将士的阴谋。马希萼宴请将士官吏,徐威等派人先驱赶十几匹劣马入府,自己率领部下手持斧子、白木棒,声称来捡马,突然闹到坐席上,任意打宴席上的人。马希萼翻墙逃跑,徐威等抓住囚禁了他,杀了谢彦颙。拥立马希崇为武安留后,放纵士兵大肆抢掠,将马希萼囚禁在衡山县。刘言派兵奔赴潭州,声称要讨伐马希崇篡权夺位的罪行,马希崇发兵进行抵抗。马希崇也是嗜酒如命,荒淫无度,办事不公,说话虚伪狂妄,国人都不亲附他。

当初,马希萼进入长沙,彭师暠虽然免于死刑,但仍背部受到杖刑并废黜为民。马希崇以为彭师暠必定怨恨马希萼,于是便派他送马希萼到衡山,彭师暠说:"想让我做弑君犯上的人吗?"反而事奉马希萼更加恭谨。衡山指挥使廖偃与他的叔父巡官廖匡凝谋划率领庄里农户和乡里百姓,与彭师暠共同拥立马希萼为衡山王,将县府改为临时王府,横截湘江设置栅栏,编制竹筏作为战舰,招募部众,几天之内,达到一万多人,邻近的州县也大多响应。

冬十月,南唐派边镐率兵攻打楚国,马希崇投降。

徐威等看到马希崇的所作所为,知道他必定无所成就,又害怕朗州、衡山方面的压力,打算杀死马希崇,马希崇大为惊恐,秘密派人带着奏表到南唐请求救兵,南唐主李璟命边镐率兵一万人赶赴长沙。边镐进入醴陵,马希崇派天策府学士拓跋恒持笺书

请降。恒叹曰："吾久不死，乃为小儿送降状。"希崇帅弟侄迎拜，镐下马称诏劳之。时湖南饥馑，镐大发马氏仓粟赈之，楚人大悦。

契丹、北汉会兵伐周，攻晋州。

契丹遣萧禹厥将奚、契丹五万，会北汉兵伐周，北汉主自将兵二万攻晋州，三面置寨，昼夜攻之。巡检使王万敢与都指挥使史彦超、何徽等共拒之。

唐遣刘仁赡将兵取岳州。

仁赡取岳州，抚纳降附，人忘其亡。唐百官共贺湖南平，起居郎高远曰："我乘楚乱，取之甚易。观诸将之才，但恐守之甚难耳。"司徒李建勋曰："祸其始于此乎？"唐主未尝亲祠郊庙，礼官以为请，唐主曰："俟天下一家，然后告谢。"及一举取楚，谓诸国指麾可定。魏岑侍宴言："俟陛下定中原，乞魏博节度使。"唐主许之，岑趋下拜谢。其主骄臣佞如此。

唐以边镐为武安节度使，迁马氏之族于金陵。

马希萼望唐人立己为潭帅，而潭人恶希萼，共请边镐为帅。镐趣希崇、希萼入朝，希崇与宗族及将佐千余人号恸登舟，送者皆哭，响振川谷。希萼亦与将佐士卒万余人东下。

十一月，周遣王峻救晋州。

诏诸军皆受峻节度，听以便宜从事，得自选择将吏。

南汉取桂州，尽有岭南地。

请求投降。拓跋恒说:"我这么久没有死,竟然沦落到为这小子递送投降书。"马希崇率领兄弟侄子迎接叩拜边镐,边镐下马宣读诏书慰劳马希崇。当时湖南遭受饥荒,边镐大量散发马氏仓库中的粮食救济百姓,楚地百姓非常高兴。

契丹、北汉两国军队会师讨伐后周,攻打晋州。

契丹主耶律述律派遣萧禹厥统率奚、契丹五万人马,会合北汉军队共同讨伐后周,北汉主刘崇亲自率领二万人马攻打晋州,三面设置营寨,日夜不停攻城。巡检使王万敢与都指挥使史彦超、何徽等共同抵抗敌军。

南唐派刘仁赡率兵夺取岳州。

刘仁赡率兵夺取岳州,安抚招纳投降归附的士兵百姓,人们好像忘记自己的国家灭亡了。南唐文武百官共同庆贺湖南的平定,起居郎高远说:"我们乘楚国内乱,夺取它很容易。观察众将的才能,恐怕守住它很困难啊。"司徒李建勋说:"灾祸恐怕就从这里开始了吧。"南唐主李璟未曾亲自祭祀过天地宗庙,礼官请求举行祭祀,南唐主说:"等到天下成为一家,然后再告谢天地祖宗。"到一举夺取楚国,认为其他各国都能挥手平定。魏岑侍奉南唐主宴会时说:"等到陛下平定中原后,请让我做魏博节度使。"南唐主准许了他的要求,魏岑赶快下跪拜谢。南唐君主的傲慢和大臣的谄媚大概就是这样。

南唐任命边镐为武安节度使,把马氏家族迁到金陵。

马希萼希望南唐人册立自己为潭州主帅,但潭州人厌恶马希萼,共同请求任命边镐为主帅。边镐催促马希崇、马希萼入京朝见,马希崇与家族及将佐一千多人号啕大哭着登上船只,送行的人也都哭起来,哭声震动江河山谷。马希萼也与将佐士卒一万多人一起乘船东下。

十一月,后周派遣王峻率兵救援晋州。

后周太祖郭威下诏,命各路军队都受王峻的调度指挥,授权王峻可以根据不同情况相机从事,可以自己选择任命将领官吏。

南汉夺取桂州,完全占有岭南地区。

马氏兄弟争国，南汉主以内侍使吴怀恩将兵屯境上，伺间进取。希广遣彭彦晖将兵备之，以为桂州都监、判军府事。静江节度副使马希隐恶之，潜遣人告蒙州刺史许可琼。可琼方畏南汉之逼，即弃州引兵趣桂州，与彦晖战于城中，彦晖败，奔衡山。怀恩据蒙州，进兵侵掠。奄至城下，希隐奔全州，桂州遂溃。怀恩因以兵略定巡属，尽有岭南之地。

十二月，周主自将救晋州，不果行。

王峻留陕州旬日，周主以北汉攻晋州急，议自将由泽州路与峻会兵救之。十二月朔，诏以三日西征。峻言于周主曰："晋州城坚，未易可拔，刘崇兵锋方锐，不可力争，所以驻兵待其衰耳。陛下新即位，不宜轻动。若车驾出汜水，则慕容彦超引兵入汴，大事去矣。"周主闻之，以手提耳曰："几陷吾事。"乃敕罢亲征。

周遣使将兵赴郓州巡检。

泰宁节度使慕容彦超闻徐州平，疑惧愈甚，乃招纳亡命，畜聚薪粮，潜以书结北汉，又求援于唐。周主遣使与誓，彦超益不自安，反迹益露，乃遣阁门使张凝将兵赴郓州巡检以备之。

周王峻至晋州，契丹、北汉兵夜遁。

王峻引兵趣晋州，晋州南有蒙坑之险，峻忧北汉兵据之，闻前锋已度，喜曰："吾事济矣。"北汉主攻晋州，久不克，军乏食。契丹思归，闻峻至，烧营夜遁。峻入晋州，

马氏兄弟争夺国家大权,南汉主刘晟命内侍使吴怀恩率兵屯驻边境线上,等待时机进攻夺取楚地。马希广派遣彭彦晖领兵防备南汉入侵,任命他为桂州都监、判军府事。静江节度副使马希隐厌恶彭彦晖,暗中派人告知蒙州刺史许可琼。许可琼正畏惧南汉军队的威逼,立即放弃蒙州率兵直奔桂州,与彭彦晖在城中开战,彭彦晖被打败,逃奔衡山。吴怀恩占据蒙州,进军大肆抢掠。吴怀恩率兵突然进到桂州城下,马希隐慌忙逃往全州,桂州随后溃陷。吴怀恩于是利用军事谋略平定所属的州县,从此完全占领了大庾岭以南的地方。

十二月,后周太祖郭威亲自统率军队救援晋州,没有成行。

王峻在陕州停留十来天,后周太祖郭威因为北汉军队攻打晋州很急,商议亲自统率军队从泽州路与王峻会师救援晋州。十二月初一,后周太祖下诏书于三日出发西征。王峻传话给后周太祖说:"晋州城池坚固,不易攻破,刘崇军队前锋士气正盛,不可力争,所以我把军队驻扎下来等待他们士气衰落。陛下刚即帝位,不宜轻举妄动。如果陛下车驾从氾水出来,那么慕容彦超率兵进入汴京,大事就要完了。"后周太祖听到这话,用手抓着耳朵说:"几乎坏了我的大事。"于是下敕命停止原定的亲征计划。

后周派使者领兵赶赴郓州巡行检查。

泰宁节度使慕容彦超听说徐州平定,疑虑恐惧更加严重,于是便招纳亡命之徒,积蓄收集粮草,暗中用书信与北汉勾结,又向南唐寻求援助。后周太祖派使者与他定下誓约,慕容彦超内心更加不安,谋反的迹象更加显露,后周太祖就派遣阁门使张凝领兵赶赴郓州巡行检查来防备他。

后周王峻到达晋州,契丹和北汉军队连夜逃跑。

王峻率兵赶赴晋州,晋州南边有个险要的地方蒙坑,王峻担心被北汉军队占据,听说前锋军队已经过了蒙坑,便欣喜地说:"我的事成了。"北汉主刘崇攻打晋州,久攻不下,军队缺乏食物。契丹军队打算返回,听说王峻到了,便烧毁营帐连夜逃跑。王峻进入晋州,

诸将请亟追之,峻犹豫未决。明日,乃遣指挥使药元福、康延沼将骑兵追之,北汉兵坠崖谷死者甚众。延沼畏懦不急进,由是北汉兵得度。元福曰:"刘崇气衰力惫,狼狈而遁,不乘此剪扑,必为后患。"诸将不欲进,王峻复遣使止之,遂还。契丹北至晋阳,士马什丧三四。北汉主始息意于进取。北汉土瘠民贫,内供军国,外奉契丹,赋繁役重,民不聊生,逃入周境者甚众。

唐以马希萼镇洪州,希崇镇舒州。

唐主嘉廖偃、彭师暠之忠,以偃为左殿直军使,师暠为殿直都虞候,赐予甚厚。

众将请求立即追击他们，王峻犹豫没有做出决断。到第二天，才派遣指挥使药元福、康延沼率领骑兵追击，北汉军队坠落山崖深谷摔死的很多。康延沼畏缩害怕不抓紧追击，因此北汉军队得以渡过黄河。药元福说："刘崇军队士气衰落，疲惫不堪，狼狈逃窜，如果不乘此将它歼灭，必定会成为后患。"众将不想继续向前推进，王峻又派使者制止，军队于是返回。契丹军队向北到达晋阳，士兵马匹损失十分之三四。北汉主才打消南下进取的念头。北汉土地贫瘠，百姓穷困，对内要供应军队、官府的费用，对外要向契丹进贡钱财，赋税繁多，徭役沉重，民不聊生，逃到后周境内的人很多。

南唐任命马希萼镇守洪州，马希崇镇守舒州。

南唐主嘉奖廖偃、彭师暠的忠诚，任命廖偃为左殿直军使，彭师暠为殿直都虞候，给他们的赏赐非常丰厚。

资治通鉴纲目卷五十九

起壬子(952),尽己未(959)。凡八年。

壬子(952) 周广顺二年。是岁,周、南汉、蜀、唐、北汉凡五国,吴越、湖南、荆南凡三镇。

春正月,唐湖南将孙朗、曹进作乱,不克,奔朗州。

唐平湖南,悉收其金帛、珍玩、仓粟,乃至亭馆、花果之美者,皆徙金陵。遣都官郎中杨继勋等收租赋,务为苛刻,湖南人失望。行营粮料使王绍颜减士卒粮赐,指挥使孙朗、曹进怒,谋杀绍颜及边镐,据湖南,归中原。夜帅其徒烧府门,镐觉之,出兵格斗,朗等奔朗州。王逵问朗:"湖南可取乎?"朗曰:"金陵朝无贤臣,军无良将,忠佞无别,赏罚不当,得存幸矣,何暇兼人? 朗请为公前驱,取湖南如拾芥耳。"逵悦,厚遇之。

周修大梁城。

发开封民夫五万,旬日而罢。

周泰宁军节度使慕容彦超反,周发兵讨之。唐人救之,不克。

彦超发乡兵入城,为战守之备,又多募群盗,剽掠邻境。敕以曹英为都部署讨彦超,向训为都监,药元福为都虞候。

壬子（952） 后周广顺二年。这一年，后周、南汉、后蜀、南唐、北汉共五个国家，吴越、湖南、荆南共三个藩镇。

春正月，南唐湖南将领孙朗、曹进率众叛乱，没有成功，逃奔朗州。

南唐平定湖南后，没收那里所有的金银绢帛、珍宝古玩、仓储粮食，乃至亭台馆阁、鲜花水果中的佳品，都运送到金陵。派遣都官郎中杨继勋等人收取赋税，苛刻盘剥，湖南百姓大失所望。行营粮料使王绍颜减少士兵的粮食、赏赐，指挥使孙朗、曹进大怒，谋划杀掉王绍颜和边镐，占据湖南，归附中原。夜间孙朗、曹进率领徒众火烧军府大门，边镐发觉后，就派士兵出来与他们格斗，孙朗等人逃奔朗州。王逵问孙朗说："湖南可以夺取吗？"孙朗说："金陵朝廷没有贤臣，军队没有良将，不辨忠诚奸佞，赏罚失当，能保存国家就是万幸，哪有闲暇去兼并别人？我请求做您的前锋，夺取湖南就如同拾取小草一样。"王逵很高兴，用厚礼对待他。

后周修筑大梁城墙。

征发开封民夫五万人，十天完成。

后周泰宁军节度使慕容彦超造反，后周发兵讨伐。南唐派兵救援，没有成功。

慕容彦超征发乡兵入城，做战斗防守的准备，又多次招募成群的强盗，抢掠邻近的州县。后周朝廷下敕令，任命曹英为都部署讨伐慕容彦超，向训为都监，药元福为都虞候。

周主以元福宿将，命英、训无得以军礼见之，二人皆父事之。唐主发兵军下邳以援彦超，周师逆击，大破之，获其将燕敬权。彦超势沮。

周师围兖州。

曹英等至兖州，设长围。慕容彦超屡出战，药元福皆击败之。长围合，遂进攻之。初，彦超将反，判官崔周度谏曰："鲁，诗书之国，自伯禽以来不能霸诸侯，然以礼义守之，可以长世。公于国家非有私憾，况主上开谕勤至，苟撤备归诚，则坐享泰山之安矣。"彦超怒。及是括士民之财以赡军，坐匿财死者甚众。前陕州司马阎弘鲁倾家为献，彦超犹以为有所匿，命周度索其家，无所得，彦超收弘鲁夫妻系狱。有乳母于泥中掊得金缠臂，献之，冀以赎其主，彦超榜掠弘鲁夫妻，肉溃而死。以周度为阿庇，斩于市。

北汉攻周府州，折德扆败之。二月，遂取岢岚军。周释唐俘遣还。

周主释燕敬权等使归唐，谓其主曰："叛臣，天下所共疾也，唐主助之，得无非计乎？"唐主大惭，先所得中国人，皆礼而归之。然犹议取中原，中书舍人韩熙载曰："郭氏有国虽浅，为治已固，我兵轻动，必有害而无益。"

唐设科举，既而罢之。

唐主好文学，故韩熙载、冯延巳、延鲁、江文蔚、潘佑、徐铉之徒皆至美官。文雅于诸国为盛，然未尝设科举，多因上书言事追官。至是，始命文蔚知贡举。执政皆不由

后周太祖郭威因为药元福是一员老将,命令曹英、向训不得用军礼见他,二人都像对待父亲那样待他。南唐主李璟发兵驻扎在下邳以救援慕容彦超,后周军队迎面出击,大败南唐军,擒获南唐将领燕敬权。慕容彦超的声势受到打击。

后周军队围攻兖州。

曹英等人到达兖州,筑长围。慕容彦超多次出战,药元福都把他击败。长围合拢后,随即开始进攻。当初,慕容彦超将反,判官崔周度劝他:"鲁地是诗书之国,从伯禽以来虽不能称霸诸侯,却用礼义加以守护,可长存于世。您对国家没有私怨,况且君主的开导诚谕也殷勤备至,如果撤去防备归降,就可坐享泰山那样的平安了。"慕容彦超大怒。到这时,慕容彦超搜刮士民百姓的钱财来供养军队,因隐藏财产罪被处死的人很多。前陕州司马阎弘鲁把全部家产都献出来,但慕容彦超还认为他有所隐瞒,命令崔周度搜他家,没有搜到什么东西,慕容彦超便把阎弘鲁夫妇抓进监狱。有个奶妈从泥土中扒到金镯子,献给官府,希望赎出主人,慕容彦超就严刑拷打阎弘鲁夫妇,把他们打得皮肉溃烂而死。又认为崔周度包庇阎弘鲁,将他押到闹市斩首。

北汉攻打后周府州,折德扆击败北汉军队。二月,夺取北汉的岢岚军。　　后周释放南唐俘虏,把他们送回南唐。

后周太祖郭威释放燕敬权等人,让他们回南唐,并对南唐主李璟说:"叛逆之臣,是天下人所共同痛恨的,唐主帮助他们,难道不是失策了吗?"南唐主深感惭愧,把先前俘获的中原人士,都以礼相待遣返回国。然而还商议着夺取中原,中书舍人韩熙载说:"郭氏掌握国家政权虽然时间不长,但统治已经牢固,我国军队轻易出动,必定有害无益。"

南唐设置科举制度,不久又废除了。

南唐主喜好文学,故韩熙载、冯延巳、冯延鲁、江文蔚、潘佑、徐铉等人都得到高官。当时南唐的文学艺术比其他各国都兴盛,然而未曾设置科举制度,大多根据上书言事来授予官职。到这时,才任命江文蔚主持贡举事务。当时朝廷的执政官员不经

科第,相与沮毁,竟罢之。

三月,**唐以冯延巳、孙晟同平章事。**

唐以延巳、晟为相。既宣制,户部尚书常梦锡众中大言曰:"白麻甚佳,但不及江文蔚疏耳。"晟素轻延巳,谓人曰:"金杯玉碗,乃贮狗矢乎?"延巳言于唐主曰:"陛下躬亲庶务,故宰相不得尽其才,此治道所以未成也。"唐主乃悉以政事委之。而延巳不能勤事,益不治,唐主乃复自览之。大理卿萧俨恶延巳为人,数上疏攻之。会俨坐失入人死罪,钟谟、李德明辈欲杀之,延巳曰:"俨误杀一妇人,诸君以为当死。俨九卿也,可误杀乎?"独上言:"俨素有直声,今所坐已会赦,宜从宽宥。"俨由是得免,人亦以此多之。

夏四月朔,日食。　唐遣兵攻桂州,南汉击败之。

唐主遣其将李建期图朗州,张峦图桂州,久未有功。谓冯延巳、孙晟曰:"楚人求息肩于我,我未有以抚其疮痍,而虐用其力,非所以副来苏之望。吾欲罢桂林之役,敛益阳之戍,以旌节授刘言,何如?"晟以为然。延巳曰:"吾出偏将举湖南,远近震惊。一旦三分丧二,人将轻我。请委边将察其形势。"唐主乃遣统军使侯训将兵与张峦合攻桂州,南汉伏兵击之,大败。

周主自将讨兖州,克之,慕容彦超自杀。

周主以曹英久无功,下诏亲征。至兖州,使人招谕之,不从,乃命进攻。先是,术者绐彦超云:"镇星行至角、亢,

科举任职，便一齐阻挠诋毁，最终停止了科举选士。

三月，南唐任命冯延巳、孙晟为同平章事。

南唐任命冯延巳、孙晟为宰相。宣读制书后，户部尚书常梦锡在众人面前大声说："白麻诏书虽然很好，只是不如江文蔚的疏文。"孙晟素来轻视冯延巳，对人说："金杯玉碗，竟然盛了狗屎吗？"冯延巳对南唐主李璟说："陛下亲自处理各种政务，所以宰相不能完全发挥他们的才能，这就是治国之道没有达到尽善尽美的原因。"南唐主于是便把政务全部委托给他处理。而冯延巳不能勤勉办事，国政愈发不能得到治理，南唐主于是再次亲自处理朝政。大理卿萧俨厌恶冯延巳的为人，多次上疏攻击冯延巳。适逢萧俨犯了错判人死罪的罪过，钟谟、李德明等人想乘机杀掉他，冯延巳说："萧俨误杀一个妇女，诸位认为应当处死。萧俨是九卿之一，难道可以误杀吗？"并单独上言说："萧俨平素有耿直的名声，如今所犯的罪过已赶上大赦，应当从宽饶恕他的过失。"萧俨因此得以免死，人们也为此称道冯延巳。

夏四月初一，出现日食。　南唐派兵攻打桂州，南汉军队把他们击败。

南唐主李璟派将领李建期谋取朗州，张峦谋取桂州，很久没有成功。南唐主对冯延巳、孙晟说："楚人求我让他们休养生息，我却没有抚恤治疗战争的创伤，反而滥用民力，这不是用来实现楚人复苏愿望的办法。我想停止桂林的战事，收回益阳的屯兵，将旌节授给刘言，怎么样？"孙晟认为应该这样。冯延巳说："我们派偏将攻占湖南，远近四方为之震惊。如果一旦丧失三分之二，人家将会轻视我们。请委派守边将领观察一下形势。"南唐主于是派统军使侯训率兵与张峦联合进攻桂州，南汉埋伏军队攻击他们，把南唐军队打得大败。

后周太祖郭威亲自率兵讨伐兖州，攻克该城，慕容彦超自杀。

后周太祖因为曹英久攻兖州不下，便下诏亲征。到达兖州，后周太祖派人招安慕容彦超，慕容彦超不从，后周太祖便命令发起进攻。先前，有个方士骗慕容彦超说："土星运行到角、亢

兖州之分,其下有福。"乃立祠而祷之。彦超贪吝,人无斗志,将卒多出降。官军克城,彦超方祷镇星祠,力战不胜,乃焚祠,赴井死。官军大掠城中,死者近万人。周主欲悉诛其将吏,翰林学士窦仪见冯道、范质,与共白曰:"彼皆胁从耳。"乃赦之。

唐司徒李建勋卒。

建勋且死,戒家人曰:"时事如此,吾得良死幸矣,勿封土立碑,听人耕种于其上,免为他日开发之标。"及江南之亡,贵人冢无不发,惟建勋冢莫知其处。

六月朔,周主如曲阜,谒孔子祠,拜其墓。

周主谒孔子祠,将拜,左右曰:"孔子,陪臣也,不当以天子拜之。"周主曰:"孔子百世帝王之师,敢不敬乎?"遂拜。又拜孔子墓,命禁樵采。访孔子、颜渊之后,以为曲阜令及主簿。

蜀大水,坏其太庙。　周朔方节度使冯晖卒,以其子继业为留后。

晖卒。继业杀兄继勋,自知军府事,周朝因而命之。

契丹幽州节度使萧海真请降于周,不果。

李涛之弟浣在契丹为勤政殿学士,与海真善,说海真内附,海真欣然许之。浣因谍以闻,且与涛书,言:"契丹主童騃,无远志,朝廷若能用兵必克,不然,与和必得,二者皆利于速。度其情势,他日终不能力助河东者也。"会中国多事,不果从。

二宿的位置,角、亢是兖州的分野,土星下面有福运。"慕容彦超于是建立祠堂祈福。慕容彦超生性贪婪吝啬,部下将士没有斗志,有不少将领士兵出城投降。官军攻克兖州城,慕容彦超正在土星祠祈祷,急忙率兵拼力作战,没有获胜,于是焚烧土星祠,投井而死。官军在城中大肆抢掠,死了近万人。后周太祖想把兖州将吏全部杀掉,翰林学士窦仪谒见冯道、范质,与二人共同劝后周太祖说:"他们都只是胁从。"后周太祖于是赦免了他们。

南唐司徒李建勋去世。

李建勋临死时,告诫他家里人说:"世道到了这个地步,我能得到好死就很幸运了,不要在我的墓上封土立碑,任凭别人在坟上耕种,免得成为日后开挖盗掘的目标。"等到江南沦亡,各尊贵人家的高大墓冢没有不被挖掘的,只有李建勋的墓冢没有人知道在什么地方。

六月初一,后周太祖郭威到曲阜,拜谒孔子祠,又拜孔子墓。

后周太祖拜谒孔子祠,将行拜礼,左右侍臣说:"孔子是诸侯的大夫,不应当以天子的身份拜他。"后周太祖说:"孔子是百代帝王的老师,怎敢不敬?"于是行拜礼。又拜孔子墓,下令禁止在周围打柴割草。后周太祖还访求孔子、颜渊的后代,任命为曲阜县令及主簿。

后蜀发大水,冲坏太庙。　　后周朔方节度使冯晖去世,任命他的儿子冯继业为留后。

冯晖去世。冯继业杀死他哥哥冯继勋,自己主持军府事务,后周朝廷因而任命他为留后。

契丹幽州节度使萧海真向后周请求归降,未能实现。

李涛的弟弟李浣在契丹做勤政殿学士,与萧海真关系很好,他劝说萧海真归附后周,萧海真欣然答应。李浣利用间谍传递情报,并且给李涛写信,说:"契丹主年幼无知,没有远大志向,朝廷如果现在能用兵必定取胜,不然,与他讲和也必定能成功,这两者都宜于快速进行。估计契丹的情况和形势,以后终究不能出力帮助河东的刘崇。"适逢中原多事,结果没有采纳李浣的计策。

秋七月，周枢密使王峻辞位，不许。

峻性轻躁，多计数，好权利，喜人附己。每言事见从则喜，或未允，辄愠怼不逊，周主以其故旧有功，每优容之，峻益骄。郑仁诲、向训、李重进皆周主在藩镇时腹心将佐也，稍稍进用，峻心嫉之，累表称疾，求解机务。又遗诸道书求保证，诸道以闻，周主惊骇，遣左右慰勉，令视事，不至。以直学士陈观与峻亲善，令往谕指，观曰："陛下但声言临幸其第，严驾以待之，峻必不敢不来。"从之。峻乃入朝，周主慰劳令视事。

蜀梓州监押王承丕杀判武德军郭延钧，指挥使孙钦讨诛之。

延钧不礼于承丕。奉圣指挥使孙钦当以兵戍边，往辞承丕，承丕邀与俱见府公。至则令左右击杀延钧，屠其家，矫诏开府库赏士卒，出系囚，发屯戍。将吏毕集，钦谓承丕曰："今延钧已伏辜，公宜出诏书以示众。"承丕曰："我能致公富贵，勿问诏书。"钦始知承丕反，因绐曰："今内外未安，请为公巡察。"即跃马而出，晓谕其众，帅以入府，攻承丕，斩之，传首成都。

周天平节度使高行周卒。

行周有勇而知义，功高而不矜，策马临敌，叱咤风生，平居与宾僚宴集，侃侃和易，人以是重之。

秋七月，后周枢密使王峻要求辞职，后周太祖郭威没有准许。

王峻性情轻浮暴躁，精于算计，贪图权利，喜欢别人奉承自己。每次谈论政事，见后周太祖听从就高兴，有时不同意就怨恨，甚至出言不逊，后周太祖认为他是元老旧臣，有辅佐创业的功劳，每次都宽容原谅他，王峻则愈加骄横。郑仁诲、向训、李重进都是后周太祖在藩镇时的心腹将佐，他们稍微被提拔重用，王峻内心就产生妒嫉，并多次上表宣称身体有病，请求解除他执掌机要事务的职务。同时又给各道节度使去信寻求担保，各道上报朝廷，后周太祖深感惊骇，派遣左右前去慰问劝勉，让他继续治理政务，王峻也不来上班。因为直学士陈观与王峻关系友好，后周太祖便令他前去宣谕旨意，陈观说："陛下只需声称要亲自驾临他家，把马车套好等待他，王峻必然不敢不来。"后周太祖听从了陈观的建议。王峻于是开始上朝，后周太祖慰劳他并让他处理政事。

后蜀梓州监押王承丕杀死判武德军郭延钧，指挥使孙钦讨伐诛杀王承丕。

郭延钧对王承丕无礼。奉圣指挥使孙钦应当率领所部士兵戍守边防，前往向王承丕告辞，王承丕邀请他一同去参见府公郭延钧。王承丕到达后就命令手下的人打死郭延钧，并屠杀他全家，假托诏命打开仓库赏赐士兵，释放关押的囚犯，征发屯戍边疆的士兵。将领官吏集合完毕，孙钦对王承丕说："现在郭延钧已经伏罪，您应该拿出诏书来给大家看。"王承丕说："我能让您得到荣华富贵，不要问诏书之事。"孙钦这才明白王承丕是在造反，因而欺骗他说："现在内外都不安定，我请求为您巡逻察访。"随即骑上马就逃出来，向部众说明情况，率领军队进入军府，攻打王承丕，斩杀了他，将他的首级传送到成都。

后周天平节度使高行周去世。

高行周打仗勇敢且深明大义，功德高尚而不骄傲自夸，在战场上扬鞭策马亲临敌阵时，叱咤风云，威风凛凛；平时与宾客僚属闲聚集会时，和颜悦色，平易近人，人们因此都很尊重他。

周制犯盐曲者以斤两定刑有差。　九月，周禁边民毋得入契丹界俘掠。　契丹寇冀州，周兵拒却之。　冬十月，武平留后刘言遣兵攻潭州，唐节度使边镐弃城走，言遂取湖南。

唐武安节度使边镐不合众心。吉水人欧阳广上书言："镐非将帅才，必丧湖南。"不报，仍使镐经略朗州。自朗来者，多言刘言忠顺，镐不为备。唐主召言入朝，言不行，谓王逵曰："唐必伐我，奈何？"逵曰："边镐抚御无方，士民不附，可一战擒也。"言乃以逵及周行逢、何敬真、潘叔嗣、张文表等十人皆为指挥使，部分发兵。行逢能谋，文表善战，叔嗣果敢，三人多相须成功，情款甚昵。诸将欲召溆州酋长符彦通，行逢曰："蛮贪而无义，前年入潭州，焚掠无遗。吾兵以义举，往无不克，乌用此物，使暴殄百姓哉！"乃止。然亦畏彦通为后患，以蛮酋刘瑶为西境镇遏使以备之。

十月，逵等将兵分道趣长沙，以孙朗、曹进为先锋使。边镐遣兵屯益阳，逵等克之，遂至潭州。镐弃城走，吏民俱溃。逵入城，自称武平节度副使，权知军府事，以何敬真为行军司马。唐将守湖南诸州者，相继遁去，刘言尽复马氏岭北故地，惟郴、连入于南汉。

契丹大水。
瀛、莫、幽州大水，流民入塞者数十万口。周诏所在赈给存处之，中国民被掠得归者什五六。

周平章事李毂辞位，不许。

后周规定,违犯食盐、酒曲法令的,根据数量多少定刑,各有差别。　九月,后周禁止边民进入契丹地界,不得掳掠人口财物。　契丹入侵冀州,后周军队把他们打退。　冬十月,武平留后刘言派兵攻打潭州,南唐节度使边镐弃城逃跑,刘言随后夺取了湖南。

南唐武安节度使边镐做事不符合民众心意。吉水人欧阳广上书说:"边镐不是将帅之才,必定会丧失湖南。"南唐主没有答复,仍然让边镐筹划夺取朗州。从朗州来的人,大多说刘言忠诚顺服,边镐不做防备。南唐主召刘言进京朝见,刘言不去,对王逵说:"唐朝必定讨伐我,怎么办?"王逵说:"边镐治理无方,士绅百姓不归附他,可以一战就擒获他。"刘言于是任命王逵及周行逢、何敬真、潘叔嗣、张文表等十人都为指挥使,部署发兵。周行逢擅长谋划,张文表善于作战,潘叔嗣果断勇敢,三人经常相互配合取得成功,情意关系非常亲密。众将想召唤溆州酋长符彦通作救援,周行逢说:"蛮人贪婪不讲信义,前年进入潭州,焚烧抢掠没有遗留。我军用道义统帅士兵,打仗勇往直前,攻无不克,何必动用他们,让他们虐待残害百姓!"于是作罢。然而也害怕符彦通成为后患,任命蛮人酋长刘瑭为西境镇遏使,让他防备符彦通。

十月,王逵等率兵分路奔赴长沙,任命孙朗、曹进为先锋使。边镐派兵屯驻益阳进行抵抗,王逵等攻克益阳,随后到达潭州。边镐弃城逃跑,官吏民众百姓全部溃逃。王逵进入潭州城,自称武平节度副使,代理主持军府事务,任命何敬真为行军司马。南唐将领守卫湖南各州的,都相继逃跑离去,刘言全部收复马氏大庾岭以北旧地,只有郴州、连州落入南汉之手。

契丹发生大水。

契丹瀛州、莫州、幽州发生大水,流离失所的百姓进入边塞的有几十万人。后周太祖郭威下诏书命各州县救济安顿流民,中原百姓从前被掠夺走而现在得以回归的有十分之五六。

后周平章事李穀辞职,后周太祖郭威不允许。

穀以病臂辞位,周主遣中使谕指曰:"卿所掌至重,朕难其人,苟事功克集,何必朝礼?"穀不得已,复视事。穀未能执笔,诏以三司务繁,令刻名印用之。

周立诉讼法。

敕:"民有诉讼,必先历县州及观察使,处决不直,乃听诣台省。或自不能书牒,倩人书者,必书所倩姓名、居处。若无可倩,听执素纸。所诉必须己事,毋得挟私客诉。"

周庆州野鸡族反,遣折从阮讨之。

庆州刺史郭彦钦性贪,野鸡族多羊马,彦钦故扰之以求赂,野鸡族遂反,徙折从阮为静难节度使讨之。

刘言奉表于周。　唐冯延巳、孙晟罢。削边镐官爵,流饶州。

初,镐从查文徽克建州,凡所俘获皆全之,建人谓之"边佛子"。及克潭州,市不易肆,潭人谓之"边菩萨"。既而政无纲纪,惟日设斋供,盛修佛寺,潭人失望,谓之"边和尚"矣。冯延巳、孙晟上表请罪,皆释之。晟陈请不已,乃与延巳皆罢。唐主以比年出师无功,乃议休兵息民。或曰:"愿陛下数十年不用兵,可小康矣。"唐主曰:"将终身不用,何数十年之有?"思欧阳广之言,拜本县令。

十一月,周制税牛皮法。

敕:"约每岁民间所输牛皮,三分减二。计田十顷,税取一皮,余听卖买,惟禁卖于敌国。"自兵兴以来,禁民私

李毂因为手臂有病提出辞职，后周太祖派中使传达旨意说："爱卿所执掌的事务至关重要，朕实在难以找到合适人选，只要事业能够取得成功，何必讲究朝礼的形式？"李毂不得已再次主事。李毂手臂不能握笔，后周太祖下诏说因三司事务繁杂，命李毂刻姓名印章用于公文。

后周设立诉讼法。

后周颁布敕令："百姓如果有诉讼，必须先经县、州以及观察使处理，认为判决不公，才允许向朝廷台省申诉。如果有人自己不能书写状文，可以请他人书写，但必须写明代笔人的姓名、住处。如果请不到合适人选代写，允许拿着白纸起诉。所申诉的必须是自己的事，不得挟持私心为别人诉讼。"

后周庆州野鸡族反叛，后周太祖郭威派折从阮讨伐。

庆州刺史郭彦钦生性贪婪，野鸡族养的羊马很多，郭彦钦故意骚扰他们来索求贿赂，野鸡族于是反叛，后周太祖调任折从阮为静难节度使讨伐他们。

刘言派遣使者向后周上表。　南唐冯延巳、孙晟罢相。边镐被削去官职爵位，流放到饶州。

当初，边镐跟随查文徽攻克建州，凡是所捕获的俘虏都保全他们的性命，建州人称他是"边佛子"。等攻克潭州，市场照常营业，潭州人称他是"边菩萨"。不久为政没有章法，只是每天摆设斋品祭祀，大修佛寺，潭州人很失望，就称他是"边和尚"。冯延巳、孙晟上表请罪，南唐主李璟都宽恕了他们。孙晟不断地请罪，于是将他与冯延巳一起罢相。南唐主因连年出师无功，于是商议停止用兵让民休养生息。有人说："期望陛下几十年不用兵，就可以实现小康了。"南唐主说："我将终身都不再用兵，何况几十年呢？"南唐主想起欧阳广的话，授任他为本县县令。

十一月，后周制定牛皮征税法。

后周太祖颁布敕令："规定每年民间所交纳的牛皮，减免三分之二。每十顷田地，征税收取一张牛皮，其余的任凭百姓自由买卖，只是禁止卖给敌对国家。"自从战争兴起以来，禁止百姓私

卖买牛皮,悉令输官受直。唐明宗之世,有司止偿以盐。晋天福中,并盐不给。汉法犯私牛皮一寸抵死,然民间日用,实不可无。至是李穀建议,均于田亩,公私便之。

十二月,河决郑、滑,周遣使修塞。　周静难节度使侯章入朝。

章献买宴绢千匹,银五百两,周主不受。曰:"诸侯入觐,天子宜有宴犒,岂待买邪? 自今如此比者,皆不受。"

周葛延遇、李澄伏诛。

周翰林学士徐台符请诛诬告李崧者,冯道以为屡更赦,不许。王峻嘉台符之义,白收二人诛之。

癸丑(953)　周广顺三年。是岁,凡五国三镇。

春正月,周以刘言为武平节度使。

刘言上表于周,乞移使府治朗州,且请贡献、卖茶,悉如马氏故事,许之。以言为武平节度,制置武安、静江等军事,王逵为武安节度使,何敬真为静江节度使,周行逢为武安行军司马。

周罢户部营田务,除租牛课。

前世屯田皆在边地,使戍兵佃之。唐末,中原宿兵,所在皆置营田以耕旷土。其后又募高赀户使输课佃之,户部别置官司总领,不隶州县。或丁多无役,或容庇奸盗,州县不能诘。梁太祖击淮南,得牛万计,以给农民,使岁输租,牛死而租不除,民甚苦之。周主素知其弊,李穀亦以为言,

自买卖牛皮,命令他们全部送给官府接受补偿。后唐明宗时,官府只用盐作为补偿。后晋天福年间,官府连盐都不给。后汉法律规定违犯私自买卖一寸牛皮的处死,然而民间生活日用实在不可缺少。到这时李毂提出建议,将上缴牛皮均摊到田亩里,公私双方都觉得很方便。

十二月,黄河在郑州、滑州决口,后周派遣使者抢修堵塞决口。 后周静难节度使侯章进京觐见。

侯章进献买宴绢一千匹,银子五百两,后周太祖郭威没有接受。后周太祖说:"诸侯入朝觐见,天子应该设宴席犒劳,怎么能等他们出钱买宴呢?从现在开始再有这样进贡的,一律不接受。"

后周葛延遇、李澄被诛杀。

后周翰林学士徐台符请求诛杀诬告李崧的人,冯道认为多次经过大赦,没有准许。王峻赞许徐台符的义气,向后周太祖禀报,逮捕葛延遇、李澄二人,诛杀了他们。

癸丑(953) 后周广顺三年。这一年,共五个国家、三个藩镇。

春正月,后周任命刘言为武平节度使。

刘言向后周太祖郭威上表,请求将节度使府治迁移到朗州,并且请求进纳贡物,买卖茶叶,全部如同马氏先例,后周太祖准许。任命刘言为武平节度使,制置武安、静江等军镇事务,王逵为武安节度使,何敬真为静江节度使,周行逢为武安行军司马。

后周取消户部营田事务,免除征收牛租税。

前代的屯田都在边疆,让戍边的士兵耕种。唐代末年,中原驻扎军队,到处都设置营田来耕种空旷土地。以后又招募有钱的富户,让他们租佃土地交纳租税,户部另外设置机构负责总管,不隶属于州县。结果有的壮丁多而无徭役,有的收容包庇奸徒盗贼,州县不能追究。后梁太祖朱温进攻淮南,得到牛数以万计,来分给农民,让他们每年交租,牛死后租税却不免除,农民深受其苦。后周太祖郭威早就知道这种弊端,李毂也说起这事,

救悉罢之,以其民隶州县,田、庐、牛、具并赐见佃者为永业,是岁户部增三万余户。民既得为永业,始敢葺屋植木,获地利数倍。或言:"营田有肥饶者,不若鬻之,可得钱数十万缗以资国。"周主曰:"利在于民,犹在国也,朕用此钱何为?"唐草泽邵棠上言:"近游淮上,闻周主恭俭,增修德政,吾兵新破于潭、朗,恐其有南征之志,宜为之备。"

周莱州刺史叶仁鲁有罪,伏诛。

仁鲁,周主故吏也,坐赃赐死。周主遣中使赐以酒食,曰:"汝自抵国法,吾无如之何,当存恤汝母。"仁鲁感泣。

周遣王峻行视决河。

周主以决河为忧,王峻请自行视,许之。镇宁节度使荣屡求入朝,峻忌其英烈,每沮止之。至是,荣复求入朝,周主许之。

契丹寇定州,周将杨弘裕击走之。 周镇宁节度使郭荣入朝。

故李守贞骑士马全义从荣入朝,召见补殿前指挥使,谓左右曰:"全义忠于所事,昔在河中,屡挫吾军,汝辈宜效之。"

周以王峻兼平卢节度使。

峻闻荣入朝,遽归大梁,固求出镇,故有是命。

周野鸡族降。 武安节度使王逵杀静江节度使何敬真。

初,王逵以何敬真为静江副使,朱全琇为武安副使,张文表为武平副使,周行逢为武安司马。敬真、全琇各置牙

朝廷颁布敕令完全停止这种做法,把耕种营田的农民隶属于州县,田地、庐舍、耕牛、农具一并赐给现在耕种者作为永久产业,这一年户部增加了三万多户人口。农民既已得到这些成为永久产业,才敢修葺房屋,种植树木,获得地利是以前的数倍。有人说:"营田中有肥沃富饶的,不如卖掉它,可以得钱数十万缗来资助国家。"后周太祖说:"利益在农民那里,如同在国家一样,朕要这些钱有什么用?"南唐布衣之士邵棠上书说:"最近出游淮上,听说周主恭敬俭朴,加强推行德政,我军新近又在潭州、朗州失利,恐怕他们有南征的意图,应该做好防备。"

后周莱州刺史叶仁鲁犯罪,伏法而死。

叶仁鲁是后周太祖郭威的旧臣,因犯贪污罪被赐死。后周太祖派中使赐给他酒食,说:"你自己违犯国法,我也没有办法,我会抚恤你的母亲。"叶仁鲁感动得哭泣起来。

后周派王峻巡视黄河决口的情况。

后周太祖郭威为黄河决口而忧愁,王峻请求自己前往巡视,后周太祖准许。镇宁节度使郭荣多次请求进京朝见,王峻妒忌他英武勇敢,每次都阻止他。到这时,郭荣再次请求入朝,后周太祖准许了。

契丹入侵定州,后周将领杨弘裕打走了他们。 后周镇宁节度使郭荣进京朝见。

原李守贞的骑士马全义跟随郭荣入朝,后周太祖郭威召见他,并补授他为殿前指挥使,还对左右的人说:"马全义忠于他所事奉的主人,从前在河中时,多次挫败我的军队,你们应该仿效他。"

后周任命王峻兼任平卢节度使。

王峻听说郭荣进京朝见,赶紧返回大梁,坚决要求出任藩镇,所以有这项任命。

后周野鸡族投降。 武安节度使王逵杀害静江节度使何敬真。

当初,王逵任何敬真为静江副使,朱全琇为武安副使,张文表为武平副使,周行逢为武安司马。何敬真、朱全绣各自设置牙

兵,与逺分厅视事,惟行逢、文表事逺尽礼,逺亲爱之。敬真辞归朗州,又不能事刘言,与全琇谋作乱。言疑逺使敬真伺己,将讨之,逺惧。行逢曰:"言素不与吾辈同心,敬真、全琇耻在公下,宜早图之。"会南汉寇全州,行逢请说言遣敬真、全琇南讨,俟至长沙,以计取之,逺从之。言遣敬真、全绣将兵御南汉,至长沙,逺迎见甚欢,宴饮连日,多以美妓饵之,敬真淹留不进。逺乘其醉,使人诈为言使者,责敬真、全琇,收斩之。

周更作二宝。

初,契丹主德光以晋传国宝北还,至是,更以玉作二宝。

周贬王峻为商州司马。

峻晚节益狂躁,奏请以颜衍、陈观为相,周主曰:"进退宰辅,不可仓猝,俟更思之。"峻语浸不逊。峻退,周主幽峻别所,召见冯道等泣曰:"王峻陵朕太甚,欲尽逐大臣,剪朕羽翼。朕惟一子,专务间阻。无君如此,谁则堪之?"乃贬峻商州司马,以病卒。

三月,周主以郭荣为开封尹,封晋王。 周宁州杀牛族反。

初,杀牛族与野鸡族有隙,闻官军讨野鸡,馈饷迎奉,官军利其财畜而掠之,杀牛族反,与野鸡合,败州兵于包山。周主以郭彦钦扰群胡,致其作乱,黜废于家。

兵,与王逵分厅处理政务,只有周行逢、张文表事奉王逵恭敬有礼,王逵非常亲近喜爱这两个人。何敬真告辞回到朗州,又不能事奉刘言,便与朱全琇策划发动叛乱。刘言怀疑王逵派何敬真来窥探自己,准备讨伐王逵,王逵很害怕。周行逢对王逵说:"刘言素来不与我们一条心,何敬真、朱全琇以在您手下为耻,您应当及早谋划对付他们。"这时适逢南汉入侵全州,周行逢请求劝说刘言,让他派遣何敬真、朱全琇南下讨伐,等到达长沙,用计谋对付二人,王逵听从了周行逢的建议。刘言派遣何敬真、朱全琇率兵南下抵御南汉入侵,两人到达长沙,王逵亲自迎接,双方见面后很欢喜,设宴畅饮接连好几天,并多用美貌妓女款待引诱他们,何敬真因此滞留不再前进。王逵乘何敬真醉酒之机,让人假称是刘言的使者,斥责何敬真、朱全琇,然后把他们抓起来斩首。

后周又制两枚玺印。

当初,契丹主耶律德光将后晋传国玺印带回北方,到这时,后周又用宝玉再制作二枚玺印。

后周贬王峻为商州司马。

王峻晚年性情愈发狂妄急躁,奏请任用颜衎、陈观为宰相,后周太祖郭威说:"调换宰相,不可仓促行事,等我再考虑一下。"王峻便出言不逊。王峻退下后后周太祖将他囚禁在别的地方,召见冯道等人哭泣着说:"王峻真是欺朕太甚,他想将大臣全部驱逐,剪掉朕的左膀右臂。朕只有一个儿子,王峻却专门在我们父子间设置障碍。心中无君如此,谁能忍受?"于是贬王峻为商州司马,王峻不久因病去世。

三月,后周太祖郭威任命郭荣为开封尹,加封晋王。 **后周宁州杀牛族造反。**

当初,杀牛族与野鸡族有摩擦,听说官府军队讨伐野鸡族,便馈赠军粮迎接官军,官军贪图他们的财产牲畜而掠夺他们,杀牛族便造反,与野鸡族联合,在包山打败州府军队。后周太祖郭威因为郭彦钦骚扰各胡人部落,导致他们反叛作乱,将他革职。

周以郭元昭为庆州刺史。

初，解州刺史郭元昭与榷盐使李温玉有隙，温玉婿魏仁浦为枢密主事，元昭疑仁浦庇之。会李守贞反，温玉有子在河中，元昭收系温玉，奏言其叛，事连仁浦。周主时为枢密使，知其诬，释不问。至是，仁浦为枢密承旨，元昭代归，甚惧，过洛阳，以告仁浦弟仁涤，仁涤曰："吾兄平生不与人为怨，况肯以私害公乎？"既至，仁浦白以元昭为庆州刺史。

唐复以冯延巳同平章事。　夏六月，契丹将张藏英降周。　周"九经"板成。

初，唐明宗之世，令国子监校正"九经"，刻板印卖。至是，板成，献之。由是虽乱世，"九经"传布甚广。是时蜀毋昭裔亦出私财百万营学馆，且请刻板印"九经"，蜀主从之，由是蜀中文学亦盛。

王逵袭破朗州，执刘言杀之。　秋七月，唐大旱。

唐大旱，井泉涸，淮水可涉，饥民度淮相继，濠、寿发兵御之，民与斗而北。周主闻之曰："彼我之民一也，听籴米过淮。"唐人遂筑仓，多籴以供军。八月，诏以舟车运载者勿予。

八月，王逵还潭州，以周行逢知朗州事。

逵遣使上表，请复移使府治潭州，从之。逵以周行逢知朗州事。

周塞决河。　周大水。　周筑郊社坛，作太庙于大梁。

后周任命郭元昭为庆州刺史。

当初,解州刺史郭元昭与榷盐使李温玉有矛盾,李温玉女婿魏仁浦为枢密主事,郭元昭怀疑魏仁浦庇护李温玉。适逢李守贞造反,李温玉有个儿子在河中,郭元昭收捕囚禁李温玉,上奏报告他要叛变,事情牵连到魏仁浦。后周太祖郭威当时任枢密使,知道这是诬告,便搁在一边不过问。到这时,魏仁浦为枢密承旨,郭元昭调职回京,心里很害怕,路过洛阳,将这事告诉魏仁浦的弟弟魏仁涤,魏仁涤说:"我哥哥平生从不与人记仇结怨,怎么会因私人恩怨来加害您呢?"郭元昭到京,魏仁浦奏请后周太祖任命郭元昭为庆州刺史。

南唐又任命冯延巳为同平章事。　夏六月,契丹将领张藏英投降后周。　后周"九经"刻版完成。

当初,后唐明宗时,让国子监校定"九经",刻版印刷出卖。到这时刻版完成,献给朝廷。从此虽然世道大乱,但"九经"传布很广。这时后蜀毋昭裔也拿出私人财产一百万营建学馆,并且请求刻版印刷"九经",后蜀主孟昶听从了他的建议,由此蜀地的文艺学术也很昌盛。

王逵袭击攻克朗州,抓获刘言把他杀掉。　秋七月,南唐发生大旱灾害。

南唐发生大旱,井水、泉水都已干涸,淮河干得可以徒步而过,饥民渡过淮河北上的接连不断,南唐濠州、寿州发兵阻止,百姓与军队边打仗边北行。后周太祖郭威听说这些情况后,说:"南方的百姓和我们的百姓是一样的,任由他们过淮河来购买粮食。"南唐人于是修筑仓库,多买粮食来供应军队。八月,后周颁布诏令,用船只车辆运载粮食的不卖。

八月,王逵回到潭州,任命周行逢主持朗州事务。

王逵派使者上表,请求将节度使治所再迁移到潭州,后周听从了王逵的意见。王逵任命周行逢主持朗州事务。

后周堵塞黄河的决口。　后周发大水。　后周建筑郊祭坛和社稷坛,在大梁修建太庙。

　　周主自入秋得风痹疾,术者言宜散财以禳之。周主欲祀南郊,又以自梁以来,郊祀常在洛阳,疑之。执政曰:"天子所都,则可以祀百神,何必洛阳?"于是始筑圆丘、社稷坛,作太庙于大梁。

周邺都留守王殷入朝,周主杀之。
　　殷恃功专横,凡河北镇戍兵应用敕处分者,殷即以帖行之,又多掊敛民财。周主闻之,不悦,因其入朝,留充京城内外巡检。因力疾御殿,殷入起居,遂执之。下制诬殷谋以郊祀日作乱,杀之。

唐复置科举。
　　从知制诰徐铉之请也。
唐流徐铉于舒州,贬徐锴为校书郎、分司。
　　唐楚州刺史田敬洙请修白水塘溉田以实边,冯延已以为便。李德明因请大辟旷土为屯田,修复所在渠塘湮废者。吏因缘侵扰,大兴力役,夺民田甚众。徐铉以白唐主,唐主命铉按视之,铉籍民田悉归其主。或谮铉擅作威福,唐主怒,流铉舒州。然白水塘竟不成。唐主又命少府监冯延鲁巡抚诸州,右拾遗徐锴表延鲁无才多罪,举措轻浅,不宜奉使。唐主怒,贬锴校书郎、分司东都。锴,铉之弟也。

周主朝享太庙,疾作而退。
　　周主享太庙,才及一室,不能拜而退,命晋王荣终礼。是夕宿南郊,几不救,夜分小愈。

后周太祖郭威自入秋以来得了风湿麻痹的病症，术士说应该散发财物来祛病消灾。后周太祖想到南郊祭天，又因为从后梁以来，祭天仪式常在洛阳举行而犹疑未决。朝廷执政官员说："天子所在的都城就可以祭祀百神，何必非到洛阳不可？"于是开始修筑圆丘、社稷坛，在大梁修建太庙。

　　后周邺都留守王殷进京朝见，后周太祖郭威将他杀死。

　　王殷自恃有功，专横跋扈，凡是河北藩镇卫戍部队要用皇帝敕书才能处理的事情，王殷即用自己的手帖实施，同时又大量掠夺征收百姓财产。后周太祖听说这些情况，很不高兴，因王殷进京朝见，便留他充任京城内外巡检。后周太祖竭力强撑带病的身体坐在滋德殿，王殷进殿问安，于是拘捕了他。颁布制书诬称王殷密谋在祭祀天地那天发动叛乱，便把他杀了。

　　南唐又设置科举制度。

　　这是听从知制诰徐铉的请求。

　　南唐主把徐铉流放到舒州，贬徐锴为校书郎、分司东都。

　　南唐楚州刺史田敬洙请示修理白水塘，灌溉田地来充实边疆，冯延巳认为有利。李德明因此请示大力开辟空旷土地作为屯田，修复当地已经理没废弃的灌渠水塘。地方官吏乘机侵扰百姓，大兴徭役，夺取民田很多。徐铉将这些情况禀报南唐主，南唐主命令徐铉视察按实际情况处理，徐铉没收官吏所侵吞的民田全部归还原主。有人进谗言说徐铉擅自做主，滥施恩威，南唐主发怒，把徐铉流放舒州。然而白水塘终于没有修成。南唐主又命令少府监冯延鲁巡视安抚各州，右拾遗徐锴上表弹劾冯延鲁没有才能却有很多罪恶，举止轻浮浅薄，不应该奉命出使。南唐主发怒，贬徐锴为校书郎、分司东都。徐锴是徐铉的弟弟。

　　后周太祖朝拜祭祀在太庙，由于疾病发作而退下来。

　　后周太祖祭祀太庙，刚到一室，便不能行拜而退下，命令晋王郭荣完成祭礼。当晚住宿南郊，病得几乎没法抢救，到半夜时稍有好转。

甲寅（954） 周显德元年，正月，世宗睿武孝文皇帝荣立。北汉乾祐七年，孝和帝钧立。是岁，凡五国三镇。

春正月朔，周主祀圆丘。

周主祀圆丘，仅能瞻仰致敬而已。

周以晋王荣判内外兵马事。

时群臣希得见，中外恐惧，闻晋王典兵，人心稍安。军士有流言郊赏薄者，周主闻之，召诸将至寝殿，让之曰："朕自即位以来，恶衣菲食，专以赡军为念，汝辈岂不知之？今乃纵凶徒腾口，不思己有何功，惟知怨望，于汝辈安乎？"皆惶恐谢罪，退，索不逞者戮之，流言乃息。

周罢邺都。 周主疾笃，诏晋王荣听政。

初，周主在邺都，奇爱小吏曹翰之才，使之事晋王荣。荣镇澶州，以为牙将。荣入尹开封，翰请间曰："大王国之储嗣，今主上寝疾，大王当入侍医药，奈何犹决事于外邪？"荣感悟，即日入止禁中。周主疾笃，停诸司细务勿奏，有大事，则晋王荣禀进止宣行之。屡戒荣曰："昔吾西征，见唐十八陵无不发掘者，此无他，惟多藏金银故也。我死，当衣以纸衣，敛以瓦棺。圹中无用石，以甓代之。工人役徒皆和雇，勿以烦民。葬毕，募近陵民三十户，蠲其杂徭，使之守视。勿修下宫、置宫人、作石羊虎人马，惟刻石置陵前，云'周天子平生好俭约，遗令用纸衣瓦棺，嗣天子不敢违

后周世宗

甲寅（954） 后周显德元年,正月,世宗睿武孝文皇帝郭荣即位。北汉乾祐七年,孝和帝刘钧即位。这一年,共五个国家、三个藩镇。

春正月初一,后周太祖郭威到圆丘祭天。

后周太祖到圆丘祭天,仅能抬头瞻仰致敬而已。

后周太祖郭威命晋王郭荣掌管朝廷内外兵马事务。

当时,群臣很少能见到后周太祖,朝廷内外惊恐害怕,听说晋王掌握军队,人心稍微趋于安定。将士中有流言说郊祀的赏赐太少,后周太祖听说后,召集诸将到寝殿,责备他们说:"朕从即位以来,穿粗劣之衣吃粗粝之食,一心想着保障军队供给,你们难道不知道吗? 现在却纵容凶恶之徒胡言乱语,不考虑自己有什么功劳,只知道抱怨,你们于心能安吗?"诸将都恐惶告罪,退下后索拿军队中的不逞之徒立即杀掉,流言蜚语才得以平息。

后周撤销邺都。 **后周太祖郭威病情加重,颁布诏令让晋王郭荣主持朝政。**

当初,后周太祖在邺都时,格外喜爱小吏曹翰的才能,让他事奉晋王郭荣。郭荣镇守澶州,任命曹翰为牙将。郭荣入朝任开封尹,曹翰请求私下进言说:"大王是国家的继承人,现在主上患病卧床,大王应当入宫侍候医药,怎么还在外面处理事务呢?"郭荣醒悟,当天就入住宫中。后周太祖病情加重,让各部门的琐细事务停下来不要奏报,有重大事情,由晋王郭荣禀报可否而宣旨实行。后周太祖多次告诫晋王郭荣说:"从前我西征时,看见唐朝十八座皇陵没有不被发掘的,这没有其他原因,只是多藏有金银的缘故。我死后,应当穿上用纸做的衣服,用瓦棺材装敛即可。墓穴中不要用石头,用砖头代替。工匠役徒都由官府出钱雇佣,不要麻烦百姓。埋葬完毕,招募靠近陵墓的百姓三十户,免除他们各种徭役,让他们看守陵墓。不要修建地下宫殿,不要设置守陵宫人,不要做石羊、石虎、石人、石马,只刻一块石碑立在陵前,写上'周天子平生好俭约,遗令用纸衣瓦棺,嗣天子不敢违

也'。汝或吾违,吾不福汝。"

周遣使分塞决河。　周以王溥同平章事。

周主命趣草制相溥,宣毕曰:"吾无恨矣。"

周主威殂,晋王荣立。

是为世宗。

二月,蜀匡圣指挥使安思谦伏诛。

思谦潜杀张业,废赵廷隐,蜀人皆恶之。将兵救王景崇,逗挠无功,内不自安,言多不逊,多杀士卒以立威。蜀主阅卫士有年尚壮而为思谦所斥者,复留隶籍,思谦杀之,蜀主不能平。翰林使王藻言思谦怨望将反,思谦入朝,蜀主命壮士击杀之。藻亦坐擅启边衅,奏并诛。

北汉主以契丹兵击周,周昭义节度使李筠逆战,败绩。

北汉主闻周太祖殂,甚喜,遣使请兵于契丹。契丹遣其政事令杨衮将万骑如晋阳。北汉主自将兵三万,以白从晖为都部署,张元徽为前锋使,与契丹趣潞州。节度使李筠遣其将穆令均将兵逆战,张元徽与战,阳不胜而北,令均逐之,伏发被杀。筠遁归上党,婴城自守。筠即荣也,避世宗名改焉。

三月,周主自将与汉战于高平,汉兵败绩。周将樊爱能、何徽等伏诛。

世宗欲自将御汉兵,群臣皆曰:"刘崇自平阳遁走以来,势蹙气沮,必不敢自来。陛下新即位,山陵有日,人心易摇,不宜轻动,宜命将御之。"世宗曰:"崇幸我大丧,轻

也'。你如果违背我的话,我就不施福给你。"

**后周派遣使者分别堵塞黄河决口。　后周任命王溥为同平
章事。**

后周太祖郭威命令赶快起草制书任命王溥为宰相,宣读制
书完毕后说:"我没有遗憾了。"

后周太祖郭威去世,晋王郭荣即皇帝位。

这就是后周世宗。

二月,后蜀匡圣指挥使安思谦被诛杀。

安思谦进谗言杀害张业,废黜赵廷隐,蜀人都憎恶他。后蜀
主孟昶派他率兵救援王景崇,安思谦徘徊观望没有战功,内心自
感不安,说话多有不敬,用多杀士兵来树立自己的权威。后蜀主
查看卫士名册,有年纪还轻就被安思谦所斥退的,便又留下归入
簿籍,安思谦却把他们杀掉,后蜀主深感不满。翰林使王藻奏言
安思谦怨恨满胸,准备谋反,安思谦入朝,后蜀主命令壮士打死
了他。王藻也犯有擅自挑起边疆战事之罪,被奏报一并诛杀。

**北汉主刘崇用契丹军队攻打后周,后周昭义节度使李筠迎
战,被击败。**

北汉主听说后周太祖去世,很高兴,派使者到契丹请求出
兵。契丹派政事令杨衮率领一万骑兵到达晋阳。北汉主亲自率
兵三万人,任命白从晖为都部署,张元徽为前锋使,与契丹军队
共同赶赴潞州。节度使李筠派将领穆令均率兵迎战,张元徽与
穆令均交战,假装打不过而逃跑,穆令均便追击他们,北汉伏兵
突然出击,穆令均被杀。李筠逃归上党,据城自守。李筠就是李
荣,因避周世宗郭荣的名讳而改名李筠。

**三月,后周世宗郭荣亲自率领军队与北汉军队在高平交战,
北汉军队被打败。后周将领樊爱能、何徽等被诛杀。**

后周世宗想亲率军队抵御北汉兵,群臣都说:"刘崇从平阳
逃跑以来,势力缩小,士气沮丧,必不敢亲自前来。陛下新近即
位,安葬先帝的日期已经确定,人心容易动摇,不宜轻易出动,
应该命令将领前去抵抗。"世宗说:"刘崇庆幸我国有大丧,轻视

朕年少新立，此必自来，朕不可不往。"冯道固争之。世宗曰："昔唐太宗定天下，未尝不自行，朕何敢偷安？"道曰："未审陛下能为唐太宗否？"世宗曰："以吾兵力之强，破刘崇，如山压卵耳。"道曰："未审陛下能为山否？"世宗不悦，惟王溥劝行。乃命冯道奉梓宫赴山陵，遂发大梁。

至怀州，欲兼行速进。指挥使赵晁私谓通事舍人郑好谦曰："贼势方盛，宜持重以挫之。"好谦以闻，世宗怒，并晁械系之。进宿泽州东北，北汉主军高平南。明日，周前锋击之，北汉兵却。世宗虑其遁去，趣诸军亟进。北汉主陈于巴公原，张元徽军其东，杨衮军其西，众颇严整。周河阳节度使刘词将后军未至，众心危惧，而世宗志气益锐，命白重赞、李重进将左军居西，樊爱能、何徽将右军居东，向训、史彦超将精骑居中，张永德将禁兵自卫，介马临陈督战。

北汉主见周军少，悔召契丹，谓诸将曰："今日不惟克周，亦可使契丹心服。"杨衮策马前望周军，退谓北汉主曰："劲敌也，未可轻进。"北汉主奋髯曰："请公勿言，试观我战。"时东北风盛，俄转南风，北汉副枢密使王延嗣使司天监李义白其主曰："时可战矣。"北汉主从之。枢密直学士王得中扣马谏曰："义可斩也，风势如此，岂助我者邪？"北汉主曰："吾计已决，老书生勿妄言，斩汝！"麾东军先进，击周右军。合战未几，周樊爱能、何徽引骑兵先遁，右军

朕年轻新近即位,这次必定会亲自前来,朕不可不前往迎战。"冯道坚持争辩不让后周世宗出征。后周世宗说:"从前唐太宗平定天下,未尝不亲自出征,朕哪里敢苟且偷安?"冯道说:"不知陛下能否成为唐太宗呢?"后周世宗说:"以我们兵力的强大,打败刘崇就好像用大山压碎鸡蛋那么容易。"冯道说:"不知陛下能否成为大山呢?"后周世宗不高兴,只有王溥劝说后周世宗出征。于是命令冯道护送太祖灵枢赶赴山陵,后周世宗随后从大梁出发。

后周世宗到达怀州,打算日夜兼行快速前进。指挥使赵晁私下对通事舍人郑好谦说:"贼寇气势正在强盛之时,大军行动应该持重以挫伤敌军锐气。"郑好谦将这些话报告给后周世宗,世宗发怒,把他与赵晁一同抓起来。后周世宗前进住宿在泽州城东北,北汉军队驻扎在高平南。第二天,后周前锋军队攻打北汉军队,北汉军队后退。后周世宗怕北汉军队逃跑,催促各路军队急速前进。北汉主刘崇率兵在巴公原摆开阵势,张元徽率军在东边,杨衮率军在西边,军队阵容十分严整。后周河阳节度使刘词率领后续部队尚未到达,众人倍感危险惧怕,而后周世宗意志情绪更加高涨,命令白重赞、李重进率领左路军在西边,樊爱能、何徽率领右路军在东边,向训、史彦超率领精锐骑兵居中央,张永德率领禁兵保卫自己,还骑着披甲的战马亲临阵前督战。

北汉主看见后周军队人数少,后悔召来契丹兵,对众将说:"今天不只是战胜后周,也可以使契丹人心服。"杨衮驱马向前观望后周军队,退下来对北汉主说:"这是强敌,不可轻易冒进。"北汉主扬起两颊长须说:"请你不要多言,试看我出战。"当时东北风刮得正猛,一会又转成南风,北汉枢密副使王廷嗣让司天监李义禀报北汉主说:"现在可以开战了。"北汉主听从了。枢密直学士王得中牵住马劝谏说:"李义应该被斩首,现在风势这样,哪里是在帮助我呢?"北汉主说:"我主意已定,老书生不要胡言乱语,再说将你斩首!"于是指挥东面军首先向前推进,攻击后周右路军。交战没多久,后周樊爱能、何徽带领骑兵首先逃跑,右路军

溃,步兵千余人解甲降北汉。

世宗见军势危,自引亲兵犯矢石督战。我太祖皇帝时为宿卫将,谓同列曰:"主危如此,吾属何得不致死?"又谓张永德曰:"贼气骄,可破也,公引兵乘高西出为左翼,我为右翼以击之。国家安危,在此一举。"永德从之,各将二千人进战。太祖身先士卒,驰犯其锋,士卒死战,无不一当百,北汉兵披靡。内殿直马仁瑀跃马引弓,连毙数十人,士气益振。殿前行首马全义引数百骑进陷陈。北汉主褒赏张元徽,趣使乘胜。元徽前略陈,马倒,为周兵所杀,北军夺气。时南风益盛,周兵争奋,北汉兵大败。杨衮畏周兵之强,不敢救,且恨北汉主之语,全军而退。

爱能、徽引骑南走,剽掠辎重,扬言:"契丹大至,官军败绩,余众已降虏矣。"世宗遣近臣谕止之,不听,杀使者。与刘词遇,止之,词不从,引兵北。时北汉主尚有余众万余人,阻涧而陈,薄暮,词至,复与诸军击败之,追至高平,僵尸满谷,委弃御物及辎重、器械、杂畜不可胜纪。是夕,世宗野宿,得步兵之降敌者,皆杀之。爱能等闻捷,与士卒稍稍复还。

明日休兵高平,选北汉降卒数千人为效顺指挥,遣戍淮上,余二千余人赐资装纵遣之。北汉主帅百余骑昼夜北走,所至得食未举箸,或传周兵至,辄苍黄而去。衰老力惫,殆不能支,仅得入晋阳。

被击溃,步兵一千多人脱下盔甲向北汉投降。

后周世宗见形势危急,亲自带领亲兵冒着流矢飞石的风险督战。宋太祖皇帝赵匡胤当时任宿卫将领,对同僚们说:"主上如此危险,我们怎么能不拼死作战呢?"又对张永德说:"贼寇心气骄躁,是可以打败的,您领兵登上高处从西面出击为左翼,我领兵作为右翼向敌军进攻。国家的安危存亡,就全在此一举。"张永德听从了这个意见,各自率领二千人出战。宋太祖身先士卒,快马冲向北汉军前锋,士兵跟着拼死作战,无不以一当百,北汉军队溃败。内殿直马仁瑀跃马拉弓,连续射死数十人,军队士气更加振奋。殿前行首马全义带领数百骑兵前进深入敌阵。北汉主奖赏张元徽,促使他乘胜进兵。张元徽往前攻阵,战马摔倒,被后周士兵杀死,北汉军队因此士气大丧。当时南风越刮越大,后周军队奋勇争先杀敌,北汉军队大败。杨衮害怕后周军队的强大,不敢救援,而且痛恨北汉主说的大话,保全军队撤退。

樊爱能、何徽带领骑兵向南逃奔,沿途抢掠军用物资,还扬言说:"契丹大军赶到,官军溃败,其余的部众都已投降契丹了。"后周世宗派身边大臣宣命制止他们逃跑,他们不听,还杀死使者。在路上樊爱能等人与刘词相遇,劝阻刘词前进,刘词不听,率兵北上。当时北汉主还有余众一万多人,凭借山涧险阻而布阵,到日落时,刘词率兵赶到,又与其他军队共同进攻,击败北汉军队,直追北汉兵到高平,僵卧的尸体布满山谷,丢弃的皇帝用品及军事物资、各种器械、各种牲畜不计其数。当天夜晚,后周世宗宿营在野外,得到投降敌人的步兵,把他们全部杀死。樊爱能等人听说后周军队获得大捷,才与士兵逐渐返回驻地。

第二天后周世宗在高平休整军队,挑选北汉投降士兵数千人组成效顺指挥,派遣他们戍守淮上,其余二千多人发给他们路费服装释放遣返北汉。北汉主率领一百多骑兵日夜向北逃奔,刚到某个地方得到食物还未举起筷子,就有人传言后周军队追到,便仓皇逃离。北汉主年老疲惫,身体几乎不能支持,勉强得以进入晋阳。

世宗欲诛樊爱能等,犹豫未决。昼卧帐中,张永德侍侧,因以访之,对曰:"爱能等素无大功,忝冒节钺,望敌先逃,死未责塞。且陛下方欲削平四海,苟军法不立,虽有熊罴之士,百万之众,安得而用之?"世宗掷枕于地,大呼称善。即收爱能、徽及所部军使以上七十余人,责之曰:"汝辈非不能战,正欲以朕为奇货卖与刘崇耳。"悉斩之。徽先守晋州有功,欲免之,既而以法不可废,遂并诛之,而给槥车归葬。自是骄将惰卒始知所惧,不行姑息之政矣。

永德称我太祖之智勇,世宗擢为殿前都虞候。余将校迁拜者凡数十人,有自行间擢主军厢者。释赵晁之囚。

北汉主收散卒,缮甲兵,完城堑以备周。遣王得中送衮,因求救于契丹,契丹主许之。

周遣行营部署符彦卿督诸将攻北汉,至晋阳,孟县、汾、辽州降。

世宗遣符彦卿等北征,但欲耀兵于晋阳城下,未议攻取。既入北汉境,其民争以食物迎劳,泣诉刘氏赋役之重,愿供军须,助攻晋阳,州县亦继有降者。世宗始有兼并之意,诸将皆以粮乏请班师,不听。既而军士不免剽掠,北汉民失望,稍稍保山谷自固。世宗闻之,驰诏禁止剽掠,安抚农民,止征今岁租税,及募民入粟,拜官有差,发近便诸州民运粮以馈军,遣李毅诣太原计度刍粮。

后周世宗想诛杀樊爱能等人,但犹豫未决。白天躺在营帐中,张永德在旁边侍候,世宗询问他的意见,张永德回答说:"樊爱能等人平素没有大功,滥竽充数,担任将帅,望见敌人首先逃跑,死都不能抵塞罪责。况且陛下正想平定四海,如果军法不能确立,虽然有勇猛的武士,百万大军,怎么能为陛下所用呢?"世宗把枕头扔到地上,大声叫好。立即拘捕樊爱能、何徽及所部军使以上军官七十多人,责备他们说:"你们不是不能作战,正想把朕当作奇货出卖给刘崇罢了。"把他们全斩了。何徽先前守卫晋州有功,世宗打算赦免他,但马上认为军法不可废弃,便将他一起诛杀,而赐给他一个小棺材送归老家安葬。从此骄横的将领、懒惰的士兵开始知道畏惧军法,不再实行姑息养奸的政令了。

张永德称赞宋太祖赵匡胤的智慧勇敢,世宗提拔赵匡胤为殿前都虞候。其余将校被提升职务的有几十人,士兵有从行伍中提拔担任军主、厢主的。解除对赵晁的囚禁。

北汉主收拾打散的士兵,修缮铠甲兵器,加固城池构筑工事来防备后周。北汉主派遣王得中护送杨衮,借此向契丹主耶律述律请求救助,契丹主答应派兵救援北汉。

后周派行营部署符彦卿督率众将攻打北汉,到达晋阳,孟县、汾州、辽州投降。

后周世宗派遣符彦卿等北上征伐,只想在晋阳城下炫耀兵力,并没有打算攻取。军队进入北汉境内后,那里的百姓争相用食物迎接慰劳后周军队,向他们哭诉刘氏政权赋税徭役沉重,表示愿意供应军队需要,帮助攻打晋阳,北汉的一些州县也相继有投降的。后周世宗开始有兼并北汉的心思,众将都因为粮草匮乏请求暂且回师,后周世宗没有听从。不久军队士兵中不免有抢掠事情发生,北汉百姓深感失望,逐渐退保山谷自守。后周世宗听到这些情况,派使者飞驰传送诏令,禁止抢掠,安抚农民,只征收今年的租税,招募百姓缴纳粮食,按缴纳粮食的数量授予不同官职,征发路近方便的各州百姓运送粮食来供给军队,派遣李毂到太原筹划粮草。

周太师、中书令瀛王冯道卒。

道少以孝谨知名，唐庄宗世始贵显，自是累朝不离将、相、公、师之位。为人清俭宽弘，人莫测其喜愠，滑稽多智，浮沉取容。尝著《长乐老叙》，自述累朝荣遇之状，时人往往以德量推之。

北汉宪、岚州降周。　周立后符氏。

初，符彦卿有女，适李守贞之子崇训，相者言其贵当为天下母。守贞喜曰："吾妇犹母天下，况我乎？"反意遂决。及败，崇训先自刃其弟妹，次及符氏。符氏匿帏下，崇训仓猝求之不获，遂自刭。乱兵既入，符氏安坐堂上，叱乱兵曰："吾父郭公为昆弟，汝曹勿无礼。"太祖遣使归之于彦卿。既而为世宗娶之，至是立为皇后。后性和惠而明决，世宗甚重之。

周师克北汉石州，沁、忻州降。　五月，王逵徙治朗州，以周行逢知潭州事。　周主攻晋阳不克，引军还。

世宗自潞州趣晋阳，至其城下，旗帜环城四十里。杨衮奔归契丹，契丹主怒其无功，囚之。使数千骑屯忻、代之间，周遣符彦卿等击之。彦卿入忻州，契丹退保忻口。其游骑时至城下，彦卿与诸将陈以待之。史彦超将二十骑为前锋，杀契丹二千人，恃勇轻进，为契丹所杀，周兵死伤甚众。彦卿引兵还晋阳。折德扆将州兵来朝，复置永安军，以德扆为节度使。时大发兵夫攻晋阳，不克，会久雨，士卒疲病，及彦超死，乃议引还。

后周太师、中书令瀛王冯道去世。

冯道年轻时以孝顺恭谨闻名，后唐庄宗时开始尊贵显赫，从此历朝官职都不离将军、宰相、三公、三师之位。他为人清静俭朴、宽容大度，别人无法猜测他的喜怒哀乐，幽默善辩，足智多谋，与世沉浮，左右逢源。曾经作《长乐老叙》叙述自己历朝荣誉礼遇的情况，时人每每用有德行度量来推重他。

北汉宪州、岚州投降后周。　后周世宗立符氏为皇后。

当初，符彦卿有个女儿，嫁给李守贞的儿子李崇训，看相的人说她有贵相，日后当为天下国母。李守贞高兴地说："我的儿媳妇都能当天下的国母，何况我呢？"谋反的念头于是确定。到李守贞垮台，李崇训首先用刀杀死弟弟妹妹，其次准备杀死符氏。符氏藏在帏帐下面，李崇训仓促寻找没有找到，遂自杀身亡。乱兵进入李家后，符氏安然坐在堂上，叱责乱兵说："我父亲与郭公是兄弟，你们不得无礼。"后周太祖郭威派人把她送还给符彦卿。后来又为后周世宗娶符氏为妻，到这时符氏为皇后。符皇后性情温和贤惠，聪明果断，后周世宗很看重她。

后周军队攻克北汉石州，沁州、忻州向后周投降。　五月，王逵将治所迁到朗州，任命周行逢主持潭州事务。　后周世宗郭荣率兵进攻晋阳，没有攻克，率军返回。

后周世宗从潞州赶赴晋阳，到达晋阳城下，后周军队的旗帜环绕晋阳城长达四十里。杨衮逃奔返回契丹，契丹主耶律述律恼怒他没有立功，把他囚禁起来。契丹派数千骑兵屯驻忻州、代州之间，后周派遣符彦卿等率兵攻击。符彦卿进入忻州，契丹军队退守忻口。契丹的流动骑兵时常来到忻州城下，符彦卿和众将列阵等待契丹军队。史彦超率领二十骑兵作前锋，杀死契丹兵二千人，仗着勇敢轻易冒进，被契丹军队杀害，后周士兵死伤很多。符彦卿率兵返回晋阳。折德扆率领州兵前来朝见，后周又设置永安军，任命折德扆为节度使。当时大量征发士兵民夫攻打晋阳，没有攻克，遇上长期下雨，士兵疲惫生病，等到史彦超战死，于是商议退兵返回。

初，王得中返自契丹，值周兵，囚送于军，世宗释之，赐以带、马，问："虏兵何时当至？"得中曰："臣受命送杨衮，他无所求。"或谓得中曰："公不以实告，契丹兵即至，公得无危乎？"得中太息曰："吾食刘氏禄，有老母在围中，若以实告，周人必发兵据险以拒之，如此家国两亡，吾独生何益？不若杀身以全家国，所得多矣。"乃缢杀之。

世宗将发晋阳，匡国节度使药元福曰："进军易，退军难。"乃勒兵成列而殿。北汉果出兵追蹑，元福击走之。然军还匆遽，焚弃刍粮数十万，军中讹言相剽掠，失亡不可胜计，所得北汉州县复皆失之。至郑州，谒嵩陵而还。

世宗以违众议破北汉兵，自是政无大小皆亲决，百官受成而已。河南府推官高锡上书谏曰："四海之广，万机之众，虽尧、舜不能独治，必择人而任之。今陛下一以身亲之，天下不谓陛下聪明睿智足以兼百官之任，皆言陛下褊迫疑忌，举不信群臣耳。不若选能知人公正者以为宰相，能爱民听讼者以为守令，能丰财足食者使掌金谷，能原情守法者使掌刑狱，陛下但垂拱明堂，视其功过而赏罚之，天下何忧不治？何必降君尊而代臣职，屈贵位而亲贱事，无乃失为政之本乎？"不从。

北汉主忧愤成疾，悉以国事委其子承钧。

秋七月，周加吴越王弘俶天下兵马都元帅。　　周以魏仁浦为枢密使。　　周徐州奏为节度使王晏立碑，许之。

当初，王得中从契丹返回，路上碰上后周士兵，便把他囚禁起来送到后周军中，后周世宗释放了他，并赐给他玉带、宝马，问王得中说："契丹军队什么时候会到？"王得中说："我只受命送杨衮，没有别的使命。"有人对王得中说："您不把实情禀告，如果契丹军队即刻到达，您不就处在危险之中了吗？"王得中叹息说："我吃刘氏的俸禄，有老母在围城之中，如果将实情禀告，周人必定发兵占据险要来抵抗契丹军队，这样家庭、国家就会双双灭亡，我独自活着还有什么用处？不如杀身来保全家庭国家，得到的就够多了。"于是用绳子勒死了他。

　　后周世宗将要从晋阳出发，匡国节度使药元福说："进军容易，退军困难。"药元福就整顿军队排成行列断后。北汉果然出兵追击，药元福击退追兵。然而军队返回匆忙仓促，焚烧丢弃粮草数十万，军队中谣言四起，互相抢掠，损失无法计算，所得到的北汉州县又都失去。后周世宗到达郑州，拜谒嵩陵后回到大梁。

　　后周世宗因违背朝廷众议而击败北汉军队，从此政事无论大小都亲自决断，文武百官都只是接受成命罢了。河南府推官高锡上书劝谏说："四海广大，万事繁多，即使是尧、舜也不能独自治理，必须选择贤人而任用他们。现在陛下一切事务都亲自处理，但天下人不认为陛下的聪明智慧足以兼管百官的职事，都说陛下狭隘多疑，做事全不相信朝廷群臣。您不如选择能知人善任、公正无私的人做宰相，能爱护百姓、善理诉讼的人做州县守令，能增加财富、丰衣足食的人掌管钱粮，能推原实情、遵守法纪的人掌管刑罚断案，陛下只在朝堂垂衣拱手，根据他们的功过实行赏罚，天下何愁不能得到治理？何必降低国君的尊严而代替臣子的职责，委屈高贵的地位而亲理低贱的事务，这难道不是有失为政的根本吗？"后周世宗没有听从高锡的意见。

　　北汉主忧愤成疾，把国事全部委托他的儿子刘承钧处理。

　　秋七月，后周为吴越王钱弘俶加官天下兵马都元帅。　　后周任命魏仁浦为枢密使。　　后周徐州人上奏为节度使王晏立碑，后周世宗郭荣准许。

晏,徐州滕县人,少尝为群盗,及为节度使,悉召故党,赠之金帛,谓曰:"吾乡素名多盗,昔吾与诸君皆尝为之,想后来者无能居诸君之右。诸君幸为我语之,使勿复为,为者吾必族之。"于是一境清肃。徐人请为立碑,许之。

冬十月,周赐羽林大将军孟汉卿死。

汉卿坐纳藁税,多取耗余,赐死。有司奏汉卿罪不至死,世宗曰:"朕知之,欲以惩众耳。"

周简阅诸军,募壮士以补宿卫。

初,宿卫之士,累朝相承,务为姑息,不欲简阅,恐伤人情,由是羸老居多。但骄蹇不用命,实不可用,每遇大敌,不走即降,其所以失国,亦多由此。世宗因高平之战,始知其弊,谓侍臣曰:"凡兵务精不务多,今以农夫百未能养甲士一,奈何浚民之膏血,养此无用之物乎?且健懦不分,众何所劝?"乃命大简诸军,精锐者升之上军,羸者斥去之。又以骁勇之士多为诸道所蓄,诏募天下壮士,咸遣诣阙,命我太祖皇帝选其尤者为殿前诸班,其骑步诸军,各命将帅选之。由是士卒精强,所向克捷。

周罢诸道巡检使臣。

世宗谓侍臣曰:"诸道盗贼颇多,益由累朝分命使臣巡检,致藩侯守令皆不致力。宜悉召还,专委节镇州县,责其清肃。"

王晏是徐州滕县人，年轻时曾经做过强盗，到后来做了节度使，便召集所有的旧日同党，赠送给他们金钱绢帛，对他们说："我们家乡素来以强盗多而闻名，从前我和诸位都曾经干过，料想后来的强盗没有能超过诸位的。请你们替我告诉其他强盗，让他们不要再干，再干的人我必定诛灭他的家族。"于是全境强盗彻底肃清。徐州人请求为王晏树碑立传，后周世宗准许。

冬十月，后周世宗郭荣赐羽林大将军孟汉卿自杀。

孟汉卿因交纳薰税时，多取耗余被定罪，朝廷赐他自杀。有关官员奏称孟汉卿所犯的罪还不至于死，后周世宗说："朕知道这些，只是想借此惩戒众人罢了。"

后周检查挑选各路军队，招募强壮士兵来补充宫禁警卫部队。

当初，宫禁警卫士兵，历朝相承，务求息事宁人，不想检查挑选，惟恐伤害人情，由此瘦弱年老的占据多数。这些士兵骄横傲慢，不听命令，实际无法使用，每次遇到大敌，不是逃跑就是投降，各朝之所以丧失国家，也大多由于这个原因。后周世宗郭荣因为高平之战，开始知道它的弊端，对侍从大臣说："大凡军队只求精良而不必贪多，如今用一百个农夫也未必能供养得起一名带甲的士兵，为什么要榨取老百姓的血汗，养活这些无用的废物呢？况且勇健与懦弱的不加区分，用什么去激励军队的将士呢？"于是命令各军普遍检查挑选兵员，精锐的提升为上军，瘦弱的驱逐出军队。又因强壮勇猛的士兵大多被各藩镇所蓄养，便下诏征募全国的壮士，全部调遣到京城，命令宋太祖赵匡胤挑选其中最优良的组成殿前诸班，其余的骑兵、步兵各军，分别命令将帅挑选士兵。由此军队士兵精明强干，打到哪里都能取胜报捷。

后周罢免到各道巡视检查的使臣。

后周世宗郭荣对侍从大臣说："各道盗贼颇多，都是由于历朝另外命令使臣巡视检查，致使各藩镇诸侯、州县守令都不再努力。现在应该全部召回使臣，专门委托各藩镇节度使、州县守令，责成他们肃清盗贼。"

十一月，周河堤成。

河自杨刘至于博州百二十里，连年东溃，分为二流，汇为大泽，弥漫数百里。又东北坏古堤而出，灌齐、棣、淄诸州，漂没田庐，不可胜计，流民采菰稗捕鱼以给食，久不能塞。至是，遣李毂按视堤塞，役徒六万，三十日而毕。

北汉主旻殂，子钧立。

北汉主殂，告哀于契丹，契丹册命承钧为帝，更名钧。钧性孝谨，既嗣位，勤于为政，爱民礼士，境内粗安。其事契丹表称男，契丹赐诏谓之"儿皇帝"。

王逵以符彦通为黔中节度使。

马希萼之破长沙也，府库累世之积，皆为溆州蛮酋符彦通所掠，彦通由是富强，称王于溪洞间。王逵遣其将王虔朗抚之，彦通见之，礼貌甚倨，虔朗厉声责之，彦通惭惧起谢。虔朗因说之曰："溪洞之地，隋唐之世皆为州县，著在图籍。今足下上无天子之诏，下无使府之命，虽自王于山谷之间，不过蛮夷一酋长耳。曷若去王号，自归于王公，王公必以天子之命授足下节度使，与中国侯伯等夷，岂不尊荣哉？"彦通大喜，即日去王号，献铜鼓于王逵。逵承制以彦通为黔中节度使，以虔朗为都指挥使，预闻府政。

湖南大饥。

是岁，湖南大饥，周行逢开仓以赈之，全活甚众。行逢起于微贱，知民间疾苦，励精为治，严而无私，辟署僚属，皆取廉介之士，约束简要，吏民便之。其自奉甚薄，或讥

十一月,后周修成黄河堤坝。

黄河从杨刘直到博州有一百二十里,连年在东面冲溃堤坝,分成两个支流,汇合成巨大的湖泽,河水弥漫数百里。黄河又向东北冲毁古堤而流出,河水淹灌齐、棣、淄各州,淹没农田房屋不可胜计,流民只得采集芰白稗子、捕捞鱼虾来充食,很长时间不能堵塞住决口。到这时,朝廷派遣李穀检查监督堤防决口的堵塞情况,征发役徒六万人,三十天完工。

北汉主刘旻去世,他的儿子刘钧即皇帝位。

北汉主刘旻去世,向契丹报丧,契丹册立刘承钧为皇帝,改名为刘钧。刘钧性情孝顺谨慎,继承帝位后,勤理朝政,爱护百姓,礼贤下士,境内初步安定。他事奉契丹上表自称为"男",契丹回赐诏书,称他为"儿皇帝"。

王逵任命符彦通为黔中节度使。

马希萼率领各蛮族部落攻破长沙时,府库中历代积累的钱财物资,都被溆州蛮族部落酋长符彦通抢走,符彦通由此变得富有强盛,在溪洞一带称王。王逵派遣他的部将王虔朗安抚他,符彦通会见王虔朗,礼数十分傲慢,王虔朗厉声斥责他,符彦通惭愧恐惧,起身向王虔朗道歉。王虔朗就借机劝说道:"溪洞地区,在隋唐时都是州县,记录在地图簿籍上。现在您上无天子的诏书,下无节度使州府的命令,虽然自己在山谷之间称王,只不过是蛮族部落的一个首长而已。何不去掉王号,自动归顺王公,王公必定用天子的命令授予您节度使官职,与中原的侯伯等同,岂不尊贵显荣吗?"符彦通大为欢喜,当天就去掉王号,向王逵进献铜鼓。王逵秉承朝廷旨意任命符彦通为黔中节度使,任命王虔朗为都指挥使,参预军府政务。

湖南发生大饥荒。

这年,湖南发生大饥荒,周行逢开仓赈济灾民,保全救活很多人。周行逢出身贫贱,知民间疾苦,励精图治,执法严而无私,征召任命官吏时,都选择廉洁方正之士,各种规章制度简单明了,官吏百姓都觉得方便。他奉养自己的用度十分菲薄,有人讥

其太俭，行逢曰："马氏父子穷奢极靡，不恤百姓，今子孙乞食于人，又足效乎？"

乙卯（955） 周显德二年。是岁，凡五国三镇。

春正月，周制给漕运斗耗。

自晋、汉以来，漕运不给斗耗，纲吏多以亏欠抵死，至是诏每斛给耗一斗。

周遣使如夏州。

李彝兴以折德扆亦为节度使，耻之，塞路不通周使。世宗谋于宰相，对曰："夏州边镇，朝廷每加优借，府州褊小，得失不系重轻，且宜抚谕彝兴，庶全大体。"世宗曰："德扆数年以来，尽力以拒刘氏，奈何一旦弃之？且夏州惟产羊马，贸易百货，悉仰中国，我若绝之，彼何能为？"乃遣供奉官赍诏书责之，彝兴惶恐谢罪。

周制举令、录法。

初，令翰林学士、两省举令、录。除官之日，仍署举者姓名，若贪秽败官，并当连坐。

周浚胡卢河，城李晏口。以张藏英为沿边巡检使。

契丹屡寇河北，轻骑深入，无藩篱之限，郊野之民每困杀掠。言事者称深、冀之间有胡卢河，横亘数百里，可浚之以限其奔突。诏王彦超、韩通将兵夫浚之，筑城于李晏口，留兵戍之。世宗召张藏英，问以备边之策，藏英具陈地形要害，请列置戍兵，募边人骁勇者，厚其禀给，自请将之，随

讽他太节俭,周行逢说:"冯氏父子穷奢极侈,不体恤百姓,如今他的子孙在向人讨饭,还值得效法吗?"

乙卯(955) 后周显德二年。这一年,共五个国家、三个藩镇。

春正月,后周制定漕运"斗耗"的规定。

从后晋、后汉以来,不给漕运斗耗,负责运送的官吏很多因为损耗造成粮食亏欠而抵罪处死,到这时,后周世宗郭荣下诏命令每斛粮食给损耗一斗。

后周派遣使者前往夏州。

李彝兴因为折德扆也当了节度使而感到羞耻,便阻塞道路不与后周互通使者。后周世宗郭荣与宰相商议,宰相回答说:"夏州是边关重镇,朝廷历来都格外重视优待,府州地方偏僻狭小,利害得失不关轻重,暂且应该安抚李彝兴,这样可以保全大局。"后周世宗说:"折德扆多年以来,尽力抗拒河东刘氏,怎么能一下子抛弃他? 况且夏州只出产羊马,交易百货,全都仰仗中原,我如果断绝关系,他还能有什么作为?"于是派遣供奉官携带诏书责问李彝兴,李彝兴惊惶恐惧,表示道歉认罪。

后周制定举荐县令、录事参军法令。

当初,后周令翰林学士、门下和中书两省官员举荐县令、录事参军人选。授官之日,同时记下举荐人的姓名,如果被举荐的人贪婪污秽败坏官名,举荐人一并连坐定罪。

后周疏通胡卢河,在李晏口筑城。任命张藏英为沿边巡检使。

契丹军多次侵犯河北地区,他们的轻装骑兵可以长驱直入,没有任何屏障限制,郊区野外的农民经常陷入被烧杀抢掠的困境。有人向朝廷陈述政见说深州、冀州之间有胡卢河,横亘绵延几百里,可以疏通河道来限制契丹骑兵的突然奔袭。诏令王彦超、韩通率领士兵民夫疏通胡卢河,在李晏口筑城,留驻军队守卫。后周世宗郭荣召见张藏英询问边疆防备的计策,张藏英具体陈述地理形势和防守要害,请求部署守边军队,招募边疆百姓中勇猛健壮的人,给他们丰厚的军饷,请求自己率领他们,随时

宜讨击,从之。藏英到官数月,募得千余人。彦超等视役,尝为契丹所围。藏英引兵驰击,大破之。自是河南之民始得休息。

二月朔,日食。　　周诏群臣极言得失。

诏曰:"朕于卿大夫,才不能尽知,面不能尽识。若不采其言而观其行,审其意而察其忠,则何以见器略之浅深,知任用之当否? 若言之不入,罪实在予;苟求之不言,咎将谁执?"

唐以严续同平章事。　　三月,蜀以赵季札为雄武监军使。

周世宗常愤广明以来中国日蹙,及高平既捷,慨然有削平天下之志。秦州民夷有献策请恢复旧疆者,蜀主闻之,遣客省使赵季札按视边备。季札素以文武才略自任,因以为雄武监军使。

夏四月,周广大梁城。

世宗以大梁城中迫隘,诏展外城,先立标帜,今冬农隙兴板筑,东作动则罢之,更俟次年,以渐成之。且令自今葬埋皆出所标七里之外,其标内俟分画街衢、仓场、营廨之外,听民随便筑室。民先侵街衢为舍,皆直而广之,又迁坟墓于标外。曰:"怨谤之语,朕自当之,他日终为人利。"

周以王朴为谏议大夫,知开封府事。

世宗谓宰相曰:"朕每思致治之方,未得其要,寝食不

根据情况讨伐攻击契丹骑兵,后周世宗听从了张藏英的意见。张藏英赴任几个月,招募到一千多人。王彦超等巡视疏通河道工程时,曾经被契丹军队包围。张藏英率兵驰马出击,大败敌军。从此河南的百姓开始得到休养生息。

二月初一,出现日食。 后周世宗郭荣诏令群臣畅所欲言国家政事的利弊得失。

诏书说:"朕对于各位卿大夫,才能没法完全了解,面孔没法全都认识。如果不采纳他们的言论而观察他们的行动,不审视他们的意见而考察他们忠诚,那么凭什么来看各人的才器谋略的高低深浅,了解任用是否得当?如果是卿大夫说了而不听,罪责确实在我身上;如果我要求了而他们不说,罪责将归谁呢?"

南唐任命严续为同平章事。 三月,后蜀任命赵季札为雄武监军使。

后周世宗郭荣经常为唐僖宗广明以来中原日益缩小而气愤,到高平一战奏捷,慨然萌生削平各国统一天下的志向。秦州各族百姓有进献计策请求恢复旧日大唐疆域的,后蜀主孟昶听说这个情况,便派遣客省使赵季札巡视边防守备情况。赵季札一向以文武双全的才略自许,因此任命赵季札为雄武监军使。

夏四月,后周扩建大梁城。

后周世宗郭荣因为大梁城中局促狭窄,诏令拓展外城,先设立标记,等今年冬天农闲时就大兴土木,春耕开始时就停止,再等来年开工,以此逐渐完成。并且命令从现在开始埋葬死人都要在所立标记七里之外,在标记内的地方等待朝廷分划出街道、仓库场院、营房官舍之后其余的地方听凭百姓随便盖房。城中居民从前侵占街道建筑房舍,都给予补偿,进而拓宽街道,又将坟墓迁到标记以外。后周世宗说:"怨恨诽谤的话语,朕自己承担,然而将来终究会对人们有利。"

后周任命王朴为谏议大夫,主持开封府事务。

后周世宗郭荣对宰相说:"朕经常思考能使国家达到大治的方略,可是总没有得到其中的要领,因此连睡觉吃饭都不能

忘。又吴、蜀、幽、并皆阻声教，未能混壹，宜命近臣著《为君难为臣不易论》及《开边策》各一篇，朕将览焉。”

比部郎中王朴献策曰："中国之失吴、蜀、幽、并，皆由失道。今必先观所以失之之原，然后知所以取之之术。其始失之也，莫不以君暗臣邪，兵骄民困，奸党内炽，武夫外横，因小致大，积微成著。今欲取之，莫若反其所为而已。进贤退不肖以收其才，恩隐诚信以结其心，赏功罚罪以尽其力，去奢节用以丰其财，时使薄敛以阜其民。俟群才既集，政事既治，财用既充，士民既附，然后举而用之，功无不成矣。彼之人观我有必取之势，则知其情状者愿为间谍，知其山川者愿为乡导，民心既归，天意必从矣。

"凡攻取之道，必先其易者。唐与吾接境，几二千里，其势易扰也。扰之当以无备之处为始，备东则扰西，备西则扰东，彼必奔走而救之。奔走之间，可以知其虚实强弱，然后避实击虚，避强击弱。未须大举，且以轻兵扰之。南人懦怯，闻小有警，必悉师以救之。师数动则民疲而财竭，不悉师则我可以乘虚取之。如此，江北诸州将悉为我有。

"既得江北，则用彼之民，行我之法，江南亦易取也。得江南则岭南、巴蜀可传檄而定。南方既定，则燕地必望

忘记此事。而吴地、蜀地、幽州、并州等都被隔断政令教化,没能统一,应该命令左右朝臣著《为君难为臣不易论》和《开边策》各一篇论文,朕将逐一阅览。"

比部郎中王朴进献策文说:"中原丧失吴地、蜀地、幽州、并州之地,都是由于丧失了治国之道。现在必须首先考察所以丧失土地的根本的原因,然后才能知道用以收复失地的方法。开始丧失国土时,没有不是因为君主昏庸臣子奸邪,军队骄横百姓贫困,奸臣乱党在朝内把握实权,强将武夫在外面横行霸道,由小变大,积少成多。现在要收复失地,没有比反其道而行之更好的办法。进用贤人辞退不肖之徒,是收罗人才的办法;布施恩泽讲究诚信,是团结人心的办法;奖赏功劳惩罚罪过,是勉励人们贡献力量的办法;消除奢侈节约费用,是增加财富的办法;按时使用民力减少赋税,是使人民富足的办法。等到群贤云集,政事修治,财用充足,士民归附,然后使用他们,功业没有做不成的。对方的人民看到我们有必定取胜的形势,那么了解内部情况的就愿意做间谍,熟悉山川地理的就愿意做向导,民心既然已经归附,天意就必然顺从我们。

"大凡进攻夺取的方法,必须先从容易的地方下手。南唐与我们接壤的地方,几乎有二千里长,在形势上很容易骚扰对方。骚扰他们应当从没有防备的地方开始,防备东面就骚扰西面,防备西面就骚扰东面,对方必定会东奔西跑去救援。在他们东奔西跑之间,就可以探明对方的虚实强弱,然后避实击虚,避强击弱。这样不须大举进攻,暂且用小部队骚扰他们。南方人生性懦弱胆怯,听说有小的警报,必定会出动全部军队去救援。军队频繁出动就会使民众疲劳而财物耗竭,不出动全部军队救援,我们就可以乘虚夺取土地。如果能这样,长江以北各州将全部被我们占有。

"既得到江北之地,就可以利用他们的百姓,实行我们的办法,长江以南的地方也容易夺取了。取得了江南,那么岭南、巴蜀的地方就可以传递檄文而平定。南方既已平定,则燕地必会望

风内附。若其不至,移兵攻之,席卷可平矣。

"惟河东必死之寇,不可以恩信诱,必当以强兵制之。然彼自高平之败,力竭气沮,必未能为边患,宜且以为后图。俟天下既平,然后伺间,一举可擒也。今士卒精练,甲兵有备,群下畏法,诸将效力,期年之后,可以出师,宜自夏秋蓄积实边矣。"世宗欣然纳之。

时群臣多守常偷安,所对少可取者,惟朴神峻气劲,有谋能断,世宗重之,以为谏议大夫,知开封府事。

五月,周遣凤翔节度使王景伐蜀。
世宗谋取秦、凤,求可将者,王溥荐宣徽使向训,诏训与景偕趣秦州。

周废无额寺院,禁私度僧尼。

敕天下寺院,非敕额者悉废之。禁私度僧尼,凡欲出家者,必俟祖父母、父母、伯叔父之命。禁僧俗舍身、断手足、炼指、挂灯、带钳之类,幻惑流俗者。令诸州每岁造僧帐,有死亡、归俗,皆随时开落。废寺院三万余所,存者二千六百九十四,见僧尼六万余人。

周拔蜀黄牛寨,赵季札遁归,伏诛。
王景拔黄牛等八寨,季札惧不敢进,先遣辎重及妓妾西归,单骑驰入成都,众以为奔败,莫不震恐。蜀主怒,遂斩之。

风披靡归附中原。如果他不归顺，就调动军队进攻他，就好像卷席子那样可以很快平定。

"只有河东刘崇是必定拼死的敌人，不可用恩惠信义诱导他们，必须要用强大的军队制服他们。然而他们从高平失败以来，国力枯竭，士气沮丧，必然不能成为边患，应当暂且放在以后谋取。等到天下已经平定，然后瞅准时机，一举就可以擒获他们。现在军队士兵精干，武器装备齐全，部下畏服军法，众将愿意效力，一年以后就可以出兵，应当从夏季、秋季就开始积蓄力量来充实边疆。"后周世宗欣然接受这些建议。

当时群臣多数墨守成规苟且偷安，所对策略很少有可取的，只有王朴神情峻逸、气势刚劲，有智谋能决断，后周世宗很看重他，任命他为谏议大夫，主持开封府事务。

五月，后周派遣凤翔节度使王景率兵讨伐后蜀。

后周世宗郭荣谋划攻取秦州、凤州，寻找可以统帅军队的人选，王溥举荐宣徽使向训，后周世宗诏令向训与王景一起直奔秦州。

后周废除没有朝廷敕赐匾额的寺院，禁止私下剃度出家当和尚、尼姑。

后周世宗敕命天下寺院，没有朝廷敕赐匾额的全部废除。禁止私下剃度当和尚、尼姑，凡是想出家者，必须得到祖父母、父母、伯伯、叔叔的同意。禁止僧侣和世俗信众实施舍身、断手足、手指上燃香、裸体挂钩点灯、身带铁钳之类惑乱社会风俗的行为。命令各州每年编造僧侣名册，如有死亡、还俗的，都要随时除名。当时废除寺院三万余所，保存的有二千六百九十四所，现有和尚、尼姑六万余人。

后周攻占后蜀黄牛寨，赵季札逃回成都，被诛杀。

王景攻占黄牛等八个营寨，赵季札害怕不敢前进，先遣送自己的大批财物和妓女侍妾向西逃归，自己单人骑马逃入成都，众人都以为他是打败逃回，没有不震惊恐慌的。后蜀主孟昶勃然大怒，随后将他斩首。

六月，周主亲录囚于内苑。

有汝州民马遇，父及弟为吏所冤死，屡经覆按，不能自伸，世宗临问，始得其实，人以为神。由是诸长吏无不亲察狱讼。

蜀遣使如唐及北汉。

蜀主遣间使如北汉及唐，欲与之俱出兵以制周，二国皆许之。

南汉主杀其弟弘政。

于是高祖诸子尽矣。

周以张美权点检三司事。

初，世宗在澶州，美掌州之金谷隶三司者，世宗或私有所求，美曲为供副。至是，以美治财精敏，当时鲜及，故以利权授之，征伐四方，用度不乏，美之力也。然思其在澶州所为，终不以公忠待之。

秋七月，周以王景为西南招讨使，向训为都监。

宰相以景等久无功，馈运不继，固请罢兵。世宗命我太祖皇帝往视之，还，言秦、凤可取之状，从之。

九月，周始铸钱。

世宗以县官久不铸钱，而民间多销钱为器皿及佛像，钱益少，敕立监采铜铸钱，唯法物、军器及寺观钟磬钹铎之类听留外，民间铜器、佛像，五十日内输官受直，过期匿五斤以上罪死，不及者论刑有差。谓侍臣曰："佛以善道化人，苟志于善，斯奉佛矣。彼铜像岂所谓佛邪？且吾闻佛志

六月，后周世宗郭荣在宫内园林中亲自查阅囚犯的案卷。

有个汝州百姓叫马遇，父亲和弟弟都被官吏冤枉致死，多次经核查审理，自己不能申诉，后周世宗亲临审问，才获得真实情况，众人都认为神奇。从此各部门长官无不亲自审察诉讼案件。

后蜀派使者前往南唐和北汉。

后蜀主孟昶派秘密使者前往北汉和南唐，打算与他们共同出兵来遏制后周，两国都同意这个提议。

南汉主刘晟杀死他的弟弟刘弘政。

于是南汉高祖的所有儿子都死了。

后周任命张美代理管理三司事务。

当初，后周世宗郭荣在澶州时，张美掌管州中隶属三司的钱粮，世宗有时私下有所索求，张美千方百计来满足他的要求。到这时，由于张美治理财政精明，当时很少有人比得上，所以后周世宗把财政大权交给他。当时征伐四方，国家财政费用充足，都是张美的功劳。然而考虑到张美在澶州的所作所为，始终不把他当作公正忠诚的人来对待。

秋七月，后周任命王景为西南招讨使，向训为都监。

宰相因王景等长久没有成功，粮草运输跟不上，坚持请求撤兵。后周世宗郭荣命令宋太祖皇帝赵匡胤前往察看，赵匡胤回来后，向后周世宗陈述秦州、凤州可以攻取的情况，后周世宗听从了他的意见。

九月，后周开始铸造铜钱。

后周世宗郭荣因为朝廷长期没有铸造铜钱，而民间有许多人把铜币销毁做成器皿及佛像，铜钱越来越少，敕令设立机构采集铜来铸造钱币，只有朝廷用于仪仗、祭祀的器物、兵器及寺庙道观的钟磬、铙钹、铃铎之类准许保留外，其余民间的铜器、佛像，限定五十天内全部送交官府，官府付给等值的钱，超过期限不交隐藏五斤以上的判处死罪，不到五斤的按量予以不同的处罚。后周世宗对侍从大臣说："佛教用善道教化人，如果立志行善，这就是奉佛了。那些铜像岂是所说的佛呢？况且我听说佛祖志

在利人,虽头目犹舍以布施。若朕身可以济民,亦非所惜也。”

周王景败蜀师,取秦、阶、成州。

蜀主遣李廷珪、伊审徵拒周兵,廷珪遣李进据马岭寨,又遣奇兵屯白涧,又分兵出凤州之北,绝周粮道。闰月,王景遣裨将张建雄将兵二千抵黄花,又遣兵千人趣唐仓,扼蜀归路。蜀将王峦与建雄战,败,奔唐仓,遇周兵,又败。马岭、白涧兵皆溃,廷珪等退保青泥岭。雄武节度使韩继勋弃秦州,奔还成都。判官赵玭举城降,斜谷援兵亦溃。成、阶二州皆降,蜀人振恐。世宗欲以玭为节度使,范质固争,乃以为郓州刺史。

百官入贺,世宗举酒属王溥曰:“边功之成,卿择帅之力也。”世宗与将相食于万岁殿,因言:“两日大寒,朕于宫中食珍膳,深愧无功于民而坐享天禄,既不能躬耕而食,惟当亲冒矢石为民除害,差可自安耳。”

蜀李廷珪、伊审徵请罪,蜀主皆释之。致书请和于周,世宗怒其抗礼,不答。蜀主愈恐,聚兵粮于剑门、白帝,为守御之备。募兵既多,用度不足,始铸铁钱,榷铁器,民甚苦之。

冬十一月,周遣李毅督诸军伐唐。

唐主性和柔,好文章,而喜人顺己,由是谀臣日进,政事日乱。既克建州,破湖南,益骄,有吞天下之志。李守

在利人，虽然是脑袋、眼睛也都可以舍弃布施给所需要的人。假若朕的身子可以用来救济百姓，也不会吝惜。"

后周王景打败后蜀军队，夺取秦州、阶州、成州。

后蜀主孟昶派遣李廷珪、伊审徵抵抗后周军队，李廷珪派遣李进占据马岭寨，又派遣突击部队屯驻于白涧，又分出军队出到凤州以北，切断后周军队的粮道。闰月，后周王景派遣副将张建雄率领士兵二千抵达黄花谷，又派遣军队一千人赶赴唐仓镇，掐断了后蜀军队的退路。后蜀将领王峦与张建雄交战，被打败，逃奔到唐仓镇，遭遇后周军队，又被打败。马岭寨、白涧的后蜀军队都闻风溃逃，李廷珪等人退守青泥岭。雄武节度使韩继勋丢弃秦州，逃回成都。判官赵玭率城投降，斜谷的增援部队也溃逃了。成州、阶州也都投降了，蜀人都感到震惊害怕。后周世宗打算任命赵玭为节度使，范质坚持抗争反对，于是任命赵玭为郢州刺史。

后周文武百官入朝庆贺胜利，后周世宗举杯为王溥敬酒说："这次边疆战功的取得，全是你选择主帅得当的缘故。"后周世宗与将领、宰相在万岁殿吃饭，因而说道："两天大寒，朕在宫中尽享美味佳肴，深愧于对百姓没有功劳而坐享上天赋予的禄位，既然不能亲自耕种而吃饭，只有亲身去冒飞矢流石的危险来为民除害，我才可以略感安慰。"

后蜀的李廷珪、伊审徵向君主请罪，后蜀主孟昶赦宥了他们。后蜀主给后周世宗送去书信请求讲和，后周世宗恼怒他以对等的礼节对待自己，不作回答。后蜀主更加恐惧，在剑门、白帝聚集军队、粮草，为防守抵抗做好准备。由于招募了很多士兵，军队费用开支不足，便开始铸造铁钱，对铁器实行专卖，老百姓深受其苦。

冬十一月，后周派李毂督率各军讨伐南唐。

南唐主李璟生性温和柔顺，爱好文采辞章，而且喜欢别人奉承自己，因此谄媚取宠的臣子得以晋升任用，政事日益混乱。攻克建州、击破湖南后，更加骄傲，产生了吞并天下的心志。李守

贞、慕容彦超之叛,皆为之出师,又遣使通契丹及北汉,约共图中国。然契丹利其货,徒以虚语相往来,实不为之用也。先是,每冬淮水浅涸,常发兵戍守,谓之"把浅"。寿州监军吴廷绍以疆场无事,罢之。清淮节度使刘仁赡固争,不能得。至是,周以李毂为淮南前军部署,王彦超副之,督侍卫都指挥使韩令坤等十二将以伐唐。

周疏汴水。

汴水自唐末溃决,自埇桥东南悉为污泽。世宗谋击唐,先命发民夫因故堤疏导之,东至泗上。议者皆以为难成,世宗曰:"数年之后,必获其利。"

周王景克蜀凤州,擒其节度使王环,都监赵崇溥死之。

王景等围凤州,韩通分兵城固镇以绝蜀之援兵,遂克凤州,擒其节度使王环及都监赵崇溥等将士五千人,崇溥不食而死。诏将士愿留者优其俸赐,愿去者给资装,四州税外科徭悉罢之。

唐遣兵拒周师于寿州,周师击败之。

唐人闻周兵将至而惧,刘仁赡神气自若,部分守御,无异平日,众情稍安。唐主以刘彦贞为部署,将兵二万趣寿州,皇甫晖、姚凤将兵三万屯定远。召镇南节度使宋齐丘还金陵谋国难。周李毂等为浮梁,自正阳济淮。王彦超败唐兵二千余人于寿州城下。

周枢密使郑仁诲卒。

仁诲卒,世宗欲临其丧,近臣奏岁道非便,世宗曰:"君臣义重,何日时之有?"往哭尽哀。

贞、慕容彦超的叛乱,南唐都为之出兵,又派遣使者联络契丹和北汉,约定共同谋取中原。然而契丹以获得财货为目的,只用空话来打交道,其实并不为南唐出力。此前,每年冬天淮河水浅干涸,南唐人经常出兵守卫淮河,称作"把浅"。寿州监军吴廷绍认为边境平安无事,把军队撤回。清淮节度使刘仁赡坚持反对撤防,没有成功。到这时,后周任命李毂为淮南道前军行营都部署,任命王彦超为行营副都部署,督率侍卫都指挥使韩令坤等十二将领来讨伐南唐。

后周疏通汴水。

汴水从唐朝末年溃堤决口以来,从埇桥东南全都成为污泥沼泽。后周世宗郭荣谋划进攻南唐,先下令征发民夫顺着原来河堤疏通河道,向东直到泗水。参与议事的人都认为难以成功,后周世宗说:"数年之后,必定获得它的好处。"

后周王景攻克后蜀凤州,擒获节度使王环,都监赵崇溥殉死。

王景等围攻凤州,韩通分兵修筑固镇来断绝后蜀的援兵,随后攻克凤州,擒获节度使王环及都监赵崇溥等将领士兵五千人,赵崇溥绝食而死。诏令后蜀将士,愿意留下的给他们优厚的俸禄赏赐,愿意离去的送给路费服装,四州除征发赋税之外所设立的各种摊派徭役,全部取消。

南唐派兵在寿州抗击后周军队,后周军队击败南唐兵。

南唐人听说后周军队即将来到而恐慌不安,刘仁赡却神态自若,部署军队守卫抵御,与平日没有什么不同,大家的情绪稍微安定一些。南唐主李璟任命刘彦贞为北面行营都部署,率兵二万赶赴寿州,皇甫晖、姚凤率兵三万屯驻定远。征召镇南节度使宋齐丘返回金陵,谋划怎样应付国难。后周李毂等架设浮桥,从正阳渡过淮河。王彦超在寿州城下击败南唐军队二千余人。

后周枢密使郑仁诲去世。

郑仁诲去世,后周世宗郭荣打算亲自前去哭丧吊唁,侍从近臣进奏说时日不吉利,后周世宗说:"君臣情义深重,还讲究什么日子时辰?"前往哭丧,尽表哀思。

吴越遣使入贡于周。

吴越王弘俶遣使入贡于周,周以诏谕之,使出兵击唐。

丙辰(956) 周显德三年。是岁,凡五国三镇。

春正月,周以王环为骁卫大将军。

赏其不降也。

周主自将伐唐,大败唐兵,斩其将刘彦贞。

世宗下诏亲征淮南,命侍卫都指挥使李重进将兵先赴正阳,遂发大梁。李毅攻寿州,久不克,唐兵救之。又以战舰数百艘趣正阳,为攻浮梁之势。李毅谋曰:"我军不能水战,若贼断浮梁,则腹背受敌,皆不归矣。不如退守浮梁以待车驾。"世宗闻之,亟遣使止之。比至,已焚刍粮,退保正阳矣。世宗亟遣李重进引兵趣淮上。李毅奏:"贼舰日进,淮水日涨,万一粮道阻绝,其危不测。愿且驻跸陈、颍,俟重进至,共度贼舰可御,浮梁可完,立具奏闻。若但厉兵秣马,春去冬来,亦足使贼中疲弊,取之未晚。"世宗不悦。

刘彦贞素骄贵,无才略,所历藩镇,专为贪暴以赂权要,由是魏岑等争誉之,故周师至,唐主首用之。闻李毅退,喜,引兵直抵正阳,刘仁赡及池州刺史张全约固止之。曰:"公军未至而敌人先遁,是畏公之威声也,安用速战?万一失利,则大事去矣。"彦贞不从。既行,仁赡曰:"果遇,必败。"乃益兵乘城为备。李重进渡淮逆战,大败彦贞,斩

吴越派使者向后周进贡。

吴越王钱弘俶派遣使者向后周进贡,后周世宗郭荣赐诏书指示钱弘俶,让他派兵攻击南唐。

丙辰(956) 后周显德三年。这一年,共五个国家、三个藩镇。

春正月,后周任命王环为骁卫大将军。

奖赏他不投降。

后周世宗郭荣亲自率领军队讨伐南唐,把南唐军队打得大败,斩杀南唐将领刘彦贞。

后周世宗下诏亲征淮南,命侍卫都指挥使李重进率兵先赶赴正阳,随后从大梁出发。李穀进攻寿州,久攻不下,南唐军队救援寿州。南唐又派战舰数百艘赴正阳,造成攻击浮桥的态势。李穀与将领商议说:"我军不能水战,如果寇贼截断浮桥,我们就会腹背受敌,都不能返回了。不如退守浮桥等待皇上到来。"后周世宗听说后,急忙遣使制止。等使者赶到,李穀已焚烧粮草,退守正阳。后周世宗紧急派李重进领兵赶赴淮上。李穀上奏说:"敌军战舰每日前进,淮水日益上涨,万一粮道断绝,危不可测。希望陛下暂且屯驻在陈州、颍州,等待李重进到达,我和他共同考量,如果敌军战舰可以抵御,浮桥可以保全,立即上奏报告。如果我军厉兵秣马做好准备,春去冬来抓住时机,也足以使寇贼疲惫不堪,到那时取之不晚。"后周世宗看到奏报后不高兴。

刘彦贞素来骄横尊贵,没有才能谋略,他所历次任职藩镇,只知道做贪婪暴虐的事来搜刮金钱财物,贿赂当权要人,因此魏岑等权臣争相称誉他,所以后周军队来到,南唐主李璟首先起用他。听说李穀退兵,刘彦贞内心大喜,领兵直抵正阳,刘仁赡和池州刺史张全约竭力阻止刘彦贞。刘仁赡说:"您的军队未到而敌人先逃,这是害怕您的声威,何必用速战速决的办法?万一失利的话,国家大事就完了。"刘彦贞不听。刘彦贞出发之后,刘仁赡说:"果真遇上敌人,必定失败。"于是增加兵力登上城楼做好防备。李重进渡过淮河迎战南唐军,把刘彦贞打得大败,斩杀

之,斩首万余级。是时江、淮久安,民不习战,唐人大恐。张全约收余众奔寿州,仁赡表为左厢都指挥使,皇甫晖、姚凤退保清流关。世宗谓侍臣曰:"闻寿州围解,农民多归村落,今闻大军至,必复入城。怜其聚为饿殍,宜先遣使存抚,各令安业。"

周以李重进为都招讨使,李榖判寿州行府事。 周主攻唐寿州。

世宗至寿州城下,命诸军围之,发丁夫数十万以攻城,昼夜不息。命我太祖皇帝击唐兵于涂山,太祖遣百余骑薄其营而伪遁,伏兵邀之,大败唐兵于涡口,斩其都监何延锡等,夺战舰五十余艘。

周诏王逵攻唐鄂州。

逵引兵过岳州,团练使潘叔嗣燕犒甚谨。逵左右求取无厌,谮叔嗣谋叛,逵怒,叔嗣不自安。

二月,周主命我太祖将兵袭唐滁州,克之,擒其将皇甫晖、姚凤。

下蔡浮梁成,世宗自往视之。命我太祖皇帝倍道袭清流关。皇甫晖等惊走入滁州,断桥自守。太祖跃马麾兵涉水直抵城下。晖曰:"人各为其主,愿容成列而战。"太祖笑而许之。晖整众而出,太祖突陈击晖,擒之,并擒姚凤,遂克滁州。时宣祖为马军副都指挥使,引兵夜至,传呼开门。太祖曰:"父子虽至亲,城门王事也,不敢奉命。"明旦乃得入。世宗遣翰林学士窦仪籍滁州帑藏,太祖遣亲吏取藏中

刘彦贞,斩首一万多人。这时长江、淮河一带长期安定,百姓都不懂得打仗,南唐人很恐慌。张全约收集残余部众投奔寿州,刘仁赡上表举荐张全约为左厢都指挥使,皇甫晖、姚凤退守清流关。后周世宗对侍从大臣说:"听说寿州围困解除,农民大多回到村落,现在听说大部队到达,必定再次入城。可怜他们聚集起来会成为饿殍,应该先派使者慰问安抚,让他们各自安心务农。"

后周任命李重进为都招讨使,任命李毅兼理寿州行府事务。

后周世宗郭荣领兵攻打南唐寿州。

后周世宗到达寿州城下,命令各军包围寿州,征发民夫数十万来攻打寿州城,昼夜不停。后周世宗命令宋太祖赵匡胤在涂山进攻南唐军队,赵匡胤派遣一百多骑兵逼近南唐军营后又假装逃跑,然后埋伏军队截击南唐追兵,在涡口把南唐军队打得大败,斩杀南唐都监何延锡等人,夺取战舰五十多艘。

后周下诏命王逵攻打南唐鄂州。

王逵率兵路过岳州,团练使潘叔嗣举行宴会非常恭敬地招待犒劳他们。王逵手下的人贪得无厌,诬陷潘叔嗣谋划叛变,王逵发怒,潘叔嗣因此恐惧而不能自安。

二月,后周世宗郭荣命令宋太祖赵匡胤率兵袭击南唐滁州,攻克滁州,擒获南唐将领皇甫晖、姚凤。

下蔡浮桥架成,后周世宗亲自前往视察。后周世宗命令宋太祖赵匡胤昼夜兼程袭击清流关。皇甫晖等非常震惊,逃到滁州城中,切断桥梁坚守城池。赵匡胤跃马指挥军队涉水而过,直抵城下。皇甫晖说:"人都是各为自己的主子效力,希望容我排好队列再战。"赵匡胤笑着答应了他。皇甫晖整顿好军队出城,赵匡胤骑马突破敌军攻击皇甫晖,擒获了皇甫晖,又擒获了姚凤,随后攻克滁州。当时赵匡胤的父亲宋宣祖赵弘殷为马军副都指挥使,领兵夜间到达滁州城下,传令呼喊让开城门。赵匡胤说:"父子虽然是至亲,但打开城门是王朝的大事,不敢听命。"赵弘殷第二天才得以进入城中。后周世宗派遣翰林学士窦仪清点登记滁州库存的钱财,赵匡胤派遣亲信官吏提取库藏中的

绢。仪曰:"公初克城时,虽倾藏取之,无伤也。今既籍为官物,非有诏书不可得也。"太祖由是重仪。

初,永兴节度使刘词遗表荐其幕僚蓟人赵普,至是范质以为滁州判官,太祖与语,悦之。时获盗百余人,皆应死,普请先讯鞫然后决,所活什七八。太祖益奇之。

太祖威名日盛,每临阵必以繁缨饰马,铠仗鲜明。或曰:"如此,为敌所识。"太祖曰:"吾固欲其识之耳。"

唐主请和于周,周主不答。

唐主遣泗州牙将赍书抵徐州,称:"唐皇帝奉书,请息兵修好,愿以兄事周,岁输货财以助军费。"世宗不答。

周主遣韩令坤将兵袭唐扬州。

世宗诇知扬州无备,命韩令坤等将兵袭之,戒以毋得残民。其李氏陵寝,遣人与其人共守护之。

唐主遣钟谟、李德明奉表于周。

唐主以兵屡败,惧亡,乃遣翰林学士钟谟、文理院学士李德明奉表称臣,请平于周,献御服、茶药及金银器、缯锦、牛酒。谟、德明素辩口,世宗知其欲游说,盛陈甲兵而见之,曰:"尔主自谓唐室苗裔,宜知礼义,异于他国。与朕止隔一水,未尝遣一介修好,惟泛海通契丹,舍华事夷,礼义安在?且汝欲说我令罢兵邪?我非六国愚主,岂汝口舌

绢帛。窦仪说:"您刚攻克滁州城时,即使把库藏的财物取光,也无妨碍。如今已登记为官府物资,没有诏书命令,是不可以取得的。"赵匡胤因此重视窦仪。

当初,永兴节度使刘词在临死前写的遗表中举荐他的幕僚蓟州人赵普,到这时范质任命赵普为滁州判官,赵匡胤与他交谈,很喜欢赵普。当时抓获强盗一百多人,都应该处死,赵普请求先审讯然后再处决,结果救下来的占十分之七八。赵匡胤愈发认为他是个奇才。

赵匡胤的威名日益盛大,他每次亲临军阵,必定用华丽的绳带装饰自己的坐骑,铠甲兵器也做得耀眼夺目。有人对他说:"像这样,容易被敌人认出来。"赵匡胤说:"我本来就想让敌人认识我。"

南唐主李璟向后周请求讲和,后周世宗郭荣不作答复。

南唐主派泗州牙将带着书信到达徐州,称:"唐皇帝奉上书信,请求休战和好,情愿把周当兄长来事奉,每年向周贡献货物财宝来资助军费。"后周世宗不作回答。

后周世宗郭荣派韩令坤率兵袭击南唐扬州。

后周世宗探知扬州没有防备,便命令韩令坤等率兵袭击扬州,告诫他们不要残害百姓。那里的李氏陵墓寝庙,派人与南唐人共同守卫保护。

南唐主李璟派钟谟、李德明向后周奉上表书。

南唐主因为作战屡遭败绩,惧怕国家灭亡,于是派翰林学士钟谟、文理院学士李德明向后周奉上表书称臣,请求和好,并且献皇帝穿的服装、茶药及金银器物、缯帛织锦、肥牛美酒。钟谟、李德明平素能言善辩,后周世宗知道他们要游说,便把军队全副武装排好队列接见他们,说:"你们的君主自称是唐朝皇室的后裔,应该懂得礼义,不同于别的国家。你们国家与朕只有一水之隔,却未曾派一位使者来建立友好关系,只是漂洋过海去勾结契丹,舍弃华夏而事奉蛮夷,礼义在哪里?况且你们想游说让我休战吗?我不是战国时代六国那样愚蠢的君主,你们岂能用口舌

所能移邪？可归语尔主，亟来见朕，再拜谢过，则无事矣。
不然，朕欲往观金陵城，借府库以劳军，汝君臣得无悔乎？"
二人战栗不敢言。

吴越遣兵袭唐常州。

吴越营田使陈满言于丞相吴程曰："周师南征，唐举国
惊扰，常州无备，易取也。"程言于吴越王弘俶，请从之，丞
相元德昭曰："唐大国，未可轻也。若我入唐境，而周师不
至，能无危乎？"程固争，弘俶从之，遣程督兵趣常州。

周取唐扬州。

韩令坤奄至扬州，以数百骑驰入城，城中不之觉。唐
副留守冯延鲁髡发僧服而逃，军士执之。令坤慰抚其民，
使皆安堵。

唐灭故吴主杨氏之族。

唐主遣园苑使尹延范如泰州，迁吴让皇之族于润州。
延范以道路艰难，恐其为变，尽杀其男子六十人，还报，唐
主怒，腰斩之。

周取唐泰州。　　岳州团练使潘叔嗣杀王逵，迎周行逢
入朗州。行逢讨叔嗣，斩之。

叔嗣属将士而告之曰："吾事令公至矣，今乃信谗疑
怒，军还，必击我。吾不能坐而待死，汝辈能与我俱西乎？"
众愤怒，请行，叔嗣帅之西袭朗州。逵还战，败死。或劝叔
嗣遂据朗州，叔嗣曰："吾救死耳，安敢自专？"乃归岳州，使
将吏迎武安节度使周行逢。

就能改变我的主意？你们可以回去告诉你们的君主，让他马上来见朕，行再拜礼认罪谢过，那么就没有事了。不然的话，朕打算亲自前往观看金陵城，借用金陵府库来慰劳军队，你们君臣会不会后悔呢？"两人战战兢兢不敢说话。

吴越派兵袭击南唐常州。

吴越营田使陈满向丞相吴程进言说："周军南下征伐，唐国举国震惊骚乱，常州没有防备，很容易攻取。"吴程为此向吴越王钱弘俶进言，请求采纳陈满的计谋，丞相元德昭说："唐是个大国，不可轻视。如果我军进入唐国境内，而周军没有到达，能没危险吗？"吴程再三争辩，吴越王钱弘俶听从了吴程的建议，派遣吴程督率军队奔赴常州。

后周夺取南唐扬州。

韩令坤突然到达扬州，先派了数百骑兵奔驰入城，城中没有觉察。南唐副留守冯延鲁剃光头发穿上僧服逃跑，被军士抓获了。韩令坤慰问安抚扬州百姓，让他们都安稳地生活。

南唐诛灭旧吴主杨氏家族。

南唐主李璟派遣园苑使尹延范到泰州，将吴让皇杨溥的家族迁居到润州。尹延范因为道路难走，害怕杨氏家族发生变乱，将杨家男子六十人全部杀死，返回报告，南唐主大怒，将尹延范腰斩。

后周夺取了南唐的泰州。 **后周的岳州团练使潘叔嗣杀死了王逵，迎接周行逢进入朗州。周行逢讨伐潘叔嗣，将他斩首。**

潘叔嗣集合将士告诉他们说："我事奉王令公尽了我最大的努力，如今他反而听信谗言怀疑发怒，等军队回来时，必定要攻击我。我不能坐着等死，你们能与我一起西进吗？"众人都很愤怒，请求西行，潘叔嗣率领部众向西袭击朗州。王逵调回军队与潘叔嗣交战，王逵兵败身死。有人劝说潘叔嗣占据朗州，潘叔嗣说："我不过是救命罢了，怎么敢擅自占据朗州？"于是返回岳州，派将领官吏迎接武安节度使周行逢。

众谓行逢："必以潭州授叔嗣。"行逢曰："叔嗣贼杀主帅,今若遽尔,人必谓我与之同谋,何以自明?且俟逾年未晚也。"乃入朗州,自称武平留后,告于周,以叔嗣为行军司马。叔嗣怒,称疾不至。行逢曰："叔嗣更欲图我邪?"乃授叔嗣武安节钺以诱之。叔嗣遂行,行逢迎候,郊劳甚欢。叔嗣入谒,遣人执之,立庭下,责之曰："汝为小校,无大功,王遽用汝为团练使,一旦反杀主帅,吾未忍斩汝,乃敢拒吾命乎?"遂斩之。

三月,周主行视水寨。

世宗至淝桥,自取一石,马上持之,至寨以供炮,从官过桥者人赍一石。我太祖乘皮船入寿春壕中,城上发连弩射之,矢大如椽。牙将张琼以身蔽之,矢中琼髀,死而复苏。镞着骨,不可出,琼饮酒一大卮,令人破骨出之,流血数升,神色自若。

唐遣司空孙晟奉表于周。

唐主以孙晟为司空,遣与礼部尚书王崇质奉表于周,请奉正朔守土疆。晟谓冯延巳曰："此行当在左相,然晟若辞之,则为负先帝矣。"既行,知不免,中夜叹息,谓崇质曰:"君家百口,宜自为谋。吾思之熟矣,终不负永陵一培土,余无所知也。"既至,世宗遣中使以晟等诣寿春城下,示刘仁赡,且招谕之。仁赡见晟,戎服拜于城上,晟谓仁赡曰:"君受国厚恩,不可开门纳寇。"世宗闻之怒,晟曰:"臣为唐

部众对周行逢说:"一定要把潭州授予潘叔嗣。"周行逢说:"潘叔嗣杀死主帅,现在如果立即重用他,人们必定会认为我与他是同谋,我还怎么自证清白?暂且等一年以后也不晚。"于是率兵进入朗州,自称武平留后,报告后周,任命潘叔嗣为行军司马。潘叔嗣发怒,称病不到任。周行逢说:"潘叔嗣还想谋害我吗?"于是授任潘叔嗣为武安节度使来引诱他。潘叔嗣随后向朗州进发,周行逢派使者迎候,并亲自出城到郊外慰劳他,双方非常高兴。潘叔嗣入府谒见,周行逢派人把他抓起来,让他站在庭下,责备他说:"你作为小校,并没有大功,王逵任用你为团练使,你突然反过来杀死主帅,我不忍心杀死你,你竟敢违抗我的命令。"随后将他斩首。

三月,后周世宗郭荣巡视水寨。

后周世宗到达淝桥,亲自捡取一块石头,在马上拿着,到寨中供炮使用,随从官员过桥的每人都带着一块石头。宋太祖赵匡胤乘坐皮船进入寿春护城河中,城上用连弩射击他,箭矢就像房屋的椽子那样粗。牙将张琼用身体掩护,箭射中张琼的大腿,张琼昏死过去又苏醒过来。箭头射进骨头,拔不出来,张琼喝下一大杯酒,命令人破骨拔出箭头,流血好几升,张琼神态脸色从容自若。

南唐派遣司空孙晟向后周进献表章。

南唐主李璟任命孙晟为司空,派他与礼部尚书王崇质向后周进献表章,请求使用后周历法,守卫疆土。孙晟对冯延巳说:"此行应当由您出使,然而我如果推辞,就有负于先帝了。"上路后,孙晟自知难免一死,半夜唉声叹气,对王崇质说:"您家有上百口人,应该好好地为自己打算一下。我已经考虑得很成熟了,最终决不辜负永陵烈祖的在天之灵,其余的就不再考虑了。"到达后周,后周世宗派中使带领孙晟等人来到寿春城下,给刘仁赡看,并且让他们招安刘仁赡。刘仁赡见到孙晟,在城上身着戎装行拜礼,孙晟对刘仁赡说:"您身受国君的深厚恩泽,不可打开城门接纳敌寇。"后周世宗听说后发怒,孙晟说:"臣下身为唐国

宰相,岂可教节度使外叛邪?"世宗释之。

南汉以宦者龚澄枢知承宣院。

南汉甘泉宫使林延遇,阴险多计数,南汉主倚信之。诛灭诸弟,皆其谋也。及卒,国人相贺。延遇荐澄枢自代,南汉主即日用之。

周取唐光、舒、蕲州。　　周遣李德明还唐,唐主杀之。

唐主使李德明、孙晟言于周,请去帝号,割六州,岁输金帛百万,以求罢兵。世宗欲尽得江北之地,不许。德明请归白唐主献之,世宗许之。晟因奏遣王崇质与德明俱归,赐唐主诏曰:"诸郡悉来,大军立罢。但存帝号,何爽岁寒?傥坚事大之心,终不迫人于险。言尽于此,更不烦云。苟曰未然,请从兹绝。"唐主复上表谢。德明盛称世宗威德及甲兵之强,劝唐主割江北之地,唐主不悦。宋齐丘以割地为无益。德明轻佻,言多过实,国人亦不之信。枢密使陈觉、副使李徵古素恶晟及德明,使王崇质异其言,因谮德明卖国求利。唐主大怒,斩之。

唐遣将军柴克宏将兵救常州,败吴越兵。遂引兵救寿州,未至,卒。

吴程攻常州,破其外郭,执唐团练使赵仁泽送钱塘。仁泽见吴越王弘俶不拜,责以负约,弘俶怒,抉其口至耳。元德昭怜其忠,为傅良药,得不死。唐主恐吴越侵逼润州,

宰相，怎么可以教唆我国的节度使叛变投敌呢？"后周世宗于是释放了他。

南汉任命宦官龚澄枢主持承宣院事务。

南汉甘泉宫使林延遇，为人阴险，善于算计，南汉主刘晟倚重信任他。南汉主诛杀他的兄弟们，都是林延遇的主谋。等林延遇去世，国人互相庆贺。林延遇推荐龚澄枢代替自己，南汉主当日便任用他。

后周夺取南唐光州、舒州、蕲州。　后周派李德明回到南唐，南唐主李璟把他杀死。

南唐主派李德明、孙晟向后周说，请求废除帝号，割让六州，每年向后周进贡黄金绢帛百万，以求休兵停战。后周世宗郭荣想要完全占领长江以北的地方，不答应南唐主的请求。李德明请求返回禀告南唐主，献上长江以北的所有地方，后周世宗答应了他。孙晟奏请派王崇质与李德明一同返回，后周世宗赐给南唐主诏书说："如果把长江以北各郡全都献来，我的大军立即休战。只管保存帝号，保有江南之地，我方一定不会爽约。倘若能坚定事奉大周的决心，终究不会被人逼入险境绝地。话已在此说尽，不劳再烦述了。如果说还不行，请从此断绝来往。"南唐主又上表道谢。李德明盛赞后周世宗威望德行以及军队的强大，劝说南唐主割让长江以北的地方，南唐主很不高兴。宋齐丘认为割让土地没有什么好处。李德明为人轻浮，经常言过其实，国人也不相信他的话。枢密使陈觉、副使李徵古素来就憎恶孙晟和李德明，让王崇质说得与李德明说得不一样，因此就诬告李德明出卖国家求取私利。南唐主大怒，将李德明斩首。

南唐主派将领柴克宏率兵救援常州，打败吴越军队。随后柴克宏又领兵救援寿州，没有到达便去世。

吴程攻打常州，攻破了外城，抓获南唐团练使赵仁泽，送到钱塘。赵仁泽见吴越王钱弘俶不拜，还责备他负约，钱弘俶大怒，把赵仁泽的嘴撕裂到耳边。元德昭可怜赵仁泽的忠诚，为他敷用好药，他才得以不死。南唐主李璟怕吴越军侵犯进逼润州，

以宣润都督燕王弘冀年少，征还金陵。部将赵铎言于弘冀曰："大王元帅，众心所恃，逆自退归，所部必乱。"弘冀然之，辞不就征，部分诸将，为战守之备。

龙武都虞候柴克宏，再用之子也，沉默好施，不事家产，虽典宿卫，日与宾客博弈饮酒，未尝言兵，时人以为非将帅才。至是，请效死行陈，其母亦表称克宏有父风，可为将，唐主乃以为右武卫将军，使救常州。时唐精兵悉在江北，克宏所将数千人皆羸老，李徵古复以铠仗之朽蠹者给之。克宏诉于徵古，徵古慢骂之，众皆愤恚，克宏恬然。至润州，徵古遣使召克宏，以朱匡业代之。弘冀谓克宏："君但前战，吾当论奏。"乃表克宏才略可以成功，常州危在旦莫，不宜中易主将。克宏引兵径趣常州，徵古复遣使召之，克宏曰："吾计日破贼，汝来召吾，必奸人也。"命斩之。使者曰："受李枢密命而来。"克宏曰："李枢密来，吾亦斩之。"乃蒙船以幕，匿甲士其中，袭吴越营，大破之，斩首万级。匡业至，克宏事之甚谨。复请将兵救寿州，未至而卒。

唐主以其弟齐王景达为元帅，将兵拒周师。

唐主以景达为诸道兵马元帅，将兵拒周。以陈觉为监军使，中书舍人韩熙载上书曰："信莫信于亲王，重莫重于元帅，安用监军为哉？"不从。遣鸿胪卿潘承祐诣泉、建召募骁勇，承祐荐许文稹、陈德诚、郑彦华、林仁肇。

又因宣润都督燕王李弘冀年轻，便征召他返回金陵。部将赵铎对李弘冀说："大王身为元帅，是众人心目中的依靠，反而自己首先退回京城，部众必然大乱。"李弘冀认为部将赵铎说得对，就推辞不接受征召，部署将领军队，作好战斗防守的准备。

龙武都虞候柴克宏是柴再用的儿子，沉默寡言，乐善好施，不治家产，虽然主管宫廷警卫，仍然每天与宾客们下棋喝酒，从不谈论军事，当时人们都认为他不是做将帅的材料。到这时，柴克宏请求在军队效力，他母亲也上表称柴克宏有父亲的遗风，可以做大将，南唐主于是任命柴克宏为右武卫将军，让他领兵救援常州。当时南唐精锐部队都在长江以北，柴克宏所率领的几千人都是瘦弱年迈的人，李徵古又把腐朽破烂的铠甲兵器给他。柴克宏向李徵古申诉，李徵古辱骂他，部众都忿忿不平，柴克宏却安然如常。到达润州，李徵古派遣使者召柴克宏回来，任命朱匡业代替他。燕王李弘冀对柴克宏说："您只管前行作战，我当会安排奏报。"于是上表说柴克宏才能谋略可以获得成功，常州危在旦夕，不宜中途调换主将。柴克宏领兵直奔常州，李徵古又派使者召他回来，柴克宏对使者说："我很快就可以攻破敌人，你这时来召我回去，必定是奸人。"命令将使者斩首。使者说："我是接受李枢密的命令而来。"柴克宏说："即使李枢密来，我也将他斩首。"于是将船用幕帐蒙上，把全副武装的士兵藏在里面，突然袭击吴越兵营，把吴越军队打得大败，斩首万级。朱匡业到达军营，柴克宏事奉他很恭敬。柴克宏又请求率兵救援寿州，没有到达寿州便去世。

南唐主李璟任命他弟弟齐王李景达为元帅，领兵抗击后周军队。

南唐主任命李景达为诸道兵马元帅，领兵抗击后周入侵。任命陈觉为监军使，中书舍人韩熙载上书说："论信任没有比亲王更可信的，论权重没有比元帅更重要的，哪还用得着监军使呢？"南唐主没有听从。派鸿胪卿潘承祐到泉州、建州召募矫建勇猛的人才，潘承祐推荐了许文稹、陈德诚、郑彦华、林仁肇。

夏四月,唐兵复取泰州,进攻扬州。

唐将军陆孟俊将兵趣泰州,周兵遁去。进攻扬州,韩令坤亦走。世宗遣张永德将兵救之,令坤乃还。世宗又遣我太祖将兵屯六合,太祖令曰:"扬州兵有过六合者,折其足。"令坤始有固守之志。

周主如濠州。

世宗攻寿州,久不克。会大雨,营中水深数尺,失亡颇多,粮运不继,乃议旋师。或劝东幸濠州,从之。

周韩令坤败唐兵于扬州,擒其将陆孟俊,杀之。

初,孟俊之废马希萼也,灭故舒州刺史杨昭恽之族,以其女美,献于希崇。令坤入扬州,希崇以遗令坤。至是获孟俊,将械送行在。杨氏在帘下,忽抚膺恸哭曰:"孟俊昔杀妾家二百口,今见之,请复其冤。"令坤乃杀之。

唐兵攻六合,我太祖击破之。

唐齐王景达将兵济江,距六合二十余里,设栅不进。诸将欲击之,我太祖曰:"吾众不满二千,若往击之,彼必见吾众寡矣。不如俟其来而击之,破之必矣。"居数日,唐出兵趣六合,太祖奋击,大破之,杀获近五千人,溺死甚众,于是唐之精卒尽矣。是战也,士卒有不致力者,太祖阳为督战,以剑斫其皮笠。明日,遍阅其笠,有剑迹者数十人,皆斩之,由是部兵莫敢不尽死。

夏四月，南唐军队再次夺取泰州，进攻扬州。

南唐将军陆孟俊领兵赶赴泰州，后周军队逃去。陆孟俊进攻扬州，韩令坤也逃跑。后周世宗派遣张永德领兵救援，韩令坤于是回到扬州。后周世宗又派遣宋太祖赵匡胤屯驻六合，赵匡胤下令说："扬州士兵有越过六合的，折断他的腿。"韩令坤才有了固守扬州的决心。

后周世宗郭荣前往濠州。

后周世宗进攻寿州，久攻不下。适逢天下大雨，军营中水深数尺，军事物资和士兵损失逃亡的很多，粮草运输接应不上，于是商议撤军。有人劝后周世宗往东巡视濠州，后周世宗听从了这个意见。

后周韩令坤在扬州打败南唐军队，擒获南唐将领陆孟俊，将他杀死。

当初，陆孟俊废黜马希萼，诛灭原舒州刺史杨昭恽的家族，因为杨昭恽的女儿漂亮，把她献给马希崇。韩令坤进入扬州，马希崇把杨氏送给韩令坤。到这时抓获陆孟俊，将他带上刑具准备押送到后周世宗那里。杨氏站在帘下，突然捶胸痛哭说："陆孟俊从前杀害我家二百口人，今日见到他，请替我申冤。"韩令坤于是杀死陆孟俊。

南唐军攻打六合，宋太祖赵匡胤击败南唐军。

南唐齐王李景达领兵渡过长江，距六合只有二十多里，便设置栅栏不再前进。后周众将想出击，宋太祖赵匡胤说："我军部众不满二千人，如果前往攻击，他们必定会看出我们人数的多少。不如等他们来攻时再突然出击，必定可以打败他们。"过了几天，南唐出兵赶赴六合，赵匡胤率兵奋勇出击，大败南唐军，杀死抓获近五千人，南唐兵淹死的很多，于是南唐的精锐部队几乎全部被歼灭。这次战斗，也有将领士兵不卖力的，赵匡胤假装督战，用剑砍那些作战不卖力的将领士兵的皮斗笠。第二天，检查每个人戴的皮斗笠，有被剑砍痕迹的有几十人，都推出斩首，从此所部将士作战没有敢不尽力死战的。

周主如涡口。

涡口作新浮梁成,世宗幸之。欲遂至扬州,范质等以兵疲食少,泣谏而止。世宗尝怒窦仪,欲杀之。质入救之,世宗起避之,质趋前伏地叩头曰:"仪罪不至死,臣为宰相,致陛下枉杀近臣,罪皆在臣。"继之以泣。世宗意解,乃释之。

五月,唐败福州兵于南台江。 周主还大梁,留李重进围寿州。 六月,唐刘仁赡击周将李继勋,败之。 唐遣员外郎朱元将兵复江北诸州。

元因奏事,论用兵方略,唐主以为能,故用之。

秋七月,周以周行逢为武平节度使。

周以行逢为武平节度使,制置武安、静江等军事。行逢留心民事,悉除马氏横赋,贪吏猾民为民害者皆去之,择廉平吏为刺史、县令。朗州民夷杂居,将卒骄惰,一以法治之,无所宽假,众怨且惧。有大将与其党十余人谋作乱,行逢知之,大会诸将,于座中擒之,数曰:"吾恶衣粝食,正为汝曹,何负而反?今日之会,与汝诀也。"立棓杀之,座上股栗。行逢曰:"诸君无罪,皆宜自安。"乐饮而罢。

行逢多计数,善发隐伏,然性猜忍,常遣人密诇诸州事。闻邵州刺史刘光委多宴饮,曰:"光委聚饮,欲谋我邪?"召还杀之。衡州刺史张文表独以岁时馈献,谨事左

后周世宗郭荣前往涡口。

涡口新建浮桥落成,后周世宗亲自前往视察。后周世宗打算随后前去扬州,范质等人认为现在军队疲惫,粮草缺少,哭着劝谏,后周世宗便没去。后周世宗曾恼怒窦仪,想杀掉他。范质进去救窦仪,后周世宗就起身躲避他,范质急步向前伏地磕头劝谏说:"窦仪的罪不至于处死,臣下身为宰相,导致陛下枉杀近臣,罪都在臣下身上。"接着又哭泣起来。后周世宗怒气消解,于是释放了窦仪。

五月,南唐军队在南台江击败福州军。 后周世宗郭荣回到大梁,留下李重进围攻寿州。 **六月**,南唐刘仁赡攻击后周将领李继勋,打败后周军。 南唐派员外郎朱元领兵收复长江以北各州。

朱元利用奏报政事的机会,论述用兵的方略,南唐主李璟认为他有才能,所以重用他。

秋七月,后周任命周行逢为武平节度使。

后周任命周行逢为武平节度使,节制武安、静江等军镇事务。周行逢关心百姓生计,完全废除马氏横征暴敛的赋税,清除所有坑害百姓的贪官刁民,选择廉洁公正的官吏担任刺史、县令。朗州地区华夏、蛮夷之民共同居住,将领士兵骄横懒惰,周行逢一律用法制来管理,一点儿也不宽容姑息,众人既怨恨又恐惧。有个大将与其党羽十几人阴谋发动叛乱,周行逢知道此事后,便设宴大会众将,在座位上擒获了他,并数落他说:"我穿粗劣之衣吃粗粝之食,正是为了你们,为何背叛我而谋反? 今日的宴会,就与你诀别。"立即将他打死,在座的将领都吓得双腿发抖。周行逢说:"各位没有罪过,都应该自己心安。"大家欢乐地饮酒后散去。

周行逢多智谋,善于发现隐情,然而性情多疑残忍,经常派人秘密侦察各州情况。听说邵州刺史刘光委多次设宴饮酒,周行逢说:"刘光委聚众饮酒,想算计我吗?"立即把他召回杀了。只有衡州刺史张文表每年按时馈赠贡献,谨慎地事奉周行逢身边

右,得免。行逢妻邓氏陋而刚决,善治生,尝谏行逢用法太严,行逢怒,邓氏因之村墅,遂不复归。行逢屡遣迎之,不至。一旦自帅僮仆来输税,行逢就见之,曰:“夫人何自苦如此?”邓氏曰:“税,官物也,公不先输,何以率下?且独不记为里正代人输税以免楚挞时邪?”行逢欲与之归,不可,曰:“公诛杀太过,一旦有变,村墅易为逃匿耳。”

行逢婿唐德求补吏,行逢曰:“汝才不堪为吏,吾今私汝则可矣。汝居官无状,吾不敢以法贷汝,则亲戚之恩绝矣。”与之耕牛、农具而遣之。

前天策府学士徐仲雅,自马希广之废,杜门不仕,行逢慕之,署节度判官,仲雅辞疾。行逢迫胁固召之,面授文牒,终辞不取。行逢怒,放之邵州,竟不能屈。

唐朱元等取舒、和、蕲州。周扬、滁州守将皆弃城,并兵攻寿州。

初,唐人以茶盐强民而征其粟帛,谓之“博征”,又兴营田于淮南,民甚苦之。及周师至,争奉牛酒迎劳。而将相不之恤,专事俘掠,民皆失望,相聚山泽,操农器为兵,积纸为甲,时人谓之“白甲军”。周兵讨之,屡为所败,所得诸州多复为唐有。淮南节度使向训奏请以广陵之兵并力攻寿春,诏许之。训封府库以授主者,命牙将分部按行城中,秋毫不犯,州民感悦,军还,或负粮糒以送之。滁州守将亦弃城引兵趣寿春。

亲信，才得以免罪。周行逢的妻子邓氏，相貌丑陋而刚强果决，善于操持生计，曾经劝周行逢不要执法太严厉，周行逢发怒，邓氏因此前往乡村房舍居住，不再回家。周行逢多次派人接她，一直不肯回来。一天，邓氏亲自带着家僮仆人前来交纳赋税，周行逢前去见她，并说："夫人为何这样自找苦吃？"邓氏说："赋税是官府的财富，你不首先交纳赋税，拿什么做下面百姓的表率？且你不记得做里正代人交纳赋税来免除刑仗拷打的时候了吗？"周行逢想劝她一同回家，她不答应，说："你诛杀太过分，将来一旦发生变故，乡村房舍容易逃避躲藏。"

周行逢的女婿唐德要求补任官吏，周行逢说："你的才能不配做官吏，我如今私下照顾你倒是可以。你如果当官不像样，我不敢枉法来宽恕你，亲戚之间的情谊就断绝了。"然后给他耕牛、农具，打发他回家。

前天策府学士徐仲雅，自从马希广被废黜后，就闭门独居，不肯做官，周行逢仰慕他的才能，任命他代理节度判官，徐仲雅称病推辞。周行逢强迫威胁坚决征召他，当面授予任职文书，最终推辞不取。周行逢发怒，把徐仲雅流放到邵州，最终也没能使他屈服。

南唐朱元等攻取舒州、和州、蕲州。后周扬州、滁州守将都丢弃城市，联合攻打寿州。

当初，南唐官府把茶、盐强行配给百姓，而后征收粮食丝帛，称为"博征"，又在淮南兴造营田，百姓吃尽苦头。等到后周军队到达，百姓争先送牛酒来迎接慰劳。而后周将相不体恤百姓，只顾俘虏掠夺百姓，百姓都很失望，相互聚集在山林湖泽，拿起农具作武器，拼积纸片当铠甲，时人称之为"白甲军"。后周军队讨伐他们，多次吃败仗，已得到的各州地盘多数又为南唐所有。淮南节度使向训上奏请求派广陵的军队合力攻打寿春，后周世宗郭荣下诏同意。向训封好都府仓库交给主管人员，命令牙将部署在城中巡逻，秋毫不犯，州民感动喜悦，军队返回时，有人背着干粮送他们。滁州守将也弃城领兵赶赴寿春。

唐诸将请据险以邀周师，宋齐丘曰："如此则怨益深，不如纵之，以德于敌，则兵易解也。"乃命诸将自守，毋得擅出，由是寿春之围益急。齐王景达军于濠州，遥为声援，军政皆出于陈觉，拥兵五万，无决战意，将吏畏之，无敢言者。

八月，周作《钦天历》。
王朴与司天少监王处讷所撰也。
九月，周以王朴为枢密副使。　冬十月，周立二税起征限。
世宗谓侍臣曰："近朝征敛谷帛，多不俟收获、纺绩之毕。"乃诏三司，自今夏税以六月，秋税以十月起征，民间便之。
周山南东道节度使安审琦入朝，除太师，遣还镇。

审琦镇襄州十余年，至是入朝，除守太师，遣还镇，审琦感悦。世宗谓宰相曰："近朝多不以诚信待诸侯，虽有欲效忠节者，其道无由。王者但能毋失其信，何患诸侯不归心哉？"

周将张永德败唐兵于下蔡。　周以我太祖为定国节度使兼殿前都指挥使。
太祖表赵普为节度推官。
十一月，周杀唐使者司空孙晟。
张永德与李重进不相悦，永德密表重进有二心，世宗不之信。时二将各拥重兵，众心忧恐。重进一日单骑诣永德营，从容宴饮，谓永德曰："吾与公幸以肺附俱为将帅，奚相疑若此之深邪？"永德意解，众心亦安。

南唐众将请求占据险要地形来迎击后周军,宋齐丘说:"这样做,怨仇就更深了,不如放过他们,对敌人施恩,战争就容易解除了。"于是命令众将各自坚守,不得擅自出击,因此寿春的围困益发危急。齐王李景达驻扎在濠州,远远地声援寿州,军政事务都由陈觉处置,拥有五万军队,却没有决战的意向,将领官吏都畏惧陈觉,没有敢说话的。

八月,后周作成《钦天历》。

是王朴与司天少监王处讷编撰的。

九月,后周任命王朴为枢密副使。　冬十月,后周确立夏税、秋税的起征期限。

后周世宗郭荣对侍从大臣说:"近代各朝征收粮食布帛,大多不等到收获、纺织完毕。"于是诏令三司,从今夏税在六月开始征收,秋税在十月开始征收,民间感到便利。

后周山南东道节度使安审琦进京朝见,授官太师,遣送返回镇所。

安审琦镇守襄州十几年,到这时进京入朝,授官守太师,遣送返回镇所,安审琦感到很高兴。后周世宗郭荣对宰相说:"近代各朝大多不用诚信对待诸侯,诸侯即使有人想效忠尽节,也无路可走。称王天下的人只要不失信用,还怕诸侯不诚心归附吗?"

后周将领张永德在下蔡打败南唐军队。　后周任命宋太祖赵匡胤为定国节度使兼殿前都指挥使。

宋太祖上表举荐赵普为节度推官。

十一月,后周杀死南唐使者司空孙晟。

张永德与李重进不和,张永德秘密上表说李重进有二心,后周世宗郭荣不相信。当时两位大将各自握有重兵,众人心里担忧恐惧。李重进有一天单人骑马来到张永德的军营,从容自如地欢宴饮酒,对张永德说:"我与您有幸作为皇上的亲信都当了将帅,为何相互怀疑猜忌这么深呢?"张永德的敌意消除,众人心里也踏实了。

唐主闻之，以蜡书诱重进，皆谤毁反间之语，重进奏之。初，唐使者孙晟、钟谟从至大梁，世宗待之甚厚，时召见，饮以醇酒，问以唐事。晟但言："臣主畏陛下神武，事陛下无二心。"及得唐蜡书，召晟责之。晟正色抗辞请死。问以唐虚实，默不对，命都承旨曹翰送晟于右军巡院，与之饮酒，从容问之，晟终不言。翰乃谓曰："有敕，赐相公死。"晟神色怡然，索靴笏，整衣冠，南向拜曰："臣谨以死报国。"乃就刑。并从者百余人皆杀之，贬钟谟耀州司马。既而怜晟忠节，悔杀之，召谟拜卫尉少卿。

周召华山隐士陈抟诣阙，寻遣还山。

世宗召陈抟问以飞升、黄白之术，对曰："陛下为天子，当以治天下为务，安用此为？"乃遣还山，诏州县长吏常存问之。

周城下蔡。

丁巳（957） 周显德四年。北汉天会元年。是岁，凡五国三镇。

春正月，唐遣兵救寿州，周师击破之。

唐寿州城中食尽，齐王景达遣许文稹、边镐、朱元将兵数万救之，军于紫金山，列十余寨，与城中烽火相应，又筑甬道运粮，绵亘数十里。将及寿春，周李重进邀击，大破之，死者五千人，夺其二寨。

刘仁赡请以边镐守城，自帅众决战，景达不许，仁赡愤邑成疾。其幼子崇谏夜泛舟度淮，为小校所执，仁赡命腰

南唐主李璟得知此事后，就派人用蜡丸密封的书信引诱李重进，书信中都是诽谤朝廷和离间的话，李重进将这封书信奏报朝廷。当初，南唐使者孙晟、钟谟跟随后周世宗到达大梁，后周世宗待他们很好，时常召见他们，给他们喝醇香的美酒，询问南唐的一些事情。孙晟只说："我们主上畏服陛下神武，事奉陛下没有二心。"等得到南唐蜡封的书信，便召见孙晟责备他。孙晟脸色严正，言辞激昂，请求一死。后周世宗问他南唐虚实，孙晟默不作声，后周世宗命令都承旨曹翰送孙晟到右军巡院，与他一起饮酒，曹翰从容询问，孙晟始终不说。曹翰于是对他说："我有敕书，赐相公杀。"孙晟神色泰然自若，找来靴子笏板，整理衣服帽子，向南礼拜说："臣谨以死来报效国家。"于是受刑。连同随从一百多人都被杀死，钟谟被贬为耀州司马。后来后周世宗怜惜孙晟的忠诚节操，后悔杀了他，召回钟谟授官卫尉少卿。

后周召华山隐士陈抟进京，不久便送他回山。

后周世宗郭荣召见陈抟，询问羽化升仙、炼白金为黄金的法术，陈抟回答说："陛下身为天子，应当以治理天下为急务，怎么用得着这些？"于是送他回山，诏令州县长官经常看望问候他。

后周修筑下蔡城。

丁巳（957）　后周显德四年。北汉天会元年。这一年，共五个国家、三个藩镇。

春正月，南唐派兵救援寿州，后周军队击败南唐军。

南唐寿州城中粮食吃光，齐王李景达派遣许文稹、边镐、朱元率兵数万救援，驻扎在柴金山，排列成十几个营寨，与城中的烽火遥相呼应。又修筑甬道运送粮食，绵延横亘长达几十里，甬道将要修到寿春城下，后周李重进拦阻出击，大败南唐军，死的有五千人，夺取了两个营寨。

刘仁赡请求让边镐守卫城池，自己率领部众前去决一死战，李景达不准许，刘仁赡因气愤忧郁生了病。刘仁赡的小儿子刘崇谏在夜里乘船渡过淮河，被军中小校抓获，刘仁赡命令将他腰

斩之。监军使周廷构哭于中门以救之，不许。廷构复使求救于夫人，夫人曰："妾于崇谏非不爱也，然军法不可私，名节不可亏。若贷之，则刘氏为不忠之门，妾与公何面目见将士乎？"趣命杀之，然后成丧，将士皆感泣。

周人以唐援兵尚强，多请罢兵，世宗疑之。李谷寝疾，使范质、王溥就问之，谷曰："寿春危困，破在旦夕，若銮驾亲征，则将士争奋，必可下矣。"

二月，周更造祭器、祭玉。
命国子博士聂崇义讨论制度，为之图。
三月，周主复如寿州，大破唐兵，唐元帅景达奔还。

先是，唐水军锐敏，周人无以敌之，世宗以为恨。反自寿春，于大梁城西汴水侧造战舰数百艘，命唐降卒教北人水战，数月之后，纵横出没，殆胜唐兵。至是，车驾发大梁，命王环将之，自闵河沿颍入淮，唐人大惊。

三月，世宗度淮抵寿春城下，躬擐甲胄，军于紫金山南。命我太祖击唐寨，破之，断其甬道，由是唐兵首尾不能相救。朱元恃功，颇违节度。陈觉与元有隙，屡表元反覆，不可将兵，唐主以杨守忠代之。元愤怒，欲自杀，客宋垍说之曰："大丈夫何往不富贵，何必为妻子死乎？"元即举寨万余人降周。世宗虑其余众沿流东溃，遂命指挥使赵晁将水军数千沿淮而下，命诸将击唐紫金山，大破之，杀获万余

斩。监军使周廷构在中门哭着来挽救，刘仁赡不准许。周廷构又派人向夫人求救，夫人说："我对刘崇谏不是不爱怜，然而军法不可徇私，名节不可亏损。如果宽恕他，那么刘氏将成为不忠之家，我与刘公有什么脸面去见将吏士卒呢？"催促命令赶快杀掉，然后操办丧事，将领士兵都感动得流泪。

后周人认为南唐援军还比较强大，多数人请求撤兵，后周世宗郭荣对此迟疑不决。李毅卧病在家，后周世宗派范质、王溥前去咨询此事，李毅说："寿春危急困苦，攻破它只在旦夕之间，如果皇上能亲自出征，那么将士就会奋勇争先，这样必定可以攻下寿春。"

二月，后周重新制造祭器、祭玉。

命令国子博士聂崇义研究探讨礼仪制度，并画出图来。

三月，后周世宗郭荣再次前往寿州，大败南唐军队，南唐元帅李景达逃回金陵。

此前，南唐水军精锐敏捷，后周人不是他们的对手，后周世宗总以此为恨。从寿春返回后，在大梁城西汴水岸边建造战舰数百艘，命令南唐投降士兵教北方兵水战，几个月之后，后周水兵纵横江湖，出没水中，几乎能胜过南唐水军。到这时，后周世宗从大梁出发，命令王环率领这支水军，从闵河沿颍水进入淮水，南唐人看到大为震惊。

三月，后周世宗渡过淮水抵达寿春城下，亲自穿着盔甲，驻军在紫金山南。命令宋太祖赵匡胤攻击南唐营寨，一举攻破，切断了南唐军队的甬道，从此南唐军队首尾无法互相救援。南唐将领朱元依仗有功，经常违抗元帅的指挥。陈觉与朱元有矛盾，多次上表说朱元为人反复无常，不可领兵，南唐主李璟用杨守忠代替朱元。朱元非常愤怒，想自杀，门客宋均劝他说："大丈夫到哪里不能富贵，何必为了妻子儿女去死呢？"朱元于是率领全营寨一万多人投降后周。后周世宗考虑到南唐其余部众可能会沿着水流向东溃逃，紧急命令指挥使赵晁率领水军数千沿淮水而下，命令众将攻击南唐紫金山，大破南唐军，杀死并抓获一万多

人,擒许文稹、边镐、杨守忠。余众果东,世宗自将骑数百与诸将夹岸追之,水军中流而下,唐兵战溺死及降者殆四万人,获船舰粮仗以十万数。

刘仁赡闻援兵败,扼吭叹息。景达、陈觉皆奔归金陵,惟陈德诚全军而还。唐主议自督诸将拒周,中书舍人乔匡舜上疏切谏,唐主以为沮众,流抚州,既而竟不敢出。

唐寿州监军周廷构以城降周,唐节度使刘仁赡死之。周以寿州为忠正军,徙治下蔡。

世宗耀兵于寿春城北。唐清淮节度使刘仁赡病甚,不知人,监军使周廷构等作仁赡表,舁仁赡出城以降于周,仁赡卧不能起,世宗慰劳赐赉,复令入城养疾。徙寿州治下蔡,赦州境死罪以下。民受唐文书聚山林者,并令复业。政令有不便者,令本州条奏。又制曰:"刘仁赡尽忠所事,抗节无亏,前代名臣,几人堪比? 朕之伐叛,得尔为多。其以为天平节度使兼中书令。"是日卒,追赐爵彭城郡王。唐主闻之,亦赠太师。世宗复以清淮军为忠正军,以旌仁赡之节。

周主之父、光禄卿致仕柴守礼犯法,周主不问。

守礼及当时将相王溥、王晏、韩令坤之父游处,恃势恣横,洛人畏之,谓之"十阿父"。世宗既为太祖嗣,人无敢言守礼子者,但以元舅处之,优其俸给,未尝至大梁。尝以小忿杀人,有司不敢诘,世宗知而不问。

人，擒获南唐将领许文稹、边镐、杨守忠。其余部众果然向东逃窜，后周世宗亲自率领几百骑兵与众将沿着两岸追赶敌军，水军从淮水中流而下，南唐军战死、淹死及投降的将近四万人，缴获船只、粮食、兵器数以十万。

刘仁赡听说救援军队溃败，气噎喉咙而叹息。齐王李景达与陈觉都逃回金陵，只有陈德诚率全军返回。南唐主李璟商议亲自督率众将抗击后周，中书舍人乔匡舜上疏恳切劝谏，南唐主认为他涣散军心，将他流放抚州，不久，南唐主自己竟也不敢出京。

南唐寿州监军使周廷构率领全城军队向后周投降，南唐节度使刘仁赡殉死。后周将寿州改为忠正军，将寿州府治迁到下蔡。

后周世宗郭荣在寿春城北炫耀兵力。南唐清淮节度使刘仁赡病情很重，不省人事，监军使周廷构等代替刘仁赡起草表书，抬着刘仁赡出城向后周投降，刘仁赡卧床不能起来，后周世宗慰劳赏赐他，又让他进城养病。将寿州府治迁徙到下蔡，赦免州境内死罪以下的全部囚犯。百姓中因受南唐刑法处理而聚集山林的，一并召回让他们恢复旧业。政令对百姓有不方便的，命令本州条陈奏报。又下制书说："刘仁赡事奉君主尽心尽忠，高风亮节，没有亏欠，前代的知名大臣中，有几个能与他相比？朕讨伐叛逆，得到你才算真正值得称道。任命刘仁赡为天平节度使兼中书令。"当天刘仁赡便去世，追赐爵位为彭城郡王。南唐主李璟听说刘仁赡去世，也追赠为太师。后周世宗又把清淮军改为忠正军，来表彰刘仁赡的节操。

后周世宗郭荣的生父、退休的光禄卿柴守礼犯法，后周世宗不过问。

柴守礼及当时将相王溥、王晏、韩令坤的父亲们交游相处，依仗权势恣意横行，洛阳百姓都害怕他们，称他们为"十阿父"。后周世宗成为太祖的继承人后，人们都不敢说后周世宗是柴守礼的儿子，只把柴守礼当成长舅对待，给他优厚的俸禄给养，不曾让他来到大梁。柴守礼曾经因为一点小忿恨而杀人，有关官吏不敢追究审查，后周世宗知道也不过问。

周开寿州仓赈饥民。　夏四月,周主还大梁。　周宦者孙延希伏诛。

周修永福殿,命延希董其役。世宗至其所,见役徒有削柿为匕,瓦中啖饭者,大怒,斩延希。

周罢怀恩军,遣还蜀。

周之克秦、凤也,以蜀兵为怀恩军,至是遣八百余人西还。

周以唐降卒为怀德军。

凡六军、三十指挥。

周疏汴水入五丈河。

自是齐、鲁舟楫皆达于大梁。

五月,周作《刑统》。

诏以律令文古难知,敕格烦杂不一,命侍御史张湜等训释删定为《刑统》。

唐败周兵,断其浮梁。

唐郭廷谓将水军断涡口浮梁,又袭败武行德于定远。唐以廷谓为应援使。

六月,蜀卫圣都指挥李廷珪罢。

蜀人多言廷珪为将败覆,不应复典兵,蜀主罢之。李太后以典兵者多非其人,谓蜀主曰:“吾昔见庄宗跨河与梁战,及先帝在太原,平二蜀,诸将非有大功,无得典兵,故士卒畏服。今王昭远出于厮养,伊审徵、韩保贞、赵崇韬皆膏粱乳臭子,素不习兵,徒以旧恩置于人上,平时谁敢言者?一旦疆场有事,安能御大敌乎?以吾观之,惟高彦俦太原旧人,终不负汝,自余无足任者。”蜀主不能从。

后周打开寿州粮仓救济饥饿的百姓。　夏四月,后周世宗郭荣回到大梁。　后周宦官孙延希被诛杀。

后周修缮永福殿,命令孙延希监督这个工程。后周世宗到达修缮场所,看到役徒有用削剩下的木片作勺子,用瓦片盛饭吃的,勃然大怒,将孙延希斩首。

后周解散怀恩军,将他们遣送返回后蜀。

后周攻克秦州、凤州后,将后蜀士兵组建为怀恩军,到这时遣送八百多人西归。

后周将南唐投降的士兵组建为怀德军。

编成六军、三十指挥。

后周疏通汴水让其流入五丈河。

从此齐、鲁一带的船只都能直达大梁。

五月,后周作《刑统》。

后周世宗诏令因为法律条令文字古奥艰深难以明白,敕令、格式繁杂众多互不统一,命令侍御史张湜等注解诠释删改编定为《刑统》。

南唐击败后周军队,切断后周军队的浮桥。

南唐郭廷谓率领水军切断涡口浮桥,并在定远袭击打败武行德。南唐任命郭廷谓为应援使。

六月,后蜀卫圣都指挥使李廷珪被罢免。

后蜀人多数议论李廷珪担任军队将领而兵败覆没,不应该再统帅军队,后蜀主孟昶将他罢免。李太后认为统领军队的将帅大多不是合适人选,对后蜀主说:“我从前看见唐庄宗跨越黄河与梁朝作战,以及先帝在太原,平定蜀地,各位将领没有重大功劳,不得统领军队,所以士兵都畏惧服从。如今王昭远出身官府役徒,伊审微、韩保贞、赵崇韬都是乳臭未干的贵族子弟,素来不熟习军事,只是因为旧日恩宠才置于常人之上,平时谁敢评说他们? 而一旦边疆有了战事,他们怎么能抵御强大敌人的入侵? 据我的观察,只有高彦俦是先帝在太原时的老人,终究不会背叛你,其余都不值得任用。”后蜀主没能听从。

周以王祚为颍州团练使。

祚，溥之父也。溥为宰相，祚有宾客，溥常朝服侍立，客坐不安席，祚曰："独犬不足为起。"

秋七月，周贬武行德、李继勋为左右卫将军。

治定远、寿春之败也。

北汉初立七庙。　八月，周平章事李穀罢，以王朴为枢密使。

穀卧疾二年，九表辞位，罢守本官，令每月肩舆一诣便殿议政事。

蜀主致书于周，周主不答。

周所遣怀恩军至成都，蜀主亦遣梓州所俘八十人东还，且致书谢，请通好。世宗以其抗礼不答。蜀主闻之，怒曰："朕为天子，郊祀天地时，尔犹作贼，何敢如是？"

九月，周以窦俨为中书舍人。

俨上疏请令有司讨论礼仪，考正钟律，作《通礼》《正乐》。又以为："为政之本，莫大择人。择人之重，莫先宰相。自有唐之末，轻用名器，始为辅弼，即兼三公、仆射之官。故其未得之也，则以趋竞为心。既得之也，则以容默为事。乞令宰相各举所知，且令以本官权知政事。期岁之间，察其职业，若果能堪称，其官已高，则除平章事；未高，则稍更迁官，权知如故。若有不称，则罢其政事，责其举者。又，班行之中，有员无职者大半，乞量其才器，授以外

后周任命王祚为颍州团练使。

王祚是王溥的父亲。王溥为宰相,王祚有宾客到家,王溥经常穿着朝服站着侍候,宾客们坐在席上很不安,王祚说:"犬子不值得大家为他起身。"

秋七月,后周贬低武行德、李继勋为左右卫将军。

处理在定远、寿春打仗时的失败。

北汉开始建立祖宗七庙。   八月,后周平章事李穀被罢免,任命王朴为枢密使。

李穀有病卧床二年,前后共九次上表请求辞职,朝廷罢免李穀平章事之职,保留原官,让他每月坐着轿子到便殿一次,议论国家政事。

后蜀主孟昶向后周致信,后周世宗郭荣不回信。

后周所遣送的怀恩军到达成都,后蜀主也遣送梓州所俘获的八十人东归,并且致书信表示感谢,请求通使友好。后周世宗因为后蜀主采用对等礼节而不回信。后蜀主听说后,发怒说:"朕为天子在郊外祭祀天地时,你还在做盗贼,怎么敢如此无礼?"

九月,后周任命窦俨为中书舍人。

窦俨上书请求命令有关官员研讨议论礼仪,考究校正黄钟律度,撰《大周通礼》《大周正乐》。又认为:"治理政事的根本,没有比选择人才更重要的。选择人才的重点,没有比选择宰相更首要的。自从唐朝末年以来,轻易加封官职赏赐爵位,刚担任宰相辅佐天子处理政事,便立即兼领司徒、司空、司马三公和仆射之类的官位。所以许多人在没有得到官位时,就一门心思追逐猎取。得到官位以后,就专以沉默寡言、明哲保身为事。请求命令宰相各自举荐所了解的人才,暂且让他们以原来的官职暂时主持政事。用一年左右的时间,考察他们的职责和业绩,如果能够胜任,他的官职已经很高,就正式授予平章事;如果他原来官位不高,就要稍加提升,代理主持政事如旧。如果不称职,就罢免他处理政事的资格,追究举荐者的责任。在朝做官的,有名称而无职责的占大多数,请求衡量他们的才能本领,授官出外

任,考其治状,能者进之,否者黜之。"

又请:"令盗贼自相纠告,以其所告赀产之半赏之。或亲戚为之首,则论其徒侣而赦其所首者,如此则盗不能聚矣。又新郑乡村团为义营,各立将佐,一户为盗,累其一村,一户被盗,罪其一将。每有盗发,则鸣鼓举火,丁壮云集,盗少民多,无能脱者,由是一境独清。请令他县皆效之,亦止盗之一术也。又,累朝屡诏,劝民广耕,止输旧税,及其既种,则有司履亩而增之,故民皆疑惧,而田不加辟。夫为政之先,莫如敦信,信苟著矣,则田无不广,田广则谷多,谷多则藏之民,犹藏之官也。"

又言:"陛下南征江、淮,威灵所加,前无强敌。今以众击寡,以治伐乱,势无不克,但行之贵速,则彼民免俘馘之灾,此民息转输之困矣。"

世宗善之。俨,仪之弟也。

冬十月,周设贤良、经学、吏理等科。 北汉麟州降周,周以其刺史杨重训为防御使。 十一月,周主自将伐唐,攻濠、泗州。

世宗自将伐唐。十一月,攻破濠州关城,拔其水寨,焚战船七十余艘,斩首二千余级。又攻拔其羊马城,城中震恐。唐团练使郭廷谓上表言:"臣家在江南,今若遽降,恐为唐所种族,请先遣使禀命,然后出降。"许之。唐战船

任职，考察他在外治理政事的状况，有能力的就提拔重用，没有能力的就贬黜。"

窦俨又请求："让盗贼自己互相检举揭发，将被告发者的一半财产赏给告发者。如果有亲戚替他自首的，就判处他的党徒同伙而赦免所自首者，如果能这样，那么盗贼就不能聚集了。另外，新郑的乡村组织成义营，各自设立将佐，一户当盗贼，要连累一村，一户被盗，就怪罪一将。每当有盗贼发生，就击鼓举火，壮年男子就云集到出事地点，盗贼少而百姓多，盗贼便没有能逃脱的，因此只有新郑境内独自肃清了盗贼现象。请求下令其他州县都仿效新郑这种方法，这也是防止出现盗贼的一种办法。另外，历朝屡次颁发诏书，听凭农民在旧田以外扩大耕种，只交纳旧税，等到农民种上庄稼，有关官吏就丈量田亩而增税，所以农民都怀疑惧怕，而农田就不再开辟增多。处理政务的先决条件，没有讲究信用更重要的了。如果信用显著，那么农田就不会不扩大，农田扩大粮食就会增多，粮食增多藏在农民手里，就如同藏在官府一样。"

窦俨又说："陛下南下征伐长江、淮水流域，神威所到之处，前面没有强敌对手。如今以多击少，以治伐乱，势必攻无不克，只是行动上贵在神速，那么对方的百姓就可免受俘获斩首的灾难，我们的百姓就能消除辗转运输的困苦。"

后周世宗郭荣认为窦俨的这些意见都很好。窦俨是窦仪的弟弟。

冬十月，后周设立贤良、经学、吏理等科举荐人才。 北汉麟州归降后周，后周任命麟州刺史杨重训为防御使。 十一月，后周世宗郭荣亲自领兵征伐南唐，攻打濠州、泗州。

后周世宗亲自领兵征伐南唐。十一月，攻破濠州南关城，攻克南唐军水寨，焚烧战船七十余艘，斩首二千多人。又攻克羊马城，濠州城中震惊恐慌。南唐团练使郭廷谓上表说："臣下家住江南，现在如果马上投降，恐怕被南唐诛灭全族，请让我先派使者到金陵请命，然后再出城投降。"后周世宗答应了他。南唐战船

数百艘在涣水东，欲救濠州，世宗自将兵夜发击破之，鼓行而东，所至皆下。至泗州，我太祖先攻其南，因焚城门破水寨。世宗居月城楼，督将士攻城。

契丹、北汉会兵寇周潞州，不克而还。

契丹遣其侍中崔勋将兵来会北汉，欲同入寇。北汉主遣李存瓌将兵会之，南侵潞州，至其城下而还。北汉主知契丹不足恃，而不敢遽与之绝，赠送勋甚厚。

十二月，唐泗州降周，周主追击唐兵至楚州，大破之。

泗州守将范再遇举城降周，世宗自至城下，禁军中刍荛者毋得犯民田，民皆感悦，争献刍粟，无一卒敢擅入城者。唐战船数百艘保清口，世宗自将追至楚州西北，大破之。我太祖擒其应援使陈承昭以归。唐之战船在淮上者，于是尽矣。

唐濠州降周。周主进兵攻楚州，遣兵取扬、泰州。

郭廷谓使者自金陵还，知唐不能救，命参军李延邹草降表。延邹责以忠义，廷谓以兵临之，延邹掷笔曰："大丈夫终不负国，为叛臣作降表。"廷谓斩之，举城降周。世宗时攻楚州，廷谓来谒，世宗谓曰："江南诸将败亡相继，独卿能断涡口浮梁，破定远寨，所以报国足矣。"使将濠州兵攻天长，遣指挥使武守琦将骑数百趋扬州，至高邮。唐人悉焚扬州官府民居，驱其人南度江。后数日，周兵乃至。世宗闻泰州亦无备，遣兵袭取之。

数百艘在涣水东面,准备救援濠州,后周世宗亲自率领军队夜间出发袭击,打败南唐水军,乘势击鼓向东行进,所到之处都被攻克。到达泗州城下,宋太祖赵匡胤首先进攻城南,乘势焚烧城门,攻破水寨。后周世宗坐在月城楼上,亲自监督将士攻城。

契丹、北汉双方军队会合入侵后周潞州,没有攻克便返回。

契丹派遣侍中崔勋率兵来会合北汉军队,准备共同入侵后周。北汉主刘钧派遣李存瓌率兵会同契丹军队,南下入侵潞州,到达城下而返回。北汉主知道契丹靠不住,但不敢立即与契丹断绝关系,便赠送给崔勋很丰厚的礼物。

十二月,南唐泗州守将向后周投降,后周世宗郭荣领兵追击南唐军到楚州,大败南唐军。

泗州守将范再遇率领全城官兵向后周投降,后周世宗亲自来到泗州城下,下令军中割草打柴的不得侵犯农民田地,农民都感动喜悦,争相献送粮草,没有一名士兵敢擅自进入城里。南唐战船数百艘退守清河口,后周世宗亲自领兵追击到楚州西北,大败南唐军。宋太祖赵匡胤擒获南唐应援使陈承昭而返回。南唐的战船在淮水上的,全在这次战斗中被歼灭。

南唐濠州向后周投降。后周世宗郭荣领兵攻打楚州,派兵夺取扬州、泰州。

郭廷谓的使者从金陵回来,得知南唐朝廷不能救援,便命令参军李延邹起草投降表书。李延邹用忠义来斥责郭廷谓,郭廷谓用兵器逼他,李延邹将笔扔在地上说:“大丈夫始终不能辜负国家去为叛臣写投降表书。”郭廷谓杀了他,率全城向后周投降。后周世宗当时正攻打楚州,郭廷谓前来谒见世宗,后周世宗对他说:“江南众将相继战败逃亡,只有卿能切断涡口浮桥,攻破定远寨,用来报答国家的战功已经足够了。”后周世宗派郭廷谓率领濠州军队攻打天长,派遣指挥使武守琦率领数百骑兵赶赴扬州,到达高邮。南唐人将扬州所有的官府民宅都烧掉,驱赶扬州百姓向南渡江。几天以后,后周军队才赶到。后周世宗听说泰州也没有防备,便派兵袭击夺取泰州。

南汉遣使入贡于周，不至。

南汉主闻唐屡败，忧形于色，遣使入贡于周，为湖南所闭。乃治战船，修武备，既而纵酒酣饮，曰："吾身得免幸矣，何暇虑后世哉？"

戊午（958） 周显德五年。唐中兴元年，南汉主钱大宝元年。是岁，凡五国三镇。

春正月，周师克唐海州。　周凿鹳水引战舰入江。

世宗欲引战舰自淮入江，阻北神堰不得度，欲凿楚州西北鹳水以通其道，遣使行视，还言地形不便，计功甚多。乃自往视之，授以规画，旬日而成，用功甚省，巨舰数百艘皆达于江，唐人大惊，以为神。

周师拔唐静海军。

周拔静海军，始通吴越之路。先是，世宗遣使如吴越，语之曰："卿去虽泛海，还当陆归。"已而果然。

蜀贬章九龄为维州参军。

蜀右补阙章九龄见蜀主，言政事不治，由奸佞在朝。蜀主问奸佞为谁，指李昊、王昭远以对。蜀主怒，贬之。

周主克唐楚州。唐防御使张彦卿死之。

周兵攻楚州，逾四旬，唐防御使张彦卿固守不下。世宗自督诸将攻克之。彦卿与都监郑昭业犹帅众拒战，矢刃皆尽，彦卿举绳床以斗而死，所部千余人，至死无一人降者。

南汉派遣使者向后周进贡,没有到达。

南汉主刘晟听说南唐军屡次失败,脸上露出忧愁的神色,便派遣使者向后周进贡,道路被湖南所阻塞。于是制造战船,进行军事准备,不久又开始纵酒狂饮,说:"我自身得免于战火就很幸运了,哪有闲暇来考虑后代呢?"

戊午(958) 后周显德五年。南唐中兴元年,南汉主刘锹大宝元年。这一年,共五个国家、三个藩镇。

春正月,后周军队攻克南唐海州。   后周开凿鹳水引导战舰进入长江。

后周世宗郭荣打算率领战舰从淮水进入长江,但被北神堰阻挡没法渡过,便想开凿楚州西北鹳水来打通水路,派遣使者前往巡视,回来说地形条件不便利,估计费工太多。后周世宗亲自前往视察,口授工程规划,十天便完成了,花费的功夫很少,数百艘巨大战舰都直接到达长江,南唐人大为惊异,认为此事真是神奇。

后周军队攻占南唐静海军。

后周攻占南唐的静海军,开始打通与吴越的陆路。此前,后周世宗郭荣派遣使者前往吴越,跟他们说:"卿此去虽然要泛舟渡海,等回来时应当可以从陆路返回。"不久果然如此。

后蜀贬章九龄为维州参军。

后蜀右补阙章九龄诏见后蜀主孟昶,说国家政事没有治理好,是由于奸臣在朝廷专权。后蜀主问奸臣是谁,章九龄指着李昊、王昭远作答。后蜀主大怒,将章九龄贬官。

后周世宗郭荣攻克南唐楚州,南唐防御使张彦卿殉死。

后周军队进攻楚州,已超过四十天,南唐防御使张彦卿顽强坚守而无法攻下。后周世宗亲自督率众将攻克楚州。张彦卿与都监郑昭业仍然率领部众抵抗战斗,弓箭和刀剑都用尽了,张彦卿就举起绳床来搏斗而最后战死,所部一千多人,都战死到最后,没有一人投降。

高保融以水军会周师伐唐。 二月,周主至扬州。
北汉攻周隰州,不克。

隰州刺史暴卒,建雄节度使杨廷璋谓都监李谦溥曰:
"今大驾南征,隰州无守将,河东必生心。若奏请待报,则
孤城危矣。"即牒谦溥权隰州事。谦溥至,则修守备。未
几,北汉兵果至,诸将请速救之,廷璋曰:"隰州城坚将良,
未易克也。"北汉攻城久不下,廷璋度其疲困无备,潜与谦
溥约,各募死士百余,夜袭其营,北汉兵惊溃解去。

三月,唐以太弟景遂为晋王,燕王弘冀为太子。

景遂前后十表辞位,且言:"弘冀嫡长,有军功,宜为
嗣。"唐主乃立景遂为晋王、洪州大都督,以弘冀为皇太子,
参决庶政。弘冀为人猜忌严刻,景遂左右有未出东宫者,
立斥逐之。

**周主临江,遣水军击唐兵,破之。唐主遣使尽献江北
地,周主罢兵引还。**

世宗如迎銮镇,屡至江口,遣水军击唐兵,破之。唐主
恐,遂南度,又耻降号称藩,乃遣陈觉奉表,请传位于太子
弘冀,使听命于中国。时淮南惟庐、舒、蕲、黄未下,觉见周
之盛,白世宗,请遣人度江取表,献四州之地,画江为境,以
求息兵,辞指甚哀。上曰:"朕本兴师,止取江北,今尔主能
举国内附,朕复何求?"赐唐主书,称"皇帝恭问江南国主",

高保融以水军会同后周军队讨伐南唐。 二月,后周世宗郭荣到达扬州。 北汉军队进攻后周隰州,没有攻克。

隰州刺史突然死亡,建雄节度使杨廷璋对都监李谦溥说:"如今皇上南征,隰州没有守将,河东必定会产生野心。如果奏报请示等待回复,那么隰州孤城就很危险了。"立即签署书牒命李谦溥代理主持隰州军政事务。李谦溥到达隰州后,就加紧进行防守准备。不久,北汉军队果然来到隰州,众将请求迅速救援,杨廷璋说:"隰州城池坚固,守将精明,不容易攻克。"北汉军队攻城久攻不下,杨廷璋估计北汉军队疲惫困乏,没有防备,便暗中与李谦溥约定,各招募敢死士兵一百多人,夜间偷袭北汉兵营,北汉军队惊慌溃逃仓惶离去。

三月,南唐主李璟改封皇太弟李景遂为晋王,立燕王李弘冀为皇太子。

李景遂前后十次上表请求辞去继承人之位,并且说:"李弘冀是嫡长子,又有军功,应当做继承人。"南唐主于是封李景遂为晋王、洪州大都督,立李弘冀为皇太子,参预决定国家各种政务。李弘冀性情多疑,为人严厉尖刻,李景遂手下人还有没出东宫的,便立即把他们斥退赶走。

后周世宗郭荣亲临长江,派遣水军攻打南唐军队,打败南唐军。南唐主李璟派遣使者把长江以北的地方全部献给后周,后周世宗停止进攻,领兵返回。

后周世宗前往迎銮镇,屡次到达长江口,派遣水军攻打南唐军队,打败南唐军。南唐主害怕,于是渡江南下,又耻于贬降帝号改称藩臣,于是便派遣陈觉奉送表章,请求将皇位传给太子李弘冀,让他听从后周的命令。当时淮南只有庐州、舒州、蕲州、黄州没有被攻下,陈觉看到后周军队的强大,向后周世宗禀报,请求派人渡过长江拿取表章,进献四州土地,划江为界,以求休战,言辞旨意很是悲哀。后周世宗说:"朕兴师出兵的本意,只为取得江北之地,如今你们的君主能够率国归附,朕还有什么可要求的呢?"后周世宗赐南唐主书信,称"皇帝恭问江南国主",

慰纳之。唐主奉表称"唐国主",请献江北四州,岁输贡物数十万。于是江北悉平,得州十四,县六十。世宗赐唐主书,谕以今当罢兵,不必传位。赐钱弘俶、高保融犒军帛有差。唐主遣冯延巳献银、绢、钱、茶、谷共百万以犒军。敕故淮南节度使杨行密、昇府节度使徐温等墓并量给守户。其江南群臣墓在江北者,亦委长吏以时检校。

周汴渠成。

浚汴口,导河流达于淮,于是江、淮舟楫始通。

夏四月,周新作太庙成。 五月朔,日食。 唐主更名景,去帝号,奉周正朔。

唐主避周讳,更名景。下令去帝号,称国主,凡天子仪制曾有降损。去年号,用周正朔。平章事冯延巳、严续,枢密使陈觉皆罢。

初,延巳以取中原之策说唐主,由是有宠。尝笑烈祖龌龊曰:"安陆所丧才数千兵,为之辍食咨嗟者旬日,此田舍翁识量耳,安足与成大事?岂如今上暴师数万于外,而击毬宴乐无异平日,真英主也。"与其党谈论,常以天下为己任,更相唱和。翰林学士常梦锡屡言延巳等浮诞不可信,唐主不听。梦锡曰:"奸臣似忠,陛下不悟,国必亡矣。"及是延巳之党相与言,有谓周为大朝者,梦锡大笑曰:"诸公常欲致君尧舜,何意今日自为小朝邪?"众默然。

安慰接纳了他。南唐主奉送表章自称"唐国主",请求献出长江以北庐、舒、蕲、黄四州,每年贡献财物数十万。于是长江以北全部平定,得到十四个州、六十个县。后周世宗赐给南唐主书信,告诉他如今应当休战,不必传位。赐给钱弘俶、高保融犒劳军队的绢帛各有差等。南唐主派遣冯延巳进献金银、绢帛、钱财、茶叶、粮食共百万计,以犒劳军队。敕令已故淮南节度使杨行密、已故昇府节度使徐温等人的墓地,一并酌情配给守墓的农户。其余江南群臣有先人坟墓在长江以北的,也委托所在地方长官按时检查。

后周汴水大渠修成。

疏通汴口,引导黄河水流直达淮水,于是长江、淮水的船只开始通航。

夏四月,后周新建太庙落成。 **五月初一**,出现日食。 **南唐主李璟改名为李景,去掉帝号,奉行后周历法。**

南唐主为避后周世宗祖先的名讳,改名为景。下令去掉帝号,只称国主,凡是天子的礼仪制度都有所降低贬损。去掉原来年号,改用后周的历法。平章事冯延巳、严续和枢密使陈觉都被罢免。

当初,冯延巳用夺取中原的策略劝说南唐主,因此得到宠幸。他曾经嘲笑南唐烈祖李昇器量狭小说:"安陆所丧失的才几千士兵,为此就禁食叹息达十天,这是乡村田舍老翁的见识度量,怎么能同他成就大事?哪像如今皇上几万大军风餐露宿在野外,而自己打毬宴会取乐与平时没有两样,真是英明的君主呀。"冯延巳与他的同党谈论时,经常把治理天下作为自己的责任,互相唱和呼应。翰林学士常梦锡多次上言冯延巳等人虚浮夸诞,不可相信,南唐主听不进去。常梦锡说:"奸臣好似很忠诚,如果陛下再不觉悟,国家必然灭亡。"到这时,冯延巳党羽相互交谈,有称后周为大朝的,常梦锡大笑说:"诸位平常总想引导国君成为唐尧、虞舜,哪里会想到今日自己成了小朝廷呢?"众人都沉默不语。

周主遣使如唐，馈之盐，还其俘。

周始命太府卿冯延鲁、卫尉少卿钟谟使于唐，赐以御衣、玉带、《钦天历》及犒军帛十万。唐主尝奏江南无盐田，愿得海陵盐监，世宗曰："海陵在江北，难以交居。"至是诏岁给盐三十万斛，俘获士卒稍稍归之。

秋八月，唐太子弘冀杀其叔父晋王景遂。

景遂之赴洪州也，唐主以李徵古为副使。徵古傲狠专恣，景遂虽宽厚，久而不堪，常欲斩徵古而自囚，左右谏而止。太子弘冀在东宫，多不法，唐主怒，尝以毬杖击之，曰："吾当复召景遂。"弘冀闻洪州都押牙袁从范怨景遂，密遣毒之。景遂击毬渴甚，从范进浆，饮之而卒。未殡体已溃，唐主不之知。

南汉主晟殂，子鋹立。

鋹年十六，国事皆决于龚澄枢、卢琼仙等，台省备位而已。

唐置进奏院于大梁。　周遣阁门使曹彬如吴越。

周遣曹彬以兵器赐吴越，事毕亟反，不受馈遗。吴越人以轻舟追与之，至于数四，彬曰："吾终不受，是窃名也。"尽籍其数，归而献之。世宗曰："向之奉使者，乞丐无厌，使四方轻朝命。卿能如是甚善，然彼以遗卿，卿自取之。"彬始拜受，悉以散于亲识，家无留者。

冬十月，周以高防为西南面制置使。

后周世宗郭荣派遣使者前往南唐国,馈赠食盐,释放战俘回去。

　　后周世宗命令太府卿冯延鲁、卫尉少卿钟谟出使南唐,赏赐御衣、玉带、《钦天历》以及犒劳军队的绢帛十万匹。南唐主李景曾经奏报江南地区没有盐田,希望得到海陵的盐监,后周世宗说:"海陵在长江北岸,难以使南、北官吏交错杂居。"到这时,诏令每年给江南地区三十万斛盐,被俘虏抓获的江南士兵逐渐被释放回国。

　　秋八月,南唐太子李弘冀杀死他叔父晋王李景遂。

　　李景遂到洪州赴任,南唐主任命李徵古为镇南节度副使。李徵古傲慢凶狠,专横跋扈,李景遂虽然宽容仁厚,但时间长了也不堪忍受,经常想斩了李徵古而后到有关执法部门自首,被手下人劝谏而住手。太子李弘冀住在东宫,多有不法行为,南唐主李景发怒,曾经用马毬杖打他,说:"我应当重新召回景遂。"李弘冀听说洪州都押牙袁从范怨恨李景遂,暗中让他毒害李景遂。李景遂打马毬口渴得很,袁从范送上饮料,李景遂喝下就死了。还没到埋葬,身体已经溃烂,南唐主不知情。

　　南汉主刘晟去世,长子刘铱即皇帝位。

　　刘铱年仅十六岁,国家大事全部由龚澄枢、卢琼仙等人裁决,台省各部官员只虚设其位而已。

　　南唐在大梁设置进奏院。　后周派遣阁门使曹彬出使吴越。

　　后周世宗郭荣派遣曹彬带着兵器赐给吴越王钱弘俶,事情完毕即刻返回,不接受对方馈赠。吴越人划着小船追送礼品,曹彬再三推辞,曹彬说:"我如果始终不接受,那是沽名钓誉。"全部登记礼品数量,返回后献给后周世宗。后周世宗说:"从前奉命出使的人,索求礼品贪得无厌,让四方之人轻蔑朝廷命令。爱卿能够做到这样很好,然而人家既已将这些礼品馈赠给爱卿,爱卿自当取走。"曹彬这才礼拜接受,全部散发给亲戚朋友,家中一点不留。

　　冬十月,后周任命高防为西南面制置使。

世宗谋伐蜀,以防为西南面水陆制置使。高保融再遗蜀主书,劝使称臣于周。蜀主集将相议之,李昊曰:"从之则君父之辱,违之则周师必至,诸将能拒周乎?"皆曰:"陛下圣明,江山险固,秣马厉兵,正为今日,臣等请以死卫社稷。"蜀主乃命昊草书,极言拒绝之。

周遣使均定境内田租。

世宗留心农事,常刻木为农夫、蚕妇,置之殿庭。欲均天下田租,先以元稹《均田图》赐诸道,至是诏散骑常侍艾颖等三十四人分行诸州,均定田租。又诏诸州并乡村,率以百户为团,团置耆长三人。又诏凡诸色课户及俸户,并勒归州县,其幕职、州县官,自今并支俸钱及米麦。

十一月,周命窦俨撰《通礼》《正乐》。 唐放其太傅宋齐丘于九华山。

初,齐丘多树朋党,躁进之士争附之,枢密使陈觉、副使李徵古恃其势尤骄慢。及景达遁归,国人凶惧,唐主悲叹泣下。徵古曰:"陛下当治兵以扞敌,涕泣何为?岂乳母不至邪?"会司天奏:"天文有变,人主宜避位禳灾。"唐主乃曰:"吾欲释去万机,谁可以托国者?"徵古曰:"宋公,造国手也,陛下何不举国授之?"觉曰:"陛下深居禁中,国事皆委宋公,先行后闻,臣等时入侍,谈释、老,不亦可乎?"唐主心愠,即命中书舍人陈乔草诏行之。乔惶恐请见,曰:"陛下一署此诏,臣不复得见矣。"因极言其不可。唐主笑曰:

后周世宗谋划征伐后蜀,任命高防为西南面水陆制置使。高保融再次给后蜀主孟昶去信,劝他向后周投降称臣。后蜀主召集将相商议此事,李昊说:"听从他就是国君的耻辱,违背他后周军队必定要打到这里,众将能够抵御后周军队吗?"众将都说:"陛下圣明,江山险要坚固,军队秣马厉兵长期备战,正是为了今天抵御外敌,我们请求用生命来保卫国家。"后蜀主于是命令李昊起草回信,坚决拒绝投降。

后周派遣使臣全面确定境内田租。

后周世宗郭荣非常留意农事,经常用木头刻成农夫、蚕妇的形象,安置在宫殿庭院中。后周世宗打算统一国家租税,先将元稹的《均田图》赐给各道,到这时诏令散骑常侍艾颖等三十四人分别视察各州,全面确定田租。又诏令各州合并乡村,一般每百户为一团,每团设置年老的团长三人。又诏令所有各种课户及佣户,统一归州县管理,那些幕职官、州县官,从现在开始统一支取俸钱及粮食。

十一月,后周世宗命令窦俨编撰《大周通礼》《大周正乐》。南唐流放太傅宋齐丘到九华山。

当初,宋齐丘大肆拉帮结派,培植党羽,浮躁急进之士争相攀附,枢密使陈觉、枢密副使李徵古仗恃宋齐丘的势力,更加骄横傲慢。等到李景达逃回,国人非常非常恐惧,南唐主李景悲哀感叹地流下眼泪。李徵古说:"陛下应当治理军队来抵抗敌人,流泪哭泣干什么?难道是奶妈没有到吗?"当时适逢司天奏报:"天象将有大变,君主应该避位祈求消灾。"南唐主于是说:"我想放弃君位摆脱政务,可以把国家托付给谁呢?"李徵古说:"宋公是参与创建国家的人,陛下何不把国家交授给他治理呢?"陈觉说:"陛下深居宫中,国家大事都委托给宋公,先处理后报告,我们时常入宫侍候,跟您谈论释迦牟尼、老子之学,不也是可以的吗?"南唐主心中怨恨,就命令中书舍人陈乔起草诏书实行。陈乔恐惶不安请求谒见,说:"陛下一旦签署这个诏令,我就不会再见到陛下了。"于是极力陈述不能这样做。南唐主笑着说:

"尔亦知其非邪?"乃止。遂出徵古洪州,罢觉近职。

钟谟素以德明之死怨齐丘,言于唐主曰:"齐丘乘国之危,遽谋篡窃,陈觉、徵古为之羽翼,理不可容。"觉自周还,矫以世宗之命,谓唐主曰:"闻江南连岁拒命,皆宰相严续之谋,当为我斩之。"唐主知觉素与续有隙,固未之信。谟请覆之于周,唐主乃因谟复命,上言:"久拒王师,皆臣愚迷,非续之罪。"世宗闻之,大惊曰:"审如此,则续乃忠臣。朕为天下主,岂教人杀忠臣乎?"谟还,以白唐主。唐主欲诛齐丘等,复遣谟入禀之。世宗以异国之臣,无所可否。唐主乃诏暴齐丘等罪,听齐丘归九华山,觉宣州安置,徵古赐自尽。

己未(959) 周显德六年,六月,恭帝宗训立。是岁,凡五国三镇。

春正月,周命王朴作律准定大乐。

初,有司将立正仗,宿设乐县于殿庭,世宗观之,见钟磬有设而不击者,问乐工,皆不能对。乃命窦俨讨论古今,考正雅乐。

以王朴素晓音律,询之,朴上疏曰:"礼以检形,乐以治心。形顺于外,心和于内,然而天下不治,未之有也。盖乐生于人心,而声成于物,物声既成,复能感人之心。昔黄帝

"你也知道那样做不行呀。"于是作罢。随后将李徵古外放到洪州任职，陈觉被罢免近臣之职。

钟谟素因李德明之死而怨恨宋齐丘，便对南唐主说："宋齐丘乘国家危难之机，加紧阴谋篡权夺位，陈觉、李徵古是他的帮凶死党，不处置他们天理难容。"陈觉从后周回来，假托后周世宗的命令，对南唐主说："听说江南连年抗拒诏令，都是宰相严续的主谋，应当替我斩了他。"南唐主知道陈觉一向与严续有矛盾，本来就不相信他的话。钟谟请求到后周核实，南唐主于是通过钟谟回后周复命，上书说："长久抗拒王师，都是我的愚昧糊涂，不是严续的罪过。"后周世宗听说后，大为震惊，说："确实如此的话，那么严续乃是忠臣。朕为天下之主，怎么能教唆别人杀害忠臣呢？"钟谟回国，将情况报告南唐主。南唐主打算诛杀宋齐丘等人，又派遣钟谟入朝向后周世宗禀报。后周世宗因为是别国的臣子，不置可否。南唐主于是诏令公布宋齐丘等人的罪恶，允许宋齐丘返归九华山隐居，陈觉被送到宣州安置，李徵古被赐命自杀。

后周恭帝

己未（959）　后周显德六年，六月，后周恭帝郭宗训即位。这一年，共五个国家、三个藩镇。

春正月，后周世宗郭荣命令王朴作律准定大乐。

当初，有关官吏准备设置正月初一接受朝贺的仪仗礼器，前一天晚上在正殿厅堂悬挂乐器，后周世宗前往观看，看到有钟磬设挂在那里却不击打，便询问乐工，都不能回答。于是命令窦俨探讨研究古今有关制度，考定校正雅乐。

因为王朴平素通晓音律，后周世宗便询问他雅乐之事，王朴上疏说："礼仪是用来规范形体的，音乐是用来陶冶心灵的。形体在外表现恭顺，心灵在内保持平和，如果这样而天下还得不到治理，那是没有的。音乐产生于人的心灵，而声音产生于物体的振动，物体的声音形成后，又能反过来感化人的心灵。从前黄帝

吹九寸之管，得黄钟正声，半之为清声，倍之为缓声，三分损益之以生十二律。旋相为宫以生七调为一均，凡十二均八十四调而大备。

"遭秦灭学，历代罕能用之。唐祖孝孙考正大乐，其法始备。安史之乱，什亡八九，至于黄巢，荡尽无遗。时有博士殷盈孙铸镈钟十二，编钟二百四十，处士萧承训校定石磬，今之在县者是也。虽有钟、磬之状，殊无相应之和，其镈钟不问音律，但循环而击，编钟、编磬徒悬而已。丝、竹、匏、土仅有七声，名为黄钟之宫，其存者九曲。考之，三曲协律，六曲参涉诸调。盖乐之废缺，无甚于今。

"臣谨如古法，以秬黍定尺，长九寸，径三分，为黄钟之管，与今黄钟之声相应，因而推之，得十二律。以为众管互吹，用声不便，乃作律准，十有三弦，其长九尺，皆应黄钟之声，以次设柱，为十一律及黄钟清声，旋用七律以为一均。为均之主者，宫也，徵、商、羽、角、变宫、变徵次焉。发其均主之声，归乎本音之律，迭应不乱，乃成其调，凡八十四调。此法久绝，出臣独见，乞集百官校其得失。"诏从之。百官皆以为然，乃行之。

唐宋齐丘自杀。

齐丘至九华山，唐主命锁其第，穴墙给饮食。齐丘叹曰："吾昔献谋幽让皇帝族于泰州，宜其及此。"乃缢而死，谥曰丑谬。初，常梦锡深疾齐丘之党，与冯延巳、魏岑之徒

吹九寸长的竹管，得到黄钟的正声，去掉一半变成清声，加长一倍变成缓声，用增减三分之一长度的方法产生十二音律。十二音律轮流作为宫音，可以产生七个调成为一均，总共有十二均，八十四个调，从而均、调全部齐备。

"由于后来遭到秦朝消灭学术的厄运，历代研习演奏音乐的人很少有能运用它的。唐代祖孝孙考定校正雅乐，这种演奏方法开始齐备。安禄山、史思明作乱，乐器、乐师损失十分之八九，到了黄巢造反，便荡然无存。当时有博士殷盈孙铸造镈钟十二枚，编钟二百四十枚，处士萧承训校定石磬，如今悬挂的就是。现在虽然有钟、磬的形状，却没有一点相呼应的和音，那镈钟不问是什么音律，只是循环击打，编钟、编磬只是空挂着而已。丝、竹、匏、土等乐器仅有七个声音，名为黄钟之宫，保存下来只有九个曲子。考核这九个曲子，只有三个曲子符合音律，六个曲子参杂各种音调。音乐的废弃遗缺，没有比如今更严重的了。

"臣下严格依照古代的方法，用黑黍子粒来定出尺寸，长九寸，直径三分的，定为黄钟律管，与当今的黄钟之声相应和，以此推算，得出十二音律。因为众多律管交替吹奏，使用听声很不方便，于是制作律准，共用十三条弦，其长九尺，所有的音律都应符合黄钟的声音，按着次序设置架弦的码子，调成十一个音律及黄钟清声，循环使用七个音律成为一均。作为一均的主音，首先是宫，其次是徵、商、羽、角、变宫、变徵。发出该均主音之声，最后回归到本音的音律，重迭应和而不杂乱，于是构成一调，总共八十四调。这个方法已经失传很久，出于臣下的独自见解，请求召集百官比较考核其得失正误。"后周世宗下诏采纳王朴的建议。百官都认为是这样，于是开始实行。

南唐宋齐丘自杀。

宋齐丘到达九华山，南唐主李景下令锁上他宅第的门窗，从墙上挖洞供给饮食。宋齐丘叹息着说："我从前献计将吴让皇帝家族幽禁在泰州，所以今天我也应该如此。"于是上吊自杀，谥号为丑谬。当初，常梦锡痛恨宋齐丘一党，同冯延巳、魏岑之徒

日有争论,因郁郁不得志,纵酒成疾而卒。至是,唐主曰:"梦锡平生欲杀齐丘,恨不使见之。"赠左仆射。

二月,周导汴水入蔡水。

以通陈、颍之漕。

周减行苗使所奏羡苗。

开封府奏田税旧一十万二千余顷,今按行得羡苗四万二千余顷,敕减三万八千顷。诸州使还所奏,减之仿此。

周淮南饥。

淮南饥,世宗命以米贷之。或曰:"民贫恐不能偿。"世宗曰:"民吾子也,安有子倒悬而父不为之解哉?安在责其必偿也?"

三月,周枢密使王朴卒。

朴刚锐明敏,智略过人。及卒,世宗临其丧,以玉钺卓地,恸哭数四,不能自止。

夏四月,周主自将伐契丹。五月,取瀛、莫、易,置雄、霸州,遂趣幽州,有疾乃还。

世宗以北鄙未复,下诏亲征。命亲军都虞候韩通等将水陆军先发。四月,通自沧州治水道入契丹境,栅于乾宁军南,补坏防,开游口三十六,遂通瀛、莫。车驾至沧州,即日帅步骑数万直趋契丹之境,非道所从,民间皆不之知。契丹宁州刺史王洪举城降。诏以韩通为陆路都部署,我太祖为水路都部署。自御龙舟沿流而北,舳舻相连数十里。至独流口,溯流而西。至益津关,契丹守将终廷辉以城降。自是水路渐隘,乃登陆而西,宿于野次,侍卫之士不及一旅,

每天都有争论,因而心情忧郁不能实现抱负,终日纵酒狂饮得病而死。到宋齐丘死后,南唐主说:"常梦锡平生总想杀死宋齐丘,遗憾的是不能让他见到这一天。"于是追赠常梦锡为左仆射。

二月,后周引导汴水流入蔡水。

以此打通陈州、颍州的运粮水道。

后周减免巡视苗田使者所奏报多出苗田的租税。

开封府奏报征收租税的田地原为十万二千余顷,如今核查得到多出的苗田四万二千余顷,后周世宗敕令减免租税三万八千顷。各州巡视苗田使者回来所奏报多出的苗田,减免租税的比例仿照开封府的做法。

后周淮南发生饥荒。

淮南发生饥荒,后周世宗命把粮食借给百姓。有人说:"百姓贫穷怕不能偿还。"后周世宗说:"百姓是我的子女,哪有子女有难而父亲不帮他们的呢? 哪有要求子女必须偿还的呢?"

三月,后周枢密使王朴去世。

王朴生性刚强而敏锐,智谋韬略超过常人。到王朴去世,后周世宗亲自衰哭吊丧,用玉钺击地,痛哭多次,不能自制。

夏四月,后周世宗郭荣亲自领兵征伐契丹。五月,夺取瀛州、莫州、易州,设置雄州、霸州,随后赶赴幽州,因为有病于是返回。

后周世宗因为北部边境地区还没有收复,下诏亲自出征。命令亲军都虞候韩通等率领水军、陆军率先出发。四月,韩通从沧州修治水道进入契丹境内,在乾宁军南面设置栅栏,修补损坏的堤防,挖开排水口三十六个,于是直通瀛州、莫州。后周世宗到达沧州,当天率领步兵、骑兵几万人直奔契丹国境,所走的都不是大道,当时百姓都不知道皇帝出征。契丹宁州刺史王洪率城投降。后周世宗颁布诏书,任命韩通为陆路都部署,任命宋太祖赵匡胤为水路都部署。后周世宗乘坐龙船沿着水流北上,船队头尾相接长达数十里。到了独流口,逆水西行。到了益津关,契丹守将终廷辉率城投降。从益津关往西水路逐渐狭窄,于是后周世宗登陆西进,夜晚宿营在野外,侍从卫兵不足一旅五百人,

从官皆恐惧。胡骑连群出其左右,不敢逼。我太祖先至瓦桥关,契丹守将姚内斌、莫州刺史刘楚信皆举城降。五月朔,侍卫都指挥使李重进等引兵继至,契丹瀛州刺史高彦晖举城降,于是关南悉平。

宴诸将于行宫,议取幽州,诸将曰:"陛下离京四十二日,兵不血刃,取燕南之地,此不世之功也。今虏骑皆聚幽州之北,未宜深入。"世宗不悦。是日趣先锋都指挥使刘重进先发,据固安。自至安阳水,命作桥,会日暮,还宿瓦桥,是夕不豫而止。契丹主遣使命北汉发兵挠周边,闻周师还,乃罢。孙行友拔易州,擒契丹刺史李在钦,献之,斩于军市。以瓦桥关为雄州,益津关为霸州,命李重进将兵出土门击北汉,韩令坤戍霸州,陈思让戍雄州,遂还。重进败北汉兵于百井。车驾至大梁,往还适六十日。

六月,河决原武,周发近县民夫塞之。 唐泉州遣使入贡于周,不受。

唐清源节度使留从效遣使入贡,请置进奏院于京师,诏报之曰:"江南近服,方务绥怀,卿久奉金陵,未可改图。若置邸上都,与彼抗衡,受而有之,罪在于朕。"

唐城金陵。

唐遣钟谟入贡于周,世宗曰:"江南亦治兵,修守备乎?"对曰:"既臣事大国,不敢复尔。"世宗曰:"不然。向时则为仇敌,今日则为一家,吾与汝国大义已定,保无他虞。

随从的官吏都很恐惧。胡人骑兵成群结队出现在周围,但不敢靠近。宋太祖赵匡胤首先到达瓦桥关,契丹守将姚内斌、莫州刺史刘楚信都率城投降。五月初一,侍卫都指挥使李重进等率兵陆续抵达,契丹瀛州刺史高彦晖率城投降,于是瓦桥关以南地区全部平定。

后周世宗在行宫宴请众将,商议夺取幽州,众将说:"陛下离开京城已经四十二天,兵不血刃,已取得燕南之地,这是举世罕见的功劳。如今契丹的骑兵都聚集在幽州北面,不宜继续深入前进。"后周世宗听后很不高兴。当天后周世宗催促先锋都指挥使刘重进首先出发,占据固安。后周世宗亲自到达安阳水边,命令架桥,赶上天色已晚,返回瓦桥关住宿,当天晚上世宗身体不适而停止进军。契丹主耶律述律派遣使者赶到晋阳命令北汉主刘钧发兵骚扰后周边境,听说后周军队返回,于是作罢。孙行友夺取易州,擒获契丹刺史李在钦献给后周世宗,把他斩首在军营市场上。将瓦桥关改为雄州,益津关改为霸州,命令李重进率兵出土门进攻北汉,韩令坤戍卫霸州,陈思让戍卫雄州,随后后周世宗返回。李重进在百井击败北汉军队。后周世宗回到大梁,往返正好六十天。

六月,黄河在原武决口,后周发动附近州县民夫堵塞决口。南唐泉州派遣使者到后周进贡,后周没有接受。

南唐清源节度使留从效派遣使者入朝进贡,请求在京师设置进奏院,后周世宗郭荣用诏书答复他说:"江南新近归服,正在努力安抚,爱卿长久侍奉金陵,不可改变主意。如果在京城设置进奏院官邸,同金陵相抗衡,接受你的要求而拥有了泉州,罪过就在朕身上了。"

南唐修建金陵城墙。

南唐派遣钟谟到后周进贡,后周世宗郭荣问:"江南也在操练军队,进行作战准备吗?"钟谟回答说:"既然已臣事大周,不敢再这样做了。"后周世宗说:"不对。从前是仇敌,今日已成为一家,我朝与你们国家的名分大义已经确定,保证没有其他变故。

然人生难期，至于后世，则事不可知。归语汝主，可及吾时完城郭，缮甲兵，据守要害，为子孙计。"谟归以告，唐主乃城金陵，凡城之不完者葺之，戍兵少者益之。

周主立其子宗训为梁王。

初，宰相屡请王诸皇子，世宗曰："功臣之子皆未加恩，而独先朕子，能自安乎？"至是不豫，乃封宗训为梁王，生七年矣。

周以魏仁浦同平章事，我太祖为殿前都点检。

世宗欲相仁浦，议者以仁浦不由科第为疑，世宗曰："自古用文武才略为辅佐者，岂尽由科第邪？"乃以王溥、范质皆参知枢密院事，仁浦同平章事，枢密使如故。仁浦为人谦谨，世宗性严急，近职有忤旨者，仁浦多引罪归己以救之，所全活什七八，故虽起刀笔吏，致位宰相，时人不以为忝。又以吴延祚为枢密使，韩通充侍卫亲军副都指挥使，我太祖兼殿前都点检。

世宗尝问相于兵部尚书张昭，昭荐李涛，世宗愕然曰："涛轻薄无大臣体，卿荐之，何也？"对曰："陛下所责者细行也，臣所举者大节也。昔张彦泽虐杀不辜，涛累疏以为不杀必为国患。汉隐帝之世，涛亦上疏请解先帝兵权。夫国家安危未形而能见之，此真宰相器也。"世宗曰："卿言甚善，然涛终不可置之中书。"涛喜诙谐，不修边幅，与弟浣甚友爱而多谑浪，无长幼体，世宗以是薄之。又以翰林学士

然而人生难以预料，至于后世，那么事情的发展变化就难以预知了。回去告诉你们君主，可以趁着我在的时候加固城郭，修缮武器，据守要塞，为子孙后代着想。"钟谟回国将后周世宗的话禀告南唐主李景，南唐主于是修建金陵城墙，凡各州县城池不坚固的都加固修理，守卫士兵少的则补充增加。

后周世宗立他的儿子郭宗训为梁王。

当初，宰相多次请求给皇子封王，世宗说："功臣的儿子都没有加恩封官，而独自先给朕的儿子加恩封官，心里能自我安宁吗？"到这时身体有病，于是加封郭宗训为梁王，郭宗训当时刚七岁。

后周任命魏仁浦为同平章事，赵匡胤为殿前都点检。

后周世宗郭荣打算任用魏仁浦为宰相，参预商议的人因为魏仁浦不是从科举出身而有疑虑，后周世宗说："自古以来因为文才武略而辅佐君主的，哪里全是从科举出身的呢？"于是让王溥、范质都参预主持枢密院事务，任命魏仁浦为同平章事，枢密使之职照旧。魏仁浦为人谦虚谨慎，后周世宗性情严厉急躁，周围官员有违反旨意的，魏仁浦大多将罪过归于自己来救护他们，所保全救活的占十分之七八，所以虽然出身办理文书的小吏，直至官位宰相，当时人们并不认为他受之有愧。又任命吴延祚为枢密使，任命韩通充任侍卫亲军副都指挥使，任命宋太祖赵匡胤兼任殿前都点检。

后周世宗曾经询问兵部尚书张昭谁可以当宰相，张昭推荐了李涛，世宗惊愕地说："李涛为人轻薄没有大臣的风度，爱卿推荐他，是什么原因呢？"张昭回答说："陛下所指责的都是细小的行为，臣下所荐举的是他的大节。从前张彦泽虐杀无辜，李涛屡次上疏认为不杀张彦泽必定会成为国家的祸患。到汉隐帝之世，李涛也上书请求解除先帝的兵权。在国家安危还没有显现出迹象时就能预见到，这才是真正做宰相的人才啊。"后周世宗说："爱卿的话很好，然而李涛终究不可以安置在中书省。"李涛喜欢说笑逗乐，不拘小节，与弟弟李浣很友爱而又经常开玩笑戏闹，没有长幼的规矩，后周世宗因此看不起他。又因为翰林学士

王著幕府旧僚,屡欲相之,亦以其嗜酒无检而罢。

周主荣殂,梁王宗训立。

世宗大渐,召范质等入受顾命。谓曰:"王著藩邸故人,朕若不起,当相之。"质等出,相谓曰:"著终日游醉乡,岂堪为相?慎毋泄此言。"是日,世宗殂。世宗在藩多务韬晦,及即位,破高平之寇,人始服其英武。其御军号令严明,人莫敢犯。攻城对敌,矢石落其左右,略不动容。应机决策,出人意表。又勤于为治,发奸擿伏,聪察如神。闲暇则召儒者读前史,商榷大义,性不好丝竹珍玩之物。常言朕必不因喜赏人,因怒刑人。又言太祖养成王峻、王殷之恶,致君臣之分不终,故群臣有过则面质责之,服则赦之,有功则厚赏之。文武参用,各尽其能,人无不畏其明而怀其惠,故能破敌广地,所向无前。然用法太严,群臣职事小有不举,往往置之极刑,虽素有才干声名,无所开宥,寻亦悔之,末年寝宽。登遐之日,远迩哀慕焉。梁王宗训即皇帝位。

秋七月,周以我太祖领归德军节度使。　唐铸大钱。

唐自淮上用兵及割江北以事周,岁时贡献,府藏空竭,钱少物贵。钟谟请铸大钱,一当五十,韩熙载请铸铁钱。唐主从谟计,铸当十大钱,文曰"永通泉货",又铸当二钱,

王著是从前幕府的旧同僚,多次想用他为宰相,也因为他嗜酒如命不检点而作罢。

后周世宗郭荣去世,梁王郭宗训即皇帝位。

后周世宗病危,召见范质等人入宫接受遗嘱。后周世宗对他们说:"王著是我在藩镇府第的老人,朕若病重不治,应当起用他为宰相。"范质等人出宫,相互说:"王著终日醉生梦死,哪配当宰相?千万不要泄露这话。"当天,后周世宗去世。后周世宗在藩镇时很注重韬光养晦,等即皇帝位后,在高平大破北汉入侵之敌,人们开始佩服他的英勇神武。他统率军队,纪律严明,没有人敢冒犯。攻打城池面对敌寇,飞石流矢落在身边,脸色毫不改变。应付机变决定策略,往往出人意料之外。又勤勉治国,发现奸谋消除隐患,洞察秋毫有如神明。闲暇时间便召集儒生文人阅读前代史书,商榷书中主旨大义,生性不喜好丝竹、珍宝、好玩的东西。经常说朕必定不会因为喜欢谁就奖赏谁,也不会因为对谁发怒就惩罚谁。又说后周太祖郭威姑息惯养形成王峻、王殷的罪恶,致使君臣的情分有始无终,所以群臣百官有过失就当面质问斥责,服罪改过的就赦免他,有功劳就重赏他。文武人才综合任用,各自发挥他们的才能,人们无不畏服他的严明而又怀念他的恩惠,所以能攻破敌国拓广疆土,所向披靡一往无前。然而使用刑法过于严厉,群臣百官奉职办事稍有做得不好的,往往处以极刑,即使平素很有才干名望的大臣,也从不宽宥,不久自己也感到后悔,最后几年逐渐放宽。去世之日,四方远近的人都哀悼仰慕他。梁王郭宗训即皇帝位。

秋七月,后周任命宋太祖赵匡胤兼领归德军节度使。 南唐铸造大钱。

南唐自与后周在淮上发生战争,以及兵败割让长江以北土地事奉后周以来,每年按时向后周贡献钱物,国库储备空虚耗尽,钱币越来越少,物价越来越贵。钟谟请求铸造大钱,一当五十,韩熙载请求铸造铁钱。南唐主李景听从了钟谟的意见,开始铸造一当十的大钱,钱上文字叫"永通泉货",又铸造一当二的钱,

文曰"唐国通宝"。

八月，蜀以李昊领武信节度使。

蜀李昊领武信节度，右补阙李起言："故事，宰相无领方镇者。"蜀主曰："昊家多冗费，以厚禄优之耳。"起性婞直，李昊尝语之曰："以子之才，苟能慎默，当为翰林学士。"起曰："俟无舌，乃不言耳。"

九月，唐太子弘冀卒。

弘冀卒，有司引浙西之功，谥曰武宣。句容尉张洎曰："太子之德，主于孝敬，今谥以武功，非所以防微而慎德也。"乃更谥曰文献。

唐主以其子从嘉为吴王，居东宫。杀礼部侍郎钟谟。

谟数奉使入周，世宗及唐主皆厚待之，恃此骄横。与天威都虞候张峦善，数与屏人夜语，唐镐谮之曰："谟与峦气类不同，而过相亲狎，恐有异谋。"又言："大钱民多盗铸，犯法者多。"及弘冀卒，唐主欲立郑王从嘉，谟与纪公从善善，言于唐主曰："从嘉德轻志懦，又酷信释氏，非人主才。从善果敢凝重，宜为嗣。"唐主由是怒。徙从嘉为吴王，居东宫。谟请令张峦以所部兵巡徼都城，唐主乃下诏暴谟罪，流饶州，贬峦宣州副使，未几，皆杀之。废永通钱。

南汉杀其尚书右丞钟允章，以龚澄枢为内太师。

南汉主钺以允章藩府旧僚，擢为尚书右丞、参政事，甚委任之。允章请诛乱法者数人，以正纲纪，钺不能从，宦官闻而恶之。内侍监许彦真告允章欲作乱，玉清宫使龚澄

钱上文字叫"唐国通宝"。

八月，后蜀任命李昊兼领武信节度使。

后蜀李昊兼领武信节度使，右补阙李起说："按着旧例，宰相没有兼领方镇的。"后蜀主孟昶说："李昊家有许多零碎花费，这只是借以增加俸禄优待他罢了。"李起生性耿直，李昊曾经对他说："凭您的才能，如果能做到谨慎沉默，将会成为翰林学士。"李起说："等我没有舌头了，才能不说话。"

九月，南唐太子李弘冀去世。

李弘冀去世，有关官员根据他在浙西的功劳，定谥号为武宣。句容县尉张洎说："太子之德，主要在于孝敬，如今以武功定谥号，不符合防微杜渐而慎重德行的原则。"于是改谥号为文献。

南唐主李景任命他的儿子李从嘉为吴王，居住东宫。杀礼部侍郎钟谟。

钟谟多次奉命出使后周，后周世宗郭荣和南唐主都厚待他，钟谟仗恃这些开始骄横跋扈。钟谟与天威都虞候张峦很友好，多次支开别人谈到半夜，唐镐在南唐主面前诬陷他们说："钟谟与张峦脾气禀性很不同，但来往非常亲密，恐怕他们有非同寻常的阴谋。"又说："民间伪造大钱的很多，犯法的人不少。"到李弘冀去世，南唐主准备立郑王李从嘉为继承人，钟谟与纪公李从善很友好，就对南唐主说："李从嘉德行轻浮意志懦弱，又酷信佛教，不是做君主的材料。李从善做事果断勇敢，为人持重，应该做继承人。"南唐主因此发怒。改封李从嘉为吴王，居住东宫。钟谟请求命令张峦率领所部军队巡逻京城，南唐主于是下诏书公布钟谟的罪状，将他流放到饶州，将张峦贬为宣州副使，不久，将他们都杀了。废止永通钱。

南汉杀死尚书右丞钟允章，任命龚澄枢为内太师。

南汉主刘𬬮因钟允章是他在藩镇府第时的旧同僚，故提升他为尚书右丞、参政事，很是信任重用他。钟允章请求诛杀扰乱法令者数人来匡正朝纲法纪，刘𬬮不同意，宦官听说后都憎恨钟允章。内侍监许彦真告发钟允章准备发动叛乱，玉清宫使龚澄

枢、内侍监李托等共证之,乃收允章斩之。自是宦官益横。未几,以澄枢为内太师,军国之事皆取决焉。凡群臣有才能及进士状头,皆先下蚕室,然后得进,亦有自宫以求进者,由是宦者近二万人。贵显用事之人,大抵皆宦者也,谓士人为门外人,不得豫事,卒以亡国。

唐以洪州为南都。

唐以金陵去周境才隔一水,洪州险固居上游,议徙都之。群臣皆不欲徙,惟枢密副使唐镐劝之。

周遣兵部侍郎窦仪如唐。

仪至唐,天雨雪,唐主欲受诏于庑下。仪曰:"使者奉诏而来,不敢失旧礼。若雪沾服,请俟他日。"唐主乃拜诏于庭。

契丹遣使如唐,周人杀之。

契丹主遣其舅使于唐,周泰州团练使荆罕儒募刺客使杀之,自是契丹与唐绝。

枢、内侍监李托等人共同出面作证,南汉主于是就拘捕钟允章把他斩了。从此宦官更加骄横。不久,任命龚澄枢为内太师,军队国家的事情都由他决定。凡群臣中有才能的和进士第一名的,都先下到施行宫刑的蚕室,然后才能进用,也有自行阉割来求得进用的,因此当时宦官接近二万人。尊贵显赫当政的人,大抵都是宦官出身,当时称读书人为门外人,不得参预政事,最后南汉因此亡国。

南唐将洪州改为南都。

南唐因为金陵距后周边境只有一水之隔,洪州险要坚固,位居上游,商议将国都迁到洪州。群臣百官都不愿迁都,只有枢密副使唐镐赞同迁都。

后周派遣兵部侍郎窦仪前往南唐。

窦仪到达南唐,天气下起大雪,南唐主李景准备在廊檐下接受诏书。窦仪说:"使者奉持着皇帝诏书而来,不敢不按从前的礼数实行。如果害怕雪花沾上衣服,请求等待他日再举行仪式。"南唐主于是在殿前庭院拜受诏书。

契丹派遣使者前往南唐,后周人杀了他。

契丹主耶律述律派遣他的舅舅出使南唐,后周泰州团练使荆罕儒招募刺客杀了契丹使者,从此契丹与南唐断绝关系。